江西省研究生优质课程项目"生态经济与可持续发展"教材
江西省精品在线开放课程（2020 – 1 – 0105）"生态经济学"教材
南昌大学研究生精品教材"生态经济与可持续发展"
教育部课程思政示范课程（研 – 2021 – 0063）"区域与城市经济学"参考教材

生态经济与可持续发展

Ecology Economy and Sustainable Development

主　编：王圣云　刘耀彬
副主编：李　晶　柏　玲　姚行仁

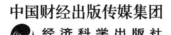

中国财经出版传媒集团

经济科学出版社
Economic Science Press

图书在版编目（CIP）数据

生态经济与可持续发展/王圣云，刘耀彬主编. －－
北京：经济科学出版社，2022. 12
　ISBN 978 - 7 - 5218 - 4280 - 7

　Ⅰ. ①生…　Ⅱ. ①王…②刘…　Ⅲ. ①生态经济－经
济可持续发展－研究－中国　Ⅳ. ①F124. 5

　中国版本图书馆 CIP 数据核字（2022）第 218579 号

责任编辑：宋　涛
责任校对：杨　海
责任印制：范　艳

生态经济与可持续发展

Ecology Economy and Sustainable Development

主　编：王圣云　刘耀彬
副主编：李　晶　柏　玲　姚行仁
经济科学出版社出版、发行　新华书店经销
社址：北京市海淀区阜成路甲 28 号　邮编：100142
总编部电话：010 - 88191217　发行部电话：010 - 88191522
网址：www. esp. com. cn
电子邮箱：esp@ esp. com. cn
天猫网店：经济科学出版社旗舰店
网址：http://jjkxcbs. tmall. com
北京季蜂印刷有限公司印装
710 × 1000　16 开　42. 5 印张　700000 字
2022 年 12 月第 1 版　2022 年 12 月第 1 次印刷
ISBN 978 - 7 - 5218 - 4280 - 7　定价：92. 00 元
（图书出现印装问题，本社负责调换。电话：010 - 88191510）
（版权所有　侵权必究　打击盗版　举报热线：010 - 88191661
QQ：2242791300　营销中心电话：010 - 88191537
电子邮箱：dbts@ esp. com. cn）

前　　言

编写《生态经济与可持续》研究生教材对编写者来说，既是一次迎难而上的挑战，也是一次在新时代背景下基于新发展理念梳理和重构知识体系的学习过程。我们在教材编写中力求做到三个"新"：新的框架体系、新的知识结构以及新的编写体例。

第一个特点是，本教材采用了全新的，有别于其他同类教材的框架体系。我们以生态经济学的学科体系构建为纲，搭建了生态经济与可持续发展的学科框架，沿着理论篇、专题篇、部门篇、区域篇的顺序进行章节组织安排。其中，理论篇确立了生态经济系统与人类福祉耦合、人地关系地域系统理论、可持续发展与可持续性理论作为本教材的核心理论；专题篇围绕生态经济与可持续发展的方法（Approach）展开，将生态经济与可持续发展的核心概念和关键方法组织起来；部门篇则精选了有代表性的生态农业、生态工业和生态旅游业；尤其在区域篇我们依据区域尺度选取了城乡生态经济系统、流域生态经济与可持续生计、海洋生态经济与可持续发展以及全球可持续发展实践等内容。

第二个特点是，本教材响应现实诉求，力求将绿色低碳发展理念融入教材。同时注重学科交叉融合创新等新进展，反映了生态经济与可持续发展领域新近的知识点。其中，重点在专题篇纳入了不少相关的研究热点和中国特色内容。如：在可持续性与可持续发展目标、包容性增长和包容性绿色增长、碳足迹与生态系统供需等方面引入和介绍学科新热点；在生态产品价值实现与生态产品总值核算、人类福祉和生态福利绩效、河长制和"山江湖"流域综合治理等方面介绍中国绿色低碳发展理念和研究特色。本教材有助于从事该专业学习的学生追踪和了解学术前沿和中国绿色发展的伟大实践。

第三个特点是，本教材注重理论、方法、热点和实践的统一，尽量突出生态经济与可持续发展的理论解析、方法介绍、热点内容和实证应用。在每章内容设计上，都尽可能按照"概念——方法——应用"这个宏观线索组织教材内容。除第一章外，在每一章的最后一节都精选了相应的研究案例，既体现研究方法的学术性，增强定量方法在生态经济与可持续发展研究中的应用，又通过案例的方式将低碳人文发展、碳达峰、"两山转化"、生态产品、绿色减贫等内容纳入，反映该教材理论、方法、热点与实践紧密结合的编写特点。

在教材编写过程中，本书参考了大量同行的研究成果，在案例选取时我们也参考了编写团队和一些师长朋友的研究成果，我们向这些同行、老师、朋友和同事致以崇高的敬意和衷心的谢意。同时，十分感谢向云波副教授、博士生潘柳欣及毛超伟、段练成、陈莹芬、房方、张晓宇、穆卓君、张佐、林冬蔚等学生的鼎力支持，也感谢编写团队各位老师及学生的辛勤工作。感谢南昌大学"中部中心"和经济管理学院各位领导和同事的帮助。特别感谢经济科学出版社宋涛老师出色高效的编辑工作。

本教材是江西省研究生优质课程项目"生态经济与可持续发展"成果和教材，江西省精品在线开放课程（2020 - 1 - 0105）"生态经济学"教材，也是教育部课程思政示范课程（研 - 2021 - 0063）"区域与城市经济学"的参考教材。本教材出版得到了南昌大学研究生精品教材"生态经济与可持续发展"项目经费资助，感谢南昌大学研究生院傅妍主任的支持。

目　　录

第一章

导　论

　　生态经济与可持续发展是在生态系统承载能力内，以绿色生产、绿色消费和绿色发展为路径，以经济、社会及生态的可持续发展为导向，实现生态系统与经济社会高质量协同可持续发展的经济形态和发展模式。20世纪80年代，中国经济学家许涤新先生倡导创建社会主义生态经济学。生态经济学经过40多年的发展，不断形成具有中国特色的生态经济理论[①]。与此同时，当前中国社会进入新时代，社会主要矛盾发生转变，且人与自然的关系日趋紧张，经济社会发展与生态保护之间的矛盾越来越突出，对生态经济与可持续发展提出了新的问题和更高的要求。发展生态经济，坚持经济与生态协调发展的可持续发展之路已成为当今中国发展的时代主题。本章在对中国生态经济与可持续发展的现实背景进行阐述的基础上，首先，从生态经济与可持续发展的产生与发展历程入手，介绍了生态经济与可持续发展的基本概念；然后，构建了生态经济与可持续发展的学科体系和主要内容；最后，提出了生态经济与可持续发展的研究方法论。

---

　　① 于法稳：《中国生态经济研究：历史脉络、理论梳理及未来展望》，载于《生态经济》2021年第8期。

第一节 写 作 背 景

一、生态环境挑战呼唤生态经济与可持续发展理论和方法

21 世纪以来，我国环境污染逐渐加剧，生态系统趋于失调，人们生存和发展面临着诸多挑战。其一，资源约束趋紧，主要存在土地资源约束、淡水资源约束和矿产资源约束三大难题。我国幅员辽阔，但人均耕地少，且耕地质量差。其中土地、丘陵和高原地区的耕地占耕地总面积约 69%①，耕地沙漠化进程在不断地加快。耕地问题威胁着我国的粮食安全。我国人均水资源占有量少，不到世界平均水平的 1/4，伴随着我国工业化、城市化进程不断加快，水资源出现供不应求的状况②。根据自然资源部官网显示，中国矿产资源人均占有量仅为世界人均水平的 58%，且实际可用率低。随着人口的不断增加，能源消耗在提高，能源紧缺问题将尤为突出。其二，环境污染严重，包括大气污染和水污染。中国最主要的大气污染是浮沉和酸雨，其污染来源于工业生产、交通运输和生活炉灶等。吸附着有毒金属、无机物、有机物的细微颗粒物 PM2.5 等导致的空气污染愈发严重，对人们的健康产生重大影响。其三，生态系统退化，主要有森林草地生态系统、耕地生态系统遭破坏，温室效应加剧、生物多样性减少等。第九次全国森林资源清查成果《中国森林资源报告（2014～2018）》显示，当前，我国森林覆盖率仅有约23.04%，远低于世界平均水平 31%。同时，人类大规模毁林开荒、破坏草场导致大量的水土流失。温室效应迫使全球变暖，环境污染影响生态系统的平衡，生态系统逐渐退化，动植物因不能适应环境及污染而逐年减少，从而导致生物多样性减少。

这意味着中国未来经济增长需要克服更高的环境成本和更大的资源压力，必须走一条生态优先，绿色发展的可持续发展道路。面对诸多的生态环

---

① 资料来源：中华人民共和国自然资源部官网，https：//www.mnr.gov.cn/。
② 孟蝶：《生态环境问题现状与路经探析》，载于《学理论》2018 年第 10 期。

境问题，我国急需生态经济与可持续发展理论和方法创新，而指导推进美丽中国建设，山林田湖草沙一体化保护和系统治理，统筹产业结构调整、污染治理、生态保护、应对全球气候变化，协同推进降碳、减污、扩绿、增长，推进绿色低碳发展[①]。

二、学科交叉与融合推进生态经济与可持续发展学科体系建设

生态经济与可持续发展的一些概念和基本范畴仍存在争鸣。生态经济与可持续发展试图提出一些概念和范畴，如生态经济系统、生态经济效益、生态经济平衡、强可持续发展和弱可持续发展等，但这些概念和范畴尚未被学者普遍接受[②]。由于生态经济与可持续发展整体上缺乏理论基础，致使学科研究的主要内容与基本概念摇摆不定，有时向可持续发展经济学靠近，有时又趋向资源环境经济学。由此导致生态经济与可持续发展很难建立共同的"参考系"，即在同一平台上进行学术讨论、学术争鸣和学术评论。

由于核心概念和基本范畴的缺乏，导致生态经济与可持续发展学科边界和学科体系尚未确立和形成共识。以"生态经济学""可持续发展经济学"冠名的教材较多，但常常未明确该学科与其他学科的边界。生态经济与可持续发展和气候变化经济学、循环经济学、环境经济学等学科研究领域到底是相互交叉，抑或是基本重合，至今尚无定论。

明晰生态经济与可持续发展的主要概念和基本范畴，构建生态经济与可持续发展的主要内容和学科体系，是本教材的重要任务。

三、生态文明建设助力生态经济与可持续发展学科的继承和发展

习近平总书记在二十大报告中指出，要以中国式现代化全面推进中华民族伟大复兴，中国式现代化既有各国现代化的共同特征，更有基于我国国情

---

① 在中国共产党第二十次全国代表大会上，习近平总书记代表第十九届中央委员会，向大会作的题为《高举中国特色社会主义伟大旗帜 为全面建设社会主义现代化国家而团结奋斗》的报告。

② 沈满洪：《生态经济学的发展与创新——纪念许涤新先生主编的〈生态济学〉出版20周年》，载于《内蒙古财经学院学报》2006年第6期。

的中国特色。中国式现代化是人口规模巨大的现代化，中国式现代化是人与自然和谐共生的现代化等新论断为生态经济与可持续发展研究提出了新命题。新时代我国社会主要矛盾转化为"人民日益增长的美好生活需要和不平衡不充分的发展之间的矛盾"，这为生态经济与可持续发展理论探索提供了新的指引和重要启示。"发展不平衡不充分"不仅是区域、产业和城乡发展之间的不平衡，而且是生态经济与可持续发展动力要素、竞争机制、分配因素及政策支撑、制度保障条件的不充分；不仅是"五位一体"发展的不同步，而且是生态保护与经济社会发展的不协调、生态效益与经济社会效益的不统一。人民对美好生活的需求不仅是物质文化生活需求的提升，而且包含了民生、公平、环境等多方面更高的需求；人们对美好生态环境的现实需要提出更高要求，囊括了生态权益、生态安全以及生态公正等价值要求；不仅追求经济社会发展和绿色生产生活方式，而且要实现人的全面发展和社会进步。因此，我国社会主要矛盾的变化意味着中国特色社会主义进入新时代，既是经济社会高质量协调发展的新时代，也是人与自然和谐共生的生态经济可持续发展新时代。

习近平经济思想和生态文明思想为生态经济与可持续发展提供了思想内核。习近平经济思想以"创新、协调、绿色、开放、共享"的新发展观为核心内容，坚持"以人民为中心"的发展思想，提出建设现代化经济体系，扩大对外开放促进国内国际双循环。其在生态资源环境约束趋紧、经济发展进入新常态的背景下为经济发展提供新动能，并为优化产业结构及提升发展效益提供了重要思想指导。习近平生态文明思想围绕绿色与可持续发展这一主线，以"生态兴则文明兴"的生态文明观和"人与自然和谐共生"的生态整体观，以"良好的生态环境是最普惠的民生福祉"的生态福祉观，又以"山水林田湖草是生命共同体"的生态系统观、"绿水青山就是金山银山"的生态价值观、"用最严格制度最严密法治保护生态环境"的生态治理观给出生态经济与可持续发展的研究命题与根本任务。

新时代中国社会主要矛盾的转变、习近平经济思想、习近平生态文明思想为新时代以绿色为底色的生态经济与可持续发展问题指明方向，开拓了生态经济与可持续发展的新境界。生态经济与可持续发展需以缓解新时代我国社会主要矛盾为主要任务；以高质量发展为主题，以人与自然和谐共生为原则，实现生态经济协调与可持续发展。

第二节　主要理论与基本概念

一、生态经济与可持续发展的产生和发展

（一）生态经济的产生和发展

生态学是德国动物学家恩斯特·海克尔（E. Haeckle）于 1866 年在其所著的《普通生物形态学》中首先提出来的。其认为生态学是一门研究生物有机体与无机环境之间相互关系的科学。生态系统这一概念则是由英国生态学家坦斯利（A. G. Tansley）于 1935 年提出。"生态系统"概念得以确立，生态学成为研究生态系统结构和功能的科学。生态学成为自然科学，经济学则是社会科学，并形成了各自完整的理论体系。但是有许多发展问题已经不是任何一个单独的学科能够解决的。所以，生态学和经济学的融合既是历史的选择，也是现实的选择。20 世纪 20 年代，美国科学家麦肯齐（Mekenzie）首次把植物生态学与动物生态学的概念运用到人类群落和社会的研究，提出了"经济生态学"新名词，主张经济分析不能不考虑生态过程。

但真正结合经济社会问题开展生态学研究的，应首推美国海洋生物学家莱切尔·卡森（Rachel Carsen）。她于 1962 年发表了著名的科普读物《寂静的春天》，对美国社会滥用杀虫剂所造成的危害进行了生动的描述，揭示了近代工业对自然生态的影响。20 世纪 60 年代后期，美国经济学家肯尼斯·鲍尔丁在他的重要论文《一门科学——生态经济学》中首先正式提出了"生态经济学"的概念。他提出了"生态经济协调理论"，创见性地论述了用市场机制控制人口和调节消费品的分配、资源的合理开发利用、环境污染以及用国民生产总值衡量人类福利等缺陷，从而标志着生态经济学作为一门科学的诞生[①]。对生态经济学的产生影响最大的是鲍尔丁的关于地球太空船的思想。他在 1966 年所写的一篇著名的论文《即将到

① 程福祜：《生态经济学源流》，载于《经济研究》，1983 年第 9 期。

来的宇宙飞船经济学》推动了生态经济学的发展。

生态经济学提出者之二——赫尔曼·戴利（Herman Daly）。戴利在1974年曾提出稳态经济的思想，他的表述是：稳态经济就是稳定的物质财富（人造物）和稳定的人口，每一种都保持同样的选择，需要低的通量水平，即低的出生率等于低的死亡率，低的物质生产率等于低的折旧率，以使人民长寿和物质存量保持高水平。①

生态经济学提出者之三——罗伯特·科斯坦萨（Robort Costanza）。他认为，生态经济学是一门全面研究生态系统与经济系统之间关系的科学，这些关系是当今人类面临的众多紧迫问题（如可持续性、酸雨、全球变暖、物种消失、财富分配等）的根源，而现有的学科均不能对生态系统与经济系统之间的这些关系予以很好的研究。他认为目前人类社会经济子系统是整个地球生态系统的一部分，而且这个子系统的政策和发展是以生态系统为基础的，所以人类经济系统须与生态系统保持相协调，通过它们之间的物质循环和能量的流动，实现规模和尺度上的相互协调。但是目前的人类社会经济系统相对于地球生态系统来说，已经从一个相对"空的世界"达到一个相对"满的世界"。

生态经济学的产生有以下几个方面原因：（1）社会经济发展的需要：社会经济的深度和广度发展，既是生产力提高的过程，又是生态平衡变化的过程。人类社会对各种产品的量、质要求的提高，是生产企业发展必须要解决的问题。（2）科学技术发展的需要：科学技术是为人类与自然和睦相处服务的，但由于人的认识局限和观念偏颇，有时助长和推动了人类战胜自然、征服自然的欲望。（3）人类对自然环境的冲击越来越大，生态学与经济学结合起来，才能解决实际问题。按照各个学派对世界未来的看法，基本上可以分为三派：悲观派其中影响最大的是罗马俱乐部的研究。该组织公开发表它的第一个研究报告《增长的极限》，预言增长将达到极限，其将世界看作一个系统，认为如果目前的趋势持续下去，这个系统会崩溃；为了防止崩溃，人口必须停止膨胀，必须放慢经济增长，以求在一段相对短的时间内达到平衡。

---

① 戴利，诸大建等译：《超越增长——可持续发展的经济学》，上海译文出版社2001年。

观点相近的另一部重要著作《生存的蓝图》① 从自然生态系统和社会经济系统综合的角度，认为人类社会的增长由五种相互影响、相互制约的发展趋势构成：加速发展的工业化，人口剧增，粮食短缺和普遍营养不良，不可再生资源枯竭，以及生态环境日益恶化。这五种趋势都是以指数函数增长，但是地球资源是有限的。科学技术尽管能够解决某些当前的问题，但只能推迟"危机点"的到来时间。悲观派主张人类自我限制增长，指出要保持人口的动态平衡，保持资本拥有量的动态平衡，大力发展科学技术，尽可能提高资源利用率，减少排出的污染物数量。认为如果从 1975 年起人口不再增长，资源消耗和污染排放减少 1975 年的 1/4，工业资本从 1990 年起不再增长，那么未来世界将是一个能够保持动态平衡的稳定世界。乐观派与上述观点相对立，主要有美国的赫尔曼·卡恩和朱利乐·西蒙所著的三本代表作。卡恩在《世界经济的发展——令人兴奋的 1978～2000 年》和《即将到来的繁荣》这两本书中，认为美国和世界年龄无限繁荣的机会。而西蒙在《最后的资源》中，抨击了罗马俱乐部研究问题的方法，他认为，生态环境的恶化只是暂时的，市场机制是能够解决资源环境问题的，因为资源是可以替代的。总之，乐观派认为人口、资源、环境污染等问题都是可以解决的②。

经过争论，学术界逐渐衍生出一种比较现实的观点，这种观点主张经济与生态和谐发展，追求经济社会持续稳定的增长。美国科学家莱斯特·R·布朗的《建设一个持续发展的社会》和罗马俱乐部奥雷利奥·佩西所著《未来的一百页》就持这种观点。现实派代表人物的著作包括美国社会学家托夫勒的《第三次浪潮》、美国地球经济研究所所长布朗的《建设一个持续发展的社会》和意大利经济学家佩西的《未来的一百页》。他们主张人类积极干预生态经济，引导技术革命，使经济增长，资源开发、人口控制、环境保护朝着生态与经济和谐发展方向前进，可以在不破坏生态环境的基础上追求经济社会的持续稳定增长③。1989 年国际生态经济学会创立以及《生态经济》创刊，标志着生态经济学进入全面深入研究的发展阶段。

---

① 戈德史密斯，程福祜译：《生存的蓝图》，中国环境科学出版社 1987 年。
② 李周：《环境与生态经济学研究的进展》，载于《浙江社会科学》2002 年第 1 期。
③ 李海、严茂超、沈文清：《可持续发展与生态经济学刍议》，载于《江西农业大学学报》2001 年第 3 期。

生态经济学界基本形成以下共识：（1）人类经济系统是地球系统的亚系统；这意味着从生态系统中取得的资源经过人类经济亚系统后又将废弃物返回生态系统的过程对于整个生物圈来说是受到限制的[①]；（2）人类未来的星球是一个可持续发展的星球，星球上所有成员都可以在生态系统限制之内享有高质量生活；（3）人类应该积极行动，面对未来的不确定性，应该有充分的知识储备作基础和事前预防。

中国的生态经济研究兴起于 20 世纪 80 年代。1980 年 8 月，经济学家许涤新发起召开首次生态经济座谈会，揭开了中国生态经济学研究的序幕；1981 年 11 月，云南省生态经济学会成立；1982 年 11 月，在南昌召开全国第一次生态经济讨论会；1984 年 2 月，在北京召开中国生态经济学会成立大会，1985 年 6 月，云南省生态经济学会创办了《生态经济》杂志。1987年 9 月，由许涤新主编的《生态经济学》出版。马传栋 1986 年出版《生态经济学》、王全新等 1988 年出版《生态经济学原理》、刘思华 1989 年出版《理论生态经济学若干问题研究》都对生态经济学发展做出了贡献。随着中国社会主义市场经济的基本确立，我国生态经济学得到迅猛发展。生态经济学者逐渐采用跨学科的理论和方法解决生态经济问题。与此同时，生态经济学向可持续发展经济学拓展，越来越多的学者采用现代经济学的方法研究生态问题。徐中民等 2003 年著的《生态经济学理论方法与应用》、唐建荣2005 年主编的《生态经济学》、刘桂云 2005 年著的《生态经济学》、沈满洪主编的《生态经济学》等论著，均对中国生态经济学科的深化和完善发挥了重要作用。

（二）可持续发展的产生和发展

可持续发展概念的提出，是对人类几千年发展教训的总结，特别是对工业革命以来发展模式的反思。1972 年 6 月在瑞典首都斯德哥尔摩召开了有 114 个国家代表参加的人类环境大会。这次会议通过了著名的《人类环境宣言》，也称《斯德哥尔摩宣言》。1980 年，由国际自然资源保护联合会、联合国环境规划署和世界自然基金会共同出版了《世界自然保护策

---

① 诸大建：《生态经济学：可持续发展的经济学和管理学》，载于《中国科学院院刊》2008 年第 6 期。

略：为了可持续发展的生存资源保护》一书。该书第一次明确提出可持续发展。

1987 年 2 月世界环境与发展委员会的报告《我们共同的未来》首次给出了可持续发展的定义："是能够满足当前的需要又不危及下一代满足其需要的能力的发展。"1991 年，国际自然联合会等 3 家机构又联合推出了一份题为《关心地球：一项持续生存的战略》的报告。1992 年国际社会通过了《21 世纪议程》，这是第一份可持续发展全球行动计划。1994 年 3 月 25 日，中华人民共和国国务院通过了《中国 21 世纪议程》。为了支持《中国 21 世纪议程》的实施，同时还制订了《中国 21 世纪议程优先项目计划》。1995年，党中央、国务院把可持续发展作为国家的基本战略。

（三）生态经济与可持续发展在中国的实践

20 世纪 80 年展开的"环境保护"政策形成了我国环境保护的基本国策，奠定了环境保护的基本制度体系。

20 世纪 90 年代围绕着环境保护和经济发展方式转变促使我国开展了区域可持续发展的实践，可持续发展的政策研究进入一个高峰时期。尤其是20 世纪 90 年代实施的西部大开发战略延伸到我国环境保护和生态建设的各个方面。

21 世纪初"资源节约型、环境友好型"社会建设有力推动了循环经济、低碳经济、绿色经济试点工作，我国形成比较健全的试点示范工作机制。

党的十八大提出了生态文明建设和绿色发展理念，加快构建"绿色发展"的体制改革和制度体系。"绿色发展"作为我国生态文明建设的重要支撑。通过建立与国家治理体系相配套的制度体系，提高生态文明建设治理能力和治理水平[①]。

党的十九大提出，建设生态文明是中华民族永续发展的千年大计，把坚持人与自然和谐共生作为新时代坚持和发展中国特色社会主义基本方略的重要内容，把建设美丽中国作为全面建设社会主义现代化强国的重大目标。十九大报告指出："加快生态文明体制改革，建设美丽中国""人与自然是生

---

① 余颖、刘耀彬：《国内外绿色发展制度演化的历史脉络及启示》，载于《长江流域资源与环境》2018 年第 7 期。

命共同体，人类必须尊重自然、顺应自然、保护自然。人类只有遵循自然规律才能有效防止在开发利用自然上走弯路。"①

党的二十大报告提出，推动绿色发展，促进人与自然和谐共生。必须牢固树立和践行绿水青山就是金山银山的理念，站在人与自然和谐共生的高度谋划发展。指出要推进美丽中国建设，坚持山水林田湖草沙一体化保护和系统治理，协同推进降碳、减污、扩绿、增长，推进生态优先、节约集约、绿色低碳发展。

二、生态经济与可持续发展的定义

（一）生态经济学的定义

生态经济学是从经济学角度研究生态系统和经济系统的相互关系及所构成的复合生态经济系统的结构、功能、价值及其规律的交叉性学科。它以生态学原理为基础，经济学理论为主导，人类经济活动为中心，围绕人类经济活动与自然生态之间相互作用、影响和反馈等关系，重点研究生态系统和经济系统相互耦合所形成的生态经济系统②。

1. 生态系统

生态系统是在一定时空范围内，由生境和占据该生境的生命有机体相互作用所形成的自然统一体，在系统内部，生物和非生物环境通过物质循环、能量流动、信息传递联系在一起，构成一个能自我维持、自我调节的具有一定独立性的体系。一个完整的生态系统由生产者、消费者、还原者以及非生物成分构成③。

生态系统为人类提供了食品、医药和其他生产生活原料，以及一系列的相关功能和服务，包括保存生物进化所需要的丰富的物种与遗传资源。对太阳能、二氧化碳的固定；有机质的合成；区域气候调节；维持水及营养物质的循环；土壤的形成与保护；污染物的吸收与降解及创造物种赖以生存与繁

---

① 中共中央党史和文献研究院：《十九大以来重要文献选编（上）》，中央文献出版社2019年版。

② 金自学：《生态经济学是可持续发展的理论基础》，载于《生态经济》2001年第10期。

③ 欧阳志云、王如松：《生态系统服务功能、生态价值与可持续发展》，载于《世界科技研究与发展》2000年第5期。

育的条件；维持整个大气化学组分的平衡与稳定；以及由于丰富的生物多样性所形成的自然景观及其具有的美学、文化、科学、教育的价值。

2. 经济系统

经济系统是生产力系统和生产关系系统在一定地理环境和经济社会制度条件下形成的统一体，是人类社会在一定的生产方式下实现社会所必需的物质资料的生产、分配、交换、消费的社会系统。

需要说明的是，经济系统是各类经济要素的有机构成，其存在和发展离不开地球生态系统的支撑。而地球生态系统是有限的，在物质上是封闭的。随着经济规模的持续增长，地球生态系统对经济增长过程构成了内在约束。因此，如果没有生态系统自我完善的再生产过程，有限的环境不可能支撑无限的经济增长。

3. 生态经济系统

生态经济系统是由生态系统和经济系统相互交织、相互作用、相互耦合而成的，具有一定结构和功能的复合系统。在此系统中，存在着生态系统和经济系统之间的物质、能量、信息的传递与交换①。

生态经济学对生态经济系统的研究，注重生态系统和经济系统的相互联系、相互作用。在经济生产过程中，不仅要消耗自然物质，而且还要不断地将废弃物、排泄物返回自然，这是生态系统和经济系统之间最本质的物质联系，这种联系是通过物质流、能量流、信息流和价值流等实现的。

（1）整体性。将经济活动和自然生态环境作为一个有机整体来研究生态经济活动及其发展规律。同时，生态经济系统的再生产将自然再生产、经济再生产和人类自身再生产三个过程作为整体。

（2）系统性。生态系统是具有耗散结构的开放系统。生态子系统和经济子系统之间相互输入、输出熵流，当两个子系统处于相互协调状态时，生态经济系统通过正负反馈可以调节系统的结构，如先进的技术能促使生态经济系统得到高效的良性循环，使系统进化和上升。

（二）可持续发展的定义

世界环境与发展委员会在《我们共同的未来》中给出了可持续发展的

---

① 高建中、侯军岐：《生态经济的系统思维与辩证思维》，载于《生态经济》2003 年第 10 期。

定义：能满足当代人的需要，又不对后代人满足其需要的能力构成危害的发展。此后不同学科的学者分别提出有关可持续发展的定义。可持续发展的内涵体现了三个基本特征：公平性、可持续性和共同性。其中，公平性既要有代内公平又要有代际公平；持续性是要保障资源的可持续利用和生态环境的可持续性；共同性是要有共同的目标和共同努力。国内学者对可持续发展理论进行深入探讨，具有代表性的是：诸大建（2016）认为可持续发展是在地球边界内经济社会的持续发展，强调经济、环境和社会是包含互补的关系，应进行全过程系统管理而不是仅追求一个方面的发展①；牛文元（2012）认为可持续发展揭示了"发展、协调、持续"的运行基础，反映了"动力、质量、公平"的有机统一，创建了"和谐、稳定、安全"的人文环境；体现了"速度、数量、质量"的绿色运行②。

可持续发展的研究对象是生态经济社会复合系统，主要研究由不可持续发展向可持续发展状态转变，维持其可持续发展动态平衡运行所需要的经济条件、经济机制和综合效益。

可持续发展有三个基本内涵：其一，追求效率与公平包容的发展。可持续发展目标既涉及发展的效率目标，也突出发展的公平目标。可持续发展要求代内公平，要满足所有人的基本需求，为所有人提供实现美好生活的机会；可持续发展还要求代际公平，当代人的过度开采资源，会导致资源耗竭而不能持续利用，使得后代人发展受阻；可持续发展并不是不发展，而是扭转发展方式，减少资源的浪费和过度利用。其二，倡导生态文明和绿色发展。生态文明要求人与自然和谐共处。绿色发展则要求尊重自然、顺应自然、保护自然，积极改善与优化人与自然的关系，形成人与自然、人与社会的和谐共生、良性循环、全面发展、持续繁荣的生态环境。人们的生产生活方式将以最适宜的文明方式影响和介入自然，以换取自然对人类活动的最佳反馈。其三，坚持生态价值与生态财富观。经济发展不仅谋求物质财富，还要谋求生态财富③。进入新时代，"绿水青山就是金山银山""牢固树立保护生态环境就是保护生产力、改善生态环境就是发展生产力的理念"等生态

---

① 诸大建：《可持续性科学：基于对象—过程—主体的分析模型》，载于《中国人口·资源与环境》2016 年第 7 期。

② 牛文元：《可持续发展理论的内涵认知——纪念联合国里约环发大会 20 周年》，载于《中国人口·资源与环境》2012 年第 5 期。

③ 洪银兴：《可持续发展的经济学问题》，载于《求是学刊》2021 年第 3 期。

价值思想，是对传统财富观的创新，水资源、空气、生物多样性、绿色的环境都是宝贵的生态财富。

在可持续发展理论中，存在强可持续和弱可持续之争。强可持续强调环境、社会、经济三者具有依次包容的关系，经济在环境之中而不是环境被经济消解，只有自然资本非减少的综合财富增长，才是对后代有利的，因此就是可持续发展的。可见，强可持续性具有更多的约束条件（更强的表达是三者都要有非减的发展）。弱可持续强调经济、社会、环境三个支柱在可持续发展模型中的并列，只要三者加和意义上的综合财富是增长的，就是对后代有利的，就是可持续发展的。

三、生态经济与可持续发展的核心理论和基本概念

（一）核心理论

生态经济系统与人类福祉耦合理论：生态经济与可持续发展要实现人与自然的和谐共处，即要实现生态经济系统与人类福祉的相互促进和耦合发展。生态经济系统与人类福祉相互作用，生态经济系统与人类福祉同属多尺度、多层次、复杂的动态开放系统，前者通过其结构以不同方式作用于人类福祉，后者通过经济、社会、环境等福祉需求响应的方式以促进、调适或胁迫生态系统服务及其功能变化，二者由此形成紧密交织的双向关联互馈耦合机制。

生态经济系统与人类福祉的耦合既在本质上要"尊重自然、顺应自然、保护自然"，而且两者间的动态耦合演化过程，必然依托一定的地域空间，这就要实现人地关系地域系统的健康发展和可持续发展。生态经济系统通过生态系统服务连接多维度、多层次人类福祉，在一定的地域空间尺度上形成特定的人地关系地域系统。如生态系统服务供需情况关系着人类福祉的满足程度，通过分析其供需的数量关系和匹配特征，为采取有效调控措施，保障和提升人类福祉提供依据。[①] 同时，生态系统服务供需也反映了人类社会经

---

① 王圣云等：《国民福祉供需匹配及其空间均衡——以鄱阳湖为例》，经济科学出版社2020年版。

济系统与自然生态系统之间的动态关联耦合。因此，本书中生态经济与可持续发展以生态经济系统与人类福祉耦合理论、人地关系地域系统理论、可持续发展理论等为理论基础。

（二）基本概念

1. 生态供给与生态需求

生态供给：是指在当前生产力水平条件下，开发各种生态资源的现存量和更新量。生态供给有两个特性：自然修复性和社会可控性。自然修复性是当生态系统遭受外部冲击时，只要其对生态系统的利用不超过其调节能力阈值，生态环境的供给具有可再生和自动修复的能力；社会可控制性是人类可通过利用、改进、创新利用生态系统的方式，提高生态系统供给能力，同时，不合理的利用生态系统也会造成其供给能力下降。

生态需求：是指人们对生态资源的需求量，包括人口、经济发展对土地、能源、环境、水、空气等需求。生态需求也有两个特性：自然刚性和可控性。自然刚性是人们生存发展必不可少的生态需求；可控性是人们可以通过节约能源、减少排放、防治污染等手段降低人、经济对生态的需求。

2. 生态产业与生态经济系统

生态农业：是指遵循生态经济学的规律，在保护和改善农业生态环境的前提下，运用现代科学技术和农业系统工程方法，集约化经营的农业发展模式。

生态工业：是指遵循生态经济学的规律，运用生态经济规律和系统工程方法，以资源节约、清洁生产和循环经济为特征，建立一个与生态系统功能相似的生产者、消费者、还原者的工业生态链的工业发展模式。

生态服务业：遵循生态经济学规律，依靠技术创新和管理创新，充分合理开发利用生态环境和资源基础上发展的服务业包括生态旅游业、现代物流业等。

生态经济系统：是由生态系统和经济系统相互交织、相互作用、相互耦合而成的，具有一定结构、功能和生态价值的复合系统。

生态系统管理：是指在充分理解生态系统组成、结构和规律的基础上，兼顾生态、经济、社会和文化等需要，采用多学科的知识、理论和方法，对自然资源的利用、自然环境和生态系统的保护综合采取行政、经济和社会等手段进行综合治理和管理。其目的是保护和利用自然资源可持续性、生物种多样性和生态系统的功能完整，实现人与自然的和谐共生。

3. 生态效率与生态福利绩效

生态效率：是以资源环境影响最小化和经济产出最大化为出发点，提高资源配置效率为手段，是实现经济可持续发展的最终目标。

生态福利绩效：是指单位自然消耗所带来的福利水平提升，用以衡量一个国家或地区可持续发展的能力。在当前人类自然消耗已经超过地球生态承载能力的情况下，如果生态福利绩效不断提升，表明人类提升福利水平仅消耗了少量的自然资源，人类社会趋向可持续发展。

4. 生态承载力、生态足迹与生态安全

生态承载力：是特定时间、特定生态系统自我维持、自我调节的能力，反映资源与环境子系统对人类社会系统可持续发展的一种支持能力，以及生态系统所能持续支撑的一定发展水平的经济规模和人口数量。

生态足迹：是指能够持续地提供资源或消纳废物的、具有生物生产力的地域空间，其含义就是要维持一个人、地区、国家的生存所需要的或者指能够容纳人类所排放的废物的、具有生态生产力的地域面积。

生态安全：是指保护人与自然和谐共生的一种生存状态。生态安全的本质是为人类的可持续发展提供生态条件。在一定的阈值下，只要人类的行为不造成某一因素或多个因素的阈值超越上限，那么生态系统就会为人类的生存和发展创造源源不断的物质保障，提供对人类生存和发展具有支撑和有价值的产品、服务与资源环境。

5. 生态补偿与生态治理

生态补偿：广义上是指对因环境保护而失去发展机会的地区居民的经济、技术和物质补偿以及政策优惠，还有为促进环境保护，为提高环境保护水平的科研和教育经费。狭义地说，是指破坏了生态系统和自然资源，对已经造成污染环境的补偿、恢复和综合治理等一系列活动。

生态治理：针对生态经济发展过程中所出现的实际问题，需要空间生态规划、生态影响评价治理、生态综合管理进行调节和改善。其中，空间生态规划是在生态原理的指导下，将相关的生态规划理论和方法应用于空间规划。空间生态规划强调人类生命、生产活动与自然环境、自然生态过程的整体关系的和谐。空间生态规划的前提是资源承载力，强调系统的开发以当地资源承载力为基础，确定科学合理的资源开发和利用模式、人类社会和经济活动的强度与空间分布。生态治理的主体包括政府、市场、社会组织、公众等。生态治理的目标是改善和优化生态环境，推动社会各领域的生态化转变，提升生态治理主体的能力素质，满足民众的生态诉求。

6. 可持续性与可持续发展

强可持续性：强可持续性是基于自然资本不可替代的认识。科斯坦萨（Constanza）、戴利（Daily）等生态经济学家认为，对于某些关键自然资本，比如说尤为重要的自然资本，应当维持自然资本的实存量，对这些资源存量的使用不能超过其再生能力。

弱可持续性：弱可持续性的理念主张自然资本和人造资本之间的替代是可能的，其认为确定可持续发展的标准是"保持和提高经济个体应有的福利水平"。

生态公平："人与自然和谐共生"诠释了人与自然的关系和整体视域，是生态公平的基础和前提，"最公平的公共产品、最普惠的民生福祉"则诠释了生态公平的对象及共享要求。从现实旨向来看，如何借助制度优势真正实现"公平""普惠"的生态公平目标，即如何解决好区域之间、城乡之间以及群体之间生态不平衡不充分、环境权益保障不完善、生态利益分配不合理以及环境成本转嫁、治理责任迁移等一系列生态不公平问题，是生态经济与可持续发展关切的现实问题。生态公平涉及代际公平、生态正义、公平对待自然，以及生态空间平等。

可持续发展：世界环境与发展委员会在《我们共同的未来》中的定义：能满足当代人的需要，又不对后代人满足其需要的能力构成危害的发展。

7. 真实财富、绿色经济与包容性绿色增长

自然资源：狭义的自然资源只包括实物性资源，即在一定社会经济技术条件下能够产生生态价值或经济价值，从而提高人类当前或可预见未来生存质量的天然物质和自然能量的总和。而广义的自然资源则包括实物性自然资源和舒适性自然资源。

包容性财富指数（Inclusive Wealth Index，IWI）：是评估一个国家或地区的真实财富水平，以衡量其经济可持续发展水平。包容性财富的概念是在可持续发展理论的基础上发展起来的，认为可持续发展就是生产力基础不萎

缩的发展模式，而生产力基础由社会所拥有的一系列资本所构成，包括自然资本、生产资本、人力资本和社会资本等。

绿色经济：是指经济体在经济活动中需考虑经济活动的外部性和环境承受能力，而且要在环保活动中获得经济利益，主要研究环境、污染、气候变化以及外部性分析。[①]

包容性绿色增长：力求增长的社会包容性和绿色增长，以实现社会福祉的可持续提升，是改善经济增长面临的贫富差距扩大、资源环境恶化等问题，实现经济增长、社会公平和环境保护的新的经济增长模式[②]。

第三节 学 科 体 系

一、学科属性与特征

（一）关于生态经济学的几种代表性观点

不同的教科书对于生态经济学提出了对应的学科体系，但各有侧重，本节选取具有代表性的观点加以评述。

马传栋 1986 年编写的《生态经济学》，主要从生态效益、经济效益、生态经济效益着手，研究自然生态系统、生态经济系统和生态平衡，阐释了社会主义基本经济规律与经济效益和生态效益的统一，即从生产领域的生态经济理论，流通分配消费领域的生态经济理论，经济管理中的生态经济理论三大块来解构生态经济学。[③] 该著作提出了生态经济学的理论框架，深层次探讨了中国特色社会主义生态经济学的理论内涵。但该著作仅从宏观角度研究生态经济学，缺乏中观、微观视角的生态经济学；另一方面，仅将生态经济学视为理论经济学并不符合实际，应用生态经济学和实践生态经济问题也

---

① 诺德豪斯，李志青等译：《绿色经济学》，中信出版集团，2022 年。
② OECD. Inclusive Green Growth：For the Future We Want，Paris：OECD Work of Relevance to RIO + 20，2012.
③ 马传栋：《生态经济学》，山东人民出版社 1986 年版。

需要研究。

许涤新 1987 年编写的《生态经济学》，系统阐述了生态经济学的研究对象和性质，并论述了生态经济学的基本原理和应用。生态经济学基本原理从生态经济系统、生态经济系统结构、生态经济系统的功能、生态经济平衡、生态经济效益、生态经济系统的调控等方面来分析；生态经济学的应用则从生态经济宏观管理、区域生态经济、农村生态经济、城市生态经济、城乡复合生态经济、生态经济系统的分析方法等论述。① 该教材中生态经济学的基本框架基本确立，从理论生态经济学和应用生态经济学两方面来展开。但该教材认为生态经济学的研究对象为生态经济系统，且继承传统经济学"以人类活动为中心"的观点，且仅从区域生态经济、农村生态经济、城市生态经济、城乡复合生态经济等方面谈论应用生态经济学，对应用生态经济学的架构并不完善。

唐建荣 2005 年主编的《生态经济学》，从生态经济学的形成、生态经济学的内涵、生态经济学的基础理论、生态经济学的价值研究三方面概述了生态经济学的基本概念，再从生态经济系统研究、生态经济系统的物质循环和能量流动、生态经济的核算研究、可持续发展的经济科技政策、生态经济的产业研究、生态经济的消费研究、生态经济的教育研究、生态经济与可持续发展等方面阐述生态经济学的应用研究。② 随着可持续发展理论研究不断深入，生态经济学的研究纵向研究更为深入，从产业、消费、教育、政策等多维度对生态经济进行研究，生态经济学的框架也逐渐完善。但教材中并没对生态经济学进行细致的学科分类，只是对生态经济的各领域研究进行整合，还未形成完善的学科体系。

沈满洪 2008 年主编的《生态经济学》，明确地将生态经济学分为理论生态经济学和应用生态经济学两部分，其中应用生态经济学包括专门性生态经济学、部门性生态经济学、区域生态经济学。专门性生态经济学包括人口生态经济学、资源生态经济学、环境生态经济学等；部门生态经济学包括农业生态经济学、工业生态经济学、渔业生态经济学等；区域性生态经济学包括城市生态经济学、农村生态经济学、流域生态经济学等。③ 该专

---

① 许涤新：《生态经济学》，浙江人民出版社 1987 年版。
② 唐建荣：《生态经济学》，化学工业出版社 2005 年版。
③ 沈满洪：《生态经济学》，中国环境科学出版社 2008 年版。

著系统归纳并首次明确了中国生态经济学的学科群，地将生态经济学分为理论生态经济学和应用生态经济学，从教材内容看，其从生态经济系统理论和生态经济功能理论两方面来阐述生态经济学的理论，以生态经济系统的协调发展为导向，重视生态与经济的协调发展，而对生态、经济、社会的协调发展、人与自然的和谐共生以及生态经济的价值衡量等新近热点内容较少涉及。另外，该教材对区域性生态经济学和专门性生态经济学方面进行分类，但其教材内容并未展开具体介绍，从而导致教材内容有待完善。

（二）学科属性特征

1. 学科属性

本教材在已有研究的基础上，继承和发展生态经济学与可持续发展理论，并从两方面来架构生态经济与可持续发展的学科体系和整体框架。本教材认为生态经济与可持续发展是交叉融合学科，涵盖生态经济与可持续发展经济学的基本内容。本教材在应用生态经济学的内容中，囊括了生态经济学的一些子方向，如部门生态经济学从生态农业、生态工业、生态服务业等方面展开；区域生态经济学从城乡生态经济、流域生态经济、海洋生态经济等方面展开。为体现当前生态经济与可持续发展领域的前沿和热点内容以及各学科交叉融合的研究趋势，建立一个开放式的生态经济与可持续发展学科体系。

2. 生态经济与可持续发展和其他学科的关系

第一，生态经济与可持续发展的学科比较。

生态经济与可持续发展是生态学和经济学相互交叉、渗透、有机结合形成的新兴边缘学科，是一门跨越自然科学和社会科学的交叉学科。当然，生态经济与可持续发展并不是生态学、经济学或者其他相关学科的简单叠加，这些学科相互融合和渗透，而是一门新的独立的学科，因此不能简单地说生态经济与可持续发展是哪一门学科的分支学科。它既不属于生态学的分支学科，也不属于经济学的分支。

生态经济学与资源经济学、环境经济学侧重都研究可持续性。但资源经济学侧重研究资源可持续利用，环境经济学研究环境污染及可持续治理，生态经济学侧重研究特定地区生态与经济协调与可持续发展。

生态经济学为可持续发展提供了理论基础：（1）可持续发展观的形成与确立，是建立在生态与经济协调的基础之上的。（2）可持续发展的理论体系是以生态环境协调发展论为轴心形成与发展的。（3）可持续发展的产生与发展，标志着当代人类对生态经济协调发展规律认识的深化①。

生态经济学和可持续发展经济学的内在联系：（1）两者研究的目标都是实现经济可持续发展。但生态经济学的核心内容是生态环境与资源的可持续利用及经济的可持续发展，其研究内容和目标与可持续发展经济学是基本统一的。（2）两者都将生态环境与资源作为经济发展的内生因素来对待，均拓展了经济学的研究范围。生态经济学与可持续发展经济不仅将生态环境和自然资源作为决定经济发展的内生变量，而且认为他们有经济价值，这是决定人类福祉的重要因素。（3）二者都注重生态需要内容的研究。生态经济学和可持续发展经济学均强调人的生态需要，将其视为人类福祉的最重要的组成部分。（4）二者有相同的伦理价值和目标，均追求以人类作为物种的最大利益为目标。既强调代际间的公平和效率，以实现整个人类的最大利益为目标。（5）二者有基本相同的价值理论和资源配置标准。将生态纳入价值理论中，满足人类生存需要的生态环境和自然资源都是由经济价值的，一切改善人类生态福祉的活动都是创造价值的活动，资源配置中不仅研究人类的物质福祉，还要关注获得的生态福祉，同时不能减少后代人的福祉，更不能威胁人类的持续生存。（6）可持续发展经济学尤其将生态环境和自然资源的外部性纳入分析，将人类活动对生态环境和自然资源的影响纳入分析中②。

生态经济学与可持续发展经济学的区别：（1）可持续发展经济学比生态经济学的研究范围更宽泛。可持续发展经济学不仅研究生态环境与经济发展的关系，还研究社会制度与经济发展、生态环境的关系，而生态经济学则将社会制度作为外生变量来看待。（2）生态经济学局限于生态环境与经济发展的协调关系研究，对于如何实现经济可持续发展，不能从制度层面深

---

① 张志强、徐中民、程国栋：《可持续发展下的生态经济学的理论透视》，载于《中国人口、资源与环境》2003 年第 6 期。

② 柳杨青、杨文进：《略论生态经济学与可持续发展经济学的关系》，载于《生态经济》2002 年第 12 期。

度分析该过程的机制和规律。可持续发展经济学则既揭示了该过程的作用机理，又能通过是适当的制度改革和制度安排保障其朝着相互促进的方向发展。

第二，生态经济学与其他学科的观点比较①。

生态经济学是一门研究如何处理经济增长与生态约束之间矛盾的学科，生态经济学通常认为可以用市场价值法、替代市场法和模拟市场法估算生态系统服务价值的存量和增量，以增量为依据为生态保护、修复和建设的贡献者付费。从制度创新入手，规范企业和个人的行为，将利己目标与利他目标统一起来，实现经济与生态协调，人与自然和谐。从利益相关者的协商与谈判入手，形成并实施具有共赢性质的解决生态问题的方案。

资源经济学主张要通过技术创新，提高资源利用效率和替代效率，最终确定资源的最优利用率和最优替代率，同时缩小资源开放的尺度，通常会以许可证的方式把资源利用的权利发放给特定的人群（或社区），并制定管理制度，如禁伐、禁牧、禁渔制度和森林、草地、渔场生态补偿制度。

环境经济学则认为根据环境容量确定可排放的污染总量，通过排污权交易，降低污染治理的成本，引导排污权流向更有效率的企业。

第三，生态经济与可持续发展和新古典经济学的区别②。

研究对象上的特点：传统经济学只研究经济系统的变化。传统生态学只研究生态系统的变化，而生态经济与可持续发展是要研究经济系统和生态系统的可持续发展关系。因此，生态经济与可持续发展具有学科整合的特征，既不同于传统的经济学只单纯地考虑价值流，也不同于传统的生态学只考虑物质流，而是要求物质吞吐量在生态系统可以承受的范围内。

研究内容上的特点：传统经济学主要研究资源的相对稀缺性，研究的重点是效率和分配。生态经济与可持续发展主要研究资源的绝对稀缺性，研究的重点是规模、效率与分配问题，讨论的话题是物质吞吐量稳定下的经济发展。但是生态经济与可持续发展指出增长是物质规模或量的扩大，发展则是指价值量的提高。

---

① 张明军、孙美平、周立华：《对生态经济学若干问题的思考》，载于《国土与自然资源研究》2006年第2期。
② 诸大建：《作为可持续发展的科学与管理的生态经济学》，载于《经济学动态》2009年第11期。

研究意义上的特点：工业革命时代是经济的物质规模相对于生态系统仍然比较小的时代，世界处于所谓空的世界，因此新古典经济学是适用的。但是 20 世纪 80 年代以来，经济的物质规模已经证明超越了生态系统的物理规模，世界已经成为所谓满的世界，因此需要运用生态经济与可持续发展进行指导，在世界总体规模需要缩小的情况下，需要采取提高资源生产率的发展战略使得经济规模减小。

研究目标上的特点：传统的经济学研究停留在中间的手段上，把经济增长看作人类经济的根本目标，属于用个人偏好代替最终目标的研究范式；而生态经济与可持续发展认为生态经济发展是为了可持续提升人类福祉。这里人类福祉包含了两个主要方面的福祉，即人造资本提供的福祉和自然资本提供的福祉。

二、本教材的框架体系

（一）学科核心理论

生态经济与可持续发展追求的目标是人与自然的和谐共生，生态、经济、社会协调发展，最终实现人类繁荣与福祉可持续提升。因此，本教材将生态经济系统与人类福祉耦合、人地关系地域系统、可持续发展与可持续性等理论作为核心理论。

（二）基本概念与理论框架体系

生态经济与可持续发展教材由三个模块组成（见图 1 - 1），分别是理论与体系、概念与方法论和评估与治理。理论与体系包括生态经济系统与人类福祉、人地关系地域系统、可持续发展与可持续性；概念与方法论包括生态供给、生态需求，以及生态服务、生态安全、生态效率、生态承载、生态压力和生态约束对生态供求的作用机制；政策与管理由生态规划、生态治理、生态管理三部分组成，其目标是实现生态文明和可持续发展。

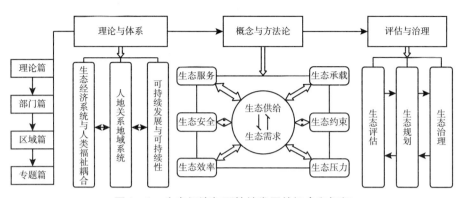

图 1 - 1　生态经济与可持续发展的概念和框架

其中，概念与方法论模块的核心是生态供给与生态需求的作用机制。实现生态供给和生态需求的动态均衡，要从两方面入手：第一，通过生态产业化维护和改善生态环境，保障和促进生态资源的有效供给；第二，要实现产业的生态化，推动生态农业、生态工业和生态服务业的发展，改变循环经济、清洁生产等生产方式，减少资源消耗，促进资源高效利用，减少经济发展对生态资源的需求。

生态效率是生态供给与生态需求相互作用的动态演进过程中，实现资源环境影响最小化而经济产出最大化。

生态承载力是指生态系统的自我维持与自我调节能力，以及资源与环境子系统的供容能力，为生态承载力的支持部分；也是生态系统内社会经济子系统的发展能力，为生态承载力的压力部分。生态承载力决定了生态系统的供给能力和生态需求的阈值。生态承载力的不断提高需要在生态供给和生态需求相匹配的情况下得以实现，是实现可持续发展的必要条件。一个区域的发展必定是以消耗一定的物质资源以及排放一定的污染物为基础的。从生态承载力的角度看，这种物质的消耗和污染物的排放必须限定在资源储量及环境容纳的阈限值以内。较高的生态承载力表明具有较丰富的资源、较大环境容量、较为适宜的人口规模以及较好的经济环境和较高的科技含量。

可持续发展能力是指系统内部各要素，通过自身的发展及相互间的互动反馈作用，所拥有的支撑可持续发展的整体能力。生态安全是一个地区生态供给和生态需求严重失衡，生态环境超出"阈值"时，就会产生连锁效应，最终危害到一个国家、一个民族的生存，资源枯竭、环境恶化所造成的生态危机，往往难以恢复。生态供给和生态需求的动态平衡同时受到自然资源与生态环境的约束，便会产生生态压力和资源约束。生态系统服务是指人类直接或间接从生态系统的各种功能中取得的各项收益，同时生态系统为人类提供有价值的产品和资源。

第三个模块是评估与治理。首先是对生态经济与可持续发展进行测评或评价，评估结果需要政策与治理方式的变革来矫正、规范、改变经济发展方式。其中，包括对生态功能区规划、区域生态治理和海岸带生态管理等。

（三）学科体系构成

本教材中，生态经济与可持续发展的学科体系包括理论生态经济与可持续发展、部门生态经济与可持续发展、区域生态经济与可持续发展和生态经济与可持续发展专题四部分构成（见图1－2）。

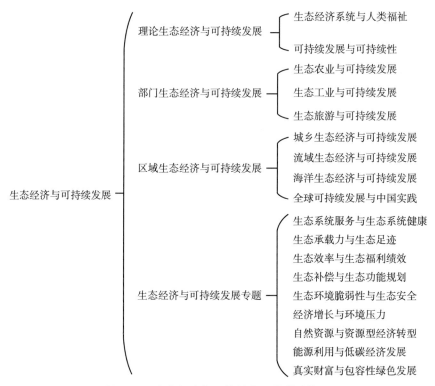

图1－2　生态经济与可持续发展的学科体系

（1）理论生态经济与可持续发展：主要包括生态经济系统与人类福祉、可持续发展与可持续性等理论。生态经济系统与人类福祉相互作用，人类福祉与生态经济系统之间既相互影响，又相互作用。可持续发展与可持续性旨在实现人与自然的和谐相处，以实现持续健康的发展。可持续性是指在保持自然资源及其提供的服务质量的前提下，最大可能性地提高经济发展的净效益。当前，国际上主要有两种可持续发展理念，一是弱可持续性（weak sustainability）的发展理念；二是强可持续性（strong sustainability）的发展理念。对于强可持续性与弱可持续性这两种发展理念的不同认知，主要是对自然资本替代性的认识上存在着分歧。弱可持续性的理念认为自然和人工资本之间的替代是可能的，强可持续性理念是基于自然资本不可替代的认识。

（2）部门生态经济与可持续发展：包括生态农业、生态工业和生态服务业。生态农业是以生态经济学原理为指导，以维持农业系统内部自我循环为基础，在生态上低输入、在经济上高收益，包括生态种植业、生态材业、生态渔业、生态畜牧业。是一种新型农业。生态工业是依据生态经济学原理，以节约资源、清洁生产和废弃物循环利用等为特征，以现代科学技术为依托，运用生态规律、经济规律和系统工程的方法经营和管理的一种工业发展模式。生态服务业是充分合理开发、适当利用当地生态环境和自然资源发展的服务业，其凭借技术创新和管理创新，以生态学和生态经济学理论为指导，适应现代社会经济生活的新型服务业。生态服务业包括生态旅游业、生态物流等。生态农业、生态工业和生态服务业旨在实现农业山林农田湖草系统、工业、服务业等产业的绿色发展，同时形成绿色发展的产业生态。

（3）区域生态经济与可持续发展：以生态经济学系统思想为基础，综合分析区域生态经济系统及子系统和各类要素地域分异规律，进行系统的、综合的空间格局研究，为我国区域绿色发展和实践研究提供重要的理论基础。区域生态经济学主要包括城乡生态经济与可持续发展、流域生态经济与可持续发展、海洋生态经济与可持续发展以及全球生态经济与可持续发展实践。城市生态经济学是基于经济学角度研究在城市这一特定空间内，城市生态经济系统内部的运行规律，以及城市中城市生态系统与城市经济系统之间互相作用、相互耦合的机理的科学，以此来指导城市经济发展应该遵循的发展方向，推动城市健康、持续地发展。流域生态经济系统的协同发展是指在一定的流域范围内经济、社会和环境三个子系统的协同发展，三个子系统之间相互依赖和影响的复杂关系要能够促使整个系统良性和协同发展。海洋生态经济系统是由海洋生态系统、海洋经济系统与海洋社会系统相互作用、相互交织、相互渗透而构成的具有一定结构和功能的特殊复合系统，由海洋生态子系统为海洋社会以及海洋经济子系统提供支撑等服务，海洋经济子系统则提供实现各类海洋资源物质从分散到集中、能量由低效到高效等服务，海洋社会子系统负责向海洋经济子系统提供智力和劳力支持。

（4）专题生态经济与可持续发展：本教材主要包括生态系统服务与生态系统健康、生态承载力与生态足迹、生态效率与生态福利绩效、生态补偿与生态功能规划、生态环境脆弱性与生态安全、自然资源与资源型经济转型、能源利用与低碳经济发展、经济增长与环境压力、真实财富与包容性绿色发展。生态经济与可持续发展是一个交叉学科，具有很强的开放性。

第四节　主　要　内　容

本书整体分为十九章。

第一章为导论，主要阐述本书的写作背景、基本概念及学科框架。第二、第三章为生态经济与可持续发展理论篇。第四章到第十二章为生态经济与可持续发展方法专题篇。第十三、第十四、第十五章为生态经济与可持续发展部门篇，涵盖生态农业可持续发展、生态工业可持续发展、生态旅游可持续发展。第十六、第十七、第十八、第十九章是生态经济与可持续发展区域篇，覆盖城乡生态经济与可持续发展、流域生态经济与可持续发展、海洋生态经济与可持续发展、全球可持续发展与中国实践。具体来看：

第一章：导论。包括五节，第一节为写作背景；第二节为主要理论和基本概念，首先归纳了生态经济与可持续发展的产生和发展历史；其次阐述了生态经济与可持续发展的基本概念；第三节是学科体系构建，概述了生态经济与可持续发展的学科体系；第四节是教材主要内容；第五节是本书的研究方法论。

第二章：生态经济系统与人类福祉。包括六节内容，前三节分别论述了生态系统、经济系统、生态经济系统、人类福祉等相关内容。这三节阐述了生态系统与经济系统的基本概念，并概括了生态经济系统结构与功能及构成人类福祉的关键因素。第四、第五节分别论述了生态系统对人类福祉的影响及生态经济系统与人类福祉之间的联系。第六节为案例分析。

第三章：可持续发展与可持续性。第一节介绍了可持续发展理论演进与人类世，并从可持续发展的理论演进到中国可持续发展战略，再到"人类世"时代的到来进行阐述。第二、第三节系统分析了弱可持续性、强可持续性与可持续发展，并从强可持续性与弱可持续性的理论比较、政策含义及测度方法等方面进行分析。第四节为案例分析。

第四章：生态系统服务与生态系统健康。本章首先介绍了生态系统服务功能的内涵与类型，进一步概述了生态系统服务功能的评价方法；其次论述了生态系统服务功能的供需；然后阐述了如何对生态系统健康进行评价；最后是案例分析。

第五章：生态承载力与生态足迹。本章包括五节，第一节为生态承载力与环境空间，第二节介绍了生态承载力的评价方法，第三节阐释了生态足迹的概念与原理，第四节给出生态足迹的计算方法，第五节为案例分析。

第六章：生态效率与生态福利绩效。本章先以生态效率概念与评价工具为起点，阐述了生态效率指标在循环经济中的应用。再从生态效率论述到生态福利绩效，分析了生态福利绩效变化的驱动因素。最后是案例分析。

第七章：生态文明与生态产品价值实现。这一章从生态补偿的理论出发，论述了生态补偿与生态公平的关系，介绍了空间生态规划与生态功能分区，归纳了中国生态文明与生态示范区建设进程。最后是案例分析。

第八章：生态环境脆弱性与生态安全。本章先介绍了脆弱性与脆弱生态环境，再归纳了生态环境脆弱性评估方法，进而阐述生态安全概念与评估方法，以及脆弱生态环境的治理模式，最后是案例分析。

第九章：自然资源与资源型经济转型。从自然资源的定义和分类，到自然资源与人类社会发展，再到资源诅咒与资源福音，再阐述了资源型经济与资源型城市。最后是案例分析。

第十章：能源利用与低碳经济发展。本章介绍了碳排放与人文发展的关系，论述了能源结构优化与技术进步，再阐述了能源效率与低碳经济。最后是案例分析。

第十一章：经济发展与环境质量协调发展。论述了经济发展与环境压力的关系。首先介绍了经济增长和"增长的极限"，再论述了造成环境压力的经济因素，然后阐述了 EKC 假说的内涵、检验和分歧，强调了经济发展与环境保护的协调发展。最后是案例分析。

第十二章：绿色经济核算与包容性绿色发展。从绿色 GDP 的核算、经济福利指数、真实财富、包容性财富、包容性绿色增长等方面展开论述。最后是案例分析。

第十三、第十四、第十五章分别论述了生态农业与可持续发展、生态工业与可持续发展、生态旅游与可持续发展。生态农业可持续发展主要从生态农业概念，生态农业产业发展模式，生态农业园区发展，生态农业山林农田湖草系统四个方面进行论述。生态工业首先将生态工业与传统工业进行比较，再阐释了清洁生产与生命周期评价，进一步解释了循环经济与物质流分析及生态工业园。生态旅游从其提出和发展、生态旅游的特点和功能、生态旅游的发展模式、生态旅游规划及其类型来阐述。这三章的第五节均为案例分析。

第十六、第十七、第十八、第十九章为城乡生态经济可持续发展、流域生态经济可持续发展、海洋生态经济可持续发展和全球可持续发展实践。第十六章为城市生态经济与乡村生态振兴。此章共五节，第一节是中国城市化的生态环境效应，第二节是城市生态经济系统，第三节为城市生态经济效应，第四节为城乡生态经济系统与乡村生态振兴，第五节是案例分析。第十七章是流域生态经济与综合治理。从流域生态经济系统分析，到流域水资源与发展，再论述流域水贫困和人口生计，论述了流域综合治理模式与政策。最后是案例分析。第十八章是海洋生态经济与海洋产业发展。本章先介绍了海洋生态经济系统，再分析了海洋资源与海洋经济，然后阐述了海洋产业及其分类，介绍了海洋经济发展态势。最后是案例分析。第十九章为可持续发展实践与全球应对。本章先论述了可持续发展目标，再进一步研究温室气体与全球气候变化，归纳了应对全球气候变化与中国可持续发展实践成果。最后是案例分析。

第五节 研究方法论

一、系统论与辩证的方法论

马克思的《资本论》研究提供了科学研究的基本原则和方法——唯物史观与辩证法。坚持辩证法的原则，关键是坚持系统分析与矛盾分析相统一。系统分析方法把人类社会看作一个有机整体，目标是实现人与自然、社会的全面进步，不仅能够统筹考量生态系统要素之间、生态系统和人口系统、生产力系统和生产关系系统及上层建筑系统之间内在联系，维护生态系统服务的供需平衡和生态系统的健康，且能揭示生态经济系统的整体性、结构性及动态演化规律。同时，既要遵循生态经济系统的内在结构与演化规律，又要整合资源、统筹力量，兼顾国内国际大局，从战略高度推进生态经济协调发展和"五位一体"总体发展。矛盾分析方法也要重视矛盾、分析矛盾并利用矛盾的变化推进经济社会的发展。人与自然的矛盾是生产力发展的推动力，二者的和谐共生只有在发展中才能实现。生态保护与经济发展表面上冲突对立，实际上涵盖了矛盾双方相互转化的动力源泉。"绿水青山就是金山银山"是把生态环境内化于经济发展，其实财富创造的内在要素，要把绿水青山的优势高效转化为经济发展。这一论断就是把绿色视为经济发展的方式和动力，同时也是经济发展的目标。因此，坚持辩证的分析方法，才能深刻理解生态经济与可持续发展的理论逻辑①。

坚持历史的方法论，关键在于坚持逻辑和历史的统一，坚持理论和实践相结合。② 逻辑反映历史又高于历史，是对历史本质和规律的科学抽象。生态经济与可持续发展的理论逻辑，如："绿水青山就是金山银山""生态产业化与产业生态化"等反映了新时代生态文明的历史必然性，是生态经济与社会发展规律的逻辑再现。因此生态经济与可持续发展需要以实践需要作

---

① 张夺、王桂敏：《中国特色社会主义生态政治经济学的思想论纲与研究展望》，载于《西安财经大学学报》2022 年第 4 期。

② 郭台辉：《西方社会科学方法论的历史之维》，载于《中国社会科学》2019 年第 8 期。

为理论建构的起点，坚持问题导向，回应时代呼唤，对中国特色社会主义伟大实践提出的各种问题进行科学回答。

二、经济学方法论

运用生态学的方法研究经济问题，同时善于采用经济学方法研究生态问题。采用生态学方法研究经济问题，一方面从经济发展与生态环境相互协调角度，如根据生态学的基本思想提出"生态农业""生态工业""生态旅游""循环经济"；另一方面从经济仿生的角度出发，运用生态学的概念和理论重新研究经济现象，如企业生命周期理论、经济演化理论等。学习生态经济与可持续发展，需要掌握基本的生态学研究方法，才能从生态学视角去审视经济问题。

与此同时，学习生态经济与可持续发展，尤其需要熟练掌握经济分析方法。经济学一些基本的理论和方法，包括均衡分析方法、边际分析方法、静态分析法、比较静态分析法、动态分析法等。学习经济分析方法不仅仅要掌握其方法本身，更重要的是要有经济分析思维。如均衡分析方法包括局部均衡分析法和一般均衡分析法，生态经济与可持续发展中需要局部均衡分析方法，生态经济现象非常复杂，首先，要从局部个体出发，才能对生态经济系统有深刻的微观认识；其次，生态经济与可持续发展更需要一般均衡分析方法，将生态系统和经济系统纳入供需、成本收益等分析框架。

实证研究和规范研究相结合也是经济学方法论的一个特点。学习实证分析方法，即需要将经济现象进行科学的预测和纯事实叙述，回答"是什么"的问题。规范研究则需要回答"应该是怎样"，即对经济政策或经济状况进行价值判断。在生态经济与可持续发展研究中，首先，要描述生态经济现象、剖析生态经济问题、掌握生态经济规律等，如综合评价指标体系法、环境货币化估值、生态足迹、能值分析、生态系统服务等；其次，将生态公平等因素纳入经济分析的内生因素，需要价值判断等规范研究。

三、可持续发展评价方法论

可持续发展和可持续性科学的研究，分为三个不同层面，即实践层、经验层、理论层。可持续发展运动属实践层次，世界各地可持续发展的最佳实践提供了许多个性化的事例；联合国、各国政府、各类组织的战略和政府是部门化、区域化、全球化的经验层，是许多经验性的总结；最后是理论层，一方面要实践和经验的成果转化成人类知识的创新和积累；另一方面要对实践和经验提供理论指导。研究可持续发展，可持续性科学超越多学科和交叉学科的地方，要发展一种本体论、价值论和方法论，形成元概念意义上的分析框架和分析方法或整体范式。理论和实务双向互动进行研究，以生态文明为核心的理论研究，对内指导中国绿色发展的政策与实践，对外深化发展可持续性科学的理论思考。对内指导可分为从理论到实务和政策与从实务和政策到理论。理论到实务和政策是为中国生态文明的政策和实践提供支撑，实务和政策到理论是中国生态文明和绿色发展的实践进一步发展中国生态文明理论。对外则是运用国际可持续性科学研究的前沿研究成果解读中国生态文明理论，运用生态文明理论研究拓展可持续性科学，为世界贡献中国智慧和中国思路①。

---

① 诸大建、张帅：《中国生态文明实践如何检验和深化可持续性科学》，载于《中国人口·资源与环境》2022 年第 9 期。

第二章

生态经济系统与人类福祉

随着生态学和经济学的相互交融，生态系统变化与人类福祉的关系逐渐成为生态经济与可持续发展研究前沿领域[1]。生态系统提供食物、水、空气、住所以及相对稳定的气候条件，是人类赖以生存的基础。人类福祉是由许多因素组成的，地区可持续发展的基础来自持续的生态系统供给，人类通过对生态系统服务的消费来满足和改进福祉[2]。然而，人类在提高自身福祉过程中，由于对生态系统需求增加，人类经济社会活动导致生态系统提供服务的能力不断被削减，这给生态系统服务带来一定程度的损害[3]。人们对生态系统服务需求不断增长与生态系统不断恶化之间的矛盾严重地阻碍了人类福祉的可持续提升，而未来生态系统及其服务的不断改变也给人类福祉提升带来潜在的威胁。完善对地球生态系统的管理以确保人类对生态系统保护和可持续利用，是提高人类福祉和推动可持续发展进程的重要保障[4]。

理解生态系统与人类福祉的关系，对于协调生态系统服务维护与改善人类福祉之间的关系至关重要。为此，本章第一节主要介绍生态系统及经济系统；第二节阐述生态经济系统的结构和功能；第三节分析构成人类福祉的关

---

① 刘家根、黄璐、严力蛟：《生态系统服务对人类福祉的影响——以浙江省桐庐县为例》，载于《生态学报》2018 年第 5 期。

② 王大尚、郑华、欧阳志云：《生态系统服务供给、消费与人类福祉的关系》，载于《应用生态学报》2013 年第 6 期。

③ Millennium Ecosystem Assessment (MA). Ecosystems and Human Well – being. Washington, DC：Island Press，2005

④ 赵士洞、张永民：《生态系统评估的概念、内涵及挑战——介绍〈生态系统与人类福利：评估框架〉》，载于《地球科学进展》2004 年第 4 期。

键因素；第四节介绍生态系统对人类福祉的影响；第五节介绍态经济系统与人类福祉之间的联系。第六节为案例。

第一节 生态系统与经济系统

一、生态系统

根据生态学的分析，生命系统和环境系统在特定空间的组合构成了生态系统①。1935 年阿瑟·坦斯利（Arthur Tansley）提出关于生态系统最初的科学概念，他认为生态系统不仅包括生物复合体，而且包括由构成环境的各种自然因素组合而成的整个复合体②。到 20 世纪 40 年代初，雷蒙德·林德曼（Raymond Lindeman）首次进行生态系统方面的定量研究③。沿承阿瑟·坦斯利（Arthur Tansley）及其后来的发展，《生物多样性公约》（CBD）采用的生态系统定义为，生态系统是由植物、动物和微生物群落，以及无机环境相互作用而构成的一个动态、复杂的功能单元④。生态系统的结构和功能受气候、地形、土壤等因素控制⑤，每种类型内部各生态系统的特征要素是高度相关的在实际研究中可以根据不同的需要和划分标准将生态系统分为不同的种类，如自然生态系统和人工生态系统。

（一）生态系统的结构

生态系统是由处于不同营养层次的多种生物和它们的周围环境组成的复杂的网络结构⑥。生态系统的各种构成要素在某一空间处于有序状态，这种

---

① 中国社会科学院经济研究所：《生态经济问题研究》编辑组编：《生态经济问题研究》，上海人民出版社 1985 年版。

② Tansley, A. G. The Use and Abuse of Vegetational Concepts and Terms [J]. *Ecology*, 1935, 16 (3).

③ Raymond L. Lindeman. The Trophic – Dynamic Aspect of Ecology [J]. *Ecology*, 1942, 23 (4).

④ United Nations, 1992: Rio Declaration on Environment and Development. United Nations, New York, NY.

⑤ 蔡平、马特森、穆泥著，李博等译：《陆地生态系统生态学原理》，高等教育出版社 2005 版。

⑥ 中国国家自然科学基金委员会生命科学部，中国科学院上海文献情报中心：《全球变化与生态系统》，上海科学技术出版社 1994 年版。

有序状态具有相对稳定性,生态系统固有的组分和结构,及它们之间相互作用形成的过程与功能是生态系统提供多种服务的基础①,可以从一般意义上的营养结构、组分结构和时空结构几方面来理解生态系统。

生态系统的营养结构是以生产者、消费者和分解者为核心的生态系统要素间的养分关系而构建的,并且它以营养为纽带形成了食物链与食物网,所谓食物链就是一种食物以另一种食物为食,彼此形成以食物为链接的链锁关系,各种食物链相互交错就形成了食物网。

生态系统的组分结构主要是生物群落的种类组成及各组分之间的量比关系,不同的生物物种以及它们之间不同的量比关系构成了生态系统的基本特征,并且环境构成要素也属于组分结构。生态系统的组分结构指的是自然界的生态系统都由两大部分、四类成分所组成,两大部分就是非生物环境部分和生物部分,四类成分是指环境要素类和植物、动物、微生物三类群②。

随着时间的推移生态系统结构也会发生变化,从时间跨度上来看,包括以生态系统演化的长时间度量,以群落演替的中等时间度量,还有短期度量。各种生物成分或群落在空间上和时间上具有不同的配置和形态变化特征,包括水平结构、垂直结构和时空分布格局③。

(二) 生态系统的功能

作为地球生命支持系统,自然生态系统是人类经济社会赖以生存和发展的基础④。需要区分生态系统过程与功能的区别,与生态系统过程相比,生态系统功能包括大气调节,洪水调节、病虫害防治等目的⑤。生态系统的功能和生态系统的服务密切相关,但两者也有区别,生态系统功能是生境、生物学性质或生态系统过程,是生态系统本身所具备的性质,不因人类的存在而存在,但却会受到人类干扰后作出一定的反应⑥,而生态系统服务是指人

---

① James Boyd, Spencer Banzhaf. What are ecosystem services? The need for standardized environmental accounting units [J]. *Ecological Economics*, 2007, 63 (2).

② 徐凤翔:《森林生态系统与人类》,中国林业出版社 1982 年版。

③ 何盛明:《财经大辞典》,中国财政经济出版社 1990 年版。

④ 中国科学院可持续发展战略研究组. 生态系统服务理论 [DB /OL]. 中国,www. china. com. cn/Chinese/zhuanti/295916. htm,2003 – 03 – 19.

⑤ Brendan Fisher, R. Kerry Turner, Paul Morling. Defining And Classifying Ecosystem Services For Decision Making [J]. *Ecological economics*, 2009, 68 (3).

⑥ 阎水玉、王祥荣:《生态系统服务研究进展》,载于《生态学杂志》2002 年第 5 期。

类从生态系统中获得的直接或间接利益。因此，生态系统服务是生态系统功能的表现，生态系统功能是生态系统服务的基础①。

关于生态系统的功能，从总体上来看，生态系统参与全球能量流动和物质循环，在调节全球气候中起着十分重要的作用②。同时，生态系统能为人类提供产品和生存环境两方面的多种服务，包括肥沃的土壤、洁净的水源、优良的木材以及安全的食物，减少疾病的传播，可以抵御洪水，缓解干旱等，它们调节了全球范围内大气中氧气和二氧化碳浓度③。生态系统不仅是维持地球生命环境的基础，其主要功能也包括提供娱乐消遣的场所、科研、教育、美学、艺术等④。而生态系统功能的退化关乎人类生存的问题，如由于植被和土壤有机质减少，土地荒漠化和退化，对碳的储藏能力降低，碳排放的趋势上升，进而会影响到气候变化，因此巩固恢复生态系统的功能非常重要。大多数基于自然的气候解决方案都涉及巩固或恢复现有的自然生态，比如森林不但能够吸收二氧化碳，还能保护人类免受自然灾害侵袭⑤。

二、经济系统

（一）经济系统的组成

系统是有共性的，经济作为一个复杂并且特殊的系统，其整个系统及各子系统具有整体性、层次性、开放性和动态性的特点⑥。与生态系统不同，经济系统的主体是人，并且具有开放性、结构性、整体性等特性⑦。广义的经济系统是指由物质生产体系和非物质生产体系中相互关联、相互作用的几个经济元素构成的有机整体，包括国民经济系统、区域经济系统、部门经济系统、企业经济系统等，其中国民经济系统是一个国家最具代表性、最具规模的一个

---

① 文一惠、刘桂环、田至美：《生态系统服务研究综述》，载于《首都师范大学学报（自然科学版）》2010 年第 3 期。
② 中国国家自然科学基金委员会生命科学部、中国科学院上海文献情报中心编：《全球变化与生态系统》，上海科学技术出版社 1994 年版。
③ 郑华：《中国生态系统多样性与保护》，河南科学技术出版社 2022 年版。
④ 杨跃军、刘羿：《生态系统服务功能研究综述》载于《中南林业调查规划》2008 年第 4 期．
⑤ 王蕾：《依靠自然的力量维护生态系统功能》载于《中国自然资源报》2019 年 10 月 12 日。
⑥ 吴冠岑：《土地生态系统和安全预警》，上海交通大学出版社 2012 年版。
⑦ 刘起运、夏明、张红霞：《宏观经济系统的投入产出分析》，中国人民大学出版社 2006 年版。

经济系统，狭义的经济系统是指在社会再生产过程中由生产、交换、分配、消费相互关联、相互作用的若干经济因素构成的有机整体。在宏观层面，经济系统作为一个有机整体，其发展伴随着复杂性的提高和结构的转变①。

（二）经济系统的结构

任何一个系统都是以一定的结构形式存在的。经济系统是由相互关联的经济元素所构成，有些经济元素本身又是一个小系统，即子系统。经济系统由生产子系统、分配子系统、流通子系统、消费子系统构成②。由于系统结构的存在，使得组成系统的各个基本要素能够充分发挥自己的功能，从而获得最佳的整体效果。对于一个系统来说，没有一定的结构形式就不能形成具体的系统形态，也就不能行使和发挥作为系统基本要素的功能作用，从而也无从谈起系统的特定功能③。

一个国家或区域的经济结构经过了长时间形成，其合理性主要取决于其与本国国情相适应、是否以可靠的财政可行性为基础、能否充分发挥国内外的优势，如人力、物力、财力及自然资源的合理利用、能否确保国民经济各个方面的协调发展、能否有效地推动科技进步和提高劳动生产率、是否对短期和长远的经济发展有利、能否使经济利益最大化，使人民的需求最大化等。经济系统的结构主要可以从生产资料所有制、经济活动的过程、生产结构、部门和行业、包括的范围五个方面来划分④，经济结构的形成受多种因素的制约，其中最主要的是社会对最终产品的需求，而科技的发展也对经济结构产生了重大的影响（见表 2 - 1）。

表 2 - 1　　　　　　　　　　经济系统的结构分类

生产资料所有制	全民、集体、股份、合资、独资、个体所有制等
经济活动的过程	生产—流通—分配—消费
生产结构	产业结构、产品结构、技术结构、投资结构

---

① 林毅夫：《新结构经济学——重构发展经济学的框架》，载于《经济学（季刊）》2011 年第 1 期。
② 顾海兵：《经济系统分析》，北京出版社 1998 年版。
③ 高洪深：《经济系统分析导论》，中国审计出版社 1998 年版。
④ 王建华：《现代财务管理》，安徽人民出版社 2002 年版。

部门和行业	工业、农业、林业、商业结构
包含的范围	整个国民经济结构、部门经济结构、地区经济结构、企业经济结构和家庭经济结构

资料来源：王建华：《现代财务管理》，安徽人民出版社 2002 年版。

（三）经济系统的功能

各种经济要素组成了经济系统，这些经济要素既包括劳动力、资金、原材料、设备、厂房、产品等物质，也包括技术和政策等方面的信息，这些经济物质和经济信息在系统和外界环境之间流动，构成了经济系统的输入和输出，形成了经济系统的功能[①]。研究现代经济系统的功能和作用，对于解决合理组织生产力的重要基本问题非常重要。从生产力因素相关联的作用来分析，经济系统的功能包括四类，第一类是实体性功能，如生产工具，劳动对象和劳动者，这些因素是生产的主体和客体的结合，创造出了物质财富或服务。第二类是强化性功能，如科学技术与教育同时都凝聚和渗透于各种实体因素和非实体因素中发挥它们的功能作用。第三类是运行性功能，如能源和交通运输在现代经济系统的运行中起着组合和推动作用，没有能源和交通运输，现代经济系统便不能运行。第四类是决策协调功能，如管理和信息就是这种功能的承担者，管理在经济系统的运行中起着运筹决策和协调的作用，而信息为管理提供依据[②]。

三、生态系统与经济系统的关系

关于生态系统与经济系统的关系并没有形成统一的定论。但早期生态学的研究重点只在生物与环境两者之间，并没有将人类的影响考虑进去。随着经济发展对生态的影响以及人类活动对生态的制约，生态学的研究方向开始改变，将人类的影响作为首要的研究对象，从传统意义上的自然生态系统演

---

① 王翼著：《经济系统的分析预测与控制》，中国城市出版社 2001 年版。
② 张期：《现代经济系统结构的控制与调节》，中山大学出版社 1993 年版。

变成了人类生态系统①。

经济与生态有着不可分割的内在有机联系，它们彼此之间相互交织。生态系统和经济系统之间存在着对立统一的关系，经济系统的生存和发展离不开生态系统的支持，经济活动的发展基础依赖于生态资源，但同时地球的生态系统是有限并且封闭的，随着经济规模的不断增长，地球生态系统入不敷出，这就形成了经济增长的内在制约，经济系统与生态系统相互牵制。因此，在整个研究体系中，实现两者的协调发展是核心研究方向，系统扮演着载体的角色，平衡则是发展的动力，最终的目的是所产生的效益②。生态与经济为一体，用生态的发展促进经济，经济的发展带动生态，处理好两者之间的关系，才能实现两者和谐的可持续发展③。为实现生态平衡和经济发展，必须遵循生态系统与经济系统互惠互利的原则，人类活动应遵循生态经济系统的运行规律，在良性的生态系统中保证社会经济的良性发展。

第二节　生态经济系统结构与功能

对于生态经济系统的组成，并没有形成一致的看法。经济系统的运行机制是"增长型"的，而生态系统的运行是"稳定型"的，在生态经济系统中，不断增长的经济系统对自然资源需求的无止境性与相对稳定的生态系统的资源供应的有限性之间产生矛盾，而且在人类经济活动的范围和强度逐渐加大的情况下，矛盾也在加剧④。

一、生态经济系统的结构

生态经济系统包含生态系统与经济系统，但生态经济系统结构并不是生态系统和经济系统的简单叠加，而是一个由经济、生态及技术三部分相互作

---

① 舒惠国：《生态环境与生态经济》，科学出版社 2001 年版。
② 王松霈：《生态经济学》，陕西人民教育出版社 2000 年版。
③ Costanza R. What is ecological economics? Ecological Economics, 1989, 1: 1–7
④ 唐建荣：《生态经济学》，化学工业出版社 2005 年版。

用、相辅相成得到的复合系统。在这个系统中，生态系统作为基础结构，它直接或间接地提供了生态经济系统运行所需的物质和能量的生产和再生产，经济系统作为生态经济系统的主体结构，主要体现在人在经济系统中发挥主导作用，技术作为一种中介手段，渗透并作用在生态系统与经济系统的相互交织和物质能量的循环转化过程中，这三者构成了生态经济系统结构的基本组成。

从生态经济系统结构的基本组成归纳出其三大特性：一是整体性，生态经济系统的各子系统、各组成部分和各要素之间具有本质的普遍的联系，各部分通过物质的循环和能量的流动相互影响，使整个系统朝着平衡稳定的方向发展。二是有序性，即构成生态经济系统的各个组成部分和要素不是随意堆积的，而是在一定的时间和空间内处于相对有序的状态，层次性是生态经济系统秩序的具体表现之一。三是耦合性，耦合是指两个（或两个以上）的系统或运动形式通过各种相互作用而彼此影响的现象①。

二、生态经济系统的功能

结构是功能的基础，功能是结构的表现。系统功能的优劣是由生态经济系统结构的合理与否决定的，因此每种生态经济系统都有其独特的功能。区域生态经济系统的功能分为熵减型和熵增型，当整个系统处于熵减过程时，不仅经济活动处于增值发展过程，而且生态环境处于良性化状态，污染物得以良好地处理，使其对环境污染处于自然环境净化能力范围内，熵增型与熵减型相反②。系统动力学机制注重对系统物质流、能流、价值流等"流"的分析③，生态经济系统的物质流由自然物流和经济物流组成，人类社会的经济活动在遵循自然规律和经济规律的前提下，充分发挥生态经济系统物质循环的基本功能，实现自然再生产和经济再生产的相互适应和共同发展，满足人类生存和发展的各种需要。能量流由自然能流和经济能流构成，生态经济

---

①　聂艳、雷文华、周勇、王宏志：《区域城市化与生态环境耦合时空变异特征——以湖北省为例》，载于《中国土地科学》2008年第11期。
②　孙曰瑶、宋宪华：《区域生态经济系统研究》，山东大学出版社1995年版。
③　李泽红：《城市复合生态系统与城市生态经济系统理论比较研究》，载于《环境与可持续发展》2019年第2期。

系统的能量传递和转化是生态系统的自然能流与经济系统的经济能流有机结合的过程。信息流可以分为自然信息和社会信息，自然信息是自然物质属性之间内在联系和相互作用的表现，而社会经济信息是人们通过掌握社会再生产过程的本质和规律，运用一定的物质和技术手段来实现一定经济目标的信息。价值流指的是社会再生产过程中商品价值的形成、增值、转移和实现的流动过程。人口流是生态经济系统发展过程中由于内部原因和外部条件的变化而导致人口不断变化的过程。

第三节　构成人类福祉的关键因素

一、人类福祉的内涵

（一）福祉概念的本质内涵是"良好的生活状态"

福祉（well-being）侧重于定义一种状态，一种感到健康、幸福的心理状态或感到好的、健康的、满足的生活状态。加斯帕（Gasper，2007）指出，福祉是用于评价一个人的生活存在的状态，是一种聚焦于人的"存在"的评估。

需要指出的是，在徐锴的《说文解字约注》中对"祉"有训诂解释："祉，福也，从示止声。曰：祉之言止也，福所止不移也。福，佑也，从示逼声。以佑训福。"① 可见，徐锴对福、祉两字的解释更为贴近福祉的本意。"祉之言止也，福所止不移也"道出了"祉"和"福"的根本区别，即"祉"是"福气流过来停存下来的一种状态。"②

福祉是人类共同追求的目标，但由于文化背景或语境差异，中国和西方对福祉（well-being）的理解有所不同，似也有相近之处。西方语境中的福祉（well-being）是主观感知的健康和幸福生活状态。在中国文化背景下，

---

① 张舜徽：《说文解字约注》，中州书画社 1983 年版。
② 王圣云：《福祉地理学——中国区域发展不平衡研究》，经济科学出版社 2011 年版。

认为福和祉是有区别的，"祉"是"福气"流过来停存下来的一种状态。与西方对福祉的主观感知理解相比，中国对福祉的认知侧重对良好生活状态的客观解析，侧重于对长寿、富足、健康、平安等人生价值的考量。但中国和西方都认为福祉反映的是一种良好的生活状态，或一种良好的或满足的生活存在状态，福祉概念的中心是良好的生活状态，这是不同文化背景、不同语义环境下对福祉概念内涵的共识。

（二）福祉是由多维度的"伞状"要素构成

福祉是一个反映人的良好生活状态的概念，而生活状态是由构成性多元所组成，包含收入、健康等很多方面，因此福祉也是一个多维度的概念，包含很多组份。加斯帕（Gasper，2005）认为，把福祉当作一把伞的概念要比当作单一主题的描述更为准确，因为福祉能反映人的良好生活状态的广泛性和多样性。如将福祉视为快乐、幸福感、满足感的一元论观点潜在的不足是不能反映良好生活状态的多元内容。

从福祉测评方法来看，无论是可行能力方法（森，1993）、中间需要方法（多亚尔和高夫，1991，1993）、福祉维度方法（纳拉扬等，2000）、核心能力方法（努斯鲍姆，2000），都强调福祉的多维度评估。多亚尔和高夫（Doyal and Gough）的中间需要理论和森（Sen）的可行能力方法都已识别出很多重要的福祉维度。如包括知识、友谊、自我表现、归属、身体健全和健康、经济安全、自由、爱、财富、休闲等，囊括了反映生活状态好坏的方方面面。加斯帕（Gasper，2005）指出，福祉作为多维度的"伞状"概念，其维度首先具有自明性，即福祉维度具有直接明了的福祉含义；其次，福祉维度具有不可通约性，即多个维度之间原则上不能相互重叠和包含，不能相互替代；最后，福祉维度具有不可减性，即每一个福祉维度都不可以或缺。

（三）福祉可以分为主观福祉和客观福祉两种

福祉包括主观福祉和客观福祉两类，前者如生活满意度或幸福感，后者如经济福祉、社会福祉或人类福祉。从福祉方法论和认识论而言，有客观测度的福祉，也有主观感知的福祉，还有自我报告的福祉。因此，福祉不仅有主观和客观两种维度，也有主观和客观两种认识方式和测量方法

（克里希纳·马祖达尔，2003）。若根据福祉本体的主客观属性，福祉可分为主观福祉和客观福祉。根据福祉测度方法的主客观特征，福祉可分为自我报告式的福祉和外部测度的福祉。路德·魏荷文（Ruut Veenhoven，2002）首先按照主观和客观组合方式，从福祉内容和评价标准两方面构建了福祉的基本分析框架，即包括"主观福祉－客观方法""主观福祉－主观方法""客观福祉－客观方法""客观福祉－主观方法"四种福祉分析框架①。

在此基础上，德·加斯帕（Des Gasper，2005）从福祉本体和测评方法两方面，按照主观和客观组合的方式对福祉的四种类型进行了具体阐释。第一类福祉：外部测度的客观福祉。主要指外部的、非主观感知的福祉类型，是可行能力或中间需求满足等客观清单理论的研究传统，如构建经济福祉指数和人类发展指数等方法对福祉的测度和评价。第二类福祉：外部测度的主观福祉。主要指经外部测量到的主观感知福祉，如神经科学和生理学通过快乐测量仪或脑电波等仪器对主观快乐、疼痛等瞬时感知进行的外部测度②。第三类福祉：自我报告的客观福祉。指运用调查问卷等自我报告方法对客观的生活水平和生活质量进行打分计算和测度③。第四类福祉：自我报告的主观福祉。人们能够就自己的福祉状况作出评估，自我报告的主观福祉指自我报告的生活满意度和幸福感④。个人可以通过单一问题的问卷或多类问题的问卷来把握主观福祉。（见表2－2）。

表2－2　　　　　　　　　　　福祉的主观和客观分析视角

测度方法（辅助标准）		福祉本体（主要标准）	
		客观的	主观的
	客观的外部测度	外部的客观福祉	外部的主观福祉
	主观的自我报告	自我报告的客观福祉	自我报告的主观福祉

资料来源：根据 Des Gasper. Human Well-being：Concepts and Conceptualizations. 2007 改编。

---

① Ruut Veenhoven. 2002. Why Social Policy needs Subjective Indicators，*Social Indicators Research*，58：33－45.

② 主观福祉是个人的一种主观感知。

③ 自我报告法是常用的主观福祉测量方法。

④ 德·加斯帕（Des Gasper，2007）将客观福祉定义为一个人对生活状态的外在的非感知的福祉，将主观福祉定义为满意度和幸福感等。

（四）福祉是流量和存量的统一

克里希纳·马祖达尔（Krishna Mazumdar，2003）对福祉流量和存量的概念进行了区分，他认为福祉存量类似于经济学的收入存量，福祉存量是过去一段时间商品和服务用于满足人的需要的产出或结果，商品和服务的生产与消费是福祉流量，福祉流量用于满足人的需要的产出和结果。

罗伯特·卡恩和托马斯·贾斯特（Robert L Kahn and Thomas Juster，2002）指出，福祉流量是由一些事件相互作用和活动引起的瞬间情感状态，福祉存量是一些关系在过去相互作用历史的反映，是这些关系的相互作用产生了各个关系的满足程度，满足是一种福祉存量。福祉是过去经历的累积性产出和即时经历的瞬间反映的统一，也即福祉是流量和存量的统一。

从中国文化来讲，"福"是一种流动不居的流量，而"祉"则为福气过来"居而不行"的一种存量，福祉是流量和存量的统一，这是从中国文化背景与训诂学角度对福祉的一种解读，这与西方学者从心理学视角理解的福祉流量和福祉存量大不相同。

（五）福祉概念适用于个体、社会和人类三个范畴

福祉是一个较为复杂的概念。心理学重视快乐、满意度、幸福感等人的主观感受；经济学认为 GDP 的缺点主要在于没有考虑家务劳动的价值和收入不平等的福利后果，也没有包括环境恶化对福祉的影响（埃里克·诺伊迈耶，2006），重在对 GDP 作为经济福祉指标的不断修正，关注经济福祉指数（奥斯伯格和夏普，2002），以及关注收入、财富、繁荣与生活满意度或幸福感的关系（奚恺元，2008）；社会学常应用福祉指标进行生活质量（周长城，2003）、社会福利（杨缅昆，2009）和社会质量评价，人类发展领域常采用人类发展指数衡量人类福祉（努尔巴赫什，1998）。鲁特·维恩霍文（Ruut Veenhoven，2007）指出福祉通常应用在个体福祉和社会福祉两个层面，在个体的层面，福祉和生活质量相近。在社会系统层面，福祉指的是对社会和民众而言是好的一种生活状态。在这一方面，克里希纳·马祖达尔（Krishna Mazumdar，2003）也认为福祉有个体的和社会的两种视角。

在社会福祉研究方面，欧洲社会质量指标体系是其代表性研究之一，其理论导向方面试图将欧洲建设成为一个经济成功、社会公正、社会参与度很高的高质社会，即一个充满团结、平等、民主、和谐的社会环境。欧洲社会质量指标体系建立的基础是社会质量理论，认为社会质量反映的是人们在能够提升其福祉和潜能的环境下，参与社区社会经济活动的程度。

沃尔夫冈·贝克、劳伦·范德蒙森、艾伦·沃克（W. Becker, L. Vandermande and A. Walker）构建了包含社会经济保障、社会凝聚、社会包容、社会赋权四要素的社会质量分析框架①：（1）社会经济保障：即关注社会经济保障对提升社会质量的重要价值。主要体现在保障民众基本的生存安全、生活和自由及公正，帮助人们应对社会风险，以及增加民众的生活机会，扩大民众的选择能力；（2）社会凝聚：侧重于反映一个社会的紧密度、信任感、归属感，旨在减少社会分化，通过增强社会凝聚力，提升社会质量；（3）社会包容：强调发展机会均等，减少社会排斥和增进社会包容。认为高社会质量的社会是社会成员无排斥地融入社会制度，无歧视地享受社会保障、无差别地分配社会福利；（4）社会赋权：重点关注民众生活的积极性、主动性以及充分地表达诉求，参与社会事务的能力。欧洲社会质量体系摒弃了纯经济增长观，倡导建立一个以民主、平等、包容、和谐为核心价值的新发展观，其以谋求全体社会成员的共同福祉为宗旨，用社会质量新理念为社会政策制定提供了新视角。

人类福祉是人类存在的好的或满意状态，福祉也应用于人类发展领域。总之，福祉概念适用于个体存在、社会系统和人类生活三类范畴，只是各自关注重点、选取指标以及目标各不相同。

二、人类福祉的构成要素

根据概念和福祉的组成要素，福祉分为物质福祉和非物质福祉两大类，根据主观和客观福祉的划分，福祉可分为主观福祉和客观福祉。在经济发展观的主导下，福祉提升的内涵一直被认为是经济的增长，GDP 或收入指标

---

① 沃尔夫冈·贝克、劳伦·范德蒙森、艾伦·沃克：《社会质量的理论化：概念的有效性》，引自张海东主编：《社会质量研究：理论、方法与经验》，社会科学文献出版社 2011 年版。

用于从经济视角评估区域发展成就或居民福祉水平，但"幸福悖论"①的提出引起了学术界的广泛关注，人们开始质疑经济增长的意义并试图解释"幸福悖论"。一些学者指出社会状况、健康与卫生状况以及职业状况、教育与文化等应为幸福指标体系的主要指标，将社会文化因素引入对福祉影响因素的研究为福祉研究开辟了新视角。

还有一些成果关注生态环境与人类福祉之间的关系，促进经济发展、提升人类福祉必然带来一定量的碳排放，但只要提高碳排放绩效，实现高的经济发展和人类福祉水平并不必然带来很高的碳排放（王圣云等，2014）。

（一）经济福祉与非经济福祉

福祉组成要素的客观清单是构建性多元的，福祉是一个建构的多维度概念。按照福祉的认识方式可划分为客观的福祉和主观的福祉两种类型；按照福祉的属性可划分为物质的福祉和非物质的福祉两种类型或经济的福祉和非经济的福祉两种类型。福祉类型的逐层分解有助于加深对福祉的认识，也有助于细化对福祉的研究。因为经济的和非经济的划分强调了经济福祉的重要性，便于从经济的和非经济的两个层面展开研究。相对于经济的和非经济的福祉这种基本划分方式，收入、能力、安全和休闲与认同是福祉的具体维度。非经济福祉对经济福祉是一种补充。收入空间虽然很重要，但不能成为评估平等和社会公正的信息基础（阿马蒂亚·森，2004）。阿马蒂亚·森认为收入、健康和自由是评价能力和福祉的关键要素。虽然福祉的构成因素众多，但健康是最重要的组份之一（格瑞·博格纳，2008）。在收入空间和能力空间的关系上，阿马蒂亚·森认为更高的收入将有助于实现更高的能力，但收入只是诸多影响能力的投入要素之一（姚洋，2004）。安全是福祉评估的一个重要维度。杰夫·伍德（Geof Wood，2007）认为我们生活在一个日益安全的世界，个体对安全日益敏感，安全要素应被包括在福祉指数中。休闲也是十分重要的福祉维度，休闲时间在一定程度上表征人的生活品质，参与休闲活动能够提高人们的生活质量（宋瑞，2006）。

---

① 指伊斯特林悖论，是由美国南加州大学经济学教授理查德·伊斯特林（R. Easterlin）在1974年提出。

（二）福祉组成要素与决定因素

福祉组成要素（福祉组份）是理解福祉构成维度的前提和基础。福祉组成要素分析范式提供了一个福祉构成要素清单，通过它能看清福祉抽象概念下的真实内涵。有别于福祉的偏好满足或快乐两种观点，福祉组成要素关心的是：什么有助于美好生活？什么促进了人的福祉？通过对福祉组成要素的深入研究，有助于就福祉构成要素或福祉组份问题逐步达成共识。需要厘清的是，福祉既可用于个体存在，也可用于社会系统和人类生活系统。

从个人福祉来看，福祉反映的是一个人的整体生活状况，是一个人以往生活经历的总产出，因而福祉具有一定的相对稳定性。以往对个人福祉组份的研究成果已识别出一些个人福祉组份。卡罗尔·莱福（Carol Ryff，1995）从个人福祉角度提出六个福祉组份：自我接受；生活目的；环境控制；自治；个人增长；和他人的积极关系[1]。基齐尔巴什（Qizilbash）提出的个人福祉客观清单包括：健康、营养、定居、环境卫生、休息和安全的最小水平；一定的精神、身体能力及识字率；一定水平的自尊和渴望；快乐；自主；自由；重要的个人关系和一些社会生活参与；实现；理解[2]。根据已有研究可知，福祉组成要素丰富多样，主要包括友谊、自我表现、归属、身体健全健康、安全、自由、财富、收入、休闲、参与等组份。

其次，从社会福祉和人类福祉来看，福祉概念主要用于评价社会系统进步程度、社会发展质量和人类福祉。这方面指数众多。其中，较为著名的有：生活水平指数、福祉状态指数（德鲁诺夫斯基，1974）[3]；美国社会福祉标准（史密斯，1977）；需求清单（哈维，1973）；宜居环境指标（哈格斯特兰德，1970）；人类发展指数（UNDP1990）（见表2-3）。此外，杰龙·波尔毫瓦和耐科·斯托普（Jeroen Boelhouwer and Ineke Stoop 1999）分析了荷兰的社会文化发展质量，把生活条件指数和宜居性、贫困、社会经济剥夺等指数综合，从居住、健康、购买力、休闲活动、外出活动、社会活动、运动活动、度假等方面选取了24项指标构建了社会文化发展质量评价模型。

---

① Robert L Kahn and Thomas Juster Well – Being：Concepts and Measures Journal of Social Issues，Vol. 58，No. 4，2002，pp. 627 – 644.

② Greg Bognar 2008. Well – Being and Health Health Care Anal 16：97 – 113.

③ Smith，D. M. 1977 Human Geography of A Welfare Approach. Edward Arnold，London.

表 2 – 3　　　　　　　　　一些重要的福祉指数及其维度构成

福祉状态指数 （Drewnowsk，1974）	生活水平指数 （Drewnowsk，1974）	社会主要关注指标 （OECD）	美国社会福祉标准 （Smith，1977）
身体状况 教育状况 社会状况	健康 营养 教育 居住 穿着 休闲 安全 自然环境	健康 个体发展 工作质量 个体经济状况 可达性 社会机会和参与 时间和休闲	收入 财富 工作 生活环境 健康 教育 社会秩序 社会归属 娱乐和休闲
需求清单 （Harvey，1973）	宜居环境 （Hagerstrand，1970）	生活水平组份 UN	人类发展指数 （UNDP）
食物 居住 医疗保健 教育 社会和环境服务 消费者物品 娱乐机会 邻里和睦	住处通气性 每天饮食次数 娱乐次数 早期玩耍训练 工作安全 工作后继续教育 老年帮助 对交通、相关信息、医 疗保健等方面的可达性	健康 食物和营养 教育 工作条件 就业形势 累积消费和储蓄 居住和家庭设施 穿着 娱乐和休闲 社会安全 人类自由	健康状况 教育成就 收入水平

资料来源：根据 Peter Dicken and Peter E. Lloyd. 1981Modern Western Society：A Geographical Perspective on Work，Home and Well – being. Happier & Row，Publisher. London 整理。

　　上述福祉要素构成分析是众多学者多年来对福祉组份研究的不断探索，列举清单的方法确定福祉组份是可行的研究方式。表 2 – 4 是一些较为著名的福祉指数范例，通过表 2 – 4 可以进行福祉组份分析，从这些指数涉及的具体指标分析可知，以下变量引用次数最多：个人消费、资本存量、自然资源、教育成就、休闲、污染、收入分配、失业、健康开支、预期寿命等。需要指出的是，上述指标中，有一些不是福祉组份指标，而是福祉决定要素或影响因素指标，如 R&D、国外债务、金融财富等指标。

表 2 - 4　　　　　　　　　　　　　　福祉组份分析

项目	真实进步指数（GPI）	经济福祉测度（MEW）	经济福祉指数（IEWB）	社会健康指数（ISH）	生活标准指数（ILS）
收入工资	否	否	否	是	是
个人消费	是	是	是	否	是
非市场活动	是	是	是	否	否
休闲	是	是	否	否	否
政府开支	否	否	是	否	否
家庭设施	否	否	否	否	否
资本存量	是	是	是	否	否
金融财富	否	否	否	否	是
R&D	否	否	是	否	否
自然资源	是	是	是	否	否
教育成就	否	是	是	否	否
污染	是	是	是	否	否
国外债务	是	是	是	否	否
收入分配	是	否	是	是	否
贫穷	否	否	否	是	否
失业	否	否	是	是	是
社会计划内	否	否	是	否	否
健康开支	否	是	是	否	否
犯罪	否	否	否	是	否
预期寿命	否	否	是	否	是
社会指标	否	否	否	否	是
组份个数	9 个	10 个	16 个	6 个	8 个

资料来源：根据 http：//www.csls.ca/工作论文整理。

　　福祉组份可以基本上认为应该包括以下几个主要的和重要的方面：收入水平、健康状况、教育水平、居住条件、工作状况、休闲情况、可达性、安全方面、归属感和认同感等方面。福祉构成要素综合反映的是福祉产出结果的维度分解，关注的是福祉本身；而福祉决定因素则反映福祉的投入和手段，是影响福祉的决定因素。福祉组成要素（components）与福祉决定要素（determinants）之间的区别不容忽视。

三、人类福祉的测度与评估

早期用人均国民收入作为福祉的替代变量。高收入意味着高消费，因此收入表示更大的效用。人均国民收入或人均 GDP 是当前最流行的人均收入测度指标。长期以来，以收入为基础的福祉评估是福祉测评的主流范式。但是，收入只是获取福祉的手段，收入仅仅是福祉的众多维度之一。随着有些学者从人类需求视角解释福祉，这些指标包括诸如健康服务、干净饮用水获取等，福祉测度的多维度社会指标方法逐渐兴起。随着千年生态系统评估提出自然环境对人类福祉的重要性，许多学者开始将自然因素纳入人类福祉评估（杨武等，2021）。健康、教育与收入指标是人类发展指数（HDI）的重要组成部分，是人类福祉的核心维度（王圣云等，2018）。但人类发展指数（HDI）若未考虑环境因素，不能反映提升人类福祉所付出的生态环境代价，势必会高估那些以牺牲环境为代价换取高人类福祉地区的人类福祉水平，环境福祉是人类福祉的重要组份，由此构建纳入人均碳排放量指标的碳排放敏感性人类福祉指数（HWI）成为学术前沿（王圣云等，2016）。此外，也有研究基于资本框架进行福祉测度，以及基于"功能－能力"框架构建中国多维福祉测评指标体系，这是可持续发展导向下多维福祉研究的重要趋势（翟晨阳等，2021）。

（一）个人福祉指数

个人福祉测度通常采用生活满意度和幸福感两种方法。生活满意度测度福祉步骤如下：调查者直接问被调查者他们对他们生活的满意度，该信息被作为个人福祉的替代变量（见表 2－5）。该方法把生活质量作为整体来感知，通常有七分法尺度、D－T 尺度、五分法尺度、九分法尺度等测度方法。

表 2 - 5   主观福祉的满意度测度方法

请用 1~7 给下面的 5 个陈述打分，其中：
1 代表非常不同意
2 代表不同意
3 代表有些不同意
4 代表没有明确意见
5 代表有些同意
6 代表同意
7 代表非常同意
——1. 我生活中的大多数方面都趋于理想状态。
——2. 我的生活状态非常理想。
——3. 我对生活感到满意。
——4. 我已经得到了自己想要的那些重要的东西。
——5. 如果我还能再拥有以此生命，我不会对现有的生活做任何改变。
请将所有得分相加。
31 ~ 35   极为满意
26 ~ 30   满意
21 ~ 25   有点满意
20   一般
15 ~ 19   有些不满
10 ~ 14   不满意
5 ~ 9   极为不满

资料来源：Pavot, W., & Diener, E. (1993). Review of the satisfaction with life scale. *Psychological Assessment*, 5, 164 - 172. 引自奚恺元、王佳艺、陈景秋：《撬动幸福：一本系统介绍幸福学的术》，中信出版社 2008 年版。

个人福祉多是以个人的主观福祉来定义的，个人的主观福祉是一种主观感受，与大脑的神经中枢有关，具有生物医学的客观基础，所以可以进行客观测量。最常用的个人主观福祉测量方法是自我报告法。自我报告法可能出现误差，因为认知在个人福祉测评中扮演了非常重要的作用，所以通过物理学和神经生物学的方法和指标可以显示个人福祉，可以对其进行补充。尽管主观福祉的幸福感测度方法是比较难操作的，但那些自我报告的福祉是主观福祉的最好指标，人们能够就自己的福祉状况作出评估。主观福祉可以通过单一问题的问卷或多类问题的问卷来测评。如美国密歇根大学调查研究中心和民意中心的问题如下："从总体考虑，您怎样形容今天的一切——您是否会说自己很幸福、相当幸福或不很幸福？"，这种问卷被广泛应用与国家间的幸福调查。

（二）经济福祉指数

奥斯伯格和夏普（Lars Osberg and Andrew Sharpe，2002）基于消费、财富存量、平等分配和经济安全四个维度，以 OECD 国家为例构建了经济福祉指标体系（见表 2-6），并加权生成经济福祉指数（IEWB）：

表 2-6 经济福祉指数

		人均市场消费
	消费流	人均政府开支
		工作时间变量
		人均资本存量
		人均 R&D
		人均自然资源
经济福祉指数	财富存量	人力资本
		净人均外债（-）
		环境恶化的社会成本（-）
	平等	贫困强度
		基尼系数（税后收入）（-）
		失业风险（-）
	经济安全	疾病风险（-）
		单亲贫困风险（-）
		老年贫困风险（-）

注：（-）表示该指标是负向指标。

资料来源：Lars Osberg, and Andrew Sharpe. An index of economic well-being for selected OECD countries. Review of Income and Wealth, 2002, 48（3）：291-316。

$$IEWB = 0.25[C + UP + G + WT](LE) + 0.25[K + R\&D + HC + NR + -D + -ED]$$
$$+ 0.25[0.75(LIM) + (0.25)GiNi] + 0.25[0.2772UR + 0.4066ILL$$
$$+ 0.2072SPP + 0.1090OLD]$$

其中：

IEWB = 经济福祉指数   C = 真实人均消费

G = 真实人均政府支出（包括债务）WT = 真实工作时间变化的价值

UP＝人均未付报酬劳动力价值　　K＝真实人均资本存量（包括房产）

LE＝预期寿命指数　　　　　　　R&D＝人均研发存量

NR＝人均自然资本存量　　　　　HC＝真实人均人力资本存量

D＝真实人均净外债　　　　　　ED＝人均环境恶化的真实社会成本

LIM＝贫穷强度　　　　　　　　GiNi＝基尼系数

UR＝失业风险　　　　　　　　　ILL＝疾病风险

SPP＝单亲贫穷风险　　　　　　OLD＝老年贫穷风险

（三）国家幸福指数

不丹的国家幸福指数（Gross National Happiness，GNH）在幸福学研究方面影响深远，该指数的主要理念追求物质生活和精神生活之间的平衡，主张政府施政应关注物质生活和精神生活的同步发展，强调幸福并以实现幸福为目标，社会、心理、经济以及文化等方面的各种因素交织，才能得到自发而生的幸福。不丹的GNH包括四大方面：（1）可持续与公平的社会经济发展；（2）环境保育；（3）文化的维护与推广；（4）良善的治理。不丹研究院开发出包括的国家幸福指数72个具体指标，覆盖九大领域（见表2-7）。

表2-7 不丹的国家幸福指数（GNH）

九大领域	内涵
生活水准	基本经济状况。通过调查居民可支配收入，了解社会各阶层的富裕程度，了解贫困和收入差距状况，反映经济安全、就业等
居民健康	包括人口身体健康状况。除死亡率和患病率意外，调查个人自评健康与危险健康行为。调查自觉身体活动的健康程度以及是否维持健康体重等
教育程度与适宜性	包括参与、技能、教育支持等。也评价足以影响教育的国家、社区和家庭等各层级资源；包括自评技能与知识程度，以及文化知识水平
文化活力	评估不丹传统文化的多样性与优势，内涵是文化能力的性质与数量、语言使用形态与多样性，以及社区文化活动参与等。还调查人们对核心价值观、地方传统习俗等的看法
时间运用与平衡	分析一天24小时的时间使用情况，以及花时间最多从事的活动类型，反映民众如何运用其社会、文化、经济与人类资本
心理健康	反映居民生活与心理健康各个层面的满足度

九大领域	内涵
社区活力	测量社区内人际关系与社会交往情况，反映社区的社会资本和社会安全
生态活力与恢复力	关注资源、生态系统的承载力和治理。反映调查土地、水、森林、空气和生物多样性
良好的政府治理	包括参与度、政府工作效率、司法公正与公平、媒体自由与品质，以及透明度、诚信和贪污

资料来源：Ura K.，Alkire S.，Zangmo T，K. Wangdi：An Extensive Analysis of GNH Index, the Centre fir Bhutan Staudies，Thimphu，2012：123 – 174.

（四）人类发展指数

联合国开发计划署（UNDP）在《1990 年人类发展报告》中首次提出人类发展的概念，该报告指出人类发展是扩大人的选择机会的过程。在10 年后 UNDP 推出的《2000 年人类发展报告》中又进一步发展了人类发展的概念内涵，认为人类发展是通过扩展人的作用和能力，扩大人的选择机会的过程，也即人类发展就是让人们能实现自身潜力，过上想过的一种生活的自由。在此后大约 10 年 UNDP 推出的《2010 年人类发展报告》中又对人类发展的内涵进行了深化，强调通过扩展人类真实自由使得人们可以过上美好生活的人类发展内涵，人类发展测度即测度人类福祉水平。需要指出的是，《2010 年人类发展报告》还有另一个重要贡献，认为人类发展概念所包含的拓展人类真实自由实质上受到自然环境的约束，人类追求的美好生活建立在共享地球有限资源的基础之上，因而人类发展内涵也要反映对自然环境的依存以及自然环境对拓展人类自由的限制[①]。从 2010 年人类发展报告开始，每年的人类发展报告都会计算四个综合人类发展指数，即人类发展指数（HDI）、不平等调整后人类发展指数（IHDI）、性别不平等指数（GII）和多维贫困指数（MPI）。

从人类发展指数（HDI）的算法来看，《2010 年人类发展报告》以前的人类发展指数是用人均国内生产总值（美元购买力平价）、出生时预期寿命、教育指数（成人识字率和综合入学率的加权平均数，其中前者的权数

---

① 刘民权、俞建拖、王曲：《人类发展视角与可持续发展》，载于《南京大学学报（哲学．人文科学．社会科学版）》2009 年第 1 期。

为 2/3，后者的权数为 1/3）这三项衡量人类生活或人类自由的分指数计算的算术平均值①。分别反映的是经济发展水平、人的健康水平和受教育水平，显示了人们所具有的维持健康长寿、获取文化技术、摆脱贫困和不断提高生活水平的能力②。在《2010 年人类发展报告》中，人类发展指数的算法发生了很大变化，人类发展指数用人均国内生产总值指数、出生时预期寿命指数、教育指数这三项分指数计算的几何平均值来表示，而且计算分指数的指标选取也有所改变（见表 2-8）。

表 2-8　　　　　　　　人类发展指数（HDI）计算指标调整说明

一级指标	二级指标	维度	2010 年以前的三级指标	2010 年以前的指标单位	2010 年以后的三级指标	2010 年以后的指标单位
	寿命指数	健康长寿	出生时预期寿命	年	出生时预期寿命	年
HDI	教育指数	教育	成人识字率 毛入学率	% %	平均受教育年限 预期受教育年限	年 年
	收入指数	体面生活	人均国内生产总值	US $	人均国民收入	PPP $

资料来源：联合国开发计划署和中国社会科学院城市发展与环境研究所：《2013 中国人类发展报告》，2013 年。

人类发展指数（HDI）③ 的理论依据是阿马蒂亚·森的可行能力理论，HDI 是迄今为止衡量人类福祉和民众生活状态最简明、最通行的一种指数。但人类发展指数也备受学界批评，不仅在于其缺乏对资源环境要素的考量，而且在算法和分指数权重等方面都略显简单。

第四节　生态系统对人类福祉的影响

人类福祉从哲学、心理学、经济学，到真正融入生态学研究，其实都

---

① 教育指数是由权重为 2/3 的成年人识字率和权重为 1/3 的小学、中学和大学综合入学率组成。
② 中国发展研究基金会：《2005 年中国人类发展报告——追求公平的人类发展》，中国对外翻译出版公司 2005 年版。
③ 李实：《2005 年中国人类发展报告：追求公平的人类发展》，中国对外翻译出版公司 2005 年版，第 128 页。

是从千年生态系统评估（MA）项目中获益的。MA 提出以人的福祉为核心的观念架构，并指出了生态系统与人类社会之间的互动关系。一方面，人类环境的不断改变会导致生态环境的改变；另一方面，生态环境的改变也会影响到人们的福祉状况。传统的生态学以动植物物种、种群、群落为研究对象，而对人类福祉的研究则使生态的内涵由传统的生物与环境的二元关系扩展到人与环境、人与生物的三元关系，推动了生态学的发展（见图 2 - 1）。

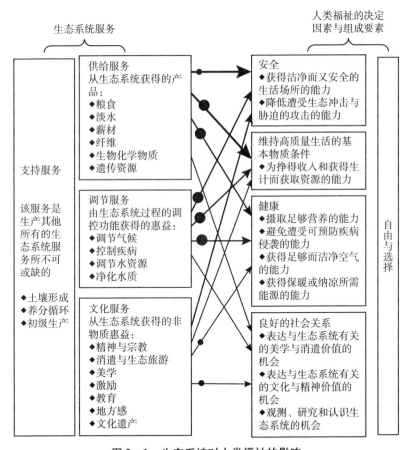

图 2 - 1 生态系统对人类福祉的影响

资料来源：根据刘家跟、黄璐、严力蛟：《生态系统服务对人类福祉的影响——以浙江省桐庐县为例》，载于《生态学报》2018 年第 5 期改绘。

一、生态系统对人类福祉的价值贡献

阐述生态系统对人类福祉的价值，离不开生态系统服务，生态系统服务是人类从生态系统中得到的利益，它把生态系统服务定义为生态系统给人类提供的各种产品和给人类提供服务的能力（冯伟林等，2013）。生态系统服务是把自然生态和社会经济系统联系起来的纽带，它的重要价值在于保持人民的良好的生活质量，满足不同层次的发展需求，促进人类社会福祉。

直接使用价值是指生态产品所创造的价值，也就是生物资源。它包括食品、医药等工农业生产所需的原料，可以在市场上进行买卖，体现在国民收入核算中；它还具有某种非物质的直接价值（它不是物质的形式，它是为人民服务，可以直接消费），如景观、娱乐、科研等。从古代到现代，人们一直在以有价值的商品的市场价格来估算其直接使用价值，这也是造成生物多样性下降、生物资源耗尽的根源。

间接使用价值是指生态系统所能提供给人类的生命支持体系。这种价值一般要远远高于直接产出的产品，它是一个生命支持体系。比如，地球上的生物地球、化学、水文、保持生物物种与基因多样性、保持土壤肥力、净化环境、维护大气化学平衡与稳定性等。可以根据生态系统的功能，一般采用保护成本法、恢复费用法、替代市场法等方法对其进行评估。

选择价值意味着愿意在未来的某一生态系统中直接或间接地使用其服务功能。人们愿意在未来利用它实现涵养生态、净化空气，游憩休闲等功能。"选择价值"通常被比作保险公司，它是指人们在未来得到某一资源或收益时所付出的保险费。将价值分成三类：自己将来使用的、子孙后代使用的及他人将来使用的。选择价值与其将来的价值和潜力有关，对于现代人而言，它的价值是不能被使用的，难以衡量的，因为它的不确定性而不能得到可靠的信息。

二、生态系统变化对人类福祉的影响

生态系统的改变将极大地影响到人们的福祉，而这种改变归根结底是由于驱动力。生态系统服务是人类福祉的来源，生态系统服务的供给能够满足人们的基本健康需要，而生态系统服务的恶化也可能影响生计、收入，导致当地移民乃至政治冲突，从而危及经济和个人安全、自由与社会关系，并对人类健康造成广泛的影响。淡水、土地、能源、气候等是影响人类健康的重要生态服务，这些因素的驱动力和变化在很大程度上影响着人类福祉。

淡水是天然生态系统，尤其湿地生态系统的供给服务，是人体健康不可或缺的物质基础。人们依赖淡水来生产食物、饮用水，实现卫生、洗衣、烹饪、回收垃圾等。根据联合国发布的《2020 年粮食及农业状况》显示，近数十年，全球人均可用淡水资源大幅减少，目前世界上有 1/3 的人口处于中度或重度缺水状态，大约 10 亿人缺少足够的淡水，26 亿人缺少足够的公共卫生设备，这就使得人们的饮用水面临着广泛的微生物污染，每年有数百万人死于水传播感染，由于供水、卫生设备和卫生保健不足造成的疾病每年在全世界造成数百万人死亡和数千万人失去健康，世界人口正遭受严重的水压力。

人类通过改变土地利用类型、格局和强度来适应自己的需要，使生态系统的类型和服务方式发生变化，影响到能量流动和物质循环，从而对人类的福祉产生反作用。尽管已有研究显示，人为干预的土地使用改变有利于人类的福祉，但由于土地使用改变对人类福祉的影响是不均衡的和滞后的，无法立即作出连贯的反应，森林砍伐可以让某些人受益，但同时也降低了生态系统的储存和固定二氧化碳的能力，从而影响他人的福祉，甚至是社会福祉，所以，不合理使用往往会危害人类的福祉，必须采取人工的保护措施，例如土地使用规划和生态建设，以改善或提升人类的福祉，例如退耕还林还草工程，建立区域可持续性范例（王博杰等，2016）。

根据不同的地域和发展阶段，不同国家的能源利用以及对健康的影响也不同。在通风不良的环境下，固体燃料的使用常常会引起室内的空气污染，这会大大增加呼吸系统的发病率和死亡率。在某些地方，由于缺少木材和其他可供选择的能源，人们的饮水和食品常常得不到有效的杀菌和煮沸，也无法保障室内供暖，导致更多的疾病，如营养不足等，发电、交通等行业的矿物燃料，导致了室外大气的严重污染。另外，由于二氧化碳等温室气体的大量排放，以及由于森林火灾和农作物燃烧引起的大气污染，这些都给当地和区域的人类健康带来了巨大的威胁。

气候变化对生态系统过程及服务产生了影响，改变了物种的分布，导致了更频繁的极端天气，造成了自然灾害（暴雨、冰雹等）的增加，从而间接地影响到了人类的福祉。政府间气候变化专门委员会（IPCC）[①] 第 5 次报告对于气候变化对人类健康、安全以及生计和贫困的影响进行了评估，气候变化对人类健康和安全构成了消极影响，一方面，气候变化会对人体健康造成直接威胁，比如高温造成的人口死亡率增加；另一方面，也会对人体健康造成更大的间接影响，比如，气候变化造成的生态系统分布变化以及食物、水和能源供给的改变，都会间接地影响到人类的健康。目前，全球范围内，由于人类持续向易发生极端气候事件的海岸和河漫滩等生态系统进行扩张，自然灾害造成的死亡人数和流离失所人数逐年增加（张永民等，2008）。

第五节　生态经济系统与人类福祉的联系

一、生态经济系统与人类福祉的双向关联

生态经济系统与人类福祉相互作用，生态经济系统与人类福祉同属多尺度、多层次、复杂的动态开放系统，前者通过其结构以不同方式作用于人类福祉，后者通过经济、社会、环境福祉需求的分异以促进或胁迫生态系统服务及其功能，二者由此形成紧密的双向关联作用（李双成等，2014）。

人类福祉与生态经济系统之间既相互影响，又相互作用。联合国 2002 年制定的千年生态系统评估概念框架（MA）把人类福祉的主要组成要素和环境状况联系起来[②]。生态系统服务通过影响安全保障，维持高质量生活所

[①] 联合国政府间气候变化专门委员会是世界气象组织（WMO）及联合国环境规划署（UN-EP）于 1988 年联合建立的政府间机构，其主要任务是对气候变化科学知识的现状，气候变化对社会、经济的潜在影响以及如何适应和减缓气候变化的可能对策进行评估。

[②] 该概念框架主要认为，生态系统服务通过影响安全保障，维持高质量生活所需要的基本物质条件、健康以及社会与文化关系等，这些服务的变化对人类福祉产生深远影响。反过来，福祉的组成要素又可以和人类获得的自由与选择产生相互影响。人类福祉状况和在可持续发展方面取得的进展极大地取决于地球的生态系统。人类活动会对生态系统产生影响；生态系统服务的供应变化会对人类福祉造成多方面的深远影响，其影响范围包括经济增长速度、健康、生计安全以及贫困的涌现与持续存在等方面。

需要的基本物质条件、健康以及社会与文化关系等，这些服务的变化对人类福祉产生深远影响。反过来，福祉的组成要素又可以和人类获得的自由与选择产生相互影响。人类福祉状况和区域发展方面取得的成就都极大地依赖于生态系统。不仅人类活动会对生态系统产生影响，生态系统服务也会对人类福祉造成多方面的深远影响，如经济增长速度、健康、生活、安全、贫困生存等[1]。多尺度结构是福祉与生态系统概念的一个重要特征，联合国千年生态系统评估报告通过三个地理尺度（局地、区域和全球）和两个时间尺度（短期和长期）描述生态系统与福祉的关系。有学者指出，千年生态系统评估（MA）概念框架是公平、可持续性、生活、能力和生态系统管理这些概念的综合，这些概念与基于价值的福祉观念有关，而具有社会责任和生态责任的行为则是这种福祉观念的一种体现。

纳拉扬等（Narayan et al.，1999，2000）研究了被调查的 23 个国家的贫困人口，通过让他们自己来思考、分析和表述他们所认为的生活好与坏的标准，进而发现了许多有价值的内容，包括有足够生存保障的重要性、文化和精神动力以及供养孩子的能力等。他们指出了他们所认为的好生活所包含的以下五种相互联系的重要因素（见图 2-2）：维持高质量生活所必需的物质条件（包括足够生存保障、收入和资产，随时拥有充足的住房、家具、衣物及商品获取）；健康（包括身体强壮、心情良好和有益于健康的自然环境）；良好的社会关系（包括社会凝聚力、相互尊重、良好的两性关系和家庭关系、帮助别人和供养孩子的能力）；安全（包括资源的安全获取、人身和财产安全，以及生活于可预测、可控制的环境，免受自然灾害和人为灾害的安全）；自由与选择（包括对发生事件的控制，以及能够从事个人认为有价值的活动和达到个人认为有价值的生存状态）。上述五方面之间相互增强，其中某一方面的改变通常会导致其他方面的变化，形成一个多维图式的具有多种正向和负向相互作用的网络。贫困和福祉是某一多维连续统一体的两个端点，世界发展报告认为贫困就是"对福祉的显著剥夺"（世界银行，2001）[2]。在贫困（图 2-2 左图）这边，双箭头表示负向作用的因果关系，所有的这些因素又会导致能力的丧失。在福祉（图 2-2 右图）生活这一

---

① 千年生态系统评估项目概念框架工作组，张永民译，赵士洞审校：《生态系统与人类福祉：评估框架》，中国环境科学出版社 2007 年版。

② 世界银行：《2001 年世界发展报告：与贫苦作斗争》，中国财政经济出版社 2001 年版。

边，双箭头表示正向作用的因果关系，所有这些因素都会增强选择与行动的自由。有些生态系统服务对于贫困人群的生存与生活而言，极易遭到与生态系统有关的健康风险的影响。发展过程是福祉水平的提高过程，它可以促进那些受剥夺人群发生转变，从贫困（"低质量生活"状态）向福祉（"高质量生活"状况）转变。

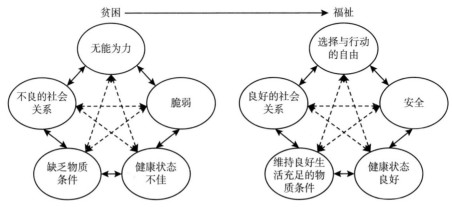

图 2-2 福祉与贫困的核心要素

资料来源：根据千年生态系统评估项目概念框架工作组，张永民译，赵士洞审校：《生态系统与人类福祉：评估框架》，中国环境科学出版社 2007 年版改绘。

二、生态经济系统结构对人类福祉的作用

生态系统服务和人类福祉之间有着很强的联系，绝大多数人类福祉直接或间接地依托于能够可持续供给的基础生态系统服务①。经济系统作为生态经济系统的主体结构，经济发展对人类福祉的作用不言而喻，在维护生态环境的前提下，随着社会经济水平的提升，人类福祉水平将不断提升，因此这里主要介绍其基础结构生态系统和中介环节技术系统对人类福祉的作用。一般来讲，生态系统从供给、调节、文化、支持服务对人类福祉起承载或约束作用，生态系统对人类福祉的作用主要体现在安全、获取维持高质量生活所需的物质、健康、社会关系及自由权与选择权。

---

① 毛萍、赵鹤凌、张轶佳等：《生态环境中的人类福祉研究热点问题分析》，载于《世界科技研究与发展》2022 年 12 期。

生态系统的供给与调节功能影响着人类福祉，生态系统的文化功能也会影响人类安全，健康与生态系统的供给与调节功能紧密相连，健康还与生态系统的文化功能有关，通过休闲闲暇和精神享受影响人类健康。生态系统的文化功能是影响人们体验生活品质和社会关系的重要因素。

生态系统服务无疑对人类福祉具有重要贡献，然而，来自生态系统服务的贡献只是人类福祉体系的子集而非全部[①]。人类福祉既依赖于生态系统服务，也依赖社会资本的供应及其质量状况、技术条件与人类制度[②]。技术系统作为生态系统与经济系统相互交织、物质能量循环转化过程中的中介环节，对于改善人民生活，创造美好生活，增进人类福祉，带来了很多便利和好处，因此具有强大的生命力和广阔的发展前景。

三、人类福祉对生态系统服务功能的反馈

以往的研究主要是从人们的主观幸福感、生计与响应、区域控制与决策差异等角度来探讨人类福祉对生态系统服务的反馈效果，然而，由于个人特征、社会文化环境、区域认同约束等因素都会影响相应福祉的实现程度，进而呈现出对生态系统服务响应的差异[③]。也有学者从人类福祉的角度出发，对生态系统服务的"反馈链条"进行了研究，包括生态系统服务的分类、中间服务与终端服务之间的利益 - 福祉转化，以及生态系统服务韧性响应框架、反馈环路式级联框架、社会—生态交互系统模型等新范式，尝试完善级联框架的回路（邱坚坚等，2021）。

生态系统服务和人类福祉之间有不同的回馈形式，有正反馈和负反馈两种形式。一方面，人们的福祉水平提高会促进生态系统的保护，但过度消费也会造成生态系统的功能退化，从而制约人们的福祉水平。另一方面，生态系统的退化也会使人类的福祉受到损害。比如在生态脆弱的区域，由于其天然生态环境脆弱、供给与服务水平低下，导致当地居民过度使用土地来改善

① Hains – Young R，Potschin M. The links between biodiversity，ecosystem services and human well – being//Raffaeli D，Frid C. Ecosystem Ecology：A New Systhis，Cambridge University Press，2010.

② United Nations Environmental Program. Millennium Ecosystem Assessment Ecosystems and Human Well – Being：Synthesis，Washington，DC.：Island Press，2005.

③ Reyers B，Biggs R，Comming G S，et al. Getting the measure of ecosystem services：A social – ecological approach，Frontiers in Ecology and the Environment，2013，11（5）.

自己的福祉，从而导致生态系统服务功能受损，这不但会影响到生态系统服务的供给，也会使此区域的人民生活水平下降，从而形成一个恶性循环。虽然在某些程度上，生态系统服务与人类福祉之间存在着反馈关系，但在全球、国家、区域等范围内，其是否相同，如何变化，还需要进行深入的探讨，而这一关系的揭示可以为改善人类福祉提供科学依据（王大尚等，2013）。

第六节　案例分析

案例：基于系统动力学的鄱阳湖生态经济区人类福祉演变情景模拟[*]

一、研究问题

随着鄱阳湖生态经济区工业化和城镇化快速发展，经济增长与资源消耗、环境保护的矛盾日益显现。寻求经济、人口、生态协调的可持续发展路径是鄱阳湖生态经济区发展的首要任务。增进民生福祉是发展的根本目的，当前居民对美好生活的需求日益增长，其基本物质生存需要被满足之后对健康、文化、生态等发展型生活需求提出了更高要求。鄱阳湖生态经济区人民日益增长的美好生活需要和不平衡不充分的发展之间的矛盾较为突出。

目前学界关于福祉的定量研究多集中在福祉测度领域。不少研究采用GDP作为人类福祉的衡量指标，但这忽视了福祉的非经济维度。福祉是一个反映"人的良好生活状态"的多维度概念，因而纳入诸如健康、教育等非经济因素的多维人类福祉指数成为非福利主义范式下福祉测度的主流。在

---

* 该案例节选自翟晨阳、王圣云：《基于系统动力学的鄱阳湖区多维福祉时空差异演变与情景模拟》，载于《生态学报》2021年第8期。

此背景下，世界银行较早开启了以资本为中心的福祉研究范式，并指出国家财富由人造资本、自然资本、人力资本和社会资本四部分组成。资本是决定一个国家或地区福祉状况的关键因素，从资本透视福祉的研究视角日益得到学界重视。

2009 年国务院正式批复《鄱阳湖生态经济区规划》，鄱阳湖生态经济区建设上升为国家战略，成为探索生态与经济协调发展新模式、推动江西中部崛起的重要示范区。鄱阳湖生态经济区包括 38 个市、区、县，约占江西省面积的 30%。

二、主要内容

综合考虑资本框架的内涵及数据的可获取性，在人力资本方面选取人口数、中小学师生比、6 岁以上人口平均受教育年限三个指标来刻画人力资本的数量与质量。在经济资本维度，选取人均 GDP（E_1）、人均社会消费品零售额、外贸出口依存度（E_3）和第二三产业比重（E_4）四个指标，其中，人均 GDP 指标测度经济发展水平，人均社会消费品零售额反映消费需求水平，外贸出口依存度指标反映经济开放程度，第二三产业产值比重衡量经济结构。社会资本方面，网络、物流和交通在信息传递与加强人际沟通等方面起着重要作用，故选取互联网接入户比例（S_1）、人均邮电业务量（S_2）、公路网密度（S_3）三个指标。在自然资本维度，森林具有保持水土、净化空气、维持生物多样性等多种作用，耕地是粮食与经济作物供给的基本保障，加之居民对生态环境、空气质量的关注也逐渐增强，因而选取森林覆盖率（N_1）、耕地面积比例（N_2）、工业 SO_2 排放量（N_3）三个指标。

基于四大资本构建了鄱阳湖生态经济区居民福祉综合测评框架，并对鄱阳湖生态经济区居民福祉水平进行综合测评，进而根据测评结果分析了鄱阳湖生态经济区居民福祉整体演进趋势及其空间分布特征与空间差异演变。然后应用系统动力学方法和 Vensim 软件，在分析鄱阳湖生态经济区居民福祉系统结构及相互作用关系的基础上，构建了鄱阳湖生态经济区居民福祉系统的 SD 模型，对鄱阳湖生态经济区居民福祉变化趋势进行情景仿真分析，并对不同情景模拟方案进行比较分析。此案例选取两个部分，主要是基于四大资本的鄱阳湖生态经济区居民福祉综合测评指标体系构建和基于系统动力学的鄱阳湖生态经济区居民福祉系统 SD 模型构建及情景模拟分析。

三、研究方法与结果

（一）系统动力学 SD 模型构建

应用系统动力学模拟和分析鄱阳湖生态经济区多维人类福祉系统演变趋势，步骤如下：

（1）确定福祉系统边界，建立因果关系图。鄱阳湖生态经济区福祉系统由人力资本、经济资本、社会资本以及自然资本四个子系统构成，其中，人力资本提升能拓展人的可行能力，为地区经济发展提供智力支撑，并通过推动技术进步改进生产效率从而提高经济资本；社会资本、自然资本为福祉提升提供了社会保障与物质基础；经济资本既有助于提高人们的收入，也会促进社会建设和人力资本投资，但同时经济发展也会消耗或破坏原有的自然资本。基于以上分析绘制鄱阳湖生态经济区福祉系统流图（见图 2 - 3）。

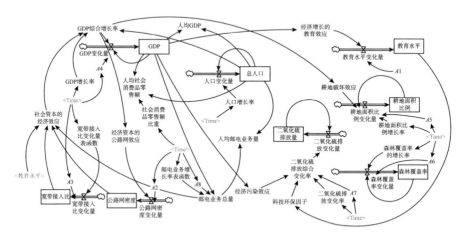

图 2 - 3　福祉系统流图

（2）建立 SD 仿真模型方程。采用文献查阅、专家咨询、统计分析等方法确定系统参数。人口增长率、邮电业务增长率表函数采用线性拟合与移动平均方法进行拟合估算，经济增长的教育效应、公路网密度变化率等应用回归拟合等方法确定变量之间的作用关系，主要变量方程如表 2 – 9 所示，仿真起止时间为 2006 ~ 2030 年。

表 2 – 9　　　　　　　　　SD 仿真模型中的变量类型及其方程

变量类型 Variable types	方程 Equations	单位 Units
流位变量 Level variable	GDP = INTEG（GDP 变化量，2531.62）	亿元
	总人口 = INTEG（人口变化量，1864.46）	万人
	教育水平 = INTEG（教育水平变化量，0.0536）	无量纲
	耕地面积比例 = INTEG（耕地面积比例变化量，0.1893）	无量纲
	森林覆盖率 = INTEG（森林覆盖率变化量，0.3894）	无量纲
	二氧化硫排放量 = INTEG（二氧化硫排放变化量，32287）	t
	公里网密度 = INTEG（公路网密度变化量，0.5741）	km/km²
	互联网接入比 = INTEG（互联网接入比变化量，0.0863）	无量纲
流率变量 Rate variable	GDP 变化量 = GDP × GDP 综合增长率	亿元
	人口变化量 = 总人口 × 人口增长率	万人
	教育水平变化量 = 教育水平变化量 = 经济增长的教育效应 × 教育政策因子	无量纲
	耕地面积比例变化量 =（耕地面积比例增长率 – 耕地破坏效应 – 耕地政策因子）× 耕地面积比例	%
	森林覆盖率变化量 = 森林覆盖率 ×（森林覆盖率的增长率 – 森林政策因子）	%
	二氧化硫排放变化量 = 二氧化硫排放量 × 二氧化硫排放综合变化率	吨
	公路网密度变化量 = 公路网密度 ×（公路网密度变化率 + 公路网政策因子）	km/km²
	互联网接入比变化量 = 互联网接入比变化量表函数 × 互联网接入政策因子	%
辅助变量 Instrumental variable	GDP 综合增长率 = GDP 增长率 + 社会资本的经济效应 + LN（总人口）× 0.0005	无量纲
	二氧化硫排放综合变化率 = 经济污染效应 + 科技环保因子 + 二氧化硫排放变化率 + 环境政策因子	无量纲

变量类型 Variable types	方程 Equations	单位 Units
辅助变量 Instrumental variable	社会资本的经济效应 = 宽带接入比 × 0.01 + 公路网密度 × 0.01 + 教育水平 × 0.1 + LN(邮电业务总量) × 0.0005	无量纲
	经济增长的教育效应 = 0.0184 × LN(LN(GDP)) − 0.039	无量纲
	耕地破坏效应 = IF THEN ELSE(GDP 综合增长率 > 0.12, 0.0015, 0)	无量纲
	科技环保因子 = WITH LOOKUP(教育水平, ([(0, −0.04) − (0.1, 0.1)], (0.05, −0.001), (0.1, −0.004)))	无量纲
	经济资本的公路网效应 = 0.0116 × EXP(9.4498 × GDP 综合增长率 + 0.2)	无量纲
	耕地面积比例增长率 = WITH LOOKUP(Time, ([(2006, −0.006) − (2030, 0.2)]))	a
	二氧化硫排放变化率 = WITH LOOKUP(Time, ([(2006, −0.1) − (2030, 0.07)]))	a
	森林覆盖率的增长率 = WITH LOOKUP(Time, ([(2006, 0.001) − (2030, 0.1)]))	a
	互联网接入比变化量表函数 = WITH LOOKUP(Time, ([(2006, 0.006) − 2030, 0.06)]))	a
增补变量 Supplementary variables	人均社会消费品零售额 = ((GDP × 社会消费零售额比重)/总人口) × 10000	元
	人均 GDP = (GDP/总人口) × 10000	元
	人均邮电业务量 = 邮电业务总量/总人口 × 10000	元

（3）模型检验。首先检查模型方程完整性以及表函数设定范围，调试直至模型正常运行；其次以 2006 年流位变量初始值为输入进行模型的历史性检验，模拟值与真实值的相对误差均小于 5%，表明模型拟合较好。

（4）设定情景。鄱阳湖生态经济区大部分区县属于经济欠发达地区，因而到 2020 年乃至 2030 年都会注重经济资本的培育，但同时鄱阳湖生态经济区也被列为国家生态文明试验区，力求在生态优先、绿色发展上有率先之举，十分注重对生态环境的保护。为此，本文基于四种资本组合的思路，在经济资本主导基础上依次纳入生态资本、社会资本和人力资本，从而设定如生态经济模式、协调发展模式、可持续协同发展模式等不同发展情景，分别对应不同的发展模式。

原始情景：假定现有政策惯性不变，维持当前发展趋势下的一种情景。

情景一：经济快速增长模式。GDP 增长率将在原始情景基础上提高15%；这种情景重点关注经济的快速增长，会加大环境压力。

情景二：生态经济模式。GDP 增长率将在原始情景基础上提高 10%，追求经济增长与生态环境平衡发展。

情景三：协调发展模式。该情景下不只单纯地追求经济与生态协调发展，还将重视社会资本在地区发展中的作用，寻求经济资本、社会资本与自然资本的协调发展。GDP 增长率将在原始情景基础上提高 5%，社会资本主要指标的增长率将比原始情景提高 10%。

情景四：可持续协同发展模式。鄱阳湖生态经济区将开始重视人力资本培育，以促进经济资本、社会资本、人力资本、自然资本的协同提升为目标，在情景三的基础上，增加了对人力资本的投入，人力资本指标将比原始情景提高 20%。

（二）鄱阳湖生态经济区多维人类福祉指数的时空格局演变分析

2006～2018 年鄱阳湖生态经济区福祉水平明显提升，多维人类福祉指数由 2006 年的 0.3200 提升至 2018 年的 0.6805，年平均增长率为6.49%（表 2－10）；其中，伴随着 2009 年鄱阳湖生态经济区上升为国家战略，鄱阳湖生态经济区各区县福祉水平较 2008 年呈现出跃升态势，近年来鄱阳湖生态经济区福祉水平的增长态势有所放缓，但分布结构趋于合理（见图 2－4）。

表 2－10　　2006～2018 年鄱阳湖生态经济区各区县多维人类福祉指数变化

地区	2006 年	排名	2010 年	排名	2014 年	排名	2018 年	排名	2006～2018 年均增长率/%
东湖区	0.6904	3	0.7735	4	0.8121	5	0.8517	4	1.76
西湖区	0.7203	1	0.7937	1	0.8367	2	0.8649	2	1.54
青云谱区	0.6469	4	0.7244	6	0.8270	3	0.8536	3	2.34

续表

地区	2006 年	排名	2010 年	排名	2014 年	排名	2018 年	排名	2006~2018 年均增长率/%
湾里区	0.3119	19	0.3644	32	0.4507	36	0.5477	35	4.80
青山湖区	0.6924	2	0.7853	2	0.8472	1	0.8692	1	1.91
南昌县	0.3839	14	0.5908	11	0.7168	10	0.7792	10	6.08
新建区	0.3536	18	0.4908	16	0.6265	14	0.6858	17	5.68
安义县	0.2996	22	0.3611	33	0.4415	38	0.5069	38	4.48
进贤县	0.3755	16	0.5206	14	0.6178	16	0.6985	15	5.31
昌江区	0.4962	9	0.6674	8	0.7485	8	0.7931	8	3.99
珠山区	0.5148	8	0.6354	9	0.7136	11	0.7506	12	3.19
浮梁县	0.2491	31	0.4317	26	0.5602	24	0.6598	22	8.46
乐平市	0.3657	17	0.4887	17	0.6034	18	0.6776	18	5.27
濂溪区	0.5595	6	0.7020	7	0.7737	7	0.8225	6	3.26
浔阳区	0.4523	10	0.7657	5	0.8130	4	0.8425	5	5.32
柴桑区	0.2618	28	0.3450	35	0.4692	34	0.5424	37	6.26
武宁县	0.2475	32	0.4035	28	0.4830	31	0.6124	27	7.84
永修县	0.2782	27	0.4415	21	0.5691	21	0.6737	19	7.65
德安县	0.2823	25	0.4370	24	0.6070	17	0.6868	16	7.69
庐山市	0.1842	37	0.3313	37	0.4505	37	0.5560	34	9.64
都昌县	0.1850	36	0.3122	38	0.4734	33	0.5999	31	10.30
湖口县	0.2592	29	0.4473	19	0.6179	15	0.7004	14	8.64
彭泽县	0.2332	33	0.3552	34	0.4808	32	0.5676	33	7.69
瑞昌市	0.2798	26	0.3996	29	0.5652	22	0.6657	21	7.49
共青城市	0.2541	30	0.3957	31	0.5631	23	0.6385	25	7.98
渝水区	0.6138	5	0.7739	3	0.7856	6	0.7804	9	2.02
月湖区	0.4191	11	0.5918	10	0.7246	9	0.8091	7	5.64
余江县	0.2957	24	0.4390	22	0.5711	20	0.6296	26	6.50
贵溪市	0.5211	7	0.5693	12	0.6628	13	0.7345	13	2.90
新干县	0.2970	23	0.4456	20	0.5424	27	0.6405	24	6.61

续表

地区	2006 年	排名	2010 年	排名	2014 年	排名	2018 年	排名	2006~2018 年均增长率/%
丰城市	0.3956	12	0.5197	15	0.5966	19	0.6535	23	4.27
樟树市	0.3890	13	0.5572	13	0.6689	12	0.7615	11	5.76
高安市	0.3091	20	0.4063	27	0.5152	29	0.5869	32	5.49
临川区	0.3796	15	0.4697	18	0.5418	28	0.6057	28	3.97
东乡区	0.3072	21	0.4319	25	0.5435	26	0.6023	30	5.77
余干县	0.1991	35	0.3339	36	0.4657	35	0.5456	36	8.76
鄱阳县	0.2239	34	0.3969	30	0.5148	30	0.6046	29	8.63
万年县	0.1629	38	0.4386	23	0.5513	25	0.6666	20	12.46
鄱阳湖生态经济区	0.3200		0.4962		0.6062		0.6805		6.49

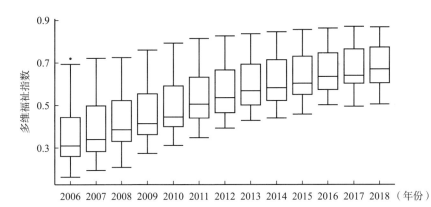

图 2-4　2006~2018 年鄱阳湖生态经济区各区县多维人类福祉指数箱线图

注：箱线图中 2006 年的异常值点为西湖区，表明当前西湖区的多维人类福祉水平显著高于其他区县；箱底部和顶部代表四分位数，箱内横线代表中值。

（三）鄱阳湖生态经济区多维人类福祉指数的空间差异变化分析

2006~2018 年，鄱阳湖生态经济区各区县多维人类福祉指数在不断提高的同时，福祉差距明显缩小。这一现象在空间差异测度指标的变化上也得到了印证，鄱阳湖生态经济区福祉指数的空间基尼系数从 2006 年的 0.216 降至 2018 年的 0.077，沃尔夫森指数从 2006 年的 0.172 降至 2018

年的 0.093。可见,鄱阳湖生态经济区的区县间的福祉差距明显缩小,福祉水平的空间极化现象得到有效改善(见表 2 - 11)。

表 2 - 11   鄱阳湖生态经济区多维人类福祉的空间基尼系数、
沃尔夫森指数与空间自相关指标

年份	空间基尼系数	沃尔夫森指数	空间自相关	
			Moran's I	P 值
2006	0.216	0.172	0.403	0.001
2007	0.211	0.202	0.375	0.001
2008	0.196	0.193	0.368	0.001
2009	0.162	0.168	0.370	0.002
2010	0.150	0.154	0.362	0.002
2011	0.136	0.136	0.342	0.005
2012	0.124	0.131	0.343	0.003
2013	0.112	0.129	0.339	0.002
2014	0.104	0.131	0.332	0.002
2015	0.097	0.126	0.314	0.005
2016	0.088	0.099	0.274	0.006
2017	0.080	0.098	0.325	0.004
2018	0.077	0.093	0.300	0.003

进一步应用 Geoda 软件进行全局空间自相关分析可知,2006~2018 年鄱阳湖生态经济区多维人类福祉指数的 Moran's I 均显著为正,表明鄱阳湖生态经济区各区县福祉水平在空间上有相关性。由莫兰指数的变化可以看出,鄱阳湖生态经济区多维人类福祉指数的空间集聚程度不断降低。

(四)不同情景下鄱阳湖生态经济区福祉系统主要指标变化趋势比较

五种情景下鄱阳湖生态经济区多维人类福祉系统指标的模拟结果显示(见图 2 -5),人均 GDP、人均社会消费品零售额指标的发展变化呈现出情

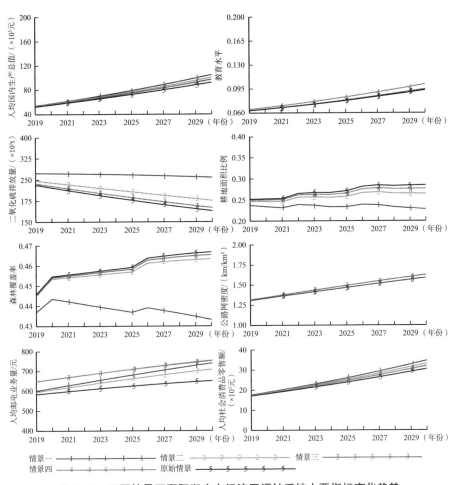

图 2-5 不同情景下鄱阳湖生态经济区福祉系统主要指标变化趋势

景一＞情景二＞情景四＞情景三＞原始情景的态势。情景一下鄱阳湖生态经济区经济资本指标提升最快，其次是情景二；由于人力资本的促进作用，情景四下经济资本提升快于情景三。耕地面积比例、森林覆盖率指标变化表现为原始情景＞情景四＝情景三＞情景二＞情景一。情景一由于经济快速增长，造成对自然资本的过度利用，耕地面积占比与森林覆盖率增速会显著降低，2030 年鄱阳湖生态经济区森林覆盖率将降为 43.32%；情景二下 2030 年鄱阳湖生态经济区耕地面积占比与森林覆盖率均优于情景一；情景三与情景四由于更加注重资本间的协同发展，因而使得自然资本的发展状况较好。从二氧化硫排放量指标变化趋势来看,情景一 > 情景二 > 情景三 > 情景四 > 原始情景;尽管技术的改进能有效进行污染物的处理,但工业化进程的不断加快,仍会产生大量的污染物;情景四重视四个资本协同发展,通过社会资本与人力资本的提升,在一定程度上减少了经济增长带来的二氧化硫排放的增加。公路网密度、人均邮电业务量指标变化表现为情景四 > 情景三 > 情景一 > 情景二 > 原始情景。由于社会联系网络建设不仅以经济与科技发展为基础,还需要社会制度与政策的支持,因此在以经济、社会、人力与自然资本协同发展为目标的情景四下社会资本的发展更加高效。

通过系统动力学仿真结果计算鄱阳湖生态经济区多维人类福祉指数可以看出,设定情景下鄱阳湖生态经济区多维人类福祉指数和年均增长率都高于原始情景,表明鄱阳湖生态经济区福祉水平有较大提升空间。根据鄱阳湖生态经济区五种发展情景下多维人类福祉指数及其变化趋势可知(见表 2 – 12):原始情景下,2030 年鄱阳湖生态经济区多维人类福祉指数将提升为 0.7930;情景一、情景二、情景三、情景四下,2030 年鄱阳湖生态经济区多维人类福祉指数将分别达到 0.8116、0.8066、0.8101、0.8106,年平均增长率分别为 1.48%、1.43%、1.46%、1.47%。从鄱阳湖生态经济区多维人类福祉指数得分的排序及年平均增长率来看,情景四 > 情景三 > 情景二。尽管情景一下鄱阳湖生态经济区多维人类福祉指数高出其他三种情景,且其年均增长率最高,但其发展模式有悖江西省建设生态文明国家示范区的根本要求以及可持续发展理念,其设定的经济增长模式势必造成对自然资本的过度利用,长远来看该发展模式不可取。资本协同作用会促进鄱阳湖生态经济区福祉水平的提升,可持续协同发展模式下 2030 年鄱阳湖生态经济区多维人类福祉水平提升最高最快,情景四是鄱阳湖生态经济区健康发展的优选方案。

表 2 – 12　　　　不同情景下鄱阳湖生态经济区多维福祉
指数演进趋势:2018 ~ 2030 年

年份	原始情景	情景一	情景二	情景三	情景四
2018	0.6805	0.6805	0.6805	0.6805	0.6805
2019	0.6995	0.7048	0.7034	0.7126	0.7125

年份	原始情景	情景一	情景二	情景三	情景四
2020	0.7109	0.7179	0.7160	0.7246	0.7245
2021	0.7215	0.7301	0.7277	0.7357	0.7356
2022	0.7317	0.7417	0.7390	0.7464	0.7463
2023	0.7409	0.7523	0.7492	0.7560	0.7560
2024	0.7495	0.7621	0.7587	0.7649	0.7650
2025	0.7577	0.7714	0.7677	0.7734	0.7735
2026	0.7657	0.7805	0.7765	0.7817	0.7819
2027	0.7731	0.7890	0.7846	0.7894	0.7897
2028	0.7800	0.7969	0.7923	0.7966	0.7970
2029	0.7867	0.8044	0.7996	0.8035	0.8040
2030	0.7930	0.8116	0.8066	0.8101	0.8106
2015～2030 年年平均增长率	1.28%	1.48%	1.43%	1.46%	1.47%

（五）主要结论与政策启示

（1）2006～2018 年鄱阳湖生态经济区 38 个区县的福祉水平都得到了明显提升，南昌市的西湖区、东湖区、青山湖区、青云谱区以及濂溪区、渝水区、昌江区等一直是鄱阳湖生态经济区的福祉水平高值区，其在周边区县福祉水平提升过程中起到重要的带动作用。余干县、柴桑区、都昌县、庐山市等滨湖地区的福祉水平相对较低，但后进优势明显。

（2）2006～2018 年鄱阳湖生态经济区各区县间福祉水平空间差异持续缩小，区域福祉状况明显改善。2006～2018 年鄱阳湖生态经济区福祉水平高—高集聚区未有明显变化，但低—低集聚区的范围明显缩小，目前的福祉水平低—低集聚区是后小康社会鄱阳湖生态经济区需要给予关切的地区，特别要提高福祉水平低—低集聚区在人力资本、经济资本、社会资本、自然资本的协同发展。此外，也要从福祉高—低集聚区入手，逐步消除高福祉区域福祉空间溢出效应的障碍。

（3）鄱阳湖生态经济区居民福祉系统的情景模拟结果显示，鄱阳湖生态经济区居民福祉仍有较大的提升空间。可持续协同发展模式下鄱阳湖生态经济区居民福祉水平最高，促进四种资本的协同增长是提升鄱阳湖生态经济区居民福祉水平的优选途径。社会资本与人力资本的投入是提升鄱阳湖生态经济区居民福祉最有效的手段，有助于鄱阳湖生态经济区居民福祉的短期提升；经济资本是鄱阳湖生态经济区居民福祉水平长期发展的不竭动力。

经济增长并不必然带来居民福祉的改善，福祉水平的提升需要人力资本、经济资本、社会资本与自然资本的协同发展。长期以来，经济发展与生态环境保护曾被视为相互对立的两个方面。"两山理论"为鄱阳湖生态经济区发展指明了方向，在可持续发展思想的指导下，四大资本的协同发展是对"两山理论"指导区域发展的实践探索。未来鄱阳湖生态经济区仍需加强四大资本间的协同提升，合理利用鄱阳湖生态经济区自然资本的优势，坚持走一条强可持续发展道路，充分发挥社会资本与人力资本的短期效应与经济资本的长期驱动效应，促进鄱阳湖生态经济区生态发展、经济富裕与人民福祉协同提升。

第三章

可持续发展与可持续性

可持续性（sustainability）的概念是生态学家首先提出来的，起初主要是指生态可持续性（ecological sustainability）。目前，关于可持续性的概念界定，不同的学术流派仍然有不同的表述。生态学家认为，可持续性是自然资源及其开发利用程序间的平衡。经济学家则认为，可持续性是指在保持自然资源及其提供的服务质量的前提下，最大可能性地提高经济发展的净效益；皮尔斯（Pearce）认为，今天的使用不应减少未来的实际收入。当发展能够保持当代人的福利增加时，也不会使后代的福利减少。

从可持续性的不同概念界定可以看出，不同的学术流派对于可持续性的理解存在一定的分歧。生态学家和生态经济学家更多地从生态系统的视角出发，强调生态可持续性，主流经济学家则更多地从经济系统的视角出发，强调经济可持续性。有人认为，可持续性由生态可持续性、经济可持续性和社会可持续性三个部分组成，但三者是相互联系、不可分割的，应该从整体上理解可持续性。

在可持续性的理解分歧背后，隐含着可持续发展理念的差异。当前，国际上主要有两种可持续发展理念，一是弱可持续性（weak sustainability）的发展理念；二是强可持续性（strong sustainability）的发展理念。对于强可持续性与弱可持续性这两种发展理念的不同认知，主要原因是对自然资本替代性的认识上存在着分歧。

第一节　可持续发展理论演进与人类世

一、可持续发展的理论演进

可持续发展（sustainable development）的概念最早可以溯源到 1980 年世界自然保护联盟（International Union for Conservation of Nature，IUCN）、联合国环境规划署（United Nations Environment Programme，UNEP）、世界野生动物基金会（World Wide Fund for Nature，WWF）等共同发表的《世界自然保护大纲》（World Conservation Strategy）。1987 年世界环境与发展委员会（WCED）发表的报告《我们共同的未来》正式使用了可持续发展的概念，这被认为是建立可持续发展概念的起点。根据梅布拉图（Mebratu）[1] 的观点，可持续概念的发展可分为 3 个时期：（1）前斯德哥尔摩时期（1972 年之前）；（2）从斯德哥尔摩到 WCED 时期（1972～1987 年）；（3）后 WCED时期（1987 年至今）。下面，分阶段对其进行阐述。[2]

（一）前斯德哥尔摩时期

1. 人类对生存的日益关注

梅布拉图（Mebratu）研究表明，可持续性的概念早已存在，尤其是对可持续和不可持续的方法的识别。例如，根据韦伯（Weber M.）的观点，人类需要选择牺牲一定程度的个人自由，以达成更安全、更平衡的社会生活。这种观点与当今所说的可持续发展观是一致的；博尔丁还认为，将来的地球可能是一个资源有限的封闭实体，因此人类必须找到一个途径来维持循环的生态系统。

2. 环境限制与承载力论述

马尔萨斯（Malthus）被认为是第一个预见到资源稀缺导致的经济增长

---

① Mebratu D. Sustainability and sustainable development：historical and conceptual review. *Environmental Impact assessment Review*，1998，18（6）：493–520.

② 张晓玲：《可持续发展理论：概念演变、维度与展望》，载于《中国科学院院刊》2018 年第 1 期。

限制的学者。他与大卫·李嘉图（David Ricardo）一起提出"环境限制思想"。马尔萨斯强调：土地是一种固定资源，人均粮食产量将随着人口的增长而下降；当人类生活条件下降到只能保证生存的程度时，人口数量可能会停止上升。即使这些想法是有缺陷的，但我们有充分的理由相信，这种环境监管理论是可持续发展概念的先驱。

与此同时，为了界定可持续发展的起源，基德（Kidd）重点阐述了承载力的概念。他强调，这个概念很久之前就被用来阐述人与自然之间的联系，由于地球的负载力决定了增长的极限，所以最终形成了可持续发展的意识。班特立（Bentley）和史密斯（Smith）为区分"原始承载力"与"实际承载力"，两人分别在牧场环境下做了研究，研究说明，"原始承载力"是有限且不变的，而"实际承载力"是可以利用投资来改善的。因此，承载力与可持续性概念类似，二者皆表示"当前的资源消耗不应导致长期的损害"。

3. 环境运动走向政治舞台

20 世纪 60~70 年代，越来越多的人开始关注环境保护。在此阶段，美国环境运动突出，企业环境污染、石油泄漏、火灾等一系列问题频发，越南战争等国际问题皆导致美国联邦政府不得不颁布并实施各项法律法规来处理环境污染问题，并最终制定《国家环境政策法案》，这是可持续发展正式提出的基石。

（二）从斯德哥尔摩到 WCED

1972 年，在斯德哥尔摩召开的联合国人类环境会议，深入研究了环境的重要性，并认识到环境管理已迫在眉睫。它表明，技术进步的结果来源于对自然资源的大量消耗，工业化的发展必须建立在已经将其对环境的影响作出充分考量的基础上，且应当将环境影响放在首位。在接下来的几年里，术语从"无破坏的发展"逐渐变成"无害环境的发展"，最终"生态发展"一词第一次在 1978 年联合国环境规划署审查报告中被提出。可以看出，本次联合国人类环境会议大力促进了可持续发展的概念化。

1987 年，世界环境与发展委员会发表了一份题为《我们共同的未来》的报告。其中，将可持续发展定义为：不仅要满足现代人的需求，还要不损害其后代满足自身需求的能力。这个定义曾一度被大众认可作为"可持续发展"的官方定义。

（三）后 WCED 时期

WCED 对"可持续发展"的定义无疑是一个重要的转折点。在 1987 ～ 1992 年的几年间，就出现了约 70 种不同的"可持续发展"定义，且后续产生了激烈的争论。1992 年联合国环境与发展会议（又称"里约会议"或"地球首脑会议"），是 WCED 以后的又一个较大进步。会议内容主要有以下几个方面：（1）制定"21 世纪议程"；（2）发表《里约宣言》；（3）开启《联合国气候变化框架公约》；（4）签署《联合国生物多样性公约》。本次会议成功地激发了一代研究人员对可持续发展问题进行更深入和全面的思考，同时也鼓励各国政府朝着可持续发展的方向努力。

（四）联合国可持续发展议程与目标

2015 年 9 月 25 日，联合国可持续发展峰会在纽约总部召开，联合国 193 个成员国在峰会上正式通过了 17 个可持续发展目标。可持续发展目标呼吁全世界共同采取行动，消除贫困、保护地球、改善所有人的生活和未来。17 项目标是 2030 年可持续发展议程的组成部分，该议程为世界各国在 15 年内实现 17 项目标指明了方向。

17 个可持续发展目标（SDG）是实现所有人更美好和更可持续未来的蓝图。目标提出了我们面临的全球挑战，包括与贫困、不平等、气候、环境退化、繁荣以及和平与正义有关的挑战。这些目标相互关联，旨在不让任何一个人掉队，我们必须在 2030 年之前实现每个目标。目标 1. 在全世界消除一切形式的贫困；目标 2. 消除饥饿，实现粮食安全，改善营养状况和促进可持续农业；目标 3. 确保健康的生活方式，促进各年龄段人群的福祉；目标 4. 确保包容和公平的优质教育，让全民终身享有学习机会；目标 5. 实现性别平等，增强所有妇女和女童的权能；目标 6. 为所有人提供水和环境卫生并对其进行可持续管理；目标 7. 确保人人获得负担得起的、可靠和可持续的现代能源；目标 8. 促进持久、包容和可持续的经济增长，促进充分的生产性就业和人人获得体面工作；目标 9. 建造具备抵御灾害能力的基础设施，促进具有包容性的可持续工业化，推动创新；目标 10. 减少国家内部和国家之间的不平等；目标 11. 建设包容、安全、有抵御灾害能力和可持续的城市和人类住区；目标 12. 采用可持续的消费和生产模式；目标 13. 采取紧

急行动应对气候变化及其影响；目标 14. 保护和可持续利用海洋和海洋资源
以促进可持续发展；目标 15. 保护、恢复和促进可持续利用陆地生态系统，
可持续管理森林，防治荒漠化，制止和扭转土地退化，遏制生物多样性的丧
失；目标 16. 创建和平、包容的社会以促进可持续发展，让所有人都能诉诸
司法，在各级建立有效、负责和包容的机构；目标 17. 加强执行手段，重振
可持续发展全球伙伴关系。

二、中国可持续发展战略

1994 年 3 月，中国政府出台了《中国 21 世纪议程》，把可持续发展战
略纳入我国经济和社会发展规划。《中国 21 世纪议程》从中国的具体国情、
环境资源和人口与发展的总体联系出发，构筑了一个综合性的、长期的、循
序渐进的可持续发展战略框架和对策，是中国特色的可持续发展的行动纲领
和全面规划。

《中国 21 世纪议程》共 20 章，78 个方案领域，其主要内容分为 4 部分。

第一，可持续发展总体战略与政策。提出了中国可持续发展战略的背景
和必要性；提出了中国可持续发展的战略目标、战略重点和重大行动，可持
续发展的立法和实施；制定了促进可持续发展的经济政策，参与国际环境与
发展领域合作的原则立场和主要行动领域。

第二，社会可持续发展。实行计划生育政策、控制人口数量和提高人口
素质。指示构建舒适和理性健康消费的生活体系，方便和丰富人民的物质文
化生活；尽快消除贫困；防灾减灾等，保持全社会的安定团结。

第三，经济可持续发展。不断优化经济结构、增进效益和提高发展质
量，将农业与农村、工业和交通及通信业、能源生产与消费作为最优先领
域，并对如何使工业、农业、能源走向可持续发展的轨道做了深刻论述。

第四，资源的合理利用与环境保护。包括水、土地、森林、海洋、矿
产的保护与合理开发利用；保护生态系统多样性；防治土地荒漠化和水土
流失；保护大气层；且特别关注工业有害废物和放射性废物的排放与
治理。

三、"人类世"时代的到来

（一）人类活动与地球环境

自从地球上有了人类生命，人类方方面面不同的活动就不断改变着地球。但在很长一段时间内，人类的活动受"大自然力量"的约束，人类活动的力量对地球生态系统的影响是有限度的。但自从工业革命以后，人类社会改变自然的能力急速提升，人类工业化的现代文明发展对我们全球的环境产生了前所未有的、持久的影响。在之前的 300 年里，世界人口增加了近 10 倍，高达 60 亿人[①]。20 世纪的城市化规模是以往的 13 倍，其他因素的增长，如全球经济和能源使用，也非常显著（见表 3 - 1）。在之前的 50 年里，人类对地球表面的改造程度比历史上任何时候都要强烈。随着科学技术的发展，越来越多的科学证据已经表明，人类社会的活动极大地改变了地球生态系统的一些根本性的构成。人类各种各样的活动对我们地球生态系统的影响远远超过了地球自然变化的过程，由此导致了一系列全球性环境问题，例如，空气污染和酸雨更加恶化，温室气体浓度增加造成全球气候变化，地球的水循环、海洋环境和生物多样性等也发生了深刻改变[②]。

表 3 - 1　　　　　　　20 世纪人类活动增长和影响的部分记录

项目	增长幅度（1890s～1990s）/%
世界人口	400
世界城市人口总量	1300
世界经济	1400
工业产值	4000
能源利用	1600

① 刘学、张志强、郑军卫等：《关于人类世问题研究的讨论》，载于《地球科学进展》2014 年第 5 期。
② 孙凯：《"人类世"时代的全球环境问题及其治理》，载于《人民论坛·学术前沿》2020 年第 11 期。

项目	增长幅度（1890s～1990s）/%
煤产量	700
二氧化碳排放量	1700
二氧化硫排放量	1300
铅排放	约 800
水利用	900
海洋鱼类捕捞	3500
牛头数	400
猪产量	900
灌溉面积	500
耕地	200
森林面积	－20
蓝鲸数量（南大洋）	－99.75
长须鲸数量	－97
鸟类和哺乳动物	－1

注：负数代表下降。

资料来源：McNeill J R. *Something New under the Sun* [M]. New York, Lon-don：WH Norton and Company, 2000.

由于人类活动造成全球的环境问题越来越严重，在此背景下，"人类世"（Anthropocene）这一新名词正式被提出。2000年，大气化学家诺贝尔奖得主克鲁岑（Crutzen）和生态学家斯托默（Stoermer）在第一次正式提出这个概念①，他们表明：自从瓦特在1784年发明了蒸汽机以来，人们作为地质运作的力量发挥了越来越重要的影响，我们已经超越了"全新世"（大约12000年），现在进入了一个由人类作为主导的全新地质时代，即人类世。

在2008年2月，包括扎拉西维奇（Zalasiewicz）在内的一共21位伦敦地质学会地层委员会（Stratigraphy Commission of the Geo-logical Society of London）的成员在《今日地质学会》上联合发表了一篇论文，该论文表明，

① Crutzen P J, Stoermer E F. The "Anthropocene" [J]. *IGBP News-letter*, 2000, 41：17-18.

尤其在工业革命以后的时期，人类的经济活动对气候和环境产生了全球范围内的广泛影响。这些影响跨越许多领域，包括沉积、大气、生物、海洋和冰冻圈等，并且，从地层中也能发现可见和可测量的特征，这些特征可以为建立人类世的下限（底界）提供地层方面的证据。

2009 年，国际地层委员会（ICS）特别成立了一个人类世工作小组（The Anthro-pocene Working Group），由扎拉西维奇担任小组主席，小组任务为探索人类活动引起的变化是否符合开启一个新地质时代的标准。该小组将在 2016 年南非举行的第 35 届国际地质大会上投票决定这一地质时期的最终典范名称——人类纪（period）、人类世（epoch）或者人类期（stage）。建立或修订一个新的地质时期是一个长久的过程，例如第四纪经历了 60 年的争论之后，国际地层委员会终于在 2009 年结束修订。人类世的地质阶段的正式确立也将经历长久的科学辩论。

随着城市化的发展以及人类开发影响自然活动能力的增强，人类活动对于生物物种的数量和种群的存量等也带来了巨大的影响。无论是从规模还是从范围方面来看，人类活动的因素在社会生态系统乃至整个地球系统的变化和运行中，发挥了越来越重要的作用。"人类世"代表着整个地球的发展历史进入到一个新的阶段，人类的活动和力量不再被限定在自然力量之内，而是与自然的力量一起，共同影响地球的发展进程。人类的这些活动也会改变和影响地球未来的生态环境。

（二）"人类世"视角下全球环境问题

自 20 世纪中期以来，全球性环境问题日益涌现，国际社会开始加强对这些问题的关注。从"人类世"时代这个新视角来看待这些问题，全球环境问题将更加具有紧迫性，我们越来越接近生态系统所能承受的最大限度，情形不容乐观。而随之而来的，是全球环境问题的相互关联性、不可逆转性和日益复杂性等特征。

1. 相互关联性

相互关联性是"人类世"时代全球环境问题的主要特征。由于地球的不同系统之间具有相互关联和相互影响的特征，一旦在某个方面发生剧烈的改变，将会带来科学家所说的"级联效应"（cascade effect），这种效应带来的影响是一种快速的连锁反应，产生的后果将无法估量、无法预测①。例如，全球气候变暖，北极地区的冰层逐渐融化，而由于气候变化存在负反馈效应，将加速北极地区的冰融速度，这又会进一步增强全球气候变化对北极地区的环境、生态、社会、经济等的影响。此外，由于全球洋流的一体性，北极地区的冰融也会加速其他地区的一系列连锁反应，比如海水温度升高，海平面升高等。

在"人类世"时代，越来越多问题开始具有全球性的特征，甚至是那些本只具有区域性和本地性的环境问题，也逐渐对全球的政治、经济产生负面的影响。例如，当一个地区的粮食产量减少，直接影响全球粮食供应，进一步导致粮价上涨甚至产生地区性饥荒。总而言之，全球环境和生态系统本就具有高度的相互依赖性和相互关联性，在"人类世"时代将其提升到了更高的维度，使这些问题真正具有了全球性的规模。

2. 不可逆转性

大规模生态环境破坏的"不可逆性"也是"人类世"时代全球环境问题的突出特征。在"全新世"时代，人类活动对自然界产生的影响还在地球生态系统自我修复的限度以内，也就是说，人类及时采取一些环保措施，这些生态问题可以修复。但是，进入"人类世"时代以来，人类的活动和影响力剧增，对地球的生态系统产生巨大的破坏，大大超过地球生态系统自我修复的"阈值"以及人类所能采取措施修复的限度，从而对地球生态环境造成不可逆转的破坏。最典型的例子是生物物种的灭绝，如果不受人类活动的影响，当前生物多样性减少的速度将至少降低 100 倍。自 1970 年以来，世界上生物物种的数量减少了约一半，但在同一时期人口的数量暴涨了 1 倍多。2019 年提出的《全球生物多样性与生态系统服务评估报告》中表明，在所评估的野生动植物中约有 25% 的物种受到威胁，也就意味着大约有 100 万种物种濒临灭绝。人类对地球的损害甚至可能导致地球历史上第 6 次大规模的物种灭绝，成千上万的动植物将面临灭顶之灾，"人类世"甚至可能成为第一个由人类这一单一物种主宰的地质时期②。

①　孙凯：《"人类世"时代的全球环境问题及其治理》，载于《人民论坛·学术前沿》2020 年第 11 期。
②　邓雪梅：《人类世——新人类纪元》，载于《世界科学》2010 年第 5 期，第 8 页。

3. 超级复杂性

"人类世"时代的全球环境问题还具有超级复杂性，这是真正"棘手的难题"。这些问题的"超级复杂性"主要体现在其出现的原因是复杂的，且变化的过程通常是难以预测的。虽然随着科学技术的发展，人类社会对自然界的认知越来越多，但人类认知的进展总是具有局限性，以至于在"人类世"时代地球生态系统所呈现的一系列变化，什么时候变化，变化的趋势是什么，变化到什么程度，以及这些变化会带来什么影响，这些问题都远远超出了人类对自然的认知。甚至在"人类世"时代，出乎意料的极端气候、区域性生态系统的崩溃等超出预期的变化将会成为常态，这也意味着人类真正进入到"风险社会"的时代。

第二节　弱可持续性与可持续发展

一、弱可持续性的理论内涵

弱可持续性的理念认为自然和人工资本之间的替代是可能的，它植根于新古典主义经济理论。依照弱可持续发展范式，确定可持续发展的标准是"保持和提高经济个体应有的福利水平"（Neumayer，2003）。财富积累的程度是福利水平的主要决定因素，其中财富包括三个部分：人造资本、自然资本和人力资本。确定发展的弱可持续性的基本思想是，现代人所持有的、转移给他们的后代的资本数量不低于他们现有的持有量。确定弱可持续性的主要标准是哈特威克法则。

哈特威克法则（Hartwick，1997）是说在人口处于零增长的条件下，想要维持人均消费水平，则一定要使实际储蓄不降低。假设只考虑两类投入，即自然资本和人造资本，哈特威克法则指出，不可再生资源（即自然资本）和实际资本（即人造资本）这两类投入要以一种特殊的方式相互替代，也就是说，如果不可再生资源降低，实际资本的存量必须不断累加，不可再生资源的开采租金一定要得到存储，再以资本的形式充分积累，以实物资本的累积确保自然资本和人造资本的综合维持不减少。

根据哈特威克的衡量标准，弱可持续性的标准是将净储蓄或净投资保持在零以上。因为自然资本和人造资本存在可替代性，所以保证自然资本和人造资本的总和不下降，那么维持为人类提供服务流量的能力就不会下降，即维持不变。

二、弱可持续发展的政策含义

弱可持续发展是主流经济学家认可的一种可持续发展范式。弱可持续发展的本质是环境与经济可替代自然资本和人造资本存在可替代性，所以保证自然资本和人造资本的总和不下降，那么维持为人类提供服务流量的能力就不会下降，即维持不变。因此，弱可持续发展范式又被称为可替代范式（石敏俊，2021）。按照弱可持续发展范式，如果这一代人留给下一代人的资本存量大于或等于现有存量，即资本总量保持不变，就实现了可持续发展。弱可持续发展只关注三种资本形式所累加的资本存量总和，只要下一代人能使用的资本存量大于或等于这一代人，可以不关心转移给后代的资本存量的具体形式，这就说明发展就是可持续的。

按照弱可持续发展的观点，自然资本和人造资本有着完全的可替代性，意味着可以用大规模的自然资源投入来发展国民经济。因此，弱可持续发展的观点尤其关注人类社会的主观能动性，该观点认为利用知识创新和技术进步，能够战胜自然资本降低所引起的增长极限。

三、弱可持续性的测度

1997 年世界银行基于哈特维克准则提出了真实储蓄（Genuine Savings, GS），作为弱可持续性的测度指标。所谓真实储蓄，是指公共部门与私人部门的储蓄，减去公共部门与私人部门的资产折旧，加上用于教育的投资，减去可耗竭资源与可再生资源的损耗，再减去环境污染损失，也就是扣除资源环境成本的净储蓄。

真实储蓄是在国民储蓄的基础上剔除自然资源损耗和环境污染损失的价值量，绿色 GDP 是在 GDP 的基础上剔除自然资源损耗和环境污染损失的价值量。两者的不同之处在于，GDP 是流量，国民储蓄体现的是存量。真实储蓄是以资本存量表征可持续发展的能力，从某种意义上讲，真实储蓄是绿色 GDP 的改进版，因此也有人把真实储蓄称为绿色国民储蓄。当前，真实储蓄作为衡量可持续性的指标得到了广泛的应用和关注，但其数值易受净储蓄率变动的影响，而净储蓄率又受到文化传统、消费习惯等影响，导致难以对真实储蓄的数值进行横向比较，因而用真实储蓄衡量弱可持续性也引起了一些质疑。

2012 年，联合国委托科学家们提交了《包容性财富报告 2012》（Inclusive Wealth Report 2012），用包容性财富指数检测一个国家的可持续发展能力。包容性财富指数（Inclusive Wealth Index，IWI）是国家财富的三个来源的量化总和。国家财富的三个来源分别为：（1）劳动力质量（人力资本）、基础设施；（2）生产设施（实际或生产性资本）；（3）自然资源，包括矿物、土地和渔场（自然资本）。IWI 不仅展示出了哪些国家是最富有的，以及它们的财产构成，还可以说明一个国家经济的可持续发展能力，相比 GDP 来说，包容性财富指数能更确定表征一个国家的实际财富。

《包容性财富报告 2012》基于 1990～2008 年的数据测算了 20 个国家的包容性财富指数。美国高居榜首，无论是用国内生产总值还是包容性财富指数衡量，都是最富裕的国家，但排在第二位的不是中国，而是日本。按包容性财富指数衡量，2008 年日本的财富是中国的 2.8 倍，原因在于日本在生产设备和基础设施等人造资本方面的积累更好。这与国内生产总值排名表的名次不同。《包容性财富报告 2018》（Inclusive Wealth Report 2018）在此前的基础上，对包容性财富指数作出了进一步的改进，增加了与联合国可持续发展目标和《巴黎协定》相关的分析内容。

第三节　强可持续性与可持续发展

一、强可持续性的理论内涵

与主流经济学家的弱可持续发展观点不同，强可持续性理念是基于自然资本不可替代的认识。科斯坦萨（Constanza）、戴利（Daily）等生态经济学家认为，对于某些关键自然资本，比如说尤为重要的自然资本，应当维持自然资本的实存量，对这些资源存量的使用不能超过其再生能力。强可持续发展理论认为不可替代的自然资本主要有四类：

一是提供地球生命支持功能的自然资本，如空气、水、全球气候、臭氧层等。没有空气和水，人类无法生存，空气和水对于地球生命是不可替代的自然资本。适宜生命的气温等全球气候也是人类社会得以延续的环境条件，如果全球气候超过临界点，整个地球生命系统将会崩溃。臭氧层对于地球生命的支持功能也是不可替代的。

二是独一无二的、一旦破坏就难以恢复的自然资本，如生物多样性。灭绝的物种不能起死回生，生物多样性的毁坏是不可逆的。土地荒漠化会导致表层土壤侵蚀，而土壤形成可能需要数千年甚至更长时间，一旦流失就很难恢复。

三是环境健康。有害污染物的排放及其在环境中的积累会损害人体健康。环境健康是无法用金钱和财富替代的自然资本。

四是粮食安全和食品安全。从局部区域看，粮食可以从区外调入以满足消费需求；从大范围区域和国家尺度看，粮食安全是涉及国家安全的重要战略问题；从全球尺度看，粮食是维持生命不可替代的能量和营养来源，全球粮食安全必须得到保障。水土资源是粮食安全的物质基础，也是保障粮食安全的自然资本。食品安全是人体摄入能量和营养的健康需要，也是不可替代的自然资本之一。

已有研究关于强可持续性的内涵主要有两种解释。一种解释是，强可持续性要求至少保持人造资本和自然资本的合计总价值以及自然资本本身的总价值不变。这种解释并不要求按原样保存自然资本。另一种解释是，不按照价值进行定义，而是要求对部分自然资本形式（即关键自然资本）实际存量加以保存，对这种自然资本存量的使用不能超越它们的再生能力，只有这样它们的环境功能才能保持无恙。第二种解释不允许不同类型的生命攸关的自然资本之间的相互替代，但它只要求保持有关功能不受影响，并没有要求保持自然状态原样不动。从现实出发来看，关于强可持续性的第二种解释中保存某种形式的自然资本的实际存量要更加明智、更加现实，第一种解释中保持自然资本的总价值不变，并不能排除提供基本生命支持功能的某些形式的自然资本遭到灭顶之灾的危险或不可逆转地消失的可能性。

二、强可持续发展的政策含义

强可持续发展理论主张，自然资本本质上不能与其他形式的资本相互替代，自然资本内部的各种形式也不能完全相互替代（张鸿雁，2011）。因此强可持续发展范式也被称为不可替代范式。按照强可持续性判断标准，要实现真正可持续性的发展，自然资本（至少是关键自然资本）的存量必须保持在一定的极限水平上，否则就不是可持续发展路径。或者说，要使一个国家和地区的关键自然资本存量保持在一定水平，对关键自然资本的使用必须保持在自然极限内，也就是保持在可以再生与恢复的范围之内。只有这样，关键自然资本所提供的生命支持功能和生态服务功能才能保持不减少。

因此，强可持续发展理论强调自然资源和生态环境的极限性和硬约束，经济增长不能超越自然承载力。自然承载力概念的核心要义就是给经济增长提出了一个长期的自然资源和生态环境的约束和极限。

三、强可持续性的测度

强可持续性要求不可替代的自然资本存量的数量不减少、功能不降低，自然资本各个单项指标组成的向量变化呈现单调增长态势。强可持续性的测度主要有两种思路：一是强调关键自然资本存量的保护，采用物理数量指标，对关键自然资本的存量进行测度提出了资源环境承载力（carrying capacity of resource and environment）、生态足迹（ecological footprint）、行星边界（planetary boundaries）等方法；二是认为应将自然资本保护纳入社会经济决策过程，强调生态系统对人类社会的服务功能，将自然资本的生态服务功能转化为生态服务价值进行测度，提出了生态服务价值、生态系统生产总值（gross ecosystem product）等方法（朱洪革等，2006）。可见强可持续性的测度，不仅需要考虑不可替代的自然资本的数量变化，也要考虑自然资本的生态服务价值。[①]

第四节　案　例　分　析

案例一：中国农业可持续发展评估[*]

一、研究问题

农业可持续发展是可持续发展的根本保证和优先领域，一直受到社会各界的广泛关注。1988 年联合国粮农组织（FAO）首次对持续农业进行了定义，1991 年该组织在荷兰召开了可持续农业和农村发展会议，进一步深化了持续农业的定义，并提出了持续农业的战略目标。1992 年，联合国环发大会通过了《21 世纪议程》，把农业可持续发展作为可持续发展的优先领域。1996 年联合国粮农组织（FAO）在罗马世界粮食首脑会议上提出了发展中国家可持续农业的技术和要点。中国作为世界上人口最多的发展中国家，于 1994 年发表了《中国 21 世纪议程》，并且从中国的国情出发，提出了促进社会、经济、资源、环境以及人口等相互协调的可持续发展战略，认为中国农业必须走可持续发展的道路。

农业可持续发展是可持续发展的根本保证和优先领域，一直受到社会各界的广泛关注。很少有学者在研究农业可持续发展时能关注社会伦理维度的重要性，为此，考虑到社会伦理维度，构建中国农业可持续发展水平评价指标体系，并对 1990～2005 年中国农业可持续发展水平和农业可持续发展各子系统发展的协调度进行定量评价和分析。

---

① 石敏俊、李元杰、张晓玲：《基于环境承载力的京津冀雾霾治理政策效果评估》，载于《中国人口·资源与环境》2017 年第 9 期。

* 本案例节选自王圣云、沈玉芳：《1990 以来中国农业可持续发展态势定量分析》，载于《农业系统科学与综合研究》2009 年第 1 期。

二、研究过程

（一）农业可持续发展水平的分析框架

农业发展系统包括自然条件系统和社会发展系统，其中自然条件系统包括农业资源条件以及生态环境条件，社会发展系统包括人口、经济和社会系统。而资源为农业的发展提供物质基础，农业可持续发展必须考虑农业资源的合理利用和保护；生态环境的良好维持又是农业可持续发展的重要前提；人在农业持续发展中发挥最关键的能动作用和主体作用，提高农业劳动力的素质十分重要。农业可持续发展是"既要满足当代人需求，又不损害子孙后代满足其需要能力的发展"，是农业发展的深化，是以追求人与自然之间、人与人之间的和谐为主旨的。农业可持续发展的本质是人口持续、经济持续、资源环境持续和社会持续的和谐统一，农业可持续发展是在上述四者相互协调的基础上的持续发展。

受艾肯斯和马科斯尼弗（Ekins and Max – Neef）提出的可持续发展的生态、经济、社会政治以及伦理道德的概念化四面体框架（见图3 – 1）的启示，本研究认为，农业可持续发展应该坚持以人为本，在要求社会经济快速发展、经济结构合理、农民收入生活水平不断提高的同时，还要注意经济财富的社会分配的合理公平。因为，良好的社会发展条件是农业可持续发展的

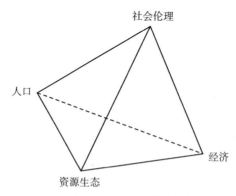

图3 – 1　本研究的四维度框架

资料来源：［英］伊恩·莫法特，宋国君译：《可持续发展——原则、分析与政策》，经济科学出版社2002年版。

重要保障，维护社会公平、强调发展伦理是关系农业可持续发展的重要因素。基于以上考虑，本研究构建了基于人口，经济、资源生态和社会伦理的四维度评价框架（见图3-2）。从4个维度来综合评价农业可持续发展这个复合概念。

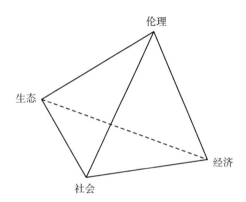

图3-2 Ekins 和 Max-Neef 的四面体框架

（二）农业可持续发展水平指标体系与评价方法

可持续发展水平的评价方法有很多，可以用持续福利指数、真实储蓄指标、人类发展指数、生态占用等单指标评价方法以及"压力—状态—响应"（PSR）、反应—行动循环（RAC）等方法。鉴于农业发展系统是一个以人为本、复杂的社会—经济—生态复合生态系统，运用单指标评价法不能很好地反映农业可持续发展的复杂性和系统性。为此，本研究依据农业发展系统的内涵及构成，从人口可持续、经济可持续、资源生态可持续和社会伦理可持续4个子系统选取了28个指标构成"目标层—准则层—指标层"3层指标体系（见表3-2）。

人口维度主要考虑关系农业生产发展水平的人口质量和数量指标，如农业从业人员占社会从业人员比重、农业劳动力占农村人口比重、每百个农业劳动力中初中文化程度以上人数；而且还考察农业人口负担和生产效率等指标，如人口密度以及农业劳动生产率。所以，人口维度选取了农业从业人员占社会从业人员比重、农业劳动力占农村人口比重、每百个农业劳动力中初中文化程度以上人数、人口密度和农业劳动生产率5个指标，其中只有人口密度是负作用指标。

表 3－2　　　　　　　　　中国农业可持续发展指标体系及权重

目标层	准则层	指标层	单位	单排序	总排序（W）
农业可持续发展水平 A	人口维度 B_1（0.10）	人口密度 C_1	万人/khm²	0.09	0.009
		农业从业人员占社会从业人员比重 C_2	%	0.12	0.012
		农业劳动力占农村人口比重 C_3	%	0.07	0.007
		每百个农业劳动力中初中程度以上人数 C_4	人	0.26	0.026
		农业劳动生产率 C_5	亿元/人	0.46	0.046
	经济维度 B_2（0.34）	农业总产值 C_6	亿元	0.17	0.058
		人均农业总产值 C_7	元/人	0.20	0.068
		人均农业投资额 C_8	元/人	0.10	0.034
		农产品出口额占出口总额比重 C_9	%	0.06	0.020
		用于农业支出占财政支出的比重 C_{10}	%	0.07	0.024
		农业土地生产率 C_{11}	亿元/khm²	0.16	0.054
		农业单位面积机械总动力 C_{12}	万 kW/khm²	0.04	0.014
		灌溉面积 C_{13}	khm²	0.04	0.014
		农村用电量 C_{14}	亿 kWh	0.02	0.007
		人均粮食总产量 C_{15}	万 t/人	0.08	0.027
		人均肉类总产量 C_{16}	万 t/人	0.02	0.007
		人均水产品总产量 C_{17}	万 t/人	0.02	0.007
		人均大牲畜年存栏数 C_{18}	万头/人	0.02	0.007
	资源维度 B_3（0.40）	耕地面积 C_{19}	khm²	0.46	0.184
		化肥使用密度 C_{20}	万 t/khm²	0.16	0.064
		农药使用密度 C_{21}	万 t/khm²	0.08	0.032
		除涝面积 C_{22}	khm²	0.04	0.016
		水土流失治理面积 C_{23}	khm²	0.18	0.072
		治碱面积 C_{24}	khm²	0.08	0.032

目标层	准则层	指标层	单位	单排序	总排序（W）
农业可持续发展水平 A	社会伦理维度 B$_4$（0.16）	农村居民人均纯收入 C$_{25}$	元/人	0.34	0.054
		人均居住面积 C$_{26}$	m^2/人	0.08	0.013
		基尼系数 C$_{27}$	%	0.20	0.032
		城乡居民收入差异系数 C$_{28}$	%	0.38	0.060

注：所有数据均来源于历年《中国统计年鉴》（中国统计出版社）和中华人民共和国农业部中国农业信息网。

经济维度主要考虑农业经济能在较长时间内维持一个较高的产出水平，资源、资本的投入能够取得较高的产出率。本研究选取了农业总产值、人均农业总产值、人均农业投资额、农产品出口额占出口总额比重、用于农业支出占财政支出的比重、农业土地生产率、农业单位面积机械总动力、灌溉面积、农村用电量、人均粮食总产量、人均肉类总产量、人均水产品总产量、人均大牲畜年存栏数等 13 个指标，上述指标均为正作用指标。

资源生态维度主要考虑的是农业可持续发展的物质基础。农业生产所依赖的自然资源包括耕地总量的稳定和增加，土壤肥力的稳定和提高，水资源的可持续利用等因素对农业持续发展都十分重要，同时，农业生态环境也为农业持续发展提供空间。选取了耕地面积、化肥使用密度、农药使用密度、除涝面积、水土流失治理面积、治碱面积 6 个指标来反映资源生态可持续水平，其中化肥使用密度、农药使用密度是负作用指标，其余为正作用指标。

社会伦理维度主要考虑的是农业可持续发展需要社会环境的良性发展，农民生活水平、生活质量不断提高，以及农村中自然资源、社会资源等公平利用，城乡差距不断缩小，还要考虑农村财富公平分配的程度等社会伦理问题。通常在农业可持续发展评价中，大多数学者虽然重视了可持续发展的社会维度，但基本上没有关注可持续发展的伦理要求，尤其在构建指标体系时，更是如此。农业可持续发展必须强调伦理观，即重视农业生产效率与分配公平之间的关系，必须重视农业发展中利益与道德的关系。若将农业可持续发展中存在的人地关系、人人关系上升到道德层面来看都具有伦理性，即重视公平，体现人与自然、人与人之间的和谐。为此，考虑到指标的可获取性，本研究选取了农村居民人均纯收入、人均居住面积、基尼系数、城乡居民收入差异系数 4 个指标来刻画社会伦理可持续性，其中基尼系数和城乡居民收入差异系数是负作用指标，其余 2 个为正作用指标。农村居民人均纯收入和人均居住面积能反映农业发展带来的社会效益，基尼系数反映收入不平等，城乡居民收入差异系数反映城乡之间收入的差距，二者考察的都是与效率相对的公平性。

（三）中国农业可持续发展水平定量评价

1. 数据标准化处理

农业可持续发展水平评价所选指标包括正作用指标和负作用指标，针对这两类指标，本研究采用如下标准化方法：

$$x' = \frac{x_j - x_{\min}}{x_{\max} - x_{\min}} \text{（为正作用指标时）} \quad x' = \frac{x_{\max} - x}{x_{\max} - x_{\min}} \text{（为负作用指标时）}$$

式中 x 为第 j 项指标值，$x_{\max}$ 为第 j 项指标的最大值，$x_{\min}$ 为第 j 项指标的最小值，x' 为标准化值。该无量纲化方法将使正指标、负指标取值在无量纲化后具有同向性，即得分越高，其可持续发展功能越强。

2. 确定指标权重

本研究采用层次分析法（AHP）确定各层指标权重，计算出中国农业可持续发展指标体系各子系统、各指标的权重（见表 3 - 2）。经计算，各层均通过一致性检验，判断矩阵及其他各层次一致性检验结果如下所示：

A—B：

A	B_1	B_2	B_3	B_4
B_1	1	0.33	0.25	0.5
B_2	3	1	1	2
B_3	4	1	1	3
B_4	2	0.5	0.33	1

B_1—C：

B_1	C_1	C_2	C_3	C_4	C_5
C_1	1	0.5	2	0.33	0.2
C_2	2	1	2	0.33	0.2
C_3	0.5	0.5	1	0.33	0.2
C_4	3	3	3	1	0.5
C_5	5	5	5	2	1

$CI = 0.01$，$RI = 0.90$，$CR = 0.01$ $CI = 0.03$，$RI = 1.12$，$CR = 0.03$

B_2—C：

B_2	C_6	C_7	C_8	C_9	C_{10}	C_{11}	C_{12}	C_{13}	C_{14}	C_{15}	C_{16}	C_{17}	C_{18}
C_6	1	1	3	4	4	1	5	5	7	2	8	8	8
C_7	1	1	3	4	5	2	5	5	8	3	9	9	9
C_8	0.33	0.33	1	3	3	0.33	4	4	6	0.5	6	6	6
C_9	0.25	0.25	0.33	1	0.5	0.167	2	2	4	0.33	5	5	5
C_{10}	0.25	0.2	0.33	2	1	0.2	3	3	5	0.5	4	4	4
C_{11}	1	0.5	3	6	5	1	4	4	6	1	5	5	5
C_{12}	0.2	0.2	0.25	0.5	0.33	0.25	1	1	2	0.5	3	3	3
C_{13}	0.2	0.2	0.25	0.5	0.33	0.25	1	1	2	0.5	3	3	3
C_{14}	0.143	0.125	0.167	0.25	0.2	0.167	0.5	0.5	1	0.33	2	2	2
C_{15}	0.5	0.33	2	3	2	1	2	2	3	1	1	1	1
C_{16}	0.125	0.111	0.167	0.2	0.25	0.2	0.33	0.33	0.5	1	1	1	1
C_{17}	0.125	0.111	0.167	0.2	0.25	0.2	0.33	0.33	0.5	1	1	1	1
C_{18}	0.125	0.111	0.167	0.2	0.25	0.2	0.33	0.33	0.5	1	1	1	1

$$CI = 0.12，RI = 1.56，CR = 0.08$$

B_3—C：

B_3	C_{19}	C_{20}	C_{21}	C_{22}	C_{23}	C_{24}
C_{19}	1	4	5	7	4	6
C_{20}	0.25	1	2	4	1	3
C_{21}	0.2	0.5	1	2	0.2	2
C_{22}	0.143	0.25	0.5	1	0.33	0.2
C_{23}	0.25	1	5	3	1	2
C_{24}	0.167	0.33	0.5	5	0.5	1

B_4—C：

B_4	C_{25}	C_{26}	C_{27}	C_{28}
C_{25}	1	3	2	1
C_{26}	0.33	1	0.33	0.2
C_{27}	0.5	3	1	0.5
C_{28}	1	5	2	1

$CI = 0.10，RI = 1.24，CR = 0.08$　　　　　$CI = 0.01，RI = 0.90，CR = 0.02$

　　最后对中国农业可持续发展能力指标体系进行总排序的一致性检验，得出：$CI = 0.0854$，$RI = 1.2824$，$CR = 0.0666 < 0.1$，也通过了判断矩阵的一致性检验。

　　3. 综合评价模型

　　根据评价指标体系的递阶层次结构，本研究运用综合指数模型（即加权连乘累加法），评价结果如图3-3所示，计算公式如下：

$$Y = \sum_{j=1}^{n} A_j Y_j \quad Y_j = \sum_{j=1}^{n} a_i r_i$$

式中 Y 为综合得分值，A_j 为第一层第 j 个子系统的权重（$j=1$，2，3，…，n），Y_j 为子系统可持续发展评价综合指数，a_i 为第二层第 i 个指标的权重，r_j 为第二层第 i 个指标的量化值（$i=1$，2，3，…，n）。

4. 综合评价结果

中国农业可持续发展水平总得分参考如下评判依据：$Y > 0.8$，为强可持续发展；$0.8 > Y > 0.6$，为较强可持续发展；$0.6 > Y > 0.4$，为弱可持续发展；$Y < 0.4$，为非可持续发展。由图3-3可以看出，中国农业可持续发展水平有了较大提高，根据上述判断标准，中国农业在 1990～1995 年是非可持续发展状态，1996 年为弱可持续发展状态，1997 年后向较强可持续发展状态前进。资源生态子系统和经济子系统得分最高且发展迅速，系统增长势头最快，其得分从 2004 年起开始超过资源生态子系统得分；人口子系统的可持续发展水平处于平稳增长状态。4 个子系统中，唯有社会伦理子系统发展得分在降低。

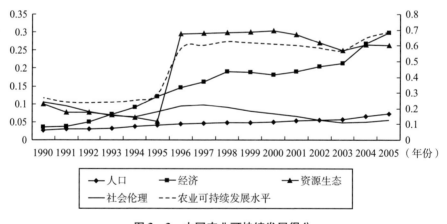

图 3 - 3　中国农业可持续发展得分

（四）中国农业可持续发展系统协调度分析

为了衡量人口、经济、资源生态和社会伦理 4 个子系统的协调发展状况，本研究引入发展协调度作为测度农业可持续发展系统内部4个子系统之间协调性的标尺，并计算出各个年份的协调度，A 越大，说明各子系统之间配合的越好，反之协调性越差。2 种计算公式如下：

$$A_1 = 1 - \frac{S}{Y}$$

式中 A_1 为协调度，S 为样本标准差，Y 为样本平均值；

$$A_2 = \frac{a + b + c + d + e}{\sqrt{a^2 + b^2 + c^2 + d^2 + e^2}}$$

式中 A_2 为协调度，a、b、c、d、e 分别代表人口、经济、资源生态和社会伦理子系统可持续发展得分。

从图 3 - 4 可见，1990 ~ 2005 年，中国农业可持续发展各子系统间协调度整体呈下降趋势。A_1 和 A_2 从 1993 年协调度达到最高值之后就开始一直下滑至 2005 年的最低点。中国农业可持续发展系统内部的人口、经济、资源生态和社会伦理 4 个子系统的协调发展程度在降低。然而，从 1990 ~ 2005 年中国农业可持续发展水平却在提高。本研究构建的四维度系统，用于评价中国农业可持续发展水平，既包含有农业可持续发展的结构性，又注重组成系统各结构之间的协调性，如本研究从中国农业可持续发展水平总得分来看，增长态势是显而易见的，但是从各组成结构之间的协调性来考察就会发现协调性还处于较低的水平，有待提高。

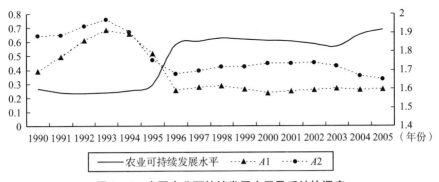

图 3 - 4　中国农业可持续发展水平及系统协调度

案例二：基于可持续生计框架的绿色发展对中国 连片特困地区减贫的影响分析[*]

集中连片特困区是中国扶贫攻坚的主战场，绿色发展是中国精准扶贫的一项重要举措，而绿色发展如何促进集中连片特困区减贫，这事关中国现代化建设的政策走向。本案例在使用 2001～2017 年中国 284 个地级市面板数据的基础上，将其划分为集中连片特困区与非集中连片特困区两组进行对比分析，借鉴可持续生计框架研究绿色发展的减贫效果及其作用机制。选用空气流动系数与政府工作报告中绿色词频占比作为减缓绿色发展变量内生性的两个工具变量，在 2SLS 框架内研究绿色发展对减贫的影响。

一、绿色发展对减贫的影响：理论框架

本案例将可持续生计框架与中国集中连片特困区、非集中连片特困区实际相结合，提出了针对绿色发展的改进可持续生计框架（见图 3 - 5）。图 3 - 5 中情景要素"地"即可持续生计框架中的脆弱性背景，在本文中主要表现为集中连片特困区与非集中连片特困区贫困农户自身无法控制外部环境。在"人地关系地域系统"中，"人"与"地"的互动通过"力"实现，也就是说"力"是"人地关系"的中介。中介要素"力"即可持续生计框架中结构和过程转变过程，"力"也是"贫困"的构成要素之一。"力"的表现形式多样，与贫困主体要素"人"对接时，表现为生计活动，即本文所说的绿色发展。在贫困瞄准中，贫困的主体或对象可以是贫困个体、家庭、区域（贫困村和贫困县等），但贫困的最终主体只可能是"人"。在可持续生计框架中，主体要素"人"作为核心，其生计资本通常以生计五边形表现。生计策略则是贫困人口为应对外部冲击将自身生计资本进行组合调整的过程，在本文中主要是指在特定地理脆弱环境下，主体要素"人"对绿色发展能够转化为资产和资本价值并能够在市场中实现的过程。而生计输

---

* 刘耀彬、卓冲：《绿色发展对减贫的影响研究——基于中国集中连片特困区与非集中连片特困区的对比分析》，载于《财经研究》2021 年第 4 期。

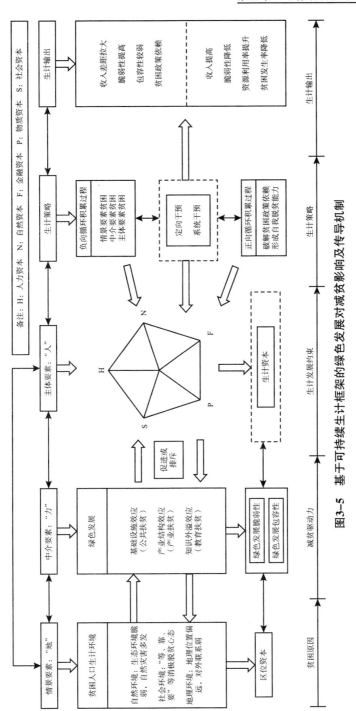

图3-5 基于可持续生计架框的绿色发展对减贫影响及传导机制

出则是贫困人口生计资本经外部冲击后的最终变化结果，可能表现为贫困政策依赖、不平等、返贫等负向生计输出，也可能表现为贫困发生率降低、收入提高、资源利用率提升等正向生计输出。

在上述可持续生计框架中"情景要素—中介要素—主体要素"三者耦合联动机制中，中介要素绿色发展是影响情景要素与主体要素的重要途径。但绿色发展是复杂的资源价值转化过程，也是一种参与式的扶贫机制，研究绿色发展影响减贫的作用机制是破解贫困"负向循环积累过程"的关键。

提出两个理论假设：

研究假说1：绿色发展对减贫呈现非线性影响，在集中连片特困区与非集中连片特困区可能表现出不同的倒"U"型特征。

研究假说2：绿色发展能够引领产业结构效应、知识外溢效应及基础设施效应等途径影响贫困人口生计资本，并且在集中连片特困区、非集中连片特困区作用途径不同。

二、数据和方法

（一）变量选择和数据来源

1. 绿色发展

将基于方向距离函数（DDF）构建绿色发展投入产出指标[①]，运用超效率DEA模型对中国集中连片特困区与非集中连片特困区绿色发展绩效进行测度。

2. 贫困指数

学界常用的农村居民纯收入更为直观地反映了农村居民的收入状况，并有利于进行区域间对比分析。因此本文基于农村居民纯收入构建的贫困指数P，并以此表征集中连片特困区贫困程度[②]。

---

① 将永续盘存法计算得到的资本存量作为资本投入 K，将全市从业人数作为劳动投入 L，将煤气及天然气消费量作为能源投入 E。对于永续盘存法计算过程中的折旧率，参考吴延兵的做法将折旧率设为15%（吴延兵，2006）。对于产出要素，将全市人均 GDP 作为绿色发展的"期望产出"，同时，参考林伯强的做法（林伯强和谭睿鹏，2019），选取全市二氧化硫排放量（S）和工业废水排放量（W）予以表征绿色发展的"非期望产出"。

② 下文将以中国 284 个地级市农村居民纯收入构造的贫困指数作为贫困的度量指标，数据来源于《中国城市统计年鉴》与中国各地级市统计公报。

3. 工具变量

（1）空气流动系数。大气污染尤其是雾霾污染是制约地区绿色发展的一个关键因素，同时大气污染也随大气运动呈现出空间扩散特征。在利用ECMWF 所公布的 ERA – INTERIM 栅格气象数据的基础上，参考赫林和庞塞（Hering and Poncet，2014）所构建的大气数量模型构建空气流动系数，计算公式如下：①

$$VC_{it} = WS_{it} \times BLH_{it}$$

其中，VC_{it}、WS_{it} 和 BLH_{it} 分别为空气流动系数，10 米高风速（10 Metre Wind Speed）和大气边界层高度（Boundary Layer Height）。

（2）绿色词频占比。政府环境治理是影响地区绿色发展的一个重要因素，本文使用省级政府工作报告中有关绿色发展的词频占比作为政府环境治理的代理变量②。利用地级市层面与绿色发展相关的污水排放量与省级层面绿色发展词频占比数据进行交乘处理，以准确描述地级市异质性的问题，最终得到地级市层面环境治理变量作为工具变量。本文构造的环境治理变量不失为一个可行的工具变量。

（3）绿色发展绩效滞后项。根据此前文献的常用做法，选用滞后一期绿色发展绩效作为另一个工具变量。

4. 其他变量及数据说明

将科技水平、人才储备、对外开放水平与政策支持力度作为基准回归模型的控制变量。为有效识别集中连片特困区与非集中连片特困区绿色发展影响减贫的潜在机制，对产业结构效应、知识外溢效应与基础设施效应三个方面进行检验③。具体变量的定义及说明如表 3 – 3 所示④。对所设定变量取对数处理。

---

① 风速以及大气边界层数据均来源于 ECMWF 所公布的气象栅格数据，作者运用 ArcGIS 将其提取为可读取的 2001 ~ 2017 年中国 284 个地级市面板数据。

② 文本分析的具体过程为：首先收集 2001 ~ 2017 年中国 31 个省份的政府工作报告全文；然后利用 Python 对文本进行分词处理，这一过程的目的在于更为准确地保留源文本的语义（Chen et al. , 2018）；最后选取出与绿色发展有关的词汇，如绿色、绿色发展、环保、环境保护、生态、生态环境、节能、低碳、减排、排污、污染、空气污染、二氧化硫、二氧化碳、PM2.5 以及 PM10 等，统计出这些绿色发展相关词汇占总词汇的比重，并以此作为代理变量。

③ 对于集中连片特困区的划分，参考《中国农村扶贫开发纲要（2011—2020）》，共将 81 个地级市划分至集中连片特困区，并将其余 201 个地级市纳入本文所定义的非集中连片特困区，并将其作为对照组。

④ 所选取数据来源于 ECMWF 公布的气象栅格数据、《中国城市统计年鉴》、中国各地级市统计公报以及各省市政府官方网站的公开数据。

表 3 - 3 相关变量定义及测度方法说明

变量	变量描述	单位
Panel A：控制变量		
lntec	科技水平：以全市互联网用户数作为度量标准，取对数。	户
lnschool	人才储备：以全市高等学校在校学生数为度量标准，取对数。	人
lnfdi	对外开放水平：以全市年实际使用外资金额作为度量指标，取对数。	万美元
lncenter	政策支持力度：以全市地方财政一般预算内支出作为度量标准，取对数。	万元
Panel B：工具变量		
L. lngfi	滞后一期绿色发展：将绿色发展绩效数据滞后一期，取对数。	
lnvc	空气流动系数：以大气数量模型构造空气流动系数，取对数。	
lngov	政府环境治理：以省政府工作报告有关绿色发展的词频占比与全市工业废水年排放量交乘为度量标准，取对数。	
Panel C：机制检验变量		
lnsecthi	产业结构效应：采用第二产业与第三产业占比之比作为度量标准，取对数。	
lntfp	知识外溢效应：以全要素生产率（TFP）为度量标准，取对数。	
lnroad	基础设施效应：以人均城市道路面积作为度量标准，取对数。	人/平方米

（二）基准模型设定

为进一步增强实证结果的准确性，在基准回归模型中选用空气流动系数与绿色发展滞后项作为工具变量进行分析，而将绿色词频占比作为替代工具变量进行稳健性检验。基于本文所选择的三个工具变量，构建了如下 2SLS 模型进行基准回归分析：

$$\ln gfi_{it} = \alpha_0 + \alpha_1 \ln vc_{it} + \alpha_2 L. \ln fi_{it} + \alpha_3 \ln X_{it} + \gamma_t + \omega_i + \varepsilon_{it}$$

$$\ln P_{it} = \beta_0 + \beta_1 \ln gfi_{it} + \beta_2 (\ln gfi_{it})^2 + \beta_3 \ln X_{it} + \gamma_t + \omega_i + \varepsilon_{it}$$

其中，i 为 81 个集中特困区地级市和 203 个非集中连片特困区地级市截面单位，t 表示年份；$\ln gfi$ 为内生解释变量，本文中为使用超效率 DEA 模型测度的绿色发展绩效，并加入其二次项以考察非线性特征；$\ln P$ 为构造的贫困指数，$\ln vc$、$L. \ln gfi$ 分别为空气流动系数及滞后一期绿色发展绩效两个工具变量；$\ln X$ 为一组相关的控制变量，分别包括科技水平、人才储备、对外开放程度和政策支持力度等区域特征变量；γ 和 ω 分别代表时间与地区固定效应；ε 为随机扰动项；其中 β_1 和 β_2 是主要关注的系数。

（三）中介效应分析

由假说 2 可知，绿色发展可能通过产业结构效应、基础设施效应和知识外溢效应三种途径影响贫困人口生计资本。为了进一步验证潜在中介变量是否在绿色发展与减贫之间发挥了显著的中介效应，借鉴巴伦和肯尼（Baron and Kenny，1986）提出的中介效应模型，构建如下中介效应模型：

$$\ln P_{it} = \alpha_0 + \alpha_1 \ln gfi_{it} + \alpha_2 X_{it} + \gamma_t + \rho_i + \varepsilon_{it}$$

$$\ln D_{it} = \beta_0 + \beta_1 \ln gfi_{it} + \beta_2 X_{it} + \gamma_t + \rho_i + \mu_{it}$$

$$\ln P_{it} = \gamma_0 + \gamma_1 \ln gfi_{it} + \gamma_2 D_{it} + \gamma_3 X_{it} + \gamma_t + \rho_i + \tau_{it}$$

其中，D 为潜在的中介变量，X 为相关的控制变量；γ_1 反映了绿色发展对减贫影响的直接效应，γ_2 反映了潜在中介变量对减贫影响的间接效应，而中介效应的大小在 α_1 显著的情况下，则由 β_1 与 γ_2 共同衡量。因此本文将重点关注模型中 β_1、γ_1 与 γ_2 的系数，以此判断是否为中介效应。

三、实证结果

（一）2SLS 估计结果

现阶段中国贫困问题呈现出显著的区域差异，表 3 - 4 报告了针对集中连片特困区与非集中连片特困区的 2SLS 基准回归结果。表 3 - 4 中第（1）至第（4）列回归结果的 KP rk LM – statistic 均在 1% 的显著性水平下显著，说明所选工具变量满足工具变量的相关性要求；且一阶段 F 值均大于 10 这一经验取值，表明不存在"弱工具变量"问题，以上两方面均表明基准回归估计结果是可靠的。由表 3 - 4 第（1）、第（3）列可以看出，集中连片特困区与非集中连片特困区绿色发展绩效一次项、二次项均显著为负，绿色发展与减贫之间表现为一种显著的倒"U"型曲线关系；从分别加入技术、人才储备、对外开放程度和政策支持力度变量后的第（2）、第（4）列回归结果来看，绿色发展绩效二次项仍然显著为负。可见，绿色发展对减贫影响在集中连片特困区与非集中连片特困区均表现出显著的倒"U"型曲线特征，表明贫困问题的解决并非绿色发展的必然结果，而是其阶段性表现，这也印证了假说1部分成立，如图3-6所示。

表3-4　　　　　　　　　　　　基准回归结果

变量	(1)	(2)	(3)	(4)
	集中连片特困区		非集中连片特困区	
lngfi	-0.550 *** (0.090)	-0.223 ** (0.108)	-0.564 *** (0.106)	-0.021 (0.091)
(lngfi)^2	-0.067 *** (0.022)	-0.050 ** (0.025)	-0.091 *** (0.025)	-0.038 * (0.020)
lntec		0.180 *** (0.034)		0.209 *** (0.016)
ln$school$		0.019 (0.027)		-0.029 ** (0.013)
lnfdi		0.135 *** (0.015)		0.143 *** (0.009)
ln$center$		-0.066 ** (0.027)		0.034 ** (0.015)
地区固定效应	是	是	是	是
时间固定效应	是	是	是	是
KP rk LM - statistic	230.723 (0.000)	135.891 (0.000)	251.563 (0.000)	141.056 (0.000)
KP F - statistic	153.418	80.855	123.226	76.908
样本量	918	809	1692	1612

注：(1)" * 、 ** 、 *** "分别表示在10%、5%、1%的显著性水平下显著，括号内为聚类稳健的标准误。(2) KP rk LM - statistic用于检验工具变量与内生变量的相关性，LM P - value报告了LM检验的显著性，若拒绝原假设则说明工具变量满足相关性假设。(3) KP F - statistic报告了2SLS回归中的一阶段F值，若统计值大于10的经验取值，则说明不存在弱工具变量问题。

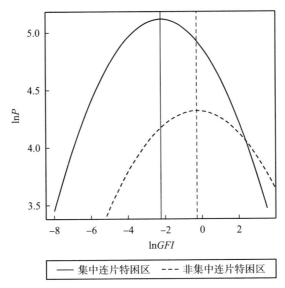

图 3 - 6 绿色发展与减贫的倒 "U" 型曲线关系

注：图 3 - 6 中垂直线分别表示集中连片特困区与非集中连片特困区倒 "U" 型曲线拐点值所在位置。

从图 3 - 6 集中连片特困区与非集中连片特困区绿色发展对减贫影响的倒 "U" 型曲线对比图来看：（1）集中连片特困区倒 "U" 型曲线峰度高于非集中连片特困区，可见集中连片特困区绿色发展对减贫影响的效果要显著优于非集中连片特困区。（2）集中连片特困区倒 "U" 型曲线的拐点相对出现更早，说明集中连片特困区绿色减贫受到政策的系统干预，使得其拐点值到来相对提前；（3）集中连片特困区与非集中连片特困区绿色发展跨越拐点值后，绿色减贫效果呈现出边际递减趋势。

对于其他控制变量，重点关注表 3 - 4 第（2）、第（4）列结果。科技水平在集中连片特困区与非集中连片特困区均显著为正，这表明技术进步能够促进资源利用效率提升，降低生产生活成本，进而对主体要素贫困人口减贫施加正向影响。人才储备在集中连片特困区为正但不显著，在非集中连片特困区显著为负。对外开放程度在集中连片特困区与非集中连片特困区系数均显著为正，表明现阶段有效扩大情景要素 "地" 社会环境的对外开放程度，进而增加主体要素 "人" 的人力资本，是减贫的一项重要手段。政策支持力度在集中连片特困区系数显著为负，而在非集中连片特困区系数则显著为正，这意味着依赖直接财政补贴的"输血式扶贫"并非是破解"人地关系地域系统"中"负向循环积累过程"的治本之策，过度财政补贴反而可能会使主体要素产生对政策的路径依赖，不利于"真脱贫，脱真贫"。

（二）稳健性检验

1. 调整核心变量

利用上文的六种投入产出要素，将 SBM - DEA 替换上文的超效率 DEA 测度方法，对中国集中连片特困区与非集中连片特困区绿色发展绩效进行重新测算，结果如表 3 – 5 所示。由表 3 – 5 第（1）至第（4）列可见，在不加入控制变量与逐步加入控制变量的情况下，调整核心变量后绿色发展绩效的一次项与二次项均显著为负，表明绿色发展对减贫影响均显现出显著的倒"U"型曲线关系，与基准回归结果保持一致。绿色发展与减贫之间的倒"U"型关系无论是在集中连片特困区，还是在非集中连片特困区都是稳健的。

表 3 – 5　　　　　　　　　　稳健性检验：调整核心变量

变量	（1）	（2）	（3）	（4）
	集中连片特困区		非集中连片特困区	
lngfi	– 1.524 *** (0.404)	– 0.698 ** (0.347)	– 1.353 *** (0.275)	– 0.665 *** (0.232)
(lngfi)^2	– 0.264 *** (0.074)	– 0.121 * (0.063)	– 0.229 *** (0.047)	– 0.114 *** (0.040)
控制变量	否	是	否	是
固定效应	是	是	是	是
KP F – statistic	94.353	66.057	96.626	86.234
样本量	918	809	1692	1612

注：（1）"＊、＊＊、＊＊＊"分别表示在10%、5%、1%的显著性水平下显著，括号内为聚类稳健的标准误。（2）限于篇幅，稳健性检验部分仅报告绿色发展变量的一次项、二次项与一阶段 F 值的检验结果，若无特殊说明，均控制地区固定效应与时间固定效应。

2. 替换工具变量

正如前文所言，2SLS 估计结果可靠性与工具变量选取有着密切联系。

虽然上述检验结果均表明本文选取的空气流动系数与滞后一期的绿色发展两个工具变量满足"相关性"且不存在"弱工具变量"问题，但也有学者指出空气流动系数更多与 PM2.5 等空气污染变量相关，与绿色发展变量不严格满足"相关性"假定。为了进一步保证结论的可靠性，选择以绿色词频占比替换空气流动系数的方法进行稳健性分析，估计结果如下表 3 - 6 所示。从表 3 - 6 第（1）至第（4）列来看，在不加入控制变量与加入控制变量的情况下，绿色发展绩效二次项均显著为负，同样表现出显著的倒"U"型曲线关系，与基准回归结论保持一致。

表 3 - 6　　　　　　　　　稳健性检验：替换工具变量

变量	（1）	（2）	（3）	（4）
	集中连片特困区		非集中连片特困区	
$\ln gfi$	- 0.802 *** (0.083)	- 0.316 *** (0.079)	- 0.650 *** (0.073)	- 0.040 (0.043)
$(\ln gfi)^2$	- 0.118 *** (0.020)	- 0.066 *** (0.018)	- 0.114 *** (0.018)	- 0.048 *** (0.010)
控制变量	否	是	否	是
固定效应	是	是	是	是
KP F - statistic	182.160	101.298	258.052	227.169
样本量	874	772	2166	2044

注：（1）" * 、 ** 、 *** "分别表示在10%、5%、1%的显著性水平下显著，括号内为聚类稳健的标准误。（2）限于篇幅，稳健性检验部分仅报告绿色发展变量的一次项、二次项与一阶段 F 值的检验结果，若无特殊说明，均控制地区固定效应与时间固定效应。

3. 滞后控制变量

本部分将运用滞后控制变量的方法进行稳健性分析，估计结果如下表 3 - 7 所示。表 3 - 7 第（1）、第（3）列为加入科技水平与人才储备滞后一期控制变量的结果，第（2）、第（4）列为加入所有滞后一期控制变量的结果。从表 3 - 7 第（1）至第（4）列结果来看，绿色发展绩效二次项均显著为负，表明在排除控制变量与被解释变量内生性问题的干扰后，集中连片特困区与非集中连片特困区绿色发展对减贫影响的倒"U"型曲线仍然存在，进一步证实了基准回归的可靠性。

表 3 - 7　　　　　　　　　　稳健性检验：滞后控制变量

	(1)	(2)	(3)	(4)
	集中连片特困区		非集中连片特困区	
lngfi	- 0. 338 *** (0. 085)	- 0. 293 *** (0. 103)	- 0. 089 (0. 087)	- 0. 046 (0. 093)
(lngfi)^2	- 0. 057 *** (0. 019)	- 0. 050 ** (0. 022)	- 0. 050 *** (0. 019)	- 0. 044 ** (0. 021)
控制变量	是	是	是	是
固定效应	是	是	是	是
KP F - statistic	143. 317	95. 383	103. 037	73. 665
样本量	858	799	1622	1597

注：(1) "*、**、***"分别表示在10%、5%、1%的显著性水平下显著，括号内为聚类稳健的标准误。(2) 限于篇幅，稳健性检验部分仅报告绿色发展变量的一次项、二次项与一阶段F值的检验结果，若无特殊说明，均控制地区固定效应与时间固定效应。

（三）绿色发展对减贫影响的机制分析

基于上述中介效应模型，表3-8第（1）至第（3）列分别报告了集中连片特困区产业结构效应、基础设施效应与知识外溢效应的中介效应检验结果。依据表3-8第（1）与（2）列回归结果，产业结构效应与基础设施效应中绿色发展绩效系数（γ_1）均不显著，且基础设施效应的 Sobel 值不显著，表明绿色引领的产业扶贫与公共扶贫的中介效应未能充分显现。而根据表3-8第（3）列回归结果，知识外溢效应的回归系数与 Sobel 值均显著，且 Bootstrap 报告的置信区间包括零值，表明绿色引领的教育扶贫对贫困人口能够产生更为直接地影响，是集中连片特困区绿色发展影响减贫的中介途径。

表 3 – 8   集中连片特困区中介效应检验结果

变量	(1) 产业结构效应	(2) 基础设施效应	(3) 知识外溢效应
lngfi（β_1）	– 0. 099 *** (0. 018)	0. 100 *** (0. 027)	0. 316 *** (0. 013)
lngfi（γ_1）	0. 014 (0. 023)	– 0. 031 (0. 026)	0. 086 *** (0. 030)
ln$D$（γ_2）	0. 245 *** (0. 043)	0. 053 (0. 034)	– 0. 315 *** (0. 059)
Sobel – test	– 4. 003 ***	1. 441	– 5. 170 ***
Bootstrap – test	［ – 0. 069，0. 050］	［ – 0. 093，0. 040］	［ – 0. 073，0. 045］

注：（1）"＊、＊＊、＊＊＊"分别表示在 10%、5%、1% 的显著性水平下显著，括号内为聚类稳健的标准误。（2）Sobel 检验的双侧检验临界值为 z = 0. 97（ – 0. 97），（$P < 0.05$，$N > 200$）。（3）Bootstrap 测度中介变量的间接效应，一般认为其置信区间不包括 0，则拒绝原假设（温忠麟和叶宝娟，2014）。（4）限于篇幅，未展示中介效应检验中其他控制变量检验结果。

表 3 – 9 报告了非集中连片特困区中介效应检验结果。在表 3 – 9 第（1）列结果中，产业结构效应系数（β_1）与 Sobel 值均不显著，说明绿色引领的产业扶贫的中介效应未能充分显现。在表 3 – 9 第（2）列结果中，基础设施效应的 Bootstrap 置信区间不包含零值，不严格满足中介变量的条件，即公共扶贫不是绿色发展影响减贫的主要途径。在表 3 – 9 第（3）列结果中，知识外溢效应的回归系数与 Sobel 值均通过 1% 的显著性水平，且 Bootstrap 置信区间包含零值，表明绿色引领的教育扶贫是非集中连片特困区绿色发展影响减贫的中介途径。

表 3 – 9   非集中连片特困区中介效应模型检验结果

变量	(1) 产业结构效应	(2) 基础设施效应	(3) 知识外溢效应
lngfi（β_1）	– 0. 007 (0. 011)	0. 105 *** (0. 015)	0. 265 *** (0. 010)
lngfi（γ_1）	0. 166 *** (0. 011)	0. 156 *** (0. 012)	0. 190 *** (0. 012)

变量	(1) 产业结构效应	(2) 基础设施效应	(3) 知识外溢效应
$\ln D(\gamma_2)$	0.079 *** (0.020)	0.138 *** (0.017)	− 0.091 *** (0.022)
Sobel – test	− 0.646	5.348 ***	− 4.127 ***
Bootstrap – test	[0.141, 0.189]	[0.141, 0.199]	[− 0.038, 0.192]

注:(1)"*、**、***"分别表示在10%、5%、1%的显著性水平下显著,括号内为聚类稳健的标准误。(2)Sobel 检验的双侧检验临界值为 $z = 0.97(-0.97)$,($P < 0.05$, $N > 200$)。(3)Bootstrap 测度中介变量的间接效应,一般认为其置信区间不包括0,则拒绝原假设(温忠麟和叶宝娟,2014)。(4)限于篇幅,未展示中介效应检验中其他控制变量检验结果。

(四)进一步讨论:中介效应是否同样存在非线性关系?

为进一步检验中介变量的非线性关系,借鉴 Hansen 提出的门槛回归模型对上述变量的非线性特征进行检验,检验结果如下表3-10所示。说明知识外溢效应存在单一门槛特征,表明教育扶贫效果的发挥仅有一个门槛制约。由此构建单一面板门槛回归模型对中介变量知识外溢效应进行非线性分析,估计结果如下表3-10所示。

表3-10　　　　　　　　门槛值估计结果

区域	关注变量	门槛类型	门槛值	F 值	P 值	临界值水平		
						10%	5%	1%
集中连片特困区	知识外溢效应	单一门槛	− 3.8922	34.36	0.001	16.4808	19.2620	25.1480
		双重门槛	− 0.9543	13.41	0.130	14.7841	23.8085	49.9570
		三重门槛	− 1.2243	13.16	0.461	29.1911	37.8954	50.7280
非集中连片特困区	知识外溢效应	单一门槛	− 0.5979	35.02	0.007	24.7859	28.2151	33.2905
		双重门槛	− 1.5585	17.05	0.109	17.3562	20.1491	25.6718
		三重门槛	− 3.1191	10.04	0.928	29.9940	32.7495	43.9154

注:P 值和临界值均采用"自举法(Bootstrap)"反复抽样1000次得到。

依据表3-11集中连片特困区回归结果,当绿色发展跨越拐点值后,知识外溢效应对减贫产生了显著的负向影响，其系数由 - 0.963 降低为 - 0.544，表明集中连片特困区绿色发展引领的教育减贫成效呈现出边际递减特征。

但就递减幅度来看，集中连片特困区知识外溢效应边际递减幅度相对较大，表明集中连片特困区绿色引领的教育扶贫更多地受到绿色发展阶段影响，因此集中连片特困区绿色引领的教育扶贫需要长期且持续的投入，要从根本上提升贫困人口的生计能力，从根本上破解"贫困陷阱"。

表 3 - 11 面板门槛回归估计结果

集中连片特困区	回归系数	标准差	非集中连片特困区	回归系数	标准差
$\ln tfp(\ln gfi < threshold)$	- 0.963 ***	(0.090)	$\ln tfp(\ln gfi < threshold)$	- 0.253 ***	(0.027)
$\ln tfp(\ln gfi > threshold)$	- 0.544 ***	(0.054)	$\ln tfp(\ln gfi > threshold)$	- 0.213 ***	(0.024)
$\ln gfi$	0.122 ***	(0.045)	$\ln gfi$	0.164 ***	(0.031)
$(\ln gfi)^2$	- 0.015	(0.011)	$(\ln gfi)^2$	- 0.009	(0.008)
$\ln tec$	0.191 ***	(0.028)	$\ln tec$	0.197 ***	(0.013)
$\ln fdi$	0.099 ***	(0.014)	$\ln fdi$	0.079 ***	(0.007)
$\ln school$	- 0.012	(0.029)	$\ln school$	- 0.006	(0.015)
$\ln center$	- 0.059 **	(0.024)	$\ln center$	0.100 ***	(0.012)

注：（1）" * 、 ** 、 *** "分别表示在 10% 、 5% 、 1% 的显著性水平下显著，括号内为聚类稳健的标准误。（2） threshold 为表 3 - 11 中测度的门槛值。

四、主要结论

（1）集中连片特困区与非集中连片特困区绿色发展对减贫影响均呈现倒"U"型曲线关系，表明绿色减贫具有阶段性特征。集中连片特困区绿色发展的减贫成效更为明显，而非集中连片特困区绿色发展对减贫影响由于存在时滞效应，绿色减贫成效相对不明显且效果显现较慢。这也进一步说明在"后扶贫时期"，脱贫摘帽并不是扶贫工作的终点。为防范返贫问题的发生，扶贫力度不能降低，同时要推动全面脱贫战略与乡村振兴战略有效衔接。

（2）集中连片特困区与非集中连片特困区绿色发展均主要通过知识外溢效应影响减贫，这表明绿色引领的教育扶贫能直接作用于贫困人口，减贫成效更为显著。在绿色减贫过程中，需要持续加大对贫困地区的教育投入力度，提升贫困人口的生计能力，从根本上破解"贫困陷阱"。

（3）在进一步的门槛效应检验中，发现知识外溢效应在集中连片特困区与非集中连片特困区均呈现出显著边际递减的趋势。这与常见教育扶贫成效相悖，很大程度上是由于教育扶贫具有时滞效应，成效显现需要一个漫长的周期，这也意味着绿色扶贫依然任重而道远。

第四章

生态系统服务与生态系统健康

　　本章首先对生态系统服务功能的内涵进行解析，并介绍主流的生态系统服务分类方案。其次，由于环境价值具有动态性、生态系统的产品和服务不易移动或贮存、现行国民经济核算体系尚未考虑生态成本、生态产品具有公共物品属性等原因，尚未形成统一、完善的生态系统服务功能价值评估标准[①]，因此在本章第二节对生态系统服务功能的定量评价方法进行介绍，并分析各种方法的应用场景及优劣势。再次，对生态系统服务功能的供给和需求进行定性、定位、定量、定策的"四定"研究。之后，考虑到维护生态系统健康是保障生态系统服务功能正常的前提，若生态系统丧失了结构及功能的完整性，将弱化其恢复力和抗干扰力，难以继续长期地、稳定地为人类提供产品和服务，故对生态系统健康的评价进行介绍。最后，通过案例对生态系统服务及其评价进行进一步的深入剖析和应用。

第一节　生态系统服务内涵与类型

一、生态系统服务的内涵

　　1935 年坦斯利（Tansley）首次提出了生态系统的科学概念，认为生态

---

　　① 刘玉龙、马俊杰、金学林等：《生态系统服务功能价值评估方法综述》，载于《中国人口·资源与环境》2005 年第 1 期。

系统是由各种自然因素和生物体组合而成的复合体。1942年林德曼（Linde-man）首次对生态系统进行了定量研究。1953年奥德姆（Odum）首次将生态系统的概念写于教科书内出版。目前，最广为接受的是由《生物多样性公约》（CBD）提出的概念——生态系统是由动物、植物、微生物群落及无机环境相互作用而形成的动态的、复杂的功能单元（千年生态系统评估委员会，2005）。

生态系统服务亦是一个相对较新的概念，它在20世纪60年代后期才被首次使用（King，1966）。而到20世纪末和21世纪初已取得了明显的研究进展，以如下学者及其观点为代表。戴利（Daily，1997）将"生态系统服务"定义为使自然生态系统及其组成物种得以延续，同时支持人类生命存在的环境条件及过程，这一服务能够助力实现各生态系统产品的生产和生物多样性的维持。科斯坦萨等（Costanza et al.，1997）定义"生态系统服务"为：生态系统的产品与服务是指人类直接或间接从生态系统的各种功能中取得的各项收益。千年生态系统评估（Millennium Ecosystem Assessment，MA）既继承了科斯坦萨（Costanza）的观点，即将自然和人工生态系统均视为生态系统服务的来源；也认为"服务"这一术语包含了人类从生态系统中取得的有形收益和无形收益，上述两种收益有时也被区分为产品和服务（千年生态系统评估委员会，2005）。

综合上述观点，可以将"生态系统服务"的概念表述为人类直接或间接地从生态系统中获取的利益，亦可表述为生态系统对人类福祉的直接或间接贡献。生态系统服务表现为3个方面（李双成等，2014）：一是为社会经济系统提供物质和能量；二是直接为人类提供服务；三是接收并转化来自社会经济系统的废弃物。其中，生态系统服务的基本来源是生态系统的生态过程（如物流、能流和信息流等）所形成的功能；基本驱动力是人类多层次福祉需求，既包括人类生存发展所需的食物、原材料等基础服务，也包括人类精神层面上的高级服务，还包括维系地球系统正常的环境支撑服务。因此认为，生态系统服务是人类生存发展必不可缺的环境和资源基础（傅伯杰等，2009）。

然而，与传统意义上的服务相区别的是，生态系统服务中仅有一小部分可以进入市场进行买卖，大多数则无法进入市场，甚至难以在市场交易中被重视或给予补偿。据此，有学者针对生态系统的资源环境及服务功能，运用经济法则进行了合理估计，即所谓的生态系统服务价值，而生态系统服务价值评估则是对其价值进行的合理量化。

二、生态系统服务的分类方案

生态系统服务的分类并不统一，原因主要在于两点：一是自然生态系统具有的动态性、复杂性，与人类社会经济系统之间的相互作用呈现非线性反馈、滞后性和阈值。当前学者们对"服务"一词的理解各异，对服务本身和服务产生机制界定模糊。二是人类社会经济系统的管理模式多元、价值观念多元，资源利用和环境保护受多种利益相关方影响，因此仅有"适合于目的"的分类方案，而无统一的分类体系。但其分类方案的建立普遍都遵循以下程序：确定使用背景和目的→确定服务定义→明确生态系统与服务属性→对服务分类进行验证并调整。接下来，主要对主流的生态系统服务分类方案进行介绍。[①]

（一）基于评估视角的生态系统服务分类

1997 年，戴利（Daily）对生态系统服务进行了定义，并列举了部分服务清单。同年，科斯坦萨（Costanza）评估了全球生态系统服务价值，并将生态系统服务价值划分为 17 类（见表 4－1），这是首次针对生态系统服务价值开展的全面评估，但也存在未考虑服务由生态系统到人类系统的链式过程的问题。2002 年，德·格鲁特（De Groot）将生态系统服务划分为 4 大类型和 23 子类，形成了更为清晰的概念框架，能够有效评估生态系统的产品、功能和服务，但也存在上述服务并非全部针对生态系统服务的问题。2005年，千年生态系统评估（Millennium Ecosystem Assessment，MA）指出，生态系统服务是人类从生态系统中直接或间接取得的收益，并将生态系统服务划分为 4 大类和 24 子类，这是当前使用最为广泛的分类方案之一，但费歇尔等（Fisher et al.，2008）认为这一分类在进行服务评估时可能存在重复计算的问题。

---

① 李双成等：《生态系统服务地理学》，科学出版社 2014 年版。

表 4 - 1 基于评估视角的生态系统服务分类方案

分类方案	生态系统服务类型	生态系统服务
科斯坦萨 （1997）	—	气体调节、气候调节、干扰调节、水调节、水供给、控制侵蚀和保持沉积物、土壤形成、养分循环、废物处理、传粉、生物控制、提供避难所、食物生产、原材料、基因资源、休闲、文化
德·格鲁特 （2002）	调节功能	生物控制、传粉、废物处理、养分调节、土壤形成、土壤保留、水源供给、水源调节、阻止扰动、气候调节、气体调节
	提供生境功能	残遗种保护、苗圃功能
	供给服务	食物、原材料、医疗资源、基因资源、装饰资源
	信息供能	科学和教育、精神和历史信息、文化和艺术信息、休闲、美学信息
千年生态系统评估 （2005）	供给服务	淡水、装饰资源、生物化学物质和天然药材药物等、遗传资源、纤维、食物
	调节服务	传粉、害虫调节、疾病调节、侵蚀调节、水调节、气候调节、空气质量调节
	文化服务	教育价值、知识系统、审美价值、娱乐和生态旅游、精神和宗教价值、文化多样性
	支持服务	水循环、营养循环、初级生产力、光合作用、土壤形成

（二）基于特定服务属性的生态系统服务分类

一是按照中间服务和最终服务分类。海恩斯－杨（Haines－Young et al.，2010）根据级联框架，认为生态系统服务是生态系统的物质和功能转为人类价值的中间环节。费歇尔等（Fisher et al.，2008）认为生态系统服务是生态系统形成人类福祉的功能部分，应划分为中间服务、最终服务和收益。其中，中间服务是生态系统的结构或作用过程，如土壤形成、养分循环和光合作用等；最终产品是生态系统对人类的直接贡献，如水调节；收益是人类从生态系统获得的维持三生空间的基本要素，如灌溉用水、食物和木材等。

二是按照空间分类。生态系统的立体结构，使服务的供给和消费可能存在空间上的错配。科斯坦萨（Costanza）将生态系统服务的空间特征区分为全球非临近（如气体调节、碳吸收）、局部临界（如废物处理、风暴防护、传粉）、有向性流动（如水供给、养分调节）、原位（如土壤形成、原材料）

和用户流动（如基因资源、文化）。

三是按照市场属性分类。根据经济学中对物品的分类方案，科斯坦萨（Costanza）将生态系统服务划分为4类：（1）具有非竞争性和非排他性的公共物品和服务，即大多数的调节和文化服务；（2）具有竞争性和非排他性的开放资源，如部分供给服务；（3）具有排他性和非竞争性的俱乐部物品，如部分休闲服务；（4）具有竞争性和排他性的市场性产品和服务，如多数供给服务。

四是按照进入市场或实施补偿的难易度分类。可将生态系统服务细分为生命系统支持功能和生态系统产品。其中，生命系统支持功能是生态系统对人类三生空间的维持和保护作用，如固定碳、废弃物处理、水土保持等；生态系统产品是由生态系统形成的、能够为人类直接带来利益的因子，如原材料、医用药品、观赏景观等。

（三）基于价值的生态系统服务分类

生态系统服务价值是对生态系统服务和自然资源等产品的货币化度量，包括使用价值和非使用价值。使用价值可划分为直接价值、间接价值和选择价值，非使用价值可划分为遗产价值和存在价值[1]。其中，（1）直接价值是从生态系统中直接获得的收益，包括显著实物型和非显著实物型价值，前者如从森林伐木中获得的木材收益，后者如观光旅行获得的娱乐收益，是一种非消耗性活动。（2）间接价值是指生态系统维持的环境或功能所具有的价值，也可以简单理解为，人类保护水源，从而使鱼类栖息地得以保护；抑或是人类保护湿地和森林，实则是保护水质和蓄水功能，均是以某一用途为出发点，间接实现另一种用途。（3）选择价值是人类对生物多样性和生物资源具有的潜在利用价值的将来利用，包括直接利用、间接利用、潜在利用和选择利用。（4）遗产价值，也称为遗赠价值，是指人类为给子孙后代留下某些自然资源而自愿支付的费用。为使这一资源得以有效传承和保护，最有效的方式之一是给生态系统中所形成的生命赋以高的文化价值。（5）存在价值是指人类为使某些资源持续存在而自愿支付的费用，如对于生物多样性的保护，为防止物种灭绝而愿意采取的措施和支付的成本。

---

① Boyd, Banzhaf S, What are ecosystem service? The need for standardized environmental accounting units. Ecological economics, 2007, 63 (23).

（四）基于人类福祉视角的生态系统服务分类

一是按照收益相关分类。博伊德等（Boyd et al.，2007）认为，最终生态系统服务是为产生人类福祉而被利用的，且不加以人类劳动的自然组分。此分类方式突出了各种服务收益的特殊性，揭示了自然生态与人类福祉的内在关联。根据与特定收益的关联性，划分为收获（如授粉者数量、目标捕鱼量、目标海洋族群量、生物多样性）、令人愉快和满足（如自然风景、自然土地植被、相关物种种群）、防止伤害（如空气质量、植被）、垃圾同化（如地表水和地下水、空地）、饮用水供应（地表水质量、可利用含水层）、娱乐（地表水、自然土地植被）。

二是基于人类价值连接进行分类。华莱士（Wallace，2007）认为，生态系统服务应考虑生态系统对人类福祉的贡献，而非产生这一服务的手段，如自然过程和自然资产。据此，他将生态系统服务按照人类价值类别细分为社会文化成就、友好的自然和化学环境、保护不受寄生虫/捕食者/疾病损害、充足的资源4大类。

三是按照人类需求划分。张彪等（2010）根据马斯洛需求理论，基于生态系统服务满足人类需求的视角，从物质需求、安全需求、精神需求3个维度，将生态系统服务价值划分为物质产品生产服务、生态安全保障服务、景观文化承载服务，具体如图4-1所示。

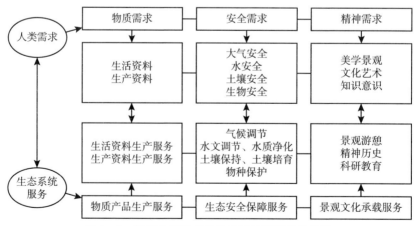

图4-1 基于人类需求的生态系统服务价值分类

资料来源：李双成等：《生态系统服务地理学》，科学出版社2014年版。

（五）通用型生态系统服务分类

鉴于依托上述分类方式核算的生态系统服务难以比较和交流，海恩斯－杨等（Haines-Young et al.，2010）系统考虑了与千年生态系统评估（MA）、生物多样性与生态系统服务价值评估（TEEB）、环境与经济核算体系（SEEA）等之间的转换关系，建立了一套相对全面、兼容并包的分类体系，即生态系统产品、功能与服务的通用国际分类方案（CICES）。此方案将生态系统服务划分为供给、调节和维持、文化3大主题，营养、材料、能源、废物处理、流量调节、物理环境调节、生物环境调节、象征性的、智慧和体验9大服务类别，陆生植物和动物、淡水植物和动物、海洋植物与动物、饮用水、生物质材料、非生物质材料等23个服务组，以及等商业种植、生计种植、水产养殖、水储存等59种服务类型。

第二节　生态系统服务评价方法

生态系统服务评估方法众多，且未形成统一、完善的评估标准，当前，其定量评价方法主要有价值量评价法、物质量评价法和能值分析法三类。[①]

一、价值量评价法

（一）功能价值评估法

在资源与环境经济学、生态经济学理论支撑下，相关的功能价值评估法主要分为三类：一是直接市场法，包括市场价值法、费用支出法、影子工程法和机会成本法等；二是替代市场法，是在无法直接获取研究对象市场价格的情况下，用替代物的市场价格近似替代其价格，包括防护成本法、人力资

---

① 杨跃军、刘羿：《生态系统服务功能研究综述》，载于《中南林业调查规划》2008年第4期。

本法、享乐价格法和旅行费用法等；三是模拟市场价值法，又称假想市场法，是当替代市场都无法找到时，通过人为创造模拟市场来度量生态价值，包括条件价值法等。①

1. 直接市场法

一是市场价值法。该方法在定量评估某生态系统服务功效的基础上，按照市场价格对其进行经济估计，又可划分为理论效果评价法和环境损失评价法。前者包括"对某生态系统服务功能进行定量化处理、明确服务功能的影子价格、测算总经济价值"三个步骤；后者有如评价土壤经济价值时，以生态系统破坏导致的土地退化、土壤侵蚀、生产力下降等损失进行估计。

二是费用支出法。该方法用人类为某种生态系统服务功能自愿支付的费用，表征其生态价值，又可划分为总支出法、区内支出法和部分支出法3种形式。例如，将游憩者为游览自然景观所支付的费用，视为该生态系统的游憩价值，则游客支付的总费用、在游憩区内支出的费用、支付的部分费用分别与上述3种形式的测算相对应。

三是影子工程法。该方法是指当环境被污染或被破坏后，人为建造与原生态系统发挥同等环境功能的工程所需的费用，并用此费用来表征生态破坏的经济损失。

四是机会成本法。机会成本是指同等条件下，将某种资源用于某种用途而非其他用途所造成的最高代价。由于生态资源具有稀缺性，因此其价格取决于边际机会成本而非平均机会成本，反映出了使用生态资源付出的代价。

2. 替代市场法

一是防护成本法。该方法是指由于某种生态系统服务功能的发挥，而具有避免特定灾害发生的作用。可用人为恢复灾害损失时所需经济代价，来表征生态系统服务功能的生态价值。该方法的使用前提包括：人们能意识到他们所受的生态环境胁迫；灾害发生后必然采取措施避免自身伤害；这一举措可由市场价值来衡量。

二是人力资本法。此方法将人看作劳动力这一生产要素，以市场价格和

---

① 刘玉龙、马俊杰、金学林等：《生态系统服务功能价值评估方法综述》，载于《中国人口·资源与环境》2005年第1期。

工资表征个人对社会具有的潜在贡献，并借此估算生境变化给人体健康造成的损失。环境恶化造成的人体健康损失表现为：因污染致残、致病或早逝而缩短工作年限进而减少收入；因病导致的医疗费用增加；带来心理或精神上的伤痛。经济损失由误工的工资损失、死亡丧葬费、预防和医疗费用、护理陪护费用、精神赔偿等构成。

三是享乐价格法。此方法是基于效用理论，用人们愿意为娱乐要素存在而支付的成本（C）表征享乐成本，即娱乐要素带来的效用不低于成本 C 带来的效用。以房地产为例，理性的购房者会综合考虑房产质量、距公共服务设施的距离、周边生态环境等因素。因而周边生境会对房产价格产生影响。享乐价格法将生态环境改变引致的房价改变，或为改善房产周遭环境而意愿支付的修复成本，视为房产周边生态环境的价格，其度量通常借助多重回归技术完成。

四是旅行费用法。由于游憩是一种公共物品，并且给人类提供的是心理愉悦而非一般的物质，因此无法确定其市场价格。霍特林（Hostelling）于 20 世纪 30 年代提出旅行费用法，将旅行费用视为参观景点价格的近似替代，基于消费者需求理论推导出需求曲线，求出"游憩商品"的消费者剩余，并将其视为生态游憩的价值（沈满洪等，2016）。

3. 假想市场法

假想市场法，亦称作条件价值法或意愿调查评估法，根据被调查者的反应或回答，判断他们在假想市场下可能采取的行动。此方法通过调查当事人保护或改善生态环境的支付意愿（WTP），或生态环境恶化的接受赔偿意愿（WTA），来表征环境商品的经济价值。条件价值法的经济学原理是：在价格（p）和可支配收入（m）的约束下，根据个人对环境舒适性（e）和市场商品（x）的消费偏好，设效用函数为 $u(x, e)$，力图实现个人效用最大化（科斯坦萨等，1997）：

$$\max u(x, e)$$

$$\text{s. t. } \sum p_i x_i \leqslant m$$

$$x_i = h_i(p, e, m)$$

设定间接效用函数为 $v(p, e, m) = u[h(p, e, m), e]$，假定 p 和 m 保持不变，当生态环境产品或服务由 $e_0 \rightarrow e_1$，若 $e_1 \geqslant e_0$，则有 $u_1 = v(p, e_1, m) \geqslant$

$u_0 = v(p, e_0, m)$，即 $v(p, e_1, m-c) = v(p, e_0, m)$。因此，可将补偿变化 c 看作个人为改善生态而意愿支付的价格 WTP，通过加总个人 WTP 得到生态系统服务功能价值。

（二）当量因子评估法

当量因子评估法是在区分各类型生态系统服务功能的基础上，结合单位面积生态系统服务价值当量，以及生态系统服务价值单价、各种生态系统分布面积，对生态系统服务功能的分类价值和总价值进行评估。相较于其他方法，当量因子评估法具有数据需求少、直观易用等优势，尤其适用于区域或全球尺度的价值评估。当量因子评估法测度生态系统服务功能价值的基本步骤包括：（1）构建地均生态系统服务价值当量表（e_{ij}）；（2）确定 1 个标准生态系统的当量因子（E_0）；（3）收集土地利用，粮食播种、产出和售价等数据；（4）进行系统测算和评价。当量因子评估法的核心在于构建客观而准确的生态系统服务价值当量表，谢高地等（2015）在科斯坦萨等（Costanza et al.，1997）生态系统服务功能分类的基础上[1]，构建了一套符合我国国情的，基于专家知识的生态系统服务价值化评估体系（见表 4-2）。对于 1 个标准生态系统的当量因子的确定方法，谢高地等（2015）将之对应为地均农田生态系统粮食生产的净利润[2]，对应的测算公式为：

表 4-2　　　　　　　　单位面积生态系统服务价值当量

生态系统分类		供给服务			调节服务				支持服务			文化服务
一级分类	二级分类	食物生产	原料生产	水资源供给	气体调节	气候调节	净化环境	水文调节	土壤保持	维持养分循环	生物多样性	美学景观
农田	旱地	0.85	0.4	0.02	0.67	0.36	0.1	0.27	1.03	0.12	0.13	0.06
	水田	1.36	0.09	-2.63	1.11	0.57	0.17	2.72	0.01	0.19	0.21	0.09

---

[1]　Costanza R，d'Arge R，De Groot R，et al. The value of the world's ecosystem services and natural capital. *nature*，Vol. 387，No. 6630，1997，pp. 253-260.

[2]　谢高地、张彩霞、张昌顺等：《中国生态系统服务的价值》，载于《资源科学》2015 年第 9 期。

续表

生态系统分类		供给服务			调节服务				支持服务			文化服务
一级分类	二级分类	食物生产	原料生产	水资源供给	气体调节	气候调节	净化环境	水文调节	土壤保持	维持养分循环	生物多样性	美学景观
森林	针叶	0.22	0.52	0.27	1.7	5.07	1.49	3.34	2.06	0.16	1.88	0.82
	针阔混交	0.31	0.71	0.37	2.35	7.03	1.99	3.51	2.86	0.22	2.6	1.14
	阔叶	0.29	0.66	0.34	2.17	6.5	1.93	4.74	2.65	0.2	2.41	1.06
	灌木	0.19	0.43	0.22	1.41	4.23	1.28	3.35	1.72	0.13	1.57	0.69
草地	草原	0.1	0.14	0.08	0.51	1.34	0.44	0.98	0.62	0.05	0.56	0.25
	灌草丛	0.38	0.56	0.31	1.97	5.21	1.72	3.82	2.4	0.18	2.18	0.96
	草甸	0.22	0.33	0.18	1.14	3.02	1	2.21	1.39	0.11	1.27	0.56
湿地	湿地	0.51	0.5	2.59	1.9	3.6	3.6	24.23	2.31	0.18	7.87	4.73
荒漠	荒漠	0.01	0.03	0.02	0.11	0.1	0.31	0.21	0.13	0.01	0.12	0.05
	裸地	0	0	0	0.02	0	0.1	0.03	0.02	0	0.02	0.01
水域	水系	0.8	0.23	8.29	0.77	2.29	5.55	102.24	0.93	0.07	2.55	1.89
	冰川积雪	0	0	2.16	0.18	0.54	0.16	7.13	0	0	0.01	0.09

资料来源：谢高地、张彩霞、张雷明等：《基于单位面积价值当量因子的生态系统服务价值化方法改进》，载于《自然资源学报》2015 年第 8 期。

$$E_0 = \frac{1}{7} \sum_k \frac{m_k p_k q_k}{M}$$

$$E_{ij} = e_{ij} \times E_0$$

$$ESV = \sum_{i=1} \sum_{j=1} E_{ij} \times S_i$$

式中：E_0 为 1 个标准生态系统的当量因子；E_{ij} 为地均 i、服务 j 的生态系统服务价值（元/hm²）；e_{ij} 为地均 i、服务 j 的生态系统服务价值当量；m_k、p_k 和 q_k 分别为 t 年份 k 作物的播种面积（hm²）、平均售价（元/t）和平均单产（t/hm²）；M 为作物的总播种面积（hm²）；ESV 为区域生态系统服务总价值（元）；S_i 为区域 i 地类的面积（hm²）。

二、物质量评价法

物质量评价法，又称为物质转换法，是从物质量的角度对生态系统服务功能进行定量化评价。主要的物质量评价法有 InVEST、ARIES 和 SolVES 等模型（见图 4-2）。[1][2]

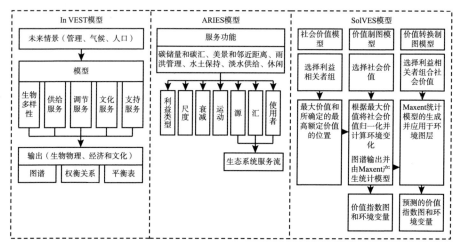

图 4-2 InVEST 模型、ARIES 模型和 SolVES 模型的基本结构

资料来源：黄从红、杨军、张文娟：《生态系统服务功能评估模型研究进展》，载于《生态学杂志》2013 年第 12 期。

一是 InVEST 模型（Integrated Valuation of Ecosystem Services and Tradeoffs），由斯坦福大学生物系研究小组提出，在土地利用类型发生时空变化时，用以模拟陆地生态系统生境质量、农作物产量、碳储量等服务功能的动态变化，进而为相关部门决策和管理提供依据。该模型由一系列模块和算法构成，其设计分为 0 层、1 层、2 层和 3 层，其中 0 层仅模拟相对价值而不进行货币化度量；1 层可获得绝对价值，除生物多样性模型

---

[1] 黄从红、杨军、张文娟：《生态系统服务功能评估模型研究进展》，载于《生态学杂志》2013 年第 12 期。

[2] 李丽、王心源、骆磊等：《生态系统服务价值评估方法综述》，载于《生态学杂志》2018 年第 4 期。

外，还可进行货币化度量；2 层与 3 层可进行更为精确的估算，但尚处于开发阶段。

二是 ARIES 模型（Artificial Intelligence for Ecosystem Services），最初由佛蒙特大学开发，在人工智能和语义建模的基础上，结合相关算法和空间数据，对各种生态系统服务功能进行度量。ARIES 能够对生态系统服务功能的"源""汇""使用者"，即服务功能的潜在提供者、中断服务流的生物物理特性、受益人的数量和空间位置进行制图。以生态系统的碳汇和碳储存为例，"源"是指土壤和植被等固定的碳量；"汇"是指灾害或土地类型改变引致的储存碳的释放；"使用者"是指碳的排放者。此外，由于 ARIES 采用高分辨率的空间数据，并结合当地的生态与社会经济因子，因此评估精度较高。当前 ARIES 主要应用于小尺度的研究范围，而非国家或全球层面。

三是 SolVES 模型（Social Values for Ecosystem Services），由美国地质勘探局和科罗拉多州立大学联合研发，通过非货币化价值指数，评估生态系统服务功能的社会价值。SolVES 由 3 个子模型组成，分别是社会价值模型、价值制图模型和价值转换制图模型，前两者需在调查数据（用公众偏好/态度表征生态系统服务功能的社会价值）、环境数据图层等数据支撑下联合使用，而价值转换制图模型适用于无原始调查数据的研究区域，可单独使用。

四是其他评估模型。（1）MIMES 模型和 GUMBO 模型，均由佛蒙特大学冈德生态经济研究所提出，用于圈层，如生物圈、水圈、岩石圈等的评估；（2）EPM 模型，用于评估土地利用变化对生态和经济社会（如社区生活质量）等有关生态价值的影响；（3）InFOREST 模型，由弗吉尼亚州林业部提出，仅适用于弗吉尼亚州；（4）CITYgreen 模型，由美国林业署提出，用于城市绿色空间的生态效益计算、动态模拟及预测；（5）EcoAIM 模型，由毅博（Exponent）公司提出，可用于绘制生态系统服务功能以及利益相关者的偏好；（6）EcoMetrix 模型，由超参数（Parametrix）公司提出，将地面调查的生物物理环境因子作为生态生产函数的输入数据，进而模拟生态系统服务功能。

三、能值分析法

能值分析法是将性质各异的能量转化为太阳能值，进而以太阳能为基准度量生态系统的服务功能或生态产品，即度量形成生态产品或服务所消耗的太阳能焦耳总量。能值分析法评估生态系统服务功能的基本步骤包括：（1）收集与分析相关自然与社会经济资料数据；（2）绘制能量系统图；（3）编制各种能值分析表并进行测算；（4）构建能值评价指标体系并进行系统评价。

用能值分析法衡量某种物质的能量，也就是衡量储存或流动的能量中所含的太阳能。其中，太阳能的单位是太阳能焦耳（sej）；单位物质或能量中含有的太阳能量，亦即单位物质或能量经由多少太阳能焦耳转化而来，称为太阳能值转换率，单位是太阳能焦耳/克（sej/g）或太阳能焦耳/焦耳（sej/j）。生态系统服务功能价值的能值计算公式为：

$$能值（sej）＝能值转换率（sej/j）\times 能量（j）$$

四、评价方法的比较

生态系统服务功能价值的评价方法没有绝对的优劣之分，方法的选取应取决于评价目的。例如，就功能价值评估法和物质量评价法比较而言，若评价旨在分析生态系统服务的可持续性，鉴于生态过程和生态系统服务物质量的动态水平会影响生态可持续水平，所以物质量评价法更为合适；若评价目的是工程项目是否立项的决策，由于其很大程度取决于成本和收益的货币化度量，因而价值量评价法更具优势。此外，从评价的空间尺度来看，物质量评价法比较能够反映生态系统的结构、生态过程与功能，而价值量评价法的测算结果可为交换提供依据，但对于空间尺度较大的区域而言，生态系统出于任何目的都是不能进行交换的，因而空间较大尺度下物质量比价值量评价法更有意义。[1] 主要的生态系统服务功能价值评估方法分析比较如表4-3所示。[2]

---

[1] 赵景柱、肖寒、吴刚：《生态系统服务的物质量与价值量评价方法的比较分析》，载于《应用生态学报》2000年第2期。
[2] 刘玉龙、马俊杰、金学林等：《生态系统服务功能价值评估方法综述》，载于《中国人口·资源与环境》2005年第1期。

表4-3 主要生态系统服务价值评估方法的比较

评价方法	优点	缺点
功能价值评估法	（1）可以进行货币化度量。 （2）既能将某一生态系统的各单项服务加总起来，也能就不同生态系统的同一种服务进行比较分析。 （3）不仅能引起人们对区域生态系统服务功能的重视，也能促进将环境核算纳入国民经济核算体系，推动实现绿色GDP	（1）价值量的度量部分取决于人类的支付意愿，因而具有主观性。 （2）可能存在未完整体现生态系统服务功能价值的问题，且评估指标体系和方法仍未完善
物质量评价法	评价方法较为客观，且多集中于生态学数据，排除了主观因素干扰，可推广性强	由于所得的各单项生态系统服务功能的量纲不同，因此无法通过加总来评价某一生态系统的综合服务水平
能值分析法	（1）商品或自然资源等均可通过能值衡量其真实价值，从而将不同类别的能量转换至同一客观标准进行定量比较。 （2）有效地将人类社会经济系统与生态系统统一起来，为人类认识世界、与自然和谐相处提供重要的度量依据	（1）产品能值转换率的计算难度很大。 （2）部分物质如地热、信息、地球上的矿物质元素等，与太阳能关系很弱甚至无关，因此难以将其用太阳能焦耳度量。 （3）能值仅反映物质产生耗费的太阳能，未能反映人类对生态系统服务功能的支付意愿（WTP）或服务的稀缺性特征

第三节 生态系统服务供需

一、生态系统服务供给与需求

（一）生态系统服务供给

生态系统服务供给的概念最早于1980年由美国昆虫学家埃尔利希等（Ehrlich et al.）提出，并由其他学者基于不同学科视角进行解读和深化。布克哈德等（Burkhard et al.）认为生态系统在一定时空范围内为人类提供生态产品与服务，即这一供给能力与水平具有时效性和可及性。盖森多夫（Geijzendorffer）和施罗特（Schroter）认为生态系统服务供给是在生态系统潜在供给转移能力下的最终供给数量，须在特定空间下提供特定服务功能，即具有较强的空间依赖性。因此，普遍认为，生态系统服务供给是由无机环境以及个体、种群、群落和生态系统组成的空间单元所提供的产品和服务。

生态系统服务供给可划分为两个层次——潜在供给和实际供给。其中，潜在供给为第一层次的供给，是在一定时空范围内产生并维持的生态过程和功能，如蜜蜂传粉、分解者分解等，但受限于偏好、获取技术等因素，并非所有的潜在供给均被人类加以利用；实际供给为第二层次的供给，是生态系统实际为人类社会供给的产品与服务。在无其他自然系统供给流入时，一般而言潜在供给始终大于实际供给。

（二）生态系统服务需求

从经济学视角来看，需求是指某一特定时期内消费者在可接受价格下的消费总量，消费者的有效需求取决于其购买欲望和能力。生态系统服务的消费者为群体或个体，消费者的需求效用是以消费生态系统服务为前提。尽管学界尚未对生态系统服务需求的概念达成一致，但普遍认为可概括为两个层次：一是基于消费视角，布克哈德等（Burkhard et al.）认为生态系统服务需求是在一定时空范围内被消费或使用的特定生态产品与服务，也就是实际需求；二是基于人类偏好视角，维拉马尼亚（Villamagna）和施罗特（Schroter）认为生态系统服务需求是人类社会期望从自然生态系统中取得的生态产品与服务的数量，即潜在需求。一般来说，潜在需求既包含人类已被满足的实际需求，也包含人类期望但尚未被满足的需求。[①]

二、生态系统服务供需的评估方法

根据实验条件和适用范围的差异，常见的生态系统服务供给与需求的评估方法主要有物质量评价法（又称生态模型法）、价值量评价法和公众参与法。具体来看：物质量评价法通过分析土地利用、植被覆盖、气候条件等数据，基于生态系统服务的基本形成原理，利用模型的环境参数，对生态系统

---

① 李征远、李胜鹏、曹银贵等：《生态系统服务供给与需求：基础内涵与实践应用》，载于《农业资源与环境学报》2022年第3期。

服务供需展开评估。该方法能较好地反馈生态过程及机制，体现生态系统服务的空间异质性特征，因此是当前较为主流的一种生态系统服务评估方法。常见的物质量评价方法有 InVEST、ARIES 和 SolVES 模型等。价值量评价法包括功能价值评估法和当量因子评估法，其中前者又分为直接市场法、替代市场法和假想市场法。公众参与法是以向系统内利益相关者询问调查的方式，了解其在生态系统服务供需方面的认知、偏好及支付意愿，具体包括专家评估矩阵法和问卷调查法两种。① 除上述方法外，部分学者还采用指标法对生态系统服务需求进行量化，如彭建等（2017）选取建设用地占比、人口密度和地均 GDP 3 个指标，对广东省生态系统服务需求进行了核算；根据实验条件和适用范围的差异，生态系统服务供需测算方法各具优劣势，如表 4 - 4 所示。

表 4 - 4 　　　　　　　　　　　生态系统服务供需测算

方法类别	具体方法	优缺点	适用范围
物质量评价法	InVEST、ARIES、SolVES	优点：获取数据客观稳定，评价结果不受人类偏好影响。缺点：模型构建较为复杂，对数据资料精度要求高	供给
价值量评价法	功能价值评估法、当量因子评估法	优点：对生态系统服务供需进行货币化度量，方法简单，适用范围广；评价结果可纳入国民经济核算体系，方便进行供需预算比较。缺点：对于难以直接市场化的服务（如调节服务、支持服务等），不能进行直接量化；条件价值法应用场景为虚拟市场，受人为因素影响大	供需
公众参与法	专家评估矩阵法	优点：操作简单，对数据需求量较小，可用评价高度复杂的区域；供需结果具有可比性。缺点：难以将国外研究结果直接本土化采用；易受专家偏好、认知等因素影响，结果缺乏客观性	供需
	问卷调查法	优点：能够真实直观地反映不同利益相关者的生态系统服务需求。缺点：调查成本高，不适用于大尺度研究范围；易受被调查者认识偏差的影响，结果缺乏客观性	需求

---

① 李征远、李胜鹏、曹银贵等：《生态系统服务供给与需求：基础内涵与实践应用》，载于《农业资源与环境学报》2022 年第 3 期。

三、生态系统服务供需研究框架

为强化生态系统服务供需研究的关联互动，构建"定性→定位→定量→定策"的生态系统服务供需研究框架（见图4-3）。[①]

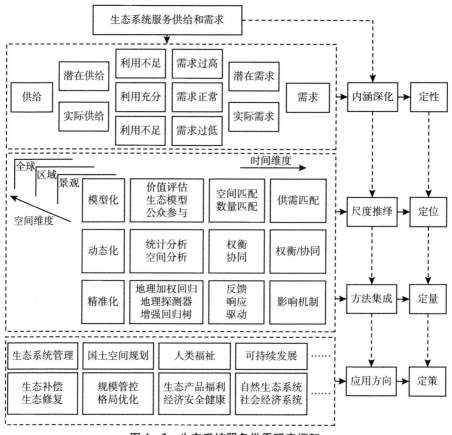

图4-3　生态系统服务供需研究框架

资料来源：易丹、肖善才、韩逸等：《生态系统服务供给和需求研究评述及框架体系构建》，载于《应用生态学报》2021年第11期。

---

① 易丹、肖善才、韩逸等：《生态系统服务供给和需求研究评述及框架体系构建》，载于《应用生态学报》2021年第11期。

（一）生态系统服务供给和需求内涵深化

用生态系统服务的潜在供给与实际供给之差，表征生态可持续发展状态，并根据人类对生态产品与服务的利用程度划分为利用过度、利用充分和利用不足。与之类似，用生态系统服务的潜在需求与实际需求之差，表征人类生态需求被满足的程度，并根据满足程度划分为需求过低、需求正常和需求过高。进而可划分为如下几种供需匹配情况（见表4-5）。

表4-5　　　　　　　生态系统服务供需匹配情况

项目	需求过高	需求正常	需求过低
利用不足	空间上存在供需错配，应根据服务空间流动路径，判别影响流动的人为/自然因素，从而引导服务流动、提升服务利用效率，进一步满足人类服务需求	区域内生态可持续发展状态和利用水平达到最优	区域内生态可持续发展状态和利用水平达到最优
利用充分	尽管已将生态系统服务充分利用，仍无法满足人类需求，此时应调整需求结构，并且谨防因过度利用而造成供给不足	生态系统服务已被充分利用且满足人类需求，但应警惕需求结构变化、剩余潜在供给不足的情况	生态系统服务得到充分利用，不仅满足了消费者对服务的需求，而且使消费者实际需求超出预期，此时应精准识别人类经济系统的需求结构，谨防过度利用生态系统服务
利用过度	因为对生态系统服务的过度利用，损害了生态系统的结构和功能，致使生态系统陷入不可持续发展状态，此时既要合理调整需求结构，也要通过合理人为调控，避免人类活动对生态系统的干扰，助力生态系统的恢复或重建		

通过明晰生态系统供需内涵，探究生态系统服务的供需组合关系，从而揭示人类经济社会系统与自然生态系统的复杂动态关联。与此同时，通过分析生态系统服务传递路径、流向、流量、流速和载体等因素，厘清生态系统服务供需的空间转移规律，进而实现生态系统管控和资源合理配置。

（二）生态系统服务供给和需求研究尺度的推绎

在不同的时空尺度，生态系统服务供需存在不同的匹配模式、权衡/协同关系及影响机制。就研究尺度来看：其一，日前已开展了许多基于全球或国家层面的生态系统服务监测工作，但对资源保护的实现效果并不理想。究其原因，全球尺度下的生态系统极为复杂，且受外界干扰的响应周期较长；

此外，生态系统服务供给既要满足代内需求，也要考虑代际需求。因此，大尺度范围的生态系统服务供需评估，应以可持续发展为原则，进行时间序列上的长远考量。其二，在区域层面上，生态系统服务的生产输送受区域内资源空间布局影响，进而造成各类型服务之间的权衡/协同作用发生变化。当前区域层面对生态系统服务的研究聚焦于供需协调，鉴于生态系统变化的周期较长，应在较长周期内考察生态系统服务的供需变化。其三，在小尺度的景观层面上，首先，由于数据的可获取性强，因此可选取高分辨率、大比例尺的数据，进行生态系统服务供需的应用性研究；其次，鉴于景观层面的生态系统对自然/人为干扰的抵抗力较弱，土地利用等因素的些许变化便会导致生态系统服务供需的较大变化，因此景观层面上适合探究供需的影响机制；最后，由于该尺度下生态系统变化的频率较高、周期较短，易发生突变，故适合较短时间维度研究。

综合来看，人类社会经济系统和自然生态系统的交互演替是在持续变化的时空尺度下发生的，因此，生态系统服务的研究具有复杂性，仅仅聚焦于某一研究尺度将无法全面厘清生态系统服务的演变规律。将时空因素纳入生态系统服务供需研究中，即实施了供需的定位研究。

（三）生态系统服务供给和需求研究方法集成

基于生态系统服务类别和研究目的的不同，可将生态系统服务供需的研究方法概括如下：其一，采用价值评估法、生态模型法和公众参与法等，评估生态系统服务需求和供给在数量和空间上的匹配特征；其二，在生态系统服务供需匹配特征识别的基础上，采用统计学、空间分析等方法，探析各项生态服务之间的协同/权衡关系；其三，借助多种回归分析方法，揭示人为、自然等因素对服务供需的影响机制。目前，随着人类生活生产方式的改变，生态系统服务也随之改变，生态系统服务供给与需求的模型化、动态化和精准化日益成为迫切需要，即要求依托相关学科理论，整合多源数据，在考虑生态系统服务动态变化的基础上，发展精准化评估的集成模型。

具体而言，生态系统服务供需的定量研究要系统考虑生态系统结构、过程、功能等自然因素，以及人口、社会经济水平、政策制度等人为因素，其综合集成要充分发挥空间分析方法、统计分析方法和计算机技术的优势，分别对生态系统服务供需的时空格局进行可视化制图，识别供需的空间权衡/

协同及影响机制，以及构建和模拟供需评估模型等。

（四）生态系统服务供给和需求在管理决策中的应用

评估生态系统服务供需状况的目的在于指导管理决策，最终实现生态系统的稳定和人类福祉的提升。通过分析生态系统服务供需匹配状况，以及服务由供给端向需求端的空间转移规律，为区域制定生态补偿标准和生态修复措施提供参考。具体而言，首先，生态系统服务供需匹配研究有助于识别自然生态系统给予的重要服务及核心生态空间，考察供需错配对经济发展的影响，可引导国土空间格局优化和空间要素合理布局；其次，生态系统服务连接多层次人类福祉，其供需情况直接关系人类福祉的满足程度，通过分析供需的数量关系和匹配特征，为采取有效调控措施，保障和提升人类福祉提供依据；最后，生态系统服务供需反映了社会经济系统与自然生态系统的动态关联，对其探讨有助于推动两系统的可持续发展。

第四节　生态系统健康评价

一、生态系统健康的概念及其应用

"健康"一词最早来源于医学，在全球生态系统屡受破坏的背景下，"健康"的概念被引入生态系统研究范畴（孙燕等，2011）。1941 年美国奥尔多·利奥波德（Aldo Leopold）首次提出了"土地健康"的概念，将土地功能的紊乱界定为"土地疾病"。1988 年谢弗（Schaeffer）等开创性地对生态系统健康（Ecosystem health）的测度进行了探讨。1989 年拉波特（Rapport）最早对生态系统健康的内涵展开了论述，认为生态系统健康是指生态系统本身具备的可持续性和稳定性特征，能够在一定时间内实现自我恢复和自我调节。[1][2] 1991 年成立的国际生态系统健康学会（ISEH），预示着生态

---

[1]　沈文君、沈佐锐、王小艺：《生态系统健康理论与评价方法探析》，载于《中国生态农业学报》2004 年第 1 期。

[2]　马克明、孔红梅、关文彬、傅伯杰：《生态系统健康评价：方法与方向》，载于《生态学报》2001 年第 12 期。

系统健康的研究成为主流，实现从哲理层面向定量化研究的转变（刘焱序等，2015）。

目前针对生态系统健康的定义仍尚无定论。卡尔（Karr）认为所谓生态系统健康，是生态系统具备的自我修复和维稳能力（刘建军等，2002）。谢弗（Schaeffer）认为生态系统功能的实现受各种不利条件的制约，而生态系统健康即当前处于不利条件的阈值之内。科斯坦萨（Costanza）认为生态系统健康中，"健康"一词具有如下特性：一是没有疾病；二是生态系统的复杂性和多样性；三是生态内稳定性，即系统内各要素间的平衡；四是可持续性或自我维持能力；五是生态系统具有弹性而生境群落具有活力。霍沃思（Haworth）对生态系统健康进行解析，认为生态系统除具备上述特性外，其功能还应具有完整性和有效性。马乔（Mageau）认为健康的生态系统，必须还具有良好的有机组织，能够为人类社区提供服务支持。拉波特（Rapport）也认为生态系统健康，不仅涵盖生态维度的健康，也要求能够满足人类合理需求。综合上述观点，可以认为，健康的生态系统是指具有稳定、可持续、自我恢复、活力和弹性等性能，能够满足人类生产生活需要的、处于生态系统功能阈值内的、复杂的生态系统。[①]

尽管对于生态系统健康的概念未形成共识，但却广泛应用于理论研究与实践之中。关于生态系统健康这一议题已举办数次国际会议（如1994年国际生态系统健康与医学研讨会；2003年国际健康生态系统管理大会），成立数个专门学术组织（如1989年国际水生生态系统健康与管理学会；1991年国际生态系统健康学会 ISEH）[②]，形成数个相关合作计划（如加拿大和美国政府资助的"五大湖生态系统健康评价"；澳大利亚的生态系统健康专题研究项目），开办数本专门命名的国际杂志（如2004年《生态健康》（EcoHealth））[③]，出版数本相关研究的权威专著（如科斯坦萨、拉波特等学者的专著）。截至目前，生态系统健康的研究已囊括几乎所有的水生态系统类型（如湿地、海洋、海岸、湖泊、河流和河口），以及部分陆地生态系统类型（如草原和森林等）。

---

① 孙燕、周杨明、张秋文、易善桢：《生态系统健康：理论/概念与评价方法》，载于《地球科学进展》2011年第8期。

② 张宏锋、李卫红、陈亚鹏：《生态系统健康评价研究方法与进展》，载于《干旱区研究》2003年第4期。

③ 刘焱序、彭建、汪安等：《生态系统健康研究进展》，载于《生态学报》2015年第18期。

二、生态系统健康评价

（一）生态系统健康的评价范畴

在环境问题日益突出的大背景下，生态系统健康评价是实现人与自然协调可持续发展和提升人类福祉的重要研究范式。根据上面论述的生态系统健康的定义，对生态系统健康的评价应主要包含 3 方面的内容：一是评价生态系统内在的各项生态指标，如生态系统的物种多样性、基本结构等要素，以及生态系统的弹性、活力、恢复力、承载力和复杂性等属性；二是评价生态系统外在的环境指标，如污染物种类和污染程度；三是评价生态系统对人类经济社会发展的影响力指标，如美学体验、绿色 GDP 水平和社会进步程度等。① 也有学者认为，生态系统作为地球生命支持系统，与人类生存发展密不可分，故而对生态系统健康的评价应该涉及生态学、人类健康和社会经济 3 个范畴，其中人类健康范畴体现在生态系统退化带来的环境污染，并通过食物链富集危害人类身体。此外，瓦尔特纳（Waltner）认为生态系统健康直接关系其功能的发挥，因此应重点评价可能对其功能造成影响的因素，即生态系统对于干扰的反应与恢复能力。拉波特（Rapport）则认为生态系统健康应通过活力、组织结构和恢复力 3 个维度来测度，三者分别以初级生产力（新陈代谢能力）、物种多样性和数量、抗干扰力来表征。

（二）生态系统健康的评价方法

由于"健康"状态的界定离不开人的认识水平和价值观念，因此无论是对人类、动物还是生态系统的健康评价都存在一定的主观性。但可以利用一系列客观指标，配合使用地理信息系统、遥感等技术来加以度量。需要注意的是，生态系统健康评价的最终目的是了解生态系统的健康状况和所受到的胁迫，从而在生态退化前采取措施，实现生态的可持续发展，持续稳定地发挥功能和提供服务。鉴于健康的界定和功能的发挥具有尺度依赖性，因此应该建立针对不同尺度的评价方法。当前对生态系统健康的评价方法主要有

---

① 王敏、谭娟、沙晨燕等：《生态系统健康评价及指示物种评价法研究进展》，载于《中国人口·资源与环境》2012 年第 S1 期。

指示物种法和指标体系法。

1. 指示物种法

（1）指示物种的选取。指示物种法于 1997 年由利奥波德（Leopold）提出，通过监测指示类群的数量、结构功能和生理生态等指标，间接反映生态系统的健康状况。指示物种通常是物种（分类）级别较高的类群，可区分为濒危物种、环境敏感种、特有种、关键种和长寿命物种，对于指示物种的选取，应遵循三大原则：一是物种选取要具有代表性，能较为全面、典型地反映区域生态系统健康水平；二是具有有效性，为提升有效程度，可选取多物种进行监测；三是过程具有可操作性、结果具有可视性，既要考虑评价效果，也要考量成本因素和实用因素。常见的指示物种法包括单一物种评价法和多物种评价法。①

指示物种法最初运用于水生态系统健康的评价，随后才逐渐运用至其他各生态系统。因此，本部分以水生态系统为例，介绍较为常用的指示物种，主要包括底栖无脊椎动物、浮游生物、营养顶级的鱼类和不同生物组织水平的综合运用。具体来看：①底栖无脊椎动物。在 90% 的评价项目中被选为指示物种，而其中底栖大型无脊椎动物最为常选，究其原因，主要在于底栖大型无脊椎动物具有如下特点：一是不易移动，便于稳定地反映区域生境条件；二是占据几乎所有的消费者营养级，能完整地完成生物积累；三是有较长的生命周期。② 常用的评价方法包括有机污染程度法（不同生物物种导致的水污染）、多样性指标（物种种类数）和生物指标（既考虑具体物种种类也考虑物种种类总数）。②浮游生物。主要监测水体表层的细菌、病毒、纤毛原生生物和自养浮游生物等，评价方法包括毒理实验和群落评价，前者是监测环境胁迫下指示物种的生长率、呼吸率和趋药性等反应；后者是比较环境改变始末的种群特征和占据率。③营养顶级的鱼类。不仅较其他种群对化学污染更具敏感性，而且处于食物链顶端，能反映食物链中其他物种的改变，因此也是水生态系统健康的重要指示物种，如桑斯特加德和爱德华兹（Sonstegard & Edwards）分别选取银大马哈鱼和鲑鱼指示湖泊的水质变化及

---

① 王敏、谭娟、沙晨燕等：《生态系统健康评价及指示物种评价法研究进展》，载于《中国人口·资源与环境》2012 年第 S1 期。
② 戴纪翠、倪晋仁：《底栖动物在水生生态系统健康评价中的作用分析》，载于《生态环境》2008 年第 5 期。

生境健康。主要监测指标有捕食限制、产卵能力、平均寿命和周遭环境变化等。④不同生物组织水平的综合运用。基于生态毒理学理论，对生物的各结构层次（即细胞、组织、器官、系统、个体……）进行监测，厘清污染物在个体、种群、群落等结构之间的响应关系，判断其为初级还是次级响应。在此基础上，与原始生境环境或对照组相比较，明确毒理效应的阈值，进而准确又综合地评价区域生境健康。①

（2）指示物种法的缺点及改进。尽管指示物种法在生态系统健康评价中广为使用，但仍存在一些不可忽视的问题：一是物种筛选的标准还不够明确，或存在标准不一致的情形；二是部分物种移动力很强，因此与生境的相关性不强；三是当较高营养级的指示物种种类较多时，存在的取舍问题；四是符合上述条件的部分指示物种与人类经济社会发展关联性较弱，而人类健康和经济社会范畴又是评价生态系统健康的重要标准，因此难以兼顾；五是明确了指示物种但选择监测的具体指标不恰当。为此，接下来有必要建立一套更为统一的筛选标准，采用定量与定性相结合的方法，在3R等技术和生态学等理论加持下，实现生态系统健康更为准确且全面地度量，并厘清影响生境健康的因素，进而提升生态系统健康水平。

2. 指标体系法

指标体系法是对复杂生态系统进行健康评估的有效方法，其步骤一般包括：一是选定能够表征生态系统特征的指标；二是将上述特征分类，明确各指标对生态系统健康的评估作用；三是确定各层指标的权重；四是采用网络分析、模拟模型等方法度量各指标；五是确定评估方法，形成生态系统健康评价体系，其中常用的评估方法有生态系统健康风险评估、生态系统缓冲力评估和生态系统失调诊断等。② 下面主要对指标的选取进行介绍。

（1）基于健康维度的指标选取。孙燕等（2011）从生态系统内/外部属性和结构功能等出发，考虑到不同范畴下"健康"的界定不同，将生态系统健康的评价指标体系划分为生态指标、物理化学指标、人类健康与社会经济指标等3个子体系（孙燕等，2011），评价体系及子体系下具体的量化指

---

① 马克明、孔红梅、关文彬等：《生态系统健康评价：方法与方向》，载于《生态学报》2001年第12期。

② 张宏锋、李卫红、陈亚鹏：《生态系统健康评价研究方法与进展》，载于《干旱区研究》2003年第4期。

标如图4-4和表4-6所示。

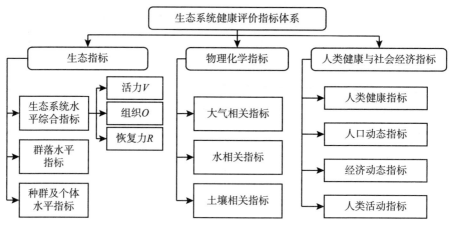

图4-4 生态系统健康评价指标体系

资料来源：根据宋延巍：《海岛生态系统健康评价方法及应用》，中国海洋大学，2006年改绘。

表4-6 生态系统健康评价指标体系

一级指标	二级指标		量化指标
生态指标	生态系统水平综合指标	活力	初级（净）生产力、新陈代谢、GDP产出等
		组织	生长范围、平均共有信息、多样性指数等
		恢复力	恢复速度、恢复程度等
	群落水平指标		生物量、类群组成结构、物种多样性等
	种群与个体水平指标		种群内个体数量、个体内在结构变化等
物理化学指标	水相关指标		降水量、水质、水污染指数、水体利用和美学价值等
	大气相关指标		大气组分、紫外线强度、大气污染指数、气象灾害等
	土壤相关指标		土壤结构和组分、土壤污染指数、土壤酶活性等
人类健康与社会经济指标	人类健康指标		环境中潜在的有害因子、主要疾病发生率、病死率等
	人口动态指标		死亡率、年龄性别组成、密度、分布、变化趋势等
	经济动态指标		人类经济活动、生产的可持续性、资源对经济增长的限制、技术发展等
	人类活动指标		土地退化、土地利用和分布、生态保护成效、社会稳定性、法制化程度、环境保护意识等

资料来源：根据宋延巍：《海岛生态系统健康评价方法及应用》，中国海洋大学，2006年改编。

首先是生态系统健康评价的生态指标。主要用于表征生态系统的结构等生物属性，可根据生物的层次结构，由大到小划分为生态系统、群落、种群和个体等。①生态系统层次的指标。包括活力（Vigor，记作 V）、组织（Organization，记作 O）和恢复力（Resilience，记作 R），其中活力指标基于生物学、经济学和生态学理论，主要监测生态系统的生产能力和产出量等，可直接度量其初级（净）生产力、新陈代谢和 GDP 产出等；组织指标主要分析生态系统结构和生物多样性水平，通过网络分析法，考察其生长范围、平均共有信息和多样性指数；恢复力指标反映生态系统的抗干扰能力，即受干扰后的恢复速度和恢复程度，主要是利用模拟模型进行分析测量。生态学家科斯坦萨（Costanza，1999）认为上述三个分项指标是生态系统健康的重要标志，并据此提出了生态系统健康指数（HI），其基本形式为 $HI = V \times O \times R$。[①] ②群落层次的指标。由于群落是由不同种群组成的生物集合体，主要选取生物量、类群组成结构和物种多样性等指标。③种群或个体层次的指标。根据物种间的捕食、寄生、共生等关系，利用某一物种的变化指示区域环境或关联物种的变化。

其次是生态系统健康评价的物理化学指标。主要监测生态系统的非生物指标，如大气、水和土壤这三大生命要素。其中，水体中主要监测降水量、水质（如 pH 值、矿化度等）、水污染（如富营养化程度等）；大气中主要监测紫外线强度、大气污染指数（如 SO_2 和 NO 等含量）和气象灾害等；土壤中主要检测土壤组分、土壤污染指数（如重金属含量等）和酶活性等。

最后是生态系统健康评价的人类健康与社会经济指标。主要反映生态系统服务和功能对人类生存生产生活的满足程度，具体体现保障人类生存健康，提供人类生产生活所必需的、适宜的物理环境及充足的物质资源。指标选取可分为四个维度：一是人类健康方面，主要包括生活环境中潜在的有害因子、发病率和病死率等；二是人口动态方面，主要包括死亡率、年龄性别组成、密度、分布和变化趋势等；三是经济动态方面，主要包括人类经济活动（如物价指数和工资收入等）、生产的可持续性、资源对经济的限制和技术发展；四是人类活动方面，既涉及自然指标，如土地退化、土地利用和分布以及生态保护成效，也包括社会指标，如社会稳定性、法制化程度和环

---

① 宋延巍. 海岛生态系统健康评价方法及应用［D］. 中国海洋大学，2006.

境保护意识等。

（2）基于生态系统类型的指标选取。根据生态系统形成的原动力和人类活动的干预程度，首先将生态系统划分为人工、半自然和自然生态系统。人工生态系统中，按照人类活动类型划分为农田和城市生态系统。自然生态系统中，按照形态特征和环境性质划分为陆地和水域生态系统，其中，陆地生态系统按照植被类型和植被丰度划分为森林、草原和荒漠生态系统；水域生态系统按照水体的理化性质划分为淡水和海洋生态系统。因此，可以将生态系统细分为7个子系统（见图4-5），进而结合各系统的特点设计生态系统健康的评价指标体系。

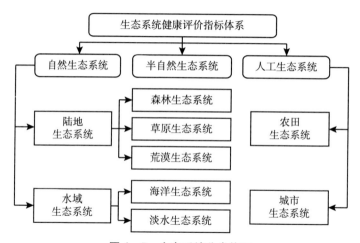

图4-5　生态系统分类体系

资料来源：根据宋延巍：《海岛生态系统健康评价方法及应用》，中国海洋大学，2006年改绘。

在各子系统中，均需要监测的指标包括生境类型和结构、生境面积、动植物区系组成、生物多样性、生产能力、调节和恢复能力等。此外，根据子系统的特征，还需要监测如下指标（见表4-7）。

表4-7　　　　不同生态系统的生态系统健康评价指标体系

生态系统类型	指标
森林	演替指数、功能和服务、种群增长和调节等
草原	牧草质量、地均草场载畜量、草地再生能力、退化指数等

生态系统类型	指标
荒漠	沙漠化程度、沙地产业化等
淡水	淡水量、旱涝灾害调节、库容调节、工农商业耗水量、水体富营养化程度等
海洋	海水物化性质、海藻类健康指数、海洋浮游生物量、洞游鱼类健康指数等
农田	农民健康、农产品质量、土地生产力、土质结构、土地肥力、土壤侵蚀和盐碱化程度、病虫害等
城市	市民健康、居民生活质量、噪声污染和空气污染、城市水环境、景观指数等

资料来源：根据宋延巍：《海岛生态系统健康评价方法及应用》，中国海洋大学，2006 年改编。

三、生态系统健康评价的发展方向

当前关于生态系统健康的概念还存在争议，卡洛（Calow）认为不能将生物体的健康概念类推至生态系统；苏特（Suter）认为生态系统健康仅是一种价值判断，不能进行量化；威克伦（Wicklum）认为不应将完整性和健康视为生态系统的固有特征。也有学者认为，正是因为生态系统健康的不可操作性，才促使这一新学科得以发展。[①] 也因此得以说明，生态系统健康评价的目的不在于得出一个数值，也不在于单纯地进行生态系统疾病诊断，而是在于：一方面，界定人类所期望的生态系统状态，确定生态系统破坏的阈值，据此制定环境保护法律和实施生态环境保护工作；另一方面，根据疾病诊断结果进行修正，从而实现生态系统可持续性发展。

为此，生态系统健康评价应遵循生态学、经济学原理，以人类健康研究为基础，厘清人活动、环境变化、生态系统功能和服务等与生态系统健康之间的关联，并将人类的文化价值取向融入生物生态学之中。此外，在生态系统健康评价过程中还要加以区分自然干扰和人类影响，明确生态系统功能紊乱的分类，以及确立生态系统参数变动是否超出正常范围的标准。[②]

[①] 孙燕、周杨明、张秋文等：《生态系统健康：理论/概念与评价方法》，载于《地球科学进展》2011 年第 8 期。

[②] 张宏锋、李卫红、陈亚鹏：《生态系统健康评价研究方法与进展》，载于《干旱区研究》2003 年第 4 期。

第五节 案 例 分 析

案例一：土地利用与生态系统服务价值[*]

一、研究问题

人类经济社会活动离不开土地。人类通过对土地造成干扰、调整其用途，影响土地覆被情况，引起生态系统功能与结构发生改变，进而影响生态系统价值服务价值。因此，基于土地利用变化视角研究区域生态系统服务价值的增减，是探究区域生境变化、推动生态平衡及人与自然和谐发展的重要路径。此外，还应探讨土地利用/覆被类型变化的社会经济驱动因子，从而从根源上揭示生态系统服务价值变化的影响因素，以便精准施策，推动自然生态与经济社会系统的协调发展。

二、研究方法

（一）生态系统服务价值评价方法

依据谢高地等学者的做法，基于福建省发展实际，采用当量因子评估法测算福建省地均农田生态系统供给食物的经济价值，得到与土地利用类型相对应的生态系统类型及其生态价值系数表（见表4－8）。

（二）经济社会驱动因子分析

一是相关性分析。选取总人口、城市化水平和 GDP 作为社会经济发展

---

[*] 该案例节选自姚成胜、朱鹤健、吕晞等：《土地利用变化的社会经济驱动因子对福建生态系统服务价值的影响》，载于《自然资源学报》2009 年第 2 期。

水平的代理变量，利用 SPSS 软件定量研究生态系统服务价值与社会经济发展之间的相关关系。

表 4 – 8　　　　与土地利用类型相对应的生态系统类型及其生态价值系数

土地利用类型	耕地	林地	草地	园地	建设用地	水域	未利用土地
对应的生态系统	农田	森林	草地	农田	荒漠	水体和湿地	荒漠
生态价值系数/ （元·hm^{-2}·a^{-1}）	6831	21599	7157	6831	415	53715	415

　　二是敏感性分析。敏感性系数（SC）由因变量与自变量二者变化百分比的比值构成，根据经济学弹性原理，若 $SC < 1$，表明因变量对自变量的变化缺乏敏感性；若 $SC > 1$，为富有敏感性；若 $SC = 1$，为单位敏感性，即二者的变化百分比相等。生态系统服务价值对社会经济发展敏感性的具体公式如下：

$$SC_{ij} = \left| \frac{(ESV_{i+1} - ESV_i)/ESV_i}{(IF_{(i+1)j} - IF_{ij})/IF_{ij}} \right| = \left| \frac{\Delta ESV_i/ESV_i}{\Delta IF_{ij}/IF_{ij}} \right|$$

　　式中 SC_{ij} 为 i 年生态系统服务价值对 j 因素的敏感性系数；ESV_{i+1}（ESV_i）为 $i+1(i)$ 年的生态系统服务价值；$IF_{(i+1)j}$（IF_{ij}）为 $i+1(i)$ 年影响 ESV 的 j 种社会经济因素。

三、研究结论

　　第一，研究期内福建生态系统服务价值总体呈现逐年下降趋势（见表 4 – 9），与三种社会经济发展因子均呈显著的负相关关系（见图 4 – 6），表明区域社会经济发展给生态环境带来了明显的负向影响，1995～2005 年福建省取得的社会经济发展成绩，在一定程度上是以牺牲生态系统服务价值为代价的。

　　第二，从敏感性系数来看（见表 4 – 10），生态系统服务价值变化对人口增长最为敏感，城市扩张次之，经济增长的敏感性最弱，总体上三者均表现为缺乏敏感性，但在研究期内敏感性均呈现出显著的增强态势。一方面，表明福建人口数量已超出环境容量，需控制人口增长；另一方面，表明为取得等份社会经济发展时，所需牺牲的生态环境代价呈逐渐升高趋势，因此，应调整经济增长模式，严防山林湖草农田系统转化为建设用地。

表 4 – 9   1995～2005 年福建省生态系统服务功能价值（10⁸元）

年份	耕地	林地	草地	园地	建设用地	水域	未利用土地	合计
1995	131.37	1803.71	39.98	38.6	1.78	233.84	0.53	2249.81
1996	129.19	1804.28	39.08	40.1	1.84	234.71	0.53	2249.73
1997	127.27	1804.67	39.2	40.9	1.9	235.18	0.54	2249.65
1998	126.22	1805.00	38.76	41.26	1.94	235.64	0.57	2249.39
1999	125.95	1804.03	38.56	41.54	1.98	236.35	0.57	2248.97
2000	125.84	1802.39	38.36	41.73	2	236.37	0.58	2247.26
2001	125.75	1800.43	38.62	41.77	2.03	237.08	0.58	2246.26
2002	125.38	1800.33	38.48	41.75	2.05	238.37	0.58	2246.94
2003	124.96	1799.57	38.11	41.96	2.1	238.05	0.58	2245.33
2004	124.58	1797.80	37.79	42.15	2.14	238.74	0.58	2243.79
2005	124.13	1796.70	37.09	42.31	2.19	239.14	0.58	2242.14

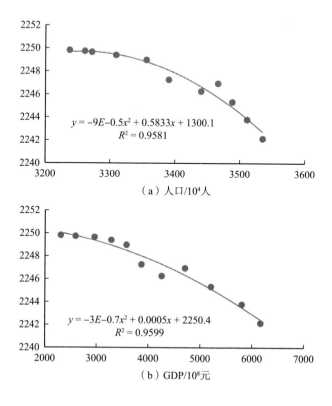

（a）人口/10⁴人

（b）GDP/10⁸元

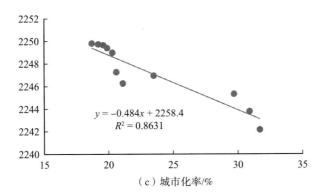

（c）城市化率/%

图4-6　生态系统服务价值与经济社会发展因素的相关性分析

表4-10　　　　　　福建省生态系统服务价值对经济社会发展因素的敏感性系数

变量	1995 年	1996 年	1997 年	1998 年	1999 年	2000 年	2001 年	2002 年	2003 年	2004 年	1995 ~ 2005 年
$SC_{人口}$	0.0044	0.0104	0.0103	0.0133	0.0354	0.0303	0.0406	0.0859	0.1041	0.1076	0.0370
SC_{GDP}	0.0003	0.0002	0.0011	0.0021	0.0044	0.0045	0.0029	0.0067	0.0060	0.0119	0.0020
$SC_{城市}$	0.0012	0.0017	0.0076	0.0094	0.0242	0.0184	0.0027	0.0027	0.0170	0.0284	0.0049

案例二：生态系统服务供需匹配分析[*]

一、研究问题

　　大连是我国首批对外开放的沿海城市之一，经济活动频繁，其以船舶制造、石油化工等重型工业为主的经济模式，在加快城市化进程、增进人类福祉的同时，也催生了诸多生态环境问题，如生态用地锐减、近海工业污染

---

　　[*]　该案例节选自韩增林、刘澄浩、闫晓露等：《基于生态系统服务供需匹配与耦合协调的生态管理分区——以大连市为例》，载于《生态学报》2021 年第 22 期。

等，进一步导致区域人地关系趋紧、海陆生态系统服务能力降低。而生态系统服务供需耦合协调关系是表征区域生态系统服务供需良性互动、一致性和可持续性状态的一种定量方法，是推行生态管理分区的重要考量因素，能够反映区域生态系统服务真实状态，为生态管理提供有效信息。因此，可依托生态系统服务的供需耦合协调与匹配分析，助力大连市构建陆海统筹的生态管理分区。

二、研究方法

（一）生态系统服务供给测算

利用价值法和模型法测算地均生态系统服务供给，可得到区域供给总量计算公式如下：

$$ESS = \sum_{i=1}^{6} S_i \times A$$

式中 ESS 为生态系统服务供给（元）；S_i 为 i 种服务类型的供给量（元/hm^2），其中 i 取 $1 \sim 6$ 分别表示的服务类型为食物供给、水源涵养、固碳释氧、土壤保持、生境维持和美学景观；A 为栅格面积（hm^2）。

（二）生态系统服务需求测算

利用指标法，选取土地综合利用强度指数（LDI）、人口密度（P）和地均 GDP（G）三个社会经济指标测算生态系统服务需求。鉴于大连市的人口密度与地均 GDP 存在较为严重的地区极端化，通过取自然对数的方法减缓这一影响。

$$ESD = LDI \times LnP \times LnG$$

$$LDI = 100 \times (\sum_{i=1}^{n} P_i \times Q_i)$$

式中 ESD 为生态系统服务需求（元）；Q_i 为第 i 级土地利用类型的面积占比；P_i 为第 i 级土地利用强度。

（三）生态系统服务供需耦合协调和匹配分析

以网格为研究单元（分辨率为 1km×1km），运用 z – score 标准化法对大连市生态系统服务需求量和供给量进行标准化处理，并以标准化的需求量和供给量分别为 X 轴和 Y 轴，构建二维坐标系，得到 4 类供需匹配类型：第一象限为高供给—高需求；第二象限为高供给—低需求；第三象限为低供给—低需求；第四象限为低供给—高需求。

运用极差标准化法对原始的生态系统服务供需数据进行标准化处理，并依托标准化数据进行供需耦合协调分析，以揭示生态系统服务供需的和谐一致程度，计算公式如下：

$$D = \sqrt{C \times T}$$

$$C = 2 \times \sqrt{\frac{X_S \times X_D}{(X_S \times X_D)^2}}$$

$$T = \alpha \times X_S + \beta \times X_D$$

式中，D 为供需耦合协调度；C 为耦合度；T 为供需综合协调指数；X_S、X_D 为标准化的生态系统服务需求量和供给量；α、β 为待定系数，分别表示供需的贡献份额，取 $\alpha = \beta = 0.5$。将耦合协调度划分为 8 类：$0 \leqslant D \leqslant 0.2$ 为严重失调；$0.2 < D \leqslant 0.3$ 为中度失调；$0.3 < D \leqslant 0.4$ 为轻度失调；$0.4 < D \leqslant 0.5$ 为濒临失调；$0.5 < D \leqslant 0.6$ 为基本协调；$0.6 < D \leqslant 0.7$ 为轻度协调；$0.7 < D \leqslant 0.8$ 为中度协调；$0.8 < D \leqslant 0.1$ 为良好协调。

三、研究结论

第一，2015 年大连市生态系统服务供给量为 4.697×10^{10} 元，其中供给量占比最高的服务类型是固碳释氧（32%），其次是美学景观（21%）。分布最为广泛且供给能力最强的土地利用类型为林地和耕地，二者总供给占比达 76%。生态系统服务供给的空间分布呈现东西、南北的 U 形特征。大连市生态系统服务需求的分项指标和总指标均呈现出向主城区集中的态势。

第二，生态系统服务供需的主要匹配类型为高供给—低需求和低供给—

高需求，可见区域供需失配问题严重；生态系统服务供需耦合协调度的均值为 0.38，属于供需轻度失调类型。

第三，根据生态系统供需数量、分布和耦合协调特征，大连市生态管理需分类施策：生态一般保护区要在进行综合保护的前提下提升生态溢出效应；生态涵养区需重点保护，实施保护为主、培育为辅的管理政策；生态农业区需着重提升投入产出效率，推进生态保护与生态建设；生态改良区要在生态改良的基础上提升生态系统服务水平。

第五章

生态承载力与生态足迹

　　经济社会的持续快速发展，让人类的生活水平普遍得到提高，但伴随人类活动而来的是环境污染、资源匮乏等严重的生态问题。这表明人类经济社会活动超过了生态系统的承载能力，损坏了生态系统提供生态系统服务功能的能力，威胁到人类在地球上的生存与发展。人类开始重新思考人与自然的关系，可持续发展观得到广泛关注，而人类的可持续发展必须建立在生态承载力基础之上（高吉喜，2001）。生态承载力是衡量可持续发展能力的一种重要工具，故而它的理论和方法受到了国内外学者的普遍重视。国内外学者对可持续发展水平进行了众多量化研究，并形成了一系列具有重要意义的评估方法和指标体系，生态足迹法即是其中具有代表性的方法之一。生态足迹是一个直观的概念，它不仅反映了人类对地球的影响，同时也包含了可持续性机制，是量化可持续发展程度的重要手段。本章主要论述生态承载力的概念、由来、特征和评价方法，以及生态足迹的概念、产生背景和计算方法，最后一节列举两个将生态承载力与生态足迹理论与计算方法应用于实际研究的案例。

第一节　生态承载力与环境空间

一、生态承载力的概念

（一）承载力概念的演化与发展

承载力原属于工程地质领域的概念，是指地基的强度对建筑物负重的能力，生态学最早将此概念转引到本学科领域内。1921年，帕克（Park）和伯吉斯（Burgoss）首次把承载力概念引入生态学中，之后承载力概念广泛应用于环境、经济和社会领域。

承载力的概念经历了一个演化与发展的过程，生态承载力大体上经历了种群承载力、资源承载力、环境承载力和生态承载力四个阶段（赵东升等，2019）。

承载力最初应用在工程地质领域，帕克把承载力概念引入生态学中，用来表征某一特定环境条件下（主要指生存空间、营养物质、阳光等生态因子的组合），某种个体存在数量的最高极限。

承载力理论在实践中的最初应用领域是畜牧业。为应对过度放牧、草场退化等问题，一些学者将承载力理论应用于草场管理中，提出了草场承载力、最大放牧量等概念，取得了积极成效。伴随着全球人口激增和城市化的快速推进，耕地面积不断减少，人地矛盾激化，一些地区的人类活动和人类需求超出了土地资源的承载能力。一些学者用承载力理论来研究已有土地资源可承纳多少人口，土地承载力概念就此出现。

工业经济发展，最初都具有高资源投入、产出大量污染物的特征。随着全球众多国家工业化进程的加速推进，环境污染、资源紧缺和生态退化问题愈发严重。加上世界人口剧增，人类生存能够利用的资源急剧减少。根据联合国环境规划署发布的《全球资源展望：2019》报告，自20世纪70年代以来，全球原料开采量增长了3倍，其中非金属矿物的使用量增加了5倍，化石燃料使用量增加了45%；到2060年，全球材料使用量还将翻一番，达到1900亿吨（现为920亿吨），而温室气体排放量将增加43%。全球资源的承载力限制从土地资源蔓延到能源及各类资源上，引发人们对全球资源的重新评估，提出全球不可再生资源和再生资源到底可承载多少人口的问题，资源承载力概念应运而生。大气、水体、土地和固体废物污染威胁到人类的生存，降低了资源的使用价值，使资源环境的矛盾更加突出。我们赖以生存的地球家园到底能够承受多少污染？为了回应这一问题，环境自净能力、环境容量、环境承载力等概念相继被提出，并受到世界各国的普遍重视。

在生态系统遭到严重破坏、系统性的全球生态问题威胁人类生存的背景下，众多学者呼吁改变在处理人与自然关系时"人类中心主义"的观念，保持生态系统的完整性，控制人类开发自然的强度与深度，把人类的经济和社会活动限制在生态系统可承受的范围之内，以推动各个国家的可持续发展。国内外学者对资源承载力、环境承载力的概念进行了引申与完善，从不同问题视角提出了生态承载力的概念。

从上述论述可见，承载力概念从出现至今，经过演化与发展，在形式和意义上都已经发生了深刻的变化（高吉喜，2001），如表5-1所示。

表5-1　　　　　　　　　　承载力概念的演化与发展

承载力名称	出现背景	承载力含义
种群承载力	生态学发展	生态系统对生活于其中的种群的可承载数量
土地资源承载力	人口膨胀、土地资源紧缺	一定条件下某区域土地资源的生产能力及可承载的人口数量
水资源承载力	水资源紧缺、人口增加、工农业用水量猛增	某一区域水资源可支持的人口数量与工农业生产活动强度
资源承载力	资源需求剧增，资源短缺	资源的数量和质量对该空间内人口的基本生存和发展的支撑能力
环境承载力	环境污染	环境对污染物的容纳能力和对人类开发活动的支持强度
生态承载力	生态破坏、生物多样性减弱、物种灭绝	①生态系统的自我维持、自我调节能力；②资源与环境子系统的供容能力；③生态系统可维育的社会经济活动和具有一定生活水平的人口数量

资料来源：高吉喜：《可持续发展理论探索——生态承载力理论、方法与应用》，中国环境科学出版社2001年版。

（二）生态承载力的概念

国内外学者从不同视角给生态承载力进行了定义，对生态承载力进行了大量研究。

卡特顿（Catton，1993）认为生态承载力是一定区域内不损害区域环境条件下区域能承载的人类最大负荷量。瓦克纳格尔等（Wackernagel et al.，1997）将生态承载力定义为一个区域实际提供给人类的所有生物生产土地面积（包括水域）的总和。赫达克（Hudak，1999）将生态承载力定义为在特定时期内，某一区域内的植被所能提供的最大种群数量。

20 世纪 90 年代初期至今，我国生态承载力相关研究逐渐增多，不断深化，已经产生丰富的研究成果。王中根、夏军（1999）从环境承载力理论出发，提出了区域生态环境承载力的定义，即在某一时期某种环境状态下，某区域生态环境对人类社会经济活动的支持能力，它是生态环境系统物质组成和结构的综合反映。从资源与环境承载力视角出发，高吉喜（2001）认为生态承载力是生态系统的自我维持、自我调节能力，是资源与环境子系统的供容能力及其可维育的社会经济活动强度和具有一定生活水平的人口数量，其中，资源承载力是生态承载力的基础条件，环境承载力是生态承载力的约束条件，生态弹性力是生态承载力的支持条件。张传国（2002）则认为生态承载力是指生态系统的自我维持、自我调节能力，在不危害生态系统的前提下的资源与环境的承载能力以及由资源和环境承载力所决定的系统本身表现出来的弹性力大小，通过资源承载力、环境承载力和生态系统的弹性力来反映。陈国栋（2002）认为生态承载力是指生态系统所提供的资源和环境对人类社会系统良性发展的一种支持能力。基于生态系统健康的视角，杨志峰等（2005）将生态承载力定义为：在一定社会经济条件下自然生态系统维持其服务功能和自身健康的潜在能力。从可持续发展的视角，王开运（2007）认为生态承载力是不同尺度区域在一定时期内，在确保资源合理开发利用和生态环境良性循环，以及区域间保持一定物质交流规模的条件下，区域生态系统能够承载的人口社会规模及其相应的经济方式和总量的能力。曹智等（2015）提出基于生态系统服务的生态承载力定义，即某个区域生态系统的结构、过程及其空间格局决定的生态系统服务所能支撑的具有一定发展水平的人口和经济规模。

二、生态承载力的内涵

生态承载力的内涵主要有两层（高吉喜，2001）：

第一层含义是指生态系统的自我维持与自我调节能力，以及资源与环境子系统的供容能力，为生态承载力的支持部分；

第二层含义是指生态系统内社会经济子系统的发展能力，为生态承载力的压力部分。

生态系统的自我维持与自我调节能力是指生态系统的弹性力大小，资源与环境子系统的供容能力则分别指资源和环境的承载能力大小；而社会经济—人口子系统的发展能力则指生态系统可支撑的社会经济规模和具有一定生活水平的人口数量。

三、生态承载力的特性

（一）生态承载力是客观存在的

生态系统通过与外界交换物质、能量、信息，保持着结构和功能的相对稳定，即在一定时期内生态系统在结构和功能上不会发生质的变化，而生态系统的承载力是系统结构与功能特征的反映，生态系统的客观存在性是生态系统最重要的固有功能之一（高吉喜，2001）。

（二）生态承载力是动态变化的

生态系统的稳定是相对的，有时会发生偏离，但通常围绕着中心位置波动。一方面，生态系统的运动演变会引起系统自身的波动；另一方面，人类经济社会活动也会导致生态系统的波动。若生态系统的波动超过了自身调节能力，系统就会变化到另一个状态，建立新的平衡和新状态下的生态稳定性，此时生态系统的承载力发生变化；人类可以采取一些手段，提高承载力。

（三）生态承载力的变化是可调控的

生态承载力是可以改变的，人类可以在一定程度上控制生态系统承载力变动的方向和程度。人类根据自身生存发展、生产生活的需要，有目的地改造生态系统，采取一些积极措施提升生态系统的承载力。但人类对生态系统的改造或者说施加的作用必须处在一定的范围之内，不能破坏生态系统的结构和功能。因此说，生态承载力的变化是可调控的，但这种调控是有限的。

（四）生态承载力具有开放性

自然界不存在完全封闭的生态系统，必然与外界存在着信息、物质和能量的交流，这些交流会改变区域生态承载力。资源的区域分布是不均衡的，导致各个区域的生态承载力存在差异，某些区域存在着生态承载力弱、无法满足生存和发展需要的问题。这个问题可以通过贸易或者行政干预进行跨区域资源配置等途径来解决。因此，生态系统具有开放性，进而导致生态承载力也具有开放性。

（五）生态承载力具有多样性和空间异质性

地球上存在的生态系统多种多样，这决定了生态承载力也具有多样性。生态系统结构和功能、人类活动都具有明显的空间分异特征，这决定了生态系统提供的服务和消耗、生态承载力也具有空间异质性。因此，在规划经济社会发展时应该统筹考虑不同地区之间生态承载力的差异（赵东升等，2019）。

四、生态承载力与可持续发展

世界自然保护同盟（IUCN）、联合国环境规划署（UNEP）和世界自然基金会（WWF）于1991年共同推出了著名的《保护地球——可持续生存策略》，将可持续发展定义为："在生存不超出维持生态系统涵容能力的情况下，改善人类的生活质量"。可以看出，为了实现人类持续发展的目标、确保生态系统能够满足当代人与后代人的需要，就必须维持并不断提高生态系统持续承载人类经济社会活动的能力。

生态承载力和可持续发展之间的关系有以下四个内涵：

第一，生态承载力概念和可持续发展概念提出背景相同。人类认识自然、改造自然的过程中，日益严重的环境污染、愈发匮乏的资源环境问题威胁到人类的生存、限制了人类的发展。在这一背景下，生态承载力的概念和可持续发展的概念相继被提出。

第二，生态承载力和可持续发展要解决的核心问题相近。可持续发展致力于解决人口、资源、环境与发展问题，生态承载力要解决的核心问题也是资源、环境、人口与发展问题（高吉喜，2001）。两者虽然分析问题的视角有所不同，但都致力于解决资源、环境、人口与发展这些关乎全人类共同命运的重大问题。

第三，实现可持续发展的前提是生态承载力的不断提高。人类的生存和发展需要消耗大量自然资源、排放各类环境污染物。随着人口的大量增加以及人类生活需求的逐渐提高和拓宽，人类活动对生态系统的压力会越来越大。通过发展科技、调整经济结构、提高资源利用效率等方式来不断提高环境容量，让人类经济社会活动处于生态可承载的阈值之内，才能实现人类的可持续发展。

第四，生态承载力是衡量可持续发展水平的重要指标，也是可持续发展能力的重要组成部分。生态承载力需要不断提高才能满足人类可持续发展的需求。

五、环境空间

环境空间（Environment space）并不是一个实体空间，而是具有环境上限和社会下限的某种机会空间。1992 年，荷兰地球之友协会（Friends of Earth Netherlands）率先提出了环境空间的概念。欧盟环保署在欧盟成员国内推广环境空间的概念，在一份决议中指出：环境空间的概念提醒我们每一个人早已知道的事实，地球资源是有限的，在欧洲的每一个角落都应该做到，与世界上所有的人平等分享资源，只有这样才能实现可持续发展（陶在林，2003）。

环境空间的底线表示保障人类基本生活品质所必须有的最小资源量，通常由社会指标计算；顶线表示自然资源环境所能允许的上限，根据生态承载力推算。介于两者之间的部分就是环境空间（陶在林，2003）。

根据环境空间可以判断：一是按照全球资源公平分享的原则，工业化国家超越环境空间而对欠发达国家形成生态负债；二是估算世界资源使用的不公平程度（陶在林，2003）。

第二节　生态承载力评价办法

一、自然植被净第一性生产力测算法

（一）自然植被净第一性生产力测算法原理

自然植被净第一性生产力（NPP）是指在单位时间单位面积上，绿色植物通过光合作用所积累的有机物量，它受客观因素（如光照、温度、二氧化碳浓度、降雨等）、土壤（如土壤质地、有机质分解等）及人为因素（如土地用途和管理等）的影响。它是整个生物圈功能的基础，可以用来衡量某一生态系统的恢复能力，也可以应用于评价生态系统结构与功能特征和生态系统的人口承载力。

生态承载力反映自然体系的调节能力，估测生态系统净第一性生产力（NPP），可以刻画生态系统承载力的指示值。但是特定区域生态系统的净第一性生产力是变化的，它既受到人类影响，也受到技术进步的影响。通过比较测定值与背景数据，偏离中心位置的某一数据可视为生态承载力的阈值，从而可以确定此生态系统的开发类型与强度。

（二）自然植被净第一性生产力测算模型

国内外学者建立了众多难易程度不同的自然植被净第一性生产力测算模型，由于对生态系统调控因子的侧重不同，对净第一性生产力调控机理解释不同。自然植被净第一性生产力测算模型分为三类：气候统计模型、过程模型和光能利用率模型。目前，我国使用较多的是气候统计模型。

气候统计模型是周广胜、张新时（1995）根据水热平衡联系方程及植物的生理生态特点建立的，该模型根据生物温度和降水量就可近似地求得自然植被的净第一性生产力。其计算公式如下：

$$NPP = RDI^2 \frac{r(1 + RDI + RDI^2)}{(1 + RDI)(1 + RDI^2)} \exp^{-\sqrt{9.87 + 6.25RDI}}$$

$$RDI = (0.629 + 0.237PER - 0.00313PER^2)^2$$

$$PER = \frac{PET}{r} = 58.93 \times \frac{BT}{r} \quad BT = \frac{\sum t}{365} \text{ 或 } BT = \frac{\sum T}{12}$$

式中，RDI 表示辐射干燥度，r 表示年降水量（mm），NPP 表示净初级生产力 [t/(hm² · a)]，PER 表示可能蒸散率，PET 表示年可能蒸散量（mm），BT 表示年平均生物温度（℃），t 表示小于30℃与大于0℃的日均值，T 表示小于30℃与大于0℃的月均值。

（三）自然植被净第一性生产力测算法的优缺点

采用这种方法来研究生态承载力具有简明、便于理解和计算、可操作性强等优点，但该方法忽视了人类经济社会活动、技术进步对生态系统的重要影响，不能反映环境质量变化对生态承载力的作用，因此自然植被净第一性生产力测算法不适合用来评价城市生态系统的承载力。

二、生态足迹法

（一）生态足迹法的原理

生态足迹分析法（Ecological footprint analysis）是加拿大生态经济学家威廉·里斯（William Rees）在1992年提出的，且由其博士生瓦克纳格尔（Wackernagel）完善的一种度量可持续发展程度的方法。生态足迹分析法从需求面计算生态足迹的大小，从供给面计算生态承载力的大小，通过对二者进行比较，来评价区域生态系统的承载状况和可持续发展状况。生态足迹计算思路如下：任何个人或区域人口的生态足迹应该是生产这些人口所消费的所有资源和吸纳这些人口所产生的废弃物而需要的生态生产性土地的面积总和。在计算中，不同的资源和能源消费类型均被折算为耕地、草地、林地、建筑用地、化石燃料用地和水域六种生物生产土地面积类型（这六种土地类型在空间上被假设是互斥的）。因为六类土地面积的生态生产力不同，将各类土地面积乘以均衡因子。生态足迹法从一个全新的角度考虑人类发展与生态环境的关系，通过计算能源与资源消费，将它们转化为这种物质流所必需的各种生物生产土地的面积，即人类的生物生产面积需求。将现有的耕地、草地、林地、建设用地、水域的面积乘以相应的均衡因子和当地的产量因子就可以得到生态承载力。为了方便比较，将不同国家或地区的某类生物生产面积所代表的局部产量与世界平均产量的差异，即"产量因子"来调整。出于谨慎性考虑，在生态承载力计算时还需扣除12%的生物多样性保护面积。

（二）计算公式

$$EF = N \times ef = N \times r_j \times \sum_{i=1}^{n} aa_i$$

$$EC = N \times ec = N \times \sum_{j=1}^{6} (a_j \times r_j \times y_j)$$

$$ED = EC - EF$$

上式中，EF 为区域生态足迹；EC 为区域生态承载力；ED 为生态盈余或赤字；N 为人口数量；ef 为人均生态足迹；ec 为人均生态承载力；a_j 为各类人均生物生产性土地面积；r_j 为均衡因子；y_j 为产量因子；$j = 1，2，\cdots，6$，分别对应化石燃料用地、建设用地、耕地、林地、草地、水域。

（三）生态足迹法的优缺点

生态足迹法的理论基础较为科学，指标体系简明。生态足迹指标是全球可比的，是一个综合指标；生态足迹测算中采用生物生产性土地面积的方法，容易理解和进行重复性测算；生态足迹法具有一定的政策意义，可以辅助决策者寻求减少生态足迹的决策，帮助人们了解个人及家庭生活方式、社会行为对生态环境的影响，增强人们对可持续发展政策和计划的理解。缺点则在于生态足迹模型是一个静态模型，无法进行动态评估；只注重区域生态的可持续性，缺失对经济、社会、技术方面可持续性的关注，即存在生态偏向性；同时也没有体现环境质量变化、产业结构调整、技术进步对生态系统产生的影响；对于资源的供给，水资源方面只包括了海洋，而没有包括地下水和其他淡水资源；在考虑资源的消费时，只注意资源的直接消费而未考虑间接消费。

三、状态空间法

（一）状态空间法的基本原理

状态空间法（state-space techniques）是一种时域分析法，是应用欧氏几何空间定量描述系统状态的一种方法，该方法不仅描述系统的外部特征，而且揭示系统的内部状态和性能。状态空间通常由表示系统各要素状态向量的三维状态空间轴组成。在生态承载力研究中，三维状态空间轴分别代表生态承载力的影响因素，可将三维轴界定为人类活动轴、资源轴和环境轴，不同的点表示不同情况下的承载状态。状态空间法中的承载状态点，可表示某一时间尺度内各区域的承载状况。状态空间中的原点同系统状态点所构成的矢量模数表示区域承载力的大小。由承载状态点构成承载曲面，高于承载曲面的点表示超载，低于承载曲面的点表示可载，在承载曲面上的点表示满载。

（二）状态空间法图示

图 5-1 中所显示的三维状态空间包括作为受载体的人口及其经济社会活动和作为承载体的区域资源环境三个轴。

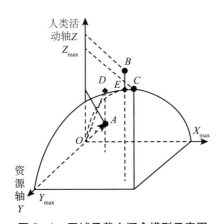

图 5-1　区域承载力概念模型示意图

资料来源：毛汉英、余丹林：《环渤海地区区域承载力研究》，载于《地理学报》2001 年第 3 期。

图 5 - 1 中 A、B、C 三个点为状态空间中的承载状态点,可表示一定时间尺度内区域的不同承载力,D、E 两点代表了两种资源环境组合下的区域承载力。利用状态空间法中的承载状态点(如图 5 - 1 中的 A、B、C 点)可表示一定时间尺度内区域的不同承载状况。不仅不同的人类活动强度对资源环境的影响程度差别悬殊,而且不同的资源环境组合所对应的人类活动强度也不相同,如 D、E 点代表两种资源环境组合下的区域承载力。

状态空间中由不同资源环境组合形成的区域承载力点构成了区域承载力曲面 DYmax 和 CXmax。根据区域承载力在状态空间中的含义,任何低于该曲面的点(如图 5 - 1 中 A 点)代表某一特定资源环境组合下,人类的经济社会活动低于其承载力,而任何高于该曲面的点(如图 5 - 1 中 B 点)则表明人类的经济社会活动已经超出该特定资源环境组合的承载力。

据此,可采用状态空间中的原点同系统状态点所构成的矢量模表示其大小,如图 5 - 1 中的 OC 和 OD。由此得出区域承载力的数学表达式为:

$$RCC = |M| = \sqrt{\sum_{i=1}^{n} x_{ir}^2}$$

式中:RCC 为区域承载力的大小;M 为区域承载力的有向矢量的模;X_{ir} 为区域人类活动与资源环境处于理想状态时在状态空间中的坐标值($i = 1, 2, \cdots, n$)。

因为人类活动与资源环境各要素对区域承载力所起的作用不同,状态轴的权重也不一样,当考虑到状态轴的权重时,区域承载力的数学表达式为:

$$RCC = |M| = \sqrt{\sum_{i=1}^{n} wi x_{ir}^2}$$

其中,ω_i 就是 x_i 轴的权重。

由于现实的区域承载状况同状态空间中理想的区域承载力并不完全吻合,通常会有一定的偏差,从而导致区域承载状况出现超载、满载与可载 3 种情况。区域承载状况的计算公式为:

$$RCS = RCC \times \cos\theta$$

RCS 为现实的区域承载状况,RCC 为区域承载力,θ 为现实的区域承载状况矢量与该资源环境承载体组合状态下的区域承载力矢量之间的夹角,即图 5 - 1 中 OA 与 OD 的夹角。

根据矢量夹角计算公式可求得:

$$\cos|\theta| = \frac{(a, b)}{|a||b|} = \frac{\sum_{i=1}^{n} x_{ia} x_{ib}}{\sqrt{\sum_{i=1}^{n} x_{ia}^2} \sqrt{\sum_{i=1}^{n} x_{ib}^2}}$$

式中，a、b 分别代表状态空间中的两个向量，假设其顶点分别为 A、B，x_{ia} 和 x_{ib} 则代表顶点 A、B 在状态空间中的坐标值（$i = 1, 2, \cdots, n$），n 代表状态空间的维数。在上述区域承载力的概念模型中，状态空间的维数 n 等于3。

根据上述模型分析可知：超载时区域承载状况的矢量的模必然大于区域承载力矢量的模；反之，可载时区域承载状况矢量的模则小于区域承载力矢量的模。据此，可用以下公式来说明夹角 θ 的符号及现实的区域承载状况与区域承载力的关系。

$$\theta \begin{cases} >0 & \forall |RCS| > |RCC| & \text{超载} \\ =0 & \forall |RCS| = |RCC| & \text{满载} \\ <0 & \forall |RCS| < |RCC| & \text{可载} \end{cases}$$

式中，$|RCS|$ 表示现实的区域承载力矢量的模；$|RCC|$ 表示理想状态时的区域承载力矢量的模；θ 是两者的夹角。

（三）生态承载力理想状态的确定

综合上述分析，将现实的区域承载状况同理想的区域承载力之间的偏差值作为定量描述区域承载状况的基础。因此确定不同时期区域承载力的理想状态值就显得更为重要。

确定不同时期区域承载力的理想状态值，即确定指标体系中各指标在不同时间段内的阈值。通常采用问卷调查法征集当地有关专家、学者和政府决策者的意见，并转换成相应的量化数据，也可以利用现有的一些国内及国际标准来确定不同时期的区域承载力理想状况；也可利用与研究区域条件相似，但更接近可持续发展状态的区域作为参照区，以参照区的各项指标值作为研究区域在一定时期生态承载力的理想值。

（四）状态空间法的优缺点

状态空间法可以用来表示区域生态承载力的动态变化，定量计算不同情形下生态承载力差异。但是，基于状态空间法的生态承载力研究多侧重于承载力过程分析，未考虑人类活动对资源的消耗力度、环境的污染力度、治理力度对生态承载力的影响，生态承载力核算可信度有待提高。

四、供需平衡法

（一）供需平衡法的原理

区域生态承载力表示一定时期、一定区域的生态环境系统对区域社会经济发展和人类需求（生存需求、发展需求和享乐需求）在量（各种资源量）与质（生态环境质量）方面的满足程度（王中根等，1999）。因此，从该区域现有的各种资源量与当前发展模式下社会经济对各种资源的需求量之间的差量关系，以及该区域的生态环境质量与当前人们所需求的生态环境质量之间的差量关系可以衡量该区域的生态环境承载力。

若该差值大于0，表明研究区域的生态承载力在可承载范围内；若差值等于0，表明研究区域的生态承载力处于临界状态；若该差值小于0，表明研究区域的生态承载力超载。

（二）供需平衡法的优缺点

应用供需平衡法评价区域生态环境承载力的优点在于简单、可行，能够对区域生态承载力进行分析和预测。但应用供需平衡法分析区域生态承载力只能根据人口变化曲线求出未来年份的人口数，然后分别计算其对各种资源的需求量，再判断该值是否在研究区域的生态承载力范围之内，但不能计算出未来年份的生态承载力值；同时，供需平衡法也不能表现出研究区域内的社会经济发展状况以及人类生活水平。

五、模型预估法

（一）模型预估法介绍

随着计算机技术的不断发展和广泛使用，越来越多的数理模型被应用于生态承载力的研究中，使得生态承载力研究的定量化水平和精确程度得到了提升，生态承载力研究走向综合与深入。早期使用的模型为线性规划模型，现在较为流行的模型包括系统动力学模型、模糊目标规划模型、物质平衡模型等。

1. 分类统计法

将研究区域内的土地分为多种类型，每一种类型的土地假定一个最高的可支撑人口密度，计算出每一种类型土地的支撑人口数，然后汇总得出区域可支撑的最大人口数量。

2. 限制因子法

选定区域内生态系统的主要限制因素，用该限制因子来确定可承载的人口数。一般选取粮食产量作为限制因子，也可选取淡水资源、土地空间、能源、绿地面积等。如果选取的限制因子超过一个，则分别计算出各个限制因子对应的可供养的人口数，以其中的最小值作为生态承载力的值。

3. 系统动力学方法

系统动力学是一种以系统科学、信息反馈控制理论为基础，以仿真技术为手段，分析、模拟和预测动态复杂系统的研究方法。使用系统动力学方法建立仿真模型对生态承载力进行研究时，能模拟仿真区域资源和社会经济、环境协调发展状况，模拟预测区域承载力的变化趋势。

（二）模型预估法的优缺点

模型预估法的优点在于优化了承载力研究的定量化精度，深化了生态承载力研究。但是该方法在建模过程需要较多参数，同时需要发展更科学的生态承载力概念和指标，普适性较差。

六、综合评价法

（一）综合评价法原理

高吉喜（2001）提出了综合评价法，用生态系统承载指数、生态系统压力指数和生态系统承压度来分析生态系统的承载力。生态承载力的支持能力取决于 3 个方面：生态弹性力、资源承载力和环境承载力。故生态承载力指数包括生态弹性指数、资源承载指数和环境承载指数。其中，生态弹性指数主要是指生态系统的抗干扰能力和受干扰后的恢复能力，生态系统压力指数通过可承载的人口数量和相应的生活质量来反映，且不同类别人口的生活质量权重是不同的。

生态弹性指数的计算公式为：

$$R = \sum_{i=1}^{n} S_i^r \times W_i^r$$

式中，R 表示生态弹性指数，S_i^r 表示生态系统特征要素，包括地形地貌、土壤、植被、气候和水文；W_i^r 为要素 i 相对应的权重值。权重值以层次分析法确定。

资源环境承载力计算公式为：

$$C = \sum_{i=1}^{n} S_i^c \times W_i^c$$

式中，C 表示资源环境承载力，S_i^c 表示资源环境要素，如水资源、土地资源、旅游资源等；水环境、大气环境、土地环境等；W_i^c 为资源环境要素 i 相对应的权重值。权重值以层次分析法确定。

生态系统压力指数计算公式为：

$$D = \sum_{i=1}^{n} P_i^d \times W_i^d$$

式中，D 为人口压力指数，P_i^d 为各类别人口的数量；W_i^d 为相应类别人口的生活质量权重。权重值以层次分析法确定。

生态系统承压度为生态系统压力指数与生态系统承载指数的比值，将其结果与 1 进行比较，大于 1 表示区域生态系统承载超负荷，反之则表示区域生态系统承载低负荷。

（二）综合评价法的优缺点

综合评价法的优点在于引入了生态系统承载指数、压力指数和承压度来描述特定生态承载力，方法科学性强。对区域生态承载力采用分级 - 综合评价的方法，结果更加明了，具有针对性。所考虑的因子较为全面，一般应用于局域生态承载力。但综合评价法构建的评价指标体系中仅包含资源和环境类指标，缺失经济与社会指标，无法真实反映各种经济社会活动下的生态承载力，无法反映人类活动以及生活质量变化对生态承载力的影响。

第三节　生态足迹概念与原理

一、生态足迹的基本概念

（一）生态足迹

生态足迹（Ecological footprint，EF）也称生态占用，是指能够持续地提供资源或消纳废物的、具有生物生产力的地域空间，其含义就是要维持一个人、地区、国家的生存所需要的或者能够容纳人类所排放的废物的、具有生态生产力的地域面积。

为弥补传统的生态足迹模型仅关注生态赤字情况，未考虑自然资本存量的不足，尼科卢奇等（Niccolucci et al.，2009）提出三维生态足迹概念，并引入生态足迹深度和生态足迹广度分别核算存量资本消耗和流量资本占用。生态系统提供的自然资源和生态服务统称为自然资本，人类对自然资本流量的占用水平称为生态足迹广度，对自然资本存量的消耗程度称为生态足迹深度。

（二）生态生产性土地

生态生产性土地是指具有生态生产能力的土地或水体，生态生产性土地也称生物生产性土地。根据生产力大小的差异，生态生产性土地一共分为六大类：

（1）化石燃料用地：化石燃料的燃烧会产生 CO_2、SO_2、NO_2 等一系列大气污染物，应该预留一部分专门吸收各类大气污染物的化石燃料用地。出于研究谨慎性的考虑，在计算生态足迹时，涵盖了吸收化石燃料燃烧所排放

的 CO_2 所需的土地面积，但未将化石燃料消费产生的其他污染物的生态危害纳入考虑。

（2）建设用地：表示人类修建住房、交通、工业建筑物等设施所占用的土地。

（3）耕地：表示用来种植人类消耗的食物和纤维，以及生产出油料、橡胶、饲料等农产品所需的农田。在各种类型的土地中，耕地的生产力最高。

（4）林地：表示生产木材、纸浆等产品的天然林和人工林。另外，林地还具有涵养水源、调节气候、防止水土流失等重要生态功能。

（5）草地：人类主要用草地来饲养牲畜，提供肉、毛等畜牧产品。草地的生产力低于耕地，原因主要有两个，一是草地积累的生物量少于耕地；二是从植物生物能转化为动物生物能的过程中会损失大量能量。

（6）水域：划分为淡水水域和非淡水水域，根据渔获数据推算的人类捕捞淡水与海水产品所需的初级生产量计算。

二、生态足迹的提出与完善

（1）1992 年，加拿大生态经济学家威廉·里斯（William Rees）提出"生态足迹"的概念。

（2）1996 年，里斯（Rees）的博士生马西斯·瓦克纳格尔（Mathis Wackernagel）提出"生态足迹"的计算模型，并应用推广。

（3）2009 年，尼科卢奇（Niccolucci）等提出三维生态足迹概念，并引入足迹深度和足迹广度。

三、生态足迹的核算原理

（一）生态足迹核算思路

生态足迹通过计算人类所需的生态生产性土地面积来衡量人类对生物圈的需求，包括可再生资源消耗、基础设施建设和吸收化石能源燃烧产生的二氧化碳（扣除海洋吸收部分）所需的生态生产性土地面积。

将化石燃料用地、建设用地、耕地、林地、草地、水域等六种不同生态生产力的生态生产性用地的面积整合计算，就可以得出相关区域的生态足迹。生态足迹的单位是全球公顷，英文符号为 ghm^2。1 全球公顷代表全球平均生物生产力水平下 1 公顷土地利用面积。

（二）生态足迹核算的基本假定

生态足迹核算基于以下六个基本假定（徐中民等，2006）。

（1）人类能够估计自身消费的大多数资源和所产生废弃物的数量；

（2）这些资源和废弃物能折算成生产或消纳它们的生物生产性土地面积；

（3）将不同类型的生态生产性土地面积按照其生产力折算之后，可以用同一单位（全球公顷）表示；

（4）各种土地的作用类型是单一的，即用途是互相排斥的，每全球公顷土地代表等量的生产力，并能够相加，加和的结果表示人类的消费需求；

（5）生态服务可以用生物生产性土地面积表示；

（6）生态足迹可以超越生态承载力。

第四节 生态足迹计算方法

学界最先使用综合法从上到下利用整体数据来计算生态足迹，后来逐渐发展出成分法和投入产出方法。成分法是自下而上利用当地数据计算生态足迹，投入产出方法计算生态足迹实质上是分析给定土地面积被生产或消费的占用情况。

一、过程分析方法

（一）综合法

综合法由马西斯·瓦克纳格尔（Mathis Wackernagel）于 20 世纪 90 年

代提出，以各类物质的宏观统计量为基础，计算一个区域或群体对各类物质的整体消费及其对应的生态足迹，适用于全球、国家和区域层次的生态足迹研究。

生态足迹通过计算人类所需的生物生产性土地面积来衡量人类对生物圈的需求。生物生产性用地包括耕地、草地、林地、渔业用地（海洋）、建设用地、化石燃料用地。这六种土地在空间上被假设是互斥的。6 类生物生产面积的生态生产力不同，要将它们转化为具有相同生态生产力的面积，就需要给它们分别乘上一个均衡因子（等价因子）（见表 5-2）。

表 5-2 　　　　　　　　　　　　生态足迹均衡因子参考值

文献来源	化石能源用地	建设用地	耕地	林地	草地	海洋
瓦克纳格尔等（Wackernagel M. et al.），1999 年	1.1	2.8	2.8	1.1	0.5	0.2
钱伯斯等（Chambers N. et al.），2000 年	1.17	2.83	2.83	1.17	0.44	0.06
世界自然基金会（WWF），2002 年	1.35	2.11	2.11	1.35	0.47	0.35

某类生态功能用地的均衡因子 = 全球该类生态功能用地的平均生产力 ÷ 全球所有生态功能用地的平均生产力。

应用综合法计算生态足迹步骤如下：

（1）计算各消费项目的人均占用的生态生产性土地面积，即各消费项目的人均生态足迹分量，其计算公式如下：

$$A_n = \frac{C_n}{Y_n} = \frac{P_n + I_n - E_n}{Y_n \times N}$$

式中，n 为消费项目类型；A_n 表示为了生产第 n 种消费项目人均占用的生物生产性土地面积；C_n 表示第 n 种消费项目的人均消费量；Y_n 表示相应的生物生产性土地生产第 n 种消费项目的年平均生产力；P_n 表示第 n 种消费项目的年生产量；I_n 表示第 n 种消费项目的年进口量；E_n 表示第 n 种消费项目的年出口量；N 表示人口数（计算地区生态足迹时，I_n 和 E_n 表示地区外调入量和调出量）。

（2）人均生态足迹的计算：

$$ef = \sum b_m A_n = \sum b_m \frac{P_n + I_n - E_n}{Y_n \times N}$$

式中，ef 为人均生态足迹，b_m 为第 m 种生物生产性土地的均衡因子。

（3）区域总人口的生态足迹：

$$EF = N \times ef$$

式中，N 为区域总人口数，EF 为区域总生态足迹。

（二）成分法

成分法由西蒙斯（Simmons）和钱伯斯（Chambers）于 1998 年提出，后经刘易斯（Lewis）和巴雷特（Barett）进一步完善，现已被广泛运用于生态足迹核算。该方法采用产品生命周期法核算不同的生产、消费行为以及从原材料获取到产品最终处置的所有环节对生态的影响。与综合法相比，成分法不考虑原材料的消耗，而是关注区域本地的如能源、交通、水、废弃物等影响。该方法在确定一定人口消费的所有个别项目和数量的基础上，再用生命周期数据计算每个组成项目的生态足迹，适用于小尺度对象的生态足迹计算，如城镇、村庄、公司、学校、个人或单项活动等（陶在林，2006）。

以成分法计算生态足迹仍旧把土地占用分为六类：林地、草地、耕地、建设用地、化石燃料用地（碳吸收用地）、渔业用地（海洋）。

1. 能源的生态足迹

能源主要包含煤炭、石油、天然气、电力四个方面。由于 CO_2 的过量排放，致使温室效应不断加剧，生态环境恶化受到消耗能源的影响，增加具有转化 CO_2 功能的比如植物才能减轻或消除 CO_2 过量对生态环境造成的影响，因而此类土地的功能为转化 CO_2 而不是创造经济效益，所以可列为化石能源用地。能源足迹的计算公式如下：

$$A_c = Q_c \eta C_c \beta / P_a$$

$$A_o = Q_o O_c \beta / P_a$$

$$A_g = Q_g \rho G_c \beta / P_a$$

$$A_e = Q_e E_{CO_2} / P_a$$

式中，A_c、A_o、A_g、A_e 分别为煤炭、石油、天然气、电力消费所需的化石燃料用地面积；Q_c、Q_o、Q_g、Q_e 分别为煤炭、石油、天然气、电力的消费量；η 为锅炉燃煤的平均燃烧率；C_c、O_c、Q_c 分别为煤、石油、天然气的碳排放因子；β 为 C 与 CO_2 的转化因子；ρ 为天然气的密度；E_{CO_2} 为普通火电厂单位发电量的 CO_2 排放量；P_a 为平均每公顷林地一年内可吸收的 CO_2 的量（即化石燃料用地的平均生产力）。

2. 食物的生态足迹

常见的食物分类中，鱼类占用的土地类型为渔业用地（水域）；牛羊肉及相关奶制品占用的为草地；碳水化合物类、禽蛋类、猪肉、蔬菜类等占用的生态生产性土地类型则为耕地。某种食物消费所占用的生态生产性土地面积，也即生态足迹的计算公式如下：

$$A_f = Q_f / P_f$$

式中，A_f 为某类食物消费的土地占用面积；Q_f 为该类食物的消费量；P_f 为生产该类食物的土地的平均生产力。

3. 垃圾的生态足迹

垃圾的土地占用一般由两部分组成：一部分是吸收垃圾降解所产生的 CO_2 的化石燃料用地，即间接用地；另一部分是垃圾堆放直接占用的土地（一般为耕地）。由于垃圾在被细菌分解后不仅会产生 CO_2，还会产生同样可造成全球变暖的甲烷（CH_4），而 CH_4 又可折算成产生同等温室效应的 CO_2（全球暖化潜热 GWP），因此为了便于计算。同时，由于不同垃圾降解时产生的 CO_2 量不同，土地占用面积相应有所区别，故计算时需按垃圾成分分别计算后求和（毛伟伟等，2019）。

垃圾的间接用地计算公式如下：

$$A_w = \frac{1}{P_a} \sum_{i=1}^{N_w} Q(q_i^{CO_2} + q_i^{CH_4} x)$$

式中，A_w 为一年内垃圾排放的间接土地占用面积；Q_i 为第 i 种垃圾成分的排放量；$q_i^{CO_2}$ 为第 i 种垃圾成分的 CO_2 产生率；$q_i^{CH_4}$ 为第 i 种垃圾成分的 CH_4 产生率；x 为 CH_4 的 GWP 当量系数。

4. 纸张的生态足迹

纸张主要是由木材纤维制造的，故纸张的消耗被视为与林地使用有关。纸张的生态足迹计算公式如下：

$$A_p = Q_p q_w / P_w$$

式中，A_p 为纸张消费的土地占用面积；Q_p 为纸张消费量；q_w 为单位纸张产量的木材消耗；P_w 为林地的平均木材生产力。

5. 水的生态足迹

水的生态足迹主要是由输送水和处理污水消耗的能量产生，消耗的能源为电力。

首先需要计算出年输送水和处理污水的电力消耗量，然后利用计算电力所用化石燃料用地的公式计算其土地占用面积。水足迹对应的土地类别为化石燃料用地（毛伟伟等，2019）。

6. 交通的生态足迹

交通的生态足迹由直接土地占用和间接土地占用两部分组成。交通的直接土地占用包括道路、车站、机场、停车场等交通设施占用的土地。交通的间接土地占用指吸收各种交通工具排放的温室气体所需的化石燃料用地。交通工具行驶时会排放 CO_2、CH_4、N_2O 等温室气体，将 CH_4 和 N_2O 转化为同当量的 CO_2 进行计算。

交通的间接用地计算公式如下：

$$A_t = \frac{D_t}{P_a} \sum_{i=1}^{n} q_i x_i$$

式中，A_t 为某类交通工具的间接土地占用面积；D_t 为该类交通工具的行驶里程；q_i 为单位里程第 i 种温室气体的排放量；x_i 为第 i 种温室气体的 GWP 当量系数；P_a 为化石燃料用地的平均生产力。

二、投入产出分析方法

基于投入产出分析的生态足迹模型（IOA – EF）由比克内尔（Bicknell）于 1998 年提出，之后国内外学者对其进行了改进和完善。该模型将投入产出表应用于生态足迹分析中，通过土地投入系数的计算得到不同产业的生态占用面积。IOA – EF 模型具有良好的结构性，一定程度上弥补了生态足迹基本模型在识别环境真实影响发生位置、组分构成和产业部门联系上的不足。相对于传统的生态足迹计算方法，投入产出分析具有很多的优势。投入产出模型的计算首先建立一系列的假设条件，主要包括对投入产出模型本身的基本假设和针对生态足迹计算模型的扩展假设，主要有几个方面：一是同质性假设；二是规模收益不变假定；三是无酬劳动假设；四是土地、能量转换数假设；五是土地利用活动可持续假设。

投入产出模型本质上是利用投入产出标准系数，结合土地投入系数、能源转换系数，计算土地、能源组成乘数，进而求得满足最终需求的土地、能源投入，再经过折算系数得到反映人类经济活动对环境影响的生态足迹（王亚菲等，2009）。

应用投入产出法估算某一地区生态足迹的步骤如下（曹淑艳等，2007）：

（1）列出所研究经济系统的投入产出（简）表，包括各产业部门的投入用地面积及能源使用量的数据。

（2）计算投入产出系数矩阵 A。由表中某一产业部门相关的元素（x_{ij}）除以相应该部门的产出（x_j）得到，即 $A = [a_{ij}]$，$a_{ij} = x_{ij}/x_j$。用来表示每增加第 j 部门单位总产出所需直接投入的第 i 部门的产品和服务。

（3）计算列昂惕夫逆矩阵，即 $(I - A)^{-1}$。得到的结果表示第 j 部门增加每一单位最终需求时所需第 i 部门直接、间接投入产品和服务的总量。

（4）计算土地投入系数矩阵 D。$D = D_j$，其中 $D_j = d_j/X_j$，d_j 为 j 产业的土地占用面积，X_j 为 j 产业的产品产值。土地投入系数矩阵表示生产 1 单位产值的 j 产业产品所占用 j 产业的用地面积。

（5）计算土地乘数矩阵 B。土地乘数矩阵 $B = [\beta_j]$，其中 $\beta_j = \sum_i D_i \times a_{ij}$，表示 j 产业部门最终需求增加 1 单位时所需与 j 部门产品制造过程有投入产出关系的本身部门及所有其他部门的产业用地面积总和。

（6）计算各产业土地占用面积矩阵 U。$U = B \times T$，其中 T 表示由各产业国内居民最终消费、进口、出口组成的对角矩阵，即为维持一定消费水平所需要的各产业土地量。

三、生态足迹深度与广度的计算

生态足迹深度的计算公式为：

$$EF_{size} = \min[EF, EC]$$

生态足迹深度的计算公式为：

$$EF_{depth} = 1 + \frac{ED}{EC} = 1 + \frac{\max(EF - EC,\ 0)}{EC}$$

式中，EF 为生态足迹，EC 为生物承载力；ED 为生态赤字；EF_{size} 表示生态足迹广度；EF_{depth} 表示生态足迹深度。

进一步地，足迹深度可分为自然深度和附加深度两部分：

$$EF_{depth} = EF_{depth}^N + EF_{depth}^A$$

式中，EF_{depth}^N 为自然深度，其恒为 1；EF_{depth}^A 为附加深度。由上述公式可知，$EF_{depth} \geq 1$：当 $EF \leq BC$ 时，仅有自然深度，$EF_{depth} = 1$，此时人类占用自然资本流量（EF_{size}）即可满足自身需求；当 $EF > BC$ 时，$EF_{depth} > 1$，表明自然资本流量已无法完全满足人类需求，需要动用自然资本存量。EF_{depth} 越大，表明消耗的自然资本存量越多，发展越不可持续（方恺，2013）。

四、碳足迹的概念与计算方法

（一）碳足迹的概念

碳足迹的概念源于"生态足迹"，主要以二氧化碳排放当量表示人类的生产和消费活动过程中排放的温室气体总排放量。相较于单一的二氧化碳排放，碳足迹是以生命周期评价方法评估研究对象在其生命周期中直接或间接产生的温室气体排放，对于同一对象而言，碳足迹的核算难度和范围要大于碳排放，其核算结果包含着碳排放的信息。

关于"碳足迹"的准确定义和理解仍在不断发展和完善，不同的学者或者组织，对于"碳足迹"的概念和内涵各有侧重，其中学者更多从生命周期评价角度来定义，而机构组织则主要按照其评价对象背景和职能来定义，分别汇总了学者和组织机构对于"碳足迹"的概念和定义。目前碳足迹可以按照其应用层面（分析尺度）分成"国家碳足迹""城市碳足迹""组织碳足迹""企业碳足迹""家庭碳足迹""产品碳足迹"以及"个人碳足迹"。"产品碳足迹"是指某一产品在其生命周期过程中所导致的直接和间接的 CO_2 及其他温室气体排放总量。

（二）碳足迹的核算方法

生命周期评价方法作为一种评价工具，主要应用于评价和核算产品或服务整个生命周期过程，即从摇篮到坟墓的能源消耗和环境影响。从摇篮到坟墓一般指的是从产品的原材料收集到生产加工、运输、消费使用及最终废弃物处置。目前比较常用的生命周期评价方法可以分为下列三类（依据方法的系统边界设定和模型原理）：

（1）过程生命周期评价，该方法是最传统的生命周期评价法，同时仍然是目前最主流的评价方法。根据 ISO 颁布的《生命周期评价原则与框架》，该方法主要包括四个基本步骤：目标定义和范围的界定、清单分析、影响评价和结果解释，而每个基本步骤又包含一系列具体的步骤流程。过程生命周期评价方法，采用"自下而上"模型，基于清单分析，通过实地监测调研或者其实他数据库资料收集来获取产品或服务在生命周期内所有的输入及输出数据，来核算研究对象的总的碳排量和环境影响。对于微观层面的碳足迹计算，一般采用过程生命周期法居多。该方法优势在于能够比较精确地评估产品或服务的碳足迹和环境影响，且可以根据具体目标设定其评价目标、范围的精确度。但是由于其边界设定主观性强以及截断误差等问题，其评价结果可能不够准确，甚至出现矛盾的结论。

（2）投入产出生命周期评价：克服过程生命周期评价方法中边界设定和清单分析存在的弊端，引入了经济投入产出表，这个方法又称为经济投入产出生命周期评价。此方法主要采用的是"自上而下"模型，在评估具体的产品或服务的环境影响时，首先"自上"表示需要先核算行业以及部门层面的能源消耗和碳排放水平，此步骤需要借助于间隔发表的投入产出表，然后再根据平衡方程来估算和反映经济主体与被评价的对象之间的对应关系，依据对应关系和总体行业或部门能耗进行对具体产品的核算。该方法一般适用于宏观层面的计算，较少应用于评价单一工业产品。该方法优势在于能够比较完整地核算产品或者服务的碳足迹和环境影响。但是该方法的评估受到投入产出表的制约，一方面时效性不强，因为该表间隔数年定期发布；另一方面表中的部门不一定能够很好与评价对象相互对应，故而一般无法评价一个具体产品，同时也不能够完整核算整个产品生命周期的排放。

（3）混合生命周期评价，指的是将过程分析法和投入产出法相结合的生命周期评价方法，按照两者结合方式，目前可以按照其混合方式将其划分为三种生命周期评价模型：（A）分层混合、（B）基于投入产出的混合和

（C）集成混合。总体来讲，该方法的优势在于不但可以规避截断误差，又可以比较有针对性评价具体产品及其整个生命周期阶段。但是前两种模型易造成重复计算，并且不利于投入产出表的系统分析功能的发挥；而最后一种模型则由于难度较大，对数据要求较高，尚且停留于假说阶段。

第五节　案例分析

案例一：中国省域水足迹评价[*]

一、研究问题

中国是一个严重缺水的国家，水资源时空分布不均，这在客观上加剧了我国水资源短缺现象。中国的经济社会发展迅速，用水需求呈逐年上升趋势，水资源短缺和水资源过度消耗已经成为中国水资源开发利用面临的主要问题。对当前经济社会状态下水资源的占用情况和水资源消耗程度的测度，可以为中国水资源可持续利用提供科学依据。传统的水足迹方法主要用于对当前社会生产水平下所消费的水资源量的测度，不能客观地反映社会用水对于当前水资源量的真实消耗情况，而将水生态足迹与水生态承载力结合的方法可以较好地表征水资源资本消耗情况，这也为水资源可持续利用的研究提供了新的方法和途径。

本案例以中国 31 个省级行政区为研究对象，区分水资源流量资本与水资源存量资本，将水生态足迹与水生态承载力研究相结合，引入水生态足迹广度与水生态足迹深度测算方法，分别反映人类活动对水资源流量资本的占用水平和对水资源存量资本的消耗程度。

---

[*]　该案例节选自狄乾斌、张洁、吴佳璐：《基于生态系统健康的辽宁省海洋生态承载力评价》，载于《自然资源学报》2014 年第 2 期。

二、研究方法

（一）水生态足迹

水生态足迹为水资源消耗量所需要的产水面积。水生态足迹的计算公式如下：

$$EF_w = EF_{wr} + EF_{wq}$$

式中，EF_w 表示区域水生态足迹，EF_{wr} 表示区域水量生态足迹，EF_{wq} 表示区域水质生态足迹。其中，水量生态足迹计算公式为：

$$EF_{wr} = P \times ef_{wr} = \gamma \times (WF/\omega)$$

式中，P 表示区域人口数量，ef_{wr} 表示区域人均水生态足迹，γ 表示全球水资源均衡因子，WF 表示区域水足迹，ω 表示水资源世界平均生产能力。本案例测算水量生态足迹时采用的水足迹主要包括城乡居民消费的农畜产品水足迹、工业产品水足迹、生活用水足迹以及生态水足迹。参照世界自然基金会的计算结果，取全球水资源均衡因子 γ 为 5.19，取水资源世界平均产生能力 ω 为 $3140m^3/hm^2$。

将核算化学需氧量（COD）和氨氮（NH_3）排放量作为水生态足迹中水质生态足迹子账户，测度模型为：

$$EF_{wq} = \gamma \times \max[EF_{COD}, EF_{NH_3}] = \gamma \times \max\left[\frac{L_{COD}}{C_{COD}}, \frac{L_{NH_3}}{C_{NH_3}}\right]$$

式中，EF_{COD} 表示 COD 水生态足迹；EF_{NH_3} 表示 NH_3 水生态足迹；L_{COD} 表示区域内社会工业、农业、生活过程中 COD 的排放量；L_{NH_3} 表示 L_{COD} 区域内社会工业、农业、生活过程中 NH_3 的排放量，C_{COD} 表示国内单位面积水域 COD 排放达标浓度；C_{NH_3} 表示国内单位面积水域氨氮的排放达标浓度。

（二）水生态承载力

根据生态承载力理论，采用如下公式计算水生态承载力：

$$EC_w = 0.4 \times \varphi \times \gamma \times (Q/\omega)$$

$$\varphi = \frac{WM}{\omega}$$

式中，EC_w 为区域水生态承载力，φ 为区域水资源产量因子，γ 为全球水资源均衡因子，ω 为水资源世界平均生产能力，Q 为区域水资源总量，WM 为区域产水模数（m^3/hm^3），0.4 为水资源可利用系数。

（三）水生态足迹深度与广度

根据生态足迹研究文献推导出水生态足迹广度计算公式：

$$EF_{ws} = \min\left[EF_w, EC_w\right]$$

$$0 < EF_w \leqslant EC_w$$

水生态足迹深度代表了人类经济社会发展消耗的水量对水资源存量资本的消耗程度。推导出水生态足迹深度测算公式：

$$EF_{wd} = 1 + \frac{\max\left[EF_w - EC_w, 0\right]}{EC_w}$$

式中，EF_w 为水生态足迹，EC_w 为水生态承载力；EF_{ws} 表示生态足迹广度；EF_{wd} 表示水生态足迹深度。

水生态足迹深度分为自然深度和附加深度两部分：

$$EF_{wd} = EF_{wd}^N + EF_{wd}^A$$

式中，EF_{wd}^N 为区域水生态足迹自然深度，参照对生态足迹深度的已有研究，本案例取水生态足迹自然深度值恒为 1，EF_{wd}^A 为区域水生态足迹的附加深度。由以上公式可知，$EF_{wd} \geqslant 1$。其中，当 $EF_w \leqslant EC_w$ 时，表明该区域仅有自然深度，该区域的水资源流量资本可以满足自身发展的需求，故 $EF_{wd} = 1$；而当 $EF_w > EC_w$ 时，表明该区域的水资源流量资本已经无法满足人类的需求，需要动用存量资本，故 $EF_{wd} > 1$。流量资本维持着年际可再生资源流及其生态服务的供给，在其不足时，存量资本将作为补充而被消耗。区域的 EF_{wd} 越大，表明该区域消耗的水资源存量资本越多，发展越不可持续。

三、研究结果

根据上述公式测算出 1997~2014 年中国各省域的水量生态足迹、水质生态足迹、水生态足迹、水生态承载力，结果如表5-3所示。从表5-3中可以看出，研究期内中国的水生态足迹的整体趋势与水量生态足迹大致相同，总体上呈上升趋势。具体来看，水量生态足迹年平均增长率为2.57%，水生态足迹的年平均增长率为2.18%。

表5-3　　1997~2014中国各省份平均水生态足迹和水生态承载力/$10^4 hm^2$

地区	1997 年				2014 年			
	水量生态足迹	水质生态足迹	水生态足迹	水生态承载力	水量生态足迹	水质生态足迹	水生态足迹	水生态承载力
北京	1428.57	62.02	1490.59	62.03	1989.54	34.81	2024.35	51.68
天津	962.61	52.19	1014.80	4.80	1416.18	43.72	1459.89	22.97
河北	9414.33	405.04	9819.36	152.51	13472.64	268.95	13741.58	126.56
山西	3596.66	168.74	3765.41	80.96	4517.92	112.23	4630.16	166.01
内蒙古	4590.91	152.41	4743.32	379.00	7822.90	243.46	8066.36	526.05
辽宁	5517.03	260.95	5777.98	822.22	7485.67	244.92	7730.59	308.01
吉林	3912.28	220.45	4132.73	681.16	6618.04	174.92	6792.96	1051.83
黑龙江	11109.05	265.92	11374.98	3300.61	11861.84	248.59	12110.43	4128.54
上海	2733.18	111.99	2845.17	290.00	3119.39	58.29	3177.68	736.74
江苏	13599.82	263.46	13863.27	1367.12	18432.79	272.66	18705.45	3292.62
浙江	7214.17	205.97	7420.15	24875.75	6170.27	175.40	6345.67	26000.64
安徽	9368.60	321.45	9690.05	3754.22	12098.02	240.32	12338.33	9150.51
福建	5353.11	132.88	5486.00	38732.86	6540.29	168.75	6709.04	25288.67
江西	7720.61	222.65	7493.26	46052.71	10214.89	257.28	10472.17	33581.36
山东	12901.12	607.56	13508.68	413.56	21089.85	377.43	21467.29	296.01
河南	11908.94	569.31	12478.25	659.20	16464.91	469.78	16934.69	1021.50
湖北	9789.54	329.03	10118.57	6924.68	9631.31	312.32	9943.63	9467.96
湖南	10862.45	384.39	11246.84	38984.96	12123.38	382.80	12506.18	32183.29
广东	12675.00	412.58	13087.58	85160.55	16627.24	429.31	17056.55	35012.01
广西	8014.08	433.27	8447.35	54050.41	11435.35	314.40	11749.75	35265.62
海南	1137.65	53.52	1191.17	10410.45	2004.67	55.13	2059.80	9067.17

续表

地区	1997 年				2014 年			
	水量生态足迹	水质生态足迹	水生态足迹	水生态承载力	水量生态足迹	水质生态足迹	水生态足迹	水生态承载力
重庆	4674.47	131.63	4806.10	4979.56	5106.75	141.20	5247.95	10551.59
四川	14462.34	534.03	14996.37	18959.29	12320.48	531.83	12852.31	28446.26
贵州	4490.29	205.76	4696.04	19256.47	4674.96	206.15	4881.11	17587.92
云南	4535.13	306.29	4841.41	28254.87	6143.11	340.95	6484.06	16378.65
西藏	365.67	121.04	486.71	28362.63	516.28	141.41	657.69	34154.69
陕西	4467.54	150.83	4618.37	412.34	8561.31	138.39	8699.70	1266.10
甘肃	2779.21	119.49	2898.69	136.66	3301.53	178.47	3480.00	208.73
青海	750.95	93.52	844.48	713.84	461.69	125.48	587.16	1856.76
宁夏	791.78	47.70	839.47	2.42	2015.50	57.68	2073.18	4.14
新疆	2644.34	138.86	2783.19	895.98	6738.88	189.30	6928.18	676.33
全国	193771.42	7484.94	201256.36	172196.18	250977.57	6936.3	257913.88	165282.27

　　受季风气候的影响，中国降水量和水资源量分布呈由南向北递减趋势，因此各省域的水生态承载力有较大差别。

　　通过前述公式计算中国及各省域的水生态足迹广度，表 5 - 4 中为测算结果。中国水生态足迹广度整体上呈波动趋势；结合给出的水生态足迹广度取值范围可知，随着中国水生态足迹持续增长，除 1998 年外，其余年份的水生态足迹均高于同年的水生态承载力，水生态足迹广度的变化趋势同水生态承载力一致。

表 5 - 4　　中国各省域水生态足迹广度与水生态足迹深度分布表

地区	1998 年		2014 年	
	水生态足迹广度	水生态足迹深度	水生态足迹广度	水生态足迹深度
北京	189.53	8.20	51.68	39.17
天津	34.48	31.68	22.97	63.57
河北	379.47	27.82	126.56	108.58

续表

地区	1998 年		2014 年	
	水生态足迹广度	水生态足迹深度	水生态足迹广度	水生态足迹深度
山西	126.96	34.65	166.01	27.89
内蒙古	2429.16	2.09	526.05	15.33
辽宁	2350.46	2.90	308.01	25.10
吉林	2225.32	2.24	1051.83	6.46
黑龙江	4616.42	2.34	4128.54	2.93
上海	588.51	4.96	736.74	4.31
江苏	5198.29	2.61	3292.62	5.68
浙江	7304.18	1.00	6345.67	1.00
安徽	8930.83	1.12	9150.51	1.35
福建	5674.25	1.00	6709.04	1.00
江西	7268.94	1.00	10472.17	1.00
山东	2228.86	6.48	296.01	72.52
河南	4184.57	3.16	1021.50	16.58
湖北	10468.44	1.00	9467.96	1.05
湖南	11882.63	1.00	12506.18	1.00
广东	13133.46	1.00	17056.55	1.00
广西	8627.87	1.00	11749.75	1.00
海南	1149.81	1.00	2059.80	1.00
重庆	4966.88	1.00	5247.95	1.00
四川	15101.94	1.00	12852.31	1.00
贵州	5016.91	1.00	4881.11	1.00
云南	5294.91	1.00	6484.06	1.00
西藏	534.65	1.00	657.69	1.00
陕西	1666.49	3.28	1266.10	6.87
甘肃	227.84	14.62	208.73	16.67
青海	867.91	1.00	587.16	1.00
宁夏	5.12	175.65	4.14	500.90
新疆	1224.06	2.60	676.33	10.24
全国	209616.39	1.00	165282.27	1.56

浙江、福建、江西、湖北、湖南、广东、广西、海南、四川、重庆、贵州、云南、西藏、青海14个省域的平均水生态足迹低于当地平均水生态承载力的上限，这些省域大部分位于中国降水量相对充足的南方地区。

1997～2014年，除1998年中国水生态足迹深度为1外，其余年份的中国水生态足迹深度均高于1。中国各省域的水生态足迹深度相差较大，整体上由南向北递增；平均水生态足迹低于当地平均水生态承载力上限的14个省域研究期内平均水生态足迹深度为1，社会生产生活用水不需要动用水资源存量资本。中国北方地区大都水生态足迹深度较高。

案例二：基于生态系统健康的辽宁省海洋生态承载力评价[*]

一、研究问题

海洋经济成为各国经济竞争的新舞台。我国正在大力发展海洋产业，建设海洋强国，然而海洋资源的短缺、资源开发技术不成熟，导致海洋生态环境遭到不同程度的破坏，进一步制约了我国海洋经济的发展。现存的海洋生态系统究竟能承受人类活动多大的压力，已经成为评估海洋经济可持续发展水平的重要指标，亟须进行深入研究分析。本案例以辽宁省为例，构建基于生态系统健康的海洋生态承载力指标体系和评价标准，应用状态空间法分析其生态承载状况和海洋生态系统的健康水平。

二、研究方法

（一）计量模型

应用状态空间法来评价辽宁省海洋生态承载力。在如图5-2所示的状

---

[*] 该案例节选自孙才志、张智雄：《中国水生态足迹广度、深度评价及空间格局》，载于《生态学报》2017年第21期。

态空间中，用承载状态点来表示一定时空尺度内海洋生态系统内任何一种承载状况。状态空间中的原点与系统状态点构成矢量模（如 *OD*）代表生态承载力量值。假设 *A*、*B*、*C* 为海洋生态系统处于健康等级的生态弹性力（生态系统的自我维持与自我调节能力）、资源环境承载力（资源环境子系统的供容能力）和人类活动潜力（与生态系统有关的人类活动影响力）的数值，则曲面 *ABCD* 为对应海洋生态系统健康水平下的生态承载力曲面。随着海洋生态系统健康状态的提高，生态弹性力、资源环境承载力和人类活动潜力的健康状态也随之提高，因此，任何低于 *ABCD* 曲面的点（如 *E* 点）表示生态承载力对应的健康等级趋于病态，任何高于 *ABCD* 曲面的点（如 *F* 点）表示该生态承载力对应的生态系统处于健康水平之上。

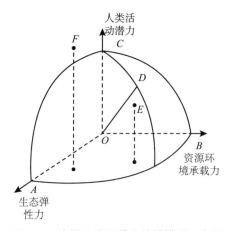

图 5-2　海洋生态承载力计量模型示意图

$$U_r = |M| = \sqrt{\sum_{i=1}^{n}(w_i E_{ir})^2 + \sum_{j=1}^{n}(w_j R_{jr})^2 + \sum_{k=1}^{n}(w_k H_{kr})^2}$$

式中：U_r 为海洋生态承载力；M_r 为生态承载力空间向量的模；E_{ir} 为 r 区域第 i 个资源环境指标在空间坐标轴上的投影；R_{jr} 为 r 区域第 j 个生态弹性力指标在空间坐标轴上的投影；H_{kr} 为 r 区域第 k 个人类活动潜力指标在空间坐标轴上的投影；w_i、w_j 和 w_k 分别为第 i、j、k 个指标对应的权重。将指标进行归一化处理，消除指标数据间量纲和量级的影响，根据上述公式即可计算出表征生态承载水平的生态承载力指数。

（二）指标体系

从资源环境承载力、生态弹性活力和人类活动潜力三个维度出发，建立了包含资源利用、资源消耗、环境质量、气候条件、水文及生物、生态质量、科技水平、生活质量及教育水平、系统交流9个准则层、23个指标层的针对性强、层次清晰、较全面综合反映海洋生态系统状况的评价指标体系。为了提高海洋生态承载力测算的准确性和科学性，综合运用层次分析法（AHP）和熵权法确定指标层权重。

通过数据统计处理，得出辽宁省海洋生态承载力标准，如表5-5所示。

表5-5　　　　　　基于生态系统健康的海洋生态承载力标准

指数	病态	不健康	亚健康	健康	非常健康
资源环境承载力	(0, 0.0015]	(0.0015, 0.0451]	(0.0451, 0.1697]	(0.1697, 0.2462]	(0.2462, +∞]
生态弹性力	(0, 0.0264]	(0.0264, 0.0469]	(0.0469, 0.1189]	(0.1189, 0.3457]	(0.3457, +∞]
人类活动潜力	(0, 0.0162]	(0.0162, 0.0635]	(0.0635, 0.2664]	(0.2664, 0.2769]	(0.2769, +∞]
海洋生态承载力	(0, 0.0483]	(0.0483, 0.1371]	(0.1371, 0.2604]	(0.2604, 0.3959]	(0.3959, +∞]

三、研究结果

通过计算得到2000～2010年辽宁省海洋生态承载力指数值及资源环境承载力、生态弹性力和人类活动潜力三个维度的指数测度值，结果如表5-6所示。从表5-6可知，2000～2010年辽宁省海洋生态承载力指数值整体有大幅度上升，健康等级从2000年的不健康状态转变为2010年的亚健康状态，表明辽宁省海洋生态系统健康水平较差的状况已有所缓解。

表5-6　　　辽宁省海洋生态承载力各指数测度值及对应的生态系统健康状态

年份	资源环境承载力指数		生态弹性力指数		人类活动潜力指数		海洋生态承载力	
	测度值	对应状态	测度值	对应状态	测度值	对应状态	测度值	对应状态
2000	0.0432	不健康	0.0510	不健康	0.0277	不健康	0.0724	不健康
2001	0.0748	亚健康	0.0489	亚健康	0.0492	不健康	0.1020	不健康
2002	0.1010	亚健康	0.0625	不健康	0.0532	不健康	0.1301	不健康
2003	0.1106	亚健康	0.0698	亚健康	0.0469	不健康	0.1389	亚健康
2004	0.1376	亚健康	0.0658	亚健康	0.0231	不健康	0.1543	亚健康
2005	0.1627	亚健康	0.0565	亚健康	0.0206	不健康	0.1735	亚健康
2006	0.1720	亚健康	0.0996	亚健康	0.0191	不健康	0.1997	亚健康
2007	0.0989	亚健康	0.0838	亚健康	0.0271	不健康	0.1324	不健康
2008	0.1102	亚健康	0.0736	亚健康	0.0255	不健康	0.1350	不健康
2009	0.1288	亚健康	0.0932	亚健康	0.0778	亚健康	0.1770	亚健康
2010	0.1670	亚健康	0.1249	健康	0.0649	亚健康	0.2184	亚健康

从辽宁省海洋生态承载力的三个子维度来看，辽宁省海洋资源环境承载力在2000~2010年有显著提升，其健康等级由不健康状态变化为亚健康状态，辽宁省人类经济社会活动给海洋资源环境带来的压力不断降低。从生态弹性力维度看，其指数值基本呈波浪式上升趋势，生态弹性力健康等级水平从不健康状态转变为健康状态。在人类活动潜力维度上，人类活动潜力指数值总体有所增加，但增加幅度比资源环境承载力指数和生态弹性力指数增加幅度要小。

第六章

生态效率与生态福利绩效

工业革命以来，经济增长一直是世界各国发展的主旋律，但随着全球性资源枯竭与环境污染问题的日益严峻，可持续发展这一主题迅速成为当今世界各国共同关注的焦点。生态效率与生态福利绩效是学界在不同研究框架下研究可持续发展的重要切入点（臧漫丹等，2013）。生态效率强调同时评价经济效率与环境效益，已有诸多学者通过生态效率将可持续发展目标融入进微观（企业）和中观（行业）的发展和管理。不过，生态效率的实质仍然属于浅绿色发展，会导致经济行为主体将 GDP 增长作为发展的唯一目标。而生态福利绩效概念基础在于经济系统的扩张受到生态系统限制，衡量提升人类福祉的生态效率，是可持续发展更广义的延伸（王圣云等，2020）。本章将主要论述生态效率与生态福利绩效概念的起源、发展，分析生态效率与生态福利绩效的内涵，概述其在微观、中观和宏观尺度上的研究进展，并以案例分析的方式帮助读者深入理解、掌握本章有关内容。

第一节 生态效率的概念与核算方法

一、生态效率的概念界定

"效率"一词本身是经济学上的概念，是成本与收益的比较，是经济活动始终追求的价值取向之一（吕彬等，2006）。但在不同时代背景下，效率被赋予了不同的内涵。在生态状态良好时，人们主要追求资本、劳动的生产效率，即经济效率；而在当前自然资源相对于资本和劳动力稀缺的情景下，人们的关注重点更多转移到了资源、环境的生产效率，即生态效率（徐本鑫，2011）。

生态效率翻译自英文单词"eco-efficiency"，其中，eco 是 ecology（生态学）与 economy（经济学）的词根，而 efficiency 有"效率、效益"的含义（吕彬和杨建新，2006）。因此，生态效率考虑生态和经济两方面的效率，研究经济发展与资源环境利用的关系。肖特嘉和斯特姆（Schaltegger and Sturm，1990）最早提出生态效率的概念，即产品与服务价值增加与环境影响增加的比值。

此后，经世界可持续发展工商业联合会（World Business Council for Sustainable Development，WBCSD）的推广，生态效率概念逐渐得到人们的广泛认识，相关研究组织从不同视角阐述了生态效率的概念内涵。WBCSD 从满足人类需求视角将生态效率定义为"通过提供具有价格优势的服务和商品，在满足人类高质量生活需求的同时，把整个生命周期中对环境的影响降到至少与地球的估计承载力一致的水平上"。经济发展合作组织（Organization for Economic Cooperation and Development，OECD）将生态效率定义为"生态资源满足人类需求的效率"。

欧洲环境署（European Environment Agency，EEA）、联合国亚洲及太平洋经济社会委员会（United Nations Economic and Social Commission for Asia and the Pacific，ESCAP）以及澳大利亚环境与遗产部（Australian Government Department of the Environment and Heritage，AGDEH）从降低资源投入的视角分别将生态效率定义为"以最少的自然界投入创造更多的福利""提升基础的社会生产力和降低资源消耗变化的重要基本元素，生态效率的测度将会更好地提升绿色发展""用更少的能源和自然资源提供更多的产品和服务"。

国际金融组织环境投资部（Environmental Finance Group – International Finance Corporation，EFGIFC）从提高自然资源可持续性的视角将生态效率定义为"通过更有效率的生产方式提高资源的可持续性"。

联合国贸易与发展会议（United Nations Conference on Trade and Development，UNCTAD）从减少环境破坏的视角将生态效率定义为"增加（至少不减少）股东价值的同时，减少对环境的破坏"。

加拿大工业部从低投入、高产出的视角将生态效率定义为"一种使成本最小化和价值最大化的方法"。

由此可见，尽管在不同视角下各组织机构对生态效率的定义不尽相同，但其内涵均是以资源环境影响最小化和经济产出最大化为出发点，提高资源配置效率为手段，实现经济社会可持续发展（彭熠娜等，2018）。

二、生态效率与相关概念的辨析

生态效率与 X 倍跃进（Factor X）、生态足迹（Ecological Footprint）由于均涉及单位产出的效率问题，经常引起学者们的混淆。在此，我们对生态效率、X 倍跃进以及生态足迹的内涵进行辨析。X 倍跃进的内涵在于采用环境友好型技术，进而减少企业乃至整个社会系统单位产出的资源和能量消耗，却忽视了关于经济价值维度的讨论（Reijnders，1998）。生态足迹方法发展于 20 世纪 90 年代，主要测量要满足区域内人类所有消费活动需要多少面积的土地面积（生态足迹），以及该区域能够提供的生物生产性土地面积（生态承载力）（赵志强等，2008）。如果生态足迹超过了生态承载力，那么该区域趋向于不可持续发展；如果生态承载力超过生态足迹，则趋向于不可持续发展。而生态效率不仅评估环境影响的增加，而且评估经济价值的增加，因此与 X 倍跃进、生态足迹等可持续性评价方法存在着本质上的区别（吕彬和杨建新，2006）。

除此之外，清洁生产与生态效率也存在一定相似之处。但清洁生产与生态效率的侧重点存在明显差异，清洁生产重点关注污染源头治理与减污过程，环境效益评价为优先级，经济效益为次要；而生态效率不仅评价经济效益，环境效益评价也同样重要。

三、生态效率的核算方法

生态效率涉及经济价值和环境影响两个维度，可以看作是"产出/投入"的形式，其核算方法概括起来主要有经济/环境比值法与效率模型法两种（易其国等，2021）。

（一）经济/环境比值法

基于 WBCSD 提出的定义，生态效率被普遍表示为：

$$生态效率 = \frac{产品或服务的经济价值}{环境影响}$$

然而，目前对于产品或服务的经济价值和环境影响的定量表征仍没有统一的规则，指标选取常常因为研究对象、研究目的不同而不同（胡熠娜等，2018）。

1. 经济价值的计算

经济维度的表征方面，地区 GDP、农业生产总值、工业生产总值、绿色 GDP 等是应用最为广泛的指标。比如，黄和平（2015）应用绿色 GDP 作为经济产出，测度了 2000～2015 年江西省的生态效率。也有部分学者（Huppes and Ishikawa，2005）将环境外部性的经济成本、折现率等因素考虑在内，采用生命周期成本分析法（Life Cycle Costing，LCC）或成本收益分析法（Cost – Benefit Analysis，CBA）来衡量经济产出。

2. 环境影响的计算

环境维度的表征方面，现有研究主要选取资源消耗、二氧化碳排放等指标（尹科等，2012）。WBCSD 在报告中列举了能量消耗、物质资源消耗、水资源消耗、温室气体排放和破坏臭氧层物质的排放等 5 个一般性环境指标以及酸化气体排放和废物总量 2 个备选环境指标（WBCSD，2000）。不过，部分学者认为这种多指标结合的方法在确定各指标权重时存在着主观性问题，因此引入了生态足迹模型、能值分析、物质流分析等方法。

总体而言，比值法的显著优势在于其计算结果是易于理解的比值，但在以下几方面存在缺陷（尹科，2012）：（1）比值法假设已经将最佳的投入产出方案考虑在内；（2）比值法无法将不同因素造成的环境影响区分开，所有的环境影响都被数值所替代，对现实具有一定的歪曲；（3）比值法并不能给出一个最优集合，因此决策者不具有选择上的弹性，研究对象限于独立非连续的单个项目或技术。

（二）效率模型法

随着研究的不断深入，为克服权重设定的主观性，学者们提出了诸多效率模型，目前应用较为广泛的是数据包络分析模型（Data Envelopment Analysis，DEA）。DEA 模型由查恩斯等（Charnes et al.，1978）提出，该模型不受限于特定的生产函数形式，既能够克服权重设定的主观性，又能从"多投入多产出"视角评价决策单元间的相对有效性。早期研究通常基于"投入—产出"视角，以经济增加值为产出，资源和环境影响为投入，采用 BCC、CCR 模型进行生态效率测度。

一些学者在 BCC、CCR 模型的基础上进行改进，提出了混合 DEA、超效率 DEA 等模型，极大提高了生态效率评估的准确性。同时，在研究中不再将环境影响作为投入的一部分，而是作为经济增长过程中产生的非期望产出，旨在更加真实地反映实际生产过程。总体而言，生态效率的研究指标逐渐由单要素评价趋向多要素评价，评价方法也逐渐由赋权具有主观性的比值法转向更加客观的效率模型法（尹科等，2012）。

第二节　生态效率指标的应用方向

（一）微观层面

国外生态效率研究领域中，研究最为广泛的是生态效率在企业及其产品系统的应用（尹科，2012）。国外诸多大型企业都对生态效率的应用进行了规划，力图将生态效率助力于企业发展。但是，由于我国企业及其产品层面的数据可得性很低，我国在企业层面开展的生态效率研究较少。国外关于生态效率在微观层面循环经济的研究进展如下：

1. 研究对象覆盖产品设计、工艺到企业整体

帕克和塔哈拉（Park and Tahara，2008）提出了基于生产者的生态效率（PBEE＝产品质量/成本基于端点模型的生命周期结果）与基于消费者的生态效率（CBEE＝消费者满意度/价格基于端点模型的生命周期结果），以解决产品设计中的难题。胡佩斯等（Huppes et al.，2007）采用 LCC 方法，定

量分析了荷兰石油产品的生态效率。

2. 研究导向从生态效率的简单评价走向企业整体的生态效率管理

大量学者对如何将生态效率与企业决策联系起来进行了研究。科特等（Côté et al.，2006）认为相比于大企业的雄厚资金与技术，现有的方法与工具并不适合中小型企业，以致中小企业难以独立应用生态效率政策；埃尔科等（Erkko et al.，2005）分析了芬兰中小企业的生态效率，研究结果表明生态效率目前仍停留在理论阶段，还未能成为企业广泛应用的工具。

3. 生态效率在各种废物回收系统中的应用成为研究热点

萨莱玛等（Salema et al.，2009）定量研究了葡萄牙化学工程废弃物回收网络的生态效率。科尔和瑞恩（Kerr and Ryan，2001）对富士施乐的生态效率进行分析，结果表明富士施乐的生态效率通过再制造提高了 3 倍。

（二）中观层面

我国的生态效率研究主要集中在产业或行业层面（尹科等，2012），旨在把握行业技术水平，探究行业生态效率的驱动因素，进而从政策、管理、技术等方面提出提高行业生态效率的措施。

1. 第一产业

威廉和科特（Willison and Côté，2009）分析了海洋渔业生物多样性与生态效率之间的关系。吴小庆等（2009）将农业生态效率定义为：农产品经济价值/（农产品资源消耗 + 环境净影响）。

2. 第二产业

第二产业在一国经济中占据主要地位，同时由于其对资源、能源消耗较大，也常是进行技术改革的重要阵地。哈利勒和查蒙杜斯（Kharel and Charmondusit，2008）以尼泊尔铁棒产业为例，研究发现安装热回收单元和新设备能够提高产业生态效率。我国工业具有高消耗、高排放、高污染的特征（邵帅等，2022）。何伯述等（2001）对我国燃煤电站的能源生态效率进行分析，研究结果表明二氧化碳去除率与气体污染物的脱除率对燃煤电站的能源生态效率产生制约作用；杜艳春等（2011）对焦作市工业生态效率进行了定量分析，探究了每种环境负荷在总环境负荷中的贡献率。

3. 第三产业

旅游业在迅速发展的同时也带来了诸多环境破坏和能源消耗问题，成为大量学者的研究重点。戈斯林等（Gössling et al.，2005）将旅游业生态效率定义为：旅游业生态福利绩效 = 二氧化碳排放量/旅游收益。李鹏等（2008）通过游客的支出与其二氧化碳排放量的比值构建生态效率模型，对云南省旅游线路的生态效率进行了评价。

（三）宏观层面

区域及更大宏观尺度的生态效率评价逐渐成为国内外学者研究关注的重点。米克维茨等（Mickwitz et al.，2006）构建了一个基于经济、生态与社会三大层面的生态效率评价指标体系，并对芬兰屈米地区 1995～2001 年的生态效率进行了评价；卡内赫姆等（Caneghemr et al.，2010）从经济发展与环境影响脱钩的角度，研究了比利时产业生态效率的演变过程。国内学者对国家、城市、工业园区等大尺度层面的生态效率进行了广泛研究。诸大建和邱寿丰（2008）参考德国环境经济账户，构建评价指标体系分析了我国生态效率的变化趋势。此外，针对深圳、吉林、宁夏、江苏、江西、广东、厦门、铜陵等省市（张妍和杨志峰，2007；李名升和佟连军，2009）的生态效率分析也得到了广泛关注。

第三节 从生态效率到生态福利绩效的范式变革

一、生态效率研究范式的福利转向

美国生态经济学家戴利（Daly，1974）强调可持续发展是在生态环境限度内实现经济进步的发展，当前以经济增长为目标的数量性发展观是不可持续的，经济增长只是实现社会福利提升的手段，经济发展质量应该由生态投入转化为社会福利的效率来衡量。他以服务量和吞吐量的比值来衡量资源消耗转化为福利水平的效率，被认作是生态福利绩效概念的起源（方时姣等，2019）。

生态福利绩效作为生态效率的进一步发展，不再将研究视角局限于生态资源消耗与经济发展的关系，而将经济增长视为连接生态资源消耗与福利产生的中间环节，反映了资源消耗与福利水平的投入产出相对变化趋势，成为衡量可持续发展水平的重要工具（见图6-1）。在从物本发展观向人本发展观转变以及从弱可持续向强可持续转变的背景下，由生态效率到生态福利绩效的嬗变是生态效率研究的重大范式变革。

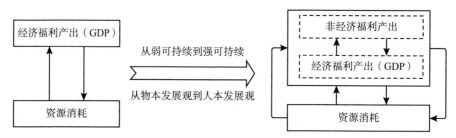

图6-1 从生态效率到生态福利绩效的嬗变

资料来源：张亚欣：《鄱阳湖区生态福利绩效测度及其空间分异研究》，南昌大学硕士论文，2022年。

二、生态福利绩效的系统解析

（一）经济系统和生态系统

生态福利绩效的系统解析基于经济系统与生态系统之间的关系辩论。新古典经济学认为经济系统独立于生态系统，其物质扩张不需要付出任何生态系统的机会成本，经济增长不具有物理极限。而生态经济学认为经济系统是生态系统的子系统，其运行必须从生态系统获取低熵能源和物质，同时排放高熵废弃物。生态系统与经济系统均有边界，且经济系统扩张受到生态系统边界的限制，这是经济增长的最大规模问题（诸大建等，2014）。超出生态系统边界以外的经济系统扩张不可持续，这是经济增长的生态门槛问题（维克托，2010）。生态福利绩效的概念正是建立于经济增长的最大规模问题和生态门槛问题之上（见图6-2）。

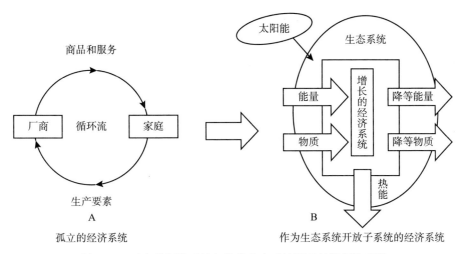

图 6 - 2　孤立的经济系统与作为生态系统子系统的经济系统

资料来源：诸大建：《超越增长：可持续发展经济学如何不同于新古典经济学》，载于《学术月刊》2013 年第 10 期。

（二）空的世界和满的世界

生态福利绩效的第二个理论基础是戴利关于经济系统与生态系统关系的进一步论述。经济系统的扩张规模远未达到生态系统的边界，自然资本相对人造资本较为充足的世界被称为"空的世界"。经济系统的扩张规模接近甚至越过生态系统边界，自然资本已经相对稀缺于人造资本的世界被称为"满的世界"（诸大建等，2014）。

在"空的世界"，由于经济系统扩张并不受到最大规模限制，福利水平随经济发展水平的提高而提高，因此只要保证经济增长就能促进福利水平提升；而在"满的世界"中，一旦经济系统的扩张超过"福利门槛"，边际成本就会超过边际收益，此时经济增长反而会抑制人们生活质量提高（戴利，2013）。这意味着生态福利绩效的提升必须在生态限度内实现经济增长与福利提升。

（三）弱可持续和强可持续

自然资本与人造资本的不可完全替代性也是生态福利绩效的理论基础。弱可持续认为自然资本和人造资本可完全替代，生态效率的提出正是基于这一范畴，最终会导致人们以自然资本的牺牲来换取经济增长。而生态福利绩效扎根于强可持续，认为若自然资本与人造资本可以完全替代，自然资本也就不再相对稀缺，经济系统的扩张也不再受到生态系统限制。在自然资本的限度内可持续提升人类福利，成为生态福利绩效的应有之义（王圣云等，2020）。

第四节　生态福利绩效与可持续发展

一、基于生态福利绩效的可持续发展透视

自工业革命以后，人类经济活动创造了过去难以企及的物质财富，但代价是全球性环境问题的日益严峻，以及人类生存受到前所未有的威胁。20世纪60年代，人们开始反思过去的发展，同时积极寻求经济社会的可持续发展道路。1972年各国代表在斯德哥尔摩召开人类环境会议，1992年联合国在里约召开联合国环境与发展大会，人们为解决全球性环境问题付出了持续不懈的努力。然而，全球环境仍呈持续恶化趋势，经济社会与全球环境的矛盾仍然严峻。

根据联合国公布的《全球可持续发展报告》，虽然近年来全球在经济发展、改善居住环境、减少饥饿、贫困等方面有较大进步，但仍存在严峻挑战，全球极端贫困人口共 11.7 亿人，挨饿人口共 8.5 亿人。而且，为取得这些进步消耗了大量全球资源，森林消亡、能源紧张、海洋污染，对地球的基础生命支持系统带来了严重威胁。如果仍按当前不可持续的发展模式，2050 年地球上绝大多数生态系统边界将被超过，导致地球基础生命支持系统崩溃。对全球可持续发展来说，协调生态环境、经济发展和福利提升的关系已刻不容缓。

从整体来看，全球可持续发展面临严峻挑战。然而，可持续发展政策的最终实施主体是每一个国家，因此探究各个国家在可持续发展方面存在的问题显得尤为必要。在借助生态福利绩效探究各个国家的可持续发展水平方面，涌现了一大批优秀的研究成果。诸大建和张帅（2014）基于 2008 年世界上主要国家的生态足迹与人类发展指数数据，发现没有一个主要国家实现

了"低消耗，高福利"类型：尽管有些国家的福利水平较高，但付出了生态足迹远超地球生态承载能力的代价，表现为"高消耗，高福利"类型，如美国、加拿大和澳大利亚等发达国家；而有些国家虽然自然消耗较低，但是福利水平却在高人类发展水平以下，表现为"低消耗，低福利"类型，如印度和印度尼西亚；还有一些国家不仅福利水平不高，生态足迹也远超地球的生态承载能力，表现为"高消耗，低福利"国家，如巴西、沙特阿拉伯和俄罗斯。张和朱（Zhang and Zhu，2017）发现 82 个人口超过 1000 万的主要国家中，生态福利绩效排名前 20 的都是生态盈余的发展中国家。但并非所有生态盈余的国家生态福利绩效都较高，尼日尔、乍得、马里和几内亚因为福利水平较低，生态福利绩效排名靠后。有 9 个国家的生态具有赤字，但由于福利水平高，其生态福利绩效排名靠前。

这要求各个国家必须根据各自情况采取具有差异化措施，以实现"低消耗，高福利"的可持续发展模式。如对于"高消耗，高福利"的国家来说。必须在保持高福利的基础上降低自然消耗，以提高生态福利绩效；而对于"低消耗，低福利"的国家来说，应当允许其在生态承载力内提高自然消耗，进而提高福利水平。

二、基于可持续发展视角的人类福祉提升

21 世纪以来，作为可持续发展科学的核心理念，人类福祉与生态系统服务关系的研究得到了快速发展。随着研究的不断深入，人们越来越意识到，单凭经济指标并不能对人类福祉做出准确的评估，发展经济只是一种工具，而提高人类福祉才是根本目标。生态经济与可持续发展的本质和宗旨在于改善人类福祉，以最低限度的资源消耗和环境破坏获取最大化的人类福祉（王圣云，2016）。

发展的根本目的在于提升人类福祉，保护生态系统很大程度上关乎人类福祉，这是人类赖以生存和发展的基础，通过保护生物多样性改善自然生态系统状况，提升生态服务的功能，提高生态产品供给能力，实现自然生态系统的良性循环，同时运用现代技术手段，促进生态系统与经济社会系统的良性互动，进而提升人类福祉（徐谭，2021）。

构建以可行能力为基础的人类福祉指标评价体系，可以改进中国小康社

会指标体系忽视"可行能力"的不足，中国的人口规模和发展水平决定了中国在现阶段不能像西方国家那样快速走上追求高社会福祉的全民福祉社会道路，但追求人类福祉的可持续提升是必要的。

三、基于生态福利绩效指标的可持续发展评估

（一）评估方法

目前，学者们在国家、区域、省域与城市层面进行了大量生态福利绩效研究，评价方法大致可分为两种。

一是比值法，即通过福利产出与生态消耗的比值衡量。福利产出方面，GDP 长期以来被用于衡量福利产出，但 GDP 只涵盖了经济维度（科斯坦萨，2009），因此具有以下几点缺陷：首先，GDP 无法区分哪些经济活动能提高或降低福利水平，例如医院看病的病人增多，提高了 GDP 却降低了福利水平；其次，GDP 无法将非市场交易的经济活动考虑在内，例如家务劳动增进了福利水平但并未提高 GDP；最后，GDP 无法说明收入分配是否会造成人类福利水平降低（维克托，2010）。

有学者提出改进指标以代替 GDP 衡量福利水平。其中，戴利和柯布（Daly and Cobb，1989）提出的可持续经济福利指数和真正进步指数有着广泛影响，其不仅在 GDP 的基础上考虑了非市场交易但增进福利水平的经济活动，还剔除了收入差距扩大、资源消耗、交通拥挤等对福利水平造成负面影响的因素。联合国计划开发署（The United Nations Development Programme，UNDP）在可行能力理论的基础上提出人类发展指数（Human Development Index，HDI）被各国政府和学者广为接受。HDI 从收入、健康和教育三个维度衡量人类福利水平。HDI ≥ 0.80 则说明实现了高人类发展水平。此外，生活满意度、幸福感等主观指标也较为常用（科蒙，2007）。幸福感是由受访者对"您觉得您的生活是否幸福"进行"非常幸福，幸福，一般，不幸福，非常不幸福"五级打分产生的。可见，主观福祉指标对数据的获取较为简单、直接，但受访对象容易受到"社会比较"和"享乐适应"影响，导致数据准确性出现偏差（柯尼特和罗斯，2011）。

自里斯（Rees，1992）提出生态足迹（Ecological Footprint，EF）以来，

EF 被公认为衡量人类生态消耗的权威性指标。EF 的特点和突出优势是从消费方面以及源和汇两个维度衡量生态消耗。而且，生态足迹从"消费端"而不是"生产端"衡量自然消耗，避免了国际贸易造成的计算不便。

二是综合多种投入、产出和影响因素的效率模型法。效率模型法的核心是确定生产前沿，根据各生产单元点与生产前沿之间的距离计算效率值。第一类是参数法，随机前沿分析模型（SFA）较为常见。如迪茨等（Dietz et al.，2009）基于 SFA 模型测度了 135 个国家的生态福利绩效。徐志雄等（2021）采用超越对数形式的 SFA 模型，以环境污染和资源消耗指标表征生态投入，人类发展指数的三要素表征福利产出，测算 2008～2017 年黄河流域 57 个城市的生态福利绩效。第二类是非参数方法，最有代表性的数据包络分析法（DEA）。王兆峰和王梓瑛（2021）运用超效率 SBM 模型，将资源投入和环境污染作为生态投入指标，经济、环境、社会福利作为福利产出指标，测度 2007～2017 年长江经济带生态福利绩效。

（二）评估实践

针对生态福利绩效的区域差异，已有研究从时空格局特征、收敛性、差异来源及空间效应等方面进行了大量分析。如龙亮军等（2019）对 2011～2015 年中国 35 个主要城市的生态福利绩效进行测算，研究结果表明中国三大区域呈"东部最高，中部次之，西部最低"的基本态势。邓远建等（2021）应用 σ 收敛、经典与空间 β 收敛模型分析 2004～2017 年中国生态福利绩效的收敛性，结论是中国生态福利绩效并未表现为 σ 收敛，但存在明显的绝对与条件 β 收敛趋势。方时姣和肖权（2019）应用空间计量方法分析 2005～2016 年中国生态福利绩效的空间效应，研究结果表明中国生态福利绩效存在较强的空间正相关性。

在驱动因素的分析方面，已有研究主要采用对数迪氏平均指数法（LMDI）、DEA - ML 指数分解以及计量模型。诸大建（2013）最早提出将生态福利绩效分解为"HDI/GDP × GDP/EF"。其中，"HDI/GDP"称之为经济增长的福利效率（服务效率），"GDP/EF"称为自然消耗的经济绩效（生产效率）。在此基础上，冯吉芳和袁健红（2016）将生态福利绩效分解为技术效应与服务效应，采用 LMDI 方法探究中国省市生态福利绩效的驱动因素，结果表明技术效应、服务效应分别对生态福利绩效具有促进、抑制作用。钟水映和冯英杰（2017）对中国省际绿色经济增长效率进行分解，将绿色全要素生产率分为技术效率变动、技术变动、纯技术效率变动和规模效率变动，结果表明技术效率变动时中国绿色全要素生产率起着最主要的促进作用。王圣云等（2020）将生态福利绩效分解为经济增长的福利效应和经济增长的生态效率两个驱动效应，采用 DEA‑ML 指数模型揭示经济增长的驱动力变化。

部分学者采用计量模型揭示生态福利绩效的驱动因素。如刘晓辉和庄晓惠（2022）通过 Tobit 模型对城市群生态福利绩效水平的影响因素及影响程度进行实证分析。陈少炜等（2021）采用空间计量模型分析了黄河流域生态福利绩效的驱动因素，研究结果表明技术水平、社会性支出是主要影响因素。

第五节　案例分析

案例一：中国省域生态福利绩效评估及其驱动效应分解[*]

一、研究背景

发展不仅意味着经济繁荣，而且也意味着社会进步。发展的目的是要改善人们的生活质量，发展是指人类福祉和生活质量的提高过程。经济社会发展必须依赖于一定的资源环境和生态支持系统，发展意味着如何使资源环境和生态要素有效地满足人类需求。生态福祉绩效是指自然消耗转化为福祉水平的效率，一个地区自然消耗转化为人类福祉的效率高低决定着该地区的可持续发展程度。

本案例基于省域尺度，首先重新修正人类发展指数并计算生态足迹指

---

[*] 本案例节选自王圣云、韩亚杰、任慧敏等：《中国省域生态福利绩效评估及其驱动效应分解》，载于《资源科学》2020 年第 5 期。

数，应用人类发展指数和人均生态足迹的比值构建生态福祉绩效的测度模型，对中国省域生态福祉绩效进行评估和分析。然后，将生态福祉绩效评估模型分解为经济增长的福祉效应和经济增长的生态效率两个驱动效应，揭示各省域经济增长与福祉提升之间的关系以及经济增长的动力变化。最后，根据中国省域生态福祉绩效变化趋势及其驱动效应的特征，对各省域生态福祉绩效的类型进行识别和划分。

二、研究方法

（一）生态福祉绩效模型

将生态福祉绩效定义为单位生态资源消耗带来的人类福祉水平提升，生态福祉绩效（EWP）表示为：

$$EWP = HDI/EFI$$

公式中，HDI 为联合国开发计划署（1990）提出的衡量人类福祉水平的人类发展指数，EFI 为衡量生态资源消耗的人均生态足迹指数。计算生态足迹需要考虑耕地、林地、草地、建设用地、渔业用地和化石燃料用地等 6 种类型的土地利用。人均生态足迹是各类土地需求面积与人口数量之比，利用 Wackernagel 等价因子对各种土地进行权重调整（见表 6 - 1），得到人均生态足迹（EF）的计算公式：

$$EF = \sum_i^n (r_j \times A_i)/N = \sum_i^n r_j(P_i/Y_i)/N \,(i = 1,\ 2,\ \cdots,\ n;\ j = 1,\ 2,\ \cdots,\ 6)$$

公式中，r_j 为第 j 类土地类型的等价因子，N 为总人口，A_i 为第 i 种消费项目折算占有的生产生物性土地面积，P_i 为第 i 种消费项目的消费总量，Y_i 为第 i 种消费项目全球平均产量，单位为 kg/hm^2。

表 6 - 1　　　　　　　　　土地的等价因子和产量因子

因子	耕地	林地	草地	建设用地	渔业用地	化石燃料用地
等价因子	2.21	1.34	0.49	2.21	0.20	1.34
产量因子	2.80	1.10	0.50	2.80	0.20	1.10

由于 *HDI* 是介于 0 和 1 之间的无量纲值，因而在计算生态福祉绩效
（EWP）时，对人均生态足迹（*EF*）进行标准化处理，得到人均生态足迹
指数（*EFI*）计算公式：

$$EFI = \frac{EF}{\max(EF)}, \quad \max(EF) \neq 0$$

公式中，$\max(EF)$ 为人均生态足迹的最大值。

（二）生态福祉绩效分解模型

对生态福祉绩效（EWP）分解如下：

$$EWP = (HDI/GDP) \times (GDP/EF)$$

公式中，*HDI/GDP* 反映单位经济产出带来的人类福祉提升，表示经济
增长的福祉效应；*GDP/EF* 反映单位资源生态环境损耗带来的经济产出，表
示经济增长的生态效率。下文继续对经济增长的福祉效应和经济增长的生态
效率进行第二层分解。

1. DI 指数：衡量经济增长的福祉效应

采用 Tapio 脱钩指数模型计算经济增长的福祉效应，用 DI 指数表示反
映人类福祉增长与经济增长之间的关系：

$$DI = \%\Delta HDI / \%\Delta GDP$$

公式中，$\%\Delta GDP$ 表示 *GDP* 的增长速度，$\%\Delta HDI$ 为 *HDI* 的增长速度。

2. DEA – ML 指数：评价经济增长的生态效率

采用 DEA – ML 指数模型测算经济增长的生态效率，即全要素生产率
（TFP），并对经济增长的动力进行因素分解。假设存在 $v = 1, 2 \cdots, V$ 个生
产单位使用 *C* 种投入要素 $x = (x_1, x_2, \cdots, x_c)$，$x \in E_C^+$，生产出 *B* 种期望
产出 $y = (y_1, y_2, \cdots, y_c)$，$x \in E_B^+$ 和 *I* 种非期望产出 $z = (z_1, z_2, \cdots, z_c)$，
$x \in E_I^+$。Chung 等将方向距离函数（DDF）定义为：

$$\overrightarrow{D_t}(x, y, z, g) = \max\{\beta : (y, z) + \beta_g \epsilon p(x)\}$$

在公式中，*g* 为产出扩张的方向向量。非期望产出在技术上具有弱处置
性，此时距离函数表示在提高期望产出的同时同比例降低非期望产出，兼顾
自然损耗和经济增长，方向距离函数可表述为：

$$\overrightarrow{D_t}(x, y, z, g_y, -g_z) = \max\{\beta : (y + \beta_g, z - \beta_g) \epsilon p(x)\}$$

公式中，β 为距离函数值，反映在产出水平上按照方向 g 运动到生产前沿面时，期望产出提高和非期望产出同比降低的最大倍数。β 值越小，表明生产单位越接近生产前沿面，效率越高；当 $\beta = 0$ 时，表示生产单位位于生产前沿面上，表明生产完全有效。

在方向距离函数基础上，考虑经济增长（期望产出）和生态足迹（非期望产出），t 期到 $t+1$ 期的绿色全要素生产率指数（GTFP）为：

$$GTFP = \left\{ \frac{[1 + \overrightarrow{D_o^t}(x^t, y^t, z^t; g^t)]}{[1 + \overrightarrow{D_o^t}(x^{t+1}, y^{t+1}, z^{t+1}; g^{t+1})]} \times \frac{[1 + \overrightarrow{D_o^{t+1}}(x^t, y^t, z^t; g^t)]}{[1 + \overrightarrow{D_o^{t+1}}(x^{t+1}, y^{t+1}, z^{t+1}; g^{t+1})]} \right\}^{\frac{1}{2}}$$

公式中，$GTFP > 1$，表示绿色全要素生产率提高；$GTFP < 1$，表示绿色全要素生产率下降。将 $GTFP$ 分解为技术进步指数（TECH）和技术效率变化指数（EFFCH）。$TECH > 1$，表示技术进步，生产边界外移；$TECH < 1$，表示经济增长过程中存在技术衰退，生产边界向原点移动。$EFFCH > 1$，表示技术效率改善；$EFFCH < 1$，表示技术效率恶化。其中，技术效率变化指数分为纯技术效率变化指数（PECH）和规模效率变化指数（SECH），也即：

$$GTFP = TECH \times EFFCH$$

$$EFFCH = PECH \times SECH$$

可将经济增长变化表示如下：

$$\% \Delta GDP = (\% \Delta GDP / \% \Delta TEF) \times (\% \Delta TEF)$$

公式中，$\% \Delta GDP$ 表示经济增长变化，$\% \Delta TEF$ 表示生态足迹变化。

根据索罗经济增长模型，构建包含生态足迹的索罗经济增长模型，从而分析经济增长的驱动因素，公式分解如下：

$$\% \Delta GDP = \frac{\% \Delta GDP}{\% \Delta TEF} \times (\% \Delta TEF) = \frac{\Delta A}{A} + \frac{\Delta \theta}{\theta} + \propto \frac{\Delta L}{L} + \beta \frac{\Delta K}{K} + \gamma \frac{\Delta R}{R}$$

公式中，A、θ、L、K、R 分别表示技术进步因子、效率因子、劳动投入、资本投入、土地投入，ΔA、$\Delta \theta$、ΔL、ΔK、ΔR 分别表示技术进步变化、效率变化、劳动投入变化、资本投入变化、土地投入变化，α、β、γ 分别表示劳动、资本、土地投入对 GDP 增长的弹性系数，且 $0 \leqslant \alpha$、β、$\gamma \leqslant 1$。

三、结果分析

（一）中国省域生态福祉绩效及其时空格局变化

表 6-2 为计算得到的中国及 31 个省域的生态福祉绩效。从全国来看，2006～2016 年中国生态福祉绩效整体下降，EWP 从 2006 年的 3.01 降为 2016 年的 2.44，表明中国人类发展指数提升慢于人均生态足迹增长。从省域来看，31 个省份中有 26 个省份的生态福祉绩效呈负增长，也反映了全国生态福祉绩效的下降趋势。

从四大区域来看，中部和西部地区的生态福祉绩效整体高于东部地区和东北地区。从表 6-2 可见，东部地区、东北地区大部分省份的人类福祉增速慢于其人均生态足迹增速。

表 6-2　　　　　2006～2016 年中国省域生态福祉绩效变化

	地区	2006年	2007年	2008年	2009年	2010年	2011年	2012年	2013年	2014年	2015年	2016年	2006～2016年年均增长率（%）
	全国	3.01	2.88	2.79	2.72	2.62	2.43	2.39	2.40	2.42	2.43	2.44	-2.12
东部地区	北京	3.54	3.58	3.62	3.78	4.02	4.37	4.45	4.89	5.15	5.37	5.89	6.65
	天津	2.17	2.17	2.29	2.25	2.04	1.96	2.03	2.05	2.24	2.34	2.55	1.74
	河北	2.51	2.38	2.33	2.24	2.19	1.98	1.98	1.99	2.08	2.12	2.20	-1.22
	上海	2.66	2.77	2.68	2.8	2.69	2.66	2.74	2.64	2.96	2.89	3.18	1.96
	江苏	2.89	2.80	2.75	2.71	2.57	2.33	2.30	2.27	2.30	2.25	2.26	-2.18
	浙江	2.89	2.88	2.85	2.81	2.78	2.64	2.71	2.70	2.74	2.72	2.88	-0.02
	福建	2.86	2.91	2.86	2.65	2.65	2.45	2.46	2.50	2.32	2.34	2.48	-1.35
	山东	2.27	2.16	2.06	2.03	1.98	1.91	1.85	1.94	1.87	1.82	1.82	-1.96
	广东	3.88	3.92	3.84	3.70	3.51	3.33	3.39	3.44	3.51	3.56	3.64	-0.61
	海南	2.50	2.28	2.21	2.16	2.21	2.03	1.98	2.04	1.94	1.88	1.99	-2.02

续表

	地区	2006年	2007年	2008年	2009年	2010年	2011年	2012年	2013年	2014年	2015年	2016年	2006～2016年年均增长率（%）
东北地区	辽宁	1.72	1.72	1.67	1.64	1.57	1.48	1.44	1.47	1.50	1.52	1.54	-1.02
	吉林	2.54	2.69	2.39	2.47	2.30	2.04	2.06	2.08	2.11	2.19	2.28	-1.04
	黑龙江	2.60	2.53	2.29	2.24	2.12	1.98	1.93	1.98	1.92	1.92	1.94	-2.55
中部地区	山西	1.40	1.37	1.43	1.47	1.46	1.35	1.30	1.27	1.25	1.27	1.33	-0.51
	安徽	3.99	3.91	3.62	3.43	3.34	3.25	3.13	2.99	2.88	2.90	3.04	-2.38
	江西	4.37	4.30	4.26	4.19	4.04	3.82	3.77	3.66	3.53	3.45	3.63	-1.70
	河南	3.58	3.37	3.35	3.33	3.20	3.00	3.16	3.16	3.11	3.09	3.22	-1.01
	湖北	3.35	3.19	3.20	3.09	2.92	2.70	2.65	2.92	2.84	2.87	3.02	-0.98
	湖南	4.17	4.00	4.00	3.89	3.99	3.70	3.69	3.84	3.81	3.74	3.93	-0.57
西部地区	广西	3.11	2.98	2.95	3.00	2.84	2.63	2.48	2.50	2.51	2.62	2.77	-1.09
	重庆	4.94	4.19	4.07	3.93	3.69	3.57	3.62	4.03	3.85	3.83	4.17	-1.57
	四川	4.95	4.62	4.46	4.20	4.26	4.24	4.17	4.12	3.92	4.11	4.40	-1.12
	贵州	2.85	2.90	2.95	2.80	2.95	2.82	2.63	2.61	2.76	2.76	2.76	-0.32
	云南	3.34	3.23	3.11	3.03	3.16	3.05	3.01	3.05	3.47	3.74	3.73	1.17
	西藏	7.46	8.45	16.61	17.86	18.41	10.45	11.54	12.16	10.59	10.78	10.56	4.15
	陕西	3.69	3.42	3.19	3.02	2.72	2.52	2.25	2.22	2.12	2.14	2.11	-4.28
	甘肃	3.30	3.16	3.17	3.30	3.17	2.87	2.82	2.74	2.84	2.88	3.08	-0.66
	青海	3.27	2.72	2.67	2.72	2.88	2.58	2.25	2.12	2.41	2.59	2.39	-2.69
	宁夏	1.51	1.43	1.37	1.30	1.18	0.93	0.89	0.86	0.85	0.83	0.91	-3.97
	新疆	2.00	1.95	1.86	1.69	1.64	1.45	1.29	1.19	1.11	1.12	1.16	-4.20
	内蒙古	1.29	1.23	1.07	1.04	1.01	0.83	0.81	0.83	0.81	0.82	0.86	-3.32

1. 中国省域 HDI 时空格局演进

2006～2016 年中国人类发展水平得到了大幅提高。中国 HDI 从 2006 年的 0.752 提升为 2016 年的 0.849（见图 6-3）。中国的人均 GDP 由 2006 年的 16738 元上升到 2016 年的 53980 元，中国的人均预期寿命由 2006 年的 71.4 岁提高至 2016 年的 74.83 岁，高于 70 岁的世界平均预期寿命，人类发展取得了显著进步。

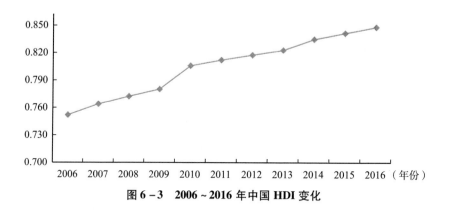

图 6 - 3　2006 ~ 2016 年中国 HDI 变化

从 HDI 四个等级：低人类发展水平（HDI≤0.499）、中等人类发展水平（0.499 < HDI≤0.799）、高人类发展水平（0.799 < HDI≤0.899）、极高人类发展水平（0.899 < HDI≤1.000）来看，2006 ~ 2016 年中国省域人类福祉水平整体上有了很大提高，高人类发展水平梯队的空间范围整体由东向西大幅推进。从空间结构来看，2006 ~ 2016 年中国人类发展水平的提升在空间上呈"京津沪率先提升，然后由东向西拓展"的特征，中西部地区人类福祉提升具有后发优势，将进一步缩小西部地区与其他地区之间的人类福祉水平差距，中部地区将赶超东北地区。

2. 中国省域生态足迹时空格局演变

在分析我国 HDI 空间格局变化的基础上，本文计算了 2006 ~ 2016 年中国各省域的人均生态足迹。从图 6 - 4 可以看出，2006 ~ 2016 年我国人均生态足迹呈增长态势，由 2006 年的 2.392 全球公顷增加到 2016 年的 3.329 全球公顷。从构成来看，人均化石燃料用地的人均生态足迹占比最高，从 2006 年的 67.56% 提高到 2016 年的 71.10%，说明化石燃料用地足迹是中国生态足迹的最大组成部分，表明中国经济发展对化石燃料的依赖程度有所加大。

图 6 - 4 反映了中国人均生态足迹的结构失衡态势，化石燃料用地足迹是中国绝大多数省域生态足迹的主体。2016 年，中国除西藏外，27 个省份的人均化石燃料用地足迹占比超过 50%。可见，中国绝大多数省份的人均

生态足迹变化由化石燃料用地足迹所决定。

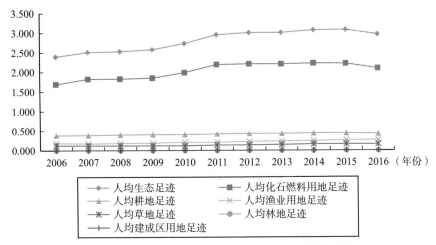

图 6 - 4　2006～2016 年中国人均生态足迹及其构成演变

从图 6 - 5 可以发现，2006～2016 年，中国有 28 个省份的人均生态足迹呈上升态势，新疆（10.11%）、宁夏（9.8%）、陕西（8.73%）、辽宁（7.83%）、青海（6.74%）的人均生态足迹增长尤其明显，说明其人均生态足迹增长主要由化石燃料用地足迹的增长导致。

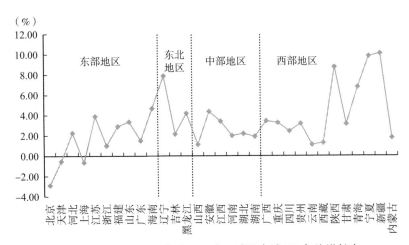

图 6 - 5　2006～2016 年中国四大区域及省域 EF 年均增长率

（二）中国省域经济增长的福祉效应分析

根据公式计算得到 DI 指数（见表6－3）。

表6－3　　　　2007～2016 年中国省域的 DI 指数变化

地区	2007 年	2008 年	2009 年	2010 年	2011 年	2012 年	2013 年	2014 年	2015 年	2016 年
北京	0.095	0.039	0.007	0.116	0.015	0.080	0.032	0.891	0.080	－ 0.043
天津	0.030	0.032	0.026	0.099	0.025	0.049	0.047	0.444	0.084	－ 0.053
河北	0.052	0.064	0.098	0.097	0.031	0.118	0.052	－ 0.071	0.561	0.202
山西	0.063	0.055	0.063	0.091	0.056	0.063	－ 0.027	0.481	0.244	－ 0.415
内蒙古	0.085	0.083	0.136	0.283	0.050	0.106	0.057	0.098	0.183	0.175
辽宁	0.059	0.034	0.028	0.126	0.035	0.060	0.001	0.181	3.922	0.009
吉林	0.061	0.042	0.086	0.165	0.028	0.065	0.013	0.021	0.381	0.314
黑龙江	0.102	0.059	0.077	0.172	0.064	0.110	－ 0.130	－ 0.120	0.202	0.235
上海	0.013	0.001	0.035	0.066	0.058	0.133	－ 0.070	0.540	0.182	0.280
江苏	0.073	0.021	0.081	0.133	0.064	0.058	0.100	0.090	0.089	0.086
浙江	0.045	0.042	0.052	0.124	0.043	0.145	0.065	0.271	0.118	0.089
安徽	0.049	0.088	0.112	0.199	0.102	0.010	0.075	－ 0.206	0.159	0.084
福建	0.006	0.046	0.129	0.281	0.013	0.069	0.087	0.071	0.117	0.097
江西	0.117	0.053	0.104	0.203	0.042	0.059	0.077	－ 0.095	0.058	0.173
山东	0.058	0.038	0.096	0.143	0.038	0.059	0.103	0.093	0.117	0.141
河南	0.079	0.058	0.199	0.158	0.052	0.074	0.014	－ 0.171	0.146	0.093
湖北	0.087	0.064	0.091	0.172	0.027	－ 0.009	0.065	－ 0.023	0.170	0.043
湖南	0.082	0.044	0.078	0.201	0.011	0.040	0.101	0.025	0.142	0.181
广东	0.066	0.033	0.046	0.08	0.076	0.163	0.062	0.326	0.153	－ 0.112
广西	0.070	0.064	0.299	0.265	0.141	0.035	0.192	－ 0.015	0.053	0.614
海南	0.080	0.095	0.062	0.211	0.100	0.116	0.089	0.061	0.129	0.381
重庆	0.097	0.050	0.046	0.036	0.180	0.035	0.091	0.021	0.094	0.102
四川	0.104	0.065	0.103	0.237	0.034	0.037	0.036	－ 0.015	0.094	0.021

续表

地区	2007 年	2008 年	2009 年	2010 年	2011 年	2012 年	2013 年	2014 年	2015 年	2016 年
贵州	0.034	0.258	0.211	0.384	0.09	0.070	0.131	0.242	0.069	0.015
云南	0.001	0.170	0.269	0.426	0.062	0.107	0.076	0.683	0.083	-0.004
西藏	0.249	0.078	0.196	0.395	0.099	0.080	-0.038	0.423	0.271	-0.084
陕西	0.065	0.068	0.068	0.173	0.058	0.071	0.060	-0.013	0.449	-0.123
甘肃	0.139	0.154	0.464	0.298	0.123	0.120	0.079	0.502	1.135	-0.038
青海	0.096	0.169	0.247	0.204	0.120	0.041	0.057	0.735	-0.156	0.136
宁夏	0.109	0.169	0.110	0.167	0.049	0.139	0.103	0.076	-0.022	0.457
新疆	0.200	0.062	0.700	0.182	0.075	0.107	0.031	0.185	0.013	1.014

根据 DI 指数大小和年份间的分布情况分析各省域经济增长的福祉效应：若（5 个年度及以上）DI < 0，表示经济增长与福祉增长绝对脱钩，说明经济增长但福祉出现负增长；若 0≤（5 个年度及以上）DI < 1，表示经济增长与福祉增长相对脱钩，说明福祉增速慢于经济增速。并以 0.1 为界，将 0≤（5 个年度及以上）DI≤0.1，称为低福祉增长，将 0.1 <（5 个年度及以上）DI < 1 称为中福祉增长；若（5 个年度及以上）DI≥1，表示福祉增长同步或快于经济增长，为高福祉增长。

由表 6 - 4 可知：北京、天津、河北、辽宁、吉林、上海、江苏、浙江、福建、广东、山东、河南、湖北、重庆、四川、陕西、安徽、江西、湖南、山西这 20 个省份为低福祉增长类型，这些省份的经济增速较快而人类福祉增速相对较慢。

表 6 - 4　　　　　　　中国省域经济增长的福祉效应类型划分

类型	划分标准	省份
低福祉增长	0≤（5 个年度及以上）DI ≤0.1	北京、天津、河北、辽宁、吉林、上海、江苏、浙江、福建、广东、山东、河南、湖北、重庆、四川、陕西、安徽、江西、湖南、山西
中福祉增长	0.1 <（5 个年度及以上）DI < 1	内蒙古、黑龙江、广西、海南、贵州、甘肃、青海、宁夏、新疆、西藏、云南

类型	划分标准	省份
高福祉增长	（5 个年度及以上）DI≥1	——
福祉负增长	（5 个年度及以上）DI<0	——

注："—"表示无此类型。

需要说明的是，我国没有高福祉增长类型的省份，也没有福祉负增长类型的省份，尽管陕西、山西、湖北、西藏等省份在 2012～2016 年出现过 DI 指数为负值的情况，但仅有两个年度，本文将其分别归入低福祉增长类型和中福祉增长类型。整体来看，2007～2016 年中国整体上处于人类福祉增长与经济增长相对脱钩的状态，各省份 HDI 增长落后于经济增速。

（三）中国省域经济增长的生态效率分解

计算传统全要素生产率和绿色全要素生产率，并对 2006～2016 年中国及 31 个省份的传统、绿色全要素生产率进行分解。2006～2016 年，中国传统全要素生产率和绿色全要素生产率都有不同程度的提高，但绿色全要素生产率一直低于传统全要素生产率，这主要是因为传统全要素生产率在计算时没有考虑非期望产出，即没有考虑经济增长带来的资源浪费、环境污染等代价。而绿色全要素生产率则考虑了生态足迹非期望产出因素，涵盖了经济增长的资源环境代价，因而明显低于传统全要素生产率。

传统全要素生产率的各分项指数对经济增长的贡献大小依次为：$TECH > SECH > PECH$；绿色全要素生产率分项指数对经济增长的贡献大小同样为：$TECH > SECH > PECH$。不论是否考虑非期望产出，技术进步指数对经济增长的影响始终是最重要的，表明技术进步是我国经济增长最重要的驱动因素。在考虑非期望产出的情况下，中国省域绿色全要素生产率的技术进步指数明显低于传统全要素生产率的技术进步指数。规模效率变化指数对我国经济增长的贡献处于第二位，纯技术效率变化指数对我国经济增长的贡献均低于规模效率变化指数的影响。可见，我国省域绿色全要素生产率提升主要得益于技术进步指数以及规模效率变化指数的驱动。

（四）中国省域生态福祉绩效的类型分析

为了进一步揭示中国省域的生态福祉绩效差异，综合 DI 指数、GTFP 指数以及 EWP 变化的三方面指标划分中国省域生态福祉绩效类型。以省域绿色全要素生产率均值（1.190）为界点，将中国 31 个省份划分为五种类型（见表 6-5）。

表 6-5　　　　　　　　　中国省域生态福祉绩效类型

类型	特征	省份
经济主导提升型	低福祉增长、高绿色全要素生产率、生态福祉绩效提升	北京、天津、上海
福祉带动提升型	中福祉增长、低绿色全要素生产率、生态福祉绩效提升	云南、西藏
福祉滞后下降型	低福祉增长、高绿色全要素生产率、生态福祉绩效下降	辽宁、河北、江苏、浙江、福建、广东、山东、河南、湖北、四川、陕西、安徽、湖南、江西
经济滞后下降型	中福祉增长、低绿色全要素生产率、生态福祉绩效下降	海南、广西、贵州、甘肃、青海、宁夏、新疆、黑龙江、内蒙古
总体下降型	低福祉增长、低绿色全要素生产率、生态福祉绩效下降	吉林、山西、重庆

（1）经济主导提升型：该类型包括北京、天津、上海。这三个直辖市的经济增长比人类福祉增长更快，经济增长的生态效率较高，生态福祉绩效不断提升。

（2）福祉带动提升型：该类型包括云南和西藏。这两个省份经济增长的福祉效应明显，即使经济增长的生态效率较低，其生态福祉绩效仍呈上升态势。

（3）福祉滞后下降型：该类型包括河北、江苏、浙江、福建、广东、辽宁、河南、湖北、四川、陕西等省份。这一类型的省份经济增长快于福祉增长，绿色全要素生产率较高，其生态福祉绩效呈下降趋势。

（4）经济滞后下降型：该类型包括海南、广西、贵州、甘肃、青海、宁夏、新疆、海南、黑龙江、内蒙古等省份。

（5）总体下降型：该类型主要包括吉林、山西、重庆。这三个省市的人类福祉增速慢于经济增速，绿色全要素生产率较低，生态福祉绩效下降。

四、主要结论

（1）2006～2016年中国人类发展水平明显提升，各地区人类发展实现了大进步与空间上的明显趋同，高人类发展水平梯队的空间范围整体由东向西大幅推进。中国经济增长依然依赖化石燃料的消耗。

（2）2006～2016年中国生态福祉绩效整体呈下降趋势，省域之间生态福祉绩效存在明显差异。生态福祉绩效降低主要是由于人类福祉提升受到生态资源高消耗的制约，我国人均生态足迹的上升主要由于人均化石燃料用地足迹增长导致，因而扭转各省域生态资源消耗对应的人类福祉产出效率不断下降的趋势，必须要转变经济增长方式，降低化石燃料使用比例。

（3）中国省域福祉增长与经济增长相对脱钩，福祉增速慢于经济增速。中国大部分省份属于低福祉增长类型，少数省份属于中福祉增长类型，还未出现高福祉增长省份，这表明中国经济增长促进了人类福祉提升，但经济产出转化为人类福祉的效率仍然较低。低福祉增长要引起我国重视。

（4）中国省域绿色全要素生产率明显低于传统全要素生产率，说明我国经济增长付出的资源环境代价影响了经济发展质量。

（5）中国省域生态福祉绩效提升整体上均由经济增长的福祉效应和经济增长的生态效率共同驱动。根据驱动效应组合和生态福祉绩效变化，中国31个省份的生态福祉绩效分为"经济主导提升型、福祉带动提升型、福祉滞后下降型、经济滞后下降型、总体下降型"五种类型。属于不同类型的各省份要根据自身存在的短板采取差异化的生态福祉绩效提升策略。

案例二：中部地区人类发展的生态效率评价[*]

一、研究背景

人类发展研究把发展的关注焦点重新集中于人的各方面可行能力的扩展上，这会内在地产生对资源、环境和生活质量的可持续发展产生需求。针对目前中部经济快速发展所带来的资源大量消耗和环境快速退化等问题，从统筹人类发展和生态文明的可持续发展理论视角出发，进行中部地区人类发展的生态效率评价研究，提供了落实中部地区可持续发展目标的重要切入点，也为破解中部人类发展水平提高与资源短缺和环境恶化之间的矛盾提供对策建议；同时对挖掘中部地区发展潜力，推动中部地区经济转型、促进中部地区人口、资源、经济、社会、环境之间的协调可持续发展以及中部崛起都具有重要的现实意义。

二、研究方法

（一）生态效率模型

尽管生态效率的概念内涵是不断演进和深化的，但从"产出"与"输入"的比率定量刻画生态效率无疑是生态效率研究的主要范式。

区域生态效率是指在区域发展过程中，获取人类发展所消耗的资源、能源和环境的一种"投入"与"产出"的比率关系。人类发展视角的区域生态效率概念的内涵即生态环境用于获取人类发展的效率，可用人类发展和环境负荷的比值来表示。经济发展关注物质财富的增长，人类发展更强调人自身的发展，经济发展是人类发展的基础，经济增长并不意味着人类发展指标

---

　* 王圣云：《中部地区人文发展的生态效率评价》，载于《经济地理》2011 年第 5 期。为了表述统一，将人文发展改为人类发展。

得到了改善。考虑到经济发展在获取人类发展中的基础作用，可将人类发展视角的区域生态效率分解为人类发展的经济效率和经济发展的生态效率的乘积。

$$Ee = \frac{HDI}{E} = \frac{HDI}{GDP} \cdot \frac{GDP}{E}$$

公式中 Ee 表示生态效率，E 表示环境负荷，GDP 表示经济发展，HDI 为人类发展指数，是由寿命指数、教育指数（成人识字率和综合入学率的加权平均数，其中前者的权数为 2/3，后者的权数为 1/3）和收入指数综合而成。

（二）环境负荷指数

选取能表征环境负荷的废水排放总量、废气排放总量、固体废弃物排放总量、地区能源消费总量和地区电力消费总量五个指标，先将原始数据进行标准差标准化处理。

$$X_{ij} = (x_{ij} - \bar{x}_{ij}) / \sigma$$

公式中 X_{ij} 为标准化数据，x_{ij} 为原始数据，σ 为标准差，$\bar{x}_{ij}$ 为平均值，i 表示省，j 表示变量。

进行主成分分析，取两个主成分累积贡献率大于 75%，故选取两个主成分运用主成分方法进行综合评价，得到综合指数 T。

$$w_i = \lambda_i / \sum_{i=1}^{m} \lambda_m$$

公式中 w_i 为主成分权重，λ_i 为特征根，m 为主成分个数。

$$T_n = w_1 f_1 + w_2 f_2$$

将公式中 T_n 命名为环境压力指数，因为 T_n 为均值为零的正负数，故采用功效系数法对其进行线性变化，使得其介于 0.6~1.0 之间，f_1 和 f_2 分别是第一、二主成分得分。

$$E = 0.6 + 0.4 \left(\frac{T_n - T_{\min}}{T_{\max} - T_{\min}} \right)$$

公式中 E 为环境负荷指数，$T_{\min}$ 和 $T_{\max}$ 分别是环境压力指数 T_n 的最小值和最大值，n 为年份。

三、研究结果

（一）中部地区人类发展现状

中部地区包括山西、安徽、江西、河南、湖北、湖南六省，国土面积103 万平方公里，在我国经济社会发展格局中占有重要地位。从表 6 - 6 可以看出，中部地区人类发展和东部地区相比尚有一定的差距。中部地区人均国内生产总值是西部地区的 1. 12 倍，是东北地区的 69%，东部地区的48%。2008 年中部地区在人均国内生产总值、城镇居民可支配收入、农村居民人均纯收入等人类发展方面都略好于西部地区，低于东北地区，和东部地区有较大差距。从平均预期寿命、平均教育水平、平均人类发展指数等指数来看，尽管也呈现与人均国内生产总值等指标相似的规律，但相比之下和东部地区的差距相对较小。

表 6 - 6　　　　　中部地区人类发展水平的区域比较（2008 年）

地区	人均国内生产总值（元）	城镇居民可支配收入（元）	农村居民人均纯收入（元）	平均预期寿命	平均教育水平	平均人类发展指数
东部	37213	19203	6598	0. 82	0. 94	0. 84
中部	17860	13226	4453	0. 77	0. 92	0. 78
西部	16000	12971	3518	0. 72	0. 87	0. 74
东北	25955	13120	5101	0. 80	0. 96	0. 82

数据来源：根据《2009 中国区域经济统计年鉴》和《2009 ~ 2010 中国人类发展报告》数据整理计算。

中部六省人类发展水平 1990 ~ 2008 年整体呈稳步提高趋势。山西人类发展从 1990 年的 0. 607 提高到 2008 年的 0. 8，超过了 2008 年全国 0. 772 的水平，1990 ~ 2008 一直处于较高水平，位居中部六省第一。江西人类发展水平较低，但发展较快。从 1990 年的 0. 529 提高到 2008 年的 0. 760。2008年超过安徽，略低于全国水平。和东部发达省份相比，中部六省人类发展水平仍然较低，存在较大差距。2008 年上海人类发展指数为 0. 908，都远高于中部平均人类发展水平。中部六省之间人类发展水平的差距较小，不超过0.1（见图6-6）。

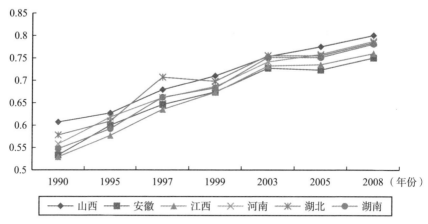

图6-6　中部六省人类发展指数：1990～2008年

（二）中部地区环境压力现状

从表6-7可见，中部地区国内生产总值在全国的占比为19.3%，能源消费量和电力消费量分别占全国总消费量的21.8%和22.4%，从绝对量和占比来看中部都远低于东部。中部地区的单位GDP能耗和电耗都低于东部地区，高于西部地区。

表6-7　　　　　　　　2008年中部地区能源和电力消费的区域比较

地区	土地面积		人口		国内生产总值		能源消费量		电力消费量	
	总量	比重	总计	比重	总量	比重	总量	比重	总量	比重
	万平方公里	%	万人	%	亿元	%	万吨标准煤	%	亿千瓦小时	%
东部	91.6	9.5	47965	36.7	177580.0	54.3	146994.6	43.5	17424.4	50.0
中部	102.8	10.7	35466	27.1	63188.0	19.3	73560.1	21.8	7016.5	22.4
西部	686.7	71.5	36522	27.9	58256.6	17.8	82151.2	24.3	7807.2	20.1
东北	78.8	8.2	10874	8.3	28195.6	8.6	35002.0	10.4	2605.6	7.5

资料来源：根据《2009中国区域经济统计年鉴》和《2009中国能源统计年鉴》数据整理计算。

（三）中部六省环境负荷指数评价

整体来看，1990～2008 年中部六省的环境负荷有降低倾向。中部六省之中，环境负荷最小的是江西，1990～2008 年江西的环境负荷在中部六省中一直是最低的，其次是安徽。河南和山西的环境负荷较大，主要是因为河南和山西的废气排放量以及能源和电力消费量较高所致（见图 6 – 7）。

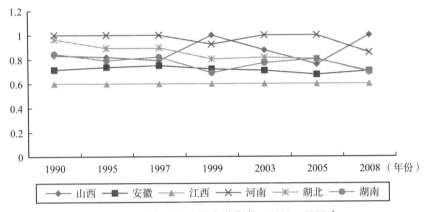

图 6 – 7　中部六省环境负荷指数：1990～2008 年

此外，1990～2008 中部六省的能源消费量、电力消费量和废气排放量三个指标始终在第一主成分上有很大载荷，且贡献率超过 55% 以上，说明1990～2008 年能源消费量、电力消费量和废气排放量一直是影响中部六省环境负荷的重要因素（见表 6 – 8）。

表 6 – 8　　　　　　　　　　累积贡献率和载荷

项目	1990 年	1995 年	1997 年	1999 年	2003 年	2005 年	2008 年
第一主成分累积贡献率	57.05%	55.20%	58.78%	62.24%	62.10%	61.64%	57.23%
第二主成分累积贡献率	90.48%	90.29%	89.24%	93.12%	94.26%	96.13%	95.29%
能源消耗量	0.985	0.949	0.976	0.993	0.991	0.993	0.976
废气排放总量	0.944	0.927	0.974	0.984	0.979	0.960	0.963

项目	1990 年	1995 年	1997 年	1999 年	2003 年	2005 年	2008 年
电力消费量	0.911	0.885	0.957	0.967	0.852	0.950	0.824
废水排放总量	0.165	- 0.034	0.164	0.319	- 0.073	0.296	0.352
固体废物排放量	0.368	0.464	0.308	0.348	0.657	0.431	0.423

（四）中部六省生态效率评价结果

1. 人类发展的经济效率

从人类发展的经济效率来看，中部六省人类发展的经济效率整体上从 1990～2008 年呈降低趋势。说明尽管中部地区人类发展水平在不断提高，但经济发展对人类发展的提升效率在降低（见图 6 - 8）。

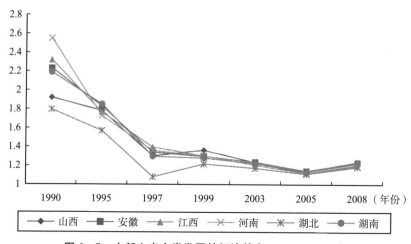

图 6 - 8　中部六省人类发展的经济效率：1990～2008 年

2. 经济发展的生态效率

从经济发展的生态效率来看，1990～2008 年中部六省经济发展的生态效率不断提高。山西出现较大的波动，主要是因为山西的环境负荷也是不断波动的。其余五省经济发展的生态效率都在平稳提升，这主要在于中部六省的经济产出在逐年提高，环境负荷指数整体上具有降低倾向，且经济产出的增速较快（见图 6 - 9）。

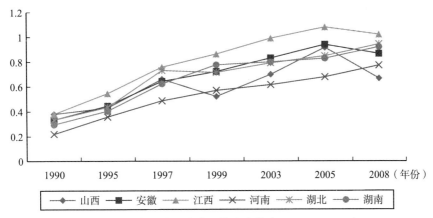

图 6 – 9　中部六省经济发展的生态效率：1990～2008 年

3. 人类发展的生态效率

从人类发展的生态效率来看，中部六省生态效率从 1990～2008 年整体上不断提高。除山西外，其他中部五省提高幅度较大。山西生态效率整体趋势在降低，是因为环境负荷增大，但人类发展基础较好。在中部六省之中，江西省生态效率最高，是因为江西的环境负荷最小。尽管江西的环境负荷最低，但江西人类发展水平在中部六省中最低（见图 6 – 10）。

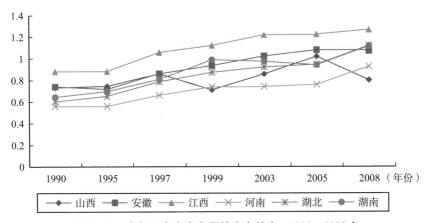

图 6 – 10　中部六省人类发展的生态效率：1990～2008 年

四、研究结论

第一，随着发展观转变，区域生态效率研究的"产出"维度从经济维度转向人类发展维度。第二，1990～2008 年中部六省人类发展水平整体呈现稳步提高趋势。和东部发达省份相比，仍存在较大差距，但平均水平整体上高于西部地区。中部六省之间人类发展水平差距较小。中部地区人均能耗和人均电耗都低于东部和东北，稍高于西部地区。第三，1990～2008 年中部六省环境负荷整体呈现降低趋势。中部六省中环境负荷最小的是江西，河南和山西的环境负荷较大。1990～2008 年能源消费量、电力消费量和废气排放量一直是影响中部六省环境负荷的最重要的因素。第四，1990～2008 年中部六省人类发展的经济效率整体上呈现降低趋势；中部六省经济发展的生态效率不断提高；中部六省人类发展的生态效率 1990～2008 年整体上不断提高。

第七章

生态文明与生态产品价值实现

生态补偿是指破坏了生态系统和自然资源，对已经造成污染环境的补偿、恢复和综合治理等一系列活动。本章着眼于生态公平和规划治理，主要介绍生态补偿与生态功能规划，包括生态补偿发展过程、基本类型、理论基础和制度，还有空间生态功能规划的思路、基本理论以及生态功能分区的原则和方法，最后总结了中国生态文明和中国生态示范区的建设进程。

第一节　生　态　补　偿

一、生态补偿的含义

（一）生态补偿的概念

生态补偿（eco-compensation）既是一个经济问题，也是一个政策问题，但其实质是一个经济问题。[①] 生态补偿是一种经济手段，但没有政策指导和强有力的高层政府权衡，生态补偿是不可能实现的。生态保护的受益者应当以资金、项目、技术等激励形式对生态保护提供者进行补偿。2005 年，中国环境与发展国际合作委员会在现有研究的基础上，成立了中国生态补偿机

[①] 李文华、刘某承：《关于中国生态补偿机制建设的几点思考》，载于《资源科学》2010 年第 5 期。

制和政策专题小组。这个专题工作组对生态补偿的定义为生态系统服务的保护和可持续利用，主要通过经济手段、各种规则、激励措施和协调的制度安排来促进补偿活动和规范生态保护的主动性，以规范相关各方的利益。中国的生态补偿旨在通过对生态系统和自然资源的保护行为而做出激励，从而达到保护环境的目的。

当前，国内学界对生态补偿还有广义和狭义之分：广义地说，生态补偿是指对因环境保护而失去发展机会的地区居民的经济、技术和物质补偿以及政策优惠，还有为促进环境保护，为提高环境保护水平的科研和教育经费。狭义地说，生态补偿是指破坏了生态系统和自然资源，对已经造成污染环境的补偿、恢复和综合治理等一系列活动（张建肖等，2009）。

关于生态补偿，补偿什么？应该补偿谁？应该怎样补偿？中国的生态补偿建设经历了多年的绿色修复工程的实践，生态补偿实施的区域现已覆盖中国 31 个省份，在其中七个领域取得成效，主要包括流域、森林、海洋、湿地、草地、沙漠、耕地，所覆盖的空间范围主要集中在长江、黄河等主要干流以及国家重点生态功能区。[1][2]

（二）生态补偿认知脉络

人们对生态补偿内涵的理解经历了由简单到深刻的过程，原来生态补偿是指自然生态补偿，后来延伸出生态环境补偿、生态服务补偿、生态价值补偿、生态效益补偿、生态经济补偿等多种名称，由于不同领域的专家学者对生态补偿概念的界定角度不同，对生态补偿概念的表达也有很大差异。我国对生态补偿概念的认知过程如下：

1. 演变过程[3]

由生态意义的生态补偿到社会经济意义的生态补偿的发展过程：

20 世纪 80 年代以来，国内开始了大量生态补偿的理论研究。早期的生态补偿主要指自然生态补偿，如马世骏等认为，自然生态系统各成分之间具有一定程度相互补偿的调节功能，但这种补偿和调节作用是有限度

---

① 靳乐山、吴乐：《我国生态补偿的成就、挑战与转型》，载于《环境保护》2018 年第 46 卷第 24 期。
② 张坤、唐肖彬：《林业生态补偿的实践与思考》，载于《中国土地》2019 年第 6 期。
③ 中国 21 世纪议程管理中心：《生态补偿原理与应用》，社会科学文献出版社 2009 年版。

的。国内学者（张诚谦，1987）在研究资源有偿利用时提出了"生态补偿"概念。

1991 年版的《环境科学大辞典》编委会将自然生态补偿定义为生物有机体、种群、群落、或生态系统受到干扰时，所表现出来的缓和干扰、调节自身状态使生存得以维持的能力。

1998 年，强调自然生态系统对外界压力的缓冲适应能力，是生态系统的自我修复和还原。与此概念内涵相似的是指城市自然生态系统对由于社会、经济活动对城市生态环境破坏所起的缓冲和补偿作用（叶文虎等，1998）。

2002 年，生态补偿通过对损害资源环境的行为进行补偿，提高该行为的成本，从而激励损害行为的主体减少，达到保护资源的目的（毛显强等，2002）。

2004 年，原国家环境保护局等部门联合发布的《湖库富营养化防治技术政策》中首次提到了"生态保护补偿"，这是我国首次在规范性文件中提出此概念。不过，《国务院关于落实科学发展观加强环境保护的决定》文件仍然使用了"生态补偿"概念，而且从语境来看，生态补偿与环境赔偿在内容上有交叉。

2007 年，随着生态建设实践推进和经济发展的需要，其概念进行了重新定义，生态补偿加入正面效益的补偿，由单纯的对生态环境破坏者的收费，拓展到对生态环境保护者进行补偿。这在一定程度上，地区之间的发展机会的公平性得到提升（杨光梅等，2007）。

2014 年《中华人民共和国环境保护法》（修订版）提出"国家建立、健全生态保护补偿制度"，"生态补偿"概念才被"生态保护补偿"概念所替代。

2016 年国务院办公厅印发的《关于健全生态保护补偿机制的意见》以及 2021 年中共中央办公厅、国务院办公厅印发的《关于深化生态保护补偿制度改革的意见》，使用"生态保护补偿"概念。

2. 研究现状

国际上更为主流的概念是"生态系统服务付费"。指生态服务使用者和提供者之间基于为区外提供服务的自然资源管理协议，所开展的购买环境服务的自愿交易，通过政府之间的转移支付来实现。[①] 转移支付应该考虑到这个地区根据国土资源的规划，如果主要职责是环境保护生态保护或水源涵养，那就不应该从事经济活动。不同地区应该错位发展，不适合发展工业和商业就不发展工业和商业，以农业为主的就应该发展农业，以保护为主就实施保护，形成这种格局，再以转移支付来调节各地政府之间的利益关系，从而使得整个利益格局符合生态保护的要求。

国内从多个学科角度研究分析，李文华（2006）认为生态效益补偿的概念更适合我国，应该运用经济手段鼓励人们维护和保护生态系统服务，维护社会发展的公平性，并解决市场机制失灵造成的生态效益外部性，从而实现保护生态环境效益的目标。[②] 为了更好与生态系统服务国际支付（PES）的概念接轨，于是第一次在概念中提出维护和保育生态系统服务的功能，与生态补偿紧密联系。

综上所述，生态补偿有四层含义：（1）对生态环境本身的补偿；（2）生态环境补偿费的概念，控制以经济手段破坏生态环境的行为，并将经济活动的外部成本内在化；（3）对个人和地区保护生态环境或放弃发展机会进行补偿；（4）对具有重要生态价值的地区（如西部地区）或类型（如湿地或森林）进行保护性投资等。[③] 生态补偿是指一个特定的社会经济系统对其所消费的生态服务的补偿或补偿的行为（刘玉龙，2007）。

二、生态补偿的基本类型

生态补偿的类型是生态补偿制度构建的重要组成部分。建立一个生态补偿机制，首先需要认识生态补偿的分类，生态补偿分类是建立生态补偿制度的基础。生态补偿制度只有在根据各类型的补偿特点的情况下进行针对性设计才能实现可行性。

生态补偿的类型是指根据一定标准对生态补偿进行分类所得的生态补偿

① 吴健、郭雅楠：《生态补偿：概念演进、辨析与几点思考》，载于《环境保护》2018 年第5 期。

② 李文华、李芬、李世东：《森林生态效益补偿的研究现状与展望》，载于《自然资源学报》2006 年第5 期。

③ 王金南、庄国泰：《生态补偿机制与政策设计（生态补偿国际研讨会论文集）》，中国环境科学出版社 2006 年版。

的种类。生态补偿的基本类型大体有以下分类：

（1）按照生态补偿时间范围划分：存量型生态补偿、流量型生态补偿以及混合型生态补偿。

（2）按生态功能补偿类型划分：大气环境保护、矿产资源开发区、农业生产区、旅游风景开发区、重要生态功能区（自然保护区、流域水资源）。

（3）按国内外生态补偿的实践划分：政府主导的生态补偿、基于市场交易的生态补偿、社区参与的生态补偿。

（4）按补偿的具体形式的标准划分：货币补偿、实物补偿、政策补偿、智力补偿、项目补偿。

生态补偿分类可以说是补偿制度中最为关键的环节。根据生态补偿的分类，来制定生态补偿的方式后展开工作，然而，现有文献集中于生态补偿的补偿标准和基本理论及体系的研究，只有少部分对生态补偿的方式进行研究分析。同时也因为生态补偿的概念不明确，没有统一的定义，生态补偿的研究和分析存在许多问题（俞海等，2008）。此外，还有不同领域的学者根据自己的研究进行了更详细的分类，如表 7 - 1 所示。

表 7 - 1　　　　　　　　　　生态补偿的主要类型

分类依据	主要类型	内涵
补偿的途径	直接补偿	由责任者直接支付给直接受害者
	间接补偿	由环境破坏责任者付款给政府有关部门，而由政府有关部门给予直接受害者以补偿
补偿的内涵	广义补偿	污染环境的补偿和生态功能的补偿
	狭义补偿	生态功能的补偿
补偿的效果	输血型补偿	政府或补偿者将筹集起来的补偿资金定期转移给被补偿方
	造血型补偿	补偿的目标是增加落后地区发展能力
补偿对象性质	保护补偿	对为生态保护作出贡献者给予补偿
	受损补偿	对在生态破坏中的受损者进行补偿和对减少生态破坏者给予补偿
补偿的区域范围	国内补偿	国内补偿还可以进一步划分为各级别区域之间的补偿
	国家间补偿	污染物通过水、大气等介质在国与国之间传递而发生的补偿，或发达国家对历史上的资源殖民地掠夺进行补偿

续表

分类依据	主要类型	内涵
政府介入程度	强干预补偿	通过政府的转移支付实施生态保护补偿机制
	弱干预补偿	指在政府的引导下实现生态保护者与生态受益者之间自愿协商的补偿
可持续发展	代内补偿	指同代人之间进行的补偿
	代际补偿	指当代人对后代人的补偿
补偿资金来源	国家补偿	由国家财政支付补偿
	社会补偿	社会补偿泛指由受益的地区、企业和个人提供的补偿
条块角度	区域补偿	由经济比较发达的下游地区反哺上游地区
	部门补偿	直接受益者付费补偿
补偿的流向	横向补偿	
	纵向补偿	

资料来源：丁四保、王昱：《区域生态补偿的基础理论与实践问题研究》，科学出版社 2010 年版。

三、生态补偿的理论基础

"生态补偿"提供了一种新的思维方式来研究人与自然之间的关系，人与人之间的关系，以及两者之间的政策和对策，逐渐形成了探索生态补偿的理论基础（王怀毅等，2022）：

（一）生态环境价值论

长期以来，资源是无限的概念深深扎根于人们的思想，同时也渗透于社会和经济活动之中。生态系统要素，例如空气、水和土壤，也一直是免费的或廉价的，无法作为非专属资源使用，而环境价值也没有得到充分的评估和量化。所以长期以来"粗放型"的经济增长模式，使人口的迅速增长、资源供应的不平衡、生态功能的恶化以及其他全球性或地方性的问题日益突出，引发人地关系的矛盾，使得人们对生态环境的价值有了更深刻的了解。

可持续发展思想的传播使得经济学家提出了更多环境价值的新概念。其中皮尔斯提出的生态环境的经济价值（Total Economic Value）可以分为使用价值（Use Value）和非使用价值（Nonuse Value）。使用价值反映的是环境资源的直接或间接使用价值，非使用价值与人类是否使用该环境资源没有直接关系，是人类对环境资源价值的伦理判断。生态环境价值的界定，是实施生态补偿的理论依据。

（二）外部性理论

外部性（externality）最初是由马歇尔提出的，外部性也可以称为溢出效应、外部效应。

1. 外部效应的分类

外部性主要分为正外部效应和负外部效应。正外部效应指交易双方之外的第三者所带来的未在价格中得以反应的收益。伴随利益流失的正外部性，如果一种经济活动产生正外部性，劳动价值被他人或社会无偿所得，即利益流失。负外部效应指对交易双方之外的第三者所带来的未在价格中得以反映的成本费用。

2. 外部性内部化

通过制度安排经济主体经济活动所产生的社会效益转为私人收益或私人成本，技术上的外部性转化为金钱上的外部性。对生态系统本身保护（恢复）或破坏的成本进行补偿，通过经济手段将经济效益的外部性内部化，对个人或区域保护生态系统和环境的投入或放弃发展机会的损失的经济补偿，对具有重大生态价值的区域或对象进行保护性投入。

（三）公共产品理论

根据萨缪尔森的定义，公共物品是一种产品，与私人产品相比，公共产品有两个主要特征：非竞争性和非排他性。公共产品并不是专有的，是所有人共同享有的消费品。每个消费者都不会自愿支付，但是他们希望其他消费者能够购买这些产品，享受这些产品带来的好处，所以它们在消费方面都是有竞争力的，这导致了资源的过度使用，最终公共产品供不应求，如"公地悲剧"问题和"搭便车"现象（王怀毅等，2022）。

（四）生态系统服务价值理论

生态系统服务（ecosystem services）是指由生态系统形成和维护的自然环境，人类不仅依赖其生存，而且依赖其农业生产所必需的食物、医药和原材料，而且还维持着生命支持系统以促进生存和人类发展。生态系统为人们提供商品和服务，人们从生态系统中得到的好处，包括支持、调节、供应和文化功能。

生态系统服务的价值是间接价值。在使用生态系统服务的过程中，人类不仅应该考虑到人类福祉，而且还应该考虑到生态系统服务的价值。衡量生态服务的价值是建立生态补偿机制的重要基础（该理论详见本书第四章）。

（五）可持续发展理论

可持续发展的目的是保护经济、生态、社会的持续性，三者是相互联系、相互制约的。可持续发展需要人与人之间的和谐，人与自然之间的和谐，即代际和谐和代际公平。可持续发展理论是生态补偿机制研究的出发点。（该理论详见本书第三章）[1]

四、生态补偿机制

（一）补偿原则

基于社会公平，征收的费用应该补偿给那些因生态环境过度利用而遭受损失的人。污染者为污染行为付出代价，有责任和义务做出赔偿，环境受益者有责任和义务对付出努力的地区提供适当的补偿。生态补偿原则有：

"谁保护，谁受益"原则，既符合效率要求，也考虑了社会的公平和正义；

"谁受益，谁付费"原则，按照谁受益谁付费的市场经济原则；

循序渐进原则：从规范并推广补偿费的征收入手，合理收费，逐步总结经验，循序推行；

有效性原则：一些生态补偿规划操作成本过高，长期会影响社会和经济发展。要效应和短期效应结合，保证生态补偿有效性。[2]

---

① 龚高健：《中国生态补偿若干问题研究》，中国社会科学出版社 2011 年版。
② 王丰年：《论生态补偿的原则何机制》，载于《自然辨证法研究》2006 年第 1 期。

（二）补偿依据

生态补偿标准的确定主要取决于受损者的成本 C_T（包括直接成本、机会成本和发展成本）和受益者与受损者的谈判力 λ。λ 与政治结构、损失者的组织程度、项目实施者的地位有关。

C_T 是可以计量的。当项目的收益 R 能准确地计算出来时，补偿标准为 $S = C_T + \lambda \Delta R$。其中 $\Delta R = R - C_T$，为市场交易中的合作剩余。当项目的收益不能准确地计量时，生态补偿标准定为 $S = C_T + Z$，Z 为损失者因其具有的谈判力而获得的额外补贴，与 λ 成正比。[1]

（三）补偿主体和客体

补偿主体是指从生态系统服务中受益的个人或组织。补偿客体是因生态系统服务的养护和改善而损害利益的个人或组织。根据"谁使用、谁付费"的原则，环境使用者必须支付补偿金，由于生态环境的过度利用而遭受损失的个人或企业将得到赔偿。受益人是赔偿的对象，受害人是赔偿的对象。受益人和受损人可以被界定为利益相关方（潘兴良等，2016）。

（四）补偿途径

生态补偿的方式多种多样。包括多边协议下的全球市场交易，如国际碳排放交易；区域或双边协议下的补偿，如跨界水权交易；中央政府财政转移支付，如中国的西部大开发中退耕还林工程中的生态补偿；生态补偿基金，如中国的中央财政森林生态效益补偿基金和日本的水源涵养林建设基金；流域上下游的市场交易，如中国闽江、九龙江流域生态补偿；水权交易，如中国东阳——义务水权交易；资源税费，如中国的矿产资源费、日本的水源税；生态标志，如欧盟的生态标志体系；非政府组织的捐赠，如世界自然基金会（WWF）的生态补偿实践等。[2]

---

① 李云燕、黄姗、张彪、羡瑛楠：《北京市生态涵养区生态服务价值评估与生态补偿机制探讨》，载于《中国环境管理》2019 年第 5 期。
② 葛颜祥、吴菲菲、王蓓蓓等：《流域生态补偿：政府补偿与市场补偿比较与选择》，载于《山东农业大学学报（社会科学版）》2007 年第 4 期。

第二节 生态公平

一、生态公平的含义

"良好的生态环境，已然成为最公平的公共产品"，强调了治理结果的重要性，也展现了环境的普惠性和公平性。大力推进生态文明建设的过程，更加重点关注生态公平问题。[①]

公平是一个社会性评价的概念，是主体在社会交往过程中对自己的投入和产出平衡所做出的一个主观评价（夏文斌，2008）。生态是一个涵盖了人化的自然环境和社会环境的概念，更突出体现人、自然、社会的辩证互动关系。

生态公平指的是不同主体在分配生态资源、保护生态环境和补偿生态损失的基础上制定的合理规则。规则强调不同的主体拥有同样的生态资源，应同样履行生态义务，才能共享良好的生态环境。生态公平是人类在使用和保护、开发和补偿自然资源方面承担的共同责任，谁在资源利用方面受益越大，在保护自然资源方面就应该负有越大责任（李诗凡等，2014）。

二、生态公平的维度

生态公平指的是不同群体、区域和国家在破坏生态资源和生态危机方面的权利和义务的公正性。

人类与自然应当建立平等、公正的关系，人类中心论的观点违背了生态公平要求，在维护自然健康和稳定的基础上追求人类社会的可持续发展。

1. 实现代际生态公平

指当代人和后代人，能够公平地占有和使用资源与环境，承担相对应的责任和义务。

---

① 曹万林：《区域生态公平及其影响因素研究》，载于《统计与决策》2019 年第 7 期。

2. 实现代内生态公平

代内生态公平就是指同代人之间应该公平地占有和使用资源与环境、分配保护环境的责任与义务。

3. 实现区际生态公平

区际生态公平主要包括几方面：区域之间平等享有生态的权利，平等履行生态的义务，公平承担生态的责任。

三、生态补偿与生态公平

生态补偿调节的是生态保护和受益者之间的利益关系，而良好的生态环境是最公平的公共产品，是最普惠的民生福祉。①

生态环境的公共属性意味着其全民共享，也理应由享受良好生态的人们共同保护。在这个过程中，涉及多地域、多主体复杂的利益关系，有些地区或企业破坏了环境，获取了经济利益，却没有付出相应成本，有些地区付出了保护生态环境成本，失去了发展经济的机会，却没有得到合理补偿，这就造成保护与发展之间的矛盾，不仅违背了公平，也造成了城乡之间、区域之间的发展差距。

生态保护补偿制度正是针对生态公平科学有效的制度设计，是绿水青山转化为"金山银山"的纽带，让保护者不再吃亏，让受益者付出合理成本。

第三节　空间生态规划与生态功能分区

一、空间生态规划思路

近年来，生态规划对环境的重要性得到广泛承认，如何实现空间的可持续管理，在传统经济规划的"生态反思"基础上提出"生态规划"，旨在促进自然资源的可持续和保护生态系统的完整性。生态规划已经在许多领域广

---

① 习近平：《推动我国生态文明建设迈上新台阶》，载于《资源与人居环境》2019 年第 3 期。

泛使用，如自然保护、环境治理、资源开发、区域规划等。空间生态规划是在生态原理的指导下，将相关的生态规划理论和方法应用于空间规划。

（一）空间生态规划的基本思路

随着自然资源部的建立，我国的空间规划进入了一个以自然为基础的生态文明的新时代。新时代的空间规划有以下三个特点：

（1）在思维理念上，践行新发展理念，强化"生态思路"。包括三个维度：①视城乡为生命共同体，注重绿色发展的"有机思维"；②视各利益相关方为合作伙伴，强调政策创新和共享发展的"用户思维"；③视各区域为命运共同体，注重多尺度开放、协调发展的"跨界思维"。

（2）在运行体系上，注重生态优先、绿色发展，自然生态和数字生态基础设施决定资源环境承载力、城市开发和空间运营适宜性。

（3）在体制运行上，优先考虑保护和养护，优先考虑自然恢复。发展资源节约型、环境保护型的空间格局和产业结构，改善生产方式和生活方式。改善城市和农村地区的环境质量，改善环境保护，深化生态环境管理改革。

（二）空间生态规划的前提

以人为本是空间生态规划的重要依据，强调人类生存、生产活动与自然环境、自然生态过程的整体和谐，部门与层次的和谐，人与自然的和谐。

以资源承载力为空间生态规划的前提，强调人地系统的开发以当地资源承载力为基础，充分认识人地系统内部资源、环境特征及其环境承载力，根据对自然生态过程特征与人类活动之间耦合关系的理解，确定科学合理的资源开发和利用模式以及人类社会和经济活动的强度与空间秩序。

（三）空间生态规划的程序与内容

1. 空间生态规划的基本程序

空间生态规划具有明显的空间实践特征、区域城乡统筹特征和生态控制特征。它将自然生态空间要素纳入区域空间研究。其编制的程序和内容如图 7-1 所示（刘康，2011）。

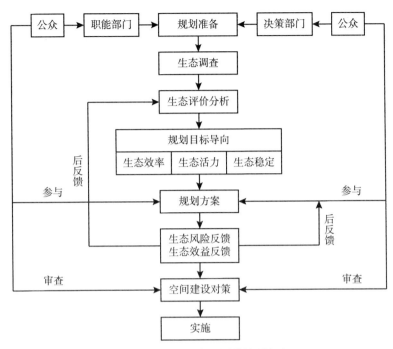

图 7 – 1　空间生态规划的编制程序

资料来源：刘康：《生态规划——理论、方法与应用》，化学工业出版社 2011 年版。

2. 空间生态规划的内容

（1）生态调查：可以准确地掌握区域重要生态资源、生态敏感度分析、生态演替过程分析等的关键信息。生态调查要侧重收集规划空间内的自然、社会、人口、经济等方面的资料和数据。针对规划的对象不同，调查所采用的方法也不尽相同。例如实地调查、历史调查、公众参与的社会调查、遥感调查。

（2）生态评价分析：主要运用复合生态系统的观点和生态学原理，对空间内的资源特点进行综合性分析。为空间生态优化发展提供有力的依据。主要包括以下几个方面：

①生态过程分析：生态系统演化到某一阶段的表现，强调空间格局与发展的动态关系；

②生态承载力分析：某一空间范围内的某一资源最大可能承载的人口规模、开发强度等；

③生态格局分析：用于指导空间规划的自然生态格局；

④生态敏感性分析：用于评估生态系统对人类活动的敏感程度；

⑤生态适宜性分析：将各种空间利益方向对土地治理的要求、时间供给之间进行比较和匹配的过程；

⑥生态系统服务分析：为空间生态规划中的生态建设用地提供判断依据。

（3）生态决策生态决策：这是空间生态规划的关键环节，是在生态目标、生态分析评价基础上，进行生态风险评估和生态效益的评估，并确定所采取的空间生态规划对策，指导空间的开发建设。对空间规划方案实施后可能产生的负面影响进行评估，从而选出预先消除的措施，即生态风险评估；对不同规划方案实施前后的差异进行评估，为规划方案提供依据，即生态效益评估（刘康，2011）。

二、空间生态规划理论

空间生态规划理论以生态学为核心，针对生态环境的现实问题和生态保护的紧迫性来进行空间规划。它可以理解为空间意义上的生态规划，即在空间划分地实施生态规划，具体可以表述为，它是通过运用生态学思想和生态学理论，合理配置区域土地和空间资源，是实施区域空间规划的生态途径，使人与空间环境和谐共存，协调发展。

生态规划是一个由人参与并且由人主导的方案制定过程，因此，要保证规划的科学性，就必须以相应的理论为指导（见表7-2）。这里主要介绍景观生态学和生态适应性理论。

表7-2 生态规划学的理论基础

来源学科	与生态规划相关的基础理论
生态学	生态适宜性理论、生物多样性理论、生态演替理论、景观生态学、生态系统服务功能理论
经济学	生态经济理论、区域经济发展理论、循环经济理论、可持续发展理论
社会学	人类生态学理论、生态文明理论、社会管理学理论

来源学科	与生态规划相关的基础理论
地理学	地域分异规律、人地关系理论、区位理论
美学	景观美学理论、生态美学理论
系统科学	系统论理论
资源环境学	环境容量与环境承载力理论、资源环境价值理论

（一）景观生态学理论

景观生态学（Landscape Ecology）是生态学的一个分支，主要研究许多不同生态系统的空间结构、相互作用、协调和动态的变化。土地利用规划和决策一直是景观生态学研究的一个重要组成部分，其重点是维持和发展空间多样性，保护和管理大区域的生物群体，以及管理环境资源和人类对景观及其组成部分的影响（齐丽，2020）。

充分利用景观生态学原则，最大限度地优化自然地块、网络、走廊和其他景观生态元素的空间结构，规划和建造连接到附近保护区的走廊，维护生态系统的完整性。

（二）生态适宜性理论

生态适宜性是指某一特定生物群落所提供的生产空间的范围及其对积极继承的相关性。任何生物的生长发育都必须受到环境条件的限制，只能在一些特定的环境因素中生存。因此，空间生态规划必须遵守"因地制宜和因时制宜"的原则。生态适宜性不仅适用于短期规划，而且适用于中期和长期规划。它是确定计划是否科学、合理和可操作的基本原则和标准。在生态适宜性分析中，还可以确定具体的特色规划资源，包括自然资源、社会文化资源、经济资源和技术资源，开发适合当地环境资源的具体项目，以确保所有类型的资源得到最佳分配。

三、生态功能分区

生态功能区的划分是根据区域环境因素、生态敏感性和生态服务的空间差异，将区域划分为不同的生态功能区域。

生态功能分区是根据复合生态系统的结构特征和功能，将区域内划分为不同的生态功能单元，研究各单元的特点、结构、环境负荷及承载力、生态服务功能等，为各生态区提供管理对策，它是进行生态规划的一项基础工作。

（一）生态功能分区的原则

生态功能分区须遵循以下基本原则（刘国华等，1998）：

（1）以生态环境特征为基础；

（2）必须有利于经济、社会的发展；

（3）必须符合国家和地方的有关法规、标准及规定的要求；

（4）重视与人类社会生产发展密切相关的生态过程和功能；

（5）相似性与差异性原则；

（6）综合性分析与主导因素分析相结合。

在具体的生态功能分区时要坚持以下主要原则：

主导功能原则：分区时非主导功能要服从于主导功能。如城市生态功能分区中，以自然属性为主，兼顾社会属性。

整体性原则：各个分区单元具有独特性，但是空间上尽量保持完整，不存在重叠和彼此分离的部分。

保护性原则：保护区域生态系统多样性，维护生态系统稳定性。

可持续原则：分区时考虑实现区域生态功能的良性发展以及可持续性的演替。

综合分析原则：综合考虑区域主导的生态功能、辅助生态功能，还有时空跨度等因素。

与现有规划协调原则：遵循区域现有的规划条例，进行协调统一的规划设计。

（二）生态功能分区的具体方法

根据分区目的不同，在进行分区时采用的方法也不同，主要有以下几种（刘康，2011）：

（1）地理相关法：利用专业地图、文献资料、区域统计数据对区域生态因子之间的关系进行分区分析；

（2）空间叠置法：实际运用中，多与地理相关法结合使用。规划时常进行各个分区要素的分区叠加；

（3）主导标志法：利用主导元素的原理，选择能够反映生态环境功能区域区别的主导标志，作为划分区域边界的依据。

（4）景观制图法：利用景观生态学原理，编制景观类型图，按照景观类型的空间分布，根据景观类型的空间重新划分，可以将不同层次的景观区域结合起来。

（5）定量分析法：利用数学分析来改进分区工作。优于传统的定性分析，改善一些主观、模糊不确定性的缺陷。

上述分区方法各有特点，在实际工作中往往是需要相互配合使用，随着GIS 技术的发展，在空间分析的基础上，采用定性分区和定量分区相结合的方法进行分区划界逐渐成为主流。

第四节　中国生态文明与生态示范区建设

一、中国生态文明建设进程

（一）中国生态文明建设的基本国情

1. 经济社会发展面临严峻的资源环境问题

我国属于发展中国家，经济增长需要丰富的资源，中国在前期发展的时候，落后的经济生产方式浪费了大量的资源，给环境造成了很大的压力，严重制约了生态环境的可持续和健康发展。如：土地资源利用不充分，矿产资源开发不乐观，水资源严重短缺，高投入、高污染、低效益的发展模式不可持续。

2. 发展不平衡不充分问题突出

我国是人口大国，而人口快速增长且人口结构老龄化，环境污染的加剧在一定程度制约了人们的生活水平，尤其是一些农村地区，医疗条件简陋，影响了人们的健康水平。人民的生态意识薄弱，近几年推崇的绿色出行，环保选购袋的循环利用，垃圾分类的处理，人民节约能源意识不断提高。科技创新技术能力不足也会导致环境污染，我国在科技创新和生态恢复的道路上任重而道远。

综上，我们必须开展生态文明建设，树立全民的生态文明意识，深化对人与自然关系的认识，和拓宽对经济发展的理解，实现城乡经济的可持续发展。不再以牺牲环境为代价发展经济，建设生态文明，实质上就是要建设以资源环境承载力为基础，以自然规律为准则，以可持续发展为目标的资源节约型、环境友好型社会。[①]

（二）中国生态文明建设的特点

我国生态文明建设的特点主要有：

（1）渐进性。我国生态文明建设的整个过程是逐步地、持续地改善。合理划分实施阶段，确定短期目标和长期目标，促进有秩序地建设生态文明。

（2）实践性。生态文明建设必须把规划理念落到实处，使生态文明建设落到实处，措施落到实处，人们才能感受到生态文明建设的成效。

（3）综合性。生态文明建设涉及政治、文化、环境、经济等方面。它是一项系统工程，需要全社会自上而下、自下而上的参与和共同努力。

（三）中国生态文明建设的基本框架

生态文明的本质要求是尊重自然、顺应和保护自然（潘家华等，2019）。从"五个体系"的系统中界定了生态文明建设体系的基本框架（周宏春等，2020）：

（1）生态文化体系：是基于生态价值的准则。坚持绿色发展，要尊重和保护自然，保护人类发展与自然和谐。

（2）生态经济体系：以产业生态化和生态产业化为主体，构建绿色、环保、循环、低碳的现代高质量生态经济体系。

（3）生态目标责任体系：其核心内容是改善生态环境质量。必须明确

---

① 潘家华：《生态文明建设的理论构建与实践探索》，中国社会科学出版社 2019 年版。

界定污染物的责任，必须加强预防和控制。

（4）生态文明制度体系：生态文明体系通过管理体系和管理能力的现代化得到保证。加快体制的创新，加强体制的实施，建立环境影响评估、环境恢复和监测机制。

（5）生态安全体系：强调生态系统的可持续周期和有效控制生态环境风险。将生态风险纳入生态系统管理、系统建设和多层次生态风险预防系统有效预防生态风险。

二、中国生态示范区建设

国家生态文明建设示范区，是目前中国生态文明建设领域的最高荣誉，示范区作为典范不仅体现了生态文明的建设成就，而且体现了该地区绿色发展的理念。生态示范区是我国政府为实施可持续发展战略而开展的大规模环境建设活动。

生态文明示范建设包括生态文明示范区建设和两山基地建设，两者职能不同，设立的目的也不同：

生态文明示范区的定位是统筹推进五位一体总体布局，落实五大发展理念的样板，生态文明示范区的建设主要是在市、县、区内进行规划。

实践创新基地的定位是探索"两山"转化模式，它的主要任务是探索实践绿水青山转化为金山银山的实践路径；"两山"实践创新基地就不只局限于市、县、区的行政区域，它也可以包括乡镇、村，甚至是一个项目，它是要在不同层面进行这种转化路径的探索和实践。①

生态文明示范区建设是我国建设美丽中国的重要载体和实践平台，也是助力深入打好污染防止攻坚战的主要抓手。截至目前，全国共有362个国家生态文明建设示范区和136个"绿水青山就是金山银山"实践创新基地。

我国生态文明示范区建设已进行了5年，分五批命名和表彰。在过去的5年里，这些区域的建立确实促进了所创造的区域生态环境质量的提高，促进了当地生态文明的建设，探索了把绿水绿山变成"金山银山"的实

---

① 李庆旭、刘志媛、刘青松、石婷、班远冲：《我国生态文明示范建设实践与成效》，载于《环境保护》2021年第13期。

现途径，在这些方面，我国的生态文明建设取得了非常重要且有特色的成果。

第五节　生态产品价值实现与生态系统生产总值

（一）生产产品价值实现的内涵

生态产品的界定主要从价值论、功能论、形成方式、产品形态四个维度展开。从价值论来看，生态产品具有使用价值和非使用价值，经济价值和非经济价值，物质性产品价值和功能性服务价值，生态、经济、文化等多维价值，具有外部性、提升人类福祉等属性；从功能论角度来看，生态产品具有维持生命支持系统，保障生态调节功能，提供环境舒适性，维系生态安全，提供良好人居环境等功能；从形成方式来看，生态产品通过人类有意识的行为活动而改变，是通过生物及其环境之间关系的整体或模式而形成，是通过清洁生产、循环利用、降耗减排等途径生产，是人类从自然界获取，不完全由人类生产加工；从产品形态来看生态产品是有形和无形的产品，具有一定功能的自然要素，生态服务和最终物质产品的集合，富有生态价值服务功能的工农业等产品，并属于自然产品。生态产品是人类从自然界直接获取或经过人类加工的具有物质供给、生命支持、环境改良和文化传承的产品与服务的集合。[①] 生态产品在公共产品理论中可分为全国性公共生态产品、区域或流域性公共生态产品、社区性公共生态产品、"私人"生态产品；按 MA 生态系统服务的分类方法分为有形产品、支持调节服务、美学景观服务等；按生产消费特点分为公共性生态产品和经营性生态产品；按供给属性分类分为自然要素类、自然属性类、生态衍生类及生态标识类；按表现形态及功能分类分为生态物质产品、生态文化产品、生态服务产品、自然生态产品。

生态产品价值是生态产品为人类生存发展提供的物质性产品和功能性服

---

① 谢花林、陈倩茹：《生态产品价值实现的内涵、目标与模式》，载于《经济地理》2022 年第 42 卷第 9 期。

务的价值之和。生态产品价值实现具有"保护优先、合理利用"的首要原则。结合生态产品价值实现保护和利用的导向，根据生态产品对维持环境健康完整性、人类生存福利重要性及受威胁程度，大气调节、遗传资源等生态产品的价值可视为保护优先价值，原材料、文化、娱乐等价值可视为合理利用价值。其中保护优先价值宜采用转移支付等价值实现方式，合理利用价值可采用市场化、产业化等方式。在条件变化时，保护优先价值可转化为合理利用价值，反之则反、每一类生态产品价值也不局限于保护或利用某一单一的价值实现导向，如大气调节保护的 CO_2/O_2 平衡价值在碳汇交易市场存在的条件下可转化为合理利用价值。

（二）生态产品价值实现模式

生态产品价值实现的具体模式，相关研究和实践已提出多种类型。刘伯恩（2020）提出产业生态型、生态产业型、产权交易型、生态溢价型、生态补偿型、生态倡议型、绿色金融型等模式。高晓龙等（2019）将实现模式分为公众付费、公益组织付费、政府付费、多元付费等。丘水林等（2021）提出科层化、市场化、非政府组织三种实现机制。王会等（2022）从支付机制和制度供给主体两个视角，解析生态产品价值实现的主要模式，将实现模式分为：政府支付—市场提供、社会支付—社会组织提供、市场支付—市场提供、市场支付—政府提供、市场支付—社会组织提供等 5 类。具体模式[①]有：

政府购买租用。政府购买租用即政府从生态产品生产主体赎买、租用可以提供生态产品的生态系统载体，加强保护并提供更多生态产品。例如，政府租用位于自然保护区周边的耕地，生产主体利用该耕地时可以获得较高经济收益和较低生态产品；而政府租用保护时，可以获得较少经济收益和较多生态产品。通过政府租用，生产主体的生态系统提供了更多生态产品，同时生产主体也获得收益。

政府财政补偿。政府财政补偿，即政府代表消费主体对生态保护者进行经济补贴。常见的政府财政补偿包括森林生态效益补偿、退耕还林补贴、退

---

① 王会、李强、温亚利：《生态产品价值实现机制的逻辑与模式：基于排他性的理论分析》，载于《中国土地科学》2022 年第 36 卷第 4 期。

牧还草补贴等。

要素权益交易。要素权益交易主要指对于某一自然资源或环境要素的使用权益进行交易的机制，通常由政府确定权益总量、发放权益并允许权益持有者相互交易。常见的包括碳排放权交易、排污权交易、用能权交易、水权交易、渔业资源配额交易等。要素权益交易模式的支付机制是市场机制，但是其制度供给主体是政府。

生态服务交易。生态服务交易，即针对某一生态系统服务的交易先由政府构建相应的交易制度，然后交由市场机制进行交易。常见的生态服务交易包括森林碳汇交易等。

公众自愿捐赠。公众自愿捐赠即生态产品使用主体自愿支付给生产主体。公众自愿捐赠主要针对没有排他性的生态产品，通常需要社会组织建立直接或间接捐赠渠道。

产品认证出售。产品认证出售，即对与生态产品相关的某些商品进行生态方面的认证，然后在市场上出售这些商品，并通过获得比未认证商品更高收益的方式来实现生态产品价值。产品认证出售，又被称为生态产品溢价、生态商品等。常见的认证包括农产品"三品一标"认证，森林经营认证等。这些认证通常意味着这些产品的生产是合规的、生态友好的。在一些情况下，这些认证还意味着这些产品具有更高的品质。一些消费者只是出于更高的产品品质，这时则是市场支付机制；还有一些消费者是针对生态保护的自愿支付，这时则是社会支付机制。因此，产品认证出售模式的支付机制可能是社会机制，也可能是市场机制。

自发捆绑销售。自发捆绑销售，即将生态产品与其他产品捆绑后销售，其他产品因此而增值的部分即体现了生态产品的价值。例如，良好生态环境使得周边土地价值提高，良好的生态环境使得对生态环境敏感的产业获得发展优势等。自发捆绑销售的支付机制是市场机制。

自发直接交易。生态产品自发直接交易，即一些生态产品通过收获、加工、开发利用等在市场上出售并获益。例如，可持续轮伐木材并在市场上出售获益，依托自然景观开发生态旅游并从市场上获益等。这些生态产品通过正常的市场交易即可实现其价值。当然，这一交易模式中的生态产品，必须是严格生态保护前提下的生态产品。

（三）生态系统生产总值（GEP）核算

1. GEP 核算基本概念

20 世纪 70 年代以来，生态系统服务（Ecosystem services）开始正式成为一个科学术语，并由此出现了供给服务、支持服务、调节服务、文化服务等内涵性概念，以及生态资产、自然资产、生态系统生产总值等外延性概念，根据相关文献对有关概念进行了梳理：

（1）生态系统（Eco-system）：植物、动物、微生物群落和非生物环境组成的一个动态复杂且相关作用的功能单元。

（2）生态系统功能：指与生态系统维持其完整性（如初级生产力、食物链、生物地球化学循环）的一系列状态和过程相关的生态系统的内在特征，包括分解、生产、养分循环以及养分和能量的通量变化等过程。

（3）生态系统服务：指对人类生存及生活质量有贡献的生态系统产品和生态系统功能，包括供给服务、调节服务、文化服务以及支持服务。

（4）生态系统生产总值（Gross Ecosystem Product，GEP）：指一定区域，生态系统为人类福祉和经济社会可持续发展提供的最终产品与服务价值的总和，包括供给产品价值（直接利用和转化利用供给产品）、调节服务价值（水源涵养、土壤保持、洪水调蓄、水环境净化、空气净化、固碳、释氧、气候调节、负氧离子）和文化服务价值（生态旅游）。[1]

2. GEP 核算指标体系

生态系统生产总值核算指标体系由物质产品、调节服务和文化服务 3 大类服务构成，其中：物质产品主要包括农业产品、林业产品、畜牧业产品、渔业产品、生态能源和其他；调节服务主要包括涵养水源、保育土壤、固碳释氧、空气净化、森林防护、洪水调蓄、气候调节、生物多样性和授粉服务；文化服务主要包括休闲旅游、景观价值、科学研究和科普教育。

生态系统服务总值核算生态系统物质产品价值、调节服务价值和文化服务价值，不包括生态支持服务价值。根据不同的核算目的，核算不同类型的生态系统生产总值：

---

① 欧阳志云、林亦晴、宋昌素：《生态系统生产总值（GEP）核算研究——以浙江省丽水市为例》，载于《环境与可持续发展》2020 年第 6 期。

（1）核算生态系统对人类福祉和经济社会发展支撑作用时，核算生态系统的物质产品价值、调节服务价值和文化服务价值之和。

$$GEP = EPV + ERV + ECV$$

（2）核算生态保护成效与生态效益时，核算生态系统的调节服务价值和文化服务价值。

$$GEP = ERV + ECV$$

式中，GEP 为生态系统生产总值；EPV 为生态系统物质产品价值；ERV 为生态系统调节服务价值；ECV 为生态系统文化服务价值。

第六节　案例分析

案例一：武宁模式——"两山转化"机制的地方实践[*]

绿色生态是江西省武宁县长水村乃至江西省的最大财富、最大优势、最大品牌。武宁县长水村从"林改第一村"跃向到"绿色金融第一行"，走出了一条金融赋能"生态转化"的新路。"两山"理论是新时代生态文明建设的理论基础和价值指引，生态产品价值实现机制是实现"两山"转化的关键路径。自 2002 年江西省提出以"生态立县"为发展战略以来，近 20 年时间，武宁县坚持保护绿水青山的信念不变，聚力构建优美自然生态，绿色发展扬优成势。武宁县长水村通过绿色金融手段，成立武宁县生态产品储蓄银行，有效打通了"两山转化"通道，实现百姓致富、产业发展、环境优美的乡村生态文明建设目标，为乡村振兴和生态产品价值实现提供"武宁模式"。

一、武宁县长水村"林改"的成效与经验

（一）武宁县长水村集体林权制度改革的成效

一是提高了生态效益，2020 年武宁县林地面积增长至 418 万亩，森林

---

[*] 节选自刘耀彬、傅如毅撰写的智库要报《构建我省"两山转化"四大机制的建议——从武宁县长水村"林改第一村"到"绿色金融第一行"的实践启示》。

覆盖率达75.96%。城区PM2.5浓度均值控制到21微克/m³，空气质量稳居全市第一，县域饮用水源地水质达标率100%。可见，林权制度改革使农户对森林资源保护的积极性得到提高，不但降低了森林资源的病虫害和火灾风险，而且提高了森林的经营水平。二是提高了经济效益，在集体林权制度改革后，经营山林的收益明显提高，农户来自林业的收入也普遍增加，农户林业收入的增加还与森林资源价格的增长有关。林权制度的改革在激活林业市场及森林资源产权交易市场的同时，对农户林业收入的增长作出很大贡献。三是提高了社会效益，集体林权改革的社会效益不光表现在林农对政策改革的受益方面，还影响到林区的就业方面，极大地维护了林区的稳定。

（二）武宁县长水村"林改"的成功经验

一是要坚持明晰产权，放活经营。长水村在林改中把明晰产权作为首要任务，通过确权把生态资源转化为生态资本，提高林农经营积极性。同时放活经营，将山林全部分到户，激发林农对山林的管护意识，实现了林农对林业的自主经营和民主管理。二是要坚持以人为本，政策落实。武宁县长水村村委始终把村民的根本利益作为改革的出发点和落脚点，在林改工作中坚持让村民全程参与林改工作。先后以全体村民大会、村民代表大会和户主大会的形式宣传林改政策和林改实施方案。同时，通过发放《致林农的一封公开信》、张贴标语、出黑板报、制作宣传牌等多种形式向百姓宣传林改的重大意义、目标要求、有关政策和实施办法，把林改政策原原本本交给群众，使广大林农充分理解并吃透林改政策，让林改的美好前景深入人心。三是要坚持因地制宜，生态优先。长水村因地制宜，依据自身的丰裕的自然资源积极进行林权制度改革，不断放大特色优势。并在林改过程中始终坚持生态优先原则，让村民认识到生态才是最大的品牌，让长水村的发展从"砍山"向"观山"转变。村民自发补植树木并看护林木，数年没有发生一起森林火灾，做到护绿、增绿、用绿。长水村森林覆盖率现已达到93.7%，生态环境质量不断改善，"看树卖风景"的生态旅游、森林旅游等也蔚然兴起，先后荣获全国集体林权制度改革先进集体、全国绿色小康村、中国美丽休闲乡村和国家AAA级旅游景区、国家AAA级乡村旅游点等一系列金字招牌。

二、武宁县长水村从"林改"到"金改"存在的问题

（一）"确权"依然界限不透不清

一是确权仍存在历史遗留问题，林地权属界限不透不清。在产权的执行层面上，林地产权的地理位置、边界和历史变更的完整记录非常重要，而集体林区的林地产权制度经历了土地改革、农业集体化等几次大的变革。由于当时的条件限制、工作中的失误和地籍管理未能跟上，山林权证书重填、漏填、错填的现象不少。统管山、责任山、自留山界限不清，面积不定。同时，由于当初分山时，许多地方是按树木的株数划分的，产生了"插花山"的现象，这些产权变更不仅强烈，而且仓促，都没有留下详细的记录，从而导致现存的遗留问题。二是所有权和使用权矛盾突出。在对武宁县集体林权典型区域资源动态监测与评价体系研究的调研过程中发现，同一土地的所有权和使用权不是同一个主体；所有权还存在着重叠的现象，既归行政村所有，又归村民小组所有等，这导致产权运行的混乱，林地所有权与林地使用权之间的矛盾相对突出。

（二）"市场化"依然存在生态产品价值实现困难

一是生态产品价值实现的交易体系不完善，生态产品价值实现受限。稳健透明的交易体系是生态产品价值实现的重要平台，但当前武宁县长水村的生态产品交易体系大多数仅服务于物质产品类的生态产品，对于当前产权不明晰的涵养类生态产品，尚未有成熟的交易平台和交易体系。传统的交易模式也存在交易环节多、交易成本较高、互联网技术应用不成熟以及品牌化程度不高等问题，生态产业"生态溢价"空间不足。此外，由于整个县尚未建立起统一的市场交易准则，导致区域间交易成本加大，阻碍了生态资源在更广范围内优化配置。二是市场内生动力不足，尚未充分调动各方积极性。观察发现，武宁县长水村原有的市场机制难以有效发挥作用，仅有一少部分生态产品进入市场进行交易，绝大多数生态产品还未能进入交易市场。且由于生态产品具有典型的生态外部性属性，其初期修复保护成本高，后期回报

率相对较低，再加上收益回报周期过长，不能充分调动各相关方投身生态环境保护修复的积极性，导致长水村生态产品交易市场内生动力不足。

（三）"两山转化"依然存在政策体系不健全

一是监管与风险应对体系建设不规范。明朗健全的监管与风险防控制度体系是生态产品价值实现的重要保障，但武宁县长水村现行立法缺乏生态环境和自然资源保护方面可操作性强的程序法，难以通过严格的法律制度保障生态产品价值实现，政府难以有效参与监管过程。同时，长水村在生态产品价值实现的过程中过分依赖政府去分散风险，风险应对体系建设不完善。二是法律制度缺失，法律法规亟待完善。武宁县长水村在林业产权制度改革后，林业发展活力迅速迸发，但也使得部分林业法律法规已经无法适应林业生产力发展的要求，亟待进行修改和完善。如林权抵押贷款使农民第一次有了真正意义上的抵押物，解决了农村发展融资难的问题，但在实际工作中，武宁县长水村森林资源资产的抵押仍然受到法规、政策的很大限制。一旦纠纷出现，没有明确的法律条文进行调节，主要依靠工作人员对双方进行协商解决，并未从根本上解决问题。

三、构建江西省"两山转化"四大机制的建议

（一）"确权"和"评估"并举，完善"两山转化"的数据共享机制

一是以明晰产权实现自然资源价值资产化。建议江西省要加快推进生态资源统一确权登记工作，将确权登记作为生态产品价值实现的重要基础性工作。通过整合各相关自然资源管理部门工作任务，开展实地调查，汇总形成全省生态资源登记数据库，建立省级层面自然资源统一确权登记信息管理平台，清晰界定各类自然资源的权属、位置、面积等，为生态资源后续的评估、流转、收储等打好基础。同时，通过制定产权主体权力清单，清晰界定各类自然资源资产的产权主体权利，并将优质生态资源和景感资源也纳入生态产品的范畴。二是以核算评估量化生态家底。建议江西省建立生态产品价值核算评估体系，对江西省乡村生态资源进行核算评估，了解当地生态资源和生态系统的生产状况及空间分布情况。通过采用 GEP 核算指标体系，结

合各区域生态系统的特征，编制体现区域特点的完整生态产品清单，通过GEP核算生态系统的最终产品，明确区域内生态产品价值。

（二）"流转"和"抵押"并行，推动生态资源向金融资产转化的市场机制

一是统筹推进生态资源产权流转，有序流转储备资源。建议江西省根据不同类型自然资源的产权要素性质和流转范围，建立包括农村耕地使用权、农村土地承包经营权、水域养殖权、农村集体资产所有权等在内的自然资源产权交易平台，因地制宜推行一次性租赁、返租倒包、土地托管、入股分红等流转方式。同时，通过租赁、托管、股权合作、特许经营等多种流转方式，对全省碎片化、零星化的山、水、林、田、有机产品等生态资源经营（使用）权流转至"生态银行"，实现资源集中储备。二是大力推动生态资源产权抵押融资，探索开展生态资源收益权质押贷款。建议江西省根据不同产权、贷款额度、抵押物变现条件等，大力推进林权直接抵押贷款、林农小额循环贷款、林地流转经营权抵押贷款等林权抵押贷款，稳步实施农村土地承包经营权和农民住房财产权抵押贷款试点，积极推动农村集体资产所有权、水域养殖权抵押融资。同时，以未来预期收益为依托，采取直接质押贷款、收益担保基金贷款、收益权信托等多种方式，积极探索生态补偿收益权、公益林补偿收益权、林下经济预期收益权等质押贷款模式。

（三）"交易"和"金融"并进，畅通绿色金融盘活生态资本的融资机制

一是建立完善的生态产品市场交易体系。建议江西省建立生态资产与生态产品市场交易机制，形成生态资产确权、第三方核算、交易市场、转移登记与监管制度等完整的交易体系。依托省市生态资产和生态产品交易平台，重点围绕商品林赎买、公益林收储和水域经营权流转等，探索开展出让、租赁、买卖等生态资产产权和生态产品交易试点。同时，建立各类生态资产产权和生态产品的市场交易制度、产权转移登记与监管制度，制定交易行为与资金管理等配套政策，为生态资产与产品交易市场化建设提供保障。二是打通"两山转化"金融通道。建议江西省搭建"两山"绿色金融综合服务平台，将金融机构、企业、项目等相关信息纳入进来，促进金融资本与企业

（项目）的对接。同时，探索金融支持"生态产品价值实现"的机制创新和产品创新，形成具有特色、能复制、可推广的金融创新产品与服务，以更大力度聚集绿色金融资源，强化商业银行社会责任意识，创新绿色金融产品服务。三是拓宽生态产品融资渠道。建议省财政厅、省发改委充分发挥财政资金的引导作用，设立以财政引导为辅、社会资本投入为主，市场化运作的"两山"绿色发展基金，重点支持生态保护、污染治理、绿色产业发展等绿色发展领域的项目。吸引社会资本支持重点生态资源产品的价值实现，对供给生产产品的基础设施建设和改造提供资金支持。并探索扩大基金投资主体范畴，积极争取国家相关部门的专项资金和政策性银行支持，引导国内社会资本加入，参与绿色基金投资。

（四）"监管"和"保障"并重，提供"两山转化"的政策有效供给机制

一是构建严格的监管体系和风险防范机制。建议江西省完善资本参与交易的监管和风险防范机制，一方面构建严格的监管体系，对已交易生态资源进行定期或不定期的监督管理，核实生态资源是否按照区域发展规划、交易时核定的开发利用方式进行合理开发利用，以及这些生态资源的质量和功能是否有明显下降；另一方面探索新的风险应对方式，积极引导金融机构和保险机构进入，引导其依法有序介入生态资源交易。二是完善绿色金融及环境保护法律法规。建议江西省尽快制定并完善包括绿色金融基本法规、监管制度等在内的法规体系，更加清晰地界定绿色金融及各主体的权利义务。同时，省司法厅应建设与发展绿色金融配套的法律法规，加强对生态产品发明专利的法律保护。三是智力支持和技术支持全面到位。建议江西省联合高校、行业协会、企业专家等各类人才，成立专门的乡村两山实践"金改"专家工作站，为江西省乡村发展绿色金融、实践"两山转化"提供智力与经验参考。同时，鼓励江西省加大核心技术攻关，奠定生态产品价值实现相关技术基础。建议由省科技厅牵头成立省"数字技术应用小组"，强化数字技术在生态资源产权确权和生态产品价值核算及评估方面的应用。

案例二：数字赋能、"两山转化"与生态产品储蓄银行的实践探索[*]

江西省在实现生态产品价值的过程中，面临着生态产品价值难以量化，生态资源到生态资产难以转化，生态资源到资本资金难以交易等三大突出问题。江西省大气环境质量大幅改善，水环境质量持续提升，生态优势持续巩固，生态环境领域改革成效逐步显现。其中，靖安生态文明建设实践得到习近平总书记肯定；萍乡海绵城市建设、景德镇"城市双修"获得国务院通报表扬；赣州山水林田湖草保护修复、新余生态循环农业、鹰潭城乡生活垃圾第三方治理、抚河流域水环境综合治理等形成了"江西经验"。但是，在"两山转化"和生态产品价值实现的过程中，江西省依然面临：生态产品价值难以量化、生态资源到生态资产难以转化、生态资源到资本资金难以交易等三大突出问题。

一、江西省"两山转化"面临的"最后一公里"问题

（一）"产品动态价值"与"资源实际价值"难以有效量化

一是生态产品价值难以实时动态评估。近年来，江西省着力打通"两山转化"通道，深入推进抚州国家生态产品价值实现机制试点，制定生态产品与资产评估核算办法，浮梁、武宁、湾里等省级试点形成初步成果，全省绿色信贷余额达到 2586.6 亿元，生态产品价值也呈逐年上升态势。但随着江西省对"两山转化"相关工作的深入推进，"好山好水"的价值将越来越凸显，"溢价"空间将越来越大，生态产品的动态价值将难以进行准确的量化与评估。二是生态资源的价格不能完全体现资源的市场化实际价值。江西省目前积极探索建立生态产品价值核算体系，着力推进生态产品的确权、量化、评估工作：一方面建立生态产品云数据库平台，建立生态产品云数据

---

[*] 节选自刘耀彬、丁宇撰写的智库要报《数字赋能打通我省"两山转化"的"最后一公里"——来自武宁县生态产品储蓄银行的实践探索》。

库平台；另一方面与中国科学院生态环境研究中心联合研究制定抚州市生态产品与资产核算办法，明确从自然生态系统提供的物质产品、调节服务产品、文化服务产品等3个方面12个科目进行核算，形成了统一的生态产品价值核算指标体系、具体算法、数据来源和统计口径等。但是，由于生态产品具有很强的外部属性，生态资源的价值衡量与评估仍然存在核算概念不清晰、边界不明确、思路不统一等问题，因此难以对生态资源的市场实际价值进行评估。

（二）保住"绿水青山"与兑成"金山银山"难以转化

一是农业资源体量大，难以完全生态化。江西作为农业大省，拥有丰富的土地资源和森林资源，森林覆盖率稳定在63.1%，在全国名列第二，但正是因为体量巨大，农业生态化的进程较为缓慢。据调查，江西被重金属污染的耕地占比达14.2%，个别地方甚至超过了平均值的几倍甚至几十倍，农村人居环境整治问题、农村污染治理和生态环境保护问题等农业生态化日益凸显。2020年江西省"三品一标"总量仅为浙江的1/2，农业存在着体量较大，土地污染面积较广，生态化难以完全实现的问题。二是工业生态化仍存在一些技术难题。目前，江西省有色、钢铁、建材、石化等污染较重的产业占工业总量超过40%，工业园区污水以及有害气体的排放量也呈逐年上升态势，尽管江西省工业污染防治工作在不断优化，但如何快速实现工业生态化还需进一步解决。钢铁、石化、化工、有色、建材、纺织、造纸、皮革等传统高能耗、高污染行业的绿色化改造、绿色产品设计、工业废物综合利用等领域的一些技术难题有待进一步攻克、工业生态化水平和进展速度有待进一步提升。

（三）数字赋能将"绿色资产"变"金山资金"难以交易

一是交易市场的建立存在困境。目前，江西省对生态产品的市场认可度并不高，且存在着定价困难、完善的虚拟交易市场尚未形成等诸多困难。当前江西省交易市场投资和融资方式还不够完善，可能会影响到资金链的可持续性输入。二是交易手段有待优化和创新。当前江西省各地区采用的实现生态产品价值主要途径为优质和绿色有机农产品的生产和交易，采取"公司、基地、合作社、农户"的组合模式，辐射作用较小，市场交易体系尚未健全，难以走出江西省与大企业竞争。三是交易技术不够完善。现阶段江西省现存的生态产品交易技术导致以公共产品为主的生态产品产权及受益主体的明晰存在问题、生态产品交易纠纷难以有效解决、价值核算及评估体系无法满足当前江西省生态产品市场交易的要求。

二、武宁县生态产品储蓄银行的实践探索

（一）从"山定权"到"山更青"，护绿理念深入人心

一是建立线上生态资源产权确权数据登记，实现"山定权"。武宁县生态产品储蓄银行采取"县级为总部、乡镇设分部、村一级设网点"的架构模式，基于遥感影像数据和生态资源产权确权数据，加快了生态资源确权过程，清晰界定各类自然资源的权属、位置、面积等，为生态资源后续的评估、收储整合等打好了基础。二是集中处理生态资源，在原有生态资源的基础上绿色护林，实现"山更青"。武宁县生态产品储蓄银行通过交易手段，将各类生态产品产地，包括生态物质产品、生态调节服务产品和生态文化服务产品产地、景感纳入保护范围，在此基础上实现生态资源的资本化和生态产品的价值增值，为生态资产与产品交易市场化建设提供保障，对生态资源进行系统性保护。三是聚合管理碎片化生态资源，将护绿理念深入人心。武宁县生态产品储蓄银行将个人或组织分散化的自然资源通过入股、流转、抵押等形式转至生态储蓄银行管理系统平台，解决了碎片化自然资源难聚合、优质化资产难提升的问题。并建立了线上网站、APP、公众号等宣传体系，定期宣传生态资源转化的重要性，将护绿理念深入到村民、社会投资商、银行、保险及村集体（村委会）、政府（乡镇政府和县直相关管理部门）等多方利益相关者的心中。

（二）从"树定根"到"权更活"，生态价值力求放大

一是量化生态家底，从源头上解决生态资源难转化的问题，实现"树定根"。武宁县生态产品储蓄银行搭建了价值评估平台，并建立了科学的生态产品价值核算方法：一方面对生态资源、物质类产品、文化类产品、调节服务类产品进行理论价值评估和市场交易价格评估；另一方面是对生态资源

利用和生态产品价值实现的效益评估（含社会效益、经济效益、生态效益评估），充分发挥绿色资产的价值属性，对生态产品进行定价，从源头上解决生态资源难转化的问题。二是明晰产权，放活经营，建立利益共享架构，实现"权更活"。武宁县生态产品储蓄银行通过《生态产品权属认定办法》明确进入生态产品储蓄银行进行交易的生态产品其所有权、使用权、经营权等权属，预留了不同层级信息管理和不同生态资源交易功能的对接窗口，明晰产权，放活经营，通过多样化的模式建立利益共享架构，实现"权更活"。三是加快落实生态资源转化，放大生态产品价值。武宁县生态产品储蓄银行基于武宁县丰富的生态资源和优质的生态产品，构建了农户、政府、社会投资商和金融机构四个单位协同运作的运营模式，直接面向农户和社会投资商，打通生态产品价值实现市场途径的农村"毛细血管"，以期通过市场主导、企业实施、政府监管，进行生态资源和生态产品的管理、整合、转换、提升、保护、市场化交易和可持续运营，努力实现生态环境的价值转化。

（三）从"人定心"到"民更富"，数字赋能造福群众

一是建立创新型创收交易平台，稳定村内收益，让百姓放心。武宁生态银行探索生态资源和生态产品的市场交易体系，建立各类生态资产产权和生态产品的市场交易制度、产权转移登记与监管制度，制定交易行为与资金管理等配套政策，搭建了"权属到户、资源整合、面向市场、分类定价、交易变现、百姓增收"的创新型交易平台，使百姓可以直接通过武宁县生态产品储蓄银行进行产权抵押融资，将生态资源直接转化为金融资产，做到让百姓放心。二是构建特色化运营体系，打造亮点式经营模式，让村民富起来。武宁县生态产品储蓄银行通过构建文化类产品等级评定与入股分红体系，与长水旅游集团公司、长水村股份经济合作社进行文化类生态产品的入股分红；构建物质类产品收储体系，对长水村蜂蜜、茶叶等特色类生态产品，构建等级评定、溯源系统、定价体系、金融监管仓、价值增值等；制定生态产品储蓄的系列管理文件；构建村集体经营体系：村民以生态资源入股或流转，由武宁县罗坪镇长水村股份经济合作联合社经营四个亮点，让武宁县村民富起来。三是数字赋能生态资源，提升群众幸福感。武宁县生态储蓄银行以百姓受益为根本出发点，以生态产品交易平台为依托，促进生态资源

到生态资产再到资本、资金的转化，通过构建价值评估平台，对生态资源利用和生态产品价值实现的社会效益、经济效益、生态效益进行评估。此外，以银行贷款等手段，加速数字赋能生态资源，为群众增加生态产品消费额度，提升群众幸福感。

三、数字赋能江西省生态产品价值实现的建议

（一）整合破碎生态资源，打造实用管用的数字平台

一是构建政府主导，生态产品资源信息集于一体的省级生态资源数字信息平台。建议江西省发改委充分发挥自身的主导作用，在保护好生态环境的同时，对相关自然资源管理部门信息进行整合，汇总形成全江西省生态资源登记数据库，进一步建立省级生态资源信息管理平台，包括生态资源产权信息和生态产品数量、品质、所有权等信息的登记、更新、查询汇总等数据管理功能。二是打造农户收储、多企业参与的数字交易平台。建议江西省金融局对接金融市场、资本市场并引入市场化资金和专业运营商，联合江西省农业农村厅一起打造具有包括农村耕地使用权、农村土地承包经营权等产权交易平台，将生态资源流转、入股、收储纳入平台之中；联合江西省商务厅多企业线上直接交易的创新型生态产品数字交易平台，从而将资源转变成资产和资本，打造多主体参与、实用管用的绿色数字交易平台。三是建立金融托管仓。针对物质类产品的监管，建议各地交易属地部门联合银行设立生态产品的生态仓库——金融监管仓，集中收储蜂蜜、茶叶等生态产品。从源头对生态产品质量监控，成熟后分等定级计量入库，交易结算时附赠交易仓单联名卡，交易完成后完善该生态产品溯源档案并进行效益结算，并可将仓内收储的生态产品按评定员依评定标准评估价格的一定比例授信贷款给村民，直接降低平台用户的仓储成本和运营成本，有效提升盈利能力。

（二）发挥互联网＋生态，完善能推能送的数字赋能生态产品价值实现机制

一是鼓励村民、社会投资商、银行、保险及村集体（村委会）、政府

（乡镇政府和县直相关管理部门）等多方利益相关者进行线上交互。建议江西省商务厅应通过电视、网络、报刊等鼓励生态产品交易的各方利益主体进行线上交互，在一定程度上节省交互时长，增大交易双方的时间价值，实现时间效用最大化，提升人们对数字赋能生产资源价值转化平台的认同感。二是建立领先 APP 运营模式。建议江西省国有和商业银行展开以经济发展和资源保护协同的生态银行领先 APP 运营模式，以 APP 及网站作为线上交互手段，构建农户、政府、社会投资商和金融机构四个单位协同运作的线上交互运营模式，发挥大数据优势，搜集跟更多有助于生态资源价值转化的生态资源信息、流转信息、交易信息，并根据搜集到的信息，进行具有针对性的领先 APP 相关交易信息推送，进一步加大生态资源价值转化交易信息推送的有效性，提升生态产品交易流通的速度。三是建立线上公众号推送机制。建议各生态产品开发地和运营公司建立线上公众号推送机制，定期向村民宣传生态产品储蓄银行的收储内容，扩大收储对象范围；建立相关银行组成联盟定期向社会投资商宣传当前生态储蓄银行的发展状况，以吸引投资，向金融机构推送现阶段生态储蓄银行的储蓄规模，方便进行抵押贷款。向政府宣传生态储蓄银行的监管办法及现行状况，方便政府形成督查。以此依托互联网＋功能，完善数字赋能的机制。

（三）加强政府监管，构建数字赋能生态产品价值交易信用考核办法

一是完善地方政府监管办法。建议江西省发改委和生态环境厅加强制度顶层设计，完善碳排放、水权交易等监管办法，从优化完善领导干部责任、考核指标体系、生态价值评估、财政投入保障、人才引进培育等多方面的机制着手，明晰产权，保障公共产品价值。此外，建议江西省自然资源厅进一步完善资源监管指标体系的构建，积极运营政府监管平台，针对已交易生态资源，进行定期或不定期的监督管理，为公共产品价值提供有力的安全保障。二是建立储户、投资商、交易、银行四方面兼顾的管理办法。建议江西省金融局分别从储户、投资商、交易、银行四个方面提出相关的管理办法，通过数字赋能的手段对生态产品投资期限、收益分配等进行管理；联合江西省金融监管局对投资人信誉、投资额等进行管理，以及对银行经营效益的质量和价值、贷款额度等进行管理，以进一步探索数字赋能考核办法，打通数字赋能"两山转化"考核的最后一公里。三是建立数字信用征信体系。建议中国人民银行南昌中心支行建立数字信用征信体系，信息采集方面坚持统一的格式和标准，完善银行内部自我约束机制。通过健全数据共享法则，规范数据记录、整合、应用和管理等行为，提高信息数量和质量，解决行政壁垒和商业壁垒问题。

第八章

生态环境脆弱性与生态安全

生态环境脆弱性是指在特定的时空尺度上，受到外部干扰，生态系统的敏感性和自我修复能力的强弱。[①] 本章主要介绍脆弱生态环境与生态安全，包括脆弱生态环境的成因、类型、程度测度以及生态安全等，阐述生态系统评价方法和中国治理脆弱生态环境及建立生态安全机制的一些举措。

第一节　脆弱性与脆弱生态环境

一、脆弱性的内涵与分类

（一）脆弱性的内涵

什么是脆弱性？不同的研究主题与不同的角度，定义也不同。虽然现有的关于脆弱性的研究比较丰富，但不同的学者运用不同的研究方法得出不同的结论，对同一问题的解释也不尽相同，这也是造成脆弱性概念千差万别的根源。

1. 人文系统脆弱性

从国外对于脆弱性生态的研究来看，在人文系统的脆弱性方面，早在

---

① 李永峰、乔丽娜：《可持续发展概论》，哈尔滨工业大学出版社 2013 年版。

1980 年加博尔（Gabor）和戈利费斯（Griffith）就把脆弱性定义为人们在遭受有害物质威胁的一种可能性，包括化学物质、生态环境状态以及突发紧急事件的应对能力，认为脆弱性是一种与"风险"相关的术语。蒂默曼（Timmerman）等指出脆弱性是一个表示程度性的度量单位，表示社会各阶层所面临的各种风险，是系统遭受不利刺激时做出的反应程度。皮乔卡（Pijawka）和拉德温（Radwan）则认为这种"度"是表示危险物质对特定群体的危害和人们对其伤害的反应能力。到了 1990 年后，学者们对于脆弱性的研究主要集中于"潜在风险"可能性。如沃茨（Watts）和博勒（Bohle）用"面对""能力""潜力"等词语描述脆弱性。布莱克（Blaike）等认为，灾害的脆弱性是指个体或团体在面临危险时，具有应对、抵御突发事件、抵御自然灾害、增强自身潜力的能力。这个能力的特点是指一个持续的、不可预测的、无法识别的社会事件或自然灾害所造成的危险的程度。博勒（Bohle）认为，最恰当的脆弱性定义是一种全面衡量人类社会福祉的指标，集合了环境、社会、经济和政治体系对一系列可能造成威胁的干扰。

不难发现，上述人文系统对于脆弱性的定义都提到了"潜在损失""处理能力""反应程度"，但是并没有明确是谁在遭受损失、是什么类型的损失、多大程度的损失（唐国平，2001）。在人文系统的脆弱性研究中，可以区分三个主题：风险与灾害、社会或个体响应的脆弱性、环境地方的脆弱性。

2. 自然系统脆弱性

在生态系统的研究方面，研究文献较为丰富。李振基提出生态脆弱性是指在一定时间空间范围内，对外部环境的影响，生态系统的灵敏响应程度和自我恢复能力，具有高度的敏感性和自愈能力，是生态系统的一种特性。刘燕华认为，脆弱生态环境是一种具有较低可塑性的生态系统，它对环境变化的响应十分灵敏，并能保持其自身的稳定性。生态系统在受到外界干扰有能力恢复，则生态系统已经达到了稳态。如果生态系统正常功能被打破，反馈机制受到破坏，系统的自我修复能力也会变弱，生态系统因此就变得脆弱。申元村认为，脆弱生态环境是指生态环境的稳定性差，在受到外界干扰时，自然环境容易演变成不利于人类活动的方向演变。① 周劲松认为，在某种机制的影响下，生态系统很可能会从一个稳定的状态向另一个新的状态演化，在变化后自我恢复能力变弱。引起这种变化的因素如果来自生态环境内部，则属于自然的脆弱性；如果是人为因素导致生态环境遭到破坏，那么则属于人为影响的脆弱性。② 崔海亭提出生态脆弱性是评估生态系统特性的一个重要指标，包括种群、群落、生态系统和景观。美国国家研究委员会在研究水资源污染的研究中，提出一种易受损害的倾向和可能性，即脆弱性是指当污染物从地下水源最上层的某个地方被导入进入到地下水系统。对森林系统而言，李克让认为森林生态系统的脆弱性是指在全球气候变化的情况下，森林植被或者森林生态系统遭受损失的程度及森林恢复的能力。③ 德雷涅（Dregne）认为，可以用植被覆盖度、森林自我生产力、人类活动导致的植被多样性的减少量以及土地退化程度来测度森林生态系统的脆弱性。

（二）脆弱生态环境的成因

脆弱性生态环境的成因大致可以分为两种。一是生态系统固有的不稳定和敏感，这就是所谓的结构性脆弱性；二是因外部环境的改变或干扰而造成的损害或不利的改变，称为胁迫性脆弱性。其脆弱性主要有人类活动胁迫型和环境胁迫型两种类型。人类活动胁迫型是指人为的过度放牧、滥伐、填湖等，使自然生态系统发生不可恢复的变化；环境胁迫类型是指因自然环境的改变而使某一生态系统向逆境发展。

1. 结构型脆弱性

结构型脆弱性主要是由系统内部的不稳定性及敏感性导致的脆弱性。

（1）系统的不稳定性。系统的最根本特性是稳定性。稳定性是指系统在内部和外部扰动时，能抵抗外部扰动，或者在外界扰动下，系统本身仍能维持其原有的特性，则可以被认为是稳定的。稳定性是一种与脆弱性成反比的抗干扰能力，一个系统越是稳定，其脆弱性越小，外部干扰也就越小。反之，当一个系统不稳定时，它就会更易受到外部的影响，从而使其更脆弱。

---

① 申元村、张永涛：《我国脆弱生态环境形成演变原因及其区域分异探讨》，载于《生态环境综合整治和恢复技术研究》1992 年第 1 期。

② 周劲松：《山地生态系统的脆弱性与荒漠化》，载于《自然资源学报》1997 年第 12 期。

③ 李克让、陈育峰：《全球气候变化影响下中国森林的脆弱性分析》，载于《地理学报》1996 年第 51 期。

一个体系是由各种因素构成的，这些因素相互影响，以维护整个体系的功能。如果系统中因素间的相互作用改变，系统就会丧失原本的稳定状态，使系统的稳定性变差、脆弱性变强。这种因为自身内部因素相互作用相互影响而导致的不利变化称之为系统退化。任何系统内部都存在一些不稳定因素，这些不稳定因素的活动一旦超过了系统承受能力阈值，整个系统就会变得不稳定且及容易受到外界的干扰。

任何一个体系内部结构是决定其作用的关键因素。当系统功能越复杂、协调性越好，则系统的调整性越好，在外部环境的干扰或影响下会越稳定。相反，如果系统内部结构单一、不协调，会使系统的稳定性下降，最终导致系统崩溃。生态系统具有较强的稳定性，即具有复杂多样的物种和良好的物质能量协调；若生物物种单一，则其内部的物质能量不平衡，则会造成生态系统的损害，从而造成脆弱的生态环境。

（2）系统的敏感性。敏感度是系统内在的属性，也是外部环境变化的结果。敏感性是指系统应对外界环境变化产生响应的灵敏程度。系统的敏感性不仅受到系统内部因素的影响，还受到外界扰动因子的影响。在同一系统内部不同因素产生变化造成系统的敏感变动不一样；同一系统受到不同外界扰动因子的作用也会产生不同的反应。对于系统本身结构具有脆弱性的倾向来说，系统内部因素相互作用的变动更容易导致系统变化。往往这种变化具有连锁反应，系统内一个因素发生变化会干扰其他因素的正常运行，从而导致系统内部因素发生质和量的根本性变化。系统的抗逆性越弱、自我修复越差，则系统的敏感性就越强。

2. 胁迫型脆弱性

胁迫型脆弱性是指导致系统脆弱的驱动力主要来自于系统的外部，也即系统外部环境扰动对系统造成的不利影响。按引起系统脆弱性的不同动力源，可以将其划分为不同的脆弱性类型。胁迫型脆弱性是由外部因素引起的，也就是外界的干扰会对系统造成不利的影响。由于不同的动力源导致了系统的脆弱性，可以将其划分为：人类活动胁迫型和环境胁迫型两类。

（1）人类活动胁迫型脆弱性。人类的生存和发展离不开资源和环境。人类的各种社会、经济活动都会对自然系统形成压力和干扰，同时自然环境和资源的质和量同时也在制约着人类的生存和发展，二者是彼此共生、相互影响的关系。但是人类不合理的活动是造成环境变化、系统脆弱性的起因。

人类活动胁迫型脆弱生态环境主要体现在以下几个方面：

①过度垦殖：中国地域辽阔，土地种类繁多，因地制宜、合理使用土地，构建农林牧区的合理布局，是构建良好的生态环境的关键。但是，由于人类对资源的开发利用，往往会出现耕地不合理的使用，从而造成了其生态环境的脆弱。

②过度放牧：过多的放牧会导致草地的退化。牲畜长期践踏草地，必然会造成草地表层土壤的破坏，而表层土壤被破坏的地方，则很可能成为风化的沙地。

③过度砍伐：过度砍伐不仅会使森林受到破坏，使土地丧失再生能力，还会加大雨水对地表的冲刷，造成区域水土流失，形成脆弱的生态环境。

④过度灌溉：长期的不合理灌溉容易导致土壤盐碱化。

⑤过度排放：工业排放的废渣、废水、废气均能造成原生态环境遭到破坏形成脆弱生态环境。工业废水、废渣乱排乱放是形成地下水层系统脆弱的主要原因。

（2）环境胁迫型脆弱性。环境胁迫型脆弱性是指由于环境变化导致的脆弱性，主要有以下几方面：

①气候变化：气候变化引起的温度、降水量格局的变化，是影响生态与人类生存环境的主要因素。在大多数情况下，气温上升的气候干燥会造成原有的植物的枯萎和死亡，而降雨增多易导致洪涝灾害，导致环境脆弱性加大。

②旱涝灾害：长期的干旱会导致植物缺水枯萎或死亡，使得地表植被覆盖率大大降低。洪涝灾害会导致工程实施长时间浸泡变得脆弱，长时间地面积水还可能引发土地盐碱化。

③风暴潮：风暴潮是一种自然灾害，它会给人类的生命和财产带来巨大的损害，也是引起一些地区例如沿海地区海岸带脆弱性的原因。

二、脆弱生态环境的类型

在对脆弱生态环境进行分类时，既要考虑其空间和时间特性，还要考虑多种胁迫因素对脆弱生态环境的影响（吴玉萍，2002）。国内外学者对脆弱性环境的类型划分作了较多的探讨。刘燕华指出，对易受干扰的类型进行分类，其目标是将易受伤害的特征和差别表现出来，从而将各种易受干扰的种类和种类关系加以区分，以便持续地利用环境，改善人类的生存和持续的发展。从结构特征、影响因子和脆弱形式等方面，将中国脆弱生态环境分为成因类型、环境结构类型、脆弱类型和程度类型四大类。

1. 脆弱生态环境的成因类型

导致生态环境走向脆弱的因素有很多，但脆弱生态环境的成因类型主要有自然因素和人为因素两种。自然成因是受外界环境的影响而发生环境变化，使环境逐渐走向脆弱性，这种成因在目前人类的技术条件下是无法左右的。自然成因可分为外界成因和内部成因，外部成因是外界输入因子发生改变，使环境生态系统发生改变；内因是由于系统内部一个或多个因素的干扰或改变而引起的一系列的变动，而这些变动的产生往往更加直观。从全国的角度划分，造成脆弱生态环境的成因类型有以下类型（见表8－1）。

表8－1 脆弱生态环境成因类型

区域	成因	指标
北方半干旱—半湿润区	降水量少 降水不稳定 蒸发与降水对利用的影响	❖ 400毫米年降水量 ❖ 400毫米降水保证率＞50% ❖ 干燥度1.5～2.0
西北半干旱区	水资源短缺 水源保证不稳定 风蚀、堆积、过量	❖ 径流散失区 ❖ 径流变率±50% ❖ 周边植被覆盖度＜10% ❖ 防护林网面积＜10%
华北平原区	排水不畅 风沙、风蚀	❖ 地下水位高于3米，地下水矿化度＞2克/升 ❖ 黄河故道沙地和新沙地植被覆盖度＜30% ❖ 地下水位高于3米
南方丘陵地区	过垦 过焦 流水侵蚀	❖ 天然植被覆盖率＜30% ❖ 红壤丘陵山地 ❖ 暴雨
西南山地区	流水侵蚀 干旱 过垦、过伐、过牧	❖ 中等以上切割流水侵蚀带的干旱河谷区 ❖ 干燥度＞1.5 ❖ 植被覆盖度＜30%

区域	成因	指标
西南石灰岩山地区	溶蚀、水蚀	❖ 石灰岩切割山地 ❖ 植被覆盖度 <30%
青藏高原区	流水侵蚀 风蚀 降水不稳定、高寒缺氧、条件恶劣	❖ 河谷农业区周边山地 ❖ 400 毫米降水保证率 >50% ❖ 350 毫米降水保证率 >50% ❖ 干燥度 1.5～2.0 ❖ 植被覆盖度 <30%

资料来源：刘燕华、李秀彬：《脆弱生态环境与可持续发展》，商务印书馆 2002 年版。

2. 生态环境的结构类型

在同样或相似的脆弱性成因条件下，不同的环境构造对扰动项的响应差异很大，这与环境自身的稳定性、敏感性和承受力有关，任何一种环境变迁都不是一个单一的因素受到影响而产生改变。将生态景观的特性和地形特征结合起来，可以为脆弱生态环境的构造类型划分提供基础。表 8－2 为中国生态环境脆弱的构造类型，按生态景观类型和地形、地貌特征进行了分类。

表 8－2　　　　　以景观类型划分的中国脆弱生态类型

区域	生态景观类型	地貌类型
北方半干旱—半湿润区	矮林植被山地森林草原 温带、亚热带落叶灌木丛 草甸草原、干草原、荒漠草原	高原 山地丘陵 丘陵台地 山前平原 黄土沟壑
西北半干旱区	干草原 荒漠草原 绿洲	山地丘陵 洪积冲积平原 沙地
华北平原区	暖温带森林草原 灌丛草原	冲、洪积平原 黄泛平原 滨海平原
南方丘陵地区	亚热带常绿经济林 古树园	红壤丘陵山地 红层盆地
西南山地区	干热灌丛草原 干暖灌丛草原 干温灌丛草原	深切割山地 中切割山地

区域	生态景观类型	地貌类型
西南石灰岩山地区	岩溶灌丛草原 亚热带森林	山地丘陵 盆地
青藏高原区	山地藻丛草原 山地森林草原	山地 河谷地

资料来源：刘燕华、李秀彬：《脆弱生态环境与可持续发展》，商务印书馆 2002 年版。

3. 脆弱生态环境的表现形式和强度等级

脆弱性的表现形式和脆弱程度指标是脆弱环境表现和程度类型划分的重要指标。以脆弱生态环境为度量标准，对脆弱性进行分类：脆弱的范围，脆弱强度（主要是土地退化），以及对开发的可能性和潜在的影响（主要是指土地的生产力）。表 8－3 展示了脆弱环境表现形式和强度分类体系。

表 8－3　　　　　　　　脆弱环境表现形式和强度分级体系

脆弱表现形式	脆弱强度
沙化	严重
石砾化	较重
石质化	中等
盐碱化	较轻
旱化	
水土流失	
其他	

资料来源：王百田：《林业生态工程学》，中国林业出版社 2010 年版。

生态环境的划分是为了合理开发利用资源，综合整治和修复环境，所以，在划分上要坚持科学性和实用性的原则，强调环境内部结构的相似性，强调土地利用的方向、生态问题和治理对策的协调统一。

第二节　生态环境脆弱性评估方法

一、评估意义

现有文献中关于脆弱性的研究不少，但缺少一个完整的理论系统，对于不同的研究对象，其脆弱性的定义也是多种多样的。在我国，有关脆弱性形成与演化机制的评价原则、指标体系等方面，已有大量的研究成果，但现有的有关脆弱性的研究多集中在某些具有退化趋势的薄弱地区，虽然具有一定的可操作性，但缺少系统性。脆弱生态系统的稳定性通常由其对外部环境的抗干扰能力以及其恢复到原始状态的能力等方面表现出来，而往往这些因素难以衡量。生态环境脆弱性评价可以为评价目标的脆弱性提供一种新的衡量标准。

脆弱性程度常常是指在特定的地理空间位置上，对全球（区域）的环境变化以及人类的各种社会—经济活动更加敏感的环境资源系统。通过脆弱性评估，可以认识到被评估对象的性质、结构和功能的变化，从而帮助我们对未来的世界（区域）环境的发展趋势做出预测。

生态环境脆弱性评价的最终目的在于防止生态环境的恶化，使退化的生态环境得到恢复与重建，从而达到资源与环境的可持续发展。对其进行脆弱性评估，主要是从历史变迁、现状以及在外部环境的压力下可能的变化趋势等方面进行分析，为当地的环境治理和各类生态修复项目的实施提供有价值的参考，且对于保护生物多样性、预防多种危险的发生有着重要的作用。

通过脆弱性评估，可以让政府决策者及管理者更好地了解被评估目标的结构与功能状况，有助于他们更好地了解评估目标的未来发展趋势；可以为生态环境综合治理与恢复工作实施重点突破、积极防御提供良好的条件，从而有效地促进资金、人力的使用效率，防止各类重复建设和资金的浪费。

生态环境脆弱性不仅是受到外界干扰所表现出来的敏感性和自我修复的能力，还包括系统自身的不稳定性导致系统走向脆弱性。生态环境脆弱性最显著的特征就是不稳定性及敏感性，而且这种性质往往会导致系统在受到外界干扰时朝着不利方向发展。

中国脆弱生态环境分布广泛、种类多样，在外界的作用下极容易受到干扰失去原有的生态系统平衡向更脆弱的方向发展，进而影响部分区域甚至是全球的生态环境经济发展。分析和评价环境脆弱性不仅可以使人们了解生态环境系统的结构和功能现状，预测和评价外部胁迫对系统可能造成的影响，对生态系统未来可能的变化趋势做一个判定；同时，通过对脆弱性的研究，可以更加明确地认识到哪些区域是生态环境最脆弱、哪些区域存在着脆弱和退化的倾向，从而为生态环境综合治理和恢复工作实施重点突破，从根本上防止生态环境走向脆弱。

二、评估原则

任何一个系统，不管是脆弱还是稳定，每个系统都有其自身的特殊结构与作用，其结构与作用也各不相同。在研究脆弱性评估时，无论评价哪一个系统，都要遵守以下几个原则。其脆弱性评价的基本原则有：

（1）目的性原则：系统的脆弱性评价就是要了解系统的结构、功能、发展趋势以及对外界的影响，在研究脆弱性评估时，首先，应该确定评估什么？为什么评估？对于不同系统的不同结构和功能，不同的评估目标和不同的重点评估因子，在评估系统的脆弱性时，需要有一个清晰的目标。

（2）相关性原则：在对系统进行脆弱性评估时，不仅要考虑系统之间的相关关系、联系紧密程度及可能产生的影响，还要考虑系统内部因素之间的相关关系、联系紧密程度及可能的影响。

（3）整体性原则：一个系统是由多个相互影响、相互影响、共同决定系统结构和功能的子系统或要素构成的。在系统的外部环境中，存在着许多不同的干扰因子，它们会对系统产生不同程度的影响。在评价系统的脆弱性时，既要明确其内在的关联，又要掌握其稳定性和可能的变化趋势，还要考虑其内在各个因素之间的相互作用所造成的整体影响。

（4）主导性原则：系统由不同的子系统构成，也会受到不同外界因素的影响，造成系统改变的原因很多。在诸多影响因子中，各因子贡献率的大小不同，但总有一个影响因子占主导地位，该因子变化可能会直接带动其他因子发生变化，对生态系统的结构和功能产生直接影响。在对系统进行脆弱性评估时，要分清主次、抓住影响系统脆弱的主要因素，对其进行重点研究。

（5）动态性原则：在脆弱性评估时，要从动态的角度考虑内部影响因子、外界环境变化的压力因素及系统的变化趋势，才能更好地为预防系统脆弱和改善系统提供依据。

（6）可操作性原则：在选择指标时，既要考虑上述五项指标，还要注意指标是否具有可操作性、指标体系结构是否均衡、数据来源是否具有权威性、是否具有可信度以及指标计算与空间分析方法使用的合理性。

三、评估方法

（一）脆弱性评估的定性方法

定性分析法是利用预测者的经验和大量的数据，对评价体系的历史演变、现状和发展趋势进行客观的判断和预测。主要包括系统的稳定性、敏感性、系统对外界压力的耐受力以及系统对环境的不利影响的恢复能力等。在预测外部环境胁迫的时候，可以采用一些定性方法来预测，但这些方法所刻画和预测的现象往往都是描述性的。这种依赖于预测者主观判断的方法，其预测存在一定的局限性。

（二）脆弱性评估的定量方法

定量研究是研究数量特征、数量关系和数量变动的定量方法。定性分析法在对系统脆弱性评价的研究中，着重于对其历史变迁、脆弱性、稳定性、敏感性等特性的量化描述，并对其进行量化的评价。在此基础上，提出了一种以各种数学形式来描述环境变化规律、性质、预测外界胁迫对生态系统的影响的方法。与定性分析法相比，定量分析法是一种更科学的方法，是目前应用最广泛的一种分析方法。脆弱性评估的定量分析法主要有：

（1）回归分析法：回归分析是用统计学的方法对数据进行分析，主要是对各变量之间的相关性、相关强度和相关方向进行分析。主要是对各变量之间的相关性、相关强度和相关的方向进行分析。回归分析法也可以用于研究大自然间的自然现象。自然界各因素的关系主要表现为两类：一类是函数相关关系，即知道某一变量数值可以通过模型确定另一变量数值；另一类是统计关联，即尽管已知各个变量间有紧密联系，但是不能通过一个变量值准确地计算出另一变量的值。

（2）聚类分析法：聚类分析法是一种多元统计分析法。通常可以分成两类：一是直接聚类法，二是距离聚类法，聚类分析方法在划分脆弱区方面具有广泛的应用。

（3）非线性方法：自然界各种因素之间的关系错综复杂，系统之间存在着一种非线性的关系，即系统的内在因子与外在的各种因素之间存在着一种非线性关系。非线性分析方法具有综合的特点，它把系统看作是一个有组织的、非加性的、由众多因素、各种过程相互关联的动态系统。

（4）模糊数学法：脆弱性评价的目标常常是一个复杂的复合体，其具有动态变化以及空间位置变动的特征，且这种变化往往具有随机性和模糊性，对于这样的系统不适合用数学方法建立模型进行定量研究。而模糊数学法则是将模糊数学模型引入到模糊矩阵的合成计算中，得到综合评判的结果。该方法已被广泛用于脆弱性评估。

（5）灰色分析法：在评价脆弱性时，由于主观和客观条件的制约，很难获得全面的评价结果。而灰色系统理论则是通过对各个子系统的灰色关联分析，来寻找各个子系统（或要素）间的数字关系。通过对系统发展和演变情况的定量评价，可以有效地解决信息不完全的问题。

（6）指标判别法：在脆弱性评估方面，学术界已经形成了一套定量或半定量的评价体系，这些指标及其计算方法对评价体系的脆弱性评价有着十分重要的作用。指标识别法分为三大类：一是脆弱度分析；二是敏感性分析；三是承受力分析。

四、评估指标体系

建立生态环境脆弱性评价指标体系是评价科学性、客观性的关键一环。生态脆弱性评价指标的选择要综合考虑区域脆弱性的特点，从影响其脆弱性的主要因子中选择。总体而言，在评价指标时，可以将地形、地貌、地质等视为系统内部的脆弱性因素，而土地利用、水土流失、植被覆盖等则视为系统外部脆弱性因素。① 综合比较不同区域生态环境脆弱性评价指标选取情况如表 8 - 4 所示。

表 8 - 4　　　　　　　　生态环境脆弱性评价指标体系

目标层	准则层		指标层
生态环境脆弱度	生态敏感度	水土流失敏感度	降水侵蚀力
			土壤质地
			地形起伏度
			植被类型
		土壤侵蚀退化现状	平均侵蚀模数
			平均流失厚度
		土地沙化敏感度	碳酸盐露出地表比例
			湿润指数
			冬春季大风日数
			地表质地
			植被覆盖度
		土地沙化退化现状	地表形态
			风蚀厚度
		地质灾害数	地质灾害发生频率
	生态弹性	组织指数	植被覆盖
			湿润度
		活力指数	生物潜在生产力
		功能指数	土壤有机质
	生态压力	人口压力指数	农民非农业收入/农民总收入
		经济发展指数	获取改良水源人口/总人口
		资源压力指数	陡坡垦殖率

资料来源：乔青、高吉喜等：《生态脆弱性综合评价方法与应用》，载于《环境科学研究》2008 年第 5 期。

---

① 张学玲、余文波等：《区域生态环境脆弱性评价方法研究综述》，载于《生态学报》2018 年第 16 期。

第三节　生态安全概念与评价方法

一、生态安全评价的意义与对象

可持续发展理念中的环境和发展之间的关系更多的是强调从人的需求出发，在人与自然生态安全的关系上，以人的安全和生态安全为优先目标。生态安全是人类最根本的需要，也是可持续发展的目标。

由于生态系统联系的泛化，当某一地区的生态环境受到超出"阈值"时，就会产生连锁效应，最终危害到一个国家、一个民族的生存。任何地区或国家的生态危机代价与生态安全效应的溢出，将影响到邻近国家、地区甚至是世界的利益。人类与自然的冲突加剧必然会对人类、国家与国家的关系产生重大影响，同时，一旦超出"临界值"，绝大多数的生态进程都无法恢复，资源枯竭、环境恶化所造成的生态危机，往往难以在一代人、几代人、数十代人手中恢复。

生态安全评估是以可持续发展理念为指导，构建一套以可持续发展为导向的科学评估体系，并对其进行评估。评价的目标是评价、预测，包括评价水、森林、矿产、动植物物种的生态安全程度，从而为防治和缓解生态安全问题提供科学依据。生态安全评估是维护生态安全的重要基础工作，对决策者和生态环境管理者都有实际的指导作用，对公众进行教育、引导、引导人们做出正确的选择、改变自己的行为，消除各种生态危机和潜在的生态风险。生态安全评估是当今环境保护领域的一个热门话题，国内外学者和机构都提出了较为完善的评估指标和评估方法。

二、生态安全的评价方法与评价体系

生态安全评估是生态安全评估中最常见的一种方法，它包括生态安全状况、生态安全胁迫和生态安全响应。生态安全指标体系是一个层次分明、指标覆盖范围广泛、层次分明的复杂体系。在这种体系中，一般采用层次分析方法来衡量各层次、各领域在评价总指数中的权重以及各指标在各层次、各领域中的权重。

因素分析方法继承了 AHP 的基本思路：按层级给各个层级的权重，然后在各个层级中对各个层级的指标进行加权，最后通过分层和层级间的加权计算，得到整体的权重；无量纲化的先决条件是确定各实际指标状态的上界（Xmax）和下限（Xmin）。该下限的确定具有较强的主观性，可将生态安全评价指标的上、下限分别设置为"生态安全""生态衰竭"，即对于各个指标，1 表示安全，0 表示不安全。用 X 来表示指标经过无量纲化处理，其特定值愈大，说明生态安全状况愈趋理想。①

生态安全的评价对于不同生态系统、不同时空尺度、不同范围、不同地区、不同评价对象，可选取不同的评价标准。选取时必须遵循科学性、客观性、可比性、可比性、全局性和可操作性，从最有利于人类发展的角度来选择指标，并灵活地使用生态安全评估体系，使其能够科学、全面地反映生态安全状况。如从生态压力、状态和响应来构建生态安全的评价指标见表 8 - 5。

表 8 - 5　　　　　　　　　　生态安全评价指标体系

目标层	准则层	指标层
生态安全评价	生态安全压力	人均耕地面积
		人均水资源量
		单位 GDP 能耗
		水土流失率
	环境压力	单位面积土壤盐碱化程度
		工业固体废物排放强度
	社会压力	人口密度
		人口自然增长率
		城镇化水平

---

① 张建龙：《生态建设与改革发展 2015 林业重大问题调查研究报告》，中国林业出版社 2016 年版。

目标层	准则层	指标层
生态安全评价	生态安全状态 ··· 生态状态	生物丰富度指数
		土地垦殖率指数
		森林覆盖率
		人类干扰指数
	环境状态	自然灾害受灾面积比率
		空气质量综合指数
		水土协调度
	社会状态	城镇登记失业率
		单位耕地粮食产量
		农业机械化水平
	生态安全响应 ··· 生态响应	人均公共绿地面积
		建成区绿化覆盖率
		自然保护区占国土面积比率
		水土流失治理面积
	环境响应	工业固体废物利用率
		工业废水达标排放率
		污水集中处理率
	社会响应	专业技术人员
		机耕从业人员

资料来源：赵宏波、马延吉：《基于变权—物元分析模型的老工业基地区域生态安全动态预警研究——以吉林省为例》，载于《生态学报》2014年第34期。

第四节　脆弱性生态环境治理模式

一、脆弱生态环境综合整治的重要价值

近百年来，世界各地的生态环境恶化是一个非常严重的问题。据联合国

《千年生态系统服务评估报告》显示，约 60% 的全球生态系统正在恶化和无法维持，《联合国防治荒漠化和旱灾国际公约》（IUCN）在 2018 年发表的一份评估报告中，指出到 2050 年，土地退化将导致全球经济损失 23 万亿美元。

生态环境管理是使退化、受损或受损的生态系统恢复其应有的作用。我国脆弱生态区面积大，人类活动剧烈，生态环境脆弱，资源开发不合理，造成了植被退化、水土流失和荒漠化等各种生态问题。其中，荒漠化、水土流失、石漠化等多集中在西北和西南，占国土面积的 22%[①]，生态脆弱区的生态保护及恢复的需求十分迫切。我国在全国和地区进行了大量的生态修复技术研究，并进行了大量的生态修复项目。生态修复是一个长期、动态的过程，科学、系统地评价其生态修复效果，可为改善生态系统功能提供重要的参考依据。

二、脆弱生态环境综合整治的基本原则

（1）可持续发展原则：治理脆弱的生态环境，主要是为了改善脆弱的生态环境，促进区域经济、社会、资源、环境协调发展。生态脆弱区的综合治理，就是要解决人与自然的矛盾，实现二者的协调发展。

（2）因地制宜的原则：中国幅员辽阔，类型多样，其生态因子不但在形成和形式上差异巨大，而且在空间上也存在着强烈的区域性，这些都是导致中国生态系统中易受破坏、具有强烈地区色彩的重要原因。因此，在制定脆弱生态环境综合治理的策略时，必须充分考虑各地区的差异，制定出更具科学性和可操作性的脆弱生态环境治理策略。

（3）预防为主、防治结合的原则："预防"的目的在于"治理"，其实质是"治理"。"治理"是为了改进系统的退化，增强系统的自我防治。

（4）突出重点原则。首先要明确造成我国生态环境脆弱性的主要矛盾，其次，治理脆弱的生态环境必须兼顾整体和重点。

[①]　国家发展和改革委员会：《全国主体功能区规划》，人民出版社 2015 年版。

三、我国重点脆弱生态区分布于类型划分

我国脆弱生态区的种类多，分布广，重点脆弱生态区有 5 个，即：北部风沙区、西北干旱区、黄土高原区、青藏高原区、西南喀斯特区。由于地理位置、气候、地形、人类活动等不同的原因，这些地区具有不同的地域特征和生态问题如表 8 - 6 所示。

表 8 - 6　　　　　　　　　中国脆弱生态区地域特征和生态问题

脆弱生态区	区域概况
北方风沙区	温带干旱、半干旱气候
	降水稀少、蒸发量大、大风及沙尘暴频发
	植被稀少、草场退化和土地沙化等生态问题突出
	土壤类型以风沙土、棕漠土和栗钙土为主
	风力侵蚀严重，局部地区风蚀与水蚀并存
黄土高原区	从东南到西北分别为暖温带半湿润、半干旱和干旱气候
	降水多集中在 7~9 月、多暴雨
	植被类型从南到北分别是森林—草原、草原和荒漠—草原
	土壤类型以土质疏松、抗侵蚀能力差的黄绵土为主
	水土流失严重，地表千沟万壑
西北干旱区	温带干旱、半干旱大陆性季风气候
	气候干燥、降水由东向西锐减，最低在 100 毫米以下
	由东向西依次为森林草原、典型草原、荒漠草原和荒漠
	土地盐碱化、沙漠化现象严重，水资源缺乏
青藏高原区	东南部暖热湿润，西北部寒冷干旱
	降水自东南到西北逐渐减少，雨季和旱季分异明显
	植被类型从东南到西北依次为高寒草甸、高寒草原和高寒荒漠

脆弱生态区	区域概况
西南喀斯特地区	亚热带季风气候、夏季高温多雨
	常绿落叶灌木林、常绿针叶林和常绿落叶阔叶林
	基岩以纯碳酸盐岩和不纯碳酸盐岩为主
	水土流失、土壤贫瘠和石漠化问题严重

资料来源：王壮壮、王浩等：《重点脆弱生态区生态恢复综合效益评估指标体系》，载于《生态学报》2019 年第 39 期。

四、我国典型脆弱生态区综合整治方向

敏感和不稳定是脆弱生态环境的主要特点。由于人类的非理性行为，导致了生态环境的快速恶化。在对生态脆弱区进行治理时，应充分考虑其自身的生物、气候、地理、人文等综合因素，并尽可能减少人为的非理性生产和经营行为的干扰，并根据不同的情况，采取相应的措施来提高其稳定性。针对不同区域、不同脆弱生态环境特点，采取不同的技术组合，进行生态环境综合治理。[①]

（一）北方风沙区的综合整治

以北方农牧交错带举例，北方农牧交错带主要是分布在 400 毫米年等降水量附近，指农区与牧区过渡地带，也是湿润地区与半干旱地区的过渡地带。北方农牧交错地带的生态修复技术体系，主要是建立生态防护林体系：第一，在严重的草原退化地区，采取生物、工程、植物等综合防治措施。第二，关于农业生产经营模式的调整，一是实行划区轮作，有利于草原恢复，提高草原生产力；二是对低产耕地进行了改造，加大农业投资力度，提高农业生产管理水平。

（二）西北干旱区

（1）西南干热河谷地区综合整治：干热河谷大多是高山峡谷地形，山地坡度陡峭，高低悬殊，一般相差 500～1000 米，金沙江一些地段超过

---

① 刘燕华、李秀彬：《脆弱生态环境与可持续发展》，商务印书馆 2002 年版。

1000 米①。由于焚风效应和地形阻挡作用，形成河谷气温高、降水稀少的高温低湿气候类型。在干热河谷地区的农业生产，必须根据水土条件的限制，采取相应的节水保土措施。

（2）石灰岩山地综合整治：石灰岩山地生态环境存在较大的脆弱性，封育 15～20 年后，石山和半石山可形成较多的种类和层次结构。

（三）青藏高原区

以青藏高原高寒草地区为例，高寒草原具有调节气候、保持水土、改善土壤等作用，针对青藏高原高寒、高海拔的特点，采用补播、施肥、围栏封育等综合整治措施。

（四）西南喀斯特地区

世界喀斯特面积约占陆地面积的 12%，中国是世界上喀斯特分布最广的国家，总面积达 344.3 万平方千米，其中裸露型面积为 90.7 万平方千米②。喀斯特地区的生态恢复需要与当地的扶贫相结合，只有克服了贫困，才能有效地抑制对土地的掠夺性开采，改善生态环境，并投入更多的人力和物力去恢复和恢复生态，实现生态系统的良性循环和经济的持续健康发展。

第五节　案　例　分　析

案例：中国粮食安全系统脆弱性评价及其驱动机制分析*

一、研究问题

粮食安全是中国人民最关心的一项民生大事，也是国家稳定和稳定的

---

① 李昆、张春华、崔永忠等：《金沙江干热河谷区退耕还林适宜造林树种筛选研究》，载于《林业科学研究》2004 年第 5 期。

② 根据贵州科技厅发布的《喀斯特宣传材料》整理得到。

* 该案例节选自姚成胜、殷伟等：《中国粮食安全系统脆弱性评价及其驱动机制分析》，载于《自然资源学报》2019 年第 34 期。

重要保证。从 2004 年到现在，中国粮食实现"十二连增"，产量一直保持在 6×108 吨的水平，但是，由于中国农业、城镇化的快速发展，耕地的数量和质量都在不断降低，同时，农业用水在水资源中的比重持续下降，水资源的污染和其他问题越来越严重，粮食的可持续生产能力也在不断降低，这就给中国的粮食安全带来了长远的威胁。而随着社会经济的发展，人们的生活水平也越来越高，这给中国的粮食生产带来了巨大的压力。国外大量的粮食生产调查也显示，粮食生产资源、粮食供给数量与类型、粮食流通、粮食消费等各方面的问题都会对粮食安全造成一定的影响。因此，必须从整体上对中国的食品安全进行全面的考察，才能对我国的食品安全作出较为精确的评价。从制度角度看，目前中国粮食保障仍存在生产资源减少、人口增长、粮食需求刚性增长、国际粮食市场冲击、粮食供需结构性失衡等问题，中国粮食保障体系存在着明显的脆弱性。

二、研究方法

（一）粮食安全脆弱性评价指标体系构建生态系统服务价值评价方法

中国人多地少，水源匮乏，土地资源条件对中国粮食供给的影响尤其显著，而中国的粮食保障制度可划分为资源条件、可供量与稳定性、可得性与可得性三大子系统。为进一步运用 VSD 理论，对中国粮食安全的脆弱性进行了深入的研究，将粮食安全的风险划分为粮食生产条件、供给和稳定性、获取能力和利用水平三个层面，分别从暴露性、敏感性和适应性三个层面来考察中国粮食安全脆弱性。建立如下的粮食安全脆弱性指标体系（见表 8 - 7）。

表 8 - 7 中国粮食安全脆弱性评价指标体系

子系统	一级指标	单项指标	相关性	单位	指标计算/解释
暴露性	粮食生产条件	单位粮食播种面积劳动力（E_1）	+	人/hm^2	粮食生产劳动力总量/粮食播种面积
		单位粮食播种面积用水量（E_2）	−	m^3/hm^2	粮食生产用水总量/粮食作物播种面积
		农作物成灾率（E_3）	+	%	反映粮食生产受灾害的影响程度
	粮食供给量与稳定性	表征粮食自给率（E_4）	−	%	粮食产量/（粮食产量 + 进口量 − 出口量）
	粮食获取能力和利用水平	粮食短缺程度（E_5）	+	kcal/人/天	达到规定标准所缺乏的能量数量
		粮食不足发生率（E_6）	+	%	未能满足健康生活的膳食需要的人口所占比重
		动物性蛋白质平均供应量（E_7）	−	g/人/天	每天人均摄入的动物性蛋白重量
		农村贫困发生率（E_8）	+	%	农村贫困人口/农村总人口
敏感性	粮食生产条件	农业生产资料价格指数（S_1）	+	%	反映一定时期内农业生产成本变动趋势和程度
		粮食作物播种面积所占比重（S_2）	−	%	粮食作物播种面积/农作物总播种面积
		非农产业产值比重（S_3）	−	%	二、三产业产值/国民经济总产值
	粮食供给量与稳定性	粮食净进口量（S_4）	+	$10^4 t$	粮食进口量 − 粮食出口量
		人均粮食占有量（S_5）	−	kg	粮食产量/人口总量
	粮食获取能力和利用水平	粮食类居民消费价格指数（S_6）	+	%	反映粮食消费品价格变动趋势和程度
		恩格尔系数（S_7）	+	%	食品支出总额占个人消费支出总额的比重
		营养不良发生率（S_8）	+	%	营养不良人口/总人口

子系统	一级指标	单项指标	相关性	单位	指标计算/解释
适应能力	粮食生产条件	财政支农支出（AC_1）	+	10^8 元	用于支持农业发展的财政支出
		单位粮食播种面积农业机械动力（AC_2）	+	kW/hm²	粮食生产农业机械总动力/粮食作物播种面积
		单位粮食播种面积化肥施用量（AC_3）	+	kg/hm²	粮食生产化肥施用量/粮食作物播种面积
		单位粮食播种面积农药施用量（AC_4）	+	kg/hm²	粮食生产农药施用量/粮食作物播种面积
		有效灌溉率（AC_5）	+	%	有效灌溉面积/耕地总面积
	粮食供给量与稳定性	粮食总产量波动率（AC_6）	−	%	(当年粮食产量－上年粮食产量)/上年粮食产量
	粮食获取能力和利用水平	农民非农业生产收入所占比重（AC_7）	+	%	农民非农业收入/农民总收入
		改良水源获取水平（AC_8）	+	%	获取改良水源人口/总人口
		改良卫生设施获取水平（AC_9）	+	%	获取改良卫生设施人口/总人口
		道路密集度（AC_{10}）	+	km/km²	每平方千米土地面积道路长度

（二）粮食安全脆弱性的测度方法

1. 评价指标的处理

由于不同指标的量纲、数量级和指标的正负性均有差异，需对原始数据进行标准化处理，正负不同效应的指标处理方法如下：

对于正效应指标：$X'_{ij} = (X_{ij} - \min X_{ij})/(\max X_{ij} - \min X_{ij})$

对于负效应指标：$X'_{ij} = (\max X_{ij} - X_{ij})/(\max X_{ij} - \min X_{ij})$

式中：X'_{ij} 和 X_{ij} 分别为第 i 年第 j 项单项指标标准化后的值和原始值，$\min X_{ij}$ 和 $\max X_{ij}$ 分别为所有年份中第 j 项单项指标的最小值和最大值。

2. 因子分析法

因子分析可以将多个因子转换为若干独立的共同因子，从而降低问题的复杂度，同时利用主分量的方差贡献值对权重进行客观的确定权重，这样就可以避免指标的共线性及人为因素的干扰，使评价结果更加客观合理。在此基础上，采用因素分析的方法，从暴露度、敏感性、适应性三个方面抽取主要因素，并对三个因素进行因子评分。

3. 粮食安全系统脆弱性测度方法

粮食安全脆弱性度量是"暴露性—敏感性—适应性"的内在关联，其中，暴露性和敏感度指标的数值愈高，说明粮食保障体系受到的压力和冲击就愈大，也就是粮食保障体系的脆弱性；反之，适应性指标的数值愈高，说明其适应粮食保障制度的能力愈强，其体系的脆弱性愈低。在此基础上，结合李彤玥和李小维的相关研究，建立了基于 VSD 模型下的暴露、敏感性、适应性三个因素的粮食安全脆弱性函数关系式（见图 8 - 1）：

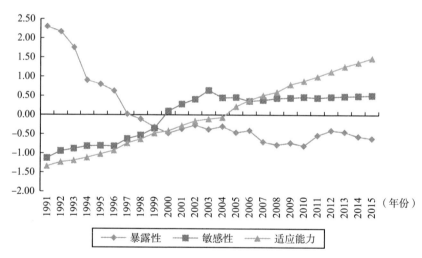

图 8 - 1　1991～2015 年我国粮食安全脆弱性三子系统得分变化

$$V = (E + S) - AC$$

式中：V 代表脆弱性；E 代表暴露性；S 代表敏感性；AC 代表适应能力。需要指出的是，粮食安全系统脆弱性指数（V）越低，则代表粮食安全水平越高；反之，则表示粮食安全水平越低。

三、研究结论

1991～2015 年，中国粮食安全暴露性指标表现为 1991～2000 年急剧下滑、2001～2015 年出现了连续两个阶段的变化，说明总体上粮食安全所面临的综合压力有所降低；从 1991～2003 年和 2004～2015 年两个时期的变化来看，我国粮食保障对压力的响应在第一个时期更为敏感，而在后一个时期则相对平稳。与之相比，研究期间适应能力指数则呈现出持续的上升态势，表明中国应用政策、经济和科技手段来保障食品安全的能力得到了极大的提高。

中国粮食安全脆弱性表现为 1991～1999 年快速下降、2000～2003 年小幅上升、2004～2015 年连续下降（见图 8-2）。

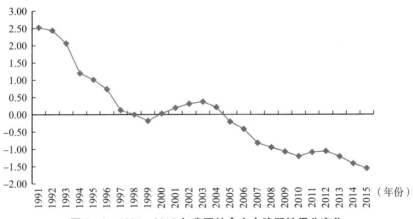

图 8-2 1991～2015 年我国粮食安全脆弱性得分变化

第九章

自然资源与资源型经济转型

自然资源是人类赖以生存和经济社会发展的基础，随着经济水平发展以及人类对自然的开发利用逐步深入，人类对自然资源的认知也不断刷新。本章从自然资源的内涵界定入手，探讨自然资源与经济发展的关系，介绍资源诅咒与资源祝福机制，阐述资源型经济的转型发展道路。

第一节　自然资源定义与分类

一、自然资源的内涵

（一）自然资源的内涵界定

自然资源是一个涵盖内容广泛的集合名词，生态学家、地理学家和经济学家从不同的方向对自然资源进行界定。20 世纪 50 年代，地理学家金梅曼（Zim-mermann）在《世界资源与产业》一书中从自然资源的功能视角，将自然资源界定为："无论是整个环境还是其某些部分，只要能满足人类的需求，就可以称之为自然资源"。这一界定无疑是主观的、相对的概念。苏联经济地理学家萨乌式金认为：自然资源涵盖自然环境各个要素，这些要素可以作为动力参与食物和工业原料的生产活动。1985 年，中国自然资源研究会出版的《自然资源研究的理论和方法》一书中，李文华等人提出："自然资源是指存在于自然界中能被人类利用或在一定技术、经济和社会条件下能被利用来作为生产、生活的物质、能量的来源，或是在现有生产力发展水平和研究条件下，为了满足人类的生产和生活需要而被利用的自然物质和能量。"这是对自然资源相对全面的概括。

经济学界则从为人类提供福利的自然环境视角界定自然资源。恩格斯在《自然辩证法》一书中指出："劳动和自然界一起才是财富的源泉。自然界为劳动提供材料，劳动把材料变成财富。"清晰阐释了人类有价值劳动与自然资源的协同关系。资源经济学家阿兰·兰德尔认为："自然资源是由人发现的有用途和有价值的物质"。国内学者李金昌等人提出"自然资源是在一定技术条件下，自然界中对人类有用的一切物质和能量"。经济学者认为能以任何方式为人类提供福利的资源都是自然资源范畴，与地理学不同，经济学家在研究和定义自然资源时，更关注自然资源的经济价值。

生态学家注重从生态功能角度界定自然资源。国际自然保护联合委员会（IUCN）委员雷玛德（FrancoiesRamade）认为："资源可以简单地规定为一种能量或物质的形式，它们对于有机体或种群的生态系统，在功能上有本质的意义。特别是对于人类来说，资源是对于完成生理上的、社会经济上的以及文化上的需要所必备的能量或物质的任何一种形式。"联合国环境规划署将自然资源定义为：在一定的时间和技术条件下，能够产生经济价值，提高人类当前和未来福利的自然环境因素的总称。

自然资源概念的文字表述虽有不同，但却包含了几种固有属性。第一，自然资源是自然过程产生的天然生成物，是人类能够从自然界获取以满足其需要的任何天然生成物及作用于其上的人类活动结果，或可认为自然资源是人类社会生活中来自自然界的初始投入，是具有使用价值的自然环境因素的总称。第二，自然物成为自然资源，必须有两个基本前提：人类需要和人类的开发利用能力。随着社会生产力水平的提高和科学技术的进步，自然资源的范畴不断拓展。越来越多的自然物质被人类开发利用，自然资源的种类日益增多，自然资源的概念也不断深化和发展。第三，自然物是否能成为自然资源，与各地区居民的信仰、宗教、风俗文化等文化因素相关。

（二）自然资源的基本特征

（1）有效性。自然资源均具有开发利用的价值。例如原煤、石油和金属矿物质等。自然资源可用于直接消费，也可用于中间加工。

（2）稀缺性。自然资源的稀缺性体现在两个方面。一是绝对稀缺，自然资源的客观存量与其替代品种均是有限的，因此自然资源供给量相对于人类利用强度和无限需求来说是绝对稀缺的。二是相对稀缺，部分自然资源的总供给尚能满足总需求，但存在地域分布不均衡，而造成的局部地区某种资源的稀缺。

（3）整体性。自然资源不是孤立存在的，各类自然资源相互影响，区域间自然资源之间在时空上相互交叠、相互制约，形成统一的自然资源大系统。自然资源的开发利用过程不能只考虑一种自然资源，某种自然资源的开发，会通过自然资源系统，对其他资源环境造成影响。

（4）地域性。自然资源的形成和分布是服从一定的地域空间规律的，且各类自然资源的空间分布是不均衡。自然资源有一定聚集特征，某种自然资源总是集中在某几个地区，形成全球性矿域。同时，自然资源的空间分布不均匀，呈现出地带性和非地带性。

（5）多样性。自然资源都具有多功能和多用途。开发利用自然资源时，须全面权衡。例如：江河中的水资源具有供水、发电、灌溉、航运、旅游等多种功能，如何进行系统的开发利用必须综合评估。

（6）动态性。自然资源的形成是需要时间积淀的，虽然人类对自然资源开发的不断深入，人类赖以生存的自然资源生态系统也处于不断的变动中。

（7）社会性。自然物成为自然资源，必须要满足人类需要，具有使用价值。不同发展阶段，人类对自然资源的需求和开发能力是不相同的，因此，任何阶段的自然资源都离不开人类劳动这一社会属性。同样，自然资源稀缺影响着社会经济的发展，约束着人类社会增长的极限。

二、自然资源的分类

自然资源可以按照不同的划分标准进行分类。各种分类方法具有相对性，且存在一定的交叉。

（一）按照使用限度分类

按照资源的利用限度与可持续性，自然资源可分为可再生资源与不可再生资源。不可再生资源又称为不可更新资源或可耗竭资源，是指具有固定的储备粮，在使用后就消耗掉，且不能在固定生命周期内实现再生或再生速度远远慢于被开采速度的资源。对于不可再生资源来说，当前的消费速度必然影响未来的可得性。化石燃料是最具代表性的不可再生资源。

不可再生资源又根据自然资源是否可以循环使用分为：可循环的不可再生资源和不可循环使用的不可再生资源。大多数金属和矿物，例如钢、铁等资源能够可回收、重复使用，可以认为是可循环的；大多数能源资源，如煤、石油等使用过程是不可逆的，不可再次回收利用，可以认为是不可循环不可再生的资源。

可再生资源又称可更新资源，是指使用不超过其繁殖或再生能力时可无限更新的资源。可更新资源的更新能力是不同的，相当一部分可更新资源是临界性资源，在不达到临界值时候可以进行再生，而突破自然资源的临界值，存在被剥夺到耗竭的地步，达到不可能再自然恢复，可更新依赖生物繁殖的大多数资源都属此类。避免可再生自然资源会由于过度利用而暂时耗竭。

（二）按照自然资源属性分类

按照自然资源属性，《中国资源科学百科全书》构建了综合多级自然资源分类方法（见表9-1）。具体而言，自然资源又可以分为陆地自然资源、海洋自然资源和太空自然资源三个一级分类，一级类下包含10个二级类和24个三级类，不少级类还可以继续进行四级分类和五级分类。具体来看，陆地自然资源包括：土地资源、水资源、气候资源、生物资源和矿产资源五个二级类。在二级类基础上，自然资源继续细化。土地资源包含耕地资源、林地资源、草地资源和荒地资源四类。谁资源包括地表水资源、地下水资源和冰雪资源。气候资源包括光能资源、热能资源、风力资源和空气资源等。生物资源包括植物资源、动物资源和微生物资源。矿产资源包括：金属矿资源、非金属矿资源和能源资源。

表 9 - 1   自然资源的综合层级分类

一级类	二级类	三级类
陆地自然资源	土地资源	耕地资源
		林地资源
		草地资源
		荒地资源
	水资源	地表水资源
		地下水资源
		冰雪资源
	矿产资源	金属矿资源
		非金属矿资源
		能源资源
	生物资源	植物资源
		动物资源
		微生物资源
	气候资源	光能资源
		热能资源
		水分资源
		风力资源
		空气资源
海洋自然资源	海洋生物资源	海洋植物资源
		海洋动物资源
		海洋浮游生物资源
	海洋化学资源	海水化学资源
	海洋矿物资源	深海矿产资源
		滨海矿产资源
		海洋能源
	海底资源	—
太空自然资源	—	—

资料来源：孙鸿烈：《中国资源科学百科全书》，中国大百科全书出版社 2000 年版。

海洋自然资源包括：海洋生物资源、海洋化学资源、海洋气候资源、海洋矿产资源和海底资源五个二级类。海洋生物资源包括海洋动物资源、海洋植物资源和海洋浮游生物资源。海洋化学资源主要为海水化学成分。海洋矿产资源包括深海矿产资源、滨海矿产资源和海洋能源。海洋气候资源与陆地气候资源一直。海底资源不再细化三级分类。太空自然资源不再划分二级类。

第二节　自然资源与人类社会发展

经济发展、人类社会与自然资源关系的研究是生态经济学与可持续发展的重要议题之一。人作为经济社会的生产者，通过个体的和社会化的劳动向自然环境索取资源，将自然资源转化成生产生存的必需品；作为消费者，消耗生产品，并将废弃物返还自然。如何实现人类经济社会与自然资源协调发展的思想古来有之，而自然资源对人类发展的影响也不可一概而论。

一、自然资源与社会经济发展的经济史梳理

（一）古代朴素的自然资源与人类社会协调发展观

中国古代朴素的人与自然资源协调发展思想在我国周代即有萌芽。当时，最重要的自然资源为土地。管仲提出人类生产活动与土地资源的关系："地者政之本也，辨于土而民可富"（《管子·地员》）。"凡田野万家之众，可食之地，方五十里，可以为足矣"（《管子·八观》）。春秋时期思想家荀况提出："天有其时，地有其财，人有其治，夫是之谓能参"，他认为人应该通过自己的生产实践活动来了解自然规律，顺应自然环境和自然资源实现经济社会发展。在西方，古希腊学者希波革拉第在《论空气、水和地方》一书中，专门阐述了人与自然的关系，强调了自然资源，特别是三类代表性自然资源空气、水和土地对人类活动的影响。

（二）古典经济学关于自然资源与经济发展的论述

自然资源特别是土地资源在古典经济学中也尤其得到重视。在古典经济学早期，威廉·配第在核算国民收支差额时发现了劳动的价值，认为"劳动和土地"是构成财富的两大要素。重农学派坎蒂隆更为强调土地的作用，他认为"一切财富的本源可归于土地"。魁奈也认为，所有的产业中农业是基础，而且"只有土地的产品才是原始的、纯粹得到的、经常在更新的财富。"他把土地与劳动认为增加的财富的源泉。重农学派另一代表人物杜尔阁认为包括土地在内的自然资源是创造财富的首要条件，同时提出根据规模报酬递减，提出自然资源生产力存在极限值，也就是生态阈值。

十八世纪末马尔萨斯提出自然资源绝对稀缺论，进一步论证资源极限。他认为由于人口数量指数式增长，而自然资源数量却是有限的，人口数量将超过自然资源的供给极限，资源的稀缺是必然和绝对的。大卫·李嘉图在其代表作《政治经济学及赋税原理》中提出了资源相对稀缺论。他认为尽管工业生产中由于分工的发展和技术进步而存在报酬递增，在所有的源都被利用后，对外贸易可以缓解资源的稀缺。所以资源是相对稀缺的，在开放的经济下，科技进步和对外贸易可缓解自然资本对经济增长的最终限制。约翰·穆勒认同资源绝对稀缺和相对稀缺的观点，并提出经济增长将因土地资源稀缺和人口过快增长而趋于"稳态"。

（三）新古典经济学关于经济发展与自然资源量化分析

新古典经济学的代表人物马歇尔对"马尔萨斯增长极限"提出质疑，工业革命带来的一系列变革以及国与国之间贸易的发展，让英国经济学家对资源供给持乐观态度。但是，国际贸易不能从根本上解决自然资源短缺问题。自此，主流经济增长理论已经逐步忽视了自然资源在经济增长中的根基作用与地位。

值得注意的是，自从马尔萨斯提出了他的经典论断，许多人开始相信，自然资源、污染及其他环境要素对长期经济增长的影响至关重要（Malthus，1961）。地球上的自然资源数量有限，任何试图进行永久性增加产出的路径都将最终耗尽资源，这种经济增长方法注定要失败。尽管自然资源在主流经济增长模型中出现的并不多，经济学者们通过理论模型和实证回归很大程度上解释了资本、技术、制度差异对于国家间经济发展水平的影响，但这并不能否定自然资源是经济增长的重要约束和助推器这一客观事实，分析资源、环境对经济增长的影响和贡献依然具有重要意义。部分经济学家试图尝试在新古典框架下探讨自然资源的优化配置以及自然资源对长期经济增长的约束作用。例如：达斯古普塔和希尔（Dasgupta and Heal，1974）、施蒂格利茨（Stiglitz，1974）、索洛（Solow，1974）。2001 年，罗默在经济增长中率先在柯布－道格拉斯生产函数中引入自然资源和土地要素：

$$Y(t) = K(t)^{\alpha} R(t)^{\beta} T(t)^{\gamma} [A(t)L(t)]^{1-\alpha-\beta-\gamma}$$

其中，$Y(t)$ 为经济总量，$K(t)$ 为资本投入，$A(t)L(t)$ 表示技术水平与劳动投入。$R(t)$ 和 $K(t)$ 分别表示生产过程投入的自然资源和土地数量。鉴于资本的增长率保持不变，$Y(t)$ 与资本的增长率相等，存在着平衡增长路径。在平衡增长路径上，土地资源的限制引起了单位劳动力平均产出最终下降，单位劳动力平均土地资源量的日益下降成为制约经济增长的"瓶颈"。然而，当前技术进步成了经济增长最大的动力，技术进步所带来的经济增长大于由于土地资源限制所造成的约束效应，那么单位劳动力平均产出仍然可以继续可持续增长。

（四）发展经济学的自然资源与经济增长理论

发展经济学家以期通过优化资源配置实现自然资源利用的最大化。因此在自然资源开发和利用中，要遵循自然资源高效利用和自然资源有节制开发的原则。为了实现资源的绝对高效利用，达到新古典的最优化状态，发展经济学家借鉴新古典中边际收益和边际成本的概念，指出自然资源在所用使用过程中的边际替代率要相等，也就是说自然资源不会投入到低洼地带，导致志愿使用率或资源使用的"机会成本"有显著增加或降低；同时，自然资源产品的边际替代率相等；且自然资源在任意产品的生产过程中的边际产量的比等于这两种产品消费者的边际替代率。同时，任何自然资源的开发和利用均要在可控的范围内，不超过生态供给阈值利用。努力确保不可再生资源耗竭速度不超过寻求替代资源的速度；自然资源总存量不影响子孙后代的使用。

总体来说，发展经济学家认为自然资源是经济增长的基础，丰富的自然资源会使经济快速增长，而经济增长迟缓的部分原因则是资源匮乏造成的。

他们把自然资源看作是经济增长潜在的动力，强调自然资源在经济发展中的积极作用。但也有事实表明自然资源与经济增长并不存在必然的正相关关系。拥有较少自然资源的经济体，如日本、韩国、新加坡和瑞士等，一直有着较高的经济增长，而尼日利亚、安哥拉和委内瑞拉等许多自然资源丰富地区的经济增长速度却不尽如人意，出现了"资源诅咒"的现象。自然资源祝福和资源诅咒问题将在下一节系统展开。

二、自然资源与经济增长关系的统计测度

自然资源作为经济增长的约束与助推器，参与经济活动。老牌的发达国家（美国、德国）无不利用自身资源禀赋，顺利完成工业化成为自然资源祝福效应的有力佐证。一直以来，自然资源的丰裕水平能够影响经济增长，自然资源禀赋越好，经济增长越好的理念深入人心。随着科学技术的发展，资源依赖型增长逐渐被资本和技术依赖型增长模式所取代。衡量一国（地区）经济发展是否收到自然资源的影响需要从一个国家或地区自然自然禀赋以及该国经济增长方式两个层面来考虑。采用自然资源丰裕度来衡量一个国家的自然资源禀赋。

自然资源丰裕度是一个国家自然资源的拥有状况，即一国的自然资源禀赋状况，一个国家的自然资源禀赋一定程度上决定该国各产业适宜的或可行的自然资源使用范围；同样，也决定着资源价格的适宜的或可行的范围。

自然资源丰裕度的衡量可参考要素丰裕度衡量。要素丰裕度可以从生产边以及相对价格两个视角衡量。从生产边来看，要素丰裕度用要素的市场供给总量来衡量，若一国某要素的供给比例大于别国的同种要素供给比例，则该国相对于别国而言，该要素丰裕。自然资源丰裕度供给指标还包括自然资源的总量、人均资源拥有量和地均资源占有量等。例如：一国能源储量和矿产储量、人均耕地数量、地均化石能源储备量等。以要素相对价格也可衡量资源丰裕度，若一国某要素的相对价格低于别国同种要素相对价格，则该国该要素相对于别国丰裕。以价格法衡量的要素丰裕考虑了要素的供给和需求两方面。从出口水平可以一定程度上看出该资源在一国的丰裕度，例如：初级产品的出口与 GDP 的比值。

与资源禀赋相比，一个国家（地区）的经济增长模式，特别是一个国

家（地区）经济增长过程对自然资源的依赖程度更能决定一个国家（地区）的经济增长与自然资源的关系，可以用自然资源依赖性对该国（地区）的经济增长模式进行分类。相关指标有：采掘业总产值占工业总产值（GDP）比重、初级产品生产部门（采掘业）就业人数占总就业人数比重等。

第三节　资源祝福与资源诅咒

一、资源祝福

自然资源与经济增长之间的关系是经济学的一个经典论题，近年来资源的重要性重新得到确定。资源祝福，即自然资源丰裕程度与经济增长之间呈现正相关关系。丰裕的自然资源是人类进行物质生产活动所必需的投入品，作为经济增长的原始动力，对地区经济的起飞起着重要的作用。经济的高速增长往往建立在丰裕的自然资源的基础上，以至于对资源、能源的消费总量一度成为地区经济增长程度的侧面衡量标准，资源型城市凭借对丰裕资源的开发能够取得大量的财富，被称为资源祝福。回顾经济发展历程，自然资源在一个国家国民财富初始积累中发挥了重要的作用。例如，英国北部地区拥有丰富的煤铁资源便是英国发生第一次工业革命的重要原因之一，20 世纪迅速崛起的美国、德国、迪拜、挪威等国均得益于丰裕的自然资源。部分发展中国家缺少资本及创新技术，出口资源和资源密集型产品成为这些国家赚取外汇、拉动国内投资的重要手段，也为这些国家的工业化进程提供了一定的资金支持。

资源祝福的观点由来已久。亚当·斯密和李嘉图等古典经济学家将自然资源视为天赐的财富，资源丰富的地区不仅能直接获取高额租金，还可将其转用于物质资本投资以推动经济发展。尽管古典增长模型和新古典增长模型都未直接把自然资源纳入生产函数，但是都暗含自然资源通过促进资本积累而推动增长的作用路径。戴维斯（Davis，1995）采用矿产收入占 GDP 比重衡量资源丰裕度，发现自然资源与经济发展之间呈正向关联，即自然资源越丰富对经济发展越有利。基于世界银行国民财富视角，布伦施韦勒

（Brunnschweiler，2008）采用存量计算自然资源丰裕度，肯定了经济增长与自然资源之间的正向关系。哈姆迪和斯比亚（Hamdi and Sbia，2013）采用 VECM 方法检验资源与经济增长关系，发现长期关系支持资源祝福假说。

二、资源诅咒

（一）资源诅咒的提出

20 世纪中期，索洛利用宏观经济方程阐述经济增长的平衡路径，很大程度上解释了增长问题，并提出各经济主体增长的"趋同效应"与经济增长过程中的"赶超效应"。20 世纪 80 年代中期以来，内生增长理论引入科技创新机制，对索罗的收敛式增长提出质疑，并开始通过大量的实证研究探讨各国经济增长速度的差异。20 世纪 60 到 90 年代，增长速度最快的亚洲四小龙（韩国、新加坡、中国台湾和中国香港）利用发达国家向发展中国家转移劳动密集型产业的契机，引入外国资金和先进技术，依托劳动力优势，调整经济发展策略，一度发展迅速。而不少自然资源丰裕国家却经济增长缓慢，并未实现高度增长。经济学家开始进一步探索自然资源与经济增长的关系。

1993 年，经济学家奥蒂（Auty）基于矿产丰富国家的经济发展问题，首次提出了"资源诅咒（Resource Curse）"的概念。他认为：丰富的自然资源对部分国家的经济增长并不一定是有利条件，有时候丰富的资源反而会制约经济增长。萨克斯（Sachs）和沃纳（Warner）（1995，1997，2001）连续发表三篇以"资源诅咒"为主题的文章，选取 95 个发展中国家作为样本，测算 1970～1989 年这些国家 GDP 年均增长率，并与国家资源丰裕水平进行对比，结果表明仅有两个资源丰裕型国家年增长速度超过 2%。自然资源丰裕度与经济增长之间存在显著的负相关。帕普拉基斯（Papyrakis）和格拉赫（Gerlagh）（2004）也通过实证研究得出经济增长与自然资源丰裕度之间呈现显著的负相关关系的结论。埃利塞奥斯（Elissaios，2004）通过对美国各州年自然资源丰裕度和经济增长水平进行分析，证实了一定程度上自然资源阻碍了美国区域经济增长。

在国内，徐康宁、韩剑（2005）用资源丰裕度作为度量地区资源禀赋的指标，对 1987~2003 年中国部分省份的资源丰裕度与经济增长之间的关系进行检验，发现中国资源丰裕地区的经济增长速度远远低于资源较为匮乏的地区，肯定了资源诅咒效应的存在。刘瑞明、白永秀（2008）认为资源型地区究竟是走上祝福还是诅咒的道路，最主要的原因在于社会制度。如果社会制度更多的不是鼓励生产性的寻利活动，而更多的导致非生产性的寻租活动，势必导致资源诅咒的产生。邵帅、杨莉莉（2010）对"资源诅咒"的命题做出了新的解释：自然资源诅咒根植于一国或地区的经济对资源型产业的过度依赖之中，进而严重拖累地区长期的经济增长。邵帅（2010）在对资源诅咒命题的内涵及假说描述进行修正和补充的基础上，对我国地级煤炭城市的面板数据样本进行了实证检验，证实了煤炭资源的开发束缚了煤炭城市的经济增长的假设，从而肯定了资源诅咒效应的存在。丁从明、马鹏飞、廖舒雅（2018）将资源诅咒的研究从宏观层面转向微观层面，使用倾向得分匹配方法（PSM）从自然资源保有量和自然资源集中度两个角度研究了资源禀赋对人均收入的影响，证实了微观层面上资源诅咒同样存在。战焓磊（2014）人为资源禀赋对全要素生产率的影响是双向的，从短期静态视角来看，资源禀赋可以带来成本、规模和需求方面的优势，从而带来全要素生产率的提高；从长期动态视角来看，资源禀赋优势带来的资源错配、创新乏力等问题，又会阻碍全要素生产率的增长。

可以看出：自然资源充裕的国家和地区通常存在制度建设落后和产业创新缺乏等特征，造成对自然资源的过度依赖，进一步延缓了资源国的工业化进程和经济增长。

（二）资源诅咒的内涵

资源诅咒又被称作"富足的矛盾"，指的是国家拥有大量的某种不可再生的天然资源，却反而形成工业化低落、产业难以转型、过度依赖单一经济结构的窘境，从而拖累经济发展。俄罗斯与委内瑞拉即是典型的"石油诅咒"例子，这两个国家长期以石油赚取大量外汇，以此提升国内经济成长，但除了开采业外，其他领域的发展都停滞不前，这种国家常有以下特征：天然资源丰富、经济自由度低、清廉程度低、寡头政治、资源开采以外的行业发展程度低、为争夺开采权政治腐败、土地开发过度等。

（三）资源诅咒的原因机制

诸多因素的影响下，资源富足的城市和地区反而难以发展，产生资源诅咒。资源诅咒产生的原因归根到底有以下几个方面：第一，一个国家（地区）依托单一的资源型产业结构导致资源部门繁荣发展的同时使其他制造业产能下降，逐渐萎缩，产生"资源转移效应"和"支出效应"。而一个国家想要不断进步，需要先进产业的支撑，而资源丰富国家的比较优势在于资源部门，其他不具备比较优势的产业难以与资源产业抗衡。第二，由于初级产品缺乏收入和需求价格弹性，资源的价格波动非常大。因为资源的供给弹性小，影响政府的财政收入。第三，资源开发活动导致科技创新、人力资本等生产要素发展不足，产生挤出效应。因此，生产和出口初级产品的国家如果不能持续提升人力资本和创新水平，进而优化经济结构，就会导致其自身的贸易条件不断恶化，处于国际价值链的边缘，与经济发达国家的差距不断拉大。第四，自然资源的探测和开发存在信息不对称，带来自然资源开采权分配的低效率，产生寻租和腐败问题，抑制经济发展。自然资源存量是不可预估的，很难掌握到某类自然资源的存量的具体数据。政府掌握着自然资源的开采权，而企业直接执行开采工作，由于信息不对称和不完备，政府很难对自然资源的开采权进行有效分配。为了获得更大利润，开采商会增加非生产性的寻租活动，用来以更低的价格获取更多资源开采权，腐败滋生；另一方面，在获得开采权后，开采商为追求最低的成本获得最高的利润，任意破获自然资源生态环境，不仅抑制了经济的增长，同时带来发展环境的恶化。

（四）资源诅咒的破解路径

打破资源诅咒是资源型城市和地区发展的核心问题。对于资源寻租产生的腐败问题，可通过公开、透明，强调监管来防止腐败滋生蔓延。资源开采透明国际组织是资源开采防腐败组织之一，世界银行也在推动防止资源开采的腐败工作，国内也有一些这样的非政府组织，在倡导公开、透明、监督，以此来减少腐败的可能性。对于资源价格波动较大，价格不稳定点问题，就要处理好储蓄与公共支出的关系。同时增加非资源产业在经济中的比重，减低资源价格波动对经济的冲击，随资源存量的减少，逐渐转向非资源产业。

对于资源城市如何变"资源诅咒"为"资源祝福"是其发展的关键。

林毅夫在新结构经济学中指出：资源城市发展的非资源型产业必须符合该经济体要素禀赋结构所决定的比较优势，这样才会有最低的要素生产成本；同时，新结构经济学主张在竞争的市场中，以有为的政府动用资源收益中的一部分来消除限制具有比较优势的非资源型产业发展的软硬基础设施的瓶颈，以降低交易费用，使符合比较优势的产业能够迅速变成具有竞争优势的产业。至于如何选择具有比较优势的非资源型产业，以及如何针对不同的产业发挥有为政府因势利导的作用，则可以根据新结构经济学中"增长甄别与因势利导"的框架来进行。能这样做的话，资源型的城市、地区和国家可用来完善软硬基础设施的资源会比资源短缺的城市、地区和国家更多，力度可以更大，经济发展转型的速度可以更好更快。这样资源就会从经济发展的"诅咒"变为经济发展的"祝福"。

第四节　资源型经济与资源型城市

一、资源型经济发展特征

（一）资源型经济发展内涵

张复明（2007、2011）对资源型经济（resource-based economy）的内涵进行了阐述。"资源型经济，也称资源导向型经济（re—source—oriented economy）、资源主导型经济（resource—led economy），一直以来是发展经济学中的热点话题。资源型经济主要是指依靠煤、石油、天然气等能源资源，铁、铜等矿产资源的经济增长模式，也就是以资源型产业为主导的经济体系。资源型经济作为一种经济形态或分工模式，是与加工型经济、服务型经济和知识型经济并称的。其经济活动的突出特征是与资源禀赋特征、资源开发活动、资源财富管理等密切相关的。"

（二）资源型经济发展特点

根据张复明（2011）对资源型经济发展特征的总结，本章将资源型经济发展特点概括为以下四点：

1. 贸易投资条件恶化

资源开采利用增加了资源部门对资金、技术、人才、土地等经济要素的需求，这必然会增加要素的价格，改变要素的价格弹性，并导致经济要素的比价变化，以及要素在部门间的重新配置，抬高了制造业的生产成本，削弱了其竞争力。

2. 资源收益分配不均

在资源丰富的国家和地区，面对资源产业的突然繁荣以及资源财富的涌入，资源收入分配问题十分严重。特别在资源价格居高不下的时期，大部分巨额溢价收益直接流入采矿权持有人手里，导致收入分配严重不公。在多数发展中国家，在资源领域还存在着严重的寻租行为，资源收入分配被再次扭曲。

3. 经济不稳定与财政困境

在资源型经济体中，资源产业往往是国民经济的支柱产业，经济发展对资源价格波动非常敏感。资源价格波动直接导致资源经济体增长波动较大，甚至出现经济动荡和发展衰退。当资源价格下跌时，资源收入大幅减少，财政收入锐减，甚至会造成更加严重的社会后果。

4. 产业结构失衡

资源型经济体倾向于把大量的投资集中在资源领域，并在短期内出现资源繁荣现象。受市场需求的刺激，必然会相应地发展起与资源产业相关的配套产业、生产性服务产业以及满足特定资源性消费的服务性产业，这些产业所形成的庞大的资源性产业家族，吸纳了大量的经济要素和稀缺资源，妨碍了其他产业的健康发展，带来了产业结构的单一化和刚性化问题，严重削弱了产业综合竞争力。

二、资源型城市发展模式

1. 循环经济发展模式

该模式的重点在于优化资源循环技术，构建循环产业体系，从资源密集型传统产业向资本密集型或技术密集型或劳动密集型产业转型，建立以循环经济为主导理念的可持续发展模式。

2. 资源替代发展模式

该模式用国际资源替代国内资源、用再生资源替代不可再生资源、用人力资源代替自然资源，用高新技术替代资本和劳动，实现资源多元化和产业多元化。把握技术产业与传统产业、资金技术密集型产业与劳动密集型产业的关系。

3. 产业链延伸模式

在原有产业的基础上发展和延伸新的相关产业，拓展产业链，大力开发原有资源型产品的新兴产品，并广泛应用新技术进行深加工和精处理，为原有主导产业的永续发展开辟出一条新道路，重新开辟新的经济增长点。

4. 科技创新带动模式

用先进技术改造传统产业，将信息化和工业化融合，以信息化带动工业化，以工业化促进信息化，走科技含量高、经济效益好、资源损耗低、环境污染少、人力资源优势得到充分发挥的新型工业化道路，建立"吸引型"技术进步体系。

5. 生态城市发展模式

这种模式主要是构建城市生态产业体系，恢复城市生态功能，加大城市基础设施建设，推进城市生产—消费—资源—环境的良性循环，实现资源型城市向山水园林城市、生态城市转型，营造绿色人居环境。

三、中国资源型城市发展

（一）我国自然资源分布特征

中国自然资源分布特征如下：

第一，中国自然资源种类多样、潜力巨大，包括土地、水、矿产、生物、能源、气候等资源。

第二，资源分布不均衡。由于太阳辐射、大气环流、地质构造、地表形态等因素呈现地区差异，所以自然资源的地理分布在数量或质量上存在显著的区域差异。例如，我国水资源南多北少，能源资源北富南贫，水能集中在川、滇、黔、贵、藏五个省区。

第三，资源分布与生产力区域结构不匹配。例如，水资源的83%集中在占全国耕地面积 38% 的长江流域及以南地区，而黄河、淮海、辽河等流域，耕地占 42%，水资源仅有 9%。80% 的矿产资源分布在中国西北部地区，75% 以上的石油和煤炭分布在长江以北地区，而工业却集中在东部沿海，能源消费集中于东南部地区。

（二）我国自然资源对经济发展的影响

自然资源的开发利用，推动社会经济的稳步发展。自然资源为经济发展提供了原始动力，对地区经济发展起着重要作用。经济发展依赖于自然资源的不断供应，而且随着人口的增长和人民生活质量的提高，这种依赖程度会越来越高。只有合理开发利用自然资源，才能保证经济的可持续发展。仅仅发展经济，会带来了资源破坏、生态系统破坏和环境恶化等一系列问题；而如果一味地保护资源，不顾经济发展，则会发生既阻碍经济的发展，又未能遏止生态环境继续恶化的现象。经济发展与资源开发利用须协调一致。

自然资源不仅没有成功推动经济增长，自然资源丰富、经济发展过程中资源型产品为主的地区却比资源稀缺的国家发展得更慢，出现了自然资源阻碍经济增长的矛盾现象，即"资源诅咒"现象。随之而来的是生态环境恶化、产业结构不平衡等一系列问题。

（三）我国资源型城市特征

1. 资源依赖性

资源型城市源于丰富的自然资源才得以发展，经济活动对资源的依赖性较强，重点产业也围绕资源的开发利用领域。城市区域里的企业围绕这些优势资源的开发利用形成产业群，集群内的企业凭借本地区的丰裕资源条件形成的竞争优势，足以在市场上获得丰厚的收益。这样，区域内的经济主体往往缺乏创新动力，区域经济增长高度依赖于自然资源的开采和加工利用，形成资源依赖型经济增长路径。

2. 产业结构单一

资源型城市的产业结构高度依赖于资源开发利用，资源开发企业在城市发展中发挥着重要作用，在全市经济结构中占据垄断地位。由于主导企业在资源开发上具有垄断优势，在产业发展上又具有"大而全、小而全"的特点，造成其他产业都被资源主导企业所控制或影响，围绕资源开发利用而展开，并和资源主导产业形成千丝万缕的联系。在这种情况下，虽然其他相关的产业也在发展，但规模小且发展缓慢，城市产业结构大都表现为单一畸形的特征。

3. 城市空间结构分散

由于受到自然条件、资源的空间分布及其发展方向等影响，大多数资源型城市空间结构表现出明显的分散特征。自然资源分布呈"大集中、小分散"格局，使得资源型城市的空间结构呈现出"点多、线长、面广"的分散分布形态，这增加了城市建设成本，不利于城市土地集约利用，也不利于城市基础设施建设和环境治理。资源型城市分散型的空间结构使其未能发挥出集聚效应和规模效应，不利于形成具有强吸引力和辐射力的经济中心。

4. 发展周期属性较强

资源型城市的发展具有周期性。城市自然资源大多是不可再生的资源，储量有限，具有开发、成长、成熟和衰退的生命周期。城市经济在很大程度上依赖于资源开发和初级加工，在资源开发利用初期，城市发展进程缓慢；到了发展成熟期时，城市经济发展速度明显加快；到了资源开发衰退期时，如果资源型城市没有进行产业结构调整升级，发展新产业或者替代产业，城市经济也会随着资源的枯竭而逐渐萎缩。

第五节　案例分析

案例：煤炭城市"资源尾效"与"资源诅咒"的转换机制*

一、背景

目前，自然资源对经济增长约束作用的研究主要集中在"资源尾效"

---

　　* 本案例节选自刘耀彬、肖小东：《煤炭城市"资源尾效"与"资源诅咒"的转换机制研究——基于 PSTR 模型的实证检验》，载于《中国地质大学学报（社会科学版）》2019 年第 2 期。

和"资源诅咒"两个方面。对于不可再生资源而言，随着资源的不断消耗以及面临资源开采难度不断加大等问题，可利用的资源量必定会不断减少，那么随着资源量的不断变化，自然资源对经济增长的两种约束作用是否会都出现并发生变化，也就是"资源尾效"与"资源诅咒"之间能否相互转换，如果二者之间能够相互转化，那么二者如何转换以及转换条件为何。这些都是值得探讨的理论和实践问题。在煤炭城市整个发展过程中以及在其不同发展阶段下，煤炭资源对城市经济增长的约束作用是否存在差异？不同阶段的煤炭资源约束作用具体表现为何？是否会出现"资源尾效"和"资源诅咒"的转换过程？以及二者如何转换和转换条件为何？这些问题都亟待回答。

二、计量模型设定与实证分析

1. 计量模型设定

包含两机制的基本面板平滑转换（PSTR）模型一般如下所示：

$$y_{it} = \mu_i + \beta_0 x_{it} + \beta_1 x_{it} g(q_{it}; \gamma, c) + u_{it}$$

$$g(q_{it}; \gamma, c) = \{1 + \exp[-\gamma \prod_{k=1}^{m}(q_{it} - c_k)]\}^{-1}, \gamma > 0, c_1 \leqslant c_2 \leqslant \cdots \leqslant c_m$$

其中：y_{it} 为被解释变量，x_{it} 为解释变量向量，μ_i 表示个体固定效应，u_{it} 为误差项。转换函数 $g(q_{it}; \gamma, c)$ 是一个 Logistic 函数，该函数是关于转换变量 q_{it} 且值域介于 0 和 1 之间的连续平滑的有界函数。转换函数中的 q_{it} 为转换变量，斜率参数 γ 决定转换函数的转换速度，$c = (c_1, c_2, \cdots, c_m)'$ 为位置参数 m 维向量，决定转换函数的转换发生的阈值。当 $\gamma > 0$，$c_1 \leqslant c_2 \leqslant \cdots \leqslant c_m$ 保证了模型能够被识别，一般只需要考虑 $m = 1$ 和 $m = 2$ 就足够了。而当 $m = 1$ 时，x_{it} 的系数随着转换变量 q_{it} 的增加在 β_0 和 $\beta_0 + \beta_1$ 之间单调变换，该模型描述了从一种区制到另一种区制的平滑转换过程，这也就是一般意义上的两区制面板平滑转换模型。当 $m = 2$ 时，该模型就成为三区制的平滑面板转换模型，转换函数关于 $(c_1 + c_2)/2$ 对称，并取得最小值，处于中间区制状态，当 q_{it} 较低或较高时，处于两个相同的外区制状态。

建立以下平滑面板转换（PSTR）模型来检验经济增长与煤炭资源依赖度之间的非线性关系。

$$G_{it} = \alpha\beta_{00} + \beta_{01}Co_{it} + \beta_{02}Inv_{it} + \beta_{03}Min_{it} + (\beta_{11}Co_{it} + \beta_{12}Inv_{it}$$
$$+ \beta_{13}Min_{it})g(Co_{it};\ \gamma,\ c) + \varepsilon_{it}$$

式中：G 表示经济增长速度；Co 表示煤炭资源依赖度；Inv 表示物质资本投入；Min 表示制造业部门投入；β_{01} 表示煤炭资源依赖度对经济增长影响的线性部分系数，$\beta_{11}g(Co_{it};\ \gamma,\ c)$ 表示煤炭资源依赖度对经济增长影响的非线性部分系数。当线性部分与非线性部分系数之和大于零，则表示经济增长速度随资源依赖度的增加而增加，也就是资源投入并未达到最优状态，表现为"资源尾效"；当线性部分与非线性部分系数之和小于零，则表示经济增长速度随着资源依赖度的增加而减缓，资源投入高于最优资源投入，经济增长速度反而变缓，表现为"资源诅咒"。

2. 变量说明与数据来源

经济增长速度（G）用地区生产总值增长率表示；煤炭资源依赖度（Co）用采掘业从业人员占从业总人口数比重表示；物质资本投入（Inv）用资本存量占实际地区生产总值比重表示；制造业部门投入（Min）用制造业部门从业人员人员数占从业总人口数比重表示。由于统计年鉴中并没有历年资本存量的数据，所以要对资本存量进行估计。一般使用永续盘存法对资本存量进行估计，其公式如下所示：

$$K_{it} = K_{it-1}(1 - \delta) + I_{it}$$

式中：K 表示资本存量，I 表示当年投资，δ 表示折旧率。本文选择了 30 个地级煤炭城市作为研究对象，时间跨度为 2001～2016 年，并且根据《全国资源型城市可持续发展规划（2013－2020）》中对资源型城市类型的划分，将煤炭城市分成成长型、成熟型、衰退型和再生型四种类型（见表 9－2）。数据来源于《中国城市统计年鉴》（2002～2017），地级煤炭城市所在省 2002～2017 年的省统计年鉴和各地级市统计年鉴。

表 9－2　　　　　　　　　　　　地级煤炭城市分类

煤炭城市类型	地级煤炭城市
成长型城市 （3 个）	朔州市、鄂尔多斯市、六盘水市
成熟型城市 （13 个）	邢台市、邯郸市、大同市、阳泉市、长治市、晋城市、赤峰市、鸡西市、宿州市、淮南市、济宁市、鹤壁市、平顶山市

煤炭城市类型	地级煤炭城市
衰退型城市 （12个）	乌海市、阜新市、抚顺市、辽源市、鹤岗市、双鸭山市、七台河市、淮北市、萍乡市、枣庄市、焦作市、铜川市
再生型城市 （2个）	唐山市、徐州市

3. 转换机制实证分析

（1）单位根检验和模型形式选择。对面板数据回归之前，一般要对面板数据各序列变量进行平稳性检验，防止出现伪回归现象。对经济增长速度、煤炭资源依赖度、物质资本投入和制造业部门投入做单位根检验，即对 G、Co、Inv 和 Min 进行单位根检验，检验方法包括 LLC 检验、ADF 检验和 PP 检验（见表9-3）。表9-3显示，三种检验方法仅 Min 变量水平序列平稳，G、Co 和 Inv 三个变量水平序列都不平稳，但是其一阶差分序列都平稳，所以可以用该面板数据来进行回归。

表9-3   面板数据单位根检验

变量	LLC 检验		ADF 检验		PP 检验	
	水平序列	一阶差分	水平序列	一阶差分	水平序列	一阶差分
G	2.4033 （0.9919）	-15.8291 （0.0000）***	40.1714 （0.9453）	231.6950 （0.0000）***	41.2351 （0.9301）	246.7320 （0.0000）***
Co	-9.0758 （0.4392）***	-15.1841 （0.0000）***	49.2569 （0.7261）***	227.3100 （0.0000）***	48.5148 （0.7510）***	258.1160 （0.0000）***
Inv	-0.6092 （0.2712）***	-12.8539 （0.0000）***	28.7629 （0.9991）***	225.2260 （0.0000）***	28.0784 （0.9993）***	263.2350 （0.0000）***
Min	-3.7931 （0.0001）***	—	79.1468 （0.0226）**	—	113.2270 （0.0000）***	—

注：**、*** 表示在5%、1%的显著水平，采用 Schwarz 准则来确定滞后阶数，表中括号内数据为相应的 p 值。

在使用面板数据进行回归，要确定是使用固定效应模型还是随机效应模型，检验的方法是使用 Hausman 检验，其结果如表 9 – 4 所示，检验结果表明在 1% 的显著水平下拒绝随机效应模型的原假设，所以应选择固定效应模型。

表 9 – 4 面板数据模型选择

Hausman 检验			
原假设：随机效应模型	χ^2	P 值	拒绝原假设
备择假设：固定效应模型	42. 4465	0. 0000	

（2）整体转换机制分析。在使用 PSTR 模型进行估计之前，首先要进行同质性检验，也就是检验模型是否存在非线性关系，只有当模型的截面存在异质性时，才能使用 PSTR 模型进行估计。一般的估计方法是用转换函数的一阶泰勒展开构造辅助函数进行回归分析，在确定存在异质性的情况下，进一步进行无剩余异质性检验，确定转换函数的个数。本文对构建的模型进行同质性和无剩余异质性检验，计算出 LM、LRT 和 LMF 统计量。在表 9 – 5 中只展示了 LMF 统计量。根据表 9 – 5 可以看出，$m = 1$ 的情况下无法拒绝同质性假设，而接下来的无剩余异质性检验的结果表明转换函数为 3 个，那么对于最优位置参数的确定则是 $m = 2$。

表 9 – 5 同质性和无剩余异质性的 LMF 检验

模型		
门槛变量	Co	
位置参数个数	$m = 1$	$m = 2$
$H_0 : r = 0$ $H_1 : r = 1$	1. 8870 (0. 1310)	2. 6940 (0. 0140)
$H_0 : r = 1$ $H_1 : r = 2$	—	2. 5040 (0. 0220)
$H_0 : r = 2$ $H_1 : r = 3$	—	3. 8410 (0. 0010)
$H_0 : r = 3$ $H_1 : r = 4$	—	0. 5140 (0. 7980)

继续使用非线性最小二乘法估计上述模型，整理得到参数如表 9-6 所示。由于是研究煤炭资源依赖度对经济增长的约束作用，因此只讨论煤炭资源依赖度系数。根据表 9-6 的结果可知，由于位置参数是一个二维向量，也就是 $m=2$，转换函数在 $(c_{11}+c_{12})/2$ 处有最小值，其中 c_{11} 和 c_{12} 是位置参数 c_1 中的两个参数值，且在 q_{it} 较低或较高时取值均为 1。根据表 9-6 的结果可知 $r=3$，那么就有三个位置参数 c，分别为 $c1$(16.1434，17.5030)，$c2$(5.5682，9.0662)，$c3$(9.0345，27.1389)，那么转换函数分别在中点值 16.8232、7.3172 和 18.0867 上取得最小值，而三个位置参数分别对应的斜率参数为 103964.0415、88.9726 和 1.5747。为了直观地看出转换的情况，在图 9-1 中绘制了转换函数 $g(Co_{it}; \gamma, c)$ 值与资源依赖度之间的关系。

表 9-6　　　　　　　　最终 PSTR 模型估计结果

模型		
	(m, r)	$(2, 3)$
Co 系数	β_{01}	0.7967 (1.8105)
	β_{11}	-0.2855 (-2.1292)
	β_{21}	-0.6588 (-1.7005)
	β_{31}	0.0437 (0.6273)
Inv 系数	β_{02}	-0.0351 (-0.2643)
	β_{12}	-0.0325 (-0.3309)
	β_{22}	0.3603 (4.9063)
	β_{32}	0.2384 (5.2230)

模型		
Min 系数	β_{03}	-0.1568 (-5.7692)
	β_{13}	0.0987 (4.6941)
	β_{23}	0.0339 (1.8800)
	β_{33}	-0.0058 (-0.3755)
位置参数	γ_i	$(103964.0415, 88.9726, 1.5747)$
第一转换点	c_1	$(16.1434, 17.5030)$
第二转换点	c_2	$(5.5682, 9.0662)$
第三转换点	c_3	$(9.0345, 27.1389)$

总的来说，就是资源依赖度小于 7.3172，煤炭资源对经济增长约束表现为"资源尾效"，平均资源尾效值为 0.1379；当资源依赖度处于 (7.3172，16.8232) 时，资源依赖度对经济增长的约束表现为"资源诅咒"，平均资源诅咒值为 0.1476；当资源依赖度大于 16.8232 时，资源依赖度对经济增长的约束依旧表现为"资源诅咒"，只是资源约束程度相对在减小。

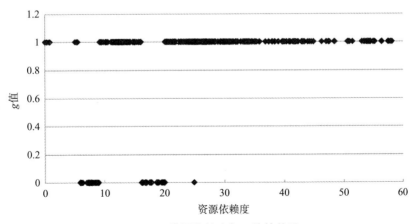

图 9-1　资源依赖度与 g 值的关系

（3）不同发展阶段煤炭城市转换机制分析。由于不同煤炭城市所处的阶段并不相同，所以不同煤炭城市中煤炭资源对经济增长的约束情况可能并不相同，因此根据表9-2对煤炭城市的分类情况分别进行研究，由于再生型城市受煤炭资源对经济增长的约束作用并不大，所以只对成长型、成熟型和衰退型煤炭城市进行分析。

在使用 PSTR 模型进行估计之前，首先要进行同质性和无剩余异质性检验，分别对这三类煤炭城市的模型进行同质性和无剩余异质性检验，计算出 LM、LRT 和 LMF 统计量。鉴于已有研究证明 LMF 统计量具有更好的小样本性质，因此在表9-7中只展示了 LMF 统计量。由表9-7可知，成长型煤炭城市所有情况下都拒绝同质性假设，资源依赖度与经济增长之间表现为非线性关系；成熟型和衰退型煤炭城市所有情况下都接受同质性假设，资源依赖度与经济增长之间只是简单的线性关系。所以针对成长型煤炭城市使用非线性估计方法，而针对成熟型和衰退型城市使用线性估计方法。

表9-7　　　　　　　　同质性和无剩余异质性的 LMF 检验

模型	成长型		成熟型		衰退型	
门槛变量	Co		Co		Co	
位置参数个数	$m=1$	$m=2$	$m=1$	$m=2$	$m=1$	$m=2$
H_0: $r=0$ H_1: $r=1$	13.6310 (0.0000)	7.8660 (0.0000)	2.3890 (0.0700)	1.7390 (0.1140)	1.3160 (0.2710)	1.5810 (0.1550)
H_0: $r=1$ H_1: $r=2$	0.1310 (0.9410)	2.6660 (0.0320)	—	—	—	—

针对成长型煤炭城市，由于拒绝了同质性假设，所以要进一步就要确定各个模型转换函数的位置参数个数 m。对模型在 $m=1$ 和 $m=2$ 的情况分别进行 PSTR 估计，得到表9-8中的最优转换函数个数、差平方和、AIC 和 BIC 值。通过比较表9-8中 AIC 和 BIC 值，根据其最小值法则，确定位置参数 $m=1$，最终选择模型（$m=1$，$r=1$）。

表 9 - 8	位置参数数量的确定	
	模型	
位置参数个数	$m = 1$	$m = 2$
最优转换函数个数 r	1	1
SSR	693.5420	882.4500
AIC	3.2120	3.5200
BIC	3.5230	3.8710

继续使用非线性最小二乘法估计上述模型，整理得到参数如下表 9 - 9 所示。其中资源依赖度的线性部分和非线性部分的参数 β_{01} 和 β_{11} 分别为 5.6810，-6.2884，而转换函数的斜率参数 γ 为 0.2112，说明该模型转换速度较为缓慢，资源依赖度的总参数由 5.6810 慢慢平滑转换成 -0.6074，也就是资源依赖度对经济增长的约束情况由"资源尾效"转换为"资源诅咒"。

表 9 - 9	最终 PSTR 模型估计结果	
	模型	
	(m, r)	$(1, 1)$
Co 系数	β_{01}	5.6810 (1.8105)
	β_{11}	-6.2884 (-2.1292)
Inv 系数	β_{02}	0.7861 (2.0102)
	β_{12}	-2.0872 (-4.9736)
Min 系数	β_{03}	-0.2491 (-5.7606)
	β_{13}	0.4814 (6.0159)
位置参数	γ	0.2112
转换点	c	12.8499

由于成熟型和衰退型煤炭城市中资源依赖度与经济增长只是简单的线性关系，所以利用公式线性部分模型研究成熟型和衰退型煤炭城市资源依赖度与经济增长之间的关系。得到下面回归结果（见表9-10），由结果可以看出，成熟型和衰退型煤炭城市中煤炭资源依赖度与经济增长速度之间呈负相关关系，随着对煤炭资源依赖度的增加，经济增长速度反而减缓，表现为"资源诅咒"效应，并且衰退型煤炭城市中资源依赖对经济增长的影响比成熟型煤炭城市更大。

表9-10 面板数据回归结果

变量	成熟型		衰退型	
	Coefficient	t - Statistic	Coefficient	t - Statistic
C	11.5984	5.6198	7.4943	2.7283
Inv	0.0013	0.1061	0.0833	5.7207
Min	0.0814	1.3784	0.0527	0.6886
Co	-0.0868	-1.4143	-0.0968	-1.2016

4. 资源开采部门规模报酬分析

理论分析结果表明资源开采部门规模报酬的不同，会使资源依赖度对经济增长的约束作用不相同，进而导致转换机制的不同，为了证实实证分析中不同转化机制的发生条件确实符合理论分析的结论。建立下面模型进行测度出不同发展阶段煤炭城市的资源开采部门规模报酬。

$$\ln R = \alpha + \varepsilon \ln L$$

式中 R 表示煤炭开采量，用原煤产量表示，L 表示资源开采部门从业人数，用采掘业从业人员数表示。

（1）单位根检验。对面板数据回归之前，一般要对面板数据各序列变量进行平稳性检验，防止出现伪回归现象。下面对 $\ln R$ 和 $\ln L$ 进行单位根检验检验方法包括 LLC 检验、ADF 检验和 PP 检验（见表9-11）。表9-11显示，三种检验方法 $\ln R$ 变量水平序列都平稳，$\ln L$ 变量水平序列都不平稳，但是其一阶差分序列都平稳，所以可以用该面板数据来进行回归。

表9－11 面板数据单位根检验

变量	LLC 检验		ADF 检验		PP 检验	
	水平序列	一阶差分	水平序列	一阶差分	水平序列	一阶差分
$\ln Y$	－6.3497 (0.0000)***	—	78.7217 (0.0243)**	—	120.3530 (0.0000)***	—
$\ln L$	－2.4471 (0.0072)**	－9.8789 (0.0000)***	71.1961 (0.0830)	188.4600 (0.0000)***	47.1143 (0.7952)	199.1820 (0.0000)***

注：**、*** 表示在5%、1%的显著水平，采用 Schwarz 准则来确定滞后阶数，表中括号内数据为相应的 p 值。

（2）Hausman 检验与回归结果。表9－12 显示，Hausman 检验中三个模型都拒绝原假设，因此选择固定效应模型。

表9－12 面板数据模型选择

Hausman 检验				
成长型煤炭城市	原假设：随机效应模型	χ^2	P 值	拒绝原假设
	备择假设：固定效应模型	24.2113	0.0000	
成熟型煤炭城市	原假设：随机效应模型	χ^2	P 值	拒绝原假设
	备择假设：固定效应模型	3.8719	0.0491	
衰退型煤炭城市	原假设：随机效应模型	χ^2	P 值	拒绝原假设
	备择假设：固定效应模型	4.1701	0.0411	

结果发现：①成长型煤炭城市规模报酬为1.6556，在［1，2］之间。可见，煤炭城市资源依赖度与经济增长之间呈倒"U"型关系，与上面的理论分析和非线性分析吻合；②成熟型和衰退型煤炭城市规模报酬小于1，资源依赖度与经济增长之间成负相关关系，表现为"资源诅咒"，与上面理论分析和非线性分析结果一致（见表9－13）。

表 9 – 13   资源开采部门规模报酬回归结果

	Variable	Coefficient	Std. Error	t – Statistic	Prob.
成长型	C	6.8004	0.2300	29.5690	0.0000
	$\ln L$	1.6556	0.1495	11.0736	0.0000
成熟型	C	6.7958	0.0807	84.2472	0.0000
	$\ln L$	0.6239	0.0404	15.4384	0.0000
衰退型	C	7.1891	0.0843	85.2844	0.0000
	$\ln L$	0.0154	0.0558	0.2766	0.7824

三、主要结论

（1）煤炭资源对煤炭城市经济增长的约束作用不仅与资源依赖度大小有关，还与资源开采部门劳动力规模报酬相关。当 $\varepsilon > 2$ 时，资源依赖度与经济增长速度之间呈正相关关系；当 $1 < \varepsilon \leqslant 2$，资源依赖度与经济增长速度表现为倒 "U" 型关系；当 $0 < \varepsilon \leqslant 1$，资源依赖度与经济增长速度之间呈负相关关系。随着煤炭城市发展阶段和资源依赖度的变化，煤炭资源对经济增长的约束作用会发生转换。

（2）对所有煤炭城市进行分析的结果表明，当资源依赖度小于 7.3172，煤炭资源对经济增长约束表现为"资源尾效"，其平均"资源尾效"值为 0.1379；当资源依赖度处于 7.3172，16.8232 时，资源依赖度对经济增长的约束表现为"资源诅咒"，平均资源诅咒值为 0.1476；当资源依赖度大于 16.8232 时，资源依赖度对经济增长的约束依旧表现为"资源诅咒"，只是资源约束程度相对在减小。

（3）针对不同发展阶段的煤炭城市进行分析的结果表明。成长型煤炭城市资源约束作用表现为由"资源尾效"转换为"资源诅咒"，其劳动力规模报酬为 1.6556（在 [1，2] 之间）；而成熟型煤炭城市和衰退型煤炭城市的资源依赖度与经济增长之间只是简单的线性关系，表现为"资源诅咒"效应，其劳动力规模报酬小于 1，并且衰退型煤炭城市资源依赖度对经济增长的负影响相对较大。

第十章

能源利用与低碳经济发展

随着人类文明的发展与进步，工业革命以后地球的环境问题日益严重，各类环境与气候问题层出不穷，严重危害了地球生态安全与人类社会的生存与发展。在此背景下，可持续发展成为世界各级政府与组织的重点发展方向。在可持续发展的要求下，人类的目光开始着眼于低碳发展。能源消费作为二氧化碳排放的主要源头之一，是人们在追求低碳发展时应重点关注的对象。能源结构的转型升级对于推动传统经济向低碳经济转型与发展，最终实现绿色高质量可持续发展具有重要意义。

第一节　碳排放与人类发展

一、碳排放的演化趋势

（一）碳排放的时间演化

以大气中二氧化碳（CO_2）浓度变化表征碳排放的演化趋势。从总体趋势上看，大气中二氧化碳浓度自 1958 年至 2022 年一直在持续增长（见图 10 – 1）。截至 2022 年 6 月，大气中二氧化碳（CO_2）浓度已经高达百万分之 420.99（ppm）阈值。在短短 64 年的时间内，大气中二氧化碳（CO_2）浓度自 1958 年 3 月至今急剧增加超过 100ppm，增长比例更是达到了惊人的 33.35%。事实上，大气中二氧化碳（CO_2）浓度不仅一直在增加，其增加的速度也一直在加速，并且屡创新高（见图 10 - 2）。1960 年大气中二氧化碳（CO_2）浓度的平均增幅约为 0.9ppm，2000 年年平均增幅约为 1.1ppm，而在 2021 年年平均增幅已经高达 2.41ppm。也就是说，近年来大气中二氧化碳（CO_2）浓度的增加量是 40 年前增加量的两倍有余，是 60 年前增加量的近 3 倍。显然，大气二氧化碳（CO_2）浓度有明显的加速上升趋势。

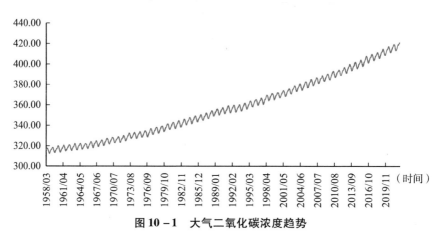

图 10 - 1 大气二氧化碳浓度趋势

注：横坐标表示时间，纵坐标表示大气二氧化碳浓度 12 个月的变化量。
资料来源：WESR。

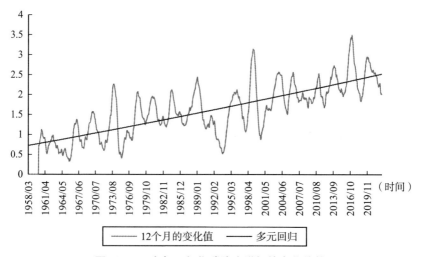

图 10 - 2 大气二氧化碳浓度增加的变化趋势

注：横坐标表示时间，纵坐标表示大气二氧化碳浓度 12 个月的变化量。
资料来源：WESR。

由此可见，无论是大气中二氧化碳（CO_2）浓度变化趋势还是浓度增加的变化趋势，都表明当前全球碳排放面临的严峻形势。

（二）碳排放的空间演化

以我国 285 个城市的碳排放数据表征我国碳排放的空间演化趋势。从总体趋势上看，我国各个城市的碳排放呈现不均匀分布态势，且呈现工业发达地区碳排放量高而工业落后地区碳排放量低的特点（杨青林等，2018）。2019 年，我国碳排放量最高的三个城市从高到低依次为北京市、上海市、苏州市；而碳排放量最低的三个城市从低到高依次为潮州市、铁岭市、临沧市[①]。这在一定程度上佐证了工业发展会导致碳排放量增加的观点。此外，由于西部地区工业发展落后，主要生产活动以传统农耕、畜牧业为主，相比之下其碳排放量也处于较低水平。

（三）碳排放的影响因素

由于无法确定最适合地球可持续发展的碳排放量，因此学界热衷于研究碳排放的减少与抑制。目前人类活动中对于碳排放能够有减少或限制作用的影响因素主要有以下四个方面[②]：

一是经济增长。经济增长与碳排放的关系通常以环境库兹涅茨曲线（EKC）来表示。EKC 指的是：碳排放存在拐点，在经济初期碳排放量会随着经济增长而同步增长，当经济发展到拐点时碳排放量达到峰值，随后经济继续增长而碳排放量开始逐渐下降。碳排放量这种变化过程在几何上表现为倒"U"型走势，因此学者们认为碳排放与经济增长存在倒"U"型关系。

二是技术进步。技术进步通过提高能源效率、降低能源强度等方式节约能源、降低碳排放。技术进步也可以通过降低碳排放强度来降低碳排放。不过也有研究指出，技术进步会通过促进经济增长等方式提高能源使用需求，进而对碳排放产生不确定性的影响，甚至促使碳排放增加（李廉水等，2006）。

---

① 中国碳核算数据库：《1997–2019 年 290 个中国城市碳排放清单》。
② 陈庆能：《中国行业碳排放的核算和分解：基于投入产出结构分解分析视角》，经济科学出版社 2019 年版。

三是行业结构调整。对于不同的行业，其能源需求不同能源消耗也不同，碳排放就会有所差异。因此，行业结构的合理优化与调整有利于降低碳排放。行业结构调整降低碳排放主要通过降低第二产业比重、大力发展第三产业以及对行业结构进行优化等方面来实现。

四是能源结构调整。相比前者，能源结构是影响碳排放的最直接因素。以煤炭、石油为代表的高碳能源是碳排放剧增的元凶，而太阳能等新型清洁能源的利用则有助于降低碳排放。对能源消费结构进行优化调整，减少高碳能源的使用频率，提升新型清洁能源的利用水平，对于碳排放强度的降低具有重要作用。

二、人类发展视角下的碳排放

（一）人类发展水平的测度

人类发展最早于1990年由联合国开发计划署在《人类发展报告》（以下简称《报告》）中提出。《报告》指出："人是每个国家的宝贵财富。发展就是要创造一种环境，人们在其中可以享受长寿、健康和创造性的生活。这好像是一个简单的真理，但这一点却经常被遗忘在人们对商品积累和金融财富的直接关注中"[1]。人类发展强调一切以人为中心，关注人的现实自由和福利状况的改善，以人类福利的改善和获得作为发展的现实目标。人类发展以选择方向界定发展，人类自由和福利的具体体现和现实的实现途径就是人的选择的扩大和能力的扩展和运用。

与传统的经济发展观不同，人类发展观有四个基本向度：公平，可持续，生产力和赋权[2]。从人类发展的角度出发，公平是人类发展的中心思想，无论政治公平还是经济公平都必须视为人的基本人权之一；它规定人人都有权利要求全面发展自己的能力，并且能够将这些能力在人们的生活领域中得到最好的发挥。可持续本质上是公平的衍生物，它要求人类的下一代或任何一代都应该与当代人类享有同等福利的机会与权利；人类的发展必将消

---

[1] 联合国开发计划署：《1990年人类发展报告》，1990。
[2] 徐家林：《"人文发展"：维度及其评价》，上海人民出版社2009年版。

耗各种资源，为达到人类发展可持续目标人类必须通过技术进步等方式来完成已消耗资源的补充。人类发展生产力即人的生产潜力，它要求投资于人，确保宏观经济环境能够让人们最大限度地发挥自己的潜能；它把人作为终极目的，提高人的潜能只是为实现扩大人的选择服务的。人类发展支持赋予人民发展自己的主权，赋权指的是人们拥有把出于自愿的选择的权利；这意味着人们在政治上自主做出自己生活的决定，经济上人民不必受过多经济约束，此外人人都可以参与到政策的制定中去。

为准确衡量社会可持续发展水平，人类发展指数[①]（HDI）最早于1990年由联合国开发计划署（UNDP）创立。HDI指数常用于衡量一个国家在人类发展在教育、健康以及生活水平三个方面的成就。

（二）人类发展与碳排放的关系

1. 人均收入水平与碳排放

人均收入水平与碳排放并非简单的线性关系。由于人均收入水平与经济发展水平挂钩，因此人均收入水平与碳排放的关系也形似倒"U"型曲线。在人均收入水平较低时，人均碳排放量也较低；当人均收入水平开始逐渐升高，人均碳排放量也会逐渐增加。但是当人均收入水平发展到一定程度时，人均碳排放量的增长会逐渐减缓，伴随着收入的进一步增加碳排放量还有可能下降。

从现实数据来看，人均收入与碳排放量的理论分析是与之吻合的。从微观上看，不同人均收入水平下的人均碳排放量有所差异（见图10-3）。显然，8000美元是收入水平是一个转折点。当人均收入水平高于8000美元时，人均碳排放量便会开始减缓增长速度甚至下降。从宏观上看，每单位GDP的二氧化碳排放量在逐年下降（见图10-4）。这在一定程度上支持了经济发展到一定水平时碳排放量会逐渐减少的观点。

基于以上分析可知：第一，经济发展与收入水平的提高离不开碳排放，这意味着在人类现有的技术条件下，仍然无法完全脱离碳排放以发展经济。但今后随着低碳与无碳能源的开发与利用，人类或许可以逐步摆脱碳排放。

---

① 潘家华：《人文发展分析的概念构架与经验数据——以对碳排放空间的需求为例》，载于《中国社会科学》2002年第6期。人文发展指数最早由潘家华所译，本书为了全书统一，将该文中的人文发展以及人文发展指数统一改为人类发展及人类发展指数。

第二，较高的碳排放量并非高水平经济发展与人均收入的必要条件。从人类发展的角度出发，经济发展与收入水平提高到一定程度可以减少对碳排放量等资源的占用，以促使资源能够用于其他对人类发展更有益的方向如环境与健康。第三，高碳排放并不是经济与收入高水平发展的必由之路。在未来技术条件允许的情况下，低碳排放可以和经济发展并行不悖，"零碳社会"可以实现。

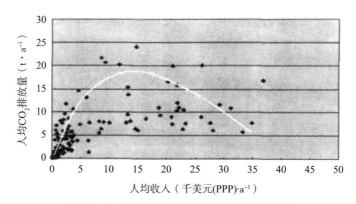

图 10 – 3　人均碳排放量与人均收入的关系图

资料来源：潘家华：《减缓气候变化的经济分析》，气象出版社 2003 年版。

图 10 – 4　每单位 GDP 的二氧化碳排放量

资料来源：IEA 官网。

2. 人类工业化水平与碳排放

在人类工业化以前，人类的生产活动以农耕为主，其对于各类化石能源的消耗微乎其微，所造成的碳排放也十分有限。但在工业化以后，农业劳动力大量转移至依赖化石能源消耗的工业与服务业，碳排放量开始直线上升。此外，工业化与城市化是密不可分的。城市化的发展，对居民住房、居民用电、城市基础设施建设及配套等都提出了更高要求。在此背景下，以城市化为核心的相关工业行业对化石能源如煤炭、石油、天然气等需求剧增，随之而来的便是碳排放量的不断增加。现有数据描述了碳排放与各个部门之间的关系（见图 10 - 5）。

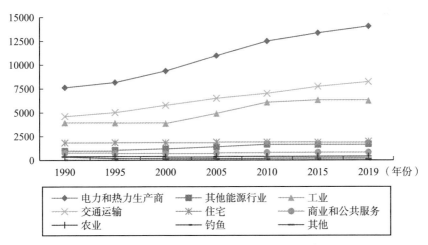

图 10 - 5 1990 ~ 2019 年世界各部门的二氧化碳排放量

资料来源：IEA 官网。

从各部门碳排放的总体趋势看，以电力和热力生产商、交通运输与工业为代表的产业部门的碳排放量逐年递增；而住宅、农业等行业则处于较为稳定状态。从单个部门的碳排放看，电力与热力生产商作为工业生产能源的主要供应者，其碳排放量自 1990 年以来一直高居各部门之首。而工业所产生的二氧化碳排放量仅次于交通运输。值得注意的是，交通运输业在工业发展中是必不可少的一环。显然，高碳排放的三个行业都与工业发展密不可分，人类工业化水平与碳排放息息相关。

3. 碳排放约束下的人类发展

参照生态经济学的基本理论，有学者基于经济社会福利与二氧化碳排放构建了碳排放的人类发展绩效，以此来衡量碳排放约束下的人类发展水平（诸大建等，2011）。碳排放的人类发展绩效（又称碳排放绩效 CEP）是人类发展指数（HDI）与碳排放指数（CEI）的比值，它衡量的是单位碳排放的人类发展水平。其中，人类发展指数（HDI）代表经济社会福利水平，碳排放指数（CEI）则代表二氧化碳排放水平。

$$碳排放的人类发展绩效（CEP）= \frac{人文发展指数（HDI）}{碳排放指数（CEI）}$$

现有研究表明[1]以俄罗斯、德国、英国、美国等为代表的发达国家，其碳排放绩效增长位居世界前列，且均为正增长；而以中国、印度等为代表的发展中国家，其碳排放绩效增长则较为落后，甚至呈现负增长趋势。由于社会发展与经济制度转型的需要，低收入国家的碳排放需求在一定时期内仍然将处于上升期，而高收入国家的碳排放需求可以逐渐降低。这是因为高收入国家的人类发展潜力已经得到较为充分的实现，而低收入国家的人类发展仍处于较低水平，尚存在较大的发展空间。在有限碳排放的约束下，这就要求低收入国家通过提高能源利用效率、开发低碳和无碳能源等途径，实现人类发展的潜力。

第二节　能源结构优化与技术进步

一、能源分类与能源结构

（一）能源分类

按照人类利用能源的方式分，能源可分为一次能源与二次能源。其中，一次能源指可以直接从自然界获取并且无须改变其形式就可以获得能量的能

---

① 诸大建、刘国平：《碳排放的人文发展绩效指标与实证分析》，载于《中国人口·资源与环境》2011 年第 5 期。

源，如煤炭、石油等；而二次能源指的是无法从自然界获取，必须通过人为加工转换而形成的具有更高的使用价值的能源，如煤气、电力等。一般而言，涉及人工处理的能源均为二次能源。

按照人类利用能源的技术程度划分，能源可以分为常规能源与新能源。其中，常规能源指的是技术成熟、经济合理且已经被人类广泛使用多年的一次能源，如煤炭、石油、天然气等；而新能源则指的是技术尚未成熟、经济不合理、没有大规模应用或者尚在研究有待推广的一次能源，如风能、生物质能、氢能等。

详细的能源分类表如表 10 - 1 所示。

表 10 - 1   能源分类表

		一次能源	二次能源
常规能源	燃料能源	泥煤、褐煤、烟煤、无烟煤、石油、油页岩、油砂、原油、天然气、植物秸秆（生物质能）	煤气、焦炭、汽油、煤油、柴油、重油、液化石油气、甲醇、酒精、苯胺
	非燃料能源	水能	电力、蒸汽、热水、余热
新能源	燃料能源	核燃料	沼气、氢能
	非燃料能源	太阳能、风能、潮汐能、地热能、海洋能	激光

资料来源：孙尚清：《中国能源结构研究》，山西人民出版社 1987 年版。

（二）能源结构的演变

从总体结构上看，我国能源结构主要有四个特点：第一，能源预测储量较多、实际可采储量少；第二，我国能源资源丰富，但是人均能源占用仍然较少；第三，我国劣质能源较多，而优质能源稀少；第四，我国能源资源储备呈地理分布不均匀的特点，能源丰富地区工业发展较为落后，而工业发达地区则能源匮乏（范德成，2018）。

从演化趋势上看，我国的能源结构正从以煤炭为主要能源的时代转向"以煤为主，多元发展"的能源新时代。我国近 40 年能源消费总量及构成如表 10 - 2 所示。煤炭能源消费占比在经历了自 1980～1990 年的小幅度上升后，自 1990 年至今一直在逐年下降。2020 年煤炭能源消费占比 62.2%，相较于 1980 年下降了 12 个百分点。石油能源消费则呈波动变化的趋势，天然气自 1995 年的 1.9% 上升到 2020 年的 9.2%，已经成为我国能源消费构成中的重要组成部分。与此同时，水电、核电以及其他能源在近 40 年以来也呈稳步增长的状态。总体而言，尽管我国能源消费总量一直在快速增长，但能源消费结构正在逐步改善，正朝着多元化、清洁化的方向迈进。

表 10 - 2   能源消费总量及构成

年份	能源消费总量（万吨标准煤）	电热当量计算法					
		比重（%）					
		煤炭	石油	天然气	一次电力及其他能源	#水电	#核电
1980	58587	74.2	21.4	3.2	1.2	1.2	—
1985	74112	78.5	17.7	2.3	1.5	1.5	—
1990	95384	79.0	17.2	2.1	1.7	1.7	—
1995	123471	77.0	18.6	1.9	2.5	2.4	0.1
2000	140993	71.5	22.9	2.3	3.3	1.9	0.1
2005	250835	75.4	18.6	2.5	3.5	1.9	0.3
2010	343601	72.7	18.3	4.2	4.8	2.6	0.3
2015	406312	68.1	19.7	6.2	6.0	3.4	0.5
2020	455737	62.2	20.6	9.2	8.0	3.7	1.0

资料来源：国家统计局能源统计司：《中国能源统计年鉴》，中国统计出版社 2021 年版。

（三）能源结构的影响因素

能源结构的影响因素，主要体现在五个方面：节能与碳排放约束、经济增长、人口规模、产业结构以及技术进步[1]。

从节能与碳排放约束的角度看：能源结构的优化与低碳经济发展模式密不可分。碳达峰、碳中和目标的提出对节能减排有了更高要求。由于不同能源的碳排放强度不同，在同等能源消费量需求下，节能与碳排放约束会倒逼

---

[1] 范德成：《基于低碳经济的节能减排与能源结构优化》，科学出版社 2018 年版。

减少煤炭等高碳能源的消费，转而加大核电、水电等清洁能源的利用程度。节能与碳排放约束对于能源结构调整与优化有促进作用。

从经济增长的角度看：我国目前仍处于且将长期处于社会主义初级发展阶段，社会主义现代化还未基本实现，城市现代化建设与经济高速发展需要长期、大量、充足且稳定的能源支撑。自 1980 年以来，我国能源消费总量一直处于高速增长状态，且短期内这一趋势难以根本改变。

从人口规模的角度看：人口是社会系统的基本组成要素，能源作为人类社会生产生活活动的基础要素，人口规模的大小直接影响生活能源消费的总量。此外，较大的人口规模会对经济发展与工业发展提出更好要求，从而进一步影响到不同能源的消费量与消费方式，即影响能源结构。

从产业结构的角度看：不同的产业发展结构会形成不同的能源结构。在三大产业中，以工业为代表的第二产业能源需求最高，对煤炭、石油等资源的消耗量巨大；而第一、第三产业相比之下则能源需求较低。产业结构的优化升级促使产业转型，资源密集型产业向技术密集型产业转化，这在一定程度上可以提高能源效率与经济效率，进而带动能源结构的变化。

从技术进步的角度看，技术创新是低碳经济的核心要素之一。若要实现能源结构优化，相关能源技术必须有所突破。这种突破可以从提高能源效率出发，也可以是开发新能源。

二、技术进步与能源结构优化

（一）技术进步促进能源结构优化

在现有能源体系中，煤炭、石油等传统能源面临能源供应紧张、高碳排放等问题，开发新型清洁能源已然迫在眉睫。人类通过核裂变、核聚变、光伏、锂电池等技术进步，带来了以核能、氢能、太阳能等为代表的清洁新能源。不同于传统化石能源，核能、氢能、太阳能等新能源在充分的技术条件下，可以以较低的经济与环境代价满足可观的能源消费量。新型清洁能源的出现，改变了人类只能依赖于传统高碳化石能源的局面，给人类的能源消费带来了新的选择与机遇。

在碳中和、碳达峰的背景下，人类对于节能减排的需求巨大。技术进步的出现促使人类有能力在满足基本能源需求的前提下，对于自身能源消费的不同能源占比进行调整与优化，即减少高碳化石能源的使用比例，提高新型清洁能源的使用比例。

（二）能源结构优化促进技术进步

在工业化发展初期，由于地球能源资源处于初级开采阶段，能源消费处于较为宽裕阶段，人类无须为能源资源不足而担忧。而近百年来随着人类日渐繁荣的工业化发展，地球现有的能源资源已经濒临枯竭。尽管地球能源资源储量丰富，但可供人类开采的部分已经基本消耗殆尽。面临能源危机问题，人类不得不通过各种方式与手段来改善能源的不足和优化能源结构。

迫在眉睫的能源结构优化问题倒逼人类不断进行技术创新与技术进步，人类试图通过开发新能源与提高能源利用效率实现能源结构优化。一方面，在能源利用层面通过改进生产方式、替换生产材料、优化生产流程等方式提高能源的利用效率，最大程度避免能源资源的浪费；另一方面，不断探索新技术进行能源的开发与开采，以丰富能源消费的选择。从深海钻井天然气的开采，到可燃冰的采集与利用，都是人类通过技术进步来实现能源结构的优化的实例。

第三节　能源效率与低碳经济

一、能源效率评价与能源效率提升

（一）能源效率评价

能源效率通常以能源服务的产出量与能源投入量的比值来表征。在评价能源效率时，该比值越接近 1，则能源效率越高。能源效率并非简单的度量结果，而是与经济、社会、环境、技术等密切相关。若是简单地将"减少能源消耗"或"降低单位产出能耗"作为目标，往往只能减少局部能源消耗，但实际上会造成其他方面的损失。

能源效率指标在能源效率政策制定与评估中扮演重要角色。不同能源效率指标由于出发的角度不同，采用的测度方法与指标不同，得到的能源效率测度值也有较大差异。现有能源效率指标主要有以下几类[①]：一是能源宏观效率，以单位 GDP 能耗即能源强度来衡量一个国家、地区或行业的总体能源效率水平。该指标适用于能源投入结构变化较小的情况。二是能源实物效率，通常以单位产品能耗、工序能耗为衡量标准。该指标适用于生产结构相近的企业间进行比较。三是能源物理效率，根据热力学定律来测算能源的热效率。四是能源价值效率，其将能源进行加总并以热当量或价格作为权重计算。该指标适用于横向比较，并且不受汇率影响。此外，还有能源要素利用效率、能源要素配置效率与能源经济效率等指标。用能源效率指标来衡量评价能源效率，本质上是综合了节约能源与节约成本两个目标。

（二）如何提高能源效率

为进一步深化节能力度，提高能源利用效率。我国政府应从以下几个方面入手：第一，改革能效管理机制，促进社会公平并与产业发展、金融交易等加强协调。有力的能效管理职能部门在节能推进、组织、实施等过程中起主导作用。第二，完善能效标准制度，树立能效标杆。一个好的能效标准与能效标杆，有助于减缓家用电器、工业设备等能源消费势头。而我国现行的能效标准仍存在较多问题，不利于能源的合理高效利用，因此应该尽快规划新的能效标准体系。第三，推动能源价格市场化，利用价格推进节能。在市场经济体制下，能源价格是最直接影响能源消费的因素。当能源价格保持在一定水平时，有助于维护能源的供需稳定并倒逼企业为节约成本而主动提高能效。第四，鼓励高能效技术的研发、应用与推广。政府应通过加大财政、税务补贴等措施，鼓励与引导企业进行技术革新以实现高能效。此外，也可以通过技术引进来达到高能效目标。第五，培养公民节能意识，让节能深入人心。公民身处消费端，对于产业是否朝向高能效发展具有重大影响力。

（三）提高能源效率对低碳经济发展的意义

低碳经济发展的本质是高能源效率与清洁能源结构。但事实上，提高能

[①]　魏一鸣、廖华等：《中国能源报告（2010）：能源效率研究》，科学出版社 2010 年版。

源效率贯穿于低碳经济发展的全过程。无论是传统能源的利用，还是清洁能源的开发，其都与能源效率紧密相连。能源效率的高低与否，直接影响能源利用强度，并进一步作用于低碳经济发展。

从传统能源利用看，能源效率提高主要体现在煤炭的燃烧转化率、石油的提纯率等。现有技术水平下，人类对于以煤炭、石油为代表的传统化石能源的利用仍然是不完全且不充分的，存在较大的进步空间。能源利用效率低下会导致能源资源的浪费，而高效的能源利用效率则有益于节约能源。

从清洁能源利用看，能源效率提高主要体现在太阳能、风能、水能的收集与转化等。绝大部分新能源在产生时很难被完全收集，并转化为人类所能直接利用的能源形式。此外，在能源转化过程中，由于客观因素影响，能源难以全额转化并且在转化过程中存在大量损失。正因为较低的能源利用效率，新能源生产与利用的成本远远高于传统化石能源。提高能源效率在能源利用中举足轻重的地位。发展低碳经济，必须把提高能源效率作为重中之重。

二、低碳经济的概念

低碳经济最早起源于 20 世纪 90 年代，英国能源白皮书将低碳经济定义为通过更少的自然资源消耗环境污染获得更多经济产出的经济模式。不同于传统经济体系，低碳经济强调的是"一种在生产和消费中能够节省能源，减少温室气体排放，同时还能保持经济和社会发展的势头"的经济发展模式。

低碳经济的本质是高能源效率与清洁能源结构问题，其核心是通过市场机制和政策制度促进能源技术创新、提高能效和改善能源结构，以达到经济、社会与环境三者协调发展的目标。低碳经济是基于高碳化石能源应用的高碳经济背景而提出的，因此低碳经济发展的重点离不开能源结构问题。低碳经济以不影响经济发展为前提，力图通过技术进步、能源效率提高以及能源结构优化等措施来达到降低碳排放的目标。

三、低碳经济的相关政策与行动

（一）世界主要国家经验做法

在全球绿色低碳发展的潮流下，世界各国纷纷出台低碳发展相关的法案及政策，贯彻绿色低碳发展理念。现有低碳发展战略主要立足于三个方面：一是清洁能源开发；二是高碳产业转型；三是发展技术手段减少碳排放。尽管各国的战略导向都源于上述三个方面，但在具体实现路径上还是有所差异。

作为第一次工业革命的先驱，英国在 21 世纪已然成为全球低碳经济的积极倡导者和先行者。在发展低碳经济的战略上，英国的重点发展方向有三个：一是提高绿色能源效率，开发低碳发电技术，以及对高碳电力产业进行产业转型；二是开发与利用新型能源技术，重点发展可再生能源、核能等；三是开发和推广碳捕集与封存技术（CCS）。回顾英国低碳经济发展的历程：2003 年首次提出低碳经济概念并将其作为英国能源战略的首要目标；2008 年成为世界上第一个为减少温室气体排放而建立法律约束框架的国家；2010 年发布《2010 年能源法》，规范了 CCS 技术示范、评估与利用的相关活动事宜。英国目前主要以可再生能源、低碳汽车、低碳建筑、低碳发电、核能以及 CCS 为低碳技术战略重点，2020 年英国能源总量中有 20% 来自可再生能源，电力总量有 40% 来自低碳领域。到 2050 年，英国基本能够实现住房碳排放为零。

美国作为世界第一经济体大国，低碳经济转型步伐也走在世界前列。通过发展清洁能源、提高能源效率、减少温室气体排放等战略举措与先进的技术优势，美国正奋力成为新经济革命的领导者。2007 年提出《低碳经济法案》，揭开了美国低碳经济发展的序幕。之后《2007 年美国气候安全法》与《2010 年气候与能源法案》对低碳经济发展作出了具体要求，有力控制了碳排放并促进了美国清洁能源技术的发展。在 2009 年，奥巴马政府对环境与能源领域投资高达 580 亿美元，重点发展低碳技术。在一系列政策与技术的加持下，能源发展取得重大成就，低碳发展之路已经卓有成效。

除英美两国之外，世界其他国家与组织也在低碳发展领域有所建树。根据国际能源机构最新公布的统计数据，法国核力发电占本国总电量 75% 以上，是世界上核电使用比例最高的国家。冰岛作为地热资源利用率最高的国家，地热供暖技术世界一流，其全国能源消费量中 55% 来自地热。总体而言，尽管目前全球各国在低碳经济发展上有所成就，但仍然不足以应对全球气候变化带来的威胁与挑战。在是否发展低碳经济问题上，已经不是定性问题而是定量问题。世界各国应加快低碳发展转型的步伐，担当起保卫人类家园守护地球的责任与使命。

（二）大型企业经验做法

为响应国家提出的低碳发展战略，各大企业也积极投身于低碳发展转型的道路中，积极担当起了企业应当的社会责任。各大跨国石油企业，作为传统化石能源的主要生产者与碳排放的主要来源，跨国石油企业践行可持续发展理念，积极投身绿色低碳发展，这不仅在石油行业堪为表率，对于推动世界绿色低碳发展也有重要意义。

中国石化作为中国能源业的先行者，积极践行绿色发展理念，持续推进"绿色企业行动计划"，从绿色发展、绿色能源、绿色文化、绿色生产、绿色科技与绿色服务六个方面入手，实施全过程清洁管理，开展减排降污工程，大力发展循环经济，着力打造绿色竞争新优势。从原料选用、生产工艺、废气废水废渣等副产品处理再到最后的消费环节，中国石化坚持贯彻清洁生产管理理念。在能源转型方面，中国石化积极发展页岩气、煤层气、地热、氢能、光伏、风电等清洁能源。中国石化发布的《2022 中国能源化工产业发展报告》显示，目前氢能产量超 350 万吨每年，约占全国产量 14%；地热能供暖能力达 6044 万平方米；累计探明页岩气储量达 9000 亿立方米。

埃克森美孚作为世界最大的非政府石油天然气生产商，在践行绿色低碳战略时始终坚持科学的规划与投资、资金支持、高效可靠的运营和技术研发原则。在短期发展中，重点关注自身能源利用效率的提高；在中期发展中，积极推动可行的减排技术行动；在长期发展中，努力开发突破性与开创性技术。在提升能源利用效率层面与在节能减排方面同时发力。

基于中国石化与埃克森美孚的企业实例，我们可以看到跨国石油企业在低碳发展上的巨大潜力。生产运营环节的节能减排是绿色低碳发展的重要手段。此外，提供清洁高效的产品与服务、重视供应链环节、发展低碳能源、加强技术研发与 CCS 研发等方面的减排也颇有成效。

（三）中国政府低碳政策与行动

全球气候变化问题已经给人类经济社会发展带来诸多不利影响，中国作为世界上最大的发展中国家在可持续发展道路上亦面临重大挑战。中国政府一贯高度重视气候变化问题，也先后出台了一系列政策以应对全球气候变化问题。

中国是第一个制定并实施应对气候变化国家方案的发展中国家。自2007年发布《中国应对气候变化国家方案》以来，中国政府从法规政策、体制机制、产业结构、节能减排、低碳能源、增加碳汇与推动碳交易等多个方面入手推进中国的绿色、低碳发展进程。在法规政策层面，政府制定了《可再生能源法》《循环经济促进法》等法律以及相关规章规划，利用法律来规范国家在低碳发展上的方向；在体制机制层面，先后成立了国家应对气候变化、节能减排等工作领导小组以及设立低碳城市试点，统筹推进全国性的低碳发展工作；在产业结构层面，通过淘汰高碳产业并鼓励与扶持绿色产业、服务业的发展，争取实现产业结构的低碳化；在节能减排层面，通过政策扶持与考核等手段促使各个行业减少碳排放；在低碳能源层面，大力开发清洁能源与非化石能源，减少高碳化石能源的使用比例。此外，还通过实施退耕还湖、退耕还林、防护林等生态工程增加国家碳汇。

第四节 案 例 分 析

案例：中部地区人类福祉的碳排放绩效评价[*]

一、研究背景

2009年我国政府承诺：以2005年单位GDP二氧化碳排放强度为基础，到2020年将单位GDP二氧化碳排放强度削减40%～45%。在此形势下，发展低碳经济已经成为我国乃至中部地区节约能源、减少碳排放的有效途径。中部地区目前正处于经济社会快速发展进程之中，资源消耗和环境压力加

---

* 本案例节选自王圣云、史利江、许双喜：《基于人类福祉视角的中部地区碳排放绩效与效应分解》，载于《世界地理研究》2014年第3期。

大，碳排放已成为促进中部崛起面临的约束因素。将碳排放和经济发展关联起来进行，碳排放绩效分析开始成为低碳经济研究的新近热点。

基于福祉导向进行碳排放绩效研究是具有创新意义的研究命题。尽管已有关于福祉视角的碳绩效研究在国内已有一些研究，但在理论方面，在人类福祉的碳排放绩效的概念内涵界定、评价指标体系构建等方面仍具有一定的探索空间；在实证方面，对中部地区碳排放绩效进行定量研究，对于提高中部地区经济发展、人类福祉及其碳排放绩效水平，以及促进中部地区高效低碳发展都具有十分重要的现有意义。

本文案例首先在人类福祉的碳排放绩效图解分析基础上，基于福祉导向以及福祉提升的去碳化视角，提出人类福祉的碳排放绩效的概念框架和内涵；然后基于碳排放绩效的概念框架和碳排放量、人类福祉的计算公式，构建人类福祉的碳排放绩效测评模型；再对中部六省 1990~2008 年人类福祉的碳排放绩效进行评价和时空比较分析；最后应用 LMDI 分解法对中部地区碳排放绩效的效应进行分解研究。

二、研究方法

（一）人类福祉的碳排放绩效：概念框架与图解分析

人类发展的终极目标不是经济增长本身，而在于人类福祉水平的提高。然而，提升福祉水平将受到碳排放的约束。碳排放绩效概念的核心思想是以最小的碳排放来获得最大的产出。经济发展的去碳化过程是经济发展的碳排放绩效的本质。从福祉导向来重新界定碳排放绩效，福祉提升的去碳化过程是人类福祉的碳排放绩效提高过程，即福祉趋向最大化，碳排放趋向最小化的过程。因此，人类福祉的碳排放绩效可用人类福祉指标和碳排放指标的比值来表示。图 10-6 中，横轴表示人类福祉，其上的 HW_0 表示基期的人类福祉，HW_T 表示 T 年的人类福祉。纵轴表示碳排放指标，以 CE 来表示。从 A 到 B，碳排放指标值不变，人类福祉从 HW_0 到 HW_T。从 A 到 C，人类福祉指标值不变，碳排放从 CE_0 到 CE_T。可以将 AB 称为福祉增长过程，AC 称为去碳化过程，图中阴影部分表示人类福祉的碳排放绩效提升区域。

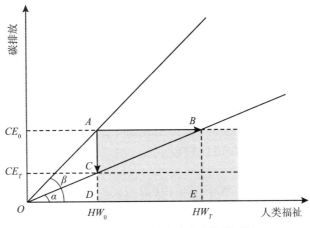

图 10 - 6　人类福祉的碳排放绩效图解

（二）人类福祉的碳排放绩效：评估指标与模型构建

人文发展指数（HDI）是依据阿马蒂亚·森的可行能力理论构建的衡量人类福祉最简明、最著名的指数，因为人文发展指数（HDI）是人均意义上的指标，为了和人类福祉指标保持统一，碳排放指标采用人均碳排放量，人口总量采用户籍人口数。

碳排放量计算根据《中国能源统计年鉴》将最终能源消费种类划分为 8 类，包括煤炭、焦炭、原油、汽油、柴油、煤油、燃料油和天然气。根据燃烧的燃料数量以及碳排放系数来进行碳排放量估算，碳排放系数计算公式为：碳排放系数 = 氧化率 × 含碳量 × 低位发热量。各种类型燃料碳排放系数如表 10 - 3 所示。计算出各种化石燃料的碳排放系数，与各种燃料的消费量相乘即可计算出各种燃料的碳排放量。

表 10 - 3　　　　　　　　　　　各种燃料的碳排放系数

燃料品类	低位发热量（kJ/kg）	含碳量（kgC/GJ）	氧化率	碳排放系数（tC/t）
原煤	20908	25.8	1	0.5394
焦炭	28435	29.2	1	0.8303
原油	41816	20.0	1	0.8363
汽油	43070	18.9	1	0.8140

燃料品类	低位发热量（kJ/kg）	含碳量（kgC/GJ）	氧化率	碳排放系数（tC/t）
柴油	42652	20.2	1	0.8616
燃料油	41816	21.1	1	0.8823
天然气	38931*	15.3	1	0.4478
煤油	43070	19.5	1	0.8399

注："*"天然气的低位发热量单位为 Kj/m³。

构建的人类福祉的碳排放绩效评估模型见公式：

$$CEPHW = \frac{HWI}{PCEI} = \frac{HWI}{PGDP} \cdot \frac{PGDP}{PCEI} = EPHW \cdot CEPE$$

CEPHW（Carbon Emission Performance of Human Well-being）为人类福祉的碳排放绩效，即人类福祉的碳排放绩效，衡量单位碳排放所获得的人类福祉；HWI（Human Well-being Index）是人类福祉指数；EPHW（Economic Performance of Human Well-being）为人类福祉的经济绩效，即经济福祉绩效，反映的是单位经济产值获得的人类福祉，衡量的是人们享有的经济发展成果。CEPE（Carbon Emission Performance of Economy）为经济发展的碳排放绩效，即经济发展的碳排放绩效；PGDP（Per capita GDP）为人均经济指数；PCEI（Per capita Carbon Emission）为人均碳排放量。可知，人类福祉的碳排放绩效即人类福祉的经济绩效和经济发展的碳排放绩效的乘积，也即人类福祉的碳排放绩效是经济福祉绩效与经济发展的碳排放绩效的乘积。

（三）人类福祉的碳排放绩效效应：分解方法与模型构建

人类福祉的碳排放绩效效应的分解模型采用 LMDI 分解法，根据 LMDI 模型，基期和 T 年的人类福祉的碳排放绩效可表示为 $CEPHW^0$ 和 $CEPHW^T$，人类福祉的经济绩效可表示为 $CEPHW^0$ 和 $CEPHW^T$，经济发展的碳排放绩效可表示为 $CEPE^0$ 和 $CEPE^T$。从基期到 T 年人类福祉的碳排放绩效变化值为总效应 $\Delta HCEP$，由人类福祉的碳排放绩效变化值 $EPHW_{eff}$ 和经济发展的碳排放绩效变化值 $CEPE_{eff}$ 两部分组成，见公式：

$$\Delta CEPHW = EPHW_{eff} + CEPE_{eff}$$

$$EPHW_{eff} = \frac{CEPHW^T - CEPHW^0}{\ln(CEPHW^T) - \ln(CEPHW^0)} \cdot \ln\left(\frac{EPHW^T}{EPHW^0}\right)$$

$$CEPE_{eff} = \frac{CEPHW^T - CEPHW^0}{\ln(CEPHW^T) - \ln(CEPHW^0)} \cdot \ln\left(\frac{CEPE^T}{CEPE^0}\right)$$

若 $EPHW_{eff}$、$CEPE_{eff}$ 为正值，表示由于人类福祉的经济绩效、经济发展的碳排放绩效的变化促使人类福祉的碳排放绩效增加，称为减量效应，表现为驱动效应；反之，称为减量效应，表现为抑制效应。

三、研究结果

（一）中部地区经济发展的碳排放绩效

1990～2008 年中部六省经济发展的碳排放绩效先增后降，在 1999 年达到最高，可见 2000 年以来中部六省的单位碳排放量的经济产出并未提高。1990～2008 年，经济发展的碳排放绩效一直是河南最高，江西次高；山西最低，安徽次低。

（二）中部地区人类福祉的经济绩效

1990～2008 年中部六省人类福祉的经济绩效整体呈递减、趋同趋势，中部地区经济福祉绩效的省际差距整体在缩小。1990 年经济福祉绩效得分最高的河南是得分最低的湖北的 1.4 倍，2008 年，经济福祉绩效得分最高的江西比得分最低的湖北高 0.056。

（三）中部地区人类福祉的碳排放绩效

1990～2008 年中部六省人类福祉的碳排放绩效整体呈递减态势，中部地区人类福祉的碳排放绩效省际差距整体缩小。从图 10－7 来看，1990～2008 年，河南的人类福祉的碳排放绩效一直最高，江西次高；山西最低，安徽次低；和经济发展的碳排放绩效特征较为相似，说明人类福祉的碳排放绩效主要是由经济发展的碳排放绩效决定的。

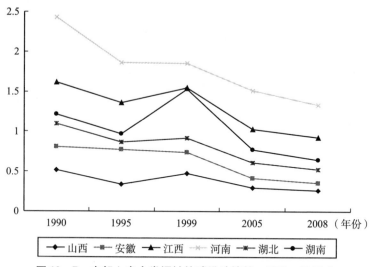

图 10 - 7   中部六省人类福祉的碳排放绩效：1990 ~ 2008 年

（四）中部地区人类福祉的碳排放绩效的效应分解

1. 中部地区经济发展的碳排放绩效效应

1990 ~ 2008 年经济发展的碳排放绩效效应波动较大。其中，1990 ~ 1995 年，河南、江西、安徽三省的经济发展的碳排放绩效效应为增量效应，对人类福祉的碳排放绩效表现为驱动效应。山西、湖北、湖南三省的经济发展的碳排放绩效效应为减量效应，对人类福祉的碳排放绩效表现为抑制效应。1995 ~ 1999 年，中部六省的经济发展的碳排放绩效效应均为增量效应，且较之 1990 ~ 1995 年的增量效应更为明显，其中湖南由 1990 ~ 1995 年的减量效应到 1995 ~ 1995 年为增量效应，其增量效应在中部六省之中最为明显。1999 ~ 2005 年，中部六省的经济发展的碳排放绩效效应均为减量效应，其中湖南的减量效应最为明显，江西次之，河南和山西的减量效应则较弱。2005 ~ 2008 年，中部六省的经济发展的碳排放绩效效应均为减量效应，减量效应比 1990 ~ 1995 年整体有所减弱，唯有河南省的减量效应仍较严重，表明河南的经济发展的碳排放绩效对人类福祉的碳排放绩效的抑制效应较为明显（见表 10 - 4）。

表 10 – 4　　　　　　　　　中部六省碳排放绩效的效应分解

变量	年份	山西	安徽	江西	河南	湖北	湖南
$EPHW_{eff}$	1990 ~ 1995	– 0.032	– 0.157	– 0.407	– 0.831	– 0.131	– 0.183
	1995 ~ 1999	– 0.108	– 0.261	– 0.445	– 0.525	– 0.228	– 0.453
	1999 ~ 2005	– 0.075	– 0.072	– 0.171	– 0.253	– 0.068	– 0.135
	2005 ~ 2008	0.020	0.030	0.087	0.092	0.037	0.053
$CEPE_{eff}$	1990 ~ 1995	– 0.148	0.126	0.151	0.265	– 0.099	– 0.064
	1995 ~ 1999	0.245	0.229	0.632	0.515	0.286	1.014
	1999 ~ 2005	– 0.108	– 0.251	– 0.351	– 0.085	– 0.247	– 0.624
	2005 ~ 2008	– 0.053	– 0.092	– 0.188	– 0.269	– 0.119	– 0.180
$\Delta CEPHW$	1990 ~ 1995	– 0.180	– 0.031	– 0.255	– 0.566	– 0.229	– 0.247
	1995 ~ 1999	0.137	0.032	0.187	– 0.009	0.058	0.561
	1999 ~ 2005	– 0.183	– 0.322	– 0.522	– 0.338	– 0.314	– 0.759
	2005 ~ 2008	– 0.033	– 0.062	– 0.101	– 0.178	– 0.083	– 0.127

2. 中部地区人类福祉的经济绩效效应

1990 ~ 2008 年，中部六省经济福祉绩效效应整体是递增的，且呈趋同趋势。但 1990 ~ 1995、1995 ~ 1999、1999 ~ 2005 年中部六省的经济福祉绩效均为减量效应，对人类福祉的碳排放绩效兼为抑制效应。2005 ~ 2008 年中部六省的经济福祉绩效效应都为正值，对人类福祉的碳排放绩效为增量效应，起驱动作用。其中，河南从 1990 ~ 1995 年中部六省最低值 – 0.831 到 2005 ~ 2008 年中部六省的最高值 0.092，增速和增幅明显；山西从 1990 ~ 1995 年中部六省的最高值 – 0.032 到 2005 ~ 2008 年中部六省的最低值 0.020，降幅显著，和河南形成较大反差。

3. 中部地区人类福祉的碳排放绩效效应

由于经济发展的碳排放绩效效应和经济福祉绩效效应的综合作用，1990 ~ 2008 年中部六省的碳排放绩效总效应波动较大，和经济发展的碳排放绩效效应的波动特征较为相似，但幅度略小。人类福祉的碳排放绩效效应是经济发展的碳排放绩效效应和经济福祉绩效效应的叠加，经济发展的碳排放绩效效应是碳排放绩效总效应的决定性因素。

四、结论

第一，1990～2008年中部地区经济发展的经济发展的碳排放绩效先增后降，在1999年达到最高，但2000年以来中部地区单位碳排放量的经济产出并未提高。1990～2008年中部地区经济发展的碳排放绩效省际差距明显。1990～2008年中部地区人类福祉的经济绩效整体呈递减、趋同趋势，中部地区经济福祉绩效的省际差距整体在缩小。1990～2008年中部地区人类福祉的碳排放绩效整体呈递减态势，中部地区人类福祉的碳排放绩效省际差距整体缩小。

第二，1990～2008年中部地区经济发展的碳排放绩效效应波动较大。1990～1995年，河南、江西、安徽三省的经济发展的碳排放绩效效应为增量效应。山西、湖北、湖南三省的经济发展的碳排放绩效效应为减量效应。1995～1999年，中部地区的经济发展的碳排放绩效效应均为增量效应。1999～2005年，中部地区的经济发展的碳排放绩效效应均为减量效应。2005～2008年，中部地区的经济发展的碳排放绩效效应均为减量效应。1990～2008年，中部地区经济福祉绩效效应整体是递增的，且呈趋同趋势。但1990～1995、1995～1999、1999～2005年中部六省的经济福祉绩效均为减量效应。2005～2008年中部六省的经济福祉绩效效应都为增量效应。

第三，中部地区人类福祉的碳排放绩效主要由经济发展的碳排放绩效决定。由于经济发展的碳排放绩效效应和经济福祉绩效效应的综合作用，中部地区的碳排放绩效总效应和经济发展的碳排放绩效效应的波动特征较为相似。人类福祉的碳排放绩效效应是经济发展的碳排放绩效效应和经济福祉绩效效应的叠加，经济发展的碳排放绩效效应是碳排放绩效总效应的决定性因素。目前，中部地区正处于快速工业化和城市化进程，能源需求较大。在此背景下，要想达到碳减排目标，并且获取尽可能高的经济产出和人类福祉，提高中部地区的碳排放绩效是有效途径。换言之，促进中部地区低碳发展与经济发展、人类发展之间的协调发展，促进人类福祉和二氧化碳排放的逐渐脱钩，是实现中部地区绿色崛起的关键。

第十一章

经济增长与环境质量协调发展

经济增长与环境问题的关系伴随着人类社会从农业社会向工业社会跨越式发展而产生，工业革命带来的生产力的飞跃，人类的经济活动带来能源、资源的大量开发和利用，创造了物质财富，也使得环境问题日益凸显。本章从古典经济学的增长极限入手，梳理经济增长与环境问题的经济史脉络，并借助环境压力公式和环境库兹涅茨曲线分析实现经济增长与环境保护相协调的可持续发展路径。

第一节　经济增长与"增长的极限"

一、经济增长理论的生态审视

（一）古典经济增长理论中的生态缺乏问题

古典经济学中，不少经济社会学家开始提出增长极限思想的雏形。1798年，马尔萨斯在《人口原理》中，基于人口增长与资源约束，提出自然资源绝对稀缺论。他认为由于人口数量增长呈指数型上升，而以土地为代表的自然资源数量却是有限的，因此粮食和资源的增长呈算数级增长，且资源稀缺不会随着技术进步与社会发展而改变，人口与资源两者的增长速率存在显著差异，人口数量终将超过自然资源的极限，产生饥饿、贫困以及粮食和资源的短缺。马尔萨斯认为：在自然界极限状态下，自然资源的稀缺是必然和绝对的，且自然资源绝对稀缺导致的经济增长极限制约着整个生物界。

约翰·穆勒综合了自然资源的绝对稀缺和相对稀缺理论，他认为经济增长将因土地资源稀缺和人口过快增长而趋于停滞，达到"稳态经济理论"，也就是有限的土地数量和有限的土地生产力构成真实的生产极限。他认为在自然资源的绝对极限下，人类会有能力来克服资源相对稀缺，也就是自然环境、人口和财富均应保持在一个静止稳定的稳态经济状态，且稳态经济状态要远离马尔萨斯的绝对极限，以避免出现食物缺乏和自然生态的严重破坏。

当然，各种经济理论也有反对的声音，在发达工业国家用现实推翻马尔萨斯人口理论后，大批经济学者对马尔萨斯人口理论的基本假设也进行了批判。就资源约束假设而言，一些经济学者认为技术进步会提高固定资源的产出水平；就人口增长方式而言，部分经济学者提出随着人为经济可控生育水平的提高，人口增长不至于会出现指数级一样的爆炸式增长。

（二）新古典经济学与生态经济学的萌生

随着经济学的研究范畴逐步深入到人类活动对自然环境的影响，促使经济学的研究领域与生态学相结合。20世纪初期，美国科学家麦肯齐首次提出经济分析要考虑生态过程。20世纪60年代，生物学家莱切尔的科普读物《寂静的春天》，首次向人们揭示了近代工业化进程带来的环境污染和生态破坏，随后各种生态经济问题的论述相继诞生。20世纪60年代中期，美国经济学家肯尼斯发表了《宇宙飞船经济观》，随后提出生态经济学这一概念。

二、"增长的极限"学派争鸣

生态经济学诞生后的20余年时间，全球涌现出大批关于生态、环境与发展方面的著作和论述，引起了全球范围的大讨论。按照各个学派对增长极限和全球未来发展的看法，基本上可以分为悲观学派、乐观学派和现实学派三大类。

（一）悲观学派

悲观派继承了马尔萨斯人口陷阱理论，其中影响最大的是罗马俱乐部的相关研究。罗马俱乐部公开发表的第一个研究报告是《增长的极限》，该报告是由美国麻省理工学院教授丹尼斯·L·麦多斯领导下的一个研究小组提出的。他们提出了以零增长为特征的另一种发展思想：只要人口增长和经济增长的正反馈回路继续产生更多的人和更高的人均资源需求，这系统就被推向它的极限——耗尽地球上不可再生的资源。人们把这一理论称为福雷斯特尔—麦多斯模型。

在《增长的极限》一书中，麦多斯认为人口增长、粮食供应、资本投入、环境污染和资源耗竭是影响经济增长的五大主要因素。他认为这五种影响因素都呈指数增长，五大要素的增长可以表示为：

$$T_n - T_0(1 + r)^n$$

其中，T_0 为基期数量，T_n 为 n 期数量，r 为每一期增长率，上公式假设每一期增长率相等。经济运行中，五大因素相互影响。人口增长引起粮食需要的增长，经济增长需要投资，并引起不可再生自然资源投入速度的加快和环境污染程度的加深，然而不可再生资源的总量是有限的，资源自然的开发数据更远远低于使用速度，总有耗尽的时候。为了进一步分析这些因素间的相互关系，麦多斯等建立了世界体系模型。在该模型中，利用连锁着的反馈回路，揭示世界体系中增长的原因和极限。

为了更精准的估算世界体系增长，麦多斯归纳五种因素之间的因果关系，作出反馈回路结构。决定人口增长的正反馈回路有人口的出生率和死亡率，人口的正反馈回路带来的人口指数增长促进对粮食需求的指数增长。而未来粮食的供给，取决于土地、淡水资源总量以及农业资本的投入，而农业资本的投入又决定于资本投资回路，同样的不可再生资源决定了资本存量增长的空间。因此，将来粮食生产的扩大也必然决定于不可再生资源的可利用性。在确定五种要素的因果关系后，根据已有资料，确定每一个因果之间的数量关系，对因果关系进行计量分析，计算出一段时期中所有这些因果关系同时发生的作用。最后，通过改变基本假定的数值来考察世界模型的效果，确定影响体系行为的最关键的因素。经过反复调整，"世界模型"得出结论：现在的世界体系在 2100 年以前必然崩溃。西方经济学家称这个模型为

"世界末日模型"。

"世界模型"认为：为了防止崩溃，必须放慢经济增长速度，停止人口的膨胀，积极实践零增长理论，即人口出生率等于死亡率，实现人口零增长；资源存量的投资率等于折旧率，实现投资零增长，在一段相对短的时间内达到经济平衡。

罗马俱乐部为代表的增长极限理论给出了增长的悲观议题。报告中提出的人口、粮食、能源、资源和环境五大要素，引起各界的广泛关注。

英国生态学家爱德华·戈尔德史密斯等生态学家撰写的《生存的蓝图》，是悲观学派另一知名著作。《生存的蓝图》提出了从自然生态系统和社会经济系统两大系统高度综合的角度，改革"后工业社会"设想，达到"平衡稳定社会"。他们的观点主要有：

人类社会的增长由工业化、人口增长、粮食短缺、不可再生资源枯竭和生态环境日益恶化五种因素相互影响、相互制约。这五种因素均以指数级增长。人口翻一番的时间不短缩短，但是地球资源是有限的，这也导致五种因素的增长是有上限的，如果超过这一上限，人类社会可能出现不可控制崩溃。《生存的蓝图》意识到技术进步的作用，但同样认为技术进步无法从根本上缓解经济发展的无限性与地球的有限性的矛盾。科技创新只能推迟危机爆发时间的来临。他们认为人类自我限制增长是破解危机的唯一途径，即保持人口的动态平衡，这与零增长的观点一致，让每年的出生人口等于死亡人口；保持资本拥有量的动态平衡，让每年新增加的投资额等于折旧额；大力发展科学技术，尽可能提高资源利用率，减少排出的污染物数量。如果从1975年起人口不再增长，资源消耗和污染排放减少1975年的1/4，工业资本从1990年起不再增长，那么未来世界将是一个能够保持动态平衡的稳定世界。

（二）乐观学派

悲观学派的主张并没有得到多数人的赞同，不少经济学家、生态学家对经济增长的长期趋势依然持有乐观态度，并对悲观学派提出的五个导致增长极限的要素进行批判。

从人口增长视角看，一些发达工业国家用现实发展的经验打破了马尔萨斯人口陷阱理论，当前发达国家其不仅实现了人口出生率与死亡率的同时下降，还实现了不依托人口增长而达到的人均收入的持续增长。人口的指数级增长理论也随之打破，著名经济学家里昂惕夫（Leontief）否定了人口具有指数增长的性质，随着经济的发展和国民收入水平的提升，居民幸福观的变化和生育观的改变，出生率多数呈下降趋势。部分发达国家甚至出现了人口零增长或负增长。

从粮食安全视角看，里昂惕夫等人认为：发展中国家在耕地资源和提高土地生产率方面依然有很大的上升空间，可以借助科学技术发展现代农业，增产粮食，满足世界人口对粮食的需求，系统解决粮食安全供给问题。

资源稀缺性带来的资源约束被认为是限制经济增长的重要天花板。学者们也普遍认可资源存在绝对稀缺和相对稀缺的问题。但是乐观派不少学者提出：一方面当前探明的矿产资源只是陆地表层的资源，在地壳深处及海洋里还蕴藏着大量尚未开发的资源，随着科技的进步，自然资源会逐步被开发利用，而且技术进步会提高资源的利用水平，更多自然资源可以更好地利用在经济增长过程中；另一方面，随着循环经济技术的发展，各种资源的利用率不断提高，经济对自然资源的依赖逐步减弱。同时，随着人类认知水平的提升和科技的进步，不少资源的替代品也会逐步产生。

（三）现实学派

悲观学派和乐观学派经过争论，最终产生出一种相对现实的发展观。该观点主张经济与生态和谐发展，追求社会经济的持续稳定的增长，称这一学派为现实学派或和谐发展学派。美国科学家、地球经济研究所所长莱斯特·R·布朗创作的《建设一个持续发展的社会》（1981）、《生态经济：有利于地球的经济构想》（2001）和《B模式：拯救地球延续文明》（2003）率先提出了生态经济与可持续发展的概念。布朗关于可持续发展的主要观点有三个方面：第一，强调经济发展与环境的关系要从环境的有限性出发，只有在经济社会不破坏生态环境的前提下，才能够实现长期发展。因此，人类社会的长期发展必须杜绝以环境恶化和生物灭绝为代价的发展模式和生活方式。第二，发展不应该通过损害后代人的利益而实现。可持续发展必须要实现世世代代持续下去的发展，当代人不应该通过破坏生态环境和对自然资源进行掠夺性开发，依靠损害后代的发展能力来求得自身发展。第三，布朗提出全面、综合、公平发展的概念，强调贫困、发展与环境的关系。布朗同时提出

"生态经济"发展 B 模式。

美国社会学家托夫勒所著的《第三次浪潮》是现实学派的另一代表著作。《第三次浪潮》是托夫勒对未来的畅想,他认为:第二次浪潮的法则是标准化、专业化、集权化、同步化。工业文明对应着政治领域的集权化、经济领域的市场化。而第三次浪潮推动社会各个领域的变化,使生产者和消费者合一,成为"产销者",社会的各个领域出现了相应的变化,与生态经济关联密切的为能源领域向可再生的生物能源转变。罗马俱乐部总裁奥雷利奥·佩西晚年所著的《未来的一百年》也是现实学派的代表作。

现实学派主张人类应该积极正确地运用行政、经济、法律等手段干预生态经济,引导技术革命,使经济增长、资源开发、人口控制、环境保护朝着生态与经济和谐发展方向前进。现实学派逐步成为生态经济的主流,得到全球学者的认可。1989 年国际生态经济学会成立并创立刊物《生态经济》,标志着生态经济学进入学术界全面深化发展的阶段。此后,美国马里兰大学的国际生态经济学研究所和瑞典皇家学会的北界国际生态经济学研究所成立,生态经济逐步被学术界认可。生态经济学的主要主张如下:

第一,地球是一个热动力学封闭的和没有物质增长的系统,人类经济系统是地球状态系统的亚系统;这意味着从生态系统中取得的资源经过人类的经济亚系统后又以废弃物的形式返回到生态系统中的这个过程对于整个生物圈来说是有限制的。

第二,人类未来的星球是一个可持续发展的星球,在它内部的所有成员(包括其他生物)都可以在以上所提到的限制之内享受着高质量的生活。

第三,承认在时间和空间等不同尺度上分析像地球这样的复杂系统,将会有许多不确定性存在,而确定性又是不可逆转的,这就需要我们有事前预防的思想。

第四,人类的每一个机构和管理部门的行动应该是积极的而不是被动的。而且我们制定的政策应该是可以执行的和可以校正的,面对未来许多的不确定条件,应该有充分的知识储备作基础。

第二节 环境压力的经济因素解析

一、IPAT 恒等式及其展开

经济发展给生态环境带来一定程度的影响，特别是早期工业化国家，工业化进程很难以不牺牲环境为代价实现。为了衡量经济增长对环境的影响，美国生态学家埃里奇（Ehrlich）和康默纳（Comnoner）于 20 世纪 70 年代提出 PAT 恒等式来测算环境压力。

（一）环境压力公式

测算环境压力公式为：

$$I = PAT$$

其中，I 为环境压力，P 表示人口规模，A 为消费水平，T 为技术水平。该模型实质是测量人类活动对环境的输入性影响或压力，隐含了模型的线性假定，即不同变量对 I 的影响是均等的。I 的测定对象为资源消耗与污染影响的规模，是人类对环境的输入性影响，关注更多的是结果而非造成结果的行为。人口因素 P 用人口规模表征，而人口因素本身具有复杂性，在人口的结构、流动及地域分布差异等方面差异化明显，仅以人口规模讨论环境的影响存在很多弊端。消费水平仅是社会系统的一部分，不能表示文化、制度、社会不平等复杂因素综合作用的结果。技术水平 T 的不可观测性使得技术水平的测量存在困难。

根据侧重的不同，可对恒等式进行适当变形得到目标函数。如：

侧重进行人口规模与人均消耗水平的分析：

令 $T_1 = AT$，它表示人均资源消耗以及人均污染排放，在人口规模增加的情况下要实现环境压力零增长需要降低人均的消耗以及污染水平。

侧重经济规模与技术经济水平的分析：

令 $G = PA$，它表示经济规模（国民生产总值），则 $I = PAT = GT$。在经济规模增加的情况下，要实现零环境压力增长需要降低单位经济的资源消耗以及污染强度。

（二）测算速率的环境压力公式

对环境压力公式求导即可得到测算速率的环境压力公式。

$$I' = P' + A' + T'$$

环境压力变化速率取决于人口变化速率、人均消费水平变化速率以及技术经济改进速率。这里的技术经济改进速率用物质消耗强度的变化率表示。如果用资源生产率（RP）的变化表示，则有：

$$I' = P' + A' - RP'$$

环境压力的增长取决于两个因素：人口规模与消费水平的增长效应$(P' + A')$，技术经济水平的改进即减量效应 RP'。两者之间的差就是反弹效应 $(I' = P' + A' + T')$，它表示环境压力的净增长。

（三）测算贡献的环境压力公式

将（二）中第一个公式两边同时除以 I'，则有：

$$I = P'/I' + A'/I' + T'/I'$$

令 E_p、E_a、E_t 分别表示某个时期人口规模变化、人均消费变化、技术水平变化对环境压力的贡献率可得：

$$100\% = E_p + E_a + E_t I_i = G_i T_i = K_i G T_i$$

人口规模扩张以及经济水平提高对环境压力起着增长效应。由于规模扩张导致的增长效应大于效率改进的减量效应，因此反弹效应不但没有消失而且是在增加的。

（四）测算结构的环境压力公式

测算特定部门的环境压力公式：

$$I_i = G_i T_i = K_i G T_i$$

其中 $K_i = G_i/G$ 表示某个部门的经济产出占总的经济产出的比重。该部门环境压力的速率公式是：

$$I_i' = K_i' + G' + T_i' 或 I_i' = K_i' + G' - RP_i'$$

该部门环境压力的贡献公式是：

$$I = K_i'/I_i' + G'/I_i' + T_i'/I_i'$$

$$或\ I = K_i'/I_i' + G_i'/I_i' - RP_i'/I_i'$$

$$即\ 100\% = E_{k_i} + E_g + E_{k_i}E_{t_i} = E_{k_i} + E_g - E_{rp_i}$$

这里 E_g、E_{k_i}、E_{t_i}、E_{rp_i} 分别是经济总量、该部门的结构系数、该部门的消耗强度、该部门的资源生产率对环境压力的贡献率。

二、STIRPAT 模型的拓展

IPAT 模型通常是保持其他因素不变的前提下研究某一因素对环境的影响，此时，因变量对自变量的弹性等于1，所得结果是因变量的等比例影响，存在局限性。为了弥补 $I = PAT$ 模型的局限性，环境经济学家迪茨等（Dietz et al.）在1994年进一步提出了随机回归影响模型（STIRPAT），其公式如下：

$$I = \alpha P^b A^c T^d e$$

实际应用中常对其进行对数化处理，得到：

$$\ln I = \ln a + b \ln P + c \ln A + d \ln T + \ln e$$

其中，α 为常数项，b、c、d 分别是 P、A、T 的指数项，e 为误差项。STIRPAT 模型提供了一个简单的分解人文因素对环境影响的因果分析框架，可用于分析人文因素对环境的非比例影响，包括分析人文驱动因素对环境影响作用的大小和预测未来人口和富裕程度等社会因素对环境的影响。

第三节　环境库兹涅茨曲线假说

一、环境库兹涅茨曲线（EKC）的提出

1955年，美国经济学家西蒙·库兹涅茨（Kuznets）发现，收入差距随着经济增长先逐渐增大，后又逐渐缩小。两者之间呈现倒"U"型曲线关系，该曲线被称为库兹涅茨曲线（Kuznets curve，KC）。格鲁斯曼（Gene Grossman）和克鲁格（Alan Krueger）发现，大多数污染物质的变动趋势与人均国民收入水平的变动趋势呈倒"U"型关系，即污染程度随人均收入增

长先增加，后下降，污染程度的峰值大约位于中等收入水平阶段。据此，他们在 1995 年发表的文章中提出了环境库兹涅茨曲线（Environmental Kuznets Curve，EKC）假说。

二、环境库兹涅茨曲线的内涵

环境库兹涅茨曲线是指当一个国家经济发展水平较低的时候，环境污染的程度较轻，但是随着人均收入的增加，环境污染由低趋高，环境恶化程度随经济的增长而加剧；当经济发展达到一定水平后，随着经济的进一步增长其环境污染的程度逐渐减缓，环境质量逐渐得到改善，环境质量与经济增长呈倒"U"型关系，即在经济发展过程中，环境的变化确实存在先恶化后改善的情况，随着经济的发展，环境变化都经历了一个先污染后治理的过程，图 11 - 1 展示了环境库兹涅茨曲线的倒"U"型走势。

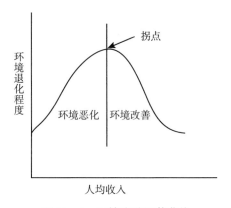

图 11 - 1　环境库兹涅茨曲线

世界银行在 1992 年给出了 EKC 的简单的数学表达：假设污染排放与人均收入的关系可以表达为：

$$e = ay$$

e 为某种污染物的人均排放量，y 为人均收入，a 为污染排放系数，用单位收入产生的污染排放表示。又假定污染排放系数 a 随着人均收入增加而降低，表达式如下：

$$a = \beta_0 - \beta_1 y$$

将第二个公式代入第一个公式中，可以得到

$$e = \beta_0 - \beta_1 y^2$$

由此可见，e 与人均收入 y 之间存在一个倒 "U" 型曲线的关系。如果排污系数 α 不变，污染排放随着经济规模的扩大将不断增长，最终突破环境极限的结论，这也是罗马俱乐部对环境变化持悲观主义的主要依据。

而 EKC 隐含的一个内在假设就是 α 随着经济发展会不断降低，随着收入水平的提高，排放到环境的污染将会下降。α 的下降取决于单位经济活动消耗的资源、能源以及排放的污染物下降，污染治理和生态保护的投入增加以及居民的环境意识提高等因素。因此，环境库兹涅茨曲线不仅要关注什么时候达到拐点，更应关注拐点的高低，低污染水平下的拐点是环境经济学者追求的重要目标（见图 11 – 2）。

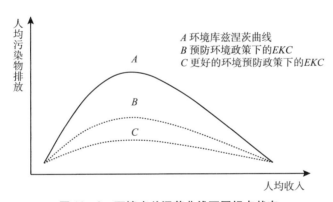

图 11 – 2 环境库兹涅茨曲线不同拐点状态

三、环境库兹涅茨曲线的机理分析

随着环境库兹涅茨曲线理论研究的深入，环境库兹涅茨曲线的形成机理也成为学术界的研究热点，主要包括以下几种观点：

1. 成本论

环境污染导致的外部性成本（罗纳德·哈里·科斯，1991）与治理成本占经济效益的比重不同。在经济发展初期，由于污染排放相对较少，环境污染导致的外部性问题相对较小，而此时减污边际成本较高，随着污染的不断增加，外部性上升，而边际减污成本相对下降，最优污染控制水平应该是边际减污成本等于边际外部性成本，因此污染达到一定水平后得以不断治理，环境逐步改善。

2. 能力论

污染治理和生态保护都需要资金的投入，这就必须依靠经济实力的支撑。发展的早期阶段，主要的资本都用于发展经济，很少或根本没有资金用以环境保护，经济的迅速增长带来污染物的大量排放和资源的消耗使环境质量进入低谷状态。发展进入高级阶段，人均收入水平提高，可以拿出更多的财政收入来投入环境和生态建设，环境质量得到不断改善。

3. 需求论

环境舒适的需求具有较大收入弹性，随着人均收入的提高，环境意识在不断提高，对环境更加关注（皮尔斯和沃福德，1993）。在发展的早期阶段，人们对环境舒适的需求很低，由于经济发展带来的环境问题是发展的次要问题；当进入发展的高级阶段，人们对环境的需求提高，需要更好的环境质量，开始关注生态问题，愿意为获得高的环境质量支付更多的金钱。

4. 变迁论

随着产业结构调整和污染产业迁移到其他国家而使污染水平降低（格罗斯曼和库格勒，1991）。随着经济发展，污染产业的异地转移以及产业结构不断优化升级，环境污染水平降低，环境质量逐步得到恢复。

5. 技术论

生产上的技术进步使得在同等资源条件下生产的商品数量增加了（鲍莫尔，1967），而相应的污染数量又减少了，所以增长与环境质量之间的冲突趋于缓和。

四、环境库兹涅茨曲线的检验与非典型事实

研究者们对环境库兹涅茨曲线假说的研究主要涉及环境库兹涅茨曲线的存在性、普遍性与转折点的确定。一部分学者对不同国家或地区在不同时期的经济和环境关系的研究证明了经济与环境倒"U"型关系的存在。而另一部分学者则指出经济与环境的关系并非仅存在倒"U"型一种形态，而是"N"型、"U"型、同步型等多种类型，这对环境库兹涅茨曲线假说提出了挑战。

环境库兹涅茨曲线同样存在一些非典型事实，主要包含：

（1）并非所有污染物都符合环境库兹涅茨曲线。WTO 在其《环境与贸易报告》中提出，一些重要的区域污染问题与倒"U"型曲线比较符合，然而全球性的污染物不符合 EKC 的假设，如二氧化碳，随着人均收入的提高，人均二氧化碳排放和人均废物排放量一直在增加。而采伐森林与人均收入无关，这些污染物均不符合 EKC 的假定。

（2）经济增长本身并不是一定能够解决环境问题。如果不进行相应的政策调控，环境恶化的趋势将随着经济规模的扩大而继续加重。

（3）环境阈值影响环境库兹涅茨曲线走势。环境库兹涅茨曲线隐含一个重要的先决条件，就是"环境阈值"。超出环境容量的污染物质会累积在环境中，一旦超越环境承载力，对环境的破坏是不可逆的；污染排放与人均收入之间也不再遵循倒"U"型曲线变化，而是到达污染排放的最高点后不再下降或是继续上升。因为有滞后期，环境阈值的界限往往难以确定。

第四节　经济发展与环境保护协调

一、全球经济增长与环境保护协调发展历程

回顾全球经济发展和环境问题可知，在人类社会从农业社会向工业社会跨越的时期也是环境问题日益严峻的时期。工业革命带来的生产力的飞跃，人类的经济活动如能源、资源的大量开发和利用创造了物质财富，物质财富的增长又反过来推动工业生产力的进一步发展，加重了生态环境恶化。

随着工业化后不合理经济活动的增加和强度的不断提高，人类活动对环境的负面影响也日益加剧。石油、天然气等化石能源和矿产的大肆开采和利用不可避免地造成了空气污染、水体污染、固体废物等污染，远远超过了大自然自身净化的能力，对生态环境带来了灾难性的影响，如美国 1948 年的多诺拉事件，英国 1952 年的伦敦烟雾事件，日本 1953 年的水俣病事件等环境污染事件。国际社会开始意识到环境污染对其国民身体健康乃至整个人类社会的威胁，各国才开始正视工业化带来的环境污染问题。

1972 年 6 月，联合国首届"人类环境大会"在瑞典召开，通过这次会议，各国认识到了环境问题的严重性，对于发展与环境的理念的理解也逐步深入。1987 年 2 月，联合国环境与发展大会的报告《我们共同的未来》首次提出"可持续发展"理念，改变了以往经济发展和环境保护脱钩的错误认知，人类对二者关系的认知逐步向可持续发展方向转变。1992 年《里约热内卢宣言》明确提出了"可持续发展"的社会经济发展和环境保护协同共进的目标，这是关于环境与发展的一个极为重要的理念。显而易见，工业化初期，很多发达国家将经济发展放在首位，在环境问题日益严重后才逐步认识的环境保护的重要性，着手处理经济发展带来的一系列环境问题。这种先污染后治理的道路在创造大量物质财富的同时也产生了大量的污染，对环境产生广泛而深刻的影响。

美国于 1970 年实施《清洁空气法》，对环境保护尤其是大气污染治理采取了严格的新方案，并在 1990 年修订后，成为世界上以控制空气污染为目的而制定的影响深远的法律之一。截至 1990 年，美国六种主要污染物的总排放量降低了 72%。《清洁空气法》的实施降低了由空气污染引起的呼吸系统疾病如肺结核、支气管炎等的发生率。

欧盟在一体化早期，环境问题十分严重。1986 年，为治理莱茵河，制定《莱茵河行动计划》，制定全流域、从海岸线到河源全程的污染治理方案，以保护和恢复莱茵河的生态环境。经过数十年的治理，莱茵河生态系统逐步恢复，河流清澈，植被茂盛，生物多样性显著增加。环境政策体系的持续完善，有力地推进了欧盟环境保护的进程。这些环境保护行动非但未阻碍欧盟经济的发展，反而在一定程度上推动了欧盟环保产业的发展壮大，并成为欧盟经济增长的重要部分。

日本在 1950~1960 年推行"经济立国"战略，迅速推进工业化进程，造成了严重的环境污染，日本政府开始着手环境治理与保护工作，制定了《公害对策基本法》《大气污染防治法》《海洋污染防治法》等一系列环境法律。环境治理在环保法律的制定实施、管理体制的不断完善和企业大规模环保设备投资等共同努力下初见成效。到 1970 年污染公害问题基本得到解决，单位 GDP 所产生的污染物也远低于许多发达国家。其间，日本环保产业发展势头强劲。据日本环境省统计，2011 年环保产业产值对 GDP 的贡献率达 8%，对整体经济低迷的日本来说，环保产业极大地拉动了经济增长。

发展中国家大多经济落后、人口增长快，经济发展作为国家战略任务，是其面临的首要任务。在全球经济贸易中，发展中国家的比较优势是廉价的生产资料。在全球价值链中处于提供原料和初级产品的环节，这不可避免地导致发展中国家自然资源的过度开采与环境恶化。此外，随着经济全球化进程的加快，发达国家逐步将高污染、高能耗的低附加值产业转移到发展中国家，实行清洁生产以及发展高科技和知识经济以替代等措施。发展中国家处于发展经济的需要，迅速推进本国工业化进程，承接发达国家的产业转移，发展中国家的可持续发展道路更加艰难。在经济发展与环境保护问题上，发展中国家与发达国家最大的分歧是到底是"环境优先"还是"发展优先"。此外，资金和技术条件的缺乏也是发展中国家环境治理不得不面对的难题。此外，发展中国家和发达国家在经济和环境问题上存在利害冲突，如2009年在哥本哈根召开的气候峰会上，发达国家和发展中国家各执一词，谈判以失败告终。

印度是新兴发展中国家，城市化进程、工业化进程、贫富不均及经济发展带来的其他阵痛接续不断。印度政府在1986年制定《环境保护法》，该法律在授权联邦立法的基础上，赋予各邦依据自然条件和社会条件差异自行立法的权力，明确行政立法、执法的规定，违法处理及个人和企业责任。同时，印度政府在环保领域积极扩大民间组织的影响，引导印度民众参与绿化、保护水源等活动。即便如此，环境保护却收效甚微。以亚穆纳河的治理为例，尽管新德里政府很早就意识到了保护亚穆纳河的必要性，并投入大量资金建设污水处理工厂，以试图改善亚穆纳河的水质。然而由于技术水平落后、政府更迭频繁、电力严重短缺等原因，修建的17个污水处理厂中仅有6个在正常运转，大量废水仍被排放进亚穆纳河。

巴西的环境治理模式独具特色，其立法体系、治理创新、执法机制等领域的建设成效显著，但经济发展与环境治理之间的矛盾难以化解，社会治理模式面临挑战。1972年颁布的《环境基本法》并未得到当局的重视，在经济高速增长的"巴西奇迹"中，巴西的自然环境遭受重创。经过数十年的探索，巴西建成了以宪法为核心、专项法律法规为支撑的环境保护法律体系。但是环保法律执行过程中，当地政府部门不得不在环保与经济发展的两难之间做出抉择。在一些经济发展欠缺的地方，环境治理不得不让位于经济发展，政府对一些长期实行的环保政策放松了限制和监管。

二、中国经济发展与环境保护协调发展进程与存在的问题

（一）中国经济增长与环境保护协调发展进程

1978 年环境保护首次被写入《宪法》后，我国法律法规不断完善，形成以《宪法》为基础，以《环境保护法》为主体的环境保护体系。特别是2018 年全国人大通过的《宪法》修正案中，生态文明写入根本大法，体现政府对生态环境高度重视和深刻理解。加强环境法制建设的同时，国家和地方政府积极推动生态保护和污染治理工作。

党的十七大把生态文明建设纳入全面建设小康社会的奋斗目标体系，党的十八大将生态文明纳入"五位一体"的大格局，生态文明进入经济和社会发展的主战场。党的十九大对生态文明提出了新的判断、新的观点和新的举措。党的二十大让生态文明建设进入到一个全新发展阶段。今后，中国要研究发达国家环境与发展协调的时代背景与历史逻辑，分析中国作为后发追赶国家如何促进环境保护与经济发展的协调，统筹好国内和国际环境保护与经济协调发展的两个大局。

我国全面打响污染防治攻坚战。全国系统布局，上下联动，左右互动，积极推进，生态环境质量得到了显著的改善。根据《2017 年度环境状况和环境保护目标完成情况的报告》显示，五年来全国 338 个地级及以上城市，PM10 平均浓度比 2013 年下降了 22.7%，京津冀、长三角、珠三角 PM2.5平均浓度分别下降了 39.6%、34.3%、27.7%，其中，珠三角区域连续三年稳定达标，北京市 PM2.5 平均浓度顺利完成每立方米 60 微克的目标。大江大河、干流水质稳步改善，长江经济带水环境质量持续好转，黄河的泥沙量从十几年前的每年 16 亿吨下降到现在的 2 亿吨左右。生态环境格局总体稳定，森林覆盖率逐步增加，草原综合植被覆盖率达到 55.3%，湿地保护修复效果初步显现。我国过去生态环境破坏比较严重的区域，如黄土高原、南方亚热带、红壤地区、贺兰山以东的四大沙地，西南喀斯特地去的生态环境，均有相当程度的改善。2017 年 9 月，生态环境部提出在全国范围内开展"两山"实践创新基地，经生态环保工作成效、生态经济建设条件、绿色发展基础等多方考量，河北省的赛罕坝机械林场、浙江省安吉县、安徽省

旌德县、江西省靖安县、广东省的东源县、四川的九寨沟县、贵州贵阳市乌当区、陕西留坝县等 13 个地区成为"两山"实践创新基地，从理论探索上升为实践创新，推进"绿水青山"向"金山银山"转化。

（二）中国经济增长与环境保护协调发展存在的问题

《2020 中国生态环境状况公报》显示，尽管环境质量总体向好，但我国土壤、水、大气污染问题依然突出，空气质量离治理目标还有很大的距离，水体水质改善还很不平衡，土壤环境防治任务十分艰巨。

在大气环境方面：扣除沙尘影响后，全国 337 个地级及以上城市的空气质量有 202 个城市环境空气质量达标，占全部城市数的 59.9%，135 个城市环境空气质量超标；337 个城市平均优良天数比例为 87.0%，同比上升 5.0 个百分点；17 个城市优良天数比例为 100%，243 个城市优良天数比例在 80% ~ 100%，74 个城市优良天数比例在 50% ~ 80%，3 个城市优良天数比例低于 50%，PM2.5 是空气污染的"罪魁祸首"。全国尚有三分之一左右的城市 PM2.5 浓度达不到国家二级标准，区域性重污染天气过程时有发生。

在淡水环境方面：全国Ⅰ ~ Ⅲ类水质断面比例为 83.4%，同比上升 8.5 个百分点；劣Ⅴ类水质断面比例为 0.6%；全国地下水水质不同程度超标；Ⅰ ~ Ⅲ类水质监测点占 22.7%，Ⅳ类占 33.7%，Ⅴ类占 43.6%。

在土壤环境质量方面：土壤污染状况详查结果显示，全国农用地土壤环境状况总体稳定，影响农用地土壤环境质量的主要污染物是重金属，其中镉为首要污染物。

在海洋环境方面：夏季一类水质海域面积占管辖海域面积的 96.8%，与 2019 年相比变化不大；劣四类水质海域面积为 30070 平方千米，同比增长 6.1%。

在能源消费方面：煤炭依旧是消费量主力。全国能源消费总量 49.8 亿吨标准煤，比 2019 年增长 2.2%。其中，煤炭消费量增长 0.6%，原油消费量增长 3.3%，天然气消费量增长 7.2%，电力消费量增长 3.1%。

（三）生态文明建设和体制改革

生态文明的内涵包括生产发展、生活富裕、生态良好。搞好环境保护很容易，但要实现生产发展、生活富裕、生态良好的多赢就很难。在生态文明建设的地方实践中，需要各地有发展的依托、发展的特色、发展的优势和发展的抓手，特别是有发展的比较优势和适合自己的转型战略。因此，生态文明建设和体制改革要立足基本国情与区情，既不违背经济规律，也不违背环境保护和技术发展规律，整体提升生态文明建设的内生动力。

中国在生态文明建设和体制改革方面有以下举措：

第一，加强生态环境保护法制建设。为实现建设美丽中国的伟大目标，将生态环境保护纳入法制化轨道。一方面，当前我国《环境保护法》《大气污染防治法》《水污染防治法》《环境影响评价法》《环境保护税法》和《安全法》等多部法律已经完成制定或修订，未来根据生态环境保护事宜的发展，完善和优化相关的法律体系建设和实施细则制定；另一方面，加大对企业违法的处罚力度，强化行政问责，切实发挥法律在我国生态文明建设的制度保障作用。

第二，发挥科技创新对环境治理的引领作用。要实现环境保护的伟大目标，必须依靠科技进步。历史经验也证明，全面理解环境污染的原因和机制，获得治理技术和治理手段的突破，就可以大大提升改善环境质量的能力，比如烟气脱硫技术，在世界各国包括我国二氧化硫减排上发挥了重要作用，几年来全球二氧化碳排放量有所下降，一个很重要的原因就是清洁能源和可再生能源技术的发展与应用，带动了产业升级和经济转型，缓解了对化石能源的依赖。

2013年以来我国PM2.5的浓度下降，也同先进的脱硫脱硝储存技术的大量使用，同集中减排和技术的推广有很大的关系。从我国自然环境、产业结构和技术水平地域差异大，环境问题类型多样的实际出发，加强环境保护科技布局，引导科技力量开展面向我国环境问题的基础性和前瞻性研究，针对重点污染源、重点行业、研发高效经济的绿色低碳技术，服务环境质量的改善。

第三，以结构优化为抓手推进产业绿色发展。国际上环保产业发展迅速，呈现治理技术简单化，解决方案系统化的趋势。当前美国环保产业总值约占全球1/3，成为高新支柱产业的重要组成部分。相比之下我国环保企业总体规模偏小，市场集中度较低。在大众创业、万众创新的时代，通过政府引导、大力鼓励和扶持环保创新企业，为经济发展不断增添新的动能，同时用有效措施激励高校与科研机构的科研人员，与企业密切合作，提升企业创新能力的同时，加快了环境保护新技术的应用。

第四，构建清洁低碳高效的能源体系。传统能源逐步退出要建立在新能源安全可靠的替代基础上，逐渐提高非化石能源在能源结构中的比重；我国加强新能源发展顶层设计，大力发展氢能，发挥我国地热资源优势；深化煤炭清洁高效利用，完善油气勘探开发机制，提升储备能力加快发展非化石能源，构建煤、油、气、核、新能源、可再生能源多元化能源供应体系。

第五，强化区域联防联控的环境污染协控机制。我国积极开展国际合作。经济环境是国际社会共同关心的问题，各国所面临的气候变化、生态多样性、水土气污染治理等都有一定的共性，借鉴国际上先进的环保技术和管理经验，因地制宜地应用，带动国内环保事业的发展，同时与"一带一路"沿线国家共同处理跨境的资源与环境问题。积极地将我国成熟技术加以应用。近年来中国科学院通过海外科技交流中心将有关治理技术推广到斯里兰卡解决当地饮用水安全问题，取得了良好效果，被斯里兰卡政府誉为政府合作惠及民生工程。

第五节　案　例　分　析

案例：中国人类福祉碳强度的环境
库兹涅茨曲线检验[*]

一、研究背景

过去的 30 年，中国经济进入高速发展阶段，人均收入和人民福祉都取得了快速提升。经济高速发展的同时也带来了各种环境问题，CO_2 的过快增

---

[*] 王圣云、罗颖、李晶等：《中国人类福祉碳强度的时空分异机制与区域协同治理》，工作论文，2019 年。

长就是其中之一。2006 年，中国已经取代美国成为世界排放 CO_2 最多的国家。中国政府承诺，到 2030 年中国的 CO_2 增长达到峰值，其后 CO_2 总量将会下降。在环境与经济发展关系研究方面，现有文献研究大多集中于二氧化碳排放量与经济增长的关系的研究上，考虑人类福祉的影响，结合人类福祉与碳排放建立人类福祉碳强度（the carbon intensity of human well-being，即 CIWB）指标，进一步探讨经济增长与碳福祉强度的关系。以 1995 ~ 2016 年除西藏、香港、澳门和台湾外的中国 30 个省份（自治区、直辖市）的碳福祉强度为研究对象，利用空间面板计量方法，根据环境库兹涅茨曲线模型实证检验我国人类福祉碳强度与经济增长的曲线关系。

二、研究过程

（一）人类福祉提升的碳强度指标构建

碳排放强度是衡量单位 GDP 的碳排放量的指标，而人类福祉提升的碳强度（CIWB）是从可持续发展角度衡量碳排放与人类福祉产出之间的关系，测度的是单位人类福祉对应的人均 CO_2 排放量，为人均 CO_2 排放量与人类福祉指标的比值。其中，人均 CO_2 排放量计算公式如下：

$$PCO_2 = (CO_2^C + CO_2^P)/POP = (C_n * Z_n^T + C_p * Z_p^T)/POP$$

式中，PCO_2 为人均 CO_2 排放量，CO_2^C 为能源燃烧产生的 CO_2，CO_2^P 为生产过程产生的 CO_2，POP 为人口总数，C_n 为不同能源的 CO_2 排放系数向量，Z_n 为能源使用向量，T 为向量转置，C_p 为生产过程产生 CO_2 的行业排放系数，Z_p 为生产过程产生 CO_2 的行业产量。$n = 18$，本文采用 18 种能源计算 CO_2 排放量。

人口平均预期寿命指标与人均 CO_2 排放量指标均为实物指标，二者有较好的可比性。选取人口平均预期寿命作为人类福祉的替代变量。由于中国各省人口平均预期寿命每 10 年公布一次，依据 1990 年、2000 年、2010 年人口普查资料，计算各省人口平均预期寿命的年增长率，插值得到 1995 ~ 1999 年、2001 ~ 2009 年中国各省人口平均预期寿命，计算公式如下：

$$r_1 = (LE_{2000}/LE_{1990})^{1/10} - 1$$
$$r_2 = (LE_{2010}/LE_{2000})^{1/10} - 1$$

式中，r_1、r_2 分别表示我国各省 1990～2000 年和 2000～2010 年的人口平均预期寿命年增长率；LE_{1990}、LE_{2000}、LE_{2010} 分别表示 1990 年、2000 年、2010 年各省的人口平均预期寿命。需要说明的是，本文 2010 年以后的人口平均预期寿命按 2010 年计算。

人类福祉提升的碳强度为人均 CO_2 排放量与人口平均预期寿命的比值。为了消除量纲差异，采用变异系数计算相对变化速度，得到人口平均预期寿命与人均 CO_2 排放量的变异系数分别为 0.047、0.734。消除量纲差异后得到人类福祉提升的碳强度（CIWB）的计算公式：

$$CIWB = [(PCO_2 + 83.709)/LE] * 100$$

式中，PCO_2 是人均 CO_2 排放量，LE 是人口平均预期寿命，乘以 100 用于调整比例尺度（Jorgenson and Givens，2015）。人均 CO_2 排放量越小，平均预期寿命越大，CIWB 越好；反之亦然。

（二）空间计量模型

1. 自变量选取

基于环境库兹涅茨曲线与 STIRPAT 模型，从经济发展水平、产业结构、创新驱动、人口密度、医疗水平等方面选取以下 6 个影响人类福祉提升的碳强度的变量：（1）人均 GDP（gdpper）：以各省人均 GDP 作为核心自变量，分析人类福祉提升的碳强度与经济增长的曲线关系；（2）第二产业增加值占 GDP 比重（ind）：我国工业部门的能耗规模高于其他产业部门，第二产业化石燃料燃烧是 CO_2 排放的主要来源。ind 越大，表明 CO_2 排放增加，进而影响人类福祉提升的碳强度；（3）R&D 经费支出密度（rdd）：增加地区的创新投入强度，有利于提高该地区的技术创新水平和能源利用效率，进而减少 CO_2 排放量；（4）人口密度（pd）：人口密度增加会导致对用电、煤气、天然气等生活必需能源消费需求量增大，从而使能源消耗增多，导致 CO_2 排放量增加，进而对 CIWB 造成影响；（5）人均车辆拥有数（carper）：人均车辆拥有数增多，会带来 CO_2 排放量增加；（6）人均卫生经费支出（meper）：人均卫生经费支出反映医疗卫生投入水平，是影响人口平均预期寿命和衡量健康投入因素的一个重要指标。

2. 计量模型构建

常用的空间计量模型有空间滞后模型（SLM）、空间误差模型（SEM）、空间杜宾模型（SDM）。SLM 模型着重考虑因变量空间相关性的影响，其公式为：

$$\ln CIWB_{it} = \rho W \ln CIWB_{it} + \beta_1 \ln gdpper_{it} + \beta_2 \ln^2 gdpper_{it}$$
$$+ \beta_3 \ln^3 gdpper_{it} + Zy + \varepsilon, \quad \varepsilon \sim (0, \delta^2)$$

式中，t 表示年份，ρ 为因变量的空间自相关系数。Z 表示除人均 GDP 因素以外的自变量，ε 为随机误差项。

SEM 模型的特征是误差项具有空间相关性，其公式为：

$$\ln CIWB_{it} = \beta_1 \ln gdpper_{it} + \beta_2 \ln^2 gdpper_{it} + \beta_3 \ln^3 gdpper_{it}$$
$$+ Zy + \lambda W\mu + \varepsilon, \quad \varepsilon \sim (0, \delta^2)$$

式中，λ 为回归残差空间自相关系数。

SDM 模型结合了 SLM 模型和 SEM 模型的优点，既包含了因变量空间相关性的影响又考虑了误差项的空间相关性，其公式为：

$$\ln CIWB_{it} = \rho W \ln CIWB_{it} + \beta_1 \ln gdpper_{it} + \beta_2 \ln^2 gdpper_{it}$$
$$+ \beta_3 \ln^3 gdpper_{it} + Zy + WX\theta + \varepsilon, \quad \varepsilon \sim (0, \delta^2)$$

式中，X 表示自变量。

由于 SDM 模型存在变量的空间滞后项，滞后项系数不能表示自变量对因变量的影响，因而以直接效应、间接效应和总效应反映自变量对因变量的影响，分析人类福祉提升的碳强度的驱动因素的空间效应，其分解矩阵计算公式如下：

$$Y = (I_n - \rho W)^{-1}(X\beta + WX\theta) + (I_n - \rho W)^{-1}\varepsilon$$

Y 中关于第 k 个因变量的偏微分方程矩阵如下：

$$\Rightarrow \left(\frac{\partial Y}{\partial x_{1k}} \frac{\partial Y}{\partial x_{2k}} \cdots \frac{\partial Y}{\partial x_{nk}} \right) = \begin{pmatrix} \dfrac{\partial Y_1}{\partial x_{1k}} & \cdots & \dfrac{\partial Y_1}{\partial x_{nk}} \\ \vdots & \ddots & \vdots \\ \dfrac{\partial Y_n}{\partial x_{1k}} & \cdots & \dfrac{\partial Y_n}{\partial x_{nk}} \end{pmatrix} = (1 - \rho W)^{-1} \begin{pmatrix} \beta_k & \cdots & w_{n1}\theta_k \\ \vdots & \ddots & \vdots \\ w_{n1}\theta_k & \cdots & \beta_k \end{pmatrix}$$

式中，Y 为人类福祉提升的碳强度，直接效应和间接效应分别对应等式右端矩阵中的对角线元素和非对角线元素。

（三）中国人类福祉碳强度空间集聚分析

全域空间相关性检验结果如表 11 - 1 所示，从表 11 - 1 可知，1995～

2016 年每年中国省域 CIWB 的 Moran's I 指数均显著且大于 0，强烈拒绝原假设，说明我国省域 CIWB 分布整体呈现显著的空间集聚。图 11 – 3 给出了 1995 年、2000 年、2010 年、2016 年我国省域 CIWB 莫兰散点图，横轴表示 CIWB 标准化值，纵轴为 CIWB 的空间滞后值。可以看出，我国大多数省份位于第一、第三象限，也表明中国省域 CIWB 空间分布具有显著的正相关关系。

表 11 – 1　　　　　1995 ~ 2016 年中国省域人类福祉提升的碳强度的
全局 Moran's I 指数变化

指数	1995 年	1996 年	1997 年	1998 年	1999 年	2000 年	2001 年	2002 年	2003 年	2004 年	2005 年
Moran's I	0.243 ***	0.278 ***	0.284 ***	0.295 ***	0.293 ***	0.305 ***	0.301 ***	0.291 ***	0.274 ***	0.259 ***	0.234 ***

指数	2006 年	2007 年	2008 年	2009 年	2010 年	2011 年	2012 年	2013 年	2014 年	2015 年	2016 年
Moran's I	0.215 ***	0.201 ***	0.196 ***	0.173 **	0.173 **	0.153 **	0.172 ***	0.179 ***	0.183 ***	0.177 ***	0.173 **

注：* $p < 0.1$，** $p < 0.05$，*** $p < 0.01$。

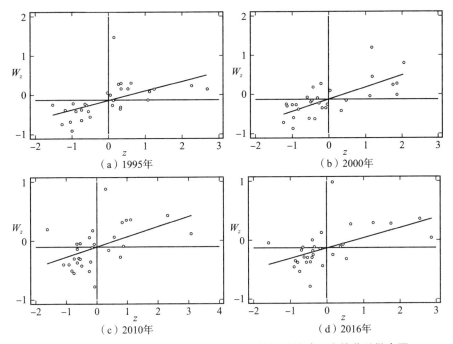

图 11 – 3　1995 ~ 2016 年中国省域人类福祉提升的碳强度的莫兰散点图

（四）中国人类福祉提升的碳强度与经济增长的倒"N"型曲线检验

从表 11 - 2 统计检验结果来看，LM - Lag、Robust LM - Lag 和 LM - Error、Robust LM - Error 分别显著拒绝了原假设，再进行 LR 检验，模型结果在 1% 的水平上显著拒绝原假设，优先选择 SDM 模型（LeSage 和 Pace，2009）。从人类福祉提升的碳强度与经济增长的曲线关系来看，SLM 模型只考虑因变量的空间相关性，SEM 模型只考察误差项的空间相关性，前者会导致预估的人均 GDP 拐点值偏低，后者会使预估值偏高，而 SDM 模型具有 SLM、SEM 两个模型的优点，选择 SDM 模型。

表 11 - 2　　　　　　　　　空间面板计量模型的检验结果

检验	统计量	SLM	SEM
LM	LM	38. 778 ***	3. 321 *
	LM（robust）	39. 115 ***	3. 657 *
LR	χ^2	120. 890 ***	167. 650 ***

注：* p < 0.1，** p < 0.05，*** p < 0.01。

从表 11 - 3 回归结果可知，SLM、SDM、SEM 模型的空间自相关系数 ρ（SLM）、λ、ρ（SDM）分别为 0.62150、0.73568、0.48024，均显著为正，表明我国省域人类福祉碳强度具有显著的空间正相关特征，这和前文 Moran's I 指数得出的结论一致。SDM 模型中的 lngdpper 一次项、二次项、三次项系数依次为 - 1.02760、0.12123、- 0.00439，且均在 1% 水平上显著，表明我国省域人类福祉碳强度与经济增长之间呈显著的倒"N"型曲线关系。

表 11 - 3　　　　　　中国人类福祉碳强度的空间面板模型估计结果

变量	SLM	SEM	SDM	Wx	SDM
$\ln^3 gdpper$	- 0. 002 * (0. 001)	- 0. 002 (0. 001)	- 0. 004 *** (0. 001)	lngdpper	- 0. 111 *** (0. 013)
$\ln^2 gdpper$	0. 058 * (0. 033)	0. 045 (0. 035)	0. 121 *** (0. 033)	ind	0. 242 *** (0. 040)

续表

变量	SLM	SEM	SDM	Wx	SDM
lngdpper	− 0.569 * (0.305)	− 0.404 (0.331)	− 1.028 *** (0.302)	rdd	− 0.000 (0.000)
ind	0.129 *** (0.020)	0.071 *** (0.019)	0.084 *** (0.021)	pd	− 0.000 (0.000)
rdd	− 0.002 *** (0.000)	− 0.001 *** (0.000)	− 0.001 *** (0.000)	carper	0.284 *** (0.095)
pd	0.000 *** (0.000)	0.000 *** (0.000)	0.000 *** (0.000)	lnmeper	− 0.003 (0.006)
carper	0.496 *** (0.054)	0.366 *** (0.066)	0.705 *** (0.069)	空间自回 归系数	
lnmeper	− 0.013 *** (0.003)	− 0.018 *** (0.005)	− 0.010 ** (0.004)	ρ（SLM） λ	0.622 *** 0.736 ***
拐点人均 GDP 值（元/人）	52663.620	146218.100	130306.000	ρ（SDM）	0.480 ***

注：* $p<0.1$，** $p<0.05$，*** $p<0.01$；括号里是标准误。SDM 模型结果显示人类福祉提升的碳强度与经济增长呈现显著的倒"N"型关系，理论上存在两个拐点，由于第一个拐点人均 GDP 值很小，只报告人均 GDP 第二拐点值。

人均 GDP、R&D 经费支出密度两个指标的回归系数在 10% 水平上显著为负，人均 GDP、R&D 经费支出密度每提高 1%，CIWB 分别降低 1.0276%、0.0013%。meper 的回归系数为负且在 5% 水平上显著，人均卫生经费支出每提高 1%，CIWB 下降 0.0102%。说明人均 GDP、R&D 经费支出密度和人均卫生经费支出对我国人类福祉碳强度存在显著的正向作用。第二产业增加值占 GDP 比重、人口密度、人均车辆拥有数的回归系数均在 1% 水平上显著为正，其每提高 1%，使 CIWB 分别降低 0.0845%、0.00009%、0.7051%，说明其对我国人类福祉碳强度具有负向作用。

（五）中国人类福祉碳强度驱动因素的空间溢出效应

进一步分析影响我国省域人类福祉碳强度变化的驱动因素的空间效应。

由表 11 - 4 可知，在直接效应、间接效应和总效应中，人均 GDP、R&D 经费支出密度和人均卫生经费支出均显著为负，说明其对我国省域人类福祉碳强度具有正向的空间效应。其中，本省人均 GDP 直接效应为 1.0756，高于回归系数 1.027，表明考虑到空间反馈机制后，人均 GDP 的直接效应增强。同时促进邻近省域 CIWB 降低的间接效应为 1.0967，即经济增长对邻近省份 CIWB 的促进作用也较为明显。其次是人均卫生经费支出的本省和邻近省域的效应值分别为 0.0112、0.0154。再次是 R&D 经费支出密度，这说明经济发展不仅对本省人类福祉碳强度改善具有明显作用，而且对邻近省域人类福祉碳强度的提升也十分重要。

表 11 -4　　中国人类福祉碳强度驱动因素的空间效应分解结果

变量	直接效应	间接效应	总效应
$\ln^3 gdpper$	− 0.005 *** (0.001)	− 0.004 *** (0.001)	− 0.008 *** (0.002)
$\ln^2 gdpper$	0.126 *** (0.035)	0.106 *** (0.034)	0.232 *** (0.064)
$\ln gdpper$	− 1.076 *** (0.322)	− 1.097 *** (0.312)	− 2.172 *** (0.591)
ind	0.113 *** (0.021)	0.518 *** (0.084)	0.631 *** (0.096)
rdd	− 0.001 *** (0.000)	− 0.001 ** (0.001)	− 0.003 *** (0.001)
pd	0.000 *** (0.000)	0.000 (0.000)	0.000 ** (0.000)
$carper$	0.770 *** (0.069)	1.148 *** (0.190)	1.918 *** (0.206)
$\ln meper$	− 0.011 *** (0.004)	− 0.015 * (0.008)	− 0.027 *** (0.008)

注：* $p < 0.1$，** $p < 0.05$，*** $p < 0.01$；括号里是标准误。

对 CIWB 负向作用由大到小依次是人均车辆拥有数、第二产业增加值占 GDP 比重、人口密度。第二产业增加值占 GDP 比重、人均车辆拥有数指标的直接效应、间接效应和总效应对 CIWB 均存在显著的负向空间效应，表明其不利于降低我国省域 CIWB。同时，人均车辆拥有数、第二产业增加值占 GDP 比重对邻近省域的间接效应分别为 1.14821、0.51817，大于其直接效应 0.76989、0.11251，说明二者对邻近省域人类福祉提升的碳强度的空间负外部性较大，存在负向的空间溢出效应。而人口密度的间接效应不显著，其对邻近省域 CIWB 影响不明显。

三、主要结论

（1）我国人类福祉碳强度由东北 - 西南分异格局逐渐向南北分异格局转变。1995～2005 年，我国省域人类福祉碳强度 HH 集聚范围不断向西、向北收缩，而 LL 集聚区范围由沿海向内陆拓展。2006～2016 年，我国省域人类福祉碳强度的 HH 集聚区范围进一步向西缩小。

（2）我国省域人类福祉碳强度与经济增长呈倒 "N" 型关系，随着我国经济不断增长，人类福祉碳强度指标经历了 "下降—上升—下降" 的动态演变过程。各省份跨越拐点存在明显的时序分异，我国所有省域均已越过倒 "N" 型曲线的第一个拐点，正处于人类福祉提升的碳强度随经济增长而提高的 "爬坡过坎" 阶段。

（3）中国人类福祉碳强度演变的驱动因素存在明显的空间溢出效应。人均 GDP、R&D 经费支出密度和人均卫生经费支出对我国省域人类福祉碳强度具有明显的正向影响，而第二产业增加值占 GDP 比重、人口密度、人均车辆拥有数对我国省域人类福祉碳强度存在显著的负向影响。提高经济发展水平、降低人均车辆拥有数不仅有利于降低本省域人类福祉碳强度，而且对降低邻近省域的人类福祉碳强度也有明显作用。人均车辆拥有数、第二产业增加值占 GDP 比重对邻近省域人类福祉碳强度的空间负外部性较大。

第十二章

绿色经济核算与包容性绿色发展

自然资源、生态环境是宝贵的生态财富。不能谋求物质财富而牺牲生态财富。然而在现行的国民经济核算体系中，国内生产总值（GDP）指标并没有真实的反映预防环境污染费用，也没有考虑自然资源存量的消耗、折旧及环境退化的损失费用，从而给经济发展带来错误的指引，导致以资源约束趋紧、环境质量下降、生态系统遭破坏为代价的虚假经济繁荣。针对 GDP 的缺陷，经济学家相继提出改进 GDP 的方法，如真实财富指数、包容性财富指数、绿色 GDP、绿色 GNP、包容性增长，包容性绿色增长等可持续发展的测度指数。本章包括 5 节内容，第 1 ~ 4 节分别阐述绿色 GDP 与国内生态产业（EDP）的概念与核算方法；经济福利指数的概念和核算方法；真实财富的概念与演变，包容性财富核算方法；包容性增长与包容性绿色增长的概念及核算，第 5 节引入两个案例分析。

第一节　从绿色 GDP 到国内生态产出

一、绿色 GDP 的概念

1. 经济增长的衡量

国内生产总值（Gross Domestic Product，GDP）是一个国家或地区所有常住单位在一定时期内生产活动的最终成果，国内生产总值是各国核算体系中通用的核算经济增长的一个重要指标，能够很大程度上反映一个国家或地区的经济状况和发展现状。国内生产总值有价值形态、收入形态和产品形态三种表示方式。在价值形态上，国内生产总值是所有长住单位在一定时期内生产的全部货物和服务价值超过同期投入的增加值的累计（王燕等，2021）。在收入形态上，国内生产总值表示为一定时期内分配给国内常住和非常住单位的初次收入之和。从产品形态研究，国内生产总值是一定时期使用的最终产品和服务减去进口的货物与服务后的价值。国内生产总值的三种表达对应三种计算方法：生产法、收入法和支出法，三种方法计算的国内生产总值，理论上计算结果相同。

国内生产总值有着涵盖广泛、可比性强等特征，是衡量经济增长最容易接受的指标，但是国内生产总值衡量一国发展水平和福利情况时，同样存在一定局限性。第一，GDP 没有考虑自然资源存量的消耗与折旧与环境污染问题。工业化早期不少企业的生产活动以牺牲环境为代价，虽然带来了国内生产总值的增长，但是空气、水等生态环境污染对居民福利的影响可能要大于生产的收益。第二，国内生产总值并不涉及收入与分配问题，不能反映巨大的个人收入差异。第三，国内生产总值没有考虑市场之外的活动价值，也不涉及创造国内生产总值交易行为的产权问题，计算过程存在瑕疵。

2. 绿色 GDP 核算

20 世纪 80 年代以来，随着可持续发展理论的兴起，学界对绿色 GDP 的研究迅速发展。尤其是 1993 年，联合国统计署出版的《环境与经济综合核算手册》（SEEA）后，绿色 GDP 的研究成为学者研究的热点问题。

绿色 GDP 核算的对象包含整个经济—生态系统，即将 GDP 的核算范围拓展至资源环境部门。环境经济的核算包括环保活动和环境成本的核算。环保活动核算主要是核算利用经济产品产生的环境效益，即投入是环保费用，产出是环境改善效益，核算的是环保活动的正外部性。环境成本核算主要核算资源投入和环境污染产出。因此，环境经济核算需要明确资源消耗投入和环保投入与环境改善效益和环境负产出的关系，再将资源环境部门的净产出纳入 GDP 的核算范围（欧阳康等，2017）。

学界对绿色 GDP 的定义存在差异。侠义的定义是把资源环境因素纳入传统 GDP 的核算中，即：绿色 GDP = GDP 总量 + 资源环境部门净产出。

而广义定义的绿色 GDP，考虑资源环境因素的同时，还纳入更多的内容到 GDP 调整之中，如在纳入资源环境部门的同时，还纳入了人文损失部分。即：

绿色 GDP = 传统 GDP 总量 − 资源环境部门净产出 − 人文损失

人文损失包括由于疾病和公共卫生条件所导致的支出、由于失业、犯罪、教育水平低下、文盲、人口数量的失控、管理不善等所造成的损失。

绿色 GDP 是一种全新的指标体系，概括了可持续发展的主要方面和主要内容，将经济现象、社会现象和环境问题都纳入了其框架体系，并考察了经济社会和环境的各个环节，同时考虑了 GDP 在衡量经济增长中的作用避免了传统 GDP 缺陷部分，为经济发展提供了全新的视角和思想。所以按可持续发展的概念，绿色 GDP 可在传统的 NDP 的基础上，通过环境调整得到：

绿色 GDP = (国内总产出 − 中间产出) + 环境改善产出 − 环境污染负产出
        − 资源消耗投入 − 公共环保投入

二、绿色 GDP 核算的原则和界定

绿色 GDP 核算要符合理论且具有经济含义，需要符合以下原则（邱琼等，2018）：

其一是最终产品原则。绿色 GDP 是在 GDP 核算的基础上进行的调整，应与 GDP 的最终产品原则保持一致，否则会重复计算。其二是统一的原则。各种自然资源和环境污染要实现统一的标准化实物单元，即采用生态足迹核算的资源消耗指数和采用熵值法核算环境污染指数。自然资源和环境污染的核算原则和估计方法也需统一。将资源消耗指数和环境污染指数纳入距离函数，并进行整体估计。资源消耗投入和环境污染负产出等均需要采用相同的计算方法得到，且具备可加性。

绿色 GDP 核算中资源投入和环境污染负产出具有较大的空间异质性。地域不同，资源投入和环境污染负产出的价格存在很大的差异，因此需要细分核算区域以减少核算误差。生产统计按照属地原则，资源消耗是在生产过程中投入的要素，应在其消耗属地扣减。环境污染则是无边界的，一个区域的污染可能是由本地区生产造成，也可能是区域外污染流入造成。可通过对比污染损失和虚拟治理成本的核算，衡量各地污染物跨区转移程度。

三、绿色 GDP 核算方法

中国绿色 GDP 的核算包括资源消耗成本和环境损失成本。资源消耗成本由资源经济核算得到，主要涉及耕地资源、森林资源、渔业资源、水资源和矿物资源的核算；环境损失成本则通过环境经济核算得到，主要涉及水污染、大气污染、固体废弃污染及生态系统破坏的核算。核算框架为绿色 GDP = 传统 GDP − 资源消耗成本 − 环境损失成本（王燕等，2021）。

（一）资源消耗成本核算

资源消耗成本核算包括水资源耗减价值核算、能源资源耗减价值核算、耕地资源耗减价值核算、森林资源耗减价值核算和渔业资源耗减价值核算。

水资源耗减价值核算采用水资源价格与水资源耗减量乘积得到。水资源价格采用各地区水行业产值与用水量进行估算，计算公式为：$P_i = F_i / Q_i \times \alpha_i$，$P_i$ 为 i 地区水资源的价格，F_i 为 i 地区用水行业的总产值，Q_i 为 i 地区的用水量，α_i 为 i 地区的消费支付意愿系数[①]。

$$\left[\begin{array}{l} 当\,Q \in (500,\ 3000)\ 时，\alpha = 0.03 - \left(\dfrac{Q-500}{12500}\right) \\ 当\,Q \leqslant 500，\alpha = 0.03 \\ 当\,Q \geqslant 3000，\alpha = 0.01 \end{array}\right]$$

能源资源耗减价值核算采用能源资源消耗量与能源资源价格乘积得到。能源价格采用标准煤的平均价格估算，并用历年能源价格指数进行修正。

耕地资源耗减价值核算采用耕地资源变化面积与单位面积耕地资源价格乘积核算。单位面积耕地资源价格采用当年农业生产总值与当年耕地面积比值估算。

森林资源耗减价值由活立木资源总蓄积量耗减量乘以单位面积活立木资源价格，再加上林地资源耗减面积乘以单位面积林地资源价格。

渔业资源耗减价值核算包括海洋捕捞和淡水捕捞总产值。

---

① 黄家宝：《水资源价值及资源水价测算的探讨》，载于《广东水利水电》2004 年第 5 期。

（二）环境损失成本核算

环境损失价值核算包括两部分，一部分是因环境引起的退化价值量，另一部分是治理环境污染投入的资金损失的价值量。

（1）环境污染治理损失价值量包括实际治理成本和虚拟治理成本。实际治理成本是每个地区在进行环境污染治理时投入的资金，这部分可以从统计年鉴上直接获取；虚拟治理成本则采用维护成本定价法进行估算，计算公式为：

$$C_{虚} = \sum_{i=1}^{n} Q_i \times X_i$$

$C_{虚}$ 为虚拟治理成本，Q_i 为污染物排放量，X_i 为污染物单位治理成本，n 表示污染物的数量。根据中国统计年鉴，污染物主要包括废气、废水和固体废弃物等。废气、废水采用由於方等（2009）编写的《中国环境经济核算技术指南》的核算参数为基准价格，固体废弃物则采用王磊（2007）使用的标准。

（2）环境污染退化损失的价值量核算包括三部分，即固定资产加速折旧损失价值核算、人体健康损失价值核算和自然灾害损失价值核算。

固定资产加速折旧损失价值采用固定资产的折旧费用与因环境污染导致固定资产加速折旧费用率乘积得到，固定资产的折旧费用采用徐衡和李红继（2002）的维持费用法，即工业生产总值的 5.5% 估算得到，因环境污染加速折旧占固定资产设备总维修开支的 5.2%。公式为：$C_{固} = W_{工} \times 5.5\% \times 5.2\%$，$C_{固}$ 为固定资产折旧损失价值，$W_{工}$ 为工业总产值。

人体健康损失价值核算包括五个方面，过早死亡损失价值、肺炎损失价值、慢性下呼吸道疾病损失价值、恶性肿瘤损失价值、微小病症损失价值。

过早死亡损失计算公式为：$C_{过} = Q_{过} \times HR_{修}$，$C_{过}$ 为过早死损失价值，$Q_{过}$ 是过早亡人数，$HR_{修}$ 是修正人力资本损失，参照王佳（2016）的做法：

$$C_{过} = Q_{过} \times HR_{修} = GDP_0 \sum_{i=1}^{18} \frac{(1 + 7\%)^i}{(1 + 6\%)^i}$$

肺炎损失价值量计算公式为：$C_{肺} = Q_{肺} \times P_{肺} + Q_{肺} \times T_{肺} \times GDP_0/365$，$C_{肺}$ 为肺炎损失价值，$Q_{肺}$ 为肺炎患病人数，$P_{肺}$ 为肺炎人均支付医疗费用，$T_{肺}$ 为肺炎人均住院时间，GDP_0 为人均工资。

慢性下呼吸道疾病损失价值计算公式为：$C_慢 = Q_慢 \times P_慢 + Q_慢 \times T_慢 \times GDP_0/365$，$C_慢$ 为慢性下呼吸道疾病损失价值，$Q_慢$ 为慢性下呼吸道疾病患病人数，$P_慢$ 为慢性下呼吸道疾病人均支付医疗费用，$T_慢$ 为慢性下呼吸道疾病人均住院时间，GDP_0 为人均工资。

恶性肿瘤损失价值计算公式为：$C_恶 = Q_恶 \times P_恶 + Q_恶 \times T_恶 \times GDP_0/365$，$C_恶$ 为恶性肿瘤损失价值，$Q_恶$ 为恶性肿瘤患病人数，$P_恶$ 为恶性肿瘤人均支付医疗费用，$T_恶$ 为恶性肿瘤人均住院时间，GDP_0 为人均工资。

微小疾病损失价值计算公式为：$C_微 = \sum_{i=1}^{2} Q_i \times P_微$，$C_微$ 为微小疾病损失价值，Q_i 为微小疾病患病人数，$i = 1$ 时，为上呼吸道疾病，$i = 2$ 时，为胸部不适疾病；$P_微$ 为各类疾病的平均医疗费用。

（3）自然灾害损失价值核算。主要核算森林火灾损失价值、地质灾害损失价值、地震灾害损失价值、旱灾损失价值和海洋灾害损失价值。各类损失价值加总之和就是自然灾害损失价值。

王燕等（2021）研究结果显示，绿色 GDP 与传统 GDP 同步上升，增长速度保持一致。绿色 GDP 与传统 GDP 之间的差值呈倒"U"型变化，在2011 年这一差距最为明显。2011 年后我国开始重视资源环境问题，经济增长对资源环境的负效应减弱，反映了经济发展模式转变使生态环境与资源利用效用得到一定的改善（见图 12 - 1）。

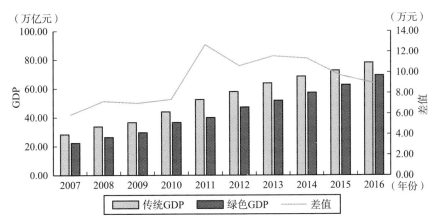

图 12 - 1　2007 ~ 2016 年绿色 GDP 与传统 GDP 数值及差值

资料来源：王燕、刘邦凡、郭立宏：《基于 SEEA - 2012 我国绿色 GDP 核算体系构建及时空格局分析》，载于《生态经济》2021 年第 9 期。

四、国内生态产出（EDP）

绿色 GDP 是依据可持续发展理念对传统经济核算指标的一种修正，然而绿色 GDP 还只是停留在概念的层面上，其各个组成部分如何具体计算缺乏有效的方法。联合国和世界银行在绿色 GDP 的基础上，基于国民经济核算体系中有关资产分类及相关核算处理，进一步提出了国内生态产出（EDP）指标（杨缅昆，2003），从两个视角来测算 EDP 指标（孙静娟，2004）。

（一）从生产角度测算

$$EDP = GDP - 固定资产消耗 - 非生产自然资产使用$$

非生产自然资产使用是指人类生产活动对全部非生产自然资产的使用，由两部分组成：（1）经济资产中非生产资产的使用，包括矿藏的消耗、采伐、水土流失、酸雨等对属于经济资产的森林及农业用地所造成的破坏等，可通过对由于经济活动而造成的环境资产的消耗和退化的经济估价而取得；（2）环境资产的使用，包括从海洋和河流中捕捞野生鱼群，采伐原始森林，猎取野生动物，人类活动残余物质的排出对大气、水、动植物的污染以及其他人类活动对生态系统的影响等，可通过传统国民经济核算体系中的资产数量的其他变化得到。

（二）从最终使用角度测量

$$EDP = （出口 - 进口）+ 最终消费 + 净投资 +（经济资产中非生产$$
$$资产的其他积累 - 经济资产中非生产资产的使用）-$$
$$（由于环境资产转移成经济资产后减少的环境$$
$$资产部分 + 环境资产使用）$$

其中净投资即为传统核算中的资本积累；经济资产中非生产资产的其他积累主要包括环境资产向经济资产的转移，如土地向经济使用转移，野生森林、草原转变为林场、农田，野生动物资源变为可被经济生产利用的资源等。

从本质上看，绿色 GDP 与 EDP 是一致的都是在可持续发展思想及传统经济核算净值指标的基础上，经过相应环境调整得到的。同样，EDP 也还是更多的停留在理论概念的框架上，其各个组成部分如何具体计算尚缺乏规范有效的方法，都有待于进一步的深入研究。

第二节 超越 GDP 的可持续福利指标

20 世纪 80 年代以来，在印度著名经济学家、诺贝尔经济学奖获得者阿马蒂亚·森（Amartya Sen）为代表的一些经济学家的倡导下，国际开始对以国内生产总值为导向的发展观进行系统反思。阿马蒂亚·森在著作中提出：发展的本质在于扩大人的可行能力和所享有的实质机会这一观点。在阿马蒂亚·森的倡导和直接指导下，为了更有效地衡量人类社会的发展水平，联合国开发计划署在《1990 年人文发展报告》中提出了人类发展指数（HDI——Human Development Index）的概念，以期用人类发展指数衡量联合国各成员国经济社会发展水平的指标，人类发展指数是对传统的国内生产总值指标的补充和挑战。人类发展视角是一个有关个人福祉、社会安排以及政策设计和评估的规范性框架。在人类发展视角下，发展被定义为扩展人的选择范围的过程，其关注的焦点是人生活的质量、人所享有的实质自由和机会、人实际能做些什么和能成为什么，经济发展是人类发展的重要手段，但其本身不是人类发展的目标。

联合国提出的人类发展指数是由健康长寿、教育水平和生活水平三个基础指标，按照一定的计算方法，得出的综合指标。其中健康长寿用一个国家或地区出生时预期寿命表示；教育水平用一个国家或地区平均受教育年限表示（王圣云等，2020）；而生活水平则采用人均国民总收入或人均国内生产总值表示。人类发展指数用相对容易获得的数据全面衡量一国福祉水平，而非只看重经济发展状况，更着重体现出教育、医疗、预期寿命的差异，反映了社会进步程度，是对国内生产总值这一单一衡量方式的有效修订。人类发展指数只选择了三个指标衡量一国或地区的发展水平依然无法全面展示一国发展全貌；由于用指数形式衡量，在计算方法上人类发展指数存在受理想值和极值影响的情况。当理想值和极值发生变化时，人类发展指数也会随之变化。

一、净经济福利指数

20 世纪 70 年代初，经济学家开始从经济福利的角度认识到有关传统经济总量核算指标的不足。1969～1973 年美国学者纷纷提出新的社会发展指标体系，涵盖了社会、经济、文化、环境、生活等各项指标。其中具有代表性的是 1972 年由詹姆斯·托宾（James Tobin）和威廉·诺德豪斯（William Nordhaus）共同提出的净经济福利（NEW）指标（马崇明，2002）。他们认为应该把环境污染、交通堵塞等经济行为产生的社会成本从国民生产总值（GNP）中扣除，与此同时加入被忽视的经济活动，如休闲、家政、社会义工等。NEW 指标仍以 GNP 为基础，但做出了两大调整：一方面要排除 GNP 中许多对个人福利没有贡献的成分；另一方面将 GNP 中一些没有计入的重要项目包括到 NEW 中去。后来，诺德豪斯与著名经济学家保罗·萨缪尔森合著的《经济学》中，对净经济福利指标又进行了讨论。他们指出，净经济福利是一个通过调整的国民总产品指标，它是包括对净经济福利有直接贡献的消费投资。虽然 NEW 指标在经济学中还不是一个成熟的核算指标，但是 NEW 还是可以用下式进行计算（马崇明，2002）：

$$NEW = GNP + 闲暇的价值 + 家务劳动的价值$$
$$+ 地下经济创造的价值 - 环境破坏的损失$$

（1）闲暇的价值。闲暇是指可由个人自由支配的业余时间。在现代社会，闲暇的多少是反映生活质量和福利水平的一个重要尺度。随着科学技术的进步、劳动生产率和居民生活水平的提高，各国特别是发达国家居民的闲暇逐渐增多，人们对闲暇消费也越来越重视。经常出现的情况是人们愿意放弃一些加班或兼职的机会，以便从闲暇中得到商品和劳务之外的精神上的满足，如在家中休息、欣赏音乐或外出旅游等为反映闲暇所带来的精神上的满足和真正的生活质量必须在 GNP 上加上一个正的修正值。

（2）家务劳动的价值。由家庭主妇或家庭其他成员提供的家务劳动，在性质上与居民向市场购买的劳务是一样的，只不过它不是通过市场交换取得、没有用货币价值来表现，如一些人利用闲暇时间从事家务劳动，并不是出于生活所迫或省钱而是作为实现自己的爱好、志趣、丰富和美化生活的一种方式，它本身也意味着生活的改善和个人需求的某种满足。既然居民的家务劳动与向市场购买的劳务对其实际消费的实现没有什么不同，那么，它就应该计入 GNP。

（3）地下经济创造的价值。狭义地下经济指未在政府机构注册的经济体，有意或无意逃避政府的监控和管理的经济活动；广义的地下经济指所有经济体从事的逃避政府监控，甚至官方统计无法纳入统计范围的经济活动[①]。地下 GDP 包括两部分：浮现地下 GDP 和流通地下 GDP。浮现地下 GDP 是通过考察地下经济的最终形式，通过商品和劳务的购买体现额居民消费量增长及通过金融体系使得居民储蓄的增长。测算公式为：浮现地下 GDP = 居民消费支出总额 + 居民储蓄年增量 − （城镇居民人均生活费收入 * 城镇总人口 + 农村居民人均纯收入 * 农村总人口）。流通地下 GDP 是不断创造新价值的增加值。流通地下 GDP 测算公式为：$Gu = G_0 \dfrac{C' - K_0 D}{(K_0 + 1) D}$，$Gu$ 为流通地下 GDP，G_0 为地上 GDP；K_o = 基期 C'/基期 D。C' = 流通中的现金—居民储蓄存款年增量 * 0.2。据英国《经济学家》公布的奥地利学者施奈德的研究报告，1998 年全球地下经济的净值大约为 9 万亿美元，占全球 GDP 的 23%。可见忽视地下经济产值，就不能真实反映经济社会的货币价值。朱小斌和杨缅昆（2000）核算结果显示，1994 年地下经济达到最大值，占当年 GDP 的 29.43%，1997 年地下 GDP 占当年 GDP 的 15.7%。

（4）环境破坏的损失。生产活动造成的环境破坏是经济活动对社会产生的负外部性的表现，由于环境污染而造成的社会成本必须在国民经济核算中予以反映并给予扣除。这样就可以理解，在一个人口不断增加、拥挤状况日益严重、人类对自然的开发有时会超过自然界吸收人类垃圾的能力的社会中，NEW 的增加大大低于 GDP 的增长的情况。

1973 年日本政府以托宾和诺德豪斯提出的净经济福利指数为基础，进行了类似的尝试，提出了净经济国民福利指标 NEW（Net National Welfare）。这个指标最大的突破是将主要的环境污染（水、空气、垃圾）列入指标中。日本列出每项污染的可允许标准，再调查实际污染程度和扩散范围，超过标准的，要编列改善经费，而这些改善经费必须从国民所得中扣除。

[①]　朱小斌、杨缅昆：《中国地下经济实证研究：1979—1997》，载于《统计研究》2000 年第 4 期。

二、可持续经济福利（ISEW）指标

（一）可持续经济福利指标的定义

1989 年美国经济学家戴利（Daly）和科布（Cobb）提出了可持续经济福利指标。该指标是国际上第一次进行多指标评价的尝试。这套指标在1989 年发表后，1994 年这两位经济学家又对这套指标进行了修改。ISEW 明确区分了经济活动的利弊，如医疗支出、超时工作等是社会成本，不能算成对经济的贡献；并考虑了社会成本带来的损失，如财富分配不均、失业率、犯罪率对社会带来的危害。它不仅具有可持续经济发展的意义，而且有社会公平的含义。其表达式为（杜斌等，2004）：

$$ISEW = C_W + P + G + W - D - E - N$$

其中：C_W 表示加权的个人消费总额，P 表示非防护公共支出，G 表示净资产增长量和国际地位的净变化，W 表示福利的非货币贡献评估，D 表示个人防范风险支出，表示环境成本，表示自然资本折旧。

这套指标开始是由戴利和科布用于计算美国的可持续经济福利指标，目前已被一些发达国家所接受，如英国、美国、德国、瑞士、澳大利亚等国家政府，试图根据这套指标来计算国家的进步状况。澳大利亚在 1997 年根据这套指标估算增长情况，发现 1950～1996 年澳大利亚人均 GDP 从 9000 澳元增至 23000 澳元，但是，按可持续经济福利指标衡量，1996 年澳大利亚人均经济福利只有 16000 澳元，大约只相当于 GDP 的 70%。

（二）ISEW 的测算框架

戴利和科布构建 ISEW 体系框架中考虑了收入分配、自然资源消耗及外部性价值等因素，计算方法是以个人消费支出为起点，再纳入产生福利的因素（如教育、医疗、公共服务）和减去福利下降的因素（环境污染、资源消耗等）。其他学者对该框架进行扩展和完善，克拉克和伊斯兰姆（2005）持续经济福利水平时将福利系统分为社会、经济、政治、精神和生态五个子系统，并纳入社会腐败、公共债务的因素。贝卡和鲁伊（2010）制定了卫生和教育方面的私人消费与公共开支指数，并增加了外来入侵物种引进的成

本和海洋、淡水渔业过度开发成本等，扩展了 ISEW 体系的测算范围。

国内也有不少学者结合中国国情和数据的可获得性，改良 ISEW 的测算公式和方法。本书以张文彬等（2019）的测算方法为例详细展开说明。在加权居民消费支出的基础上，通过加减家庭行为、政府行为、环境因素和社会因素的正负效应便可测度可持续经济福利水平，其计算公式如下（张文彬等，2019）：

ISEW = 加权居民消费总额 + 家庭行为净收益 + 政府行为净收益
   − 环境成本 + 社会因素

第一，核算基础。收入分配不平等会降低社会福利水平，因此需提出其引起的负效应。加权居民消费支出总额（WPC）等于剔除收入分配不平等的居民收入状况，即个人消费支出总额（pc）乘以分配不公平指数（ui），计算公式为：

$$WPC = pc \times ui = pc \times \frac{1}{Gini_i / Gini_{2000}} = pc \times \frac{Gini_{2000}}{Gini_i}$$

第二，家庭行为净收益。家庭行为净收益（FB）由有正效应的家庭劳动服务价值（LC）、家庭耐用品消费收益（DGG）和有负效应的家庭教育医疗防护性支出（REH）、意外事故（AC）及通勤成本（TC）构成。计算公式为：

$$FB = LC + DCG - REH - AC - TC$$

家庭劳动服务价值指的是家务劳动、照顾老人小孩等一系列虽然没有明确标价，但确实给家庭带来福利增加的活动，采用每户家庭花费在家庭劳动的时间与人均小时工资乘积计算所得。家庭耐用品消费收益是指有较长的使用年限，长期为家庭提供服务的家电设备，这一部分采用消费耐用品净效用平均占比乘以耐用消费品支出总额得到。家庭教育医疗支出具有防御性，二者会降低福利，采用教育医疗支出的防御性支出部分计算得到。意外事故成本采用意外事故的直接财产损失估算得到。通勤成本是由交通工具的数量与转换价格乘积得到。

第三，政府行为净收益。政府行为净收益（GB）由基础设施建设支出（IC）、政府科教文卫支出（GSE）和过度城市化成本（OU）组成。计算公式为：

$$GB = IC + GSE - OU$$

基础设施建设支出采用一般公共服务、国防、公共安全、社会保障和就业、环境保护、交通运输和城乡社区事务等支出之和计算得到，且需要根据国家发展情况，给予对应的基础设施带来的福利比重，再进行折算得到。政府科教文卫支出采用教育支出、科学技术支出、文化体育支出、传媒支出、医疗卫生支出之和表示，同样需要根据国家发展情况进行福利加权。过度城市化成本指交通费用上升、房价上升、雾霾天气等一系列影响带来的损失。

第四，环境成本。环境成本（EC）包括环境污染（EP）、不可再生资源消耗（RC）和长期环境损害（LED），其计算公式为：

$$EC = EP + RC + LED$$

环境污染主要是二氧化硫、烟粉尘、废水、废渣等排放和噪声污染。不可再生资源包括能源和矿产资源的消耗，这一部分通过 GDP 的一定比例来估算。长期环境损害采用二氧化碳造成的损害计算。

第五，社会因素。社会因素包括公共债务成本，腐败成本、净资产的变化和国际地位变化。公共债务成本采用国债还本付息的一定比例表示。腐败成本采用 GDP 的一定比例估算得到。资本变化采用物质资本存量和劳动力存量进行估算。国际地位变化采用对外投资总额和接收外商直接投资使用额的差额来衡量。

第三节　真实财富与包容性财富核算

一、真实财富的概念界定

马克思认为财富概念的核心是商品的使用价值，其外在表现形式并不重要，劳动是价值的唯一来源。萨伊批判了把劳动视为财富唯一来源的论点，认为不论是土地、劳动还是资本，均可创造效用，创造效用的物品就等于创造财富。由于效用价值论的财富观存在测算困难的问题，新古典经济学学派代表学者马歇尔重新建立均衡价格理论的财富理论，进一步突出了财富的"资产"和"资本"属性，前者是物品或财产总和，后者是前者所带来的收益流。将资本和资产统一起来分析进一步明确了财富测算中全面生产的概念，这一概念是现代国民经济测算理论的基础，以 SNA 为代表的国民经济测算体系将物质财富和非物质财富纳入测算范畴。随着研究逐渐深入，财富的范畴得到进一步拓展，财富的内涵逐渐丰富，新古典增长理论认为自然资本、资本和劳动是财富的源泉，内生增长理论进一步指出技术进步的内生性。财富概念的不断完善，自然资本、人力资本、生产资本构成现代财富测算的三大支柱。

随着可持续发展的观念逐渐兴起，自然资源、生态系统价值、环境问题等得到学者的重视，生态资本成为国民财富的重要组成部分，使得财富的内涵更具包容性。达斯古普塔（Dasgupta）在阿罗等学者研究的基础上提出"包容性财富指数"（Inclusive Wealth Index，IWI）来评估一国或地区的真实财富水平，以衡量其经济可持续发展水平。在已有研究的基础上，联合国环境规划署（UNEP）和联合国大学 – 全球环境变化的人文因素计划（UNU—IHDP）分别在 2018 年、2014 年、2012 年联合发布了全球《包容性财富报告》，测算并比较了主要国家的包容性财富值。IWI 理论以社会福利理论和可持续发展范式为基础，认为一个社会要维持代际间的人类福祉，必须维持其生产基础，即积累各种资产资本。IWI 理论强调通过综合分析一个国家或地区的生产基础、人类福祉和发展的可持续性来衡量国家财富存量，即人类福祉的维持和提升所依赖的所有资本。因此，包容性财富指数为社会中所有资本资产的影子价值（生产资本、人力资本和自然资本等）。包容性财富指数的测算是指各资本存量和影子价格的加权和。之所以称为包容性财富，是由于其在财富的概念中广泛涵盖了社会中所有生产力的基础（生产资本、人力资本、自然资本等）。一些学者提出，除了上述三类资本外，包容性财富指数还包括其他类型的资本，如：社会资本、时间资本、健康资本、生态系统价值等。

二、包容性财富核算方法

包容性财富的概念是在可持续发展理论的基础上发展起来的，认为可持续发展就是生产力基础不萎缩的发展模式，而生产力基础由社会所拥有的一系列资本所构成，包括自然资本、生产资本、人力资本和社会资本等，其中社会资本包含制度、习俗、道德、社会网络等。包容性财富（IW）是社会中全部资本的货币化价值的总和。社会资本对可持续的经济增长至关重要，但由于其不易衡量和评估，没有将其列入资本类型，但包容性财富框架和可持续发展目标的实现均强调其的重要性（达斯古帕塔等，2021）。

包容性财富理论认为经济目标是可持续发展的，即跨期福祉非减。

$$V(t) = \int_t^\infty U(C_T)e^{-\delta(T-t)}dT$$

其中，$V(t)$ 表示代际福祉，$U(C_t)$ 表示消费效用流，δ 表示折现率，$\delta > 0$。一个核心的假设，跨期福祉是经济中各类资本的函数。因此将生产资本、人力资本和自然资本称为 K、H 和 N，包容性财富和福祉的等价公式：

$$W(K, H, N, t) = V(t) = \int_t^\infty U(C_t)e^{-\delta(T-t)}dt$$

各资本在 t 年的影子价格表示一单位资本变动对代际福祉的边际贡献，即代际福祉对资本求导所得：$P_i(t) = \partial V(t)/\partial K_i(t)$。其中，$i = k, h, n$ 分别代表生产资本、人力资本和自然资本，$P_i(t)$ 为资本 i 的影子价格，$K_i(t)$ 表示资本 i 的存量。包容性财富等于各资本存量与其影子价格的乘积值的加总和，即 $W = \sum_i P_i(t)K_i(t)$。其中，W 代表包容性财富。

包容性财富的核算方法有以下几种：

（一）生产资本价值的测算方法

生产资本价值的测算有直接调查法、基准年份盘存法和永续盘存法等三类方法（曾五一等，2016）。一般测算生产资本存量普遍采用戈德史密斯（Goldsmith）开创的永续盘存法（Perpetual Inventory Method，PIM）。包容性财富指数测算中，生产资本价值的测算多采用哈伯格（Harberger. A，1978）提出的初始资本不为零的永续盘存法。联合国大学人文分部（UNU - IHDP et al.，2014）采用永续盘存法测算 140 多个国家生产资本价值。阿罗（Arrow，K. J. et al.，2012）测算了 1990~2009 年中国、美国、巴西、印度和委内瑞拉五个国家的生产资本价值。庄佳强（2013）和李钢、刘吉超（2014）、单豪杰（2008）、张军等（2004）也对中国生产资本价值进行了测算。

（二）人力资本价值的测算方法

第一种是采用指标体系的方法测算。世界银行（2006）提出运用平均学习年数和受教育程度比例指标衡量人力资本。埃德勒等（P. Ederer et al.，

2011)、汪运波等（2014）采用多维指标测算人力资本的价值。采用数量指标不能真正反映人力资本的真实价值，多指标测算工作难度较大。第二种是以收入为基础的测算方法。刘等（G. Liu et al.，2011）将未来收入流的折现值作为人力资本的价值。戴尔·乔根森（D. W. Jorgenson）和弗劳梅尼（Fraumeni，1992）提出终身收入方法，认为人力资本等于人们一生所获取的收入的折现值。李海峥（2010）构建了中国人力资本指数。但收入不能体现人力资本的边际价值。第三种是以成本为基础的测算方法。刘（2014）认为该方法是通过测算过去对人力资本的投资来衡量人力资本的价值。钱雪亚（2012）对人力资本存量估量研究较多，在累计成本法的基础上提出采用永续盘存法对人力资本存量进行测算。但刘（2011）指出人力资本并不仅由其成本决定，且累计成本法并没有考量在人力资本形成过程中生产能力的改变，也没有将人力资本成本中的投资与消费区分开来。第四种是影子价格法。影子价格法由阿罗（2012）和哈伯格（P. J. Klenow，2005）提出并测算人力资本价值。世界银行（2006）将人口健康纳入人力资本的考核中。阿罗（2014）在2014年包容性财富报告中对健康资本进行了单独测算。阿罗（2013）提出了测算健康资本的两阶段模型。

（三）自然资本价值的测算方法

联合国大学人文分部（UNU‐IHDP）和联合国环境规划署（UNEP）（2012）、联合国（United Nations et al.，2014）把自然资本分为化石燃料、矿石、森林资源、农业地、渔业等五类。化石燃料包括煤炭、石油和天然气。化石燃料存量由前一年的存量加测算年份化石燃料的产量。影子价格等于其平均价格乘以租金率。阿罗（2012）和联合国大学人文分部（UNU‐IHDP et al.，2018，2014，2012）均采用该方法测度。矿石的测算方法与化石燃料一致，阿罗（2012）和联合国大学人文分部（2018，2014，2012）运用这一方法测算了其价值。农业地主要有农田和牧场两类。森林资源价值包括林木价值和非林木价值。林木价值等于林木的数量乘以影子价格（Arrow, K. J.，2012）。林木数量等于森林总面积乘以森林密度再乘商用林木占总林木的百分比。其影子价格运用工业原木和燃料木材的平均价格进行测算，最后采用林木的平均价格乘以其租金率得到影子价格（2005）。农田的价值是农田土地面积与其影子价格乘积所得，农田影子价格是农田土地未来租金的现金流的折现值。首先测算一单位农田的每年平均租金价格，再将多年平均租金价格折算成现值便可得到农田的影子价格（2018，2014，2012）。牧场价值的测算方法与农田一致。庄佳强（2013）也用该方法衡量中国农业用地价值。渔业价值由渔业资源与影子价格乘积所得。其影子价格通过各种鱼类的价格和其产量，鱼类价格以产量为权重进行加权得到鱼的平均价格，最后采用鱼的平均价格乘以渔业资源的租金率得到渔业的影子价格（2018，2014，2012）。另外，张志强等（2001）认为生态系统服务是生态系统提供的商品和服务，是人类拥有的关键自然资本。联合国大学人文分部（UNU - IHDP et al.，2018）也将生态系统价值纳入考核体系，丰富了包容性财富的研究框架。

第四节　从包容性增长到包容性绿色增长

一、包容性增长：兼顾经济增长与社会公平的发展指数

（一）包容性增长的提出

伴随着经济的迅速发展，亚洲的不平等问题逐渐严重，人们的不满意程度不断加深，可能导致地区发展政策措施失效并威胁到政局的稳定。亚洲开发银行在2007年提出包容性增长的概念。阿里（Ali，2007）提出了包容性增长是由于：较大的收入和非收入差距深刻影响了亚洲经济的可持续发展；不平等的发展不能根除贫困问题；包容性增长会使亚洲发展更完善。近30年来，全球经济发展有着明显差异，少部分国家经济迅猛增长，但也有不少国家经济发展被孤立，从而导致被边缘化，影响全球一体化发展。与此同时，亚洲发展也存在两面性。仅有少部分群体享受快速发展带来的福利，而大部分的群体生活在低收入、低机会、低福利的社会。财富和资产的高度集中和不平等使得处于弱势的群体很难享受平等的经济机会。收入和消费的不平等仅仅是不平等的一方面，健康、教育、安全等方面的不平等更加明显。

在亚洲，土地分配集中化问题较为突出。公共服务的不平等也比较明显，如干净的水、医疗资源、电力和教育。中国也同样面临着不平等及环境问题。中国改革开放后，一味追求经济增长，而忽视了生态环境的保护和资源的节约高效利用，导致其发展付出了巨大的资源和环境成本，经济增长受到更多约束。另外，中国是个多民族国家，民族矛盾问题较为突出，因此其发展需重视区域平衡和民族平等。因此，收入差距和非收入差距已导致全球各国尤其是亚洲国家出现了严重的不平等，这不仅阻碍了经济和社会发展、加剧低增长和高不平衡、减缓消除贫困的进程。经济发展、社会进步、政策改良决定我们要实现广泛的包容性增长。

（二）包容性增长的定义

亚洲开发银行（2007）首次提出包容性增长概念，其基本要义是要倡导社会和经济协调、可持续的发展，力求让各个经济主体公平共享经济增长成果。此后关于包容性增长的概念存在不少争议，主要形成以下几种观点：第一种观点认为，包容性增长是益贫式增长。贝斯里（Besley et al.，2007）认为包容性增长是使贫困和弱势群体获得从经济增长中充分分享收益机会的增长。克拉森（Klasen S.，2010）进一步指出，包容性增长是一种更偏向于保障贫困人口，且其收入增速快于其他群体收入增速的经济增长。第二种观点认为，包容性增长是机会平等的增长。阿里和森（Ali and Son，2007）、亚洲开发银行（ADB，2007）均主张机会平等是包容性增长的核心。机会平等包括参与经济增长的机会和分享经济增长成果的机会这两方面的机会平等。庄和阿里（Zhuang and Ali，2010）指出，包容性增长是一种机会平等的增长，强调每个人都有平等参与经济发展的机会且可以平等分享经济发展的成果。林毅夫（2008）认为倡导机会平等通过消除由个人背景不同所造成的机会不平等可以缩小结果不平等。第三种观点则认为包容性增长是普惠式增长。克拉森（2010）将包容性增长纳入亚洲开发银行提出的"2020年战略"，认为包容性增长不仅能够缓解贫困，而且具有广泛的包容性，其目标在于创造更多的经济机会，提升个人福祉，保证更多的人参与其中并从经济增长中受益。综上可知，包容性增长是倡导机会平等，注重参与公平，追求福祉共享的一种经济发展范式。

（三）包容性增长的测度和实证研究

阿里和森（Ali and Son，2010）构造了社会机会函数测度包容性增长，即通过机会曲线的变动来检测社会机会的变动，当机会曲线上移，则增长是包容性的。此后，西尔伯（Silbe J.）和森（Son H.）（2010）根据包容性增长理念重新定义了 Bonferroni 集中指数并测度了经济增长的包容性。麦金利（McKinley，2010）则构建了包容性增长综合测度指标体系，从经济增长、就业和经济基础设施、减少贫困和促进公平、能力发展和社会保障四个维度，对亚洲国家的包容性增长指数进行了评价。博阿里尼（Boarini R.，2015）构建了包容性增长测评框架，测度了 32 个经合组织成员国与中国的包容性增长水平。非洲开发银行构建了多维包容性增长指数，评价了北非地区的包容性增长（Hassan Hakimian，2016）。随着关于包容性增长的研究不断深入，国内也出现一些中国包容性增长的实证研究。孙才志等（2017）采用社会机会函数方法基于地级市层面测度了我国沿海省份的包容性增长水平。韩秀兰（2011）应用社会机会函数方法对全国医疗卫生机会的包容性进行了实证分析。徐强等（2017）应用广义 Bonferroni 曲线方法测度了我国城乡与省域收入水平的包容性。魏婕、任保平（2011）构建了中国包容性增长指标体系，应用模糊综合评价方法对中国包容性增长水平进行了测度。马强文和任保平（2012）测度了 1998～2009 年中国经济增长的可持续包容度，并分析了中国东部、中部、西部三大区域的包容度。徐盈之等（2015）构建了包容性增长的指标体系，对中国省际包容性增长水平的空间趋同性进行检验。于伟等（2018）将"包容性"理念引入新型城镇化研究中，从发展机会平等、发展内容全面、发展成果共享三个维度界定并构建城镇化包容性发展的内涵与指标体系，并测度了山东省的城镇化包容性发展指数。

二、包容性绿色增长：福祉改善与绿色增长兼容的新发展观

（一）包容性绿色增长的提出

包容性增长侧重增长的经济和社会维度，也即重视经济包容和社会包容，缺少环境包容的系统研究。2005 年联合国亚太经社会（UNESCAP）第

五届亚太环境与发展问题会议第一次明确提出"绿色增长"的概念，认为绿色增长是"环境可持续的经济增长"。经济合作与发展组织（OECD）把"绿色增长"定义为促进经济增长及发展的同时，确保自然资产能不断满足人类福祉不可或缺的资源和环境服务。联合国环境规划署（UNEP）认为"绿色增长"意味着提高人类福祉和社会公平，同时显著降低环境风险和生态稀缺。比较而言，包容性增长更加重视社会层面的公平，绿色增长也可能带来非包容性。包容性增长往往忽视了环境对经济增长的作用，绿色增长却很少包含具有包容性的社会维度。一个健康经济体的绿色增长必须权衡经济、社会和环境保护之间的关系，发展目标是实现"三赢"基础上增进人类福祉。由此，包容性增长和绿色增长的内涵开始趋于融合。2012 年 5 月的"全球绿色增长峰会"上，世界银行发布的《包容性绿色增长：可持续发展之路》报告指出，如果增长不具备社会包容性，不是绿色的，从长期看就没有可持续性。经济合作与发展组织（OECD，2012）提出包容性绿色增长是改善经济增长面临的贫富差距扩大、资源环境恶化等诸多问题的最佳选择，将包容性绿色增长视为一种更全面的可持续发展途径。因此，包容性绿色增长成为 21 世纪追求经济增长、社会公平和环境保护的新经济增长理论。

（二）包容性绿色增长的内涵

世界银行认为包容性绿色增长属于可持续发展经济学，强调可持续发展需要绿色增长和包容性增长，兼备包容性增长和绿色增长的包容性绿色增长是实现可持续发展的重要途径。斯林格兰（Slingerland）和凯斯勒（Kessler）指出包容性绿色增长力求增长的包容性和绿色，以实现可持续的提升社会福祉，包容性和绿色旨在提高社会平等和环境可持续。在经济社会发展的过程中，不同背景和地位的人能有平等自由的权利，且权利不受侵犯，平等参与和推动资源节约型和环境友好型的经济增长，最终实现由所有人共同产生的社会经济活动与自然系统之间形成一种和谐的、协调的、可持续的联系。

包容性绿色增长以促进人与自然和谐相处为本质要求，促进人与自然的可持续发展。包容性增长以提升资源高效利用和生态环境良好发展为核心要义，致力于实现经济绿色转型。包容性绿色增长秉持社会公平正义的价值取向，追求国家之间、民族之间和不同群体之间在经济增长过程中平等的参与，并公平分享经济发展成果。

（三）包容性绿色增长指标体系构建

随着学界对包容性绿色增长内涵的研究逐渐深入，包容性绿色增长测度的指标体系不断完善。国际上，联合国环境规划署（UNEP，2012）从环境、政策、福祉公平3个维度，14个主题，39个指标测度包容性绿色增长。亚洲开发银行（2018）构建经济增长支撑、社会保障、环境保护三大支柱，26个指标衡量包容性绿色增长。国内学者杨雪星（2014）分别从包容性经济、绿色经济、绿色经济对社会发展的驱动力三个角度构建包容性绿色增长指标体系。徐宝亮和钟海燕（2015）从经济增长、机会平等、成果共享及资源环境四个方面解释绿色包容性增长。周小亮和吴武林（2018）基于经济增长的收入效应、社会效应和环境效应三个维度，构建了包容性绿色增长指数。周小亮（2018）提出一个综合指数衡量包容性指数来衡量包容性绿色增长，将包容性绿色增长指数概括为五个维度，即经济增长、社会公平、民生福利、绿色生产消费和生态环境保护。李政大、李坤（2018）指出创新投入、教育投入、市场化水平是影响绿色包容性发展效果的子维度。

第五节　案例分析

案例一：中国包容性财富水平测算[*]

一、测算框架

沿用联合国大学人文分部（UNU - IHDP et al.，2018）包容性财富的基本框架，认为包容性财富由生产资本（K）、人力资本（H）和自然资本（N）三类资本构成（见图12-2）。国家的宏观调控政策推动三大资本平衡积累，进一步促进技术进步、经济增长和生产力提高，实现包容性财富的提升，最终推进人类福祉的提升。但本案例对三大资本的测算方法有所修正，尤其是自然资本和人力资本的测算方法，对联合国大学人文分部

---

[*] 本案例节选自姚行仁：《中国包容性财富区域不平衡测度及其影响因素分析》，南昌大学，2022年。

（UNU – IHDP et al.，2018）采用的影子价格法进行修正。其中，生产资本
采用固定资本形成总额和基年物质资本存量推算所得；联合国大学人文分部
（UNU – IHDP et al.，2018）将自然资本分为化石燃料、矿石、森林资源、
农业地、渔业等五类，将自然资本分为土地和矿产两大类，并将生态系统价
值纳入测算体系；联合国大学人文分部（UNU – IHDP et al.，2018）采用影
子价格法测算人力资本，人力资本的测算采用李海峥等（2020）对 J – F 方
法修正改进的方法，并运用微观数据测算人力资本总量。

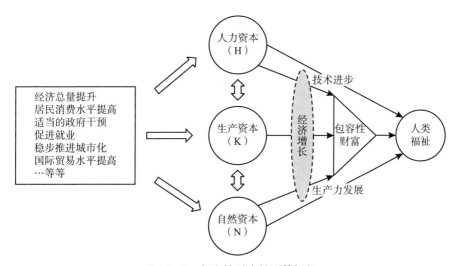

图 12 – 2　包容性财富的测算框架

注：基于 Thomas 等增长质量框架修正。

二、测算方法

（一）生产资本的测算方法

在包容性财富测算中，生产资本价值的测算多采用哈伯格（Harberger，
1978）提出的初始资本不为零的永续盘存法（PIM）。PIM 方法是把不同时期
的资本流量根据年度数据调整、折算，最终得到一致的资本存量。本论文运用
该方法按 1978 年不变价格计算中国各省份的生产资本存量，其计算公式如下：

$$K_{it} = K_{it-1}(1 - \delta_{it}) + I_{it}$$

其中，i 表示第 i 个省（区、市），t 为年份，K_t 和 K_{t-1} 分别是第 t 年和

第 $t-1$ 年的资本存量，δ_t 为第 t 年的固定资本折旧率，I_t 表示第 t 年投资总额。准确测算生产资本存量，除了需要准确的测算公式中涉及的 K_t、δ_t、I_t 三个变量，还需要确定基年资本存量 K_0。

（二）自然资本的测算方法

将自然资源分为土地和矿产两大类，将土地分为农田生态系统、林地生态系统、草地生态系统、湿地生态系统、荒漠生态系统、水域生态系统等，将矿产分为能源矿产和非能源矿产。土地生态系统总价值。生态系统总价值是分析和评价生态系统为人类生存和福祉提供的产品和服务的经济价值，包括生态系统产品价值、调节服务价值和文化服务价值。生态系统总价值 $W_N(t)$ 是生态系统服务价值的净现值。按 1978 年不变价格计算，其计算公式为：

$$W_N(t) = ESV \times \frac{1 - e^{-r(S-t)}}{e^r - 1}$$

其中，ESV 为生态系统某一年产出的生态系统服务价值。r 为社会贴现率，S 是将来某一年份，t 则是基期年份。采用当量因子法计算生态系统服务价值（ESV），其计算公式如下：

$$ESV_{ij} = E \times \sum_{z=1}^{6} (D_{jz} \times A_{iz})$$

$$E = \frac{1}{7} (S_r \times F_r + S_w \times F_w + S_c \times F_c)$$

其中，E 是 1 个标准当量因子的生态系统服务价值（元/hm²），表示全国 1hm² 农田当年自然粮食产量的平均经济价值。S_r、S_w、S_c 分别是稻谷、小麦和玉米的播种面积占三种作物播种面积的百分比（%）；F_r、F_w、F_c 分别是稻谷、小麦和玉米的年市场平均价格。A_{iz} 表示区域 i 内土地利用类型 z 的面积。D_{jz} 是土地利用类型 z 所提供的生态系统 j 的当量因子。

（三）人力资本的测算方法

采用李海峥等（2020）对 J–F 方法修正改进的方法，计算人力资本存量。J–F 法是通过生存率、升学率和就业率测算预期收入。个人预期工资和收入是由更年长个体的工资和收入决定。在测算预期收入时，此方法考虑了劳动收入增长率和折现率，且假设二者不变。使用倒推的方法，用 59 岁人口的终身收入测算 58 岁人口的终身收入，再计算 57 岁人口的终身收入，以此类推一直计算至 0 岁人口。针对在校学生测算的是其毕业后的预期终身收入。李海峥等根据中国数据情况对 J－F 终身收入法进行了修正和调整。

三、测算结果

从表 12－1 可以看出 1978~2020 年我国包容性财富指数实现了快速提升，从 1978 年的 54.584 万亿元增长至 2020 年的 600.495 万亿元，年平增长率达 5.96%。根据国家统计局官方数据，考察期内中国国内生产总值（GDP）的年均增长为 9.37%，包容性财富指数年均增长率明显低于国内生产总值的年均增长率。

表 12－1　　　中国省域包容性财富指数的测算结果：1978~2020 年　　单位：万亿元

省份	1978 年	1990 年	2000 年	2010 年	2020 年	年均增长率
北京	0.528	1.260	2.781	8.927	14.504	8.396
天津	0.714	1.100	1.765	4.957	10.202	6.662
河北	1.380	2.682	6.910	19.893	42.044	8.511
山西	4.463	4.823	5.846	8.683	12.228	2.454
内蒙古	4.825	5.119	7.277	11.188	15.351	2.878
辽宁	1.575	2.333	3.701	7.748	13.096	5.250
吉林	0.770	1.344	3.353	7.554	16.020	7.555
黑龙江	2.325	2.717	4.401	7.199	10.146	3.696
上海	0.536	1.563	3.094	10.628	13.823	8.275
江苏	2.077	3.382	6.372	16.358	36.082	7.156
浙江	1.634	2.476	4.948	13.202	25.572	6.906
安徽	1.968	2.750	4.390	11.051	25.359	6.372
福建	1.264	1.712	3.281	7.892	17.127	6.524
江西	1.252	1.721	3.266	7.932	17.145	6.570
山东	3.189	5.080	7.940	19.290	40.938	6.345

续表

省份	1978 年	1990 年	2000 年	2010 年	2020 年	年均增长率
河南	2.616	4.094	7.353	16.742	34.015	6.402
湖北	1.585	2.525	4.412	9.749	24.176	6.837
湖南	1.797	2.336	3.828	8.143	17.830	5.749
广东	1.066	3.001	12.518	39.641	83.143	11.012
广西	1.643	1.821	3.464	7.910	17.036	5.909
海南	0.277	0.311	0.658	1.583	3.318	6.267
重庆	0.891	1.267	2.184	4.992	11.214	6.354
四川	3.324	4.106	6.714	12.792	25.696	5.095
贵州	1.713	1.937	2.965	5.516	12.924	5.037
云南	2.008	2.245	4.036	7.350	13.234	4.721
西藏	2.199	1.994	3.466	4.644	5.494	2.639
陕西	2.106	2.544	3.750	6.832	14.284	4.726
甘肃	0.962	1.172	1.979	3.424	5.851	4.525
青海	1.210	1.145	1.965	2.227	2.934	2.487
宁夏	0.368	0.426	0.639	1.242	2.425	4.658
新疆	2.317	2.482	4.517	7.804	17.287	5.050
全国	54.584	73.468	133.772	303.092	600.495	5.959
东部	12.666	22.568	50.267	142.371	286.751	7.790
东北	4.671	6.395	11.454	22.500	39.262	5.276
中部	13.680	18.248	29.094	62.299	130.752	5.604
西部	23.567	26.258	42.957	75.921	143.731	4.510

注：年均增长率为 1978～2020 年年均增长率。

从四大区域来看，四大区域的包容性财富指数均呈现稳步上升的趋势，这表明四大区域的包容性财富发展趋势向好。东部地区的包容性财富指数明显高于其他三个区域，包容性财富指数由 1978 年的 12.666 万亿元增长至 2020 年的 286.751 万亿元，年均增长率达 7.79%，东部地区比全国年均增长速度更快，包容性财富快速增加，这可能是由于我国改革开放后实行东中西差异化发展战略所致。考察期内东部地区包容性财富指数占全国包容性财富指数的比重由 23.20% 上升至 47.75%，近年来东部地区占比接近全国包容性财富的一半，西部地区的包容性财富次之，平均年增长速率为 4.51%，虽然包容性财富位居四大区第二，但西部地区的增速慢于中部和东北地区，占全国比重由 43.17% 降至 23.93%，在全国所占的比重越来越低。中部地区和东北地区增速较西部高，保持着赶超西部的态势，年平均增长率分别为 5.60%、5.28%，但这一增长速度依然慢于全国的平均增速。整体来说，1978～2020 年四大地区包容性财富指数均快速提升，但东部地区的包容性财富指数的发展速度远高于其他三个地区。

案例二：中国包容性绿色增长指数测算[*]

一、包容性绿色增长综合测度指标选取

包容性绿色增长既是倡导机会平等的绿色增长模式（Ali，2007），也是寻求经济、社会、环境协调的发展范式（魏婕等，2011）。亚洲开发银行 2018 年提出的包容性绿色增长指标体系，将包容性指标与绿色指数置于同等地位，体现了包容性增长和绿色增长深度融合的趋势，表达了包容性绿色增长旨在促进经济增长兼顾环境保护、社会公平，推进经济、社会、环境协调发展，提升人类福祉的深刻内涵。借鉴亚洲开发银行包容性绿色增长理念，以包容性绿色增长内涵为基础，以国家发展战略为导向，从地级市层面基于经济支撑、社会福利、环境质量三个维度构建我国包容性绿色增长指标体系。

经济生产的目的是为了满足人民美好生活的需要，而生活需要的产品和服务也由生产活动来提供。经济支撑维度本文选取政府财政支出、固定资产投资总额、就业总人数及工业总产值四项指标分别反映政府投资、固定资本、人力资本、工业生产等经济支撑维度的包容性。不断提高人们的生活水平和质量是包容性绿色增长的旨归。社会福利维度本文选取卫生机构床位

---

* 案例节选自王圣云、姚行仁：《中国包容性绿色增长指数测度及其区域差异分析》，工作论文，2021 年。

数、中小学在校生人数两项指标分别衡量各地区的医疗和教育服务的包容性水平。选取农村居民纯收入和城镇居民可支配收入两个指标反映人民的收入和生活水平的包容性。生态环境是人类进行生产与生活活动的自然基础。由于城市绿地在调节小气候、支持生物多样性、碳汇、雨水管理等方面发挥重要作用，也在休闲娱乐、文化审美、生态教育、增进居民健康等社会功能方面起到重要作用。环境质量维度本文选取建成区绿化覆盖率和园林绿化覆盖面积 2 个指标反映各地生态环境的包容性。

二、测算方法

（一）社会机会函数

社会机会函数是伊夫扎尔·阿里等（Ifzal Ali）提出的测度经济增长包容性的经典方法。社会机会函数增加取决于两个因素：其一是所有人获得的平均机会，其二是机会在人群中的分布情况。本文应用社会机会函数方法测算中国省域包容性绿色增长水平。

以城镇居民可支配收入指标为例，先按照人均国内生产总值由低到高将某省域中 m 个地级市排列为 x_1，x_2，x_3，$\cdots$，x_m，则定义该省域城镇居民可支配收入的社会机会函数为：

$$O = O(y_1, y_2, y_3, \cdots, y_m)$$

式中，y_i 是城镇居民可支配收入为 x_i 的第 i 个地级市所拥有的城镇居民可支配收入的社会机会。y_i 取值范围为 $[0, 100]$。所有地级市获得的社会平均机会为：$\bar{y} = \dfrac{1}{m} \sum_{i=1}^{m} y_i$。人均国内生产总值最低的 $f*100\%$ 的地级市享有的社会平均机会为 $\bar{y}_f$，$\bar{y}$ 是社会平均机会，当 $f=1$ 时，$\bar{y}_f = \bar{y}$。由不同的 f 值画出 $\bar{y}_f$ 的分布曲线，称为社会机会曲线。

由社会机会曲线下的面积定义为机会指数（OI）：

$$OI = \bar{y}^* = \int_0^1 \bar{y}_f df$$

式中，$\bar{y}^*$ 越大，各地级市可获得城镇居民可支配收入的社会机会越多。若 $\bar{y}^* = \bar{y}$，表示该省域内各地级市获得相同的城镇居民可支配收入的社会机会；若 $\bar{y}^* > \bar{y}$，表明省域内空间机会分配更为公平，反之机会分配不公平。在此基础上，构造机会公平指数（EIO）：

$$EIO = \phi = \frac{\bar{y}^*}{\bar{y}}$$

若 $\phi > 1$，则表示该省域城镇居民可支配收入具有较强的包容性，反之则表示包容性较弱。由式（3）可知：$\bar{y}^* = \phi \times \bar{y}$，这表明实现城镇居民可支配收入的包容性增长，即要使 $\bar{y}^*$ 最大化，这取决于提高社会公平指数（ϕ）和增加社会平均机会水平（$\bar{y}$）。同理，表1其他三级指标均采用上述方法计算得到其社会机会指数和社会公平指数。

（二）两步全局主成分法

应用社会机会函数方法计算出各省域三级指标的社会机会指数和社会公平指数之后，进一步应用两步全局主成分法，基于地级市各三级指标的社会公平指数，计算我国各省域的包容性绿色增长指数（I）。这既克服了一般主成分方法在时间维度不可比性的不足，也减少了信息遗失。具体计算步骤如下：

（1）第一步全局主成分法：以三级指标的机会公平指数（EIO）分别计算二级指标，即经济支撑包容性指数（I_1）、社会福利包容性指数（I_2）、环境质量包容性指数（I_3）。下面以经济支撑包容性指数计算过程为例：

首先，构建时序立体数据表。将表1中经济支撑维度下的 L 个三级指标的机会公平指数表示为 X_1，…，X_L。那么在 t 年份有数据表 $X_t = (X)_{n \times L}$，其中 n 为省域个数。T 年共有 T 张数据表，将 T 张数据表从上到下排列构成矩阵 $T_{n \times L}$，将该数据表记为：

$$X_a = [(X^1)'(X^2)'\cdots(X^T)']$$

然后对数据进行标准化处理。由于三级指标均为正向指标，采用极差标准化方法：$\bar{x}_i = \frac{x_i - \min(x_i)}{\max(x_i) - \min(x_i)}$，$\max(x_i)$、$\min(x_i)$ 为指标 x_i 的最大值和最小值。将标准化后的数据表记为 X。

再计算特征值和累计方差贡献率。按特征值大于1的原则选取两个主成分，累积贡献率达到 75.620%。

最后，计算经济支撑包容性指数（I_1）：

$$I_1 = \sum_{i=1}^{H} \frac{\lambda_i}{q} F_i$$

式中，λ_i 是第 i 个主成分的特征值，F_i 是第 i 个主成分得分，q 为各主成分的特征根之和。同理，可计算社会福利包容性指数（I_2）和环境质量包容性指数（I_3）。需要指出的是，计算社会福利包容性指数时选取两个主成分，累积贡献率达到 72.931%；计算环境质量包容性指数时选取 1 个主成分，累计贡献率就达到 70.522%，因此分别选取 2 个和 1 个主成分。

（2）第二步全局主成分法：基于经济支撑包容性指数（I_1）、社会福利包容性指数（I_2）、环境质量包容性指数（I_3），进一步应用全局主成分法方法，和第一步全局主成分计算步骤同理，计算得到我国各省域的包容性绿色增长指数（I）。其中，也按特征值大于 1 选取 1 个主成分，其累积贡献率达到 68.885%，因此选取一个主成分。

三、测算结果

1999～2017 年我国绝大多数省份的包容性绿色增长指数逐年上升。海南、青海、重庆、宁夏、西藏、广西、安徽、内蒙古、天津等 22 个省份的包容性绿色增长指数为正增长，而河北、湖南、吉林、浙江、山西、福建等 9 个省份的包容性绿色增长指数呈负增长。上海、四川、重庆、海南、宁夏等省市为波动提升，1999～2017 这些省市绿色增长的包容性不断提高。吉林、湖南、河南、山东、新疆、甘肃等省份呈现波动下降趋势，伴随经济增长，这些省份地级市间的社会机会分布差异逐渐扩大。北京、浙江、河北、陕西、河南、西藏等省市的包容性绿色增长指数在 2006～2017 年较 1999～2005 年明显下降，这些省份随着经济总量的扩大，省内地级市间社会机会分布差异明显扩大。陕西、黑龙江、江西、安徽等省份的包容性绿色增长指数均在 2009 年降至最低，之后又波动上升，这些省份在经济发展的初期，省内地级市间社会机会分布差异逐渐拉大，但 2009 年以后其地级市间社会机会分布差异逐渐缩小。内蒙古、云南等省份的包容性绿色增长指数在 2009 年升至最高，随后又波动下降，这些省份发展在 1999 年左右地级市间社会机会分布比较均衡，后来具有后发优势的一些地级市发展较快，而其他地级市发展变缓，其包容性绿色增长指数先升后降。

第十三章

生态农业与可持续发展

生态产业基于生态学、系统经济学、交易费用经济学和生态产业链等理论，具有经济生产的高效性和生态功能的友好型特征，是一种网络化、复合型的产业。按照产业发展层级的不同和生态系统充当角色的差异，将生态产业划分为生态农业、生态工业和生态服务业。农业是国民经济之基，我国推动传统农业向现代农业，现代农业向生态农业的转型发展，实现了农业领域的提质增效。本章主要对生态农业的内容进行介绍。

第一节　生态农业概述

一、生态农业的概念及发展

（一）国外生态农业的概念及发展

从狭义来看，生态农业即生态种植业；从广义来看，生态农业是涵盖生态种植业、生态林业、生态渔业和生态畜牧业等的生态大农业。但迄今为止，对于生态农业的定义仍无定论。1970 年美国土壤学家阿尔布雷奇（Albreche）开创性地提出了"生态农业"一词，其核心思想是降低能耗，利用作物轮作等手段实现农业自循环；1981 年英国农学家沃辛顿（Worthington）指出生态农业是涉及生态、经济、伦理和审美等各方面，能够自我维持、提供产出、为人们所接受的小型农业；德国认为发展生态农业应杜绝人工农用化学品的投入，而是依托作物轮作、豆科植物、矿石等手段和自然品投入。综合来看，生态农业是以生态学原理为指导，以维持系统内部自我循环为基础，在生态上低输入、在经济上高收益，以改善产业结构和布局、提升太阳能利用率取代化肥农膜等投入，具有"生产发展、经济效益、生态保护、能源再生"四重效益的新型农业。生态农业的提出，最大限度地降低了人类对自然生态系统的干扰，已成为当今世界农业发展的主流。

从国外生态农业的发展来看，从 20 世纪开始，部分发达国家和发展中国家便投入到了生态农业的理论研究和实践探索中。在理论研究方面，1969年北大西洋公约成立了现代社会挑战委员会，将生态农业作为实验项目之一；1975 年英国成立了国际生物农业研究所，将生态农业的研究作为主攻方向；1982 年东南亚地区成立了东南亚大学农业生态研究系统研究网，是研究生态农业的一个重要的地区性合作机构（周文宗等，2005）；此外，美国建立了大量的高校生态研究所，德国、瑞士等西欧国家建立了许多生态农场。

就生态农业的研究领域而言，发达国家主要聚焦于农田营养和病虫害防治，并将这两方面视为生态农业发展的根本，认为与石油农业、现代农业相区别的是，生态农业不再将农业增产寄托于化肥、农药等的投入，而是试图在少用甚至不用化学物质的同时维持高产出水平，进而将轮作、复种技术作为研究的重点（周文宗等，2005）。

在实践试验方面：美国生态农场农牧结合是典型特征，在生产中注重机械的使用、管理的优化和技术的革新，如使用作物新品种；推进有机废物循环利用；用豆科植物、牲畜粪便等氮素营养源替代化肥的施用；借助耕作等物理方式替代除草剂的使用；通过引入天敌等手段替代农药的使用；采用梯田、带状或等高作业等方式保持土壤；德国大力发展"工业作物"种植业，通过种植油菜、玉米等能源作物，提炼化工原料、植物柴油、染料等，从而减缓工业污染，保持生态平衡。日本采用不同形式发展生态农业，包括再生利用型、有机农业型和稻作—畜产—水产"三位一体"型。以色列被誉为"欧洲的厨房"，该国农业的迅速发展与实行农工一体社会息息相关，即部分人从事农业生产，剩余劳动力从事农业合作部门的某些工业项目。此外，以色列生态农业的成功也离不开对太阳能和水的充分利用，理论与生产实践相结合以及建立健全的组织和管理机构来合理规划全国性的协调生产。发展中国家中，菲律宾生态农业发展处于较高水平，建有大量不同规模的生态农场，生产结构采用不同类型的结合体，如畜牧业与种植业结合型、畜牧业与渔业结合型、渔业与稻田结合型和旱地农牧结合型等。

（二）中国生态农业的概念及发展

1981 年全国生态工程学术讨论会上，"生态农业"一词作为"农业生态工程"的简称而被首次提出。1987 年我国农业经济学家叶谦吉、罗必良对生态农业的概念及原理进行了概括，认为生态农业是基于经济学和生态学原理，按照生态—经济复合循环机理形成的集合式、现代化的农业系统。[①]1991 年我国生态学家马世骏定义生态农业为：生态农业是遵循循环、再生、整体、协调原理，以经济效益、社会效益和生态效益为评价指标，利用系统工程方法设计的综合农业生态体系。这一概念具有"系统优化农业结构；建立使经济发展与保护环境相同步的农业可持续发展的内部机制"两大特征。与国外生态农业完全拒绝化肥农药等化学物质，主张实现农业生态系统自我循环相区别的是，我国并不反对农药化肥等的合理使用，而是强调推行要素集约经营和科学管理。近年来，生态农业的内涵进一步丰富，概而言之，当前我国生态农业是指以生态学、经济学原理为基本遵循，以自然资源、景观的合理开发与保护为手段，以生产—生态的良性互动为目标，进而实现农业产出高效性和可持续性的农业发展模式。因此，生态农业的发展要合乎如下生态学的基本要求，即因地制宜布局产业；资源利用在生态承载力之内；有取有补维持生态平衡；推动生产与生态的良性循环。

从国内生态农业的发展来看，我国生态农业发轫于 20 世纪 70 年代的理论探索与概念界定，大体分为三个发展阶段[②]：

一是起步阶段（1983 年之前）。这一阶段以马世骏先生提出的生态农业概念为重要标志，生态农业建设从以农户经营规模为主、依托传统经验技术的初级阶段，转为以村和乡（镇）经营规模为主、偏重于现代农业技术、有目的地组织生产的试点阶段。此阶段，我国确立了首个生态农业试点村——北京市大兴区留民营村；也出现了一批"生态示范户""生态产业户""沼气生态户"等。

二是发展阶段（1984～1992 年）。1984 年初第二次全国环境保护会议

---

① 叶谦吉、罗必良：《生态农业发展的战略问题》，载于《西南农业大学学报》1987 年第 1 期。
② 沈满洪等：《生态经济学》，中国环境出版社 2016 年版。

号召发展生态农业；1984 年 5 月《国务院关于环境保护工作的决定》提出
要积极推广生态农业；1985 年 6 月《国务院环境保护委员会关于发展生态
农业加强农业生态工程环境保护工作的意见》明确了生态农业试点工作的
要求。此后，农业农村、生态环境等部门会同有关部门，形成了多部门协
作、多学科交叉、多区域参与的多点试验示范。1991 年 5 月"全国生态农
业（林业）县建设经验交流会"提出要在多个县级规模的区域内，建设技
术更为成熟、涉及范围更大的生态农业试验区，并出版了《中国生态农业
的崛起》。此阶段生态农业发展呈现四大特征，即政府部门大力支持；试点
数量由少到多；试点规模由小到大；试点地域分布由单一省市到多个省市。
从生态农业试点中凝结经验和共识，初步形成了具有中国特色的生态农业理
论体系①。

三是深化阶段（1993 年至今）。1993 年 12 月农业部联合多部门成立了
全国生态农业县建设领导小组，筹备建设了 51 个国家级生态农业试点县，
试点区域涉及 1400 万公顷土地和 2210 万人口（分别占全国比重 1.5% 和
2.2%）。② 至此，生态农业建设正式纳入政府议事日程，标志着生态农业建
设由生态村、乡（镇）建设转向更大规模、更高层次的生态农业县建设。
据《对十三届全国人大二次会议第 2061 号建议的答复》文件显示，我国已
建成国家级生态农业示范县 100 余个，带动省级生态农业示范县 500 多个，
建成生态农业示范点 2000 多处，相继支持 3 个生态循环农业试点省、10 个
循环农业示范市、283 个国家现代农业示范区、13 个现代生态农业基地，形
成了"猪—沼—果""四位一体"、稻鱼共生、林果间作等一大批典型生态
农业模式。

二、生态农业在生态产业中的地位

（一）基于产业体系视角的生态农业重要性剖析

生态农业作为生态产业的有机组成部分，为其他部门输送原材料、食物

---

① 陈俊生：《中国生态农业的崛起和发展》，载于《生态农业研究》1993 年第 1 期。
② 高尚宾：《我国首批生态农业试点县建设综合效益显著》，载于《生态农业研究》2000 年第
2 期。

等生产要素，也为人类提供适宜的生产生活环境和美学体验，是支撑整个国民经济正常运转、实现社会分工的不可或缺的一环。粮食问题是农业的核心问题，也是重要的经济问题、安全问题，甚至是政治问题，生态农业不仅左右着农业经济的发展，也是优化产业结构，推动第二产业、第三产业发展，进而提升国家综合竞争力的重要因素，是国家经济发展的新的增长领域。[①]

（二）基于食物链视角的生态农业重要性剖析

根据自然生态系统中不同生物在能量流动与物质运动中的差异化作用，划分为消费者、生产者和分解者。生物相互间紧密关联，以捕食和被捕食的关系形成食物链，仅需消耗极少的能量便能实现物质的循环流动，且能量、物质主要是由生产者直接流向分解者，其次才是经由消费者再流向分解者。但就产业生态系统而言，上述三者间是相互分离的，且在产业链中极少讨论分解者的存在，产业系统的能量、物质往往是在生产者向消费者的单向流动中得以传递。因此可以看到，自然生态系统与产业生态系统之间存在两点不同：一是分解者的存在与否及重要程度，自然生态系统中分解者起着极其重要的作用，而产业生态系统中消费者才是具有核心作用的存在；二是能流、物流的难易度及需耗费的能量，显然产业生产系统耗费的能量远高于前者。但不可否认的是，食物链理论为产业的高效、绿色发展提供了依据[②]。

传统产业中各行业、各工序相对割裂。但在现代产业体系中，某一产业的废弃物或副产品往往能够通过一定手段成为另一产业的原材料。这种关系与自然界中的共生、寄生等依存关系较为相似。相关企业通过甲之废弃物排放与乙之原材料供给的有效衔接，实现废弃物的资源化利用，形成了"企业生态链"，也形成了一门新学科，即产业生态学，并系统形成了生态产业体系。生态农业普遍情况下充当着"生产者"的角色，为生态第二产业、生态第三产业提供物质和能量补给。[③]

（三）基于循环经济视角的生态农业重要性剖析

循环经济遵循生态规律并立足环境容量，旨在推动经济发展的生态化转

①　吴棉国：《生态农业在农村生态环境保护中的地位和作用研究》，载于《中国发展》2013年第5期。

②③　周文宗等：《生态产业与产业生态学》，化学工业出版社2005年版。

向，其基本形式是将自然生态系统中的物流能流模式引入经济活动之中，从而实现"物源→产品→再生物源"的物质循环往复流动过程，进而有效避免废弃物的生产，极大提升资源利用率，从根本上消解经济发展与环境保护之间的矛盾。

生态产业的本质是实现物质（资源）循环利用下的循环经济，其发展以"纵向闭合"为基本准则，即要求在生态农业、生态工业、生态旅游业等之间形成相对完备的结构与功能组合，并在此产业生态系统内完成产品生命周期全过程及其再利用过程。而在这一系统的循环体系之内，能够实现矿产资源生产和光合资源生产的生态农业，是提供源动力，构成生态产业的必要组分。①

第二节　生态农业发展模式

一、生态农业模式的内涵

生态农业的发展依托于模式转型，即要因地制宜地选择并优化农业发展模式，从而形成农业–生态复合系统，以便在系统内完成信息流、能量流、物质流和价值流，最终达成生态效益与经济效益的综合提升。针对生态农业模式的内涵，不同领域的学者基于不同视角进行了注解：其一，从效益产出视角来看，约翰和奥格威（John and Ogilvy）认为生态农业模式能够对农业经济发展产生积极正面的直接影响；周玉亮提出生态农业模式是产业结构合理、农技含量较高、生态特色突出和综合效益显著的一种农业发展模式。其二，生态格局视角来看，王兆骞指出生态农业模式是生态系统网络中各组分的交互；任晓凤等认为生态农业模式是一个地区生态农业的表现形式；聂媛媛认为生态农业模式是综合效益与功能的实体，是农业实践中各生产要素的最优搭配。综合来看，生态农业模式是依托自然界循环转化原理，通过有效利用农业资源、采用先进工艺技术、优化农业结构设计，从而形成的资源高

---

① 唐建荣：《生态经济学》，化学工业出版社2005年版。

利用率、环境无污染、产业链延伸和农业附加值提升的绿色生产体系。[①]

由于各地区资源、环境、技术等禀赋差异，要因地制宜发展生态农业，因此要遵循如下原则，从而选择区域最适宜的发展模式。一是整体性原则，将生态农业置于整个生态系统之中，关联区域农业生态系统内部全部要素和外部相关要素，基于生态与经济规律实施综合调控，实现各行业各领域综合发展；二是动态调控原则，即要根据所处人文与技术背景、发展阶段等进行动态调整；三是协调发展原则，要促进三次产业、产品－商品－市场、农业与环境、系统内部各组分之间的协调发展；四是可持续性原则，要求农业发展要立足于长远发展战略，系统决策，统一规划，不因短期利益损害资源与环境。[②]

二、生态农业模式的分类

我国幅员辽阔，各地区自然资源、地形气候和农耕文化等因素各异，生态农业构成要素十分复杂，故现阶段生态农业模式的分类体系仍未统一。

2002 年农业部曾向各地征集了 370 种生态农业模式，并从中挑选出了 10 种具有代表性的模式，包括观光生态模式、设施农业模式、丘陵山区小流域综合治理模式、生态种植模式、生态畜牧业模式、生态渔业模式、平原农林牧复合生态模式、草地生态恢复与持续利用生态模式、南方"猪—沼—果"生态模式和北方"四位一体"生态模式（张国强，2004）。

李新平等（2001）采用三层复合分类方法，提出可以从行政级别或区域规模（如生态农业城市/县/乡/户等）、主导产业（如专业型/综合型生态农业）、自然和社会经济条件（如郊区/沿海/丘陵/平原/山地/庭院/草原/郊区型生态农业）3 个维度进行分类。

谢铭（2011）认为我国生态农业模式可归纳为三种类型——观光旅游型、时空结构型（如"立体农业"模式）、物质循环利用型（如"猪—沼—果"生态模式）。[③]

和炳全等（2011）根据区域尺度、生产方式或物种等的不同，将我国

---

① 王涌权：《生态农业的发展模式研究综述》，载于《中国商论》2019 年第 8 期。
② 沈满洪：《生态经济学》，中国环境出版社 2016 版。
③ 谢铭：《我国生态农业发展的几种典型模式探析》，载于《生物学教学》2011 年第 7 期。

生态农业模式划分为 5 类，一是同部门与不同生产方式/物种的组合，包括作物间作/套种/轮作、水体复合养殖、混合造林；二是不同部门与不同生产方式/物种的组合，包括农—林系统、林—药间作系统、经济林—多用途林间作、动物—植物共生系统；三是基于不同尺度的生态农业模式，包括生态县、生态村、农户庭院型等；四是基于不同生态系统的生态农业模式，包括山地/湿地/旱地生态农业系统；五是工农复合系统与能源系统。[①]

王涌权（2019）基于宏观总体、区域客观条件、生态理论进行了分类。其中，宏观总体框架下可将生态农业模式划分为资源保护型、生态旅游型、立体种养型和资源循环型，也可划分为废物利用型、农业园区式、产业链式和农村庭院式；区域客观条件框架下可划分为回归自然型、产业带动型和中间型生态农业模式；生态理论框架下既可以分类为复合、水陆、丛生、串生、并生等 5 种循环式生态农业，以及综合型、链型和绿色型生态农业，也可划分为观光旅游型、环境治理与资源开发利用型、互利共生型和物质多层利用型。[②]

三、生态农业的典型模式

（一）农林立体结构生态模式

此模式在充分识别系统内群落特点的基础上，通过相互组合，以时间上多序列、空间上多层次的方式形成立体结构，从而使各生态位之间相得益彰，达到提升土地和光能利用率的效果，进而扩大区域农业产能。这一模式在我国普遍存在且广泛分布，主要类型有：（1）作物间作/套种/轮作。根据作物生长季节、生长要素和光能需求等的不同，对作物分别施以有效的间作、套种或轮作，如棉－油菜间作、豆－稻轮作、棉－麦－绿肥间套作等。（2）农林间作。主要是出于充分利用光能的目的，如枣粮间作、桐粮间作和杉粮间作。（3）林药间作。这一模式下形成的人工林系统，不仅提升了经济效益，也能起到改善环境，实现经济与环境良性互动的效果。如林与人

---

① 和炳全、盛薇：《生态农业模式发展现状与问题分析》，载于《现代化农业》2012 年第 11 期。

② 王涌权：《生态农业的发展模式研究综述》，载于《中国商论》2019 年第 8 期。

参、黄连、绞古蓝和白术等的间作。（4）其他。例如红黄壤地区依托山地丘陵高低起伏的地势，由高到低培育"阔叶林/针阔混合林－毛竹/经济林－人工草地/果园－农田/池塘"。此外，还有如海南的胶－茶间作，种植业（如果园、蔗田等）与食用菌的间作（周文宗等，2005）。

（二）物质能量多层分级利用模式

此模式基于循环再生理论，模拟各种生物群落的共生模式。在此生态系统中，生产者、消费者、分解者各司其职，通过资源循环和能量流动实现系统内部的自我维持，即在提升资源利用率、扩大经济收益的同时实现零废弃物外排。以作物秸秆的多级利用为例（见图13-1），秸秆还田是一种常见的培肥地力的增产手段，过去将秸秆直接还田的粗暴处理方式也能发挥肥效，但需要经历漫长的发酵。而在生态农业模式下，经历糖化、接种等过程，实现"作物秸秆→畜禽饲料→秸秆残渣/动物排泄物→食用菌→蚯蚓"和"作物秸秆→畜禽饲料→沼气"等物质能源的多级利用。尽管这一过程会导致还田秸秆的有机质含量略为下降，但提升了生物能和太阳能的多级转化效率，带来了沼气、食用菌和蚯蚓等能源物质和经济收益（唐建荣，2005）。

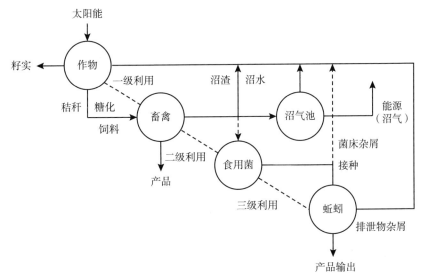

图13-1　作物秸秆的多级利用

资料来源：唐建荣：《生态经济学》，化学工业出版社2005年版。

（三）水陆交换的物质循环模式

此模式基于边缘效应的原理，利用食物链的传递功能，通过"初级生产→次级生产→加工→分解"等过程完成代谢和物质循环。其中，桑基鱼塘（基塘）结合循环模式是最具代表性的水陆交换物质循环模式，这一模式由基面和鱼塘两个子系统和联系系统构成，其中基面子系统是陆地系统，鱼塘子系统是水生生态系统，且二者均存在消费者和生产者。物质流动过程为"基面种桑→桑叶喂蚕→蚕沙养鱼→鱼粪肥塘→塘泥为桑施肥"，从而利用食物链结构，建立完整的、水陆交换的人工生态系统。基塘结合循环模式不仅能够带来鱼、食用蛹、蚕丝、沼气等直接的经济效益，促进各行业协调发展，也能变废为宝，实现资源的充分利用，进而使整个系统处于良性循环中（唐建荣，2005）。

（四）生物物种共生模式

此模式基于互惠共生的原理，将生态系统中几种相互促进的物种组合起来，以人工诱导的方式将其置于一个系统内，实现种群间的互利共生。一方面，物种共生能够有效强化系统内的良性循环；另一方面，可以减少外部资源的投入，不仅能节约经济成本，也能降低农用化学品施用带来的生态成本，提升生态效益。常见的生物物种共生模式有稻鸭共生、稻鱼（萍）共生、（禽）鱼蚌共生、苇鱼禽共生等。以稻鱼萍模式为例，这一模式是在水稻插秧返青时引入食草鱼苗，至收稻时捞出长大的鱼，表现为"稻田养萍→以萍喂鱼→鱼儿食虫→鱼粪肥田"的链式结构，其中，稻田为鱼类提供栖息场所和充足饵料，反过来，鱼类进食能为稻田除草，鱼类排泄能为稻田供肥，鱼类的游动又能疏通稻田、改善根系溶氧状况，稻鱼萍的良性互动为稻鱼双增产奠定基础。此外，以生物治虫害取代农药投入，以鱼粪等生物质肥取代化肥，能够有效降低化学品的污染（唐建荣，2005）。

（五）院落生态农业模式

此模式在家庭联产承包责任制后得以迅速发展。其基本特征是以庭院经济为主，借助现代化的经营模式和技术手段，将闲置院落这种土地资源和潜在的光能资源利用起来，推动人居环境与生产环境有机结合，实现资源的高效利用，达成生态效益、经济效益和社会效益相统一的目的。以我国首个生态农业村——北京市大兴区留民营村为例，该村在 1982 年后的生态农业建设过程中，建立起了"鸡/兔→猪→沼气→花/菜"的家庭循环系统，如今已形成了以留民营沼气站为中心的沼气联供模式，建成了低耗高产的农业生产系统和绿色可持续的农业生态系统，实现各业良性循环。这一模式在不增加农民负担的同时带来了显著的生态与经济效益，可见这一小型循环系统是可行且有利可图的（周文宗等，2005）。

（六）多功能的农工贸综合经营模式

生态系统依托代谢过程，以及生物群落与无机环境的结构调节，推动物质在系统内循环流动。农工贸综合经营模式即基于功能与结构相统一的原理，合理布局农村工农业，致力于产业链的延伸和附加值的提升，实现了农工贸一体化发展。这一模式一般由农业生产、加工工业、居民生活区和植物群落调节 4 个子系统组成，实现养殖业、种植业和加工业的有机统一。以湖北省京山县这一生态农业县为例，该县总结了 5 种农工贸综合经营的子模式，即龙头企业带动型、骨干基地带动型、优势产业带动型、专业市场带动型和技术协会带动型。贸工农综合经营模式的发展，不仅能推动食物链、资金链和生产链的延长，也能带来生态效益，提升农林经济发展的可持续性。[1][2]

四、生态农业模式的优化

鉴于生态农业模式是由多要素构成的，在多因素共同作用下形成的复杂系统，因此生态模式的优化设计必须遵循分层推进、统筹兼顾的原则。具体来看，生态农业模式的设计内容主要包括五项（沈满洪等，2016）：

（1）平面结构设计。是按照不同植物的需水性、趋光性等生长属性，将各物种在水平层次上进行组合布局。

（2）立体结构设计。亦称作垂直结构设计，此结构基于生态位和生物

---

[1] 沈满洪等：《生态经济学》，中国环境出版社 2016 年版。
[2] 周文宗等：《生态产业与产业生态学》，化学工业出版社 2005 年版。

共生的原理，依据各生物物种环境适应和生活习性上的差异，将物种在立体结构中进行组合布局，达到充分利用空间资源，提升单位面积生物容纳量的目的。

（3）时间结构设计。即根据物种生长发育的时间节律，在时间维度上布局产业，从而实现资源利用率和转化率的提升。

（4）食物链结构设计。该结构是基于食物链的原理，根据各物种在同一食物链中的捕食与被捕食关系，形成相应的物种组合。

（5）生产链结构设计。对农产品进行初级加工和深加工是提升经济效益的有效举措。与食物链结构设计相类似，也是在生产过程中引入其他环节，从而提升产品价值。其产品资源的能量富集和经济增值主要有两条路径：一是"产品→加工环→成品→加工环→精品"；二是"产品→副产品→加工→成品"。

优化生态农业模式是提升系统内经济效益和生态效益的关键举措。以农林复合系统中林粮间种优化为例，系统内的主要植被类型为农作物和林木，优化林粮间种系统立体结构的目的在于实现系统总效益最大化，核心在于正确研判农作物与林木的关系，合理量化农林复合生态系统的结构与功能之间的关系是优化设计的首要任务。

第三节　生态农业园区发展

一、生态农业园区概述

（一）生态农业园区的概念

生态农业园区是选址在取得了土地经营使用权的农村土地上，由多元投资主体联合投资建设，在组织上打破区域、所有制和身份等界限，以雇主经营、企业式管理为主要模式，以种植、养殖、加工和销售为主营业务的适应农业发展要求的一种新型经济组织实体。主要有农业公司和控股公司两种形式，前者在实践中更为普遍，由工、商、金融资本直接开办，以农畜产品生产加工为主要业务，能够集供给生产资料（如机械设备）、生产、加工、储运、销售等功能于一体；后者则是由农、工、商、银行之间相互持股所构成的整体。生态园区不同于一般的农户和国营（集体）农场，它是在功能上具有多样性、在组织上具有较大规模的经济实体，其员工既是雇佣者，也是股东，还是管理者。生态农业园区综合运用了生态农业生产经营和规模经营的理论，试图达成各大生产要素的最优组合，进而实现效益最大化。[①]

（二）生态农业园区的类型

明确生态农业园区的功能定位和特色产业对于其发展至关重要。现阶段根据我国生态农业园区的功能可分为如下五种类型（见表13-1）。

表13-1　　　　　　　　　　生态农业园区的5种类型

类型	内涵	实例
多元综合型	集休闲度假、农业旅游观光、农产品生产示范、农业开发研究、农技培训推广为一体	海南兴隆热带植物园、朝来农艺园、北京锦绣大地农业观光园等
科技示范型	以农技开发及推广示范为主要定位，兼具旅游观光功能	陕西杨凌农科城、江苏无锡马山生态农业园区、广东顺德新世纪农业园等
高效生产型	以农产品全产业链生产经营为核心定位，兼具旅游观光功能	宁夏银川葡萄大观园、河北北戴河集发生态农业示范观光园等
休闲度假型	依托农村风情特色和农林景观，发展休闲旅游业	北京顺义"家庭农场"、广东东莞"绿色世界"、深圳"青青世界"等
游览观光型	依托特色农林牧业资源，发展以游览观光为核心业务的农游活动	重庆万盛农业采摘游、山东枣庄万亩石榴园风情游等

资料来源：根据张放：《生态农庄与生态园区实用技术》，化学工业出版社2006年版改编。

（三）生态农业园区的特点

生态农业园区建设之所以成为我国推进农业转型升级，实现乡村振兴、城乡园林化和农业现代化的必由之路，在于生态农业园区不仅具备农业的一

---

① 沈满洪：《生态经济学》，中国环境出版社2016年版。

般特征，还具备如下特点（张放，2006）：

一是在投入支撑方面具有科技性和绿色性。（1）农业科技含量高。生态农业园区项目的建设多采用了生物工程技术以及先进的生产、旅游设施等。（2）农林产品绿色化生产。生态农业园区在农业生产过程中遵循生态学的原理，引入无土栽培等技术，尽量摒除化学品的使用以避免农产品的污染。

二是在内容表达方面具有广博性、季节性和地域性。（1）内容的广博性。将农家产品、农业工艺、农事活动、农用器具、农作形式、农村习俗、农事节气等作为生态农业园区的特色资源。（2）活动的季节性。水土光热等自然因素等对农业生产有强限制性，生态农业园区大部分农业旅游活动的开展都呈季节性分布。（3）活动形式的地域性。鉴于不同地域千差万别的自然条件、风格迥异的文化传统和农事习俗，各地区生态农业园区的活动形式各异，形成各具特色的文化旅游资源。

三是在体验观感方面具有强参与性、艺术性和综合性。（1）强参与性。如喂牛挤奶、采摘、撒网捕鱼等生态农业园区项目。（2）景观表达的艺术性。生态农业园区多利用景观美学的手法规划布局农业景点，使得园内景观环境在空间布局、内容安排和表现形式上具备园林艺术性。（3）融观光、休闲、购物于一体。生态农业园区通过培育农业观光、民俗体验、民宿经济、生态康养等新业态，满足游客多样化需求。

四是在回报产出方面具有高收益性。（1）经济回报高。生态农业园区通过优化农业产业结构、延伸农业产业链、发展农产品精深加工、保护农业生态系统等举措，配套发展交通运输、餐饮旅游、邮电等产业，收获了更高的经济回报。（2）经济社会综合效益高。生态农业园区的发展依托于现有农业资源，省去了勘察调研及开发成本。通过发展农业旅游吸纳闲置劳动力、提升农民收入，同时很大限度地维持了生态现状，具有较高的综合效益。

（四）生态农业园区的功能

生态农业园区区别于一般农户和农场的特征之一便是功能的多样性，其兼具经济、社会、文化教育、生态和休闲娱乐等功能，具体来看[1]：

---

① 张放：《生态农庄与生态园区实用技术》，化学工业出版 2006 年版。

一是经济功能。随着经济社会的发展和人民生活需求层次的提升，绿色健康的优质农产品将日益成为稀缺产品，生态农业园区因而具有较大获利潜力。农产品生产带动的采摘、观光等产业发展，也能成为经济增长的巨大驱动力。由此推动农村就业机会的增加、生产经营范围的扩大、农民收入水平的提升，以及促进农村经济实力的综合提升。

二是社会功能。生态农业园区的建设作为一种农业发展新形式，不仅在实现粮食生产提质增效方面起到了一定的示范作用，极大提升了农民收入水平。

三是文化教育功能。生态农业园区的开发能够较为充分地展现农业优秀传统、农村风俗人情、农业文明和农业科技知识等，通过观光旅游等方法，将优秀的农村文化和文明精神传承与发扬，并警醒人们做好环保工作，能起到较好的教育作用。

四是生态功能。生态农业园区是生态系统的重要组分，其生产过程必须遵循生态学的原理，相比一般农业更强调农业的生态性，注重维护自然生态平衡。生态农业园区不仅是调节人与自然关系的"稳压器"，促进人与自然之间的物质流、信息流和能量流实现。

五是健身、休闲、娱乐功能。相较于一般农业，生态农业园区的显著特点之一是将旅游观光作为主要业务之一，为旅客提供游憩、休闲和疗养的空间场所，打造集游乐、康健、休闲等功能于一体的空间实体。

二、生态农业园区的相关理论

生态农业园区的规划既不同于主要发挥旅游观光功能的公园或风景名胜，也不同于主要发挥农业生产功能的国有（集体）农场，而是一个综合多方面理论的融合体，其规划建设主要基于如下理论[1]。

（一）农业结构理论

农业生产结构是指某一区域内农业生产部门和生产项目的组合排列，涉及部门间的结合形式和项目间的比例关系等。广义的农业生产结构系统包括

---

[1]　张放：《生态农庄与生态园区实用技术》，化学工业出版 2006 年版。

农林牧渔业，依据部门间的结合形式划分为农林型结构、农牧型结构、农牧林型结构和农经型结构等。在进行生态农业园区规划时务必在实地调研区域自然与经济社会条件的基础上，判定不同结构下可能的资源配置水平，因地制宜地选择恰当的农业生产结构。农村产业结构是指在某一区域内中第一、二、三产业内部及相互间的组合形式。

（二）景观生态学

根据景观生态学理论，景观构成主要包括三要素——本底、斑块和走廊。农业景观是人类建立在自然基础之上的自然与人文要素相结合的景观，是人类活动的产物，主要包含村庄、农林（果）牧渔等生态系统，其构成也遵循这一原则。（1）本底。是指在某一区域内面积占比最大、连接性能最好、景观功能表现力最强的要素，在生态旅游景观中，有如以种植为主的农田、以畜牧业为主的草地和以养殖业为主的湖泊、池塘等。（2）斑块。是指与周围"本底"有所不同的非线性地表区域，如以种植为主的农田中设置的灌溉设施，以畜牧业为主的草地中构建的娱乐设施和以养殖业为主的池塘中点缀的凉亭假山等。（3）走廊。是指将本底、本底与斑块之间隔开的线性拼块，具有观赏、方便行走、隔离、连接的作用，如农田行道树、景观间的道路、攀缘植物的廊架等。由上述三个要素共同构成了各具特色的生态农业园区的景观，如由农田、人工林地、果园组成的农耕景观；由水利工程和交通系统组成的工程景观；由村庄和牧场组成的乡村景观和由水生植物、鱼塘、沟渠组成的水体景观等。

景观总体结构有景观多样性和景观异质性两大特点。（1）景观多样性。主要体现在结构和功能两方面，反映了景观镶嵌体的复杂性，常用镶嵌度、丰富度、均匀度来表示，如农林牧复合种植和桑基鱼塘等。（2）景观异质性。是指各景观具有的与众不同的结构与功能，主要经由特有的外貌形态呈现，如矮小整齐的农作物和平坦如茵的草地等。

（三）共生理论

生物学意义上的共生，是指两种及两种以上相互依赖的生物，通过共同生活的方式达到彼此受益的目的的一种现象。在生态农业园区建设中，要以共生发展理论为指导，依托优势特色资源，通过作物布局艺术、设置可参与的农业劳动等项目，推进农业与旅游业的有机结合和协调发展，实现区域产业整体化、系统化发展，最终达成解放生产力与实现生态农业园区健康持续发展的目的。[①]

第四节 生态农业山林农田湖草系统

一、生态林业

（一）生态林业概述

生态林业是生态农业的重要构成，是能够实现生态－经济－社会效益最大化的生态经济型林业[②]。其发展主要依托于生态经济学理论、生态－经济复合系统的发展规律和农业现代化技术，通过林业集约化经营，即优化配置系统内生物物种和树种结构，多层次系列开发并加工森林资源，以此不断发挥森林的三生功能，既保障其永续利用，也能有效提升综合生产能力。

生态林业具有如下 4 个基本特征[③]：（1）多样性。生态林业是集多层次结构、多物种、多目标于一体的人工生态系统，鉴于自然人文条件的巨大差异，生态林业可因地制宜发展林林式、林牧式、林农式、林渔式、林果式、林药式等多种模式，从生态系统横向结构上提升综合效益。（2）综合性。生态林业依托生态位进行立体结构种植，从时序和空间维度提升土地资源和光热资源利用率，其生产和经营囊括种养业、加工业、服务业等多行业，能够有效实现农林牧各业并举。（3）高效性。生态林业可借助农技努力实现系统内循环（生物自肥、系统自给），是达成净产出最大化、生态经济效益最大化的林业生产模式。（4）可持续性。生态林业这一现代化林业经营模式，将为人类当代和后代创造永续最佳生态环境，视为除林产品发展以外的重要目标。

---

① 张放：《生态农庄与生态园区实用技术》，化学工业出版社 2006 年版。
②③ 沈满洪：《生态经济学》，中国环境出版社 2016 年版。

（二）生态林业的发展模式

生态林业承担着两大历史任务：一是森林生态系统的保护性资源经营任务，涉及林业的自然再生产过程，可为人类生存发展提供物质基础，是林业生态系统存在的前提；二是林业生态系统的生产性产品经营任务，涉及林业的经济再生产过程。生态林业以经济－生态平衡为目标，努力实现森林生态经济复合系统的要素流动和价值转换达到最优，从而可持续性地输送林业产品和生态服务。据此，可将生态林业划分为如下三种模式（见表 13－2）。

表 13－2　　　　　　　　　　生态林业的发展模式分类

模式分类	主体任务	重点工区	关系
森林生态保护工程模式	该模式的核心是自然保护，以保护已有森林资源和培植再造生态保护林为主体任务，达到保护森林生态和保护环境的目的。所形成的生态资源林，又可划分为自然保护区森林、国防林、水土保持林、防风固沙林、护岸护路林、水源涵养林、农田牧场防护林等。	防沙工程、固沙工程、森林保护区等的建设	三大工程模式依次属于生态林业的主体、中层和外层，前者是后者的基础，后者是前者的延续，相互叠加、相互联系，进而促进系统的稳态平衡。
森林生态环境服务工程模式	该模式以为人类提供最佳生态服务为主体任务，依托现有的自然景观（如地形地貌、植被动物等）发展生态旅游业，充分发挥林业生态系统的多生态位功能，提供康养、教育、休闲等现代服务。	森林公园、城市的生态公园、疗养地等的建设	
林业产业工程模式	该模式在保证自然环境优美和资源可持续性利用的前提下，以为人类提供林木产品为主体任务，努力实现最优生物积累量下的经济产量最大化。	围绕林木产品的多种经营，如林木的速生培育、采运、加工销售等	

资料来源：根据沈满洪：《生态经济学》，中国环境出版社 2016 年版改编。

（三）生态林业补偿

1. 生态林业补偿的实质

森林既能为人类供给木材等有形产品，也能为人类供给生态服务等无形产品，如水源涵养和净化空气等。就森林资源的物品属性而言，它是典型的公共物品，且具有显著的正外部效应，因此很难对其所有价值进行货币化度量。为使资源达到最优配置，促进外部成本内部化，方案之一是遵循"谁受益、谁补偿"的原则，对公共物品供给者给予补偿，从而对森林资源的提供者起到激励作用（见图 13－2）。

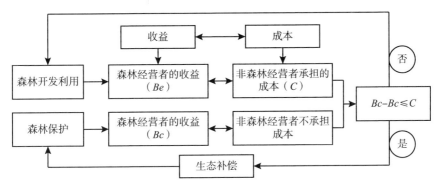

图 13－2 森林生态效益补偿的实质

资料来源：根据沈满洪：《生态经济学》，中国环境出版社 2016 年版改绘。

从补偿主体来看，既可以是公共利益的代表者——政府，通过财政拨款进行补偿；也能是私人经济主体，将生态产品似同商品，以其生态效益的同等经济价值进行补偿。从补偿金额来看，其数值由需求者边际效用、生产者机会成本和生态产品用途大小等因素共同决定。

将上述补偿原理运用于实际，即开展森林开发利用活动所导致的生态破坏成本将由森林经营者与非经营者共同承担。当经营者森林开发利用的收益（Be）大于开展森林保护的效益（Bc）时，在追求收益最大化原则下，理性的经营者将选择对森林进行开发利用，此时非经营者将承担生态成本（C）。从森林经营者的角度来看，如果非经营者仍想获得生态效益，则其必须至少给予经营者补偿（$Be-Bc$），这样才能弥补经营者选择森林保护而非森林开发利用所带来的损失，他们才会心甘情愿地继续提供森林生态产品。从非森林经营者的角度来看，若其从生态产品中取得的生态效益大于或等于所承担的生态补偿费用（即 $C \geqslant Be-Bc$），则其愿意支付生态补偿的费用，否则将不愿意支付。

2. 生态林业补偿标准的确定

生态林业补偿标准的确定要兼顾森林自然生态要素和经济社会发展水平，具体应考虑如下 7 个指标：一是森林生态功能水平的高低，即自然价值（Nv）；二是人类破坏行为的可及度，即生态干扰度（Hi）；三是森林生态功能与人类发展的紧密度，即人类控制力（Hr）；四是当地经济发展与森林的密切度，即经济相关性（He）；五是财政收支水平，即购买能力（Gp）；六是社会对森林生态效益的认同度，即生态产品购买意愿（Sp）；七是森林保护等级（Ji）。记生态效益补偿价格为 $f(x)$，可以用如下函数表示：

$$f(x) = f(Nv, Hi, Hr, He, Gp, Sp, Ji)$$

鉴于上述指标受多个次级因素的影响，将各因素按等级进行划分，依据价格效应函数模式形成若干个补偿价格区间，进而实施分类分级补偿。补偿价格的确定至少涵盖 4 个方面，即森林生态系统的生态价值、木材等有形产品的价值、森林系统建立与维持的经济成本、生态公益林维护所需的资金。

（四）林业可持续利用

对于林业可持续性的评估，首要任务是明确最佳砍伐时间和最大收获价值。以某一林场的经营决策为例，首先分析林地一次性全部砍伐的最优采伐期。一般来说，林木的采伐价值大致呈现倒"U"型，即在前期，树木越长价值越高；到衰老死亡期，价值会有所的折损。记最优砍伐时间为 t_1，与之对应的最大净效益现值为 $B_{\text{max}l}$，故有：

$$B_{\text{max}l} = (P_t - C_t)/(l + r)^t - k_0 = V_t - k_0$$

式中 P_t、C_t、V_t 分别为时刻 t 的林木销售价格、林木采伐成本和伐木的净效益现值；r 为贴现率；k_0 为林场的初始投资。

如图 13-3 所示，V_0 和 V_t 分别表示未贴现和贴现率为 r 时的林木采伐价值，当贴现率为 0 时，最佳采伐期为 t_0，对应的最大采伐价值为 $V_{0\text{max}}$；当贴现率为 r 时，最佳采伐期为 t_1，对应的最大采伐价值为 $V_{1\text{max}}$。可以看到，进行贴现后，树木的最佳采伐期相较于未贴现时会有所提前。

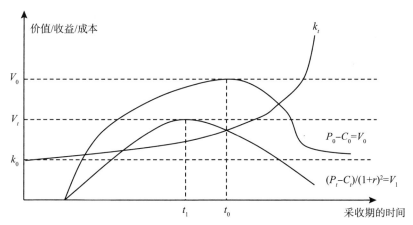

图 13 - 3　林业的最佳采收期

资料来源：沈满洪等：《生态经济学》，中国环境出版社 2016 年版。

实际生产中，由于土地资源可循环使用，便涉及土地轮作和择伐的问题，而林场经营者往往追求树木、土地总产出二者均实现净效益现值最大化的双重目标。假设林场初始投资 k_0 是 $t = 0$ 时的现值，则有下式成立：

$$B_{max2} = (P_t - C_t) / (1 + r)^t - k_0 + K_0 = V_t - k_0 + K_0 = V_t$$

由公式可知，树木的最佳轮作期恰好为 t_1，即贴现率为 r 时的最佳采伐期。因此，为实现净效益现值最大化，只需要在采伐结束后随即种上新苗，即实行轮作方式。由图 13 - 3 可知，只要当 r 为正贴现时，即 V_0 曲线较 V_t 更陡峭（$r_{V_0} > r$），均有 $t_1 < t_0$。由此可见，只要存在正贴现林场经营者便会做出轮作的决策。

假设林场同一时期种植数量相同，有限土地上每株树所占面积相同，且保持恒定的采伐频率。为了确定最佳采伐时间 t^*，首先要明确种植率和采伐率。t_1^* 应满足如下条件：（1）树木每多生长一年的净采伐价值的增量 A；（2）树木每多生长一年净采伐价值的利息增量 B；（3）因树木生长期延长而省去的边际种植成本 C，始终有 $A = B - C$。

二、生态畜牧业

生态畜牧业是基于生态经济学原理和系统工程方法，利用生物种群共生关系和物质再生原理，为解决草畜矛盾而发展起来的生态经济型畜牧业。生态畜牧业通过将畜牧业由"植物→动物→蛋肉奶"的小循环，扩展至涵盖农林牧渔业及加工销售等的经济大循环，构成集"种养加贸"于一体的产业系统，从而合理、高效配置各生产要素，实现畜牧业优质、高产、稳定发展。生态畜牧业作为一个复合生态经济系统，根据其结构的差异，可以划分为4种基本类型（见表13-3）。

表13-3   生态畜牧业的4种类型

类型	定义	代表模式
草地生态畜牧业	该类型是由畜牧业经济系统与草地生态系统复合而成的复杂系统，其生产过程涉及两大自然再生产过程——牧草生产和牲畜生产，二者是实现畜牧业经济再生产过程持续发展的前提。	代表模式是推进畜牧业季节性生产和肉畜异地育肥的资源配置模式。由此达成草畜配套、生态平衡的目标。
山区生态畜牧业	该类型是由畜牧业经济系统与山区生态系统组成的复合系统，通过种草养畜、林牧结合，实现山区生态经济系统的良性循环。	代表模式是用种植的草料饲养畜禽，将畜禽粪便用作植物肥料的林牧结合生产模式。由此纾解人畜争地争粮的问题，推进农牧林生产协调发展。
农区生态畜牧业	该类型是农田生态系统与畜牧业经济系统组成的复合系统，依托农区种植业，形成稳定的食物链，即投入产出网络。	代表模式是动物立体饲养，粪便生产沼气、用作作物肥料或动物饲料的多级利用模式。由此形成禽-畜-鱼的立体饲养、粮食-经济作物-饲料作物的三元种植和粪便-沼气/沼液-饲料/肥料的多级利用模式。
城郊生态畜牧业	该类型基于生态学原理和工程学技术，形成以畜禽饲养为中心，经济与生态效益双效齐升的人工生态系统。	—

资料来源：沈满洪等：《生态经济学》，中国环境出版社2016年版。

三、生态渔业

在狂捞滥捕、经济鱼类难成鱼汛、渔业资源日益枯竭的背景下，低耗高效、良性互动的生态渔业应运而生。生态渔业是指基于经济学、生态学原理，以及物质循环、能量转换规律，运用系统动力方法，形成的新的渔业生产方式。生态渔业具有如下4大特征：一是基于生态平衡规律开发利用水产资源；二是借助工程技术和生物技术提升水域利用率；三是借助科技手段提升物质循环和能量转换效率；四是通过调整产业结构提升渔业综合生产能力。

生态渔业已由单一的水产养殖转变为复杂的网络结构，其范围也由池塘延伸至河道、水库、湖泊、滩涂养殖等领域。随着渔业生产日益专业化、社会化、商品化，其类型和模式也日益复杂多样。生态渔业较为常见的发展模式有：（1）渔农综合经营型，如鱼 – 草、鱼 – 稻、鱼 – 果、鱼 – 桑、鱼 – 林等模式。（2）渔 – 牧综合经营型，主要是将禽畜粪便用作鱼饲和肥料，较为普遍的形式有鱼 – 鸭、鱼 – 鹅、鱼 – 猪等。（3）渔 – 农 – 牧多元综合经营型，由渔牧、渔农的二元结构转变为渔 – 农 – 牧综合经营的多元结构，实现水体生态系统与陆地生态系统的良性互动。主要有鱼 – 猪 – 鸡/鸭/鹅、鱼 – 猪 – 草/菜等三元模式类型，以及鱼 – 草 – 猪 – 蚌、鱼 – 牛 – 鸡 – 草等多元化模式类型。（4）渔 – 牧 – 工 – 商综合经营型，集养、捕、加、牧、销于一体，提升系统综合生产能力和生态经济效益。（5）休闲型生态渔业、陆基养殖型生态渔业模式等。

（一）海洋生态渔业的可持续发展

海洋渔业资源具有"可再生、强外部性、公共物品"三大属性，为缓解近海渔业资源开发过度的境况，推进渔业可持续发展，首先要明确渔业可持续收获量最大化条件下的渔业使用率和收获率。

假定某一海洋渔场，鱼的种群数量与鱼的增长量之间的关系模型如图 13 – 4 所示，在区间 $[S_1, S_2]$ 内有一条可持续捕捞线，其中在区间 $[S_1, S^*]$ 内二者为同向变动，在 $[S^*, S_2]$ 内为反向变得。图形横轴中 S_1、S^*、S_2 依次被称作鱼的最小可变种群数量、鱼的最大可持续捕获量种群、鱼的种群自然平衡点。其中，当鱼的种群数量低于 S_1 时，鱼的数量将减少，种群处于失衡状态；当鱼的种群数量介于 $S_1 \sim S^*$ 时，鱼的数量快速增加；当鱼的种群数量位于 S^* 时，若此时鱼的增长量等于捕鱼量，对应的最大可持续捕获量即为最大增长量 G^*，可实现渔业的可持续发展；当鱼的种群数量位于 S_2 时，鱼的自然迁出和自然死亡量，与鱼的自然迁入和自然出生量相等，鱼群数量处于自然平衡状态。可知，每一鱼的种群数对应一个鱼的增长量，当鱼的捕获量等于鱼的增长量时，可实现最大捕获量下的渔业可持续发展。

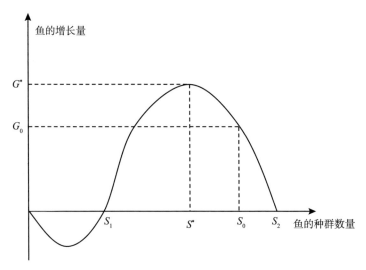

图 13 – 4　鱼的种群数量与鱼的增加量之间的关系

资料来源：沈满洪等：《生态经济学》，中国环境出版社 2016 年版。

（二）伏季休渔期制度

伏季休渔制度是为保护渔业资源制定的一项重要管理制度，规定在每年的某些水域、某些时段内不得从事渔业捕捞作业。由于休渔时段常规定在三伏季节，故称为伏季休渔。我国曾于 20 世纪末在黄海、东海和南海等地实施伏季休渔制度，休渔时长达 2.5 ~ 3 个月，休渔范围覆盖沿海 11 个省份和港澳地区，"中国渔政"的社会影响力大幅提升。

伏季休渔期制度的严格实施具有显著的生态效益、经济效益和社会效益。具体来看：（1）生态效益。制度的施行为产卵和幼鱼生长提供了条件，扭转了鲅鱼、带鱼等经济鱼类数量减少的趋势，一定程度上遏制了我国渔业资源的衰退，使种群结构得以改善，进而使渔业资源得以休养和恢复。（2）经济效益。休渔期内能够有效节省人才、财力和物力，大大降低生产成本；休渔期后渔获产量提升，且渔获物质量和规格提升。总体而言带来了经济收益的提升。（3）社会效益。该制度极大改变了渔民的作业习惯，渔民有更多的时间补网、检查和维护工具的安全性能，并通过制度科普、强制实施和技术培训等方式，带来了渔民法制观念、生态环境保护意识、捕鱼效率和渔船生产安全性的大幅提升；同时也转变了干部的执政观念，即渔业资源是有限的，只有改变滥捕的落后生产方式，才能实现渔业的可持续发展。

第五节　案例分析

案例一："基地＋农户"绿色供应链反馈仿真与生态农业振兴[*]

一、研究问题

生猪养殖企业通过建立沼气工程，处理生猪规模化养殖产生的大量排泄物，但由此产生的沼气、沼肥若不加以利用，又会造成二次污染，不仅制约了养殖企业的可持续发展，可能还会阻碍乡村振兴进程。为此，养种结合模式应运而生，即企业基于供应链视角，实现养殖产业和种植产业的有效链接。但也带来了另一个难题，即为延伸养殖业产业链，应如何选择合适的种植品种和规模。为解决上述问题，以南昌大学系统工程科研教学基地明鑫农场及周边亟待振兴的农户为例，构建"基地＋农户"同创共享绿色供应链系统，运用系统动力学方法建立仿真模型，利用仿真、反馈环及延迟三组合分析法，对该绿色供应链系统的振兴效益进行反馈仿真分析。

二、研究方法

（一）"基地＋农户"同创共享绿色供应链系统动力学仿真模型构建

1. 构建"基地＋农户"同创共享绿色供应链

为疏通沼气沼肥供应链，联合基地和农户，提出开发应用沼气、沼肥的

　＊　该案例节选自祝琴、吴玉婷、贾仁安等：《乡村产业振兴"基地＋农户"同创共享绿色供应链反馈仿真分析》，载于《数学的实践与认识》2021年第3期。

新途径：开发沼气发电上网；开发乡村集中供气；开发沼肥种植青饲料，养殖有机鱼和有机猪；开发沼肥种植雷竹；开发农户种植雷竹。在此基础上构建共享绿色供应链结构模型。

2. 建立"基地＋农户"同创共享绿色供应链流位流率系

基于供应链系统，依托养殖企业和农户两大主体，生猪养殖这一主要业务以及沼气、沼肥两大污染源头，建立流位流率系（见表13－4）：

表13－4 "基地＋农户"同创共享绿色供应链系统流位流率系

流位	流率
圈养猪存栏量 L1(t)（头）	圈养猪年入栏量 R11（t）（头/年）；圈养猪年出栏量 R12(t)（头/年）
有机猪存栏量 L2(t)（头）	有机猪年入栏量 R21（t）（头/年）；有机猪年出栏量 R22(t)（头/年）
沼气未开发量 L3(t)(m^3)	沼气年产生量 R31(t)(m^3/年)；沼气年应用量 R32(t)(m^3/年)
乡村振兴开发户数 L4(t)（户）	每年开发户变化量 R4(t)（户/年）
青饲料种植面积 L5(t)(hm^2)	青饲料面积变化量 R5(t)(hm^2/年)
有机鱼养殖面积 L6(t)(hm^2)	有机鱼年变化面积 R6(t)(hm^2/年)
场雷竹种植量 L71(t)（株）	场雷竹变化量 R71(t)（株/年）
农户雷竹种植量 L72(t)（株）	农户年雷竹变化量 R72(t)（株/年）
沼肥未开发量 L8(t)（吨）	沼肥年产生量 R81(t)（吨/年）；沼肥年应用量 R82（t）（吨/年）
场利润 L91(t)（万元）	场利润变化量 R91(t)（万元/年）
农户利润 L92(t)（万元）	农户利润变化量 R92(t)（万元/年）

3. 构建乡村产业振兴"基地＋农户"同创共享绿色供应链流率基本入树模型

分别建立 $T_1(t) \cdots T_{11}(t)$ 入树模型，并进行检验，具体步骤如图13－5所示。

以圈养猪 $T_1(t)$ 入树建立及结构行为检验为例：

（1）构建圈养猪入树 $T_1(t)$ 二部分图及结构模型。

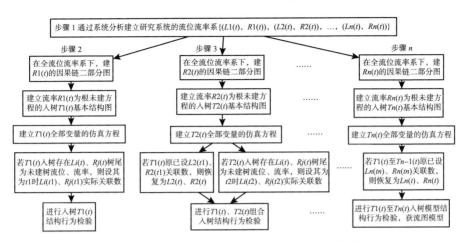

图13-5 逐树设撤关联数结构行为检验建模法步骤框图

（2）建立 $T_1(t)$ 入树的仿真方程，包括流位变量仿真方程、流入率的因果链枝变量仿真方程和流出率的因果链枝变量仿真方程。

（3）对 $T_1(t)$ 入树设撤关联数进行结构行为检验。根据逐树设撤关联数结构行为检验建模法，分别赋予流位变量有实际意义的初值并进行仿真。具体步骤为：第一，根据实际情况，预想 $T_1(t)$ 的基本结构和对应仿真方程情况下的系统行为。第二，设关联数后的 $T_1(t)$ 仿真，得到 $L_1(t)$ 仿真曲线。第三，比较以上仿真结构与预想的系统行为是否一致判断，若以上模型能仿真出结果，且仿真曲线与预想行为一致，则 $T_1(t)$ 建模正确，且仿真检验通过。

（4）入树模型等阶系统流图模型。在建立 $T_1(t)\cdots T_{11}(t)$ 入树模型的基础上，由11棵入树相同顶点重合，获得整体流图模型。通过11棵流率基本入树获得等价的整体流图模型，实现整体论与还原论有效结合建模，提高了模型的可靠性。

（二）"基地＋农户"同创共享绿色供应链系统动力学仿真模型构建

根据组织管理系统动力学理论，运用枝向量反馈环行列反馈环计算法计算乡村产业振兴"基地＋农户"同创共享绿色供应链系统反馈环数量，在此基础上，进行反馈环结构分析，进而剖析整个系统的动态行为。

1. 建立反馈环等阶的强简化基本入树模型

根据枝向量行列式反馈环计算原理，建立 11 棵入树强简化入树模型，如图 13 –6 所示。

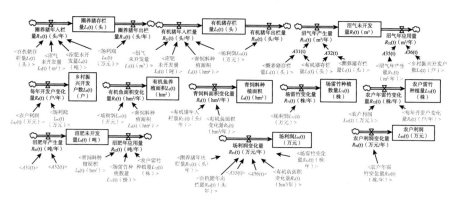

图 13 –6　反馈环结构等价强简化流率基本入树模型

2. 建立枝向量行列式并计算反馈环

根据强简化流率基本入树模型，建立枝向量行列式：

$$
A=\begin{bmatrix}
1 & (R_{11}, -, L_2) & (R_{11}, -, L_3) & 0 & 0 & 0 & 0 & 0 & (R_{11}, -, L_9) & \begin{matrix}(R_{11}, +, L_2)\\+(R_{12}, +, L_9)\end{matrix} & 0 \\
0 & 1 & (R_{21}, -, L_3) & 0 & 0 & (R_{21}, +, L_6) & 0 & 0 & (R_{21}, -, L_9) & \begin{matrix}(R_{21}, +, L_2)\\+(R_{22}, +, L_9)\end{matrix} & 0 \\
2(R_{31}, +, L_1) & 2(R_{31}, +, L_2) & 1 & (R_{32}, +, L_4) & 0 & 0 & 0 & 0 & 0 & 0 & 0 \\
0 & 0 & 0 & 1 & 0 & 0 & 0 & 0 & (R_4, +, L_9) & (R_4, +, L_{10}) & 0 \\
0 & 0 & 0 & 0 & 1 & (R_5, +, L_6) & 0 & 0 & (R_5, +, L_9) & 0 & 0 \\
0 & 0 & 0 & 0 & (R_6, +, R_5) & 1 & 0 & 0 & (R_6, +, L_9) & 0 & 0 \\
0 & 0 & 0 & 0 & 0 & 0 & 1 & 0 & (R_7, +, L_9) & 0 & 0 \\
0 & 0 & 0 & (R_{72}, +, R_4) & 0 & 0 & 0 & 1 & 0 & (R_8, +, L_{10}) & 0 \\
2(R_{91}, +, L_1) & 2(R_{91}, +, L_2) & 0 & 0 & (R_{92}, +, L_6) & (R_{92}, +, L_5) & (R_{92}, +, L_7) & 1 & 0 & 0 & 0 \\
(R_{91}, +, R_{12}) & (R_{91}, +, R_{22}) & (R_{91}, +, L_3) & (R_9, +, L_4) & 0 & (R_9, +, R_5) & 0 & 0 & 0 & 1 & 0 \\
0 & 0 & 0 & 0 & 0 & 0 & 0 & (R_{10}, +, R_{72}) & 0 & 0 & 1
\end{bmatrix}
$$

（1）沼气能源开发应用供应链反馈环：

$(R_{11}, -, L_2)(R_{21}, -, L_3)2(R_{31}, +, L_1)$，$(R_{11}, -, L_3)2(R_{31}, +, L_1)$，$(R_{21}, +, L_{91})(R_{91}, +, R_{31})2(R_{31}, +, L_2)$，$(R_{11}, -, L_3)2(R_{31}, +, L_2)(R_{21}, +, L_{91})(R_{91}, +, R_{12})$，$(R_{11}, +, L_{91})(R_{91}, +, R_{22})(R_{21}, -, L_3)2(R_{31}, +, L_1)$，$(R_{21}, -, L_3)2(R_{31}, +, L_2)$

（2）沼气能源开发应用供应链反馈环：

$$(R_{11}, -, L_2)(R_{21}, +, L_6)(R_6, +R_5)(R_5, +, L_{91})(R_{91}, +, R_{12})$$
$$(R_{11}, -, L_2)(R_{21}, -, L_8)2(R_{81}, +, L_1), (R_{11}, -, L_8)2(R_{81}, +, L_1), (R_{11}, -, L_8)2(R_{81}, +, L_2)(R_{21}, +, L_6)(R_6, +, R_5)(R_5, +, L_{91})(R_{91}, +, R_{12}), (R_{11}, -, L_8)2(R_{81}, +, L_2)(R_{21}, +, L_{91})(R_{91}, +, R_{12}), (R_4, +, L_{92})(R_{92}, +, R_{72})(R_{72}, +, R_4), (R_{11}, +, L_{91})(R_{91}, +, R_{22})(R_{21}, -, L_8)2(R_{81}, +, L_1), (R_{21}, -, L_8)2(R_{81}, +, L_2), (R_{11}, +, L_{91})(R_{91}, +, R_5)(R_5, +, L_6)(R_6, +, R_{21})(R_{21}, -, L_8)2(R_{81}, +, L_1), (R_{72}, +, L_{92})(R_{92}, +, L_{72}), (R_{21}, +, R_6)(R_6, +, R_5)(R_5, +, L_{91})(R_{91}, +, R_{22}), (R_{21}, +, L_{91})(R_{91}, +, R_5)(R_5, +, L_6)(R_6, +, R_{21})$$

（3）利润反馈环及沼气沼肥交叉反馈环：

$$(R_{11}, -, L_3)2(R_{31}, +, L_2)(R_{21}, +, L_6)(R_6, +, R_5)(R_5, +, L_{91})(R_{91}, +, R_{12})(R_4, +, L_{91})(R_{91}, +, L_4)(R_{11}, -, L_3)2(R_{31}, +, L_2)(R_{21}, -, L_8)2(R_{81}, +, L_1)(R_{11}, -, L_8)2(R_{81}, +, L_2)(R_{21}, -, L_3)2(R_{31}, +, L_1), (R_{11}, +, L_{91})(R_{91}, +, R_5)(R_5, +, L_6)(R_6, +, R_{21})(R_{21}, -, L_3)2(R_{31}, +, L_1)(R_{11}, +, L_{91})(R_{91}, +, R_{12}), (R_{21}, +, L_{91})(R_{91}, +, R_{22}), (R_{11}, -, L_2)(R_{21}, +, L_{91})(R_{91}, +, R_{12})$$

计算得出的反馈环分为三类，分别是沼气能源开发应用供应链反馈环、沼肥资源开发应用供应链反馈环、利润反馈环及沼气沼肥交叉反馈环，依次有12条、19条和16条。其中，二阶至五阶反馈环依次有16条、6条、19条和6条。

3. 确定乡村产业振兴"基地＋农户"同创共享绿色供应链子系统

从供应链的角度将系统划分两个子系统，即沼气能源开发应用绿色供应链子系统和沼肥资源开发应用绿色供应链子系统。

三、乡村产业振兴"基地＋农户"同创共享绿色供应链系统三效益分析

基于反馈环计算结果，分别构建该绿色供应链的社会效益、环境效益和经济效益反馈环，运用系统动力学仿真、反馈环及延迟三组合分析技术，分

析"基地＋农户"同创共享绿色供应链系统的振兴效益。

（一）社会效益

沼气能源开发应用绿色供应链环境效益反馈环对应的枝向量行列式反馈环为$(R_4, +, L_{92})(R_{92}, +, R_{72})(R_{72}, +, L_4)$，恢复为"乡村振兴开发户数$L_4(t)$（户）$\xrightarrow{+}$农户雷竹变化量$R_{72}(t)$（株/年）$\xrightarrow{+}$农户利润变化量$R_{92}(t)$（万元/年）$\xrightarrow{+}$农户利润$L_{92}(t)$（万元）$\xrightarrow{+}$农户利润影响因子$A_{42}(t)$$\xrightarrow{+}$每年开发户变化量$R_4(t)$（户/年）$\xrightarrow{+}$乡村振兴开发户数$L_4(t)$（户）"。反馈环包含6条正因果链，构成正反馈环。该反馈环含有乡村振兴开发户数$L_4(t)$（户）和农户利润$L_{92}(t)$（万元）两个流位变量，共存在二阶延迟。

一方面，从沼肥资源开发应用绿色供应链社会效益反馈环三组合来看：一是随正负因果链变化三组合分析。从该反馈环的六条正因果链分析，乡村振兴开发农户数$L4(t)$增加，农户年雷竹变化量$R_{72}(t)$（株/年）、农户利润变化量$R_{92}(t)$（万元/年）、农户利润$L_{92}(t)$（万元）依次增加。二是随反馈环反馈变化三组合分析。乡村振兴开发户数增加，农户利润增加，经过一个动态反馈，乡村振兴农户数增加，又开始新一轮反馈动态变化，且不断进行如此变化直至平衡状态。此外，反馈环变化使农户年雷竹变化量$R_{72}(t)$（株/年）增加，所以$L_{72}(t)$和$R_{82}(t)$会相应增加。三是随延迟效果三组合分析。该反馈环存在：乡村振兴开发户数$L_4(t)$（户）（一阶延迟）和农户利润$L_{92}(t)$（万元）（一阶延迟），共二阶延迟，揭示乡村振兴开发农户的复杂性以及农户利润的重要性。

另一方面，从沼肥资源开发应用绿色供应链社会效益反馈环仿真来看（见表13-5）：乡村振兴开发农户数$L_4(t)$、农户雷竹种植量$L_{72}(t)$、农户利润$L_{92}(t)$前期均处于快速增长阶段，随着系统的完善发展和稳定运行，增长速度逐渐缓慢直至平稳。$L_{72}(t)$和$L_{92}(t)$二者增长率同步变化，农户主要收入来源于沼肥雷竹种植。

表 13 − 5   **沼肥供应链社会效益指标仿真结果**

项目	2018 年	2019 年	2020 年	2021 年	2022 年	2025 年	2026 年	2027 年	2028 年	2029 年	2030 年
$L_4(t)$ （户）	0	16	63	111	155	249	276	302	302	302	302
增长率	—	—	2.938	0.762	0.396	—	0.108	0.094	0	0	0
$L_{72}(t)$ （株）	0	3912	15475	29600	51725	66535	69047	73897	73897	73897	73897
增长率	—	—	2.956	0.913	0.747	—	0.038	0.070	0	0	0
$L_{92}(t)$ （万元/年）	0	21.3804	84.5612	161.744	282.642	363.568	377.297	403.798	403.798	403.798	403.798
增长率	—	—	2.955	0.913	0.747	—	0.038	0.070	0	0	0

（二）环境效益分析

1. 沼气能源开发应用绿色供应链环境效益分析

与社会效益分析模式类似，沼气能源开发应用绿色供应链环境效益反馈环对应枝向量行列式反馈环为 $(R_{21}, -, L_3)2(R_{31}, +, L_2)$，反馈环中包含 5 条正因果链和 1 条负因果链，构成负反馈环。该反馈环含有有机猪存栏量 $L_2(t)$（头）和沼气未开发量 $L_3(t)$（m^3）两个流位变量，存在二阶延迟。根据仿真定量结果，2019 ~ 2027 年，沼气年应用量呈减速增长趋势，2027年后，增长率趋于零，此结果符合实际。

2. 沼肥资源开发应用绿色供应链环境效益分析

沼肥资源开发应用绿色供应链环境效益反馈环对应枝向量行列式反馈环为 $(R_{21}, -, L_8)2(R_{81}, +, L_2)$，包含 5 条正因果链和 1 条负因果链，构成负反馈环。该反馈环含有有机猪存栏量 L_2（头）和沼肥未开发量 $L_8(t)$（吨）两个流位变量，存在二阶延迟。根据仿真定量结果，沼肥年应用量 $R_{82}(t)$ 一直保持增长，后期增长速度较前期缓慢，这一点符合实际发展情况。

（三）经济效益分析

1. 沼气能源开发应用绿色供应链经济效益分析

沼气能源开发应用绿色供应链经济效益反馈环对应枝向量行列式反馈环

为（R_{21}，＋，L_{91}）（R_{91}，＋，R_{31}）2（R_{31}，＋，L_2），含有9条正因果链，有有机猪存栏量 $L_2(t)$（头）和场利润 $L_{91}(t)$（万元）两个流位变量，共二阶延迟。根据仿真定量结果，沼气发电用气量 $A_{35}(t)$ 和沼气发电利润变化量 $A_{916}(t)$ 从2019年开始有数值，上网电价固定时，$A_{916}(t)$ 的值随 $A_{35}(t)$ 变化，年发电用气量波动后趋于稳定；年发电利润基本稳定在14万~15万，发电产生的都是正向利润。从场利润的角度也可以看出，场利润一直处于增长状态，特别是2020年之后破两百万，且保持减速增长，说明养殖基地后续发展有足够资金支持。

2. 沼肥供应链至青饲料种植经济效益分析

沼肥供应链至青饲料种植养殖有机鱼经济效益反馈环对应枝向量行列式反馈环为（R_{21}，＋，L_{91}）（R_{91}，＋，R_5）（R_5，＋，L_6）（R_6，＋，R_{21}），有20条正因果链，含青饲料沼肥种植面积 $L_6(t)$（hm^2）和场利润 $L_{91}(t)$（万元）两个流位变量，存在二阶延迟。根据仿真定量结果，青饲料种植面积前期迅速增长，后减速增长直至稳定；有机鱼养殖面积隔年稳步减速增长直至稳定；有机鱼年利润变化量与有机鱼养殖面积变化量相关，每年有机鱼都产生正向利润。场总利润稳步增长，基地保持正向利润增长，有足够资金引力推动振兴事业发展。

3. 沼肥供应链至雷竹种植经济效益分析

该反馈环为沼肥供应链至雷竹种植经济效益一阶反馈环，含有5条正因果链，仅有场利润 $L_{91}(t)$（万元）这一个流位变量，存在一阶延迟。根据仿真定量结果，场雷竹种植前期快速增长，直至2028年后，雷竹成林至生态稳定，人工种植量保持稳定，这种变化趋势符合雷竹的生长周期。

（四）管理对策

根据反馈和仿真结果，为了拓展系统动力学在生态农业供应链中的应用，加快实施乡村振兴战略，在规模化养殖企业进行污染防控和推行生态循环农业模式方面，提出两条可资借鉴的方案：一是建立完善的沼气发电系统和乡村供气系统；二是结合农业供给侧改革，振兴养殖业，延伸种植产业链。

案例二：中国农业生态效率空间分析
——水足迹与灰水足迹视角*

一、研究背景

农业是我国国民经济的基础部门，随着我国农业技术的进步，农业生产规模得到明显提升。但我国农业生产带来的农业污染却日益加剧，农业污染已取代工业污染成为我国第一大污染源。与此同时，我国农业用水长期占据全国供水总量的一半以上，农业污染加重了我国水体污染。推进农业绿色发展是转变农业发展方式、推进农业产业转型升级的必然选择，这就要求农业生产最大限度地减小环境负外部性，不仅要关注农业经济效益还要更加关注其环境效益。如何从经济效益与环境效益双赢角度，提高农业生态效率（AEE，Agro-ecological efficiency）是我国实现我国农业可持续发展的关键。从农业水足迹与农业灰水足迹角度出发，农业生态效率关注农业投入中农业水资源效用、农业水污染与农业产出的关系，是一种在农业生产中保证农业产出最大化情况下水资源效益的最大限度发挥与农业水污染最小的农业生态可持续发展模式。

一些研究测度农业生态效率时没有将非期望产出指标纳入考量，或用农业面源污染指标代替非期望产出，并未体现农业活动对水环境的影响。而农业灰水足迹指标比农业面源污染指标更能反映农业生产的水污染状况。同时，农业生产和生态问题离不开土地、用水等投入和水污染因素，这些因素具有明显的地理特性，而农业生态效率具有明显的地理属性和空间特征，其空间外部性对我国区域农业生态效率有着潜在的重要影响。整体来看，目前对全国区域农业生态效率及其影响因素的研究成果较为鲜见，尤其是考虑空间性因素并纳入水足迹与灰水足迹指标，应用非期望产出的 SBM 模型的全国区域农业生态效率测度和驱动因素的研究成果更为少见。

---

　　* 该案例节选自王圣云、林玉娟：《中国区域农业生态效率空间演化及其驱动因素——水足迹与灰水足迹视角》，载于《地理科学》2021 年第 2 期。

二、研究方法

（一）基于 SBM 模型的农业生态效率评价方法

构建的中国农业生态效率评价指标体系分为投入和产出两方面指标。投入指标包括土地、人力、化肥、机械、用水等变量。产出指标分为期望产出与非期望产出指标，期望产出指标选取农林牧渔业生产总值（亿元），非期望产出指标选取农业灰水足迹（立方米），构建的我国农业生态效率的评价指标体系如表 13 - 8 所示。

表 13 - 8　　　　　　　　　　我国农业生态效率评价指标体系

指标	变量	变量说明	备注
资源投入	土地投入	农作物播种面积（千公顷）	反映农业实际耕作面积
	人力投入	农林牧渔业从业人员数（万人）	农业人力资源状况
	化肥投入	农用化肥施用择纯量（万吨）	水环境重要的污染源
	机械投入	农业机械总动力（万千瓦时）	反映农业现代化程度
	用水投入	农业水足迹（立方米）	农业用水强度
非期望产出	水污染	灰水足迹（立方米）	农业水污染程度
期望产出	农业产出	农林牧渔业生产总值（亿元）	以 1990 年为基期进行可比价格换算处理

SBM 模型解决了松弛改进部分在效率值测量中未体现问题。假设有 n 个决策单元，且每个决策单元有投入向量、期望产出向量和非期望产出向量，分别表示为 $x \in R_m$，$y^g \in R_{s_1}$，$y^b \in R_{s_2}$。定义矩阵为 X，Y^g，Y^b，分别为 $X = (X_{ij}) \in R_{m \times n}$，$Y^g = (y_{ij}^g) \in R_{S1 \times n}$，$Y^b = (y_{ij}^b) \in R_{S2 \times n}$。其表达公式如下：

$$\min\rho = \frac{1 - \dfrac{1}{m}\sum_{i=1}^{m} s_i^- / x_{ik}}{1 + \dfrac{1}{S_1 + S_2}\left(\sum_{r=1}^{s_1} S_r^g / y_{r0}^g + \sum_{r=1}^{s_2} S_r^b / y_{r0}^b\right)}$$

$$s.t.\ X\lambda + S^- = x_0$$

$$Y^g \lambda - S^g = y_0^g$$

$$Y^b \lambda + S^b = Y_0^b$$

$$\lambda, \ s^-, \ s^g, \ S^b \geqslant 0$$

式中 S_i^-、S_r^g、S_r^b 分别表示第 i_0 个决策段的投入冗余量、期望产出不足量及非期望产出超标量；S^-、S^g、S^b 表示其对应的向量；λ 为权重向量，SBM 模型采用 ρ 表示被评价 DMU 效率值，如果 ρ 等于 1，则表示被评价 DMU 效率为强有效，不存在径向效率弱有效问题。

（二）水足迹与灰水足迹测算方法

计算农业水足迹采用 Bottom-up 分析法，计算公式为：

$$W = \sum (V_j C_j)$$

式中 W 为水足迹，V_j 为单位 j 产品的虚拟含水量，C_j 为生产 j 产品总量。

我国农业产品主要有粮食和农畜产品，粮食产品主要有水稻、小麦、玉米、大豆、薯类，农畜产品主要有蔬菜、肉类、蛋类、奶类、食用油、水产品、果类。我国农业主要粮食和农畜产品及其虚拟水含量参照相关文献。农业灰水足迹分为种植业灰水足迹和畜禽养殖业灰水足迹。种植业灰水足迹主要指作物生长过程中施用的化肥除作物利用外，其余部分通过径流过程进入水体，造成水体污染。基于氮肥淋失率较高，在化肥施用中比例最大，水污染份额也最大，种植业灰水足迹选取氮肥作为污染物，并假定氮肥固定比例进入水体（氮肥淋失率）来计算种植业灰水足迹。种植业灰水足迹计算公式为：

$$WF_{pla} = \frac{\alpha \times Appl}{C_{max} - C_{nat}}$$

式中 WF_{pla} 为种植业灰水足迹（m^3/a），α 为氮肥淋失率，$Appl$ 为氮肥施用量（kg/a），C_{max} 表示受纳水体的最大容许度（kg/m^3），C_{nat} 表示受纳水体自然本底浓度，一般取 0 表示。

畜禽养殖业灰水足迹是禽粪便、尿液的随意排放对水体造成污染，选取具有代表性的猪、牛、羊和家禽养殖排污作为考量对象，为避免重复计算，饲养周期小于一年的猪与家禽数量取年末出栏量表示，饲养周期大于一年的牛和羊的数量取年末存栏量。畜禽养殖业污染负荷为：

$$L_{bre(i)} = \sum_{h=1}^{4} N_h \times D_h (f_h \times p_{hf} \times \beta_{hf} + u_h \times p_{hu} \times \beta_{hu})$$

式中 $L_{bre(i)}$ 为禽畜养殖业污染负荷；h 为猪、牛、羊、家禽；N_h 为 h 的养殖数量；D_h 为 h 的养殖周期；f_h 为 h 的日排粪便量；p_{hf} 为 h 的单位粪便污染物含量；β_{hf} 为单位粪便污染物进入水体流失率；u_h 为 h 的日排尿量；p_{hu} 为 h 的单位尿污染物含量；β_{hu} 为 h 的单位尿污染物进入水体流失率。由于受纳水体可以同时稀释多种污染物，受纳水体污染程度由最大污染物决定。结合畜禽排泄污染物含量，选取 COD 和 TN 评价畜禽养殖业灰水足迹，取 COD 和 TN 灰水足迹最大值，畜禽养殖业灰水足迹计算公式为：

$$WF_{bre} = \max(WF_{bre(COD)}, \ WF_{bre(TN)})$$

式中 WF_{bre} 为畜禽养殖业灰水足迹，$WF_{bre(i)} = \dfrac{L_{bre(i)}}{C_{max} - C_{nat}}$，$i$ 为 COD 或 TN，$WF_{bre(i)}$ 为 COD 或 TN 造成的畜禽养殖业灰水足迹，$WF_{bre(COD)}$ 为 COD 造成的畜禽养殖业灰水足迹，$WF_{bre(TN)}$ 为 TN 造成的畜禽养殖业 TN 灰水足迹，将畜禽和种植灰水足迹相加和 COD 的灰水足迹比较取最大值，农业灰水足迹（WF）的计算公式为：

$$WF = \max(WF_{bre(COD)}, \ WF_{pla} + WF_{bre(TN)})$$

（三）重心模型

区域重心是衡量某种属性在区域上总体分布状况的一个指标，其分布趋势可以揭示属性在空间分布不均衡程度，重心坐标计算公式为：

$$X = \frac{\sum_{i=1}^{n} M_i x_i}{\sum_{i=1}^{n} M_i}, \ Y = \frac{\sum_{i=1}^{n} M_i y_i}{\sum_{i=1}^{n} M_i}$$

式中，X、Y 表示研究区域重心经纬度，$n = 31$，M_i 为 i 省份灰水足迹，x_i、y_i 为 i 省份经纬度。

（四）空间自相关和马尔科夫概率转移模型

全局 Moran I 指数可以测度观测值在空间分布的差异和相关性，但只能显示研究区域整体特征，无法揭示研究区域的局部状况，而通过局部 Moran I 指数绘制 Moran 散点图则可以直观显示研究区域局部特征。全局 Moran I 指数和局部 Moran I 指数定义为：

$$I(d) = \frac{\sum\limits_{i}^{n} \sum\limits_{j \neq i}^{n} w_{ij}(x_i - \overline{x})(x_j - \overline{x})}{S^2 \sum\limits_{i}^{n} \sum\limits_{j \neq i}^{n} w_{ij}}$$

$$I_i = \frac{(x_i - \overline{x})}{\sum\limits_{i} (x_i - \overline{x})^2} \times \sum\limits_{j} W_{ij}(x_j - \overline{x})$$

式中，$S^2 = \frac{1}{n} \sum\limits_{i}^{n} (x_i - \overline{x})^2$，$\overline{x} = \frac{1}{n} \sum\limits_{i=1}^{n} x_i$，$n$ 为省份个数，x_i 表示 i 省份农业生态效率值，W_{ij} 是空间权重矩阵，当 i 省份与 j 省份相邻时 $W_{ij} = 1$，反之 $W_{ij} = 0$。

Ray 将局部 Moran I 散点图各个样本的距离、方向、凝聚等属性嵌入马尔科夫链，提出局部马尔科夫概率转移和时空跃迁，并分为 4 种类型的跃迁。Type1 类型，样本自身发生跃迁，其邻域不变，包括 $XX_t \rightarrow YX_{t+1}$，$YX_t \rightarrow XX_{t+1}$，$XY_t \rightarrow YY_{t+1}$，$YY_t \rightarrow XY_{t+1}$；Type2 类型，样本自身不变，其邻域发生跃迁，包括 $XX_t \rightarrow XY_{t+1}$，$YX_t \rightarrow YY_{t+1}$，$XY_t \rightarrow XX_{t+1}$，$YY_t \rightarrow YX_{t+1}$；Type3 类型，样本自身及邻域都发生跃迁，若跃迁方向相同包括 $XX_t \rightarrow YY_{t+1}$，$YY_t \rightarrow XX_{t+1}$；若跃迁方向相反则包括 $LH_t \rightarrow HL_{t+1}$，$HL_t \rightarrow LH_{t+1}$；Type4 类型，随着时间推移，样本不发生形态跃迁，全部位于转移矩阵主对角线上，包括 $XX_t \rightarrow XX_{t+1}$，$LH_t \rightarrow LH_{t+1}$，$LL_t \rightarrow LL_{t+1}$，$HL_t \rightarrow HL_{t+1}$。依据四种类型跃迁数量，可以得出 Moran I 空间集聚度：

$$C_t = \frac{S_{4,t}}{M}$$

式中，C_t 为空间集聚度，$S_{4,t}$ 为 t 年发生 Type4 类型跃迁数量，M 为跃迁可能数。

三、结果分析

（一）中国农业水足迹和灰水足迹的时空演变

从图 13 – 7 可知，1990 ~ 2016 年我国农业水足迹总体呈上升态势，我国农业水足迹总量由 $9.36 \times 10^{12} \text{m}^3$ 增长为 $24 \times 10^{12} \text{m}^3$。

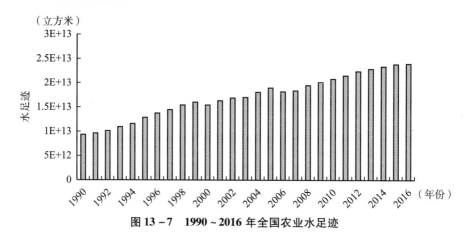

图 13 −7　1990～2016 年全国农业水足迹

　　1990 年，我国农业水足迹空间分布整体呈"东高西低"态势。我国高农业水足迹区域集中分布于长江沿线与黄河下游，重心位于长江沿线。2016年，我国各省份农业水足迹与 1990 年相比都有大幅增加，但农业水足迹"东高西低"的空间格局没有改变，西藏依旧为农业水足迹最低省份，但我国高农业水足迹的区域主要分布在黄河下游地区（见表 13 −7）。

表 13 −7　　　　　　　　　　　中国各省份水足迹变化　　　　　　　　　单位：亿立方米

省份	1990 年	2000 年	2010 年	2016 年	均值	省份	1990 年	2000 年	2010 年	2016 年	均值
安徽	514.30	829.27	1038.63	1163.11	874.04	辽宁	294.31	543.58	937.42	1049.98	694.64
北京	68.45	80.15	78.99	53.78	79.74	内蒙古	184.23	336.20	710.15	824.28	487.36
福建	262.41	555.75	616.41	763.42	542.58	宁夏	35.69	61.90	126.95	153.17	87.37
甘肃	139.07	180.96	295.69	378.01	238.13	青海	26.08	33.09	49.55	54.90	40.49
广东	611.43	923.42	1073.97	1205.15	934.55	山东	730.31	1572.82	1998.90	2239.00	1676.47
广西	342.16	649.69	791.58	968.21	663.83	山西	158.51	216.06	297.25	383.50	254.81
贵州	180.63	304.31	344.22	421.09	308.68	陕西	213.32	310.90	472.35	559.84	372.25
海南	54.39	123.31	201.94	244.09	150.48	上海	83.11	94.33	66.24	51.59	78.61
河北	432.14	949.65	1193.38	1380.79	1007.80	四川	966.59	1015.48	1220.93	1355.32	1111.65
河南	552.96	1163.84	1813.16	2060.78	1358.26	天津	47.02	67.08	94.11	103.92	80.63

续表

省份	1990 年	2000 年	2010 年	2016 年	均值	省份	1990 年	2000 年	2010 年	2016 年	均值
黑龙江	392.62	558.89	1031.02	1202.15	762.44	西藏	11.34	18.50	27.67	30.90	21.57
湖北	521.26	797.56	1042.55	1216.72	879.26	新疆	121.80	204.08	385.75	539.37	277.93
湖南	588.69	869.91	1074.01	1214.30	915.25	云南	215.09	386.63	546.88	718.69	444.26
吉林	239.32	345.60	506.29	606.13	420.54	浙江	370.89	536.97	578.17	593.83	531.06
江苏	604.00	920.82	1072.54	1141.18	935.79	重庆	—	298.76	364.87	427.37	251.13
江西	396.34	517.85	738.53	852.01	615.68	均值	311.95	498.95	670.65	772.79	551.53

从我国各省份灰水足迹来看，1990 年我国农业灰水足迹整体呈现"南高北低"以及东部沿海较低的空间特征。高灰水足迹省份有中部的河南和西部的四川。灰水足迹较低的省份多位于东北和西北，以及东南沿海的浙江、福建、江苏、上海和中部的江西、山西。到 2016 年，我国农业高灰水足迹分布区域明显扩大，而低灰水足迹分布范围减小。2016 年高农业灰水足迹范围扩展到云南、四川、河南、山东，高农业灰水足迹区域呈连片分布态势（见表 13 -8）。

表 13 -8 　　　　　　　　中国各省份灰水足迹变化 　　　　　　　单位：亿立方米

省份	1990 年	2000 年	2010 年	2016 年	均值	省份	1990 年	2000 年	2010 年	2016 年	均值
安徽	91.73	112.72	69.32	76.40	92.22	辽宁	31.06	57.82	97.31	106.41	71.10
北京	6.11	11.17	9.53	6.29	9.38	内蒙古	69.11	68.27	124.69	121.66	92.17
福建	27.69	35.03	36.60	44.15	35.67	宁夏	5.37	11.55	16.41	20.03	13.04
甘肃	60.26	61.83	78.20	80.56	69.63	青海	90.76	66.92	76.63	82.04	76.55
广东	95.07	112.24	103.12	96.79	102.98	山东	106.59	206.27	157.98	170.65	177.45
广西	124.10	150.80	114.61	112.78	129.37	山西	32.57	42.43	21.44	25.53	32.73
贵州	102.72	116.53	101.53	98.51	107.46	陕西	44.21	48.77	35.88	33.56	42.88
海南	21.33	26.62	20.90	19.94	23.06	上海	7.78	11.07	5.04	3.11	7.25
河北	45.39	145.68	101.93	106.93	114.07	四川	210.20	212.15	218.70	219.89	215.63
河南	156.81	255.48	215.22	206.84	221.69	天津	3.38	6.68	9.64	10.25	8.00
黑龙江	43.30	85.93	101.72	97.28	87.12	西藏	85.06	88.47	102.27	101.99	96.89

省份	1990 年	2000 年	2010 年	2016 年	均值	省份	1990 年	2000 年	2010 年	2016 年	均值
湖北	70.24	90.64	97.37	107.12	91.61	新疆	59.54	69.22	60.34	76.06	67.63
湖南	87.78	133.57	129.95	136.15	125.21	云南	133.02	155.94	145.80	156.17	143.07
吉林	34.58	84.52	89.98	86.95	78.91	浙江	25.14	25.37	31.81	19.34	27.20
江苏	38.97	56.23	59.99	56.73	54.97	重庆	0.00	43.95	44.33	48.45	32.33
江西	62.81	76.86	77.97	86.98	76.97	均值	65.76	86.15	82.46	84.37	81.43

进一步采用重心模型计算 1990～2016 年我国农业灰水足迹重心变动轨迹图（见图 13-8）。1990～2016 年我国农业灰水足迹重心一直位于湖北省内，农业灰水足迹重心位置较为稳定。1990～2016 年我国农业灰水足迹重心呈现了由西南向东北移动的趋势，这也表明我国高灰水足迹区域由西南向东北方向扩展。

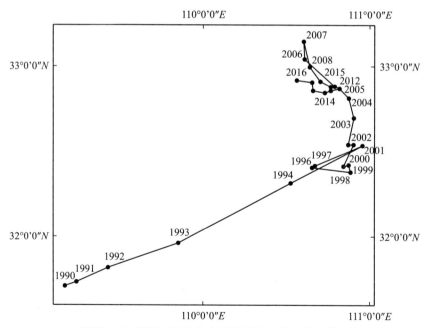

图 13-8　1990～2016 年中国农业灰水足迹重心轨迹

（二）中国区域农业生态效率变化分析

使用 MaxDEA 软件应用 SBM 模型对 1990～2016 年中国 31 个省份的农业生态效率进行测算。图 13–9 显示，1990～2016 年全国七大区域农业生态效率整体都呈下降趋势，表明我国农业生态状况持续快速恶化，农业污染不断加重。

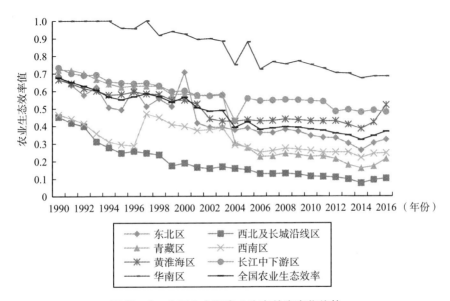

图 13–9 中国七大区农业生态效率变化趋势

从我国七大区域农业生态效率变化趋势看，1990～2016 年我国七大区域农业生态效率均有不同程度的下降，农业投入转化为期望产出效率持续下降，农业污染加大。同时农业生态效率值在全国呈现东高西低态势，处于西部地带的青藏区、西南区、西北及长城沿线区为我国农业生态效率低值地区。东北区和黄淮海区是我国农业灰水足迹扩张的主要区域，农业生态效率值也相应较低。长江中下游区农业生态效率变化相比于其他区域较为平缓。华南区是全国农业生态效率最高区域，但华南区也同样面临农业污染加剧，农业生态效率急剧下降的问题，华南区农业生态效率由 1990～1994 年的农业生态效率有效状态下降至 0.75 的水平。

从各省份来看（见表 13 - 9），1990 ～ 2016 年农业生态效率仅北京、海南 2 个省份为农业生态效率有效，江苏、上海、浙江的农业生态效率也较高，达 0.9 以上，我国农业生态效率整体较低。同时我国各省市农业生态效率还存在较大差距。

表 13 - 9　　　　　　　　　中国各省市农业生态效率得分

省份	1990 年	2000 年	2010 年	2016 年	均值	省份	1990 年	2000 年	2010 年	2016 年	均值
安徽	0.54	0.36	0.30	0.30	0.35	辽宁	0.94	0.85	0.64	0.66	0.76
北京	1.00	1.00	1.00	1.00	1.00	内蒙古	0.61	0.38	0.29	0.26	0.38
福建	1.00	1.00	0.75	0.63	0.86	宁夏	0.43	0.24	0.23	0.24	0.26
甘肃	0.42	0.32	0.29	0.29	0.32	青海	0.56	0.34	0.31	0.32	0.37
广东	1.00	0.82	0.66	0.61	0.78	山东	0.65	0.49	0.44	0.46	0.49
广西	0.53	0.43	0.40	0.37	0.44	山西	0.43	0.28	0.23	0.23	0.27
贵州	0.6	0.30	0.25	0.25	0.33	陕西	0.50	0.34	0.33	0.33	0.36
海南	1.00	1.00	1.00	1.00	1.00	上海	1.00	1.00	1.00	0.62	0.94
河北	0.52	0.34	0.33	0.33	0.36	四川	0.46	0.40	0.37	0.36	0.39
河南	0.49	0.35	0.30	0.30	0.35	天津	1.00	1.00	0.65	1.00	0.82
黑龙江	0.65	1.00	0.36	0.34	0.44	西藏	1.00	1.00	0.45	0.42	0.73
湖北	0.70	0.51	0.40	0.43	0.49	新疆	1.00	0.56	0.40	0.35	0.55
湖南	0.66	0.43	0.38	0.35	0.45	云南	0.59	0.35	0.31	0.30	0.37
吉林	0.67	0.44	0.42	0.38	0.47	浙江	1.00	1.00	1.00	1.00	0.99
江苏	1.00	1.00	1.00	1.00	0.99	重庆	—	1.00	0.67	0.68	0.78
江西	0.60	0.46	0.36	0.40	0.45	均值	0.72	0.61	0.50	0.49	0.57

（三）中国农业生态效率空间集聚与时空类型跃迁

运用 Geoda 软件基于邻接 Queen 空间权重矩阵计算我国 31 个省份农业生态效率的全局自相关 Moran I 指数，结果如表 13 - 10 所示。1990 ～ 2016 年我国农业生态效率全局自相关 Moran I 指数介于 0.235 ～ 0.442 之间，并通过了 5% 的显著性检验，表明 1990 ～ 2016 年我国农业生态效率存在强烈的空间正相关，即邻近省市的农业生态效率存在空间集聚。

表 13 - 10　　　　　　　　**我国农业生态效率全局自相关 Moran I 指数**

变量	1990年	1991年	1992年	1993年	1994年	1995年	1996年	1997年	1998年	1999年	2000年	2001年	2002年	2003年
Moran's I	0.361	0.356	0.386	0.376	0.419	0.405	0.363	0.331	0.280	0.286	0.235	0.292	0.288	0.276
Z - value	3.043	3.054	3.259	3.255	3.650	3.614	3.162	2.877	2.555	2.536	2.171	2.694	2.612	2.651
P - value	0.005	0.004	0.001	0.003	0.001	0.002	0.004	0.007	0.012	0.010	0.015	0.013	0.007	0.012

变量	2004年	2005年	2006年	2007年	2008年	2009年	2010年	2011年	2012年	2013年	2014年	2015年	2016年	
Moran's I	0.291	0.438	0.438	0.443	0.437	0.444	0.445	0.442	0.367	0.377	0.376	0.365	0.368	
Z - value	2.738	3.956	3.978	3.864	4.116	4.099	4.098	4.030	3.285	3.433	3.570	3.277	3.412	
P - value	0.012	0.002	0.002	0.001	0.001	0.001	0.002	0.001	0.006	0.003	0.005	0.002	0.002	

　　运用空间概率转移矩阵和时空跃迁计算 1990～2016 年局部莫兰指数的转移概率及莫兰指数空间集聚度（见表 13 - 11）。1990～2016 年我国各省市农业生态效率空间格局较为稳定，Type4 类型概率最大，显示出强跃迁惰性，不同类型间省市未发生显著跃迁，但 LH 和 HL 集聚类型向上转移和向下转移较为活跃。1990～2016 年我国农业生态效率莫兰指数空间集聚度 C 上升，意味着我国农业生态效率的空间稳定性提高，我国省域农业生态效率具有明显的路径锁定。

表 13 - 11　　　　　　　　　　　**空间转移矩阵**

项目		HH	LH	LL	HL	C	项目		HH	LH	LL	HL	C
1990～1996年	HH	0.267 (Type4)	0.000 (Type1)	0.000 (Type3)	0.000 (Type2)	0.956	1997～2016年	HH	0.234 (Type4)	0.000 (Type1)	0.000 (Type3)	0.003 (Type2)	0.968
	LH	0.000 (Type1)	0.111 (Type4)	0.022 (Type2)	0.000 (Type3)			LH	0.000 (Type1)	0.087 (Type4)	0.012 (Type2)	0.000 (Type3)	
	LL	0.000 (Type3)	0.017 (Type2)	0.483 (Type4)	0.000 (Type1)			LL	0.000 (Type3)	0.010 (Type2)	0.584 (Type4)	0.002 (Type1)	
	HL	0.000 (Type2)	0.000 (Type3)	0.006 (Type1)	0.094 (Type4)			HL	0.003 (Type2)	0.000 (Type3)	0.005 (Type1)	0.093 (Type4)	

（四）中国区域农业生态效率演变的驱动因素分析

1. 驱动因素选择

选择以下农业生态效率驱动因素进行验证：农村居民人均纯收入（PGDP）；财政支农力度（FI），采用农林水事务支出占地方财政支出的比重；农业市场化程度（MA），采用农民经营性纯收入与农民纯收入的比重；受灾率（DI），采用农作物受灾面积与农业作物播种面积的比重；灌溉率（IR），采用有效灌溉面积与农作物总播种面积的比值；农业机械密度（ME），采用农业机械总动力与农作物播种面积的比重。

2. 模型选择

由于我国各区域农业生态效率差异较大，对1990～2016年中国各区域农业生态效率及其驱动因素建立回归模型。由于生态效率取范围为（0，1]，运用OLS方法估计结果有偏，Tobit模型更为适合，但固定效应Tobit模型通常不能得到一致、无偏的估计量，建立随机效应模型更好模型：

$$E_{it} = \alpha_0 + \alpha_1 PGDP_{it} + \alpha_2 FI_{it} + \alpha_3 MA_{it} + \alpha_4 DI_{it} + \alpha_5 IR_{it} + \alpha_6 ME_{it} + \upsilon_i + \varepsilon_{it}$$

其中，E_{it}表示第i个省份第t年农业生态效率，$i = 1$，2，…，31，$t = 1990$，1991，…，2016；α为解释变量待估参数；υ为个体误差，ε为随机误差。

3. 模型估计

运用Stata软件对1990～2016年中国农业生态效率驱动因素进行模型估计，结果如表13－12所示。

表13－12　　　　中国七大区域农业生态效率驱动因素模型估计

区域	解释变量	系数	标准差	显著性水平	区域	解释变量	系数	标准差	显著性水平
东北区	PGDP	−0.00007	0.00001	***	黄淮海区	PGDP	−0.00004	0.00001	***
	FI	0.103	0.100			FI	0.123	0.111	
	MA	−0.378	0.266	***		MA	−1.990	0.279	***
	DI	−0.081	0.094			DI	−0.090	0.192	
	IR	0.101	0.309			IR	2.016	0.231	***
	ME	0.910	0.264	***		ME	−0.864	0.112	***

区域	解释变量	系数	标准差	显著性水平	区域	解释变量	系数	标准差	显著性水平
西北及长城沿线区	PGDP	−0.00001	0.00001	***	长江中下游区	PGDP	−0.00002	0.00001	***
	FI	0.078	0.040	**		FI	−0.118	0.120	
	MA	0.066	0.086			MA	−0.088	0.190	
	DI	−0.153	0.046	***		DI	0.201	0.191	
	IR	0.302	0.040	***		IR	4.382	0.381	***
	ME	−0.286	0.074	***		ME	−0.327	0.127	***
青藏区	PGDP	−0.00007	0.00002	***	华南区	PGDP	0.00001	0.0001	
	FI	−0.014	0.137			FI	0.041	0.088	
	MA	0.774	0.199	***		MA	1.273	0.201	***
	DI	−0.418	0.127	***		DI	0.263	0.195	
	IR	1.682	0.205	***		IR	−1.02	0.384	***
	ME	−0.894	0.110	***		ME	0.493	0.364	
西南区	PGDP	0.00006	0.00001	***					
	FI	−0.025	0.097						
	MA	−0.120	0.151						
	DI	0.998	0.160	***					
	IR	−0.621	0.417						
	ME	−1.340	0.248	***					

注：*，**，*** 分别表示通过了 10%、5%、1% 显著性检验。

回归结果显示：农村居民人均纯收入在东北区、西北及长城沿线区、青藏区、西南区、黄淮海区和长江中下游区均通过显著性检验，其中农村居民人均纯收入在西南区与农业生态效率呈正相关，在其他区域都呈负相关。从农村居民人均纯收入系数可以发现，农村居民人均纯收入对农业生态效率具有显著影响，但其不是影响各区域农业生态效率的主要因素。财政支农力度仅在西北及长城沿线区呈现显著正相关，其余区域均未通过显著性检验。西北及长城沿线区财政支农力度为显著正相关，这表明该区域的财政支农对其农业生态效率起到正向作用。农业市场化程度在东北区、青藏区、黄淮海区和华南区均通过了显著性检验，其中在东北区、黄淮海区呈负相关，在青藏区和华南区呈正相关。华南区和青藏区的农业市场化进程有助于提升农业生态效率。受灾率在西北及长城沿线区、青藏区与农业生态效率呈显著负相关，在西南区呈显著正相关。灌溉率与东北区、西北及长城沿线区、青藏区、黄淮海区和长江中下游区域农业生态效率呈显著的正相关，在华南区与农业生态效率呈显著负相关。机械密度与西北及长城沿线区、青藏区、黄淮海区和长江中下游区农业生态效率呈显著负相关，与东北区农业生态效率呈正相关。东北区是我国较早实行农业机械化地区，拥有农机数量较多，农业机械化水平较高，但农机作业有效地节约了农业生产中化肥、农药等要素使用，使东北区机械密度与农业生态效率呈正相关。

四、主要结论

第一，1990~2016 年我国农业水足迹明显提高，高农业水足迹区域重心整体北移。1990~2016 年我国农业灰水足迹呈波动变化态势，虽然农业灰水足迹有所下降，但高农业灰水足迹区域呈连片发展趋势，较高农业灰水足迹的区域重心由西南向东北转移，我国农业灰水足迹存在空间扩散和空间转移特征。

第二，1990~2016 年我国农业生态效率呈下降趋势，我国农业生态效率整体呈"东高西低"空间格局。我国华南区农业生态效率最高，东北区、西北区及长城沿线区、青藏区和西南区农业生态效率较低，这几个区域是我国农业污染治理防控的重点区域。

第三，我国农业生态效率呈现显著的空间集聚特征，但高农业生态效率的省份对低农业生态效率省份的空间溢出效应不明显，且省市之间农业生态效率等级跃迁具有路径锁定特征。我国高农业生态效率的省份对周边农业生态效率较低省市的带动作用不强。我国农业生态效率空间格局较为稳定，呈现明显的空间路径锁定特征。

第四，我国农业生态效率演变的驱动因素存在明显的区域差异异质性，提升农业生态效率要因地制宜、选择分区域的差异化发展策略。从七大区域进行我国农业生态效率空间演化研究有助于揭示我国农业生态效率演进的区域特征和驱动机制，这对于我国政府和各级政府以及国家农业管理部门因地制宜、分类调控我国农业生态效率具有一定的参考价值。

第十四章

生态工业与可持续发展

工业革命以来，全球陆续进入工业革命时期，工业发展经历了工业革命早期的传统工业的自由排放阶段、随着工业化发展的传统工业末端治理阶段和生态工业发展三个阶段。生态工业是工业 4.0 时期，全球工业发展的主要趋势。本章从生态工业的发展历史、生态工业的内涵和生态工业发展模式展开生态工业的概述。

第一节　生态工业与传统工业

一、传统工业向生态工业的过渡

我国传统工业向生态工业的发展大致经历了传统工业自由排放阶段、传统工业末端治理阶段和生态工业发展阶段三个阶段。

（一）传统工业自由排放阶段（20 世纪 50～70 年代）

我国传统工业起步于 20 世纪 50 年代初，这个阶段是中国经济体制改革的探索阶段，是工业化迅速发展的阶段，是经济学科处于恢复性发展的阶段。彼时正值新中国成立初期，正处于百废待兴状态，国家开始探索适合新中国的社会主义经济体制。经过第一个五年计划，我国初步建立了一套完整的工业体系，此后中国工业经济迅速发展，带来我国经济实力的极大提升。

此阶段的工业发展是以提高经济为重点，是一种循着"资源—生产—消费—废气物排放"单向流动的线性经济发展模式。在这一模式下，工业生产所需的能源和原材料主要依赖于不可再生资源，高能耗的工业生产导致自然资源被大规模开采，而工业生产过程中产生的废气、废水、废渣等含多种有害物质的污染物未经处理就直接排放进自然界，自然环境被迫充当"无偿清洁者"的角色。

然而，自然资源并非取之不尽用之不竭，生态系统自我净化的调节机制也并非在任何情况下都能起作用。传统工业生产方式无论是从源头上对自然资源的过度开采还是在生产过程中对"三废"等污染物的肆意排放，无疑都是对生态环境的严重破坏。这种高能耗、高污染、低利用的单纯追求经济发展而忽视生态环境保护的传统工业生产模式是不可持续的。

（二）传统工业末端治理阶段（20 世纪 70~90 年代初期）

为了缓解工业发展对环境带来的压力，保证经济的可持续发展，自 20 世纪 70 年代起，人们开始关注工业发展背后的环境治理问题，采取各种方法和手段对工业生产末端制造的废弃物进行处理，传统工业发展进入了末端治理阶段。

所谓"末端治理"就是在工业生产过程的末端，针对企业产生的废气、废水、废渣等污染物开发并实施有效的治理技术。20 世纪 70 年代以来，我国主要实行的工业污染治理方法就是末端治理。国家通过对各种污染物制定统一的排放浓度标准，对超过标准的排污企业征收超标准排污费，督促各工业企业对自身生产过程中产生的污染物进行治理。此外，政府部门开始加大环保技术投资力度，推行污染物排放总量控制措施并试行排污许可制度，对严重污染的企业采取限期治理以及"关停并转"等强制手段，对新建项目实行环境影响评价制度。经过约 20 年的末端治理，我国的环境污染问题得到有效缓解，污染程度得以减轻，同时我国的"三废"治理技术也得到迅速发展。

然而，近 20 年的末端治理实践也逐渐暴露出弊端。首先，末端治理表现为污染控制过程与生产过程的分离，前者只是后者的一个附加环节，即简单的"先污染，后治理"。仅依靠末端治理无法从根源上解决环境污染问题，生态效益与经济效益无法得到较好的统一。其次，由于末端治理遵循

"谁污染，谁治理"的原则，单个企业为末端治理花费的基建投资与运行费用高昂。随着企业生产规模扩大，产生污染物的种类增多，企业需要不断更新或增加治理技术与治理设备，无法实现规模经济，如此沉重的负担也大大打击了企业污染治理的积极性。再次，这种不彻底的治理手段很有可能造成环境的二次污染。现有污染治理技术的局限性可能使排放的"三废"在处置过后还对环境有一定的污染风险。末端的污染物也有可能只是转换了一种污染形式就被排放入环境，继续影响人类的生产生活。最后，末端治理的注意力着眼于既成的污染物，并未考虑到产品本身的生态无害性。有些产品的使用过程往往比其生产过程更加危害环境。

（三）生态工业发展阶段（20 世纪 90 年代至今）

生态工业的发展起始于丹麦的卡隆堡工业园区。从 20 世纪 70 年代开始，该工业园区为了降低成本和达到环保法规的要求，采取了一种新颖的废弃物利用方式，即将其甲厂产生的废弃物和副产品用作乙厂的原材料，当时被称为"工业共生"现象，这就是生态工业的雏形。1989 年，美国通用汽车公司的两位研究人员罗伯特·佛罗雪（Robert Frosch）和尼科尔斯·加普勒斯（Nicholas Gallopoulos）正式提出"工业生态学"和"工业生态系统"的概念，引起社会各界的广泛关注。1991 年 10 月，联合国工业发展组织提出了"生态可持续性工业发展"的概念，即一种对环境无害或生态系统可以长期承受的工业发展模式。在传统工业末端治理不彻底、成本高、再污染等局限性显露后，生态工业理论的发展以及人类环保意识的提高都促使着人们开始转向生态工业的实践，生态工业便在此种背景下得以迅速发展。

生态工业即按照自然生态系统中的物质循环和能量流动规律，将两个或两个以上的工业生产体系或环节耦合为一个有机的经济系统，其内部各企业通过物质、能量和信息的交换以达到资源多级利用、高效产出或持续利用的目的，形成"资源—产品—废弃物—再生资源"这一物质反复循环利用的闭环系统，最终整个经济系统基本上不产生或只产生很少的废弃物。生态工业模式代表着未来工业系统的发展方向，它打破了传统经济发展理论把经济系统和生态系统人为割裂的弊端，要求把经济发展建立在生态规律的基础上，谋求经济发展和生态环境的和谐统一。

生态工业模式要求遵循"3R"原则，即资源利用减量化（reduce）、产品再使用（reuse）、废弃物再循环（recycle）。减量化原则针对输入端，要求用较少的原料和能源投入来达到既定的生产目的或消费，旨在减少进入生产和消费过程中物质和能源流量。再使用原则属于过程性方法，要求尽可能多次或多方法的使用产品和服务，目的是提高产品和服务的利用效率。再循环原则是输出端方法，通过把废物再次变成资源以减少末端处理负荷①。

生态工业模式在实践上述"3R"原则时主要表现在经济活动的3个重要层面上。一是在企业层面上通过清洁生产实现废物排放最小化，二是在区域层面上通过企业间共生形成的生态工业园区实现企业间的物质交换、能量交换和信息交换，三是在社会层面上通过废物回收和再利用体系实现产品消费过程中和消费过程后的物质循环和能量流动。

二、生态工业与传统工业的区别

传统工业是以提高经济为重点，是一种循着"资源—生产—消费—废气物排放"单向流动的线性经济发展模式。而生态工业是追求经济发展和环境保护相统一，通过工业生态系统内部各企业的物质、能量和信息交换以达到资源多级利用、高效产出或持续利用的目的，最终形成"资源—产品—废弃物—再生资源"这一物质反复循环利用的闭环系统。

三、生态工业的内涵与特征

（一）生态工业的内涵

在谈论生态工业时经常会提及的两个概念分别是清洁生产和循环经济，为了深入理解生态工业的内涵，特在此对其关系做出简要说明。清洁生产是在单个企业内部将环境保护的理念延伸到该企业生产运行的各个环节，生态工业则追求多个生产过程的物质集成和能量集成，在更高层次和更大范围内延伸和拓展环境保护的内涵。循环经济倡导的是一种建立在物质不断循环利用基础上的经济发展模式，本质上是一种生态经济，是用生态学规律来指导

---

① 段宁：《清洁生产、生态工业和循环经济》，载于《环境科学研究》2001 年第 6 期。

人类社会的经济活动。生态工业是循环经济在工业领域的重要表现形态，是循环经济的重要依托，生态工业的发展决定着循环经济的建设进程。

生态工业较为普遍认可的定义可以表述为：生态工业是依据生态经济学原理，以节约资源、清洁生产和废弃物多层次循环利用等为特征，以现代科学技术为依托，运用生态规律、经济规律和系统工程的方法经营和管理的一种综合工业发展模式。

（二）生态工业的特征

生态工业作为一种替代传统工业的新型生产组织模式，其在理论和实践的发展过程中体现出可持续性、系统性、技术密集性、生态共生性的特征。

1. 可持续性

生态工业并非以追求单一的经济利润为目标，它以保护自然、协调资源和环境的承载能力为基础，以改善和提高生活质量为目的，鼓励可持续性的经济增长。在传统工业高耗费、高污染带来生态严重破坏问题的背景下，生态工业的发展必须将生态环境保护问题纳入企业生产经营的考虑范围，力求从根源上杜绝浪费、在过程中控制污染、在末端变废为宝，最终达到生态效益与经济效益的统一。生态工业的产生与发展历程表明了可持续性是生态工业最首要也是最核心的特性。

2. 系统性

区别于传统工业对污染物局限于末端治理的方法，生态工业以工业生态学和系统工程学为理论基础，在工业生产前期、中期、后期的全过程都以节约资源、保护环境，不断优化生态环境，使经济效益、社会效益和生态效益的最佳结合为宗旨。生态工业系统是生态系统与工业系统的复杂耦合体，它具有开放性、复杂性、进化性与涌现性、层次性和巨量性等复杂巨系统的特点。生态工业系统内部各企业通过交换彼此的废物和副产品，使各类资源在系统内部高效循环利用，最终系统内各个企业以及各个环节通过物质集成和能量集成，有机地结合成类似于自然生态系统中的"食物网"，即生态工业网络。

3. 技术密集性

生态工业的核心任务是实现系统内部各企业间物质与能量的循环利用，由此必须考虑到生态工业实现技术的问题。生态工业技术创新或应用水平的高低决定了系统内多级循环利用物质与能量的种类、规模及层次。在狭义层面上，生态工业技术表现为新的工艺流程或工艺方法的构建，以及新能源、新材料、新技术的使用。在广义层面上，生态工业技术则是与实现生态工业系统内部资源利用最大化、污染物排放最小化相关的一切技术。

4. 生态共生性

生态工业系统内部各企业之间存在频繁的资源交换，有机结合成为了一个复杂的工业共生网络。系统内各企业并非简单地交易以获取所需资源，而是有生态共生关系。

第二节　清洁生产与生命周期评价

一、清洁生产模式

传统工业迅速发展带来的环境严重破坏问题不容忽视，仅依靠在生产末端对污染物进行处理的末端治理模式无法从根源上减少污染物的产生，无法满足可持续发展的需要。于是人们逐渐萌生出一种新的污染物防治思想，即变治理为预防，将污染物防治重点从末端治理转为生产控制，也就是清洁生产模式。

清洁生产起源于 20 世纪 60 年代美国化工行业的污染预防审核，而清洁生产在全球范围内的推行要快进到 1989 年，联合国环境署工业与环境规划活动中心（UNEPIE/PAC）根据理事会决议，制定清洁生产计划，在全球范围内推行清洁生产。清洁生产在我国首次正式提出是 1992 年中国举办的国际清洁生产研讨会，我国推出了《中国清洁生产行动计划》。1994 年，国务院通过《中国 21 世纪议程》，把推行清洁生产列入可持续发展战略与重大行动计划中。同年 12 月，国家环保总局①批准成立了清洁生产中心，我国最早开展清洁生产研究、推进企业清洁生产审核的科研机构诞生。

---

① 国家环境保护总局，后改组为中华人民共和国环境保护部，现中华人民共和国生态环境部。

（一）清洁生产的内涵

1. 清洁生产的定义

不同国家和地区对清洁生产的称谓有所不同。比如在欧洲，清洁生产被称为"少废无废工艺""无废生产"；日本称之为"无公害工艺"；在美国则被称为"减废技术""污染预防技术""废料最小化技术"；我国则主要以"无废少废工艺"来表达清洁生产的含义。

对于清洁生产的定义，不同组织或国家也有不同的定义。下面给出几种国际上以及国内比较公认的有关清洁生产的定义：

联合国环境规划署（UNEP）1996年的定义："清洁生产是一种创新思想，该思想将综合性预防战略持续运用于生产过程、产品和服务中，以提高生态效率，并减少人类及环境的风险。对生产过程，要求节约原材料和能源，淘汰有毒原材料，减少和降低所有废弃物的数量和毒性。对产品，要求减少从原材料提炼到产品最终处置的全生命周期的不利影响。对服务，要求将环境因素纳入设计和所提供的服务中。"

《可持续发展与中国21世纪议程》中的定义："清洁生产是指既可满足人们的需要，又可合理使用自然资源和能源并保护环境的实用生产方法和措施，其实质是一种物料和能耗最少的人类生产活动的规划和管理，将废物减量化、资源化和无害化，或消灭于生产过程之中。同时对人体和环境无害的绿色产品的生产亦将随着可持续发展进程的深入而日益成为今后产品生产的主导方向。"

《清洁生产促进法》中的定义。该法第二条规定："本法所称清洁生产，是指不断采取改进设计、使用清洁的能源和原料、采用先进的工艺技术与设备、改善管理、综合利用等措施，从源头削减污染，提高资源利用效率，减少或者避免生产、服务和产品使用过程中污染物的产生和排放，以减轻或者消除对人类健康和环境的危害。"

2. 清洁生产的内涵

清洁生产主要通过排污审计等方法改进工艺技术、加强企业管理以提高资与能量的利用效率，谋求达到减缓资源枯竭和减少废物排放两个目标，最终实现企业经济效益提高和生态环境保护的统一。一般而言，清洁生产包括以下3个方面的内容：

清洁能源。清洁的能源通常包括对常规能源的清洁利用；对可再生能源的利用；新能源的开发；各种节能技术等。

清洁的生产过程。清洁的生产过程通常表现在：对于原料及中间产品应尽量无毒无害化，使用后便于再循环；在生产环境上应尽可能减少或消除各种潜在的危险因素，如高温、高压等；在生产工艺上少废化、设备高效化；在管理控制上科学化、最优化。

清洁的产品。清洁的产品是指：在生产过程中节约资源与能源，尽量使用二次资源和清洁能源生产，具有合理的包装；在使用过程中不含对人类健康和生态环境有害的成分，同时应具有节能节水等绿色清洁功能；在使用过程后应有利于回收再用或易于降解。

清洁生产包含宏微观层面的两个全过程控制：在微观产品层面，清洁生产聚焦于减少产品在整个生命周期过程中对环境的影响。在宏观生产层面，清洁生产的全过程控制体现在前期规划选址、中期工艺设计及生产维护、后期效益评估等工业生产的各个环节。

3. 清洁生产的原则和意义

清洁生产要遵循集成性、预防性、广泛性、持续性四个原则。集成性原则要求清洁生产采用全局观来考虑整个产品生命周期对环境造成的影响。预防性原则强调清洁生产要在产品的整个生命周期内实现全过程污染预防。广泛性原则表明清洁生产应该要求生产活动所涉及的所有员工、消费者、相关利益者、社会公众和政府的广泛参与。持续性原则要求公众、企业和政府应坚持不懈地努力，持续不断地改进清洁生产的产品和工艺。

（二）清洁生产的流程

清洁生产将污染治理的重点放在预防控制上，试图将污染消灭在"摇篮"中，开启了一条从源头上减少污染、在全过程中控制污染的新道路。在实施清洁生产前，首先需要对企业组织生产的全过程以及产品生命周期的全过程进行清洁生产审核，以明确污染产生的起源和原因，据此采取有效的措施实施污染预防，达到清洁生产的目的。清洁生产审核是企业实现清洁生产最重要的工具，也是企业实施清洁生产的核心。

清洁生产审核的思路可以用"2W1H"来概括，分别是"Where""Why""How"。其中"Where"表示判断污染物产生的具体部位；"Why"

表示分析污染物产生的原因；"How"表示解决措施，即提出改进方案以减少或消除污染物。按照以上清洁生产审核思路，整个审核过程可以分为以下7个阶段：（1）筹划和组织；（2）预审核；（3）审核；（4）方案产生和筛选；（5）可行性分析；（6）方案实施；（7）持续清洁生产。

（1）筹划和组织阶段。这一阶段的目标主要在于做好思想上和行动上的准备，为之后清洁生产工作的正式开展做好充分的动员。在思想上，充分动员企业各级员工，通过宣传教育使其对清洁生产有一个正确地认识，消除思想上的障碍，提高清洁生产意识。在行动上，首先且必须获得企业主管的承诺和支持，确定清洁生产的驱动因素，成立清洁生产审核小组，制定审核工作计划。

（2）预审核阶段。此阶段主要是对企业现场调研，收集企业有关工艺的资料并对同类产品和工艺的国内外状况进行调查分析，将生产工艺流程分解成单元操作，确定审核工作的重点，设置清洁生产的总体目标。

（3）审核阶段。审核阶段重点在于编制审核重点工艺流程图，实地考察并测量物料的输入输出数据，确定重点工艺段的物料输入及排放平衡图以及主要污染物平衡图，对污染物产生的原因进行分析，针对生产现状提出清洁生产的具体目标。

（4）方案产生和筛选。根据审核的结果及清洁生产的目标制定清洁生产改进方案，并对备选的方案进行分类汇总，比较并初步筛选出合适的方案。

（5）可行性分析。对初步筛选出的方案从技术、环境、经济等方面进行可行性分析并生成可行性分析报告，最终确定实施清洁生产的最佳方案。

（6）方案实施阶段。首先制定实施阶段的计划，其次着手项目建立、资金筹措、方案实施等工作，保持项目各方人员的参与和联系，项目完成后，对本轮审核工作进行效益评估并验收，适时地提出新的目标，开展新一轮的清洁生产活动。

（7）持续清洁生产阶段。本阶段的任务主要是建立并完善清洁生产组织和清洁生产制度，制定持续的清洁生产计划。

（三）清洁生产的评价标准

清洁生产将综合预防污染的环境策略持续性应用于生产过程和产品中，

有效地减小了污染物对人类和环境的影响，是实现可持续发展的重要手段。随着清洁生产工作的不断展开，建立一套科学合理的清洁生产评价标准变得尤为重要。清洁生产评价标准的建立能够刺激企业增强其清洁生产改革的动力，有利于提高清洁生产的工作效率，同时也便于政府部门对实施清洁生产的企业进行考核，根据各企业的工作效果落实合理的奖惩措施。一般而言，建立清洁生产评价的流程需要经过以下几个步骤：（1）确定目标企业的生产工艺流程；（2）对目标企业进行工程分析、环保措施分析、环境经济损益分析、产品成分全分析；（3）确定评价指标；（4）确定评价方法；计算清洁生产综合评价指数；（5）清洁生产结果分析与评价。而在实际工作中，清洁生产的较多指标都难以量化，所以当前世界上采用的清洁生产指标多为定性指标，辅以少数定量指标。在我国，清洁生产早期的评价以专家打分等主观评价方法为主，在近期才出现了较多以具体行业为对象的定量评价指标及方法。由于每个行业清洁生产改进的重点不同，相应的评价指标也应该有不同的侧重点。但是通常情况下，我们可以从清洁能源的使用、清洁的生产过程和清洁的产品3个方面来评价企业清洁生产的效果，在清洁生产的3个不同方面下根据企业特点进一步细分出具体且有侧重性的指标。

二、生命周期评价

（一）生命周期评价的内涵

1. 生命周期评价的起源

生命周期评价思想萌芽于20世纪60年代末。1969年，美国中西部资源研究所（MRI）针对可口可乐公司是否以一次性塑料瓶替代可回收玻璃瓶的问题，对可口可乐公司不同包装瓶的资源消耗和环境释放进行特征分析。随后此举在美国多数工业企业间流行，纷纷对自己的产品包装进行资源与环境状况分析（REPA），用于企业内部管理决策。

20世纪70年代末至80年代中期，全球固体废弃物污染问题加剧，资源与环境状况分析（REPA）逐渐由研究产品包装品转为计算固体废弃物产生量和原材料消耗量。这一时期政府也开始积极支持和参与生命周期评价的研究工作，欧洲和北美地区部分国家开始要求工业企业全面监测其产品生产和废弃物排放过程，并推行环境报告制度。

20 世纪 80 年代末以后，生命周期评价开始进入标准化的迅速发展阶段。国际标准化组织（ISO）在国际环境毒理学与化学学会（SETAC）的协助下，开始生命周期评价的标准化工作。1997 年，ISO 颁布 ISO14040 系列标准《生命周期评价——原则与框架》，该标准体系对生命周期评价的概念、技术框架及实施步骤进行了标准化，生命周期评价开始在世界各地得到广泛应用。

2. 生命周期评价的定义

自生命周期评价发展以来，各个组织机构对其都有自己的表述，但他们表达的实质大同小异。这里采用国际标准化组织（ISO）1990 年的定义："生命周期评价（LCA）是指对一个产品系统的生命周期中输入、输出及其潜在环境影响的汇编和评价，具体包括互相联系、不断重复进行的四个步骤：目的与范围的确定、清单分析、影响评价和结果解释。"其中，产品系统的生命周期包括原材料的获取和加工、生产、运输分配、使用、维护和再使用、循环再生，以及处理处置等环节。

生命周期评价是一种涉及产品、过程或活动的生命周期全过程评价。它把同一或不同的产品、过程或活动视为系统，并以系统方法去研究产品、过程或活动在其整个生命周期或各阶段中对环境的影响。由于在不同生命周期评价阶段所分析的系统存在着一定的可交叉性和复杂性，生命周期评价对数据要求量多且质高，必要时还需使用多种生命周期评价方法，以准确分析出产品、过程或活动对环境的影响。

3. 生命周期评价的分类

生命周期评价按其技术复杂程度可分为三类：概念型 LCA、简化型或速成型 LCA、详细型 LCA。概念型 LCA 通常是定性的清单分析环境影响，不宜作为公众传播或市场促销的依据，但可以帮助决策人员识别哪些产品在环境影响方面具有竞争优势。简化型或速成型 LCA 涉及全部生命周期，但仅限于进展简化的评价，例如使用通用数据（定性或定量）、使用标准的运输或能源生产模式、着重最主要的环境因素、潜在环境影响、生命周期阶段或 LCA 步骤，同时给出评价结果的可靠性分析。其研究结果多数用于内部评估和不要求提供正式报告的场合。详细型 LCA 则包括 ISO14040 所要求的目的和范围确定、清单分析、影响评价和结果解释全部 4 个阶段，常用于产品开发、环境声明（环境标志）、组织的营销和包装系统的选择等。

（二）生命周期评价的步骤

国际标准化组织（ISO）根据国际环境毒理学与化学学会（SETAC）在 1993 年出版的《生命周期评价纲要：实用指南》，标准化并完善了生命周期评价的技术框架。ISO14040 标准将生命周期评价的实施步骤分为：目的与范围的确定、清单分析、影响评价和结果解释。

1. 目的与范围的确定

这是 LCA 研究中的第一步，也是最关键的一步。首先需要确定 LCA 的目标，说明开展此项 LCA 工作的原因与目的，以及研究结果可能的应用领域。然后根据评价目标来界定研究对象的功能单位、系统边界、数据分配程序、数据要求及原始数据质量要求等。其中，功能单位（单元）是度量研究系统输入输出功能时采用的单位，可以是一定数量的产品或某种服务。系统边界则是对一些重要假设和限制、环境影响评价的模型及其解释方法、审核方法、评价报告的类型及其格式等方面做出界定。

2. 清单分析

清单分析是对所研究系统（如一种产品、工艺或活动）中输入和输出数据建立清单的过程。清单分析的主要任务是数据的收集和计算，并以此来量化系统中的相关输入和输出。其中，针对输入端的量化涵盖了研究系统在其生命周期各个环节所需的资源和能量，输出端的量化则包括了产品以及向自然界排放的废弃物等各种形式的环境影响。清单分析主要有以下 5 个步骤：

（1）制作生命周期过程图。首先了解相关信息，包括产品生产和制造条件、产品组成和功能等，对系统生命周期中涉及的工艺过程进行定性描述。注意应关注最相关的工艺过程和环境影响，而非 100% 地包括所有过程和影响。生命周期过程图应基本阐明该产品整个生命周期中可能出现的污染物种类和资源消耗种类，同时根据行业特点及研究目标对需要考察的污染因子进行取舍。

（2）数据收集。可以选择或设计一套数据收集表：该表格可以获取各个单元过程所有必需的数据，包括一般性信息表、系统输入数据表、输出数据表、运输数据表等。数据来源有企业内部信息、标准的文献或其他研究论文、各类统计年鉴和报表、环境数据手册、百科全书、行业协会报告等。

（3）数据核算。简单的数据核算方法就是对每个工艺过程做物料和能量的衡算，即过程的总输入与总输出应基本一致（比如差值在2%以内）：$\sum$ 输入 = $\sum$ 输出（产出 + 废弃物 + 损耗）。

（4）进一步完善系统边界。通过了解的信息和收集的数据，修改最初定义的系统边界，如可能排除一些不重要的生命周期阶段，可能排除一些对研究结果不重要的物质流或能量流，也可能包含进一些新的有重要意义的单元过程。

（5）数据处理与汇总。按照预先定义的功能单位对各单元过程的数据进行换算，得到该功能单位下的数据，再按照数据类型将单元过程的数据相加，便得到每一功能单位生命周期总的资源、能源和环境排放数据清单。

3. 影响评价

影响评价的目的是根据清单分析阶段的结果对产品生命周期的环境影响进行定性描述或定量评价。这一过程将清单数据转化为具体的影响类型和指标参数，让非专业的环境管理决策者更容易认识产品生命周期的环境影响。现有的影响评价方法一般倾向于把影响评价定为一个"三步走"的模型，即分类、特征化和评价。

分类是指将从清单分析得到的数据归到不同的环境影响类型。影响类型通常包括资源耗竭、人类健康影响和生态影响3个大类。每一大类下又包含有许多小类，如在生态影响下又包含有全球变暖、臭氧层破坏、酸雨、光化学烟雾和富营养化等。另外，一种具体类型可能会同时具有直接和间接两种影响效应。

特征化是指针对每种影响类型，对其中不同物质的环境影响用统一的单元表示，便于比较。例如，可以将各种温室气体的全球变暖影响潜能以二氧化碳当量表示，并将其特征化为全球变暖潜值、酸雨潜值等因子。常用的特征化方法有临界体积模型、效应导向模型和生态评点模型。

经过特征化之后，得到的是单项环境问题类别的影响总值，评价则是将这些不同类别环境影响问题赋予相对的权重，以得到整合性的影响指标，用于对产品的环境性能进行比较。常用的赋权方法有目标距离法、专家法、层次分析法（AHP）等。

4. 结果解释

结果解释就是对清单分析和影响评价的结果进行系统分析，识别出产品生命周期中的薄弱环节和重大问题，对结果进行评估，检查生命周期评价过程的完整性、敏感性和一致性，形成结论并提出改进建议。

（三）生命周期评价作用

生命周期评价强调全面认识物质转化过程中的环境影响，这些环境影响不仅包括各种废弃物的排放，还涉及资源与能量的消耗以及对环境造成的破坏。控制污染与降低消耗的结合不仅能防止环境问题在生命周期不同阶段间的转移或污染物在不同介质间的转换，也有利于通过全过程控制实现污染预防。

生命周期评价的思想原则是改善产品的环境性能以使其与环境相容，这种思想与我们推行清洁生产这一新的环保战略不谋而合。生命周期评价可以促进企业认识与其生产经营活动相联系的所有环境因素，正确全面理解自己的环境责任，积极建立环境管理体系，制定合理可行的环境方针和环境目标。另外，生命周期评价可以帮助企业发现其生产过程中的薄弱环节，提高资源与能量的利用效率，减少污染，降低产品潜在的环境风险，实现全过程控制。

第三节　循环经济与物质流分析

一、循环经济

（一）循环经济概念的提出与发展

1. 循环经济思想的起源

循环经济思想起源于 20 世纪 60 年代人们对环境保护的愈发重视。1966

年美国经济学家鲍尔丁在一篇短文中指出，地球与宇宙中的飞船一样都是一个孤立封闭的系统，生活在地球上的人类正不断消耗地球现有资源，改变地球现有环境。一旦人类对资源的消耗速度和对生态环境的破坏程度大于地球自身的恢复速度，那么地球这个系统的运转寿命将趋向减少，人类也会在其内部毁灭。由此，鲍尔丁主张通过建立资源不会大幅消耗的，生态环境也不会遭到破坏的循环式经济，从而替代以往的线性经济。鲍尔丁关于循环式经济的表述，常被看作循环经济思想的基础（李兆前和齐建国，2004）。

2. 循环经济的发展阶段

循环经济从 20 世纪 60 年代发展到如今可以分为三个阶段。

20 世纪 60~80 年代是循环经济的萌芽阶段。1976 年联合国欧洲经济委员会组织的报告会上，参会者提出了大量有关清洁生产和循环经济的概念。此后，德国、日本、美国逐渐开始将循环经济的概念付诸政策实践。这一阶段内学者们主要提出通过"末端治理"来解决环境污染，但已经有了明显的循环经济雏形，为循环经济的发展奠定了基础。

20 世纪 80~90 年代是循环经济的诞生阶段。80 年代，人们逐渐意识到"末端治理"并不能从源头解决环境污染，且容易造成二次污染。同样的，清洁生产仅侧重改善部分生产工艺或技术，其边际效益日益降低，边际成本却不断提高。为此，人们开始从经济活动本身寻找解决环境污染的方法。1989 年，英国环境学家皮尔斯提出了"循环经济"的概念，并将循环经济细分为自然循环和工业循环。随着可持续发展理论的提出，人们不断探索和总结，将资源利用效率最大化和污染排放数量最小化作为核心，提出了融合清洁生产、资源综合利用和可持续消费等的循环经济。

20 世纪 90 年代至今是循环经济的蓬勃发展阶段。随着世界各国对可持续发展达成共识，循环经济开始在理论、方法和应用研究方面快速发展，同时产生了诸多蕴含循环经济思想的新概念，如"物质减量化""生命周期评价""生态效益""生态工业园区"等。

3. 循环经济的定义

当前我国国内对循环经济实质的认识还存在较大偏差，主要有以下几类具有代表性的定义（李兆前和齐建国，2004）。第一类是从人与自然的关系角度出发的定义，其主张人类的经济活动必须维持生态平衡，要尽可能少用和循环利用自然资源（吴绍中，1998）。第二类定义从生产的技术范式出发，其主张循环经济为一种全新生产方式，资源消耗的减量化、再利用和资源再生化，即 3R 原则为主要技术特征，提高资源的利用效率为核心（解振华，2004）。第三类观点主张循环经济是一种全新的技术经济范式，是一种以社会整体生活福利的最大化为目标的经济形态。这类观点重点强调"资源消耗—产品—再生资源"闭环型物质流动模式，其本质是调整生产关系，进而追求可持续发展这一最终目标（齐建国，2004）。

由此看来，我国学者对循环经济的定义已经从环保与节约资源的一般性表述逐渐上升到经济发展模式以及人与环境、资源、生态协调发展。对循环经济的深入认识，将对我国循环经济的理论研究与政策实践产生深远影响。

（二）循环经济的内涵

现有研究表明，"资源消耗—产品—再生资源"的闭环型物质循环利用模式是循环经济的本质特征（王国印，2012）。但实际上，"资源消耗—产品—废物排放"线性经济模式与"资源消耗—产品—再生资源"循环经济模式的根本区别只是后者从全局视角将"废物"看作"资源"，即"废物资源化"。

同时，物质循环利用模式假设废物资源化已经完成。然而，废物资源化的根本在于政府在初期进行积极干预，进而形成市场主导的废物利用机制。实现废物资源化需要满足三个基本条件（陆学和陈兴鹏，2014）。第一，经济行为主体有权利用"废物"；第二，经济行为主体拥有充分利用"废物"的技术；第三，经济行为主体能够从"废物资源化"的过程中获取比较利益。这三个条件中，第一个条件是废物资源化的前提，第二个条件是废物资源化的硬性条件，第三个条件是废物资源化的根本动力。这三个条件在现实中一般很难同时满足，使得物质循环利用模式的研究也具有明显不确定性。因此，"资源消耗—产品—再生资源"的物质循环利用模式并不是循环经济的本质特征。

上述分析表明，物质循环利用模式与传统线性经济模式在本质上而言只是对待"废物"的观念有所差异，且物质循环利用模式假设废物资源化已经完成。然而，由于废物资源化具有明显的不确定性，这使得基于这种假设下的物质循环利用模式的研究也同样具有明显的不确定性。因此，

"资源消耗—产品—再生资源"的物质循环利用模式并不是循环经济的本质特征。

促进资源高效循环利用、避免同类产品重复交易、避免生产过剩与过度消费是同时考虑单个和多个经济行为主体，且以系统整体节约资源为衡量标准情况下，实现资源可持续利用的三大途径，也是循环经济理论研究的重点内容。

循环经济中的资源效用不仅要体现经济价值，而且要体现环境价值和社会价值。更关键的是，由于经济行为主体在技术水平、历史文化背景等方面存在差异，循环经济并不强调经济价值、环境价值和社会价值的同时实现，而是强调三种价值的渐进实现。循环经济以社会、环境因素影响下的资源节约为核心，研究人类生存和发展的资源效用最大化与最优配置，以及资源节约与社会公平、环境保护之间的关系。

（三）循环经济的科学基础

1. 热力学第一定律

热力学第一定律，也就是能量守恒定律。人类为满足生存和发展需要对物质进行生产和消费，涉及物理或化学方面的加工、转变和利用以及能量的传递和转化，这一过程必须遵循能量守恒定律。因此，任何一个循环经济系统都必须遵守能量守恒定律。

2. 热力学第二定律

热力学第二定律认为封闭系统的发展总是趋向于系统熵增加。在经济系统的生产和消费活动中，物质被使用和能量对外做功都是熵增加的过程。物质和能量被使用以后，可用程度下降，不可用程度增加，无序度即熵也明显增加，如清洁的水在使用以后变为污水。这些正熵被排放到生态环境中就会导致生态环境的无序度增加，进而产生环境污染问题。通过负熵流将高熵状态的物质重新转变到低熵状态并加以利用是循环经济的重要内容。

3. 质能关系

爱因斯坦的质能关系将物质与能量有机地联系起来，认为物质是高密度的能量。目前，太阳内部的核聚变能量仍是负熵流的主要来源。太阳能负熵流的利用途径主要有两种。一种是煤、石油、天然气等化石能源的使用，这种利用途径是线性经济系统生产和消费过程的主要驱动力，但循环经济系统应当寻求更为清洁和有效的方式来利用这些不可再生的资源。另一种是太阳能、风能、水电、生物能等清洁能源的使用，这种利用途径是循环经济系统未来的主要驱动力，是未来人类社会可持续发展的方向。

4. 生态学基础

在生态系统中，能量、物质和信息通过食物链进行资源循环。生态系统主要有4大特点：整体、协调、循环和共生。首先是生态系统整体协同的动态平衡。生物一方面必须从自然环境中获取物质与能量；另一方面又通过呼吸、排泄废物等方式回归自然环境。生物与自然环境构成一个整体，并且两者间相互影响、相互协调，始终处于动态平衡状态。其次是生物间相生相克的互为依存。包括共生、寄生和竞争的关系。再次是物质生生不息、循环不止，这是大自然循环演化的基础，物质的代谢和循环也正是建立于自然界的这一功能之上。最后是生态系统的自我调节和修复能力。生态系统在受到外来干扰以后，能够通过自身调节维持相对稳定的状态。

生产—加工—分解—转化的物质循环过程，是生态系统的基本代谢功能，也是生态学的基本规律之一。循环经济在这一规律上，提出调整自身的社会经济结构和发展模式，形成类似自然界的物质循环模式，形成结构合理、功能平衡的资源循环网络结构和功能，实现系统内部的高效以及与外部的协调发展。大量污染和废弃转化成为另一种意义上的资源，实现最少开发利用，最大产出。建立循环经济体系是实现人类可持续发展的有力手段，也是目前人类可利用的最佳方式。循环经济在资源输入、原材料加工、产品生产、销售、消费等各个环节产出废弃物的同时，增加了对资源的再回收、再利用和循环利用的环节和渠道，使物质实现了闭路循环。

二、物质流分析

人类社会经济系统与自然环境之间是依靠各种物质流动联系起来。由于工业代谢是原料和能源在转变为最终产品和废物的过程中，相互关联的一系列物质变化的总称，所以物质流分析的目的是从中找到节省自然资源、改善环境的途径，以推动工业系统向可持续发展的方向转化。

（一）物质流的概念

20 世纪 80 年代以前：学术界形成通过物质流动来建立经济与环境之间的联系的方法，欧洲一些国家制作特定物质的平衡表，为物质流研究形成奠定了基础。80 年代后期，人们开始意识到经济系统中的物质流动对物质全球循环的重大影响，第一次提出物质流（Substance Flow Analysis，SFA）的概念；工业代谢、产业生态学理论的相继产生。90 年代：SFA 在不同国家和地区得到应用；基本研究框架和技术框架得以确立；术语和方法进一步规范。21 世纪以后：SFA 在国家物质循环分析、城市物质代谢分析、流域营养元素分析等方面得到更广泛应用。

物质流是通过追踪经济—环境系统中特定元素（物质）的输入、输出、贮存等过程，量化经济系统中物质流动与资源利用、环境效应之间的关系。而物质流分析分析是依托物质流，在特定范围内（一个国家或地区），对特定的某种物质进行工业代谢研究的有效手段展示了某种元素在特定范围内的流动模式。物质流分析可以用来评价元素生命周期中的各个过程对生态环境产生的影响。通过追踪经济—环境系统中特定元素（物质）的输入、输出、贮存等过程，量化经济系统中物质流动与资源利用、环境效应之间的关系。

（二）物质流分析过程和内容

物质流的基本组成要素包括物质、过程和流。其中，物质是指特定的化学元素或化合物、特定物质或材料，包括研究中经常用到的微量元素氮、磷、钾的作为物质的物质流；过程是指物质在系统中的转化、输送或储存，是物质位置、性质和形态的状态。流是指系统内的每一个过程都有一个输入流端和输出流端，用流量和流速来表征物质流的强度和速度。但在一般的物质流研究过程中，研究者更为关注的是特定时期内物质的"流量"，而不涉及物质流动的速度。

物质流分析可通过四个步骤展开：（1）物质流目标和系统的界定，主要包括：物质、时间、空间的界定；（2）SFA 分析框架确定，即物质流率先识别需要分析的过程单元；（3）数据的获取与计算，数据的获得与物质流数据的分析是物质流分析的关键步骤；（4）物质流结果的解释，根据数据计算和分析，要系统识别物质流存在的问题及其形成原因，从而为规划管理提供科学依据。图 14 - 1 展示了物质流分析过程。

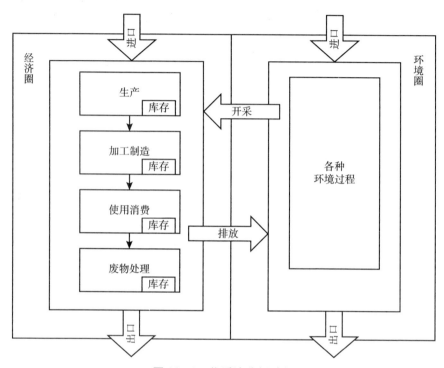

图 14 - 1　物质流分析过程

（三）物质流分析与减重经济

（1）物质流分析是提升资源和能源使用效率的重要手段。

发展减重经济是建设资源节约型、环境友好型社会和实现可持续发展的重要途径。其本质是改造或调控现有的线性物质流动模式，提高资源和能源的利用及转化效率，形成效率较高的物质循环模式，其核心调控手段就是基于多种尺度的物质流分析。当前，物质流分析是循环经济的重要技术支撑，物质流分析和管理是减重经济的核心调控手段。

（2）物质流分析是实现资源利用率提升的技术支撑。

物质流分析的核心是对社会经济活动中物质流动进行定量分析，了解和掌握整个社会经济体系中物质的流向、流量。建立在物质流分析基础上的物质流管理则是通过对物质流动方向和流量的调控，提高资源的利用效率，达到设定的相关目标。这一点与循环经济的宗旨是一致的。循环经济强调从源头上减少资源消耗，有效利用资源，减少污染物排放。循环经济谋求以最小的环境资源成本获取最大的社会、经济和环境效益，并以此来解决长期以来环境保护与经济发展之间的尖锐矛盾。

（3）从物质流分析与管理和循环经济的相互关系来看，物质流分析和管理的调控作用体现在减少物质投入总量、提高资源利用率、增加物质循环量、减少最终废弃物排量四个方面。具体来看：

①物质流管理有效减少物质投入总量。在社会经济活动中，物质投入量的多少直接决定资源的开采量和对生态环境的影响程度。特别是对于不可再生资源，物质投入量的减少就直接意味着资源使用年限的增加。因此，减重经济强调要在减少物质总投入的前提下实现社会经济目标。通过减少物质总投入，实现经济增长与物质消耗和环境退化的"分离"。如何在减少物质投入总量的前提下保障经济效益，通过技术和管理手段，不断提高资源利用率。

②提高资源利用效率。资源利用效率反映了物质、产品之间的转化水平，其中生产技术和工艺是提高资源利用效率的核心。通过物质流分析，我们可以分析和掌握物质投入和产品产出之间的关系，并通过技术、工艺改造和更新，提高物质、产品之间的转化效率，提高资源利用效率，达到以尽可能少的物质投入获得预期经济目标的目的。

③增加物质循环量。通过提高废弃物的再利用和再资源化，可以增加物质的循环使用量，延长资源的使用寿命，减少初始资源投入，从而最终减少物质的投入总量。工业代谢、工业生态链、静脉产业等都是提高资源循环利用进而实现减重经济的重要实现形式。

④减少最终废弃物排放量。在社会经济活动中通过提高资源利用效率增加物质循环量，不但可以减少物质投入的总量，同时也可以实现减少最终废弃物排放的目的。在发展循环经济过程中，生产工艺和技术的进步，生态工业链的发育和静脉产业的发展壮大，可以通过提高资源使用效率、减少物质总投入，达到减少最终废弃物排放量的目的。

第四节　生态工业园发展

一、生态工业园的内涵

1. 生态工业园的定义

生态工业园是依据工业生态学和循环经济原理而设计的一种新型工业组织形态，它的设计逻辑是园区内各企业内部实现清洁生产以减少废物的产生，各企业之间通过有计划地交换物质和能量以实现资源利用最大化和废物排放最小化，最终达到经济效益、生态效益和社会效益的和谐统一。

2. 生态工业园的特征

创建生态工业园区是实现生态工业发展的重要路径。它不仅具有与生态工业相同的可持续性、系统性、技术密集性、生态共生性等总体特征，在建设与实践的过程中也体现出主题鲜明化、处理统一化、材料再生化、基建完备化、关系网络化、效率最大化等基本特征。

二、生态工业园的类型

1. 按建设基础划分，可分为现有改造型与原始规划型生态工业园区

现有改造型生态工业园区是对现已存在的工业企业通过适当的技术改造，在区域成员间建立起物质与能量的交换。例如，美国恰塔努加（Chattanooga）生态工业园区的前身曾是一个以污染闻名的制造中心，在杜邦公司推行以尼龙线头回收为核心的企业零排放措施后，拓展出了新的产业空间。

原始规划型生态工业园区是在良好的规划和设计的基础上从无到有地进行建设，并创建一些基础设施使得企业间可以进行物质与能量的交换。建立一个这样的生态工业园区所需投资大，建设企业高，对园区成员的要求也高。美国俄克拉荷马州的乔克托（Choctaw）生态工业园区就是一个典型的全新规划型生态工业园区。

2. 按区域位置划分，可分为实体型与虚拟型生态工业园区

实体型生态工业园区是按照工业生态学原理、仿照自然生态系统的运行方式构建的，在地理位置上聚集于同一地区，可以通过管道设施进行成员间的物质和能量交换。丹麦的卡伦堡（kalunborg）生态工业园区就是通过同一地区各企业之间的废弃物交换，形成了生态工业园区的雏形。

虚拟型生态工业园区不严格要求其成员在同一地区，它是利用现代信息技术建立起一个园区信息系统，在计算机上建立各企业间的物质与能量交换关系。虚拟型生态工业园区突破了传统的固定地理界限和具体的实物交流，用信息流连接价值链，省去了一般建园所需要的昂贵成本，具有较大的灵活性，其缺点就是可能会承担较高的运输费用。美国的布朗士威利（Browns-vile）生态工业园区就是此类型。

3. 按产业结构划分，可分为联合企业型与综合园区型生态工业园区

联合企业型生态工业园区一般以某一大型企业为联合主体，围绕联合企业所从事的核心行业构造工业生态链和工业生态系统。我国云南的贵港国家生态工业示范园区就是这种类型。

综合园区型生态工业园区内存在不同的行业，企业间的共生关系更加多样化。与联合型园区相比，综合型园区需要更加注重不同行业企业间的协调与配合，以实现园区内各企业的利益均衡与园区生态系统的稳定。

三、生态工业园建设方向

在我国30多年的生态工业及生态工业园区理论发展与实践过程中，生态工业园区发展呈现出以政府为主导、以市场为推动、以企业为主体，在微观企业、产业集群、园区和宏观社会四个层面共同发展的特点。在微观企业层面通过引入生命周期评价、清洁生产等技术，提高生产效率与资源利用效率，在企业内部实现废弃物产生最小化。在产业集群层面通过引入龙头企业并带动配套企业的进入，形成以产业集群为依托的"园中园"发展模式。在园区层面则重点完善基础设施并努力实现在宏观社会层面的共享。

对于生态工业园区今后的建设方向，应针对生态工业园区不同的发展基础，实施分类指导，各自侧重发展。对于已经具有较好生态工业雏形的工业园区或区域，应重点完善生态工业链，提高生态工业网络中各环节的质量，

形成一个稳固的生态工业网络。对于门类较多但彼此缺乏联系的工业园区或区域，不仅要加强入园项目规划管理，还应对园区内现存企业的能源流、水流、物质流、废物流以及信息流等进行重新集成，建立起物质流动和循环利用的渠道和机制。对于尚未建设或尚不具有规模的园区，应抓好园区的整体规划工作，按照生态工业园区的要求，从一开始就进行高标准、高水平的规划。对于不同的工业园区或区域之间的生态工业网络，应依据信息网络平台建立起紧密的联系，依靠资源和废物流动关系建立起稳定的经济关系，由此促成资源和废物流动关系的长期化，以保证生态工业网络的稳定运行。

此外，还应结合当前数字化、信息化的发展趋势，在园区内建立起生态工业园区数据库管理交流平台。以数据库作为生态工业园区的信息中心及业务平台，能够更清楚地掌握园区内的物质与能量的流动，有助于解决上下游企业对于副产品与废物交换的信息不对称问题，打通资源循环的信息渠道，便于为管理者决策与政府监督提供依据。

第五节　案例分析

案例：国家生态工业示范园政策的准自然实验[*]

一、研究背景

我国城市化、工业化进程中普遍存在集聚发展与生态环境保护的两难悖论，探索资源环境利用集约化、工业经济发展生态化的路径是城市转型发展的必由之路。生态工业示范园是城市探索绿色高质量发展的政策试验田，通过绿色产业集聚的方式推进资源环境利用集约化与培育现代生态产业体系，承载了城市转型发展的使命，已经成为现代产业发展和城市工业绿色发展不

---

　　[*] 该案例节选自周凤秀、温湖炜：《绿色产业集聚与城市工业部门高质量发展——来自国家生态工业示范园政策的准自然实验》，载于《产经评论》2019 年第 1 期，题目略做修改。

可或缺的载体。以生态工业园为主要代表的绿色产业集聚能否突破传统产业集聚方式的环境污染困境，生态工业示范园作为绿色产业集聚的新型资源配置形式与绿色发展方式，科学评估该政策实施对城市工业部门发展的影响，对未来国家生态工业园区的建设发展，乃至对中国经济高质量发展都有着重要的指导作用和现实意义。

二、研究方法

选取国家生态工业示范园政策的准自然实验考察绿色产业集聚对城市工业绿色经济效率的影响，即国家生态工业示范园区建设这一准自然实验的绿色溢出效应。依据多期双重差分法将实施国家生态工业示范园政策的城市视为处理组，其他城市视作对照组，比较处理组和对照组在政策实施前后绿色经济效率指数变化的差异。如果实施国家生态工业示范园政策城市的绿色经济效率指数变化系统性高于未获得国家生态工业示范园批复的城市，可以认为绿色产业集聚有助于提升城市的绿色经济绩效。计量模型设定如下：

$$GEE_{it} = \alpha_i + \delta \cdot Gin_{it} + X_{it}\beta + \sum_t \tau_t \times Year_t + \varepsilon_{it}$$

其中，GEE_{it}是被解释变量，表示城市工业绿色效率；Gin_{it}表示组别虚拟变量和政策实施事件虚拟变量的交互项，即城市批复生态工业园后为1，否则都是0。δ的估计量表示城市实施国家生态工业示范园政策后绿色经济效率的变化，称为"倍差法"估计量，如果δ显著大于0，说明国家生态工业示范园政策能够提高城市工业部门的绿色经济绩效。X_{it}表示经济发展水平、城市规模、环境规制、外商直接投资以及生产服务业集聚等绿色经济效率的直接影响因素。

旨在构建反映城市经济增长、资源节约、环境保护的绿色效率体系，并利用2003~2016年我国281个地级及以上城市数据测算城市发展质量水平。根据非期望产出SBM – DEA模型，利用MaxDEA Pro 6.0软件测算得到城市绿色经济效率这一被解释变量（Tone，2004）。其中，要素投入选取资本存量和劳动力，产出选取实际生产总值、工业废水排放量、工业二氧化硫排放量和工业烟尘排放量。投入产出变量的处理如下：（1）资本存量，根据徐现祥等（2007）的方法计算各省份第二产业的资本存量，再利用规模以上工业企业固定资产净值平均余额分拆得到各城市的资本投入指标；（2）劳动力投入，选取第二产业的年末单位从业人员数与城镇私营和个体从业人员数之和作为劳动力投入指标；（3）实际生产总值，选取第二产业的增加值衡量，采用城市所属省份的工业出厂价格指数平减得到以 2003 年为基期的实际总产值；（4）非期望产出，依据数据的可获得性，选取工业废水排放量、工业二氧化硫排放量、工业烟尘排放量三个变量。采用第二产业的要素投入和期望产出替代工业部门的要素投入和期望产出，投入产出数据的统计口径为全口径数据，最大限度地避免了统计口径不一致。

三、研究结果

采用 Hausman 检验方法选择固定效应模型或随机效应模型，Hausman 检验结果支持城市层面的个体效应为固定效应。首先采用虚拟变量最小二乘法（LSDV）估计固定效应模型参数。模型 I 和模型 II 分别是已考虑和未考虑其他绿色经济效率直接影响因素的估计结果。可以发现，倍差法估计量（Gin 的回归系数）为 0.0387 且在 1% 的水平下显著，这说明在国家生态工业示范园政策实施后，工业部门的绿色经济效率显著改善。进一步控制城市人力资本、外商直接投资、信息化水平、公共科技投入以及服务业集聚等其他影响因素后，倍差法估计量的系数提高至为 0.0409 且在 1% 的水平下显著，这说明国家生态工业示范园政策引致城市工业部门的绿色经济效率大约提高了 9.9%。因此，国家生态工业示范园政策实施后城市工业部门的绿色经济效率显著提高。

采用 Woodridge 检验和 White 检验对实证模型进行一阶自相关与异方差检验，发现残差项存在显著的自相关与异方差特征，这说明虚拟变量最小二乘法估计的标准误存在偏误。为了避免序列自相关和截面异方差问题高估政策实施效果，采用面板修正标准差法（PCSE）估计多期双重差分方程（1）的相关参数，估计结果见表 14-1 模型 III 和模型 IV。考虑扰动项的异方差和自相关后，倍差法估计量（Gin 的回归系数）大小并没显著性改变，但是 T 统计量明显变小，这说明忽视了自相关结构和聚类标准误会导致虚拟变量最小二乘法的估计结果高估政策实施的显著性。但是，Gin 的回归系数在 1%

的水平下依然显著为正,支持国家生态工业示范园政策能够推动城市工业绿色转型的理论假说。从影响程度来看,国家生态工业示范园政策实施以后,城市的工业绿色经济效率平均提高了 0.0371,约为城市工业部门平均绿色经济效率的 9%。即国家生态工业示范园政策实施能够提高城市工业部门的绿色经济效率。

表 14 - 1   多期双重差分法的估计结果

变量	LSDV 估计		PCSE 估计	
	模型 I	模型 II	模型 III	模型 IV
Gin	0. 0387 *** (0. 0090)	0. 0409 *** (0. 0091)	0. 0317 *** (0. 0105)	0. 0371 *** (0. 0106)
ln$RGDP$	0. 1257 *** (0. 0099)	0. 1322 *** (0. 0102)	0. 0449 *** (0. 0087)	0. 0483 *** (0. 0094)
ln$Size$	− 0. 0139 (0. 0115)	− 0. 0189 (0. 0120)	− 0. 0470 *** (0. 0088)	− 0. 0544 *** (0. 0082)
ER		0. 0207 * (0. 0123)		0. 0530 *** (0. 0145)
ln$Wage$		− 0. 0019 (0. 0109)		0. 0068 (0. 0134)
lnExp		− 0. 0042 (0. 0037)		− 0. 0054 (0. 0039)
$Sagg$		0. 0951 *** (0. 0131)		0. 0251 ** (0. 0120)
IDI		− 0. 0204 *** (0. 0061)		− 0. 0116 * (0. 0070)
FDI		− 0. 0104 (0. 0095)		− 0. 0019 (0. 0095)
常数项	− 0. 7698 *** (0. 1030)	− 0. 8419 *** (0. 1335)	0. 1201 (0. 0911)	0. 0377 (0. 1347)
地区哑变量	Yes	Yes	Yes	Yes

续表

变量	LSDV 估计		PCSE 估计	
	模型 I	模型 II	模型 III	模型 IV
时间哑变量	Yes	Yes	Yes	Yes
White 检验	0.0000	0.0000		
Woodridge 检验	0.0000	0.0000		
样本容量	3934	3934	3934	3934

注：括号内为标准误，***、**、* 分别表示在1%、5%和10%的水平下显著。

第十五章

生态旅游与可持续发展

　　强调经济、社会和生态的协调有序发展是生态旅游在理论与实践中追求的目标。生态旅游已逐步替代大众旅游，通过有意识地保护自然和推动地区发展，促进地区生态和社会的自然活动，大大促进了可持续发展。

第一节　生态旅游的提出

一、生态旅游的提出

　　"生态旅游"（Ecotourism）这一术语，自世界自然保护联盟（IUCN）特别顾问塞瓦略斯－拉斯库赖因（Ceballos – Lascurain）将其定义为"前往相对没有被干扰或未被污染的自然区域，专门为了学习、观赏、欣赏这些区域的自然景观和野生动植物与地方特色文化而进行的旅游"。[①] 生态旅游根植于 20 世纪 60 ~ 70 年代第一次世界环境运动的大背景中，并在 70 ~ 80 年代初具雏形。在此期间，环境问题、发展问题、西方社会消费方式的转型、旅游业对社会和环境的影响等受到越来越多的关注，而能够同时实现发展和保护目标、满足人们新的旅游需求、降低对社会文化和自然环境影响的生态旅游一经出现遂引起了人们的普遍关注[②]。

---

① Ceballos – Lascurain H. *The future of ecotourism.* 1987.
② 宋瑞：《生态旅游：多目标多主体的共生》，中国社会科学院研究生院，2003 年。

（一）旅游面对日益突出的环境问题

人类社会是伴随自然环境的变化产生和发展的，其中，人类的旅游活动和与自然环境紧密联系在一起。随着农业的出现，人们建造了自己的农场和村庄，砍伐森林、破坏草原、水土流失、沙漠化等问题一开始并没有受到人们的重视，随着人类社会的快速发展，出现了一系列社会和环境问题，例如乡村人口不断向城市迁移，造成城市过度拥堵以及工业化带来的环境污染，人类社会面临一系列环境挑战。

在现代工业快速发展、人口快速增长的城市，随着旅游业的快速发展，会有大量未经处理的污水排入天然水域，超过了水体的自净能力。

随着旅游业的不断发展，社会噪声问题越来越严重。美国的噪声污染几乎每10年翻一番。在一些发达国家，随着其他环境威胁逐渐得到控制，噪声污染已从第三位上升到第一位。噪声对游客的身体健康有很大影响，诸如影响神经系统发育，记忆力下降，损伤听觉视觉，导致内分泌失调紊乱，增加心血管疾病发病率，精力难以集中，易怒暴躁等等。

旅游业发展伴随出现的垃圾围城已成为世界性难题，人类社会的发展总是伴随着垃圾的产生而发展的。一方面，城市旅游带来的垃圾的产生量越来越大；另一方面，垃圾难闻的气味已经成为城市垃圾处理中的一个严重问题。快速发展的中国正遭受"垃圾围城"之苦。垃圾堆不仅有视觉刺激，而且化学危害身体健康。塑料垃圾数百年都难以溶解，燃烧时会产生各种有毒气体，污染空气。如果掩埋，它会影响植物根系发育，改变土壤结构，并可能污染地下水。

空气污染已成为对人类健康和安全的最大威胁之一。以"伦敦烟雾事件"为例，1952年12月5日至9日期间，伦敦大量工厂和居民燃煤取暖所排放的废气难以分散和积聚。整个城市都笼罩在迷雾中，许多居民出现胸闷、窒息等不适，发病率和死亡率急剧上升，造成约4000人死亡。被污染的不洁空气吸进人体，对人的呼吸器官、血液循环等都会产生一定的危害，严重者生病甚至死亡。

（二）旅游发展中生态意识的出现

1. 原始生态旅游阶段

由于社会生产力水平较低，人类对自然环境的影响较小，对自然环境的依赖程度较高，古代人民在长期的社会实践过程中总结一系列经验，对一些社会活动做出一些具体指导例子，如早在春秋时代《管子》一书就指出一些选址原则，如"凡立国都，非于大山之下，必于广川之上，高勿近阜而水用足，低勿近水而沟防省"大多选具有良好自然条件的地方，也是环境阻力最小的地方，以保障城市的发展和运营。

2. 现代生态旅游起步阶段

工业革命后，人类社会开始了工业化为主导产业发展的进程。当时，社会生产力达到了前所未有的水平。1842 年。当世界上第一家旅行社——托马斯库克公司成立时，具有现代旅游理念的生态实践开始产生。由于旅游活动和相关旅游开发，对生态环境的威胁和破坏达到了前所未有的规模和深度。但在这个环境意识被大大忽视的阶段，1872 年 3 月 1 日，世界上第一个国家公园——黄石国家公园在美国成立。

黄石国家公园位于怀俄明州西部、蒙大拿州南部和爱达荷州东部的交汇处，总面积近九千平方公里，全部的面积几乎没有对外开放，一直保持原始状况。其主要目标是为野生动物提供良好的生长和栖息地。黄石湖位于公园的中南部，是美国最大的高山湖泊。该湖是上万年前火山喷发留下来的。公园内的许多小河和瀑布都发源于黄石湖，因此被人们称为"黄石公园的母亲湖"。为了保护环境，这里不允许进行水上娱乐活动，在湖中划独木舟和钓鱼则需要特别许可。

3. 生态旅游快速发展阶段

在黄石国家公园之后，美国创建了数百个国家公园。先后建立国家级林区 155 个，草原公园 19 个，土地利用工程试验区 17 个，科学、历史、地质、动植物、古生物等试验地 136 个，占总面积的 10% 。并且都对公众开放，是人们回归自然的最佳场所。

发达国家相继建立国家森林公园体系之后，开始制定保障生态旅游发展的法律法规，培育了一系列专门从事生态旅游开发和发展的企业和员工。在欠发达国家中，生态旅游发展的领先国家是非洲的肯尼亚和拉丁美洲的哥斯达黎加等国家。肯尼亚被誉为"自然旅游的先驱"，是现代生态旅游较为发达的国家之一。肯尼亚以其丰富的野生动物而闻名。20 世纪中期，在肯尼亚人民对政府的要求下，政府宣布全国禁止随意捕杀猎物，1978 年，肯尼亚禁止野生动物狩猎和产品贸易，促进了当地旅游业发展。

工业文明会给社会带来一系列红利，但是人们也为此付出了一系列的代价诸如资源耗尽、生存环境恶化、物种多样性受到影响、自然灾害频繁发生，人类的生存受到威胁。在此背景下人们对生态环境的关注和环保理念正在迅速发展。同时，政府主导、舆论和市场也在诱导可持续理念的发展，逐步融入旅游资源开发和旅游企业管理。与此同时生态旅游带来的附加产品越来越受游客欢迎。并且当地财政对于生态旅游收入也呈上升趋势，生态旅游进入快速发展阶段。

二、生态旅游的发展

（一）国内外生态旅游的发展现状

生态旅游源于人类生态伦理的觉醒。1965 年，赫哲（Hetzer）在对当时的文化、教育和旅游进行反思的基础上，提出了"生态旅游"的发展思路。据他介绍，生态旅游有四个要点：减少环境影响，增强对当地文化的尊重，让当地居民受益，满足参加者的娱乐需求。生态旅游理念发展后，受到国际旅游组织和学界的广泛赞同。1986 年，在墨西哥召开的国际环境会议专门讨论了生态旅游的发展。1987 年，WWF 对伯利兹、哥斯达黎加、多米尼加、厄瓜多尔、墨西哥等拉丁美洲和加勒比国家的 10 个生态旅游案例进行了专题研究，并于 1990 年出版了《生态旅游：潜能与陷阱》一书。1990 年 4 月，第一届国际生态旅游研讨会在墨西哥召开。1995 年 4 月，联合国教科文组织和世界旅游组织在西班牙举办了"可持续旅游发展国际会议"，来自 75 个国家和地区的 600 多名代表一致通过了《可持续旅游发展宪章》及其附件《可持续旅游行动计划》。世界许多国家已开始实施生态旅游战略，将生态旅游的基本原则应用于旅游发展。1998 年，在墨西哥举行的国际环境保护会议上，生态旅游被列为政府选择的发展战略。1999 年 10 月，世界生态旅游研讨会在马来西亚召开，并发表了《沙巴宣言》。

虽然我国生态旅游起步晚于世界上一些发达国家，但发展速度非常快。1995 年初，第一次全国生态旅游大会在我国云南西双版纳召开，中国旅游协会生态旅游专业委员会成立，并发表了《关于发展我国生态旅游的倡议书》。1997 年 12 月，与生态旅游密切相关的旅游业可持续发展研讨会在北京召开，会议确认生态旅游是我国旅游业可持续发展的重要选择和保障之一。1999 年是我国的生态旅游年。全国各省份已向国家旅游局申报了一批生态旅游风景名胜区。国家旅游局在考察中将四川九寨沟、云南迪庆、湖北神农架、长江三峡、内蒙古呼伦贝尔草原确定为优质生态旅游景点。与生态旅游年有关，在我国举办了一系列研讨会。1998 年 8 月，国家旅游局和世界旅游组织在昆明联合举办了"生态旅游高级研讨班"，会议就生态旅游的发展现状、生态旅游与可持续发展的关系、旅游与可持续发展等问题进行了探讨。

（二）国内外生态旅游的发展策略

在生态旅游发展的过程中，不少国家和地区都采取了一系列行之有效的措施，主要做法有：

1. 立法保护生态环境

1916 年，美国通过了关于成立国家公园管理局的法案，国家公园的管理纳入了法制化的轨道。在英国，1993 年通过了新的《国家公园保护法》，旨在加强对自然景观、生态环境的保护。自 1992 年里约会议以后，日本制定了《环境基本法》。

2. 制订发展计划和战略

美国在 1994 年制定了生态旅游发展规划，以适应游客对生态旅游日益增长的需求。澳大利亚斥资 1000 万澳元，实施国家生态发展战略。墨西哥政府制定了"旅游面向 21 世纪规划"，生态旅游是该规划的重点推介项目。

3. 重视当地民众利益

生态旅游发展较早的国家肯尼亚，在生态旅游发展的过程就提出了"野生动物发展与利益分享计划"。

4. 进行旅游环保宣传

在发展生态旅游的过程中，很多国家都提出了不同的口号和倡议。如英国发起了"绿色旅游业"运动，日本旅游业协会召开多次旨在保护生态的研讨会，并发表了"游客保护地球宣言"。

（三）我国生态旅游发展面临的问题

1. 旅游环境破坏严重

根据中国自然资源部数据显示，我国 44% 的保护区受垃圾影响，12% 受水污染，11% 受噪声影响，3% 受空气污染影响，22% 受自然保护区污染影响。11% 的自然资源因旅游资源遭到破坏，大规模人工建设和人造景观的兴起，破坏了自然美景。

2. 生态旅游被当作标签

生态旅游的目标是通过发展地方经济并且更好地保护生态环境。然而，生态旅游被视为吸引游客的"幌子"，甚至一些公司只是为了自身经济利益，利用围绕生态旅游概念的争议，故意歪曲生态旅游的内涵。

3. 旅游者达不到生态旅游的目的

生态旅游是游客走向自然，了解自然，以达到自觉保护自然的目的。中国社会转型进入工业化中后期，伴随着人均可支配收入不断提高，人们的旅游消费意识也逐渐开始转变，人们渴望回归自然，返璞归真的本真诉求越发强烈，因而时下传统的大众观光旅游已无法切实满足规模客源市场对旅游产品核心体验的高层追求。但是，目前我国生态旅游的发展还没有达到这样的水平。不仅缺乏必要的环境教育设施，而且缺乏专业的工作人员，这种情况不可避免地导致游客对生态旅游的误解。[①]

第二节　生态旅游的特点

一、生态旅游的概念

（一）生态旅游概念

不同学术背景的学者，各自从不同角度对生态旅游进行定义。代表性的

---

① 赵磊、吴文智、李健等：《基于游客感知价值的生态旅游景区游客忠诚形成机制研究——以西溪国家湿地公园为例》，载于《生态学报》2018 年第 19 期。

观点有：博斯（Boo E，1999）认为，生态旅游是指去相对原始（undis-turbed）的自然区域，以欣赏自然风光和野生动植物为目标，并能为保护区筹集资金，为当地居民创造就业机会，为旅游者提供环境教育，从而有利于自然保护的旅游活动；生态旅游协会（Ecotourism Society，1993）对生态旅游的定义是：具有保护自然环境和维系当地居民双重责任的旅游活动[①]；埃尔坎（Ercan Sirakaya），维诺德（Vinod Sasidharan）和塞维勒（Sevil Son-mez，1999）认为生态旅游是一种非消耗性、教育性、探险性（romantic）的新型旅游，其目的地是那些自然风光异常优美、文化和历史意义突出且几乎未受人类干扰破坏的地区，旨在欣赏当地的自然、社会文化历史。[②]

（二）生态旅游的特点

1. 大众普遍性

生态旅游是传统大众旅游的一个分支，生态旅游是一种不区分阶级的旅游方式，旅客的类型不仅仅只限于处于上层的统治阶级，社会劳动者、在校学生等都可以是生态旅游者。随着社会经济的发展水平和人民对环境保护意识的普遍提高，呼吸大自然的新鲜空气、自我发展的生态旅游将成为人们衣食住行的基本生活需求。

2. 环境保护性

生态旅游与传统旅游相比最鲜明的特点就是对环境具有保护性。工业革命前的旅游者只是小部分群体，当时的旅游没有对生态环境造成过大的破坏，基本都是顺应环境而规划的，因此不可能提出自然保护问题。与工业革命后的传统大众旅游相比，由于传统旅游的参与者众多、强度大，无论是旅游开发还是旅游管理都是旅游业中的新兴行为，没有成熟的理论。在可持续发展理论的影响下，人们不得不再次认识到，如果不重视自然保护，旅游业将吞噬人类最后的自然文化遗产。

3. 形式多样性

由于生态旅游是建立在现代技术快速发展的基础上，并且满足多种旅客的需求，因此其旅游活动的形式并非单一，是具有多样性的。工业革命前的

---

① 方晓亮：《生态旅游管理及其目标实现》，载于《旅游论坛》1996年第1期。
② 沈长智：《生态旅游系统及其开发》，载于《北京第二外国语学院学报》2001年第1期。

旅游活动受到社会形态的影响，在历史的长河中旅游活动形式缺乏多样性。工业革命后，生态旅游活动相对于传统大众旅游仍然比较单调，为满足人群回归自然的各种旅游需求，故生态旅游活动形式比传统旅游更加具有多样性。

4. 分布广泛性

生态旅游资源涉及方面广并且世界各地的资源类型也不同。各地不同自然保护区保留了丰富的生态旅游资源。在草原、海洋、森林、沙漠、沼泽和水域等独特的生态系统中，不仅保护了各种典型生态系统、珍稀动植物物种、不同自然带的精彩自然景观，而且还保护了具有特殊价值的地质剖面、化石来源、冰川遗迹等。这些独特景观以及珍奇藏品会吸引大众的兴趣，进而形成系统的旅游基地。旅游资源不会以单独个体存在，而是以当地所在的为背景，以一个完整的形式来展现在人们面前。

5. 资源地域性

大部分生态旅游资源都是从特定自然区域内具有鲜明特色的生态系统或人文系统中挑选出来的，这些资源具有很强的特异性和代表性，而且特征与众不同。我国具有独特的地质演化历史，保留了许多在北半球其他国家或地区早已灭绝的古老物种，幸存了大熊猫、金丝猴等原始生物群，这些濒临灭绝的物种被称为"活化石"。此外，还有许多地区的环境规划保留着"顺应自然"理念，如哈尼族梯田。作为特定生态环境的产物，它们包含在特定的生态系统中，鲜明的特征，被大众所吸引，因此成为世界上独一无二旅游资源。

6. 生态脆弱性

脆弱性是指人们在对生态旅游资源的开发过程中是具有一个弹性限度的，人们应该在环境所准许的范围进行活动。人类活动会影响资源系统，超出此限度会使其黯然失色，甚至发生不可逆转的改变，从而导致生态旅游系统遭受破坏。这应该是旅游发展和旅游管理特别需要关注的问题。在利用生态旅游资源时，必须遵守生态规律，管理中必须根据实际情况来使其发挥最大特色。

二、生态旅游的主要功能

1. 经济发展功能

生态旅游是一个紧密联系农业与旅游、生产与消费的跨产业领域。随着旅游业的发展，游客利用农业以及旅游资源进行欣赏、品尝、消费、学习、娱乐、招待、等多项服务，获得较大的经济回报，从而实现当地产品获得额外价值属性。生态旅游发展会为当地财政增加重要收入，增强社会媒介关系的连接作用，对外吸引投资、技术、人才等，同时有利于探索在当前背景下的新市场，增加产品销售机会，同时随着人流量的加大，会带动其餐饮、民俗、运输业、制造业的发展，带来的资金流以及改善物质条件，实现经济快速发展。

2. 环境保护功能

发展生态旅游过程中坚持"保护第一"原则，开发服从保护，开发促进保护。要想更好的发展生态旅游，必须在尊重环境以及顺应环境的前提下，并且发展的当地要具有特色的生态环境景观。对于当地生态环境资源，只有对其保护好了，尽可能还原其原样，才可以发挥出最大的价值。

第三节　生态旅游发展模式

一、山地生态旅游典型案例与模式

（一）山地生态旅游模式

中国山地、丘陵和高原占国土面积的七成左右。中国具有多种形式的山脉，并且其景色丰富，各地具有不同的文化底蕴。游客到山型景区游玩，大多以赏景其奇山异水为主。山地旅游应提供更丰富的业态。借鉴国外山地旅游发展经验，发展山地旅游既能满足游客对高品质旅游体验的需求，又能为脱贫致富做出贡献。基于山地资源条件，许多国家都在寻找一种适用于他们的可持续旅游发展方式。

（二）典型案例——阿尔卑斯山"高山运动"旅游

瑞士跟中国一样是一个多山的国家，阿尔卑斯的高海拔使其具有复杂的山地地理性质、高山积雪、茂密的垂直植被和独特的山地气候。阿尔卑斯山不同山地小气候，造就了独特的自然资源以及多种文化渊源。阿尔卑斯山平均海拔 3000 米，共有山峰一百余座。正是因为其多样形态特质的山峰，才成为 19 世纪人们挑战自然极限的起点。18 ~ 19 世纪期间，许多探险家在海拔 3000 ~ 4000 米以上的大部分山峰上留下了痕迹。

瑞士以其独特的山地滑雪项目而著称于世界。这里是滑雪爱好者最喜欢的聚集地，也是世界冬季运动会的举办地之一。举世闻名的滑雪胜地包括圣莫里茨和达沃斯。此外，水疗、登山探险、山地自行车、徒步旅行等可供游客使用。丰富的体验，包括近距离看马特宏峰，一定要进入有"冰川之城"之称的采尔马特小镇。马车在采尔马特是一种"特殊"的交通工具。采尔马特没有汽车，全镇都是电动车和马车，但要到外面需要火车。瑞士山地旅游的特色在于独特的山地民族文化和旅游文化：全视角火车、高山度假村和酒吧、独特的乡村景观、富有当地特色的文化、冰川地质、棕榈快车等。最吸引游客的是冰川快车。瑞士人的环保观念很强，环保法也很严格。国家宪法明确规定，旅游大巴不得以噪音、垃圾驶近自然风景区，对城市建筑高度也有严格要求。

二、湖泊生态旅游典型案例与模式

（一）湖泊生态旅游模式

以沿湖景观光旅游、游船活动、休闲垂钓度假为代表的湖泊旅游，在世界各地受到旅游大众的欢迎。从旅游企业的角度来看，湖泊旅游是利用湖泊多变的自然沿湖景观、良好的生态环境、丰富的文化底蕴及相关的娱乐设施，为游客提供的综合服务产品。从游客的视角来看，湖泊旅游是以湖泊为基础，游客们进行各种活动的一种旅游项目。当前，我国湖泊旅游正处于一个大发展时期，是一个以天然美丽湖泊为基础的转型提升阶段。未来以湖滨度假为主，沉浸式旅游产品为主攻方向。

（二）典型案例——日本琵琶湖生态旅游开发

琵琶湖位于日本滋贺县，并且是日本第一湖。该湖已有 400 万年的历史。在长达 400 万年的漫长岁月里，湖中孕育了各种独特的物种，如极具观赏价值的鳟鱼。琵琶湖的水清澈而甘甜，其味也会随着时间的改变而改变。目前，琵琶湖是京阪神绝大多数人的生活用水来源。

琵琶湖被誉为滋贺县的"母亲湖"，不仅是物质生产生活来源，也是日本人心中的精神支柱。琵琶湖周围古城周植了数千棵樱花树，赋予它独特的美感。此外，织田信长建造的安土城遗址，可以俯瞰整个琵琶湖以及大谷城和歌山遗址和其他历史文化遗址。日本政府在发展旅游业的同时也注重生态保护。琵琶湖曾因经济发展受到严重污染，日本政府花了30年时间才将琵琶湖恢复原貌，此后人们更加注重环境保护问题，人们积极做实事、清理琵琶湖，保护与发展共存，这是生态旅游的关键所在。

三、森林生态旅游典型案例与模式

（一）湖泊生态旅游模式

森林生态旅游是指以自然景观为主体而对外发展的一种旅游形态，并且将人文景观和社会景观融入其中去，使之成为一个整体。森林生态旅游主要以原始生态环境为基础，在此基础上，将原始森林生态不断转化为人工生态环境，为人们创造最舒适的游憩休闲环境。旅游业是第三产业的重要组成部分，随着第三产业的发展，其在经济中的比重不断增长，旅游业不断增长，森林生态旅游并不少见。森林公园、植物园、自然保护区和自然美景都是森林生态旅游的一部分。森林生态旅游是回归自然、亲近自然、与自然和谐相处的有效手段。

（二）典型案例——那拉提森林公园

新疆那拉特森林公园位于天山支流贡乃斯河上游。那拉提山宛如一块碧绿的翡翠，躺在贡奈河上，这座山山势高大雄浑秀丽。位于那拉提山东侧的大东侧的大东沟是公园的主景区，沟深近10公里，这里山清水秀，草甸林灌相间，错落有致。临河之处是旅游者落帐之胜地山涧峡秀丽，怪石嶙峋，充满大自然的鬼斧神工，是寻胜绝地。

那拉特森林公园自1999年投资兴建以来，充分利用贡乃斯河的丰富风光，注重森林生态环境、风景名胜区规划、森林旅游开发强度。在景观区的开发建设中，主要强调体现自然特征，美化人工景观。不同建筑的布局强调与自然的融合以及韵律美。这是一个以自然景观和人文景观为主，集观光、休闲、娱乐、康复、健身、探险步道、科研等功能为一体的森林旅游度假区。

四、农业生态旅游典型案例与模式

（一）农业生态旅游模式

农业生态旅游是根据村落的天然环境、农业资源、田园风光、农业生产和地方文化的内容，进行总体规划、住宿和流程设计，并辅以多项供观光旅游的一种旅游形式。通过游览以增加农业相关知识，了解和体验质朴乡村生活。生态农业旅游的基础是环境保护。通过实施农业生态旅游，可以有效减轻土壤负担，减少农业生产过程中农药化肥的使用，减少水资源浪费。最大限度地提高环境效益、经济效益和社会效益。

（二）典型案例——中国台湾生态村

桃米村是台湾南投的一个小山村，20 年前的由于地震后成为灾区。但随着震后重建工作，桃米村以生态创造价值，实现崭新对外姿态。在对外发展的过程中已成为世界著名的生态村，年产值超过 1.5 亿新台币。

通过专家、科学家和当地居民的共同探讨，最终提出"桃米生态村"的概念，通过对当地状况分析想要将桃米社区从一个以传统农业为主的村庄转变为有机农业、环保和休闲相结合的村落。社区大力发展生态旅游产业和特色民宿，振兴社区。桃米村民在市政府的帮助下，利用资源潜力，不断推广各种青蛙和五颜六色的蜻蜓，将青蛙设计成各种可爱的卡通形象，在大众旅游里脱颖而出。用纸、布和石头等村里的材料制作，很快将桃米村从地震废墟变成了昆虫生态文化实验。

五、草原生态旅游典型案例与模式

（一）草原生态旅游模式

在郁郁葱葱、风光旖旎的大草地，几千年的积淀，形成了具有浓郁地域和民族特色的草原文化。草原文化是指生活在草原上的祖先、部落和民族世代相传创造的适应草原生态环境的文化，包括草原人口的生产方式、生活方式和风俗习惯。草原生态旅游强调人与自然的和谐相处，了解草原人文知识。草原文化的理念是顺应自然、保护自然、有效利用自然资源。几千年来，草原并没有像现在这样受到破坏，因为草原崇拜和保护每一棵草木。对于草原文化我们的需要做的是利用草原生态旅游保护草原文化，利用草原文化保护草原生态，从根本上开发旅游资源，促进地方经济发展。

（二）典型案例——呼伦贝尔草原特色旅游

呼伦贝尔草原位于内蒙古自治区东北部大兴安岭以西的呼伦贝尔高原。因呼伦湖和贝尔湖而得名。呼伦贝尔草原是世界著名的天然草原，四大草原之一。在世界上。呼伦贝尔草原除了是众多古代文明和游牧民族的发祥地外，也是众多古代文明和游牧民族的发祥地。

内蒙古呼伦贝尔草甸是一个风景秀丽、景色宜人的地方，绿油油的一望无际，大兴安岭起伏，呼伦湖和贝尔湖美丽而丰富。人们称它为北方的碧玉，人间天堂。呼伦贝尔骑马和篝火节是当地特色项目。在这里，骑行活动根据个人需求进行划分。每到夏夜，围坐在火炉边载歌载舞，体验最真实的牧羊人生活。充分利用当地的自然美景和可用资源。

六、海洋生态旅游典型案例与模式

（一）海洋生态旅游模式

目前，人们对海洋生态旅游的定义没有统一的共识。有人认为海洋生态旅游是一种利用海洋环境的生态旅游活动，包括海钓、漂流探险、潜水、冲浪、海鲜品尝、自然文化观光、海洋探险等。另一部分则认为海洋生态旅游的目的是了解、体验、欣赏和了解海洋生态景观，不仅涉及对自然的理解和享受，还体现环境意识旅游。海洋生态旅游景区一般定义为：以沿海、海岛、远海、深海等具有明显生态特征的海洋空间区域为基础，注重亲近自然、保护自然、具有一定特色的旅游区域体系。此类海洋或海岛借其休闲放松、远离喧嚣等特点，近年来备受旅游者特别是度假爱好者的青睐，逐渐成为旅游业的热点。

（二）典型案例——北海沙滩旅游

北海市位于广西南部，是古代"海上丝绸之路"的重要始发港和国家历史文化名城。是国家历史文化名城。北海市的大陆是一个形状像犀牛角的半岛。地势一般北高南低。地势平坦开阔，地势较高。一般较低。一般略高于大陆，为火山岩台地。

文化是旅游在当今旅游成为一个重要卖点，文化旅游也因其民俗风俗和文化氛围而受到游客的高度重视。广西北海深入挖掘古城文化生态旅游资源潜力，打造了与之相称的文化品牌，被誉为"世界第一海滩"。涠洲岛是火山喷发和珊瑚沉积的结合体，将岛的南部与北部的开阔温和形成鲜明对比。星岛湖旅游区是利用红潮江水库开发建设的内陆湖泊旅游度假区。水库如星辰般紧密排列在水面上，是游客的必经之地。

第四节　生态旅游规划

一、生态旅游规划的一些理论

随着 20 世纪 70 年代"绿色运动"的持续发展，可持续发展概念的提出，也为我们更好的理解可持续旅游提供了根本遵循。可持续旅游不同于传统意义上的旅游，实际上，可持续旅游更注重与当地的人文地理环境、社会经济环境相融合，体现出对可持续发展理论的充分灵活运用。

景观生态学和旅游经济学理论是生态旅游的支撑理论。景观生态学的研究重点是人类活动对景观的生态影响和生态系统的时空关系，注重对景观管理、景观规划和设计以及空间结构与生态过程的相互影响的研究。景观生态学还以人类对景观的感知作为景观评价的出发点，通过自然科学与人文科学的交叉，围绕建造宜人景观这一目标，综合考虑景观的生态价值、经济价值和美学价值。

生态旅游是综合性、关联性很强的旅游，因此生态旅游的理论不仅仅是单独存在的，而是与其他相关理论紧密联系在一起的。对生态旅游者行为和需求的研究就涉及市场学、心理学、美学等方面的理论；对生态旅游资源的研究会涉及旅游资源学、旅游地理学、生态经济学以及相关的开发规划理论；对生态旅游业的研究则会涉及包括企业管理和发展经济学等方面的内容。因此，生态旅游的相关理论就涉及旅游资源学、旅游地理学、生态经济学、开发规划理论、企业管理学、发展经济学等等。

二、生态旅游规划

旅游规划是对旅游及相关产业未来发展的愿景和规划。其目的是配置和使用社会能够以最合理、最有效的方式为旅游业提供的一切旅游资源，包括旅游接待能力、交通设施、人力、物力、财力等，让游客实现预期的旅游目标，从旅游业的发展中获得经济、社会和环境效益。

（一）生态旅游规划的原则

（1）保护优先原则。在自然区实行严格的保护措施，以保护动物、植物和生态系统。

（2）容量限制原则。根据旅游地的面积、特点和可进入性等条件以及旅游地居民的经济、文化背景及其对旅游活动的容纳能力，精心测算最佳游人容量，建立环境容最大标准，以防过度开发旅游资源和游客对环境的过度使用。采取经济手段（必要时用行政和法律手段）调节游客流量。

（3）市场导向原则。以客源市场为导向，以生态旅游资源为基础，寻找两者之间的最佳结合点，设计适销对路的生态旅游产品。

（4）特色性原则。生态旅游地要因地制宜，突出特色，防止雷同，尤其要防止低水平的重复开发。

（5）分区规划原则。对生态旅游目的地进行功能分区，对不同功能的保护区实行不同级别的保护。

（6）适度开发原则。在环境适宜的地方，开发小规模的旅游设施；设计要以本地情况为基础，使用本地的建筑材料、节能设备，对废弃材料进行适当处理。

（二）生态旅游规划的特点

1. 生态性

生态旅游规划将旅游景点保护摆在首位，明确体现了自然保护的要求和任务。生态旅游的导向是一个系统或多个系统的相互依存的复合体，自然生态系统的发展过程是一个内部发展动态的过程，内部的各个组成部分相互协调相互促进，对外部侵扰能够具有一定的抵御。但是，如果开发者超出这个限度就会影响生态旅游平衡。因此，在规划生态旅游时，应注意生态规律，维护系统的相对稳定，保护生物种类的多样性并且尊重环境。[①]

2. 系统性

生态旅游规划不是单单的一个独立体，而是将社会发展、经济开发和环境保护相结合，有机结合，确保迈着同一步伐向前不断发展。生态旅游规划必须以系统论为基础，有机结合发展需求才能使其旅游价值发挥到最大。

3. 特色性

生态旅游发源地一般是生态环境比较原始并且具有一定当地特色，具有一定文化底蕴的地区。如果生态旅游产品缺乏特色，无法满足生态旅游者对新事物的探索，其吸引力也会减弱，生态旅游规划就难以达到预期的效果。

（三）生态旅游规划的目标

1. 生态环境保护与生态旅游协调发展

生态旅游发展要求以较高水平发展姿态和较好外部环境为前提。生态旅游规划是一种对原有环境的尊重下，以一种较低的姿态来面对环境，保护系统、物种、景观多样性，并且与良性的发展协调。

2. 旅游开发者、旅游者、社区及其居民利益共享

与生态旅游相比，大众旅游的受益者往往是旅游开发商和游客，而当地社区和居民的利益往往是以牺牲资源和环境为代价的；生态旅游需要开发商、游客和当地社区，但居民会分享他们的所得。生态旅游点的开发商、当

---

① 史本林：《从生态伦理学角度谋求生态旅游的可持续发展》，载于《生产力研究》2006年第2期。

地社区和居民在不破坏生态环境的情况下共同协商推出特色生态旅游产品。通过适当的广告招募优质生态旅游者，实现共享利益。

3. 生态旅游活动与生态保护教育相互促进

生态旅游要立足于良好的环保实践，依托特定的生态旅游资源，从不同的理念和模式入手，打造多种生态旅游业务，通过提供多种中长时程的旅游项目，促进民营经济发展。通过观鸟旅游、赏花旅游、漂流旅游、徒步探险旅游、科考、科普旅游等生态旅游活动的活动形式来促进生态旅游发展。生态旅游与大众旅游那样不同的是更与价值为取向，价格不是主导因素。通过发展生态旅游实现环境教育的目标，为全体人员的道德素质做出贡献，自觉塑造他们作为可持续发展的推动者，积极传播可持续发展。

三、生态旅游规划的类型

1. 自然保护区功能规划

将旅游所附带的多种要素结合起来，把自然保护区发展成为以生态环境保护为主，兼有科学研究、生产示范、教育教学、旅游观光、疗养保健等功能。

2. 国家公园生态旅游功能分区规划

国家公园是生态旅游重要的一种形式。1973 年景观设计师里查得·佛瑞斯特（Richard Forestor）倡导了同心圆模式，其基本规划模式与前面介绍的自然保护区功能规划模式极为相似，它将国家公园从里到外分为核心保护区、游憩缓冲区、密集游憩区。这个功能分区规划模式得到了世界自然保护联盟（OUCN）的认可。岗恩（Clare A. Gunn）在 1988 年提出了国家公园旅游功能规划模式，该模式将国家功能分为重点资源保护区、低利用荒野区、分散游憩区、密集的游憩区和旅游服务社区等。

3. 观光农业区域规划

观光农业区是以农业观光、农业休闲功能为主，兼有度假、文化娱乐、教育运动等多种功能的综合旅游地。在区内应以市场为导向，依托当地农业生态旅游资源，根据其特色设立合理的功能区，并结合各区具体情况确定其开发方向，在此基础上确立分区内的项目。

4. 森林公园规划

森林公园以森林的自然环境、环境优美、科学教育、景点和游憩价值为基础。经过科学保护和适度建设，可为人们提供旅游、观光、休闲、科技文化活动的特殊场所。大森林公园是良好的生态旅游目的地，符合区域特色和综合发展需要。

第五节　案例分析

案例：上海市工业旅游资源的空间联动特征研究[*]

一、研究背景

工业旅游是第二产业与第三产业融合发展的产物，大力发展工业旅游，不但能整合旅游资源、丰富旅游产品、扩大旅游供给，更是转型时期扩大工业和旅游业发展空间与内涵，促进城市功能与城市空间优化的重大战略措施。工业旅游的产生和发展立足于城市工业资源，无论是工业遗存资源，还是生产性工业景观资源，其分布都显示出十分明显的区位指向性和区域特征。同时，在城市工业旅游实践中，许多工业旅游资源往往孤立开发、独立推广，限制了工业旅游市场的扩大，亟须促进城市工业旅游资源之间的空间联动和组织，形成一体化、协同式开发。因此，正确认知城市工业旅游资源的空间属性，探索其空间分布规律与联动特征，可进一步优化城市工业旅游资源的空间结构，提升工业旅游资源的宏观开发和微观运营。

上海是中国现代民族工业的发祥地和重要的工业城市之一，工业旅游资源的丰度、知名度和美誉度都位于全国前列，其工业旅游的开发较早，在开

---

[*] 本案例节选自吴杨、倪欣欣、马仁锋等：《上海工业旅游资源的空间分布与联动特征》，载于《资源科学》2015 年第 12 期。

发模式、运营方式、管理方法等方面的经验值得思考和借鉴。上海的百年工业发展历程以及当代重要的工业地位，使其工业旅游资源非常丰富，其中既包括工业遗存资源，也包括仍在运行中的工业企业资源。随着上海城市产业与城市功能的进化，工业与旅游业之间融合度逐步提升，原有的生产空间功能发生了转化或拓展。一方面，部分工业遗存资源通过保护性开发焕发新的生机，既留存和展示了上海的工业文脉，也为城市文化创意等新兴产业以及休闲游憩产业的发展提供了新的空间载体；另一方面，越来越多的工厂企业开放生产空间，吸引各类游客，既塑造和提升了企业品牌形象，也丰富了上海的旅游资源和产品。工业旅游，成为推动工业和旅游业融合发展的重要力量。截至 2015 年 1 月，上海市开发了约 200 处工业旅游景区，结合上海的全国工业旅游示范点（2004～2008 年）、上海工业旅游质量优秀与达标单位（2009～2013 年）以及上海市工业旅游网数据，总结出上海最具代表性的工业旅游景区 64 处，其中工业企业景点 21 处，工业博物馆 20 处，创意产业集聚区 23 处。在 19 家全国工业旅游示范点中，包含 6 家在工业遗存资源基础上形成的创意产业集聚区与休闲游憩区，11 家工业企业景点以及 2 家工业园区、博物馆等性质的工业旅游景区。鉴于此，以上海为研究区，运用地统计方法和 GIS 空间分析技术刻画其代表性工业旅游资源的空间分布及旅游交通连接度与连通性等联动特征，能为上海城市工业旅游的空间优化、融合发展、创新发展提供理论借鉴和参考，也能为全国城市工业旅游资源的空间优化与协调发展提供思路和建议。

二、研究结果

（一）上海工业旅游资源空间分布类型

测度点状目标的空间分布格局，研究其空间分布类型和密度，主要使用最邻近距离和最邻近点指数分析法。最近邻点分析法是指地理空间中的点状事物相互邻近程度的地理指标，在旅游空间结构的研究中应用较为广泛。计算出上海三种不同形态工业旅游景区、全国工业旅游示范点及所有工业旅游景区的最邻近点指数 R，其中 $A = 6340.5 \text{km}^2$（见表 15 – 1）。

表 15 - 1 上海工业旅游景区最邻近点指数

类型	r_j（km）	r_E（km）	R	分布类型
工业企业景点	8.45	8.69	0.97	弱集聚
工业博物馆	7.40	8.90	0.83	弱集聚
创意产业集聚区	2.16	8.30	0.26	强集聚
全国工业旅游示范点	8.23	9.13	0.90	弱集聚
非全国工业旅游示范点	5.38	5.94	0.91	弱集聚
所有工业旅游景点	4.98	4.98	0.77	弱集聚

　　无论是整体上还是以不同类型的工业旅游景区划分，计算所得的最邻近点指数均小于1，这说明上海市工业旅游资源区总体上呈集聚分布，但集聚程度有强弱之分。上海市三种类型工业旅游景区中，创意产业集聚区、工业博物馆和工业企业的 R 值分别为 0.26、0.83 和 0.97，表明创意产业集聚区的集聚程度远高于其他两类工业旅游景区，呈强集聚形态；而工业企业景点集聚程度最弱，接近均匀或随机分布；全国工业旅游示范点的 R 值为 0.90，其空间分布也呈集聚型，尽管集聚程度不高，但其不呈均匀分布，在一定程度上可以在相对小的空间尺度上起到带动其他非全国工业旅游示范点的作用。总之，现有总体集聚的分布格局，一方面有利于上海工业旅游资源整合，组织有特色的工业旅游线路和工业旅游区；另一方面工业旅游景区相对集中分布也有利于减少游客出行成本，从而吸引更多游客。

（二）上海工业旅游景区空间联动特征分析

　　据现实联系（市内快速交通：轨道、高速公路、国道等为主）建立上海市三类工业旅游景区的空间结构拓扑平面示意图（见图 15 - 1），随后利用 α 指数、β 指数、γ 指数测度空间结构特征（见表 15 - 2），三指数既可表征工业旅游景区（点）的空间组织特征，又刻画了工业旅游景区（点）在城市多种交通方式串联中的可达性差异，是揭示区域内地理要素自身空间结构及其相对关联要素空间区位便利性的适宜方法。

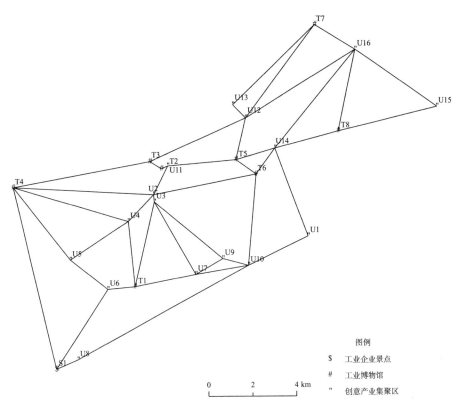

图 15 - 1　上海旅游核心区工业旅游资源空间结构拓扑示意图

表 15 - 2　　　　　　　　上海工业旅游资源空间连接度指数

类型	L	V	P	α 指数	β 指数	γ 指数
工业企业景点	28	21	1	0.216	1.333	0.491
工业博物馆	40	20	1	0.543	2.000	0.741
创意产业集聚区	50	23	1	0.683	2.174	0.794
全国工业旅游示范点	39	19	1	0.636	2.053	0.765
非全国工业旅游示范点	66	45	1	0.259	1.467	0.512
所有工业旅游景点	101	64	1	0.389	1.578	0.543

（1）α 指数。α 指数是度量旅游网络回路性的重要指标，即实际观察的旅游网络回路数与理论最大数之间的比率。α 指数取值在 0~1 之间，

指数为 1 表示回路数达到最大程度，指数为 0 表示没有回路。α 指数计算公式为：

$$\alpha = (L - V + P)/(2V - 5P)$$

式中：L 是边数，V 是节点数，P 为子图个数（若是连通的，$P=1$，否则等于连通块的个数，本研究假设旅游网络中 $P=1$）。

（2）β 指数。β 指数是对空间网络连通性的度量，是旅游网络的边数和节点数之比。β 的取值一般在 0~3 之间，β 值越大，表明网络的连接度越好。也就是说在多节点旅游区中，连接不同景区的交通线越多、等级越高，则连通性越好，游客来往各旅游景区之间越方便。较高的 β 指数是旅游景区空间网络结构优化的要求与保障。β 指数计算公式为：

$$\beta = L/V$$

其中，L 是边数，V 是节点数。

（3）γ 指数。γ 指数与 β 指数类似，用于分析空间网络结构的连通发达程度，是旅游网络内连线的观察数和连线的最大限度数目的比率。γ 指数的取值范围在 0~1 之间。当 $\gamma=1$ 时表示网络中每一节点都同其他点有连线；当 $\gamma=0$ 时表示网络内无连线，即各点毫不相连。γ 指数的计算公式为：

$$\gamma = L/3(V-2)$$

由表 15-2 可知，（1）比较三类工业旅游景区的 β 指数可以发现，工业企业景点的旅游网络回路性最差，旅游网络连接度和连通度都欠佳，α 指数、β 指数和 γ 指数均低于其他两种工业旅游形态。反之，创意产业集聚区的 α 指数、β 指数和 γ 指数均高于其他两类工业旅游资源点，说明旅游网络回路性最好，旅游网络连接度和连通度也较好。主要原因在于，工业企业景点多分布在旅游边缘区，而创意产业集聚区多分布在旅游核心区。上海旅游核心区的交通网络呈环网型且较密集，而边缘区交通呈发散状，并未形成环网型且较稀疏，因此创意产业集聚区的网络空间分布结构优于工业企业景点。（2）基于市内快速交通连接的上海市工业旅游景点的整体旅游网络回路较差，存在"断头路"现象，正日益成为市域边缘工业旅游景区发展的障碍之一。其中，①α 指数为 0.389，说明目前上海工业旅游与市内快速交通方式直接初步形成低水平契合的回路；②β 指数为 1.578，说明目前上海工业旅游分布网络已趋于环网型，但还未成熟，旅游连接度欠佳，有待改善；③γ 指数为 0.543，说明旅游连通度欠佳，也有待改善。总体而言，α

指数、β 指数、γ 指数测度结果初步揭示了各类工业旅游资源点相对市域多种快速交通方式构成的市域骨干交通网络的总体空间分布与联动特征，解析了上海市各类工业旅游资源点统筹利用中核心主导因素之一——交通可达性的作用程度。（3）就工业旅游示范点和非示范点的旅游网络空间结构特征而言，全国工业旅游示范点的各指数均高于非示范点，说明全国工业旅游示范点的旅游网络空间结构优于非示范点景区。尽管从表 15-2 可知两者在空间分布类型上都呈弱集聚型，但全国工业旅游示范点网络回路性、连接度等要优于非示范点，其原因在于，示范点景区布局的区域交通网络更优，各景点多布局在大交通交汇点附近，或有多种快速交通可选择的区域。总的来说，上海工业旅游资源空间分布与城市交通空间分布结构相似，呈现出旅游边缘区沿大交通线分布，旅游核心区环网型分布的空间格局。

（三）上海工业旅游景区旅游通达度分析

通达度可以衡量旅游网络中节点间移动的难易程度，即由每个节点出发，到其他节点的通畅程度。通达度指数是指网络中从一个顶点到其他所有顶点的最短路径的平均距离，计算公式为：

$$A_i = \frac{\sum\limits_{i=1}^{n} D_{ij}}{n}$$

式中，A_i 表示点 i 的通达性，D_{ij} 表示点 i 到点 j 的最短距离，累计和表示点 i 到所有点的距离。A_i 越小，则该点通达性越高。鉴于边缘区和核心区的工业旅游景区分布的本底差异，其通达度指数缺乏可比性。为此仅计算出位于上海市核心区的 25 个工业旅游景区的通达性指数（见表 15-3），并以此分析上海市工业旅游景区通达度。

表 15-3　　　　　　　　上海市工业旅游资源通达性指数

景区代码	通达度指数/km	排序
U2（同乐坊）	5.512	1
U11（M50 莫干山路创意园★）	5.556	2
U3（"800 秀"创意产业园）	5.592	3

景区代码	通达度指数/km	排序
T5（上海铁路博物馆）	5.748	4
T2（上海纺织博物馆）	5.832	5
T6（上海邮政博物馆）	5.852	6
T3（苏州河梦清园环保主题公园）	6.144	7
U4（上海美术制片电影厂★）	6.272	8
U14（1933 老场坊★）	6.368	9
U9（8 号桥★）	6.512	10
U10（SOHO 丽园）	6.516	11
U7（尚街 LOFT 时尚生活园区）	6.716	12
U12（"空间 188"创意产业园★）	6.896	13
T1（交通大学董浩云航运博物馆）	7.108	14
U13（花园坊节能环保产业园）	7.584	15
U5（上海时尚园）	7.668	16
U6（上海城市雕塑艺术中心）	7.924	17
U1（老码头）	7.94	18
T8（中国烟草博物馆★）	8.216	19
T4（公园 2050/2500 体验馆）	8.884	20
U16（五角场 800 号艺术区）	9.988	21
T7（上海市云计算创新展示中心）	10.464	22
S1（漕河泾新兴技术开发区★）	10.964	23
U8（SVA 越界）	11.372	24
U15（上海国际时尚中心）	11.612	25
平均值	7.5696	

由表 15-3 可知，上海市核心区 25 个工业旅游景区的平均通达度指数为 7.5696km，通达度指数排名前五位为：U2（同乐坊）、U11（M50 莫干山路创意园★）、U3（"800 秀"创意产业园）、T5（上海铁路博物馆）、T2（上海纺织博物馆）；通达度指数排名后五位为：U16（五角场 800

号艺术区)、T7(上海市云计算创新展示中心)、S1(漕河泾新兴技术开发区★)、U8(SVA 越界)、U15(上海国际时尚中心)。有 14 处景区的通达度指数低于平均值,其中有 9 处创意产业集聚区,4 处博物馆和 1 处工业企业景点,占核心区工业旅游景区数量的 56%,说明就上海市旅游核心区而言,工业旅游景区通达度较好。此外,旅游核心区的 25 家工业旅游景区中,包含 7 家全国工业旅游示范点,其中有 5 家的通达度指数低于平均值,反映出上海市全国工业旅游示范点的通达性相对较好。不过,旅游核心区中通达度指数高于平均值的景区,也并不意味着其绝对旅游通达性差,而是相对旅游通达性较差。总体而言,上海核心区工业旅游景区旅游通达度较好,说明上海市市区交通条件好,核心区交通呈环网型分布,使其各处景区通达度较好,工业旅游景区之间联系较为快捷,有利于组织工业旅游线路。

三、主要结论

(1)总体空间分布类型与特征呈现弱集聚型分布,整体旅游网络空间趋于环网型,其成因在于全市交通条件较好使其各处景区通达度较高,但旅游回路与连接度尚不完善;(2)不同类型的工业旅游景区空间分布的集聚程度与连接程度不同,创意产业集聚区呈强集聚型分布、工业企业景点和工业博物馆集聚程度较弱,后两者的最临近点指数、α 指数、β 指数、γ 指数都不及创意产业集聚区,说明在工业企业景点和工业博物馆的挖掘和开发方面还存在较大的提升空间。(3)上海市核心区工业旅游景区通达度测度显示,56% 的工业旅游景区通达度指数低于平均值,说明上海市核心区工业旅游景区通达度较好,彼此之间联系便捷,具有良好的联动条件与联动潜力。由于上海各区县车流量统计数据暂时无法获得,因此本研究关于上海工业旅游景区空间分布的分析是基于交通理想化的情况,并未考虑特殊节日交通拥堵情况和上下班交通高峰。工业旅游作为新兴的旅游业态,近年来在上海得到了长足的发展,形成了一定的规模和特色,是上海市都市旅游的重要组成部分。

第十六章

城市生态经济与乡村生态振兴

城市是人类经济、政治和社会生活的中心，而城市化是在人类普遍追求更高生活水平的过程相伴而生的。城市化不仅意味着人类社会结构的重大变革，且是经济社会增长模式转变的内涵表现。

乡村是城市结构的基础。不论是空间、人口或是资源等层面，乡村对城市化进程都承担着举足轻重的作用，新时代下亟待重新认识乡村的价值。

第一节　城市化的生态环境效应

在当今经济总量快速增长的时期，城市化所引发的城市生态环境效应对城市甚至于乡村生态环境都产生了深远影响，这种影响反过来阻碍了城市的进一步发展及城市化进程的推动。

城市生态环境的变化很大程度源于城市化。但城市化对生态环境的影响并不是直接的，其是由于城市化进程中所引发的如经济空间分布、产业集聚及污染物集中等一系列改变通过某种机制进而对生态环境产生了影响（李双成等，2009）。下面将从三个方面介绍城市化的生态环境效应。

一、城市化的资源集中效应

城市化所引发的生态环境问题实际上很大一部分来自资源转化效率低下问题。在城市化的背景下，城市产业布局相对集聚虽有利于资源的循环使用，提高生产效率，但其所带来的排污过量等问题超过了当前空间对污染量的可净化程度，在集聚空间上产出过量，继而影响了城市生态。因此现代城市化需要做到的不仅仅是"资源—产品—污染排放"的单线程模式，而是要在产出过程中加入废物循环利用，采用"资源—产品—污染排放—废物利用—形成资源"的循环模式，不仅可以为企业减少成本，同时也降低城市生态污染。

二、城市化的人口集聚效应

城市化引发的生态环境问题一部分受到人口集聚效应带来的影响。从人口角度来看，人口分布、人口数量、人口密度及人口素质等都与生态环境息息相关。城市化从人口角度来说就是人口集中的过程。一方面，人口密度较低会导致资源利用不足，无法达到资源与产出之间高效转化，降低了可用资源使用效率，影响了城市化的生态资源基础；另一方面，人口在空间上的过度集中，导致人口集聚空间上的资源利用过度问题，继而影响到城市生态环境。

三、城市化的污染集中效应

污染物的治理可以直接影响到生态环境。在城市化进程中，集中的人口与聚集的产业所排放的污染物直接影响到城市生态。污染物的处理涉及了规模效益与成本大小问题：首先，污染物分布过于分散增加了污染物运输成本，且分散的污染物处理起来难度较大；其次，由于空间上的相邻，使得污染物的回收循环利用更加便捷，降低了二次使用的成本；不可回收污染物在空间上的集中，会加重环境污染，增加其处理难度及减排成本。

第二节　城市生态经济系统

一、城市生态经济系统构成要素

城市生态经济系统是由城市生态系统与城市经济系统组合而成的一个有

机整体。城市生态经济系统构成要素如下：

城市人口。城市人口是指生活在城市这一区域内的人口总称。城市人口是城市社会的基本构成成分，是参与城市生产、社会活动的生命实体，是城市服务的对象，消费者与生产者的统一。近年来，中国城市人口数量激增：2012 年《社会蓝皮书》发布，2011 年，中国社科院学术委员李培林指出，中国城市人口首次超过乡村人口，城市人口数量占比超过 50%；到 2021 年 5 月第七次全国人口普查数据公布，中国城镇人口达 90199 万人，乡村人口为 50979 万人，城镇人口数量占比达 63.89%。

城市环境。城市环境包含城市空间及被城市人口改变的自然环境。城市环境在城市生态经济系统中处于基础地位，为城市人口提供基础的环境保障。在现代生产、生活中，一方面，城市居民基于城市环境的基础条件进行一切物质生产活动与社会生活；另一方面，城市居民通过生产活动影响城市环境。

城市资源。城市资源是指在城市这一空间内所包含的与社会经济活动相关的一切有效用的物质要素的总和。其又分为自然资源、经济资源与社会资源。其中，城市自然资源包含城市水资源、土地资源、矿物资源、生物资源与能源资源等资源。经济资源包含劳动力、物资与资金，为人类进行社会再生产的必备条件，是城市人口在生产活动中与生产资料结合的资源。社会资源是人类认识一切物质的基础，在城市系统中，起到保障城市居民进行一切社会生产活动的作用。

城市科技。城市科学与技术是基于对客观规律认识的知识体系上，根据科学原理认识和改造社会的一切实践经验与技能。掌握了一定科学技术的城市居民，可以有意向地改造城市生态经济系统，尤其在科学技术快速发展的今天，城市科技毫无疑问会对整个城市生态经济系统起到举足轻重的作用，无论是日常社会生活中的应用科技，还是社会生产中的生产科技，都成为城市居民优化城市生态经济系统的有力工具。

二、城市生态经济系统运行机制

城市生态经济学是基于经济学角度研究在城市这一特定空间内，城市生态经济系统内部的运行规律，以及城市中城市生态系统与城市经济系统之间相互作用、相互耦合的机理的科学，具体研究内容如下：

研究城市生态经济系统运行的一般规律及城市经济活动的遵循原则，保证城市生态系统与经济系统之间的平衡关系，追求城市生态经济的效益最优化，效率最大化。

在城市生态经济系统理论中，城市生态经济系统运行过程由城市经济再生产、城市人口再生产及城市生态环境再生产三个再生产环节交互进行。在此三个交互环节中，起到中间作用的是物质流、能量流、信息流、人流与价值流等。要使城市生态经济系统有序进行，需实现城市经济再生产、城市人口再生产以及城市生态环境再生产协同进行，以达到从系统内部消除或者缓解经济再生产以及人口再生产所引发的生态环境影响，提高城市生态环境质量，使得城市生态经济系统内部的物质流、能量流、信息流、人流与价值流健康地推动城市经济增长。

此外，在城市生态经济系统中还存在推动上述三个再生产环节的分系统。包含城市社会物质资料生产系统、城市社会系统及城市生态分解还原系统。这三个分系统之间也存在着有机联系，城市社会物质资料生产系统构成城市的经济基础，同时也是造成城市生态环境效应、修复生态环境的主要物质基础来源。而城市生态分解还原系统是城市系统的生态基础，起到避免城市毁于多种污染的作用（见图 16－1）。

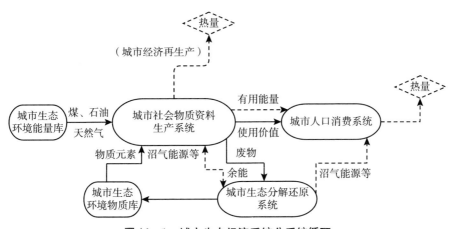

图 16－1　城市生态经济系统分系统循环

资料来源：朱林兴，金忠义，陈荣堂：《城市生态经济学》，上海社会科学院出版社 1989 年版。

三、城市生态经济系统优化调控

城市生态经济效益是城市经济效益和城市生态效益的有机统一。在城市生态经济系统内部，各要素之间的作用具有较强的反馈调节机制，投入产出环节之间存在频繁的物质能量交互。而城市生态经济系统的优化目的为：从改善城市生态环境的前提出发，在城市生态经济系统内部实现各环节交互之间的相互增益，从而打造一个流通高效、健康的城市生态经济系统，达到系统内部的良性循环。

城市生态经济系统的调控手段是协调与优化。首先，要对城市生态经济系统整体、城市生态经济系统各分系统以及系统内部各环节之间的互通关系有清晰的认识，再分层次、分角度、分区域地分析系统内部各子系统结构、功能及产能等各方面的规律性，继而再细化子系统：城市工业生态经济系统、城市消费生态系统、城市基础建设、城市生态保护等部门。其次，关键在于遵循生态经济规律、城市人口系统和城市资源环境系统相适应原则、城市生态经济建设与城市生态经济阈值相协调原则、城市生态经济管理与生态经济利益关系相匹配原则。

第三节　城市生态经济效益

一、城市生态经济效益评价

（一）城市生态经济效益含义

城市生态经济效益是在城市这一空间内，实现城市生态效益、城市经济效益和社会效益的统一。城市生态效益是指在城市系统中，由城市生命、城市自然环境与人工环境产出的效益。城市经济效益是指在城市系统中被城市居民改造利用的、表现为经济形式的效益，即城市居民劳动的投入与为城市社会提供需要的劳动产品、产出的对比关系。社会效益是指人类社会活动产生的效益，表现为生态效益与经济效益产生的结果与城市居民需求之间的对比关系（刘宾，1994）。

（二）城市生态经济效益评价原则与目的

1. 城市生态经济效益评价评价原则

第一，综合性原则。城市生态经济效益评价应综合生态效益、经济效益与社会效益。第二，整体性原则。城市生态经济系统是复合系统，评价其效益时要充分考虑整体情况，设立多元化指标，全方位考察。第三，科学性原则。评价方法与评价体要基于城市生态经济系统理论与原理，科学解析城市生态经济系统结合与功能。第四，动态性原则。评价指标要表现出对城市生态经济系统的动态考察，实际评价中要兼顾对系统未来效益的发展预测。第五，标准化原则。评价指标需具有对评价内容较强的代表性，且各指标之间相对独立，不存在交叉关系。

2. 城市生态经济效益评价目的

第一，追求能源、资源合理的产出转化率，系统产出量的增加，减少非生产过程中的资源消耗，增强生态经济系统内部的循环量，提高废物再利用率。第二，力求减少城市居民对基础物质、生存空间的需求量，增加对自我精神、社会信息的需求。第三，追求系统还原功能的加强，即缓解甚至消除城市化对生态环境的影响，提升人工调节能力，提高绿地面积、环境保护措施、社会卫生的整体水平。

（三）城市生态经济效益评价体系

城市生态经济系统是一个复合系统，对其效益的评价多采用多指标综合评价方法。首先测算评价指标（见表 16 – 1）权重，由各向量构成一个评价矩阵，依据各指标权重与评价得分来测算城市生态经济系统效益。

表 16 – 1 城市生态经济效益综合评价指标体系

	一级指标	二级指标	指标属性
城市生态经济效益	城市经济效益	社会劳动生产力	+
		人均国民生产总值	+
		人均国民收入	+
		人均工农业总产值	+
		人均财政收入	+
		人均社会商品零售额	+
		物价总指数	+
		人均月收支比	+
	城市生态效益	人均公共绿地面积	+
		工业废水处理率	+
		未处理工业废水排放量	−
		废气处理率	+
		固体废渣处理率	+
		生活垃圾清扫率	+
		未清扫生活垃圾量	−
		未处理固体废渣排放量	−
		未处理废气排放量	−
	城市社会效益	恩格尔系数	−
		就业比	+
		人均居住面积	+
		人均道路面积	+
		煤气普及率	+
		宽带接入用户比例	+
		万人拥有文化娱乐设施数	+

资料来源：刘宾：《城市生态经济效益的计量研究》，载于《数量经济技术经济研究》1994 年第 8 期。

二、城市生态经济效益提升路径

（一）改造生态工业

生态化包括工业、农业等各类经济部门，也涉及生产、分配、流通及消费等再生产环节全过程。要依据生态经济协调原则，重新或适当改造生产过程，在采用生产科技时，最大化节约过量开采的自然资源，转向开采利用新能源。在基于生态系统"食物链"与"生产加工链"原理上，合理规划全部生产使用资源，发挥原材料及过程产物能量，提高产品价值，从而更好推动产业转型。

（二）城市废物资源化

城市废物主要包括生产性废物（"三废"：废渣、废水、废气）及生活性废物（生活垃圾）。在城市化快速发展的同时，所产生的大量城市废物其实也是一种"资源"。目前我国矿产资源利用率、化工原料和能源利用率仍然保持较低水平，而城市废物"资源"很大数量上浪费掉了。要重新审视生产过程，创新对各种生产废物的综合利用方式。一方面从质的综合利用出发，如综合利用多种矿产资源"废物"，极大地提升了废弃物的使用价值；另一方面从量的综合利用出发，如对多种废物的再加工多次利用。

（三）控制城市人口密度与完善基础设施

基于城市生态承载力，从减少污染排放的根本角度出发，合理规划城市人口空间分布，加大对较低生态效益所在地区的基础设施投入，能够大大缓解城市生态经济系统内部的生态压力，减少城市内部循环的"废物输出"（刘鸿雁，2017）。

（四）推进城乡结合

城市和乡村虽然属于各自独立的生态经济系统，但其之间存在着密切联系。从生态经济视角出发，城市与乡村共同构成了城乡生态经济复合系统。整个系统具备统一的生态经济系统结构，统一的生态经济系统功能及统一的城乡生态经济效益，因此要更加重视乡村振兴及城乡融合发展。

推动城乡结合要从城市经济引领、加强城乡循环、利用乡村优势出发。推动城市对农村经济的带动作用。加强城乡间的良性生态循环，加强城乡间的生产要素流动。利用乡村生态环境优势及其自净能力，消纳城市排放废物，缓解城市压力。

第四节　城乡生态经济系统与乡村生态振兴

一、城乡生态经济系统构建

城市生态经济系统与乡村生态经济系统不是单独的两个系统，两个系统之间在经济、生态上有着独特的时空联系，共同构成了城乡生态经济系统。

城乡生态经济系统属于复合型系统，属于城市生态经济系统与乡村生态经济系统的结合部，是一种区域性生态经济系统。城乡结合区是占据市区与乡村之间的地域。城市郊区依据与城市中心的距离远近分为近郊区、中郊区及远郊区，将中心城市同广大乡村在地域上连成一片（许涤新，1987）。

城乡结合区在地域上范围的划分要依据各中心城市与周边地区在经济、技术、社会、地理等诸多方面联系的紧密程度（包括结构上的联系与功能上的联系）来划分，并不是简单的行政区划，是一种生态经济区划。

总体来说，城乡生态经济系统处于城市生态经济系统与乡村生态经济系统之间，包含城镇网络，是由于独特的基于生态和经济上的联系所构成的区域生态经济系统。

城市经济系统已经与其周边乡村建立了经济联系的网络结构，城市经济系统对周边乡村经济系统起到支配的作用。这种支配作用具体表现在城市从广大乡村购进多种农副产品进行综合加工处理，转而向乡村市场提供大量加工产品；从广大乡村吸收大量劳动力，经过学校、公司培训成为专业技术人员。此外，城市是城乡区域经济系统的工业中心、商业中心、科学教育中心、政治文化中心。其中，越发达的中心城市对周边乡村经济网络辐射面积越广，带动作用越强。

　　城市生态系统与乡村系统建立了生态联系的网络，城市生态系统对乡村生态系统影响越来越强，需求也越来越高。城市生态系统中的主要生命因素——食物皆是从农村生态系统中取得的，城市的清洁空气、水资源也多来自周边乡村；城市生态系统中生活、生产过程所产生的废物、工业废水、废渣等大多要扩散到乡村去消化分解。其中，城乡生态系统中的物质流如图 16 – 2 所示，并且越发达的中心城市，对周边乡村生态作用的需求更高，辐射面积更广。

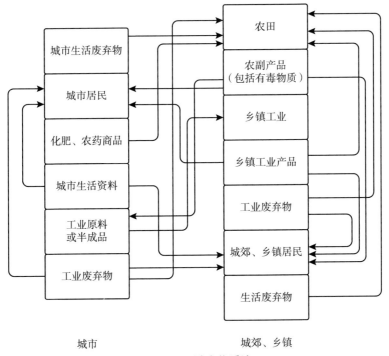

图 16 – 2　城乡物质流

资料来源：许涤新：《生态经济学》，浙江人民出版社 1987 年版。

二、我国城乡生态经济网络

　　在各个生态经济区中，不同规模的中心城市都与其周围乡村存在着客观联结的生态经济网络结构。要依据区域生态经济学理论进行城乡生态经济管理，参考不同城乡生态经济区中城市群体结构及周边乡村的特点、优势，科学规划建设城乡生态经济网络结构。

第一，要明确城乡生态经济网络中的中心城市，重视加强城乡生态经济网络中城市的引领作用（张安录，2000）。要以生态经济区最具有影响力、"辐射"面积最广的单个城市或者若干个城市作为网络中心，持续且深层次强化中心城市对整个城乡生态经济网络的带动作用。

第二，加强区域内中小城市和小城镇对城乡生态经济网络的联结作用，在城乡生态经济网络中，中小城市与小城镇起到"网结"的作用（徐明，1991）。

第三，区域内城乡共用一个水系的水时，要合理搭建城乡生态经济网络中的水网络。乡村水资源供给要保证清洁，城市污水处理率要得到保证，切勿危害下游城市、乡村。

第四，搭建城乡特色经济产业网络。在城乡生态经济区内，以中心城市名牌经济产品作为"龙头"，逐步将零件或原料生产链条扩散到农村。此外，搭建一张合理高效的城乡商品流通网络和交通网对整个城乡生态经济网络可大大促进城乡生态经济网络中的信息、产品流通效率。

三、我国乡村生态振兴的成效与效应

（一）粮食产能稳定提升

2021 年，我国粮食总产量达 13657 亿斤，人均粮食占有量达 483 公斤，超出国际 400 公斤粮食安全线，实现了谷物基本自给、口粮绝对安全、肉蛋奶、水产品、果菜茶供给充裕，绿色农产品产量较大提升。

（二）脱贫攻坚成果不断巩固

在现行标准下的 9899 万农村贫困人口全部脱贫，832 个贫困县全部摘帽，12.8 万个贫困村实现出列，消除了绝对贫困。脱贫群众实现不愁吃、不愁穿，义务教育、基本医疗、住房安全和饮水安全有保障，行路难、用电难、通信难问题得到解决；每个脱贫县主导产业具有当地特色，本地优势得到发挥。此外，全面建立防止返贫动态监测帮扶机制，确定 160 个国家乡村振兴重点帮扶县并进行倾斜支持。

（三）乡村面貌明显改善

我国很多乡村在大规模程度上对乡村道路进行了改造，大多数乡村道路硬化已经实现，和城市之间的通行便捷度得到了极大提高，大大提升了产品的运输效率；不少乡村垃圾处理变得更加集中，处理方式相比以往更为科学，很大程度上优化了乡村村容面貌，间接增加了企业投资意愿；乡村老旧房屋改造也得到了较大实现，许多老旧房屋、危房的重新建造和翻新进度已经完成，乡村居民的居住安全得到保障，居住舒适度也有所增加；基础设施方面也有较大改观，自来水入户基本全部实现，饮水安全也得到保障。此外，路灯、公园、公共厕所等公共设施数量、质量皆大大提高，居民日常生活更加多样化；乡村生态面貌有所改观。整治了很多排污过量企业，从源头上减少生态污染。

（四）乡村产业健康发展

乡村产业得到了较大进步，逐渐与城市之间形成了特有的城乡产业链，加大了与城市经济体要素间的流动，为乡村产业发展注入了源源不断的活力。此外，各个特色乡村依托自身的文化背景，当地特色，在政策的扶持下，逐渐打造出自己的特色品牌，很大程度上发挥了自身的相对优势，基本实现村村有产业的发展局面。最直接的表现就是乡村居民可支配收入发生了巨大改变：居民可支配收入从 2013 年的 9429.6 元/人上涨至 2020 年的 17131.5 元/人。

（五）乡村生态振兴效应逐步显现

推进乡村生态振兴是乡村振兴的重要内容与重要支撑，乡村第一功能是生产功能，推进乡村生态振兴有利于为人民提供质量更高、更健康、更安全的粮食和农副产品；乡村的第二大功能是生活功能，推进乡村生态振兴能为乡村居民提供健康、环境优良的生活场所；乡村第三大功能为生态功能，推进乡村生态振兴有助于为其他区域生产生态产品，促进经济健康发展。

乡村振兴包括产业振兴、人才振兴、文化振兴、生态振兴与组织振兴。其中乡村生态振兴可为乡村产业振兴提供生态支持，促进农业绿色发展，渗透农产品产业链，改善其供应结构；乡村生态振兴可为乡村人才振兴提供发展平台，创造工作机遇；可帮助乡村文化振兴贯彻生态价值观，推行生态理念；可为组织振兴提出新要求，优化资源配置，协调多方利益。具有以下几方面的效应：

规模效应。乡村经济发展很大程度上来自于生产要素投入规模的扩大，增加了资源的消耗，但在生产规模扩大的同时也增加了农药、化肥、农膜、兽药、粪便及秸秆等内源性污染的程度，一定程度上会导致乡村生态质量的下降。

技术效应。在乡村经济增长的同时，对传统生产方式改造的研发投入的增加，对良种选育、土壤改良、畜禽饲养、水产养殖、病虫害防治、耕作栽培、机械生产等农业技术的精进，提高了农业生产效率、单位土地生产率、农业经济效率，有效降低了乡村经济发展中的生产过程所引发的对乡村生态环境的负向影响程度，提高了乡村经济与生态的耦合度（唐瑾，2019）。

结构效应。在乡村经济增长过程中，随着乡村整体收入水平的提高，引致了乡村生产中产业结构与投入结构的改变。在乡村发展早期过程中，农村生产先由传统农作物种植业向高排放的畜牧养殖业转变，增加了乡村生态污染、生态压力，降低了经济、生态耦合度；随后向农业绿色生产转变，生产效率提高，污染排放量大大降低，乡村环境质量得到恢复。

第五节　案 例 分 析

案例一：新时期浙江省乡村建设的
迭代升级与路径创新*

一、研究背景

浙江乡村建设经历了生产主义、后生产主义和多功能乡村的发展历程，

---

　　* 本案例根据武前波、俞霞颖、陈前虎：《新时期浙江省乡村建设的发展历程及其政策供给》，载于《城市规划学刊》2017 年第 6 期论文以及武前波教授工作论文《乡村振兴背景下浙江乡村建设的创新路径探索》整理而成。

当前浙江乡村建设正处于高标准深化"千万工程"、高水平建设新时代美丽乡村时期，浙江以高质量建设共同富裕示范区为目标，全面实施城乡风貌整治提升行动，开展未来社区和未来乡村建设，致力于打造整体大美、浙江气质的现代版"富春山居图"。在国家乡村振兴战略推动下，未来乡村成为浙江省新一轮乡村建设典范，也是千万工程、美丽乡村的升级深化版，属于浙江乡村建设的第三次飞跃。在未来乡村建设过程中，以美丽乡村、共富乡村和数字乡村为重要支撑，聚焦人本化、生态化、数字化的价值取向，以满足人民对美好生活的向往为建设目标，建设基础设施和公共服务完善的乡村社区生活圈，充分满足人们对高品质生活的追求，为乡村地区发展注入新活力，以有利于推动城乡要素双向流动，逐步消除区域、城乡及收入差距，推动浙江乡村地区实现全面复兴。

二、研究内容

（一）浙江省乡村建设的发展历程

回顾浙江40多年来的改革开放历程，浙江城乡发展经历了三个互相关联的发展阶段，即从"城乡裂变"到"城乡蝶变"再到"城乡聚变"的发展变化。在此背景下，浙江乡村建设的历程也具有典型的阶段性特征（见图 16 - 3）。从政策供给视角可将改革开放以来浙江省乡村建设历程划分三大阶段，第一阶段为以家庭联产承包责任制为核心的社会主义新农村建设初期（1978 ~ 2002 年），该阶段以经济发展为核心，乡镇企业蓬勃发展，属于农业农村生产主义时期，浙江乡村建设主要呈现自发性、小规模特点，村镇经济发达，但乡村人居环境建设相对滞后。

第二阶段为城乡统筹背景下的"千村示范、万村整治"工程及其深化阶段、美丽乡村建设时期（2003 ~ 2016 年），该阶段主要解决浙江乡村经济粗放式发展与乡村环境"脏、乱、差、散"问题，实施了农村基础环境整治、人居环境提升、乡村全面建设等系列工程，并逐步进入美丽乡村建设阶段，乡村生态消费经济开始兴起，农民收入来源渠道日益多元化，属于农业农村发展的后生产主义时期。

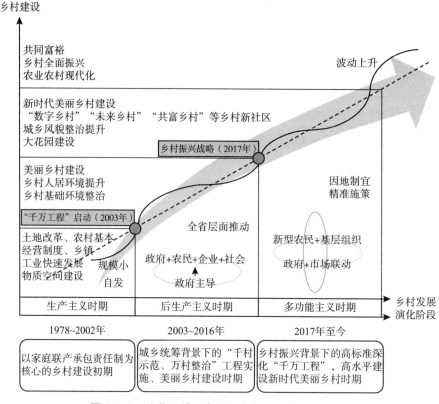

图 16 – 3　改革开放以来浙江乡村建设的发展历程

第三阶段为乡村振兴背景下高标准深化"千万工程"、高水平建设新时代美丽乡村时期（2017 年以来），浙江以打造全国乡村振兴示范省和高质量建设共同富裕示范区为目标，全面深化千万工程，高水平建设美丽乡村，实施城乡风貌整治提升行动，乡村新社区、"数字乡村""未来乡村"成为乡村建设的新方向，致力于打造整体大美、浙江气质的现代版"富春山居图"。此阶段乡村发展不局限于传统农业生产功能，更具有提供各种休闲生态服务功能，乡村建设开始进入农业农村的多功能主义时期。

（二）新时代浙江乡村建设的迭代升级

1. 乡村蜕变：千村示范、万村整治

1978 年以来我国工业化、城镇化速度迅猛发展，使得乡村优质资源要素不断向工业领域和城市地区流动，虽然在大时代发展机遇中部分农民和乡村率先富裕了起来，然而更多的乡村出现了农业边缘化、农民老龄化、农村空心化等系列问题。同时，乡镇企业的蓬勃发展在促进经济增长的同时，带来了严重的资源消耗和环境污染，致使农村人居环境建设水平滞后，制约了城乡一体化发展。2002 年党和国家提出全面建设小康和统筹城乡发展战略，并做出了开展社会主义新农村建设的决定，正式开启了"以工促农、以城带乡"政策导向的新型城乡关系。

2003 年时任浙江省委书记习近平同志为转变浙江农村经济粗放发展模式，解决乡村环境"脏、乱、差、散"的环境问题，提出全面开展"千村示范、万村整治"工程。该项乡村建设工程包括了乡村环境整治初期阶段和乡村全面整治阶段。其中，在乡村环境整治初期，浙江全面推动了"千村示范、万村整治"工程，主要是从全省选择一万个左右的行政村进行全面整治，把其中一千个左右的中心村建成全面小康示范村。截至 2007 年底，浙江完成建设"全面小康建设示范村" 1181 个，环境整治村 10303 个，并在宅基地整理方面也开展了相应的整治措施，极大地缓解了农村建设用地供给不足问题。

在乡村全面整治时期，浙江以提升人居环境为核心启动乡村全面整治，具体做法是根据整治基础划分为待整治村与已整治村，其中，待整治村主要进行道路硬化、垃圾集中处理、治水改厕、村庄绿化等工程项目，已整治村主要开展农村土地整理和生活污水治理工程。同时，浙江省还围绕提升农民生活质量，着力引导城市基础设施和公共服务向农村延伸，不断缩小城乡差距和区域差距，推动浙江率先开展统筹城乡发展和城乡一体化发展。到2010 年底，浙江省完成综合整治建设工程的行政村达 16486 个，农村面貌发生了整体性变化，可称之为"乡村蜕变"。

2. 乡村蝶变：以美丽乡村全面推进乡村振兴

浙江"千村示范、万村整治"工程的持续开展，直接推动了《浙江省美丽乡村建设行动计划（2011—2015）》形成，浙江省乡村建设开始进入"千万工程"深化阶段。美丽乡村建设以"四美三宜两园"为核心，包括了待整治村的环境综合整治、中心村的培育建设以及历史文化村落保护及利用等重要内容。该时期美丽乡村建设行动以规划为导向，统筹考虑城乡一体化发展和村庄发展现状，注重差异化特色，科学编制村庄规划。同时，注重村庄的环境整治和人居环境改善，挖掘乡村优秀传统文化，壮大村集体经济，加强组织领导和创新体制机制等多维度的全面建设。在美丽乡村建设时期，浙江省涌现了一批特色鲜明的乡村建设模式，如"安吉模式""桐庐模式""德清模式"等，村庄发展不再仅限于农业生产功能，而是更多地发挥生态休闲、自然体验、教育文化等功能，以满足都市区居民的消费需求，由此乡村发展开始进入农业农村后生产主义时期。后生产主义乡村的新功能包括极具地方感的乡村文化，兼具"三生"功能，乡村具有独特消费功能与价值且可能向城市反向输出等特点。美丽乡村建设是新时期"千万工程"的深化版，与初期的"千万工程"着重于道路改善、基础设施建造、村庄环境提升等相比，美丽乡村建设拓展到农房改造、历史文化村落保护、农村公共服务提升、乡村产业发展等多维方向，浙江乡村面貌由此发生了巨大变化，乡村开始进入"蝶变"时期。

经过美丽乡村初期建设，浙江省继续开展《浙江省深化美丽乡村建设行动计划（2016—2020 年)》，并在国家乡村振兴战略指引下，浙江开启了高标准深化"千万工程"、高水平建设美丽乡村时期。浙江深入贯彻国家乡村振兴战略总要求，不断实施乡村地区"五大振兴"。在具体实践中，浙江省开展了万村景区化建设，即到 2020 年累计建成一万个 A 级景区村庄，3A 级景区村庄达到一千个，并以"五万工程"为主抓手，全面实施乡村振兴战略五大行动。2018 年浙江创建了美丽乡村先进县 58 个、示范县 12 个，形成美丽乡村风景线三百多条，美丽乡村特色精品村近三千个。美丽乡村建设向"全域美"发展，不断促进城乡融合发展。2018 年浙江成为全国部省共建乡村振兴示范省，"千万工程"获得联合国最高环保荣誉——"地球卫士奖"。与此同时，浙江省出台了农业农村现代化、乡村振兴战略规划，强调深化"千万工程"，共建共享全域美丽大花园，以"两进两回"（即科技进乡村、资金进乡村，青年回农村、乡贤回农村）为重要抓手，强化以工补农、以城带乡，深化农村改革。至此，浙江乡村建设取得了巨大成效，浙江成为农业农村现代化进程最快、城乡区域差距最小的沿海发达地区省份之一。截至 2021 年底，浙江省已建成 16802 个新时代美丽乡村达标村、1835 个特色精品村，实现了"乡村蝶变"。

3. 乡村聚变：聚合美丽乡村、数字乡村与共富乡村的未来乡村

2021 年浙江相继印发《浙江省深化"千万工程"建设新时代美丽乡村行动计划（2021—2025 年)》《浙江省数字乡村建设"十四五"规划》《浙

江省农业农村现代化"十四五"规划》，以及《浙江高质量发展建设共同富裕示范区实施方案（2021—2025 年）》和《浙江省城乡风貌整治提升行动实施方案》，都相继提出实施未来乡村创建试点，与城市未来社区形成共同富裕现代化基本单元系统架构。浙江各地各市先行先试，积极探索未来乡村建设的目标和方向，制定未来乡村建设规范及地方标准，包括丽水市遂昌县、温州市、杭州市余杭区等地。2021 年 5 月杭州市发布《杭州市未来乡村建设工作方案（试行）》，以人本化、生态化、数智化、共享化、融合化五大价值理念，打造乡村邻里、文化、健康、生态、创业、建筑、交通、数字、服务、治理十大场景，实现农民收入高、经济活力强、共富基础好、人居品质优、数智应用广、乡风民风清的未来乡村建设目标。与美丽乡村建设比较，未来乡村突出了数字化农村建设，彰显了美丽经济、美丽生态、美丽人文、美丽环境、美丽治理的内涵。2022 年 1 月浙江省人民政府办公厅发布的《关于开展未来乡村建设的指导意见》提出建设"人本化、生态化、数字化"为价值导向的未来乡村，达到乡村主导产业兴旺发达、乡村主体风貌美丽宜居、乡风文化繁荣兴盛的总体目标要求。

　　未来乡村建设是新时代共同富裕示范区建设和城乡风貌整治提升的主要行动之一。从广义上看，"未来乡村"是"千万工程"和"美丽乡村"的迭代升级版，是美丽乡村、美丽经济、美丽环境之上叠加的新形态和新功能；从狭义上分析，"未来乡村"是指立足乡村资源禀赋、产业优势、人文特征和智慧系统等元素，打造产业突出、智慧互联、共同富裕的生态生产生活共同体，是新时期引领乡村发展和乡村建设的探索方向。"未来乡村"建设以人本化、生态化、数字化为核心，明确乡村建设主体的多元化，以乡土味、乡亲味、乡愁味为建设特色，通过创建产业、治理、风貌、文化、邻里、健康、低碳、交通、智慧九大场景，建设"美丽乡村＋数字乡村＋共富乡村＋人文乡村＋善治乡村"的集成体，着力构建数字生活体验、呈现未来元素、彰显江南韵味的乡村新社区。2022 年 2 月，浙江省确定了 100个全省第一批未来乡村建设试点村，预计到 2025 年全省建设 1000 个以上未来乡村，逐步形成 10000 个共富乡村（新时代美丽乡村精品村），这标志着未来乡村建设正式成为新时期乡村建设的重要抓手，全省各地开启各具特色的"未来乡村"探索实践，不断丰富浙江省乡村建设模式，乡村地区由此开始发生"聚变"效应。

（三）浙江省乡村建设的政策机制

始于21世纪初期的浙江省乡村建设工程历经十多年，逐步将"脏、乱、散、差"的传统乡村打造成为新时期的美丽生态示范村，其措施有力，成效巨大，成为中国乡村建设的典范样板，引领了新时期我国新农村建设进程。基于上述对乡村建设历程的分析研究，现将浙江省乡村建设的成功关键要素归纳为决策者引导、政策扶持、资金补助和示范辐射。

第一，不同时期重要领导决策者的积极引导。自2003年浙江省委、省政府做出实施乡村建设的战略决策开始，习近平、周国富、吕祖善、茅临生、夏宝龙等不同时期的重要领导人，每年都会在不同地级市开展乡村建设工作座谈会以及现场专题会，年均次数达到2~3次。上述省级领导决策者都相继制定或列举了乡村建设的年度计划、工作任务、前期不足和后期目标，以及每一阶段乡村建设工程实施所需关注的重点、难点以及对应措施。特别是他们能够亲临乡村建设的现场专题会，基于当时乡村建设的成效提出重要的指导意见和策略建议（见图16－4）。正是由于这些不同时期的省级领导决策者始终如一地坚持继承，自上而下持续不断地改变基层对乡村建设的价值观念，才能够推动浙江省乡村建设进程走在全国前列。

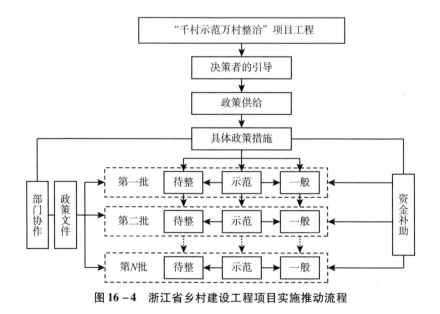

图16－4　浙江省乡村建设工程项目实施推动流程

第二，基于地方实践经验的政策扶持。在浙江省乡村建设工程实施的三个阶段中，根据不同时期和不同地方乡村建设所面临的实践现状与具体问题，省市县（市、区）等各级政府都有针对性地制定了乡村建设的行动计划与地方扶持政策，并采取分批、分类推进法和因地制宜的方式，循序渐进地进行积极引导和执行落实，从而有力地提升了不同时期乡村建设的成效。

第三，实施奖惩并存的资金补助措施。在乡村建设工程实施过程中，省级政府考虑到各地经济社会发展条件的不均衡性和差异性，且工程项目实施规模较大，导致地方财政经费不足、各地主体参与性低等问题，由此做出以奖代补的资金补助办法和专项资金补助措施。同时，省级政府采用奖惩并存的方式，对优胜单位增加资金扶持力度，不达标单位暂不下发资金并给予整改，若考核再不通过不给予资金补助甚至扣减资金补贴。

第四，以示范村建设带动省域乡村全面整治。在乡村建设的不同时期，无论是解决农村环境污染问题、还是开展农村土地整治建设，或是历史文化村落保护利用，浙江省都会评选出一定数量的示范村、中心村以及重点村。该类村庄的每一批建设数量较少，且经过多次筛选与审核，但建设成效突出，对周边村庄起到辐射示范的积极带头作用。同时，由于各地在乡村整治建设中存在着经验不足、目标模糊等问题，树立典型示范乡村可以很好地解决这些问题，并高效全面地推动全省的乡村建设工作。

（四）新时代浙江乡村建设的路径创新

1. 人本化：未来乡村是美丽乡村、数字乡村、共富乡村的聚合体

未来乡村是建立在美丽乡村基础之上，被赋予了数字乡村和共富乡村的重要内涵，成为集美丽乡村、数字乡村、共富乡村、人文乡村、善治乡村为一体的新型乡村功能单元。浙江乡村历经"千万工程"实施和美丽乡村建设，进而过渡到未来乡村创建，这是从发展型乡村走向共富型乡村的必然趋势。其中，美丽乡村建设目标是生态宜居、风貌和谐，未来乡村建设的最终目的是生活富裕、居民幸福，这是由美丽乡村向幸福乡村的逐步升华，也是从追求物的具象向人的体验的升华。

由此可见，在美丽乡村建设的基础上，未来乡村被赋予共同富裕的内涵和未来数字前景应用，是美丽乡村建设的升级深化版，全面解决对乡村基础设施改造、人居舒适提升、生态环境改善、公共服务升级、邻里文化和谐等

的软硬件需求。2022 年浙江省开展的共富乡村创建集中了美丽乡村、未来乡村、数字乡村、文明乡村、善治乡村的重要特征，与未来乡村建设的核心目标相契合。同时，集美丽乡村、数字乡村、共富乡村、人文乡村、善治乡村为一体的未来乡村和国家乡村振兴战略的五大方面要求基本对应（见图 16 –5），实现从美丽乡村、数字乡村、共富乡村到未来乡村的聚合升级，让"传统"乡村成为"未来"生产发达、生态宜居、生活幸福的现代化乡村新社区，这也是新时代乡村振兴和乡村建设的重要使命。

2. 生态化：未来乡村是"两山理念"和生态文明具体实践的基本单元

长期以来，中国共产党人逐步形成了分三步走的战略思路，一是解决人民的温饱问题；二是人民生活达到小康水平；三是全国人民实现共同富裕。从我国乡村建设的发展阶段来看，在温饱社会时期，乡村建设首先要全面提供基础性的民生设施。到了小康社会时期，乡村建设要突出发展型的乡村特征，让乡村人居环境与乡村经济、生态、文化相结合，实现乡村多元价值功能的转化。

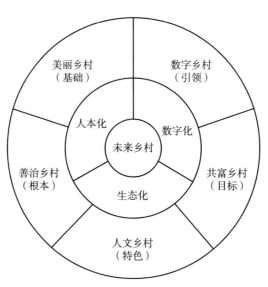

图 16 –5　未来乡村概念内涵

从千万工程、美丽乡村到未来乡村，每个建设阶段都在秉承生态文明理念，将乡村作为"两山理念"和生态文明具体实践的基本单元（见

表 16－2）。其中，早期浙江乡村实施的"千万工程"注重生态环境整治，包括农村垃圾分类、污水治理、厕所改造三大革命，显著提出了农村人居环境，在村庄尺度实现了人工生态建设。在美丽乡村建设时期，乡村发展以生态宜居作为重要目标，通过科学合理规划，将人工生态建设拓展至村域尺度，逐步缩小城乡建设差距。进入当前未来乡村建设时期，农业强、农村美、农民富成为发展目标，城乡融合格局逐步显现，人工生态与自然生态相互交织，全域大美的城乡风貌整治提升成为新时期落实"两山理念"和生态文明建设的重要手段，以乡村联合体或村镇复合体的形式，最终逐步完成对传统农村物质环境的提升、乡村多元化功能的完善和人的幸福感追求的跨越，大幅度缩减城乡发展差距。

表 16－2　　　　千万工程、美丽乡村、未来乡村的建设特征比较

类型	千万工程	美丽乡村	未来乡村
价值坐标	"两山理念"，统筹城乡	生态文明，美丽中国	乡村振兴，城乡融合
发展思路	千村示范、万村整治	千村精品、万村美丽	千村未来、万村共富
实现目标	农村人居环境提升	美丽乡村风貌塑造	农业强、农村美、农民富
建设重点	乡村环境：设施完善	乡村功能：生态宜居	乡村生活：共创共富
工作方法	生态环境整治	科学规划建设	数字技术赋能
空间尺度	村庄	村域	单一乡村或乡村联合体
作用机制	政府主导、村庄协作	政府主导、市场参与、村民协同	政府、企业、村民、社会联动

3. 数字化：未来乡村是新科技革命背景下城乡聚变的时代产物

在都市文明或信息社会时期，智能化、数字化现象无所不在，生态文明成为重要价值观，城市或乡村社区注重信息技术空间的构建，如智慧城市或数字乡村，以及发展快速便捷的交通工具，从而实现居民自由存在的日常生活需要，使之能够自由栖息在城乡网络之中，消除城乡二元对立的格局（见表 16－3）。因此，无论是浙江近期开展的未来社区建设，还是正在启动的未来乡村创建计划，两者都是新一轮科技革命背景下城乡聚变的时代产物，社区或乡村建设既要立足于人本化和生态化基准，也要突出智能化和

数字化维度，致力于当前数字技术时代城乡建设对未来生活场景的发展探索。

表 16 - 3   **人类社会的城乡空间形态演变**

类别	农业文明社会	工业文明社会	都市文明社会
存在形式	自然生存	社会生存	自由生存
居住空间	传统城乡聚落	城市社区和传统乡村	未来社区和未来乡村
主要载体	自然生态空间	地方社会空间	信息技术空间
城乡关系	城乡统一	城乡对立	城乡融合
价值目标	天人合一的自然观	田园城市理想	生态文明建设

4. 舒适化：未来乡村是城乡居民日常生活的理想场景

乡村舒适性（rural amenity）概念起源于西方发达国家对乡村重构和乡村复兴的讨论。当乡村建设进入后生产主义时期，乡村地区的传统生产功能开始弱化，而乡村的生态、生活、文化、美学等多元价值功能日益凸显，吸引着大都市居民不断迁居到生态宜居、环境优美、设施便利的乡村地区。乡村舒适性以优越的自然景观资源为重点，突出乡村式生活，能够满足城市或乡村居民对生活质量的高品质追求，这是留住本地居民、吸引外来人口、提升乡村发展水平和增强乡村活力的重要途径。乡村舒适性包括多个方面，如气候、自然、游憩、设施、环境等不同方面的舒适性，强调乡村自然景观、资源环境、文化遗产、基础设施、公共服务等方面产品的高品质供给，能够带动乡村旅游、乡村养老、乡村游憩、乡村康养、乡村教育等各类生态服务业发展，拓展乡村经济增长渠道，实现乡村多功能开发以及城乡发展差距缩小。

浙江乡村建设历经"千万工程"的基础设施改造阶段、美丽乡村的生态宜居提升阶段，已经开始进入乡村生活的舒适性强化阶段。在未来乡村创建计划中，注重产业、风貌、文化、邻里、健康、低碳、交通、智慧、治理等九大场景塑造，与未来社区场景建设具有一定的共性，均是关注社区服务品质的提升，但前者在乡村风貌、乡村文化、乡村产业、乡村智慧方面又体现出自身的特色，与乡村舒适性的内涵特征相对一致。在城乡融合发展新格局下，未来乡村聚焦于人与自然、人与人、人与科技、人与社会的和谐共生，不断追求生态、人文、科技相互融合及共生共荣的生活场景，注重提升乡村地区社会文化设施的服务品质，以先天自然禀赋和后天地方品质塑造，增强乡村地区的舒适性、吸引力和竞争力。

案例二：中国城市化与粮食安全耦合分析[*]

一、研究概述

在城市化进程中，粮食生产资源和食物消费模式的变化的确给中国粮食安全带来了较大影响，但据此就判断城市化是粮食安全的巨大威胁，则理由似乎不够充分。主要原因在于以下两点：首先，城市化是个动态、多维度的复杂系统，它包含了人口城市化、经济城市化、景观城市化、社会城市化、生态环境城市化等众多子系统，它们之间存在复杂的相互影响和相互制约的关系。其次，依据联合国粮农组织的定义和国外有关食物安全（food security）的研究，粮食安全也是一个复杂系统，其状态的任何变化都可以看成是食物系统变化的过程。因此，粮食安全至少包括粮食可供给量（food availability）、粮食稳定性（foodstability）、粮食获取能力（food access）和粮食利用水平（food utilization）4 个子系统。所以，城市化与粮食安全之间必然存在着极为复杂的相互影响关系。在发展中国家，城乡居民一般都具有紧密的经济联系，在城市工作的农民都会将一部分所得收入寄回农村，用以改善农业生产条件，促进农业增长，这对于维护贫困地区的粮食安全尤为重要。鉴于上述分析，发展中国家将城市化划分为人口城市化、经济城市化和景观城市化 3 个层面，将粮食安全分为粮食生产资源、粮食可供给量和稳定性、粮食获取能力和粮食利用水平 4 个层面，深入阐述城市化与粮食安全的耦合关系；然后，运用耦合度模型对 1990~2011 年中国城市化与粮食安全之间的耦合关系进行定量评价，以期为中国经济社会持续稳定发展提供依据。

---

　　[*] 本案例节选自姚成胜、邱雨菲、黄琳等：《中国城市化与粮食安全耦合关系辨析及其实证分析》，载于《城镇化与区域发展》2016 年第 8 期。

城市化对粮食生产资源安全的负面影响：农业劳动力资源是粮食生产的主体，在城市化进程中，农业劳动力不断由农村向城市转移是城市化进程的重要特征之一。截至 2013 年底，中国已有超过 2.6 亿的农村人口转移到了城镇地区，极大地提高了我国人口城市化水平。由于中国城市具有明显优越的生活和福利条件，流向城市的大多是农村男性青壮年以及具有较高知识水平的年轻女性，而留在农村中的则大部分是男性中老年人、知识水平相对较低的女性以及儿童，因此目前我国农业劳动力逐步呈现出老龄化、妇女化和弱质化的发展倾向。研究表明，2002~2011 年，中国 31~40 岁的青壮年劳动力占农村从业人员比重由 28.8% 下降到了 14.4%，而 51 岁以上中老年劳动力所占比重则由 18.8% 上升到 47.7%。由于农业生产新知识和新技术的应用需要具有一定知识的青壮年劳动力，因此在农业现代化进程中，中国将缺乏推广和应用现代农业技术的农业生产队伍，这必然对我国长期粮食生产安全造成较大威胁。

城市化对粮食可供量、稳定性和粮食获取能力的负面影响：食物经济发展历程表明，随着经济城市化和经济发展水平的提高，人们将逐渐由以植物性食物为主的消费模式转向以动物性食物为主的消费模式。城市化被认为是经济发展的引擎，它通过集聚物质和人力资本、劳动力和知识技术，进而使得非农产业持续发展壮大，推动国民经济结构转变；经济城市化又通过扩散效应推动城市周边地区经济发展。另外，经济发展又为城市化的进一步推进创造了更为有利的条件。因此，两者之间存在一种双向互动的作用机制，并呈现出极强的相关关系。可见，经济城市化和经济发展互动式地推动了食物消费结构的变化，其作用机制是：经济城市化通过推进经济发展，进而提高城乡居民收入水平，增强人们粮食获取能力，改变人们食物消费模式，威胁中国粮食安全。近几十年来，中国的动物性食物消费模式转变十分明显。研究表明，1952~2003 年，中国人均非植物性食物的年均消费量快速增长，其中猪肉消费量增长了 133%，牛肉和羊肉为 37%，禽肉为 644%，蛋类为 372%，海产品为 74%，啤酒和白酒为 573%。随着经济城市化的进一步推进和人们收入水平的持续增长，中国的食物消费模式将进一步发生变化，这必将给中国的农业水土资源带来更大的压力，一些学者甚至指出影响中国粮食安全最为重要的因素乃是以动物性食物为主的食物消费模式的变化。

城市化对粮食可供量与稳定性的正面影响：虽然人口城市化会导致农业劳动力数量减少，导致农业经营主体弱质化，但较多的研究认为，中国仍存在一定数量的农村剩余劳动力，因此总体上讲，农业劳动力转移对粮食生产仍以促进为主。究其主要原因在于：中国人多地少，以家庭为单位的小农生产组织方式，造成土地分散、细碎化，无法实现规模经营。农业劳动力由农村向城市转移，为农村土地的适度规模经营创造了条件，有利于优化土地资源配置，提高农业集约化发展水平。在经济城市化导致粮食需求快速增长的驱动下，政府为实现国家的粮食安全，提高农民收入水平，进而缩小城乡收入差距，出台了加快土地流转的政策措施。因此，城市化对于粮食生产也具有显著的促进作用，它通过人口城市化为土地适度规模经营创造条件，又通过经济城市化增加粮食需求，推动政府出台相关政策，促使土地从低效的农户不断向高效的农户转移，显著地提高了单位土地面积和单位劳动力生产效率，进而提高粮食的可供量、粮食稳定性和粮食安全的整体水平。研究表明，由于土地经营面积的扩大和土地集约利用水平的提高，1990～2011年中国的单位农业劳动生产效率提高了8.73倍，成为期间粮食产量增长的最为重要因素之一。农业科技进步对粮食生产具有巨大的促进作用，城市化通过推动农业研发资本、研究人员和知识技术在城市集聚，进而推动农业科技进步。在快速城市化和经济发展过程中，加大政府对农业的研究和发展投入（R&D），是提高中国长期粮食安全的优先选择。从农业生产者方面来讲，城市化是促进农民收入增长的重要原因，当饥饿和贫困消除后，农民也愿意将各种非农就业收入用于支持农业技术革新和提高土地集约利用水平，这极为有利于先进农业生产技术推广，因而也可以明显提高粮食可供量和稳定性。

城市化对粮食获取能力和粮食利用水平的正面影响：城市化为农业人口提供了大量非农就业岗位，使得越来越多的农业人口在城市非农岗位就业，显著提高了农民的非农业生产收入。由于城乡居民在经济上具有强烈的联系，当农民在非农岗位就业时，其收入水平要明显高于从事农业生产所得，因此他们经常把很大一部分收入寄回农村家中，这对于我国西部贫困地区在消除贫困、减缓饥饿、改变膳食结构等方面的作用尤为重要。

二、研究方法

（一）指标体系

通过城市化系统与粮食安全系统耦合关系辨识，查阅 36 篇城市化评价指标体系构建的相关研究。从城市化与粮食安全相互作用视角来看：（1）农村人口向城市转移，将导致城镇人口数量、密度、所占比重和非农产业就业人数的变化，为此选取城镇总人口、城镇人口密度、城镇人口所占比重和二、三产业从业人员比重 4 个指标予以反映；（2）经济城市化通过集聚劳动力、物质资本和知识技术，使非农产业发展壮大，推动农业社会向工业社会转变，为此选取人均工业产值、人均 GDP、二、三产业产值占GDP 比重和二、三产业产值密度 4 个指标予以反映；（3）景观城市化是农村土地向城市土地转变的过程，进而导致农村土地减少，影响粮食生产安全，为此选取城市建成区面积和人均城市建成区面积两个指标予以反映。参考联合国粮农组织（FAO）和国内外 45 篇粮食安全评价相关文献，从城市化与粮食安全相互影响视角出发：（1）城市化通过影响水土自然资源以及劳动力、工业辅助能、资金投入等经济社会资源，进而影响粮食生产资源安全；因此选取人均耕地面积、单位耕地面积水资源拥有量、单位耕地面积劳动力资源数量、单位耕地面积化肥施用量和财政支农支出 5 个指标予以反映。（2）城市化通过影响粮食生产资源的数量和质量，改变城乡居民消费结构，改善农业生产与农村基础设施，影响粮食可供量与稳定性；为此选取粮食总产量、人均粮食占有量、粮食净进口量、粮食作物成灾面积、粮食总产量波动系数、动物性蛋白质平均供应量 6 个指标，反映城市化和粮食可供量与稳定性的相互作用。（3）城市化通过增加对农村资金投入，增加农民的非农收入和农业生产收入，影响粮食的获取能力和利用水平。为此选取道路密集度、国内粮食价格指数、粮食短缺程度、粮食不足发生率 4 个指标以及改良水源获取水平、改良卫生设施获取水平、营养不良发生率 3 个指标，分别反映城市化与粮食获取能力和粮食利用水平的相互作用。通过上述方法，共选取 10 项和 18 项评价指标，分别构成城市化和粮食安全两个系统的评价指标体系。为保证评价指标具有相对的独立性，分别对城市化和粮食安全系统的各评价指标进行相关分析。参考乔家君等人的研究，首先辨明各指标之间的真假相关，再遵循高层次指标和综合指标优先保留的原则，将相关系数大于 0.90 的真相关指标予以合并，以减少耦合分析中的噪音。经筛选，最终分别得到 7 项和 17 项指标，构成城市化与粮食安全系统的评价指标体系（见表 16－4）。

表 16－4　　城市化与粮食安全耦合关系评价的指标体系及其权重

系统	子系统	单项指标	单位	权重
城市化系统	人口城市化	城镇人口所占比重	%	0.201
		二、三产业从业人员比重	%	0.097
		城镇人口密度	人/平方公里	0.145
	经济城市化	人均 GDP	元	0.181
		二、三产业产值占 GDP 比重	%	0.058
		人均工业产值	元/人	0.090
	景观城市化	人均城市建成区面积	平方米/人	0.228
粮食安全系统	粮食生产资源	人均耕地面积	公顷/人	0.101
		单位耕地面积水资源拥有量	立方米/公顷	0.077
		单位耕地面积劳动力资源数量	人/公顷	0.061
		单位耕地面积化肥施用面积	千克/公顷	0.039
		财政农支出	亿元	0.113
	粮食可供量和稳定性	粮食总产量	万吨	0.110
		人均粮食占有量	千克/人	0.025
		动物性蛋白质平均供应量	克/人/天	0.038
		粮食净出口量	万吨	0.059
		粮食作物成灾面积	万公顷	0.049
		粮食总产量波动系数	%	0.036
	粮食获取能力	道路密集度	公里/平方公里	0.097
		国内粮食价格指数	%	0.043
		粮食短缺程度	千焦/人/天	0.026
		粮食不足发生率	%	0.027
	粮食利用水平	改良水源获取水平	%	0.042
		营养不良发生率	%	0.057

（二）指标权重

指标权重是指在相同目标约束下，各指标的重要性关系。在多指标综合评价中，权重具有举足轻重的作用。本研究采用熵权系数法对两个系统指标赋予权重，计算步骤如下：

正向指标标准化：

$$X'_{ij} = (X_{ij} - \min X_j) / (\max X_j - \min X_j)$$

负向指标标准化：

$$X'_{ij} = (\max X_j - X_{ij}) / (\max X_j - \min X_j)$$

计算第 j 年份第 j 项指标值的比重：

$$Y_{ij} = X_{ij} / \sum_{i=1}^{m} X'_{ij}$$

计算指标信息熵：

$$e_j = -k \sum_{i=1}^{m} (Y_{ij} \times \ln Y_{ij})$$

信息熵冗余度计算：

$$d_j = 1 - e_j$$

指标权重确定：

$$w_i = d_j / \sum_{j=1}^{n} d_j$$

式中，X'_{ij} 和 X_{ij} 分别为第 i 年第 j 项单项指标标准化值与原值，m 为评价年数，n 为指标数。

（三）城市化与粮食安全系统评价指标合成

按照上述方法确定指标权重，分别计算各单项指标的权重。根据所构建的中国城市化与粮食安全评价指标体系和方法，采用加权函数得到城市化和粮食安全系统及其各子系统的发展指数及其变化趋势。其计算公式为：

$$u(X) = \sum_{i=1}^{3} \sum_{j=1}^{n} (X_{ij} \cdot w_j)$$

$$f(Y) = \sum_{i=1}^{4} \sum_{j=1}^{n} (Y_{ij} \cdot w_j)$$

式中，$\sum_{j=1}^{n}(X_{ij}\cdot w_j)$ 和 $\sum_{j=1}^{n}(Y_{ij}\cdot w_j)$ 为城市化和粮食安全各子系统发展指数评价值，$u(X)$ 和 $f(Y)$ 分别为城市化系统和粮食安全系统发展指数综合评价值。

耦合度和协调度的评价模型已经较为成熟，本文借鉴已有研究成果，确定两系统的耦合评价模型如下：

$$C = \left\{ \left[u(X) \cdot f(Y) \right] \middle/ \left[\frac{u(X)+f(Y)}{2} \right]^2 \right\}^k$$

$$D = \sqrt{C \cdot T}, \quad T = Pu(X) + qf(Y)$$

式中，C 为城市化系统和粮食安全系统的耦合度（$0 \leqslant C \leqslant 1$）；$K$ 为协调系数，D 为协调发展度；T 为城市化系统与粮食安全系统发展水平的综合评价指数；p 和 q 为待定权重系数。

三、研究结论

（一）城市系统发展分析

人口城市化子系统具有最大的权重（0.443），其次为经济城市化子系统（0.329），而景观城市化子系统权重最小（0.228）。这一结果反映出，城乡人口结构变化是城市化进程中最为重要的因素，也揭示出以城镇人口占总人口比重来反映城市化的总体发展水平具有一定的合理性。由于景观城市化子系统只有一项指标，因而该子系统在城市化系统中的作用最小。但就城市化系统的 7 项单项指标来讲，人均城市建成区面积（0.228）、城镇总人口（0.201）、人均 GDP（0.181）等 3 项指标对城市化系统影响最大，其权重合计占城市化系统的 61.0%。这表明 1990 ~ 2011 年，城市景观扩张、农村人口向城市迁移以及经济增长是近 20 多年来城市化快速发展的根本原因。城市景观扩张是中国耕地面积减少的重要原因；农业劳动力向城市转移为农地流转创造了条件，在政策和经济发展的推动下，农地在一定程度上实现了适度规模经营，显著提高了单位农业劳动力的生产效率；而城市化推动经济增长，则为政府增强对农业和农村的扶持能力提供了条件。所以，这三个因素也是城市化与粮食安全相互作用过程中最为重要的因素。因此，城市建设和农业发展规划部门应尤为重视土地用途变化和城乡人口迁移，以更好地协调城市化进程和粮食安全建设。图 16－6 显示了城市化系统及其 3 个子系统发展指数的变化情况。在中国近 22 年来的城市化过程中，景观城市化子系统对于城市化系统的驱动最大。《国家新型城镇化规划（2014—2020）》也明确指出："20 世纪 90 年代以来，土地城镇化的过快发展加剧了土地粗放利用，浪费了大量耕地资源，威胁到国家粮食安全"。因此，在推进城市化发展过程中，必须协调好人口城市化、经济城市化和景观城市化的速度，以同步推进城市化与粮食安全建设。

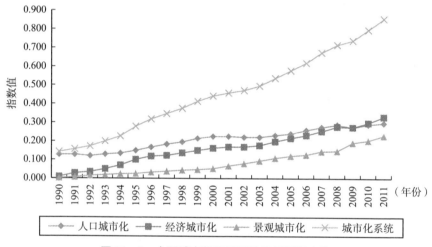

图 16－6　中国城市化及子系统发展指数变化

（二）粮食安全系统变化分析

粮食安全的 4 个子系统而言，粮食生产资源子系统具有最大的权重（0.391），其次分别为粮食可供量和稳定性子系统（0.317）、粮食获取能力子系统（0.193）和粮食利用水平子系统（0.099）。这一结果反映出，粮食生产资源对于维护中国粮食安全尤为重要，这与国际上对食物安全的研究有很大不同，因为他们主要关注食物可供量、稳定性、获取能力和利用水平 4 个层次。而中国人口众多，各种资源人均拥有量极度贫乏，在城市化过程中各种资源更是不断地流向城市和工业部门，资源短缺问题已经成为中国农业可持续发展的瓶颈。因此，在探讨城市化与粮食安全的耦合关系过程中，粮食生产资源安全问题必须予以重点考虑。对于粮食安全系统的单项指标来讲，财政支农支出（0.113）、粮食总产量（0.110）、人均耕地面积（0.101）、道路密集度（0.097）等4个指标对粮食安全系统影响最大，其权重合计占粮食安全系统的42.1%。这表明1990~2011年，政府对农业生产的扶持、粮食产量和耕地面积变化以及交通基础设施建设对中国粮食安全起着重要的作用。同时也说明，即耕地资源是中国粮食生产的主要约束条件。但本研究也揭示出，政策资金和交通基础设施建设对粮食安全的影响不亚于耕地。这说明，随着中国城市化的发展和经济实力的不断增强，以城促乡和以工促农的发展政策对于提高我国粮食安全水平起到了重要作用；而农村交通基础设施建设不但为农村经济发展创造了条件，而且大大提高了粮食在农村地区的流通，显著提高了粮食安全的整体水平。图16-7显示了粮食安全系统及其4个子系统发展指数的变化情况。

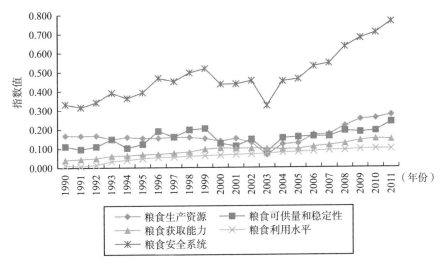

图 16 -7　中国粮食安全系统及子系统发展指数变化

（三）耦合变化分析

依据协调度大小，城市化系统与粮食安全系统的综合发展指数值，可以将协调发展度划分为3个阶段：

（1）1990~1993年城市化与粮食安全处于低度协调发展阶段。该阶段

3 种情景下，两个系统的协调度值都处于 $0.39 < D \leqslant 0.50$ 的范围。这表明在此期间，虽然城市化和粮食安全之间的协调发展度不断提高，但两者之间难以协调，存在较为明显的矛盾。究其原因在于，20 世纪 90 年代初期，中国是个典型的农业大国，保障粮食安全乃是维护经济社会发展的重中之重；因而与城市化相比，维护粮食安全得到了政府更大关注。在此期间，一方面中国处于传统农业发展阶段，大量农业劳动力被迫限制在农村，以保障一定的粮食产 48 量水平和生产的稳定性；另一方面，中国的户口制度也严格限制了人口的城乡流动，因而城市化发展明显滞后。

（2）1994～2007 年城市化与粮食安全处于中度协调发展阶段。在此期间，3 种情景下两个系统的协调度均处于 $0.50 < D < 0.80$ 的范围，表明城市化与粮食安全 2 个系统经历了 14 年的磨合发展，协调发展度不断提高。此阶段又可以划分为 2 个时段，第一时段为 1994～2000 年，城市化与粮食安全系统的协调发展度逐步增加，但 $u(X)$ 仍然小于 $f(Y)$；第 2 时段为 2001～2007 年，两个系统的协调发展度快速增加，且 $u(X)$ 大于 $f(Y)$。

（3）2008～2011 年城市化与粮食安全处于高度协调发展阶段，其间 3 种情景下两个系统的协调度均处于 $0.81 < D < 0.90$ 的范围，表明在发展过程中，两个系统维持了同步推进的发展态势。究其原因在于："十二五"继续延续"十一五"期间的发展政策，把城市化作为中国经济社会发展的重要战略，因而城市化综合发展指数仍然持续提高；在粮食安全方面，由于城市化和工业化进程中粮食消费需求快速增长，维护国家粮食安全始终是中国经济社会发展的重中之重，自 2004 年以来中央一号文件始终集中在"三农"问题上，原有的粮食生产政策不但得以维持，而且出台了更多的优惠政策促进粮食生产，以维护粮食安全，因此期间粮食安全综合发展指数也不断提高。2008 年两者协调度（D 值）首次超过 0.80，达到了高度协调发展阶段，并一直得以维持。这表明，中国城市化和粮食安全两个系统已开始进入良性互动的发展阶段。由于城市化一直被作为经济发展的引擎，因此自 2001 年以来，城市化综合发展指数始终高于粮食安全综合发展指数。这表明，与城市化进程的快速推进相比，如何更好地推进粮食安全建设仍需要更多关注。

第十七章

流域生态经济与综合治理

流域是一种典型的自然区域，是由地表水和地下水分水岭所包围着的，具有明显边界的区域。流域也是围绕水资源开发为中心的，组织和管理国民经济的区域。从人与自然的角度来看，流域既是人与自然相互作用的空间基础又是人与自然和谐发展的有机整体。本章在阐述目前流域发展状况的基础上，指出目前流域发展存在的困境及其治理方案。

第一节　流域生态经济系统

最初学者们认为生态经济系统是由相互耦合、相互作用、相互影响、相互依存的两个系统——生态系统与经济系统共同构成的复合系统。该系统包含经济活动，任何经济行为都受限于该系统框架。

但是，随着对生态经济系统认识的不断深化与发展，研究发现生态系统与经济系统难以实现自动地耦合，只有将人类劳动和技术作为媒介才能将二者联系起来，从而形成完整的、具备价值增值的生态经济系统（王如松等，2012）。价值增值的实现途径是劳动，而劳动包括体力劳动和脑力劳动。但是劳动形成价值的过程必须借助各种技术要素。如果排除生态、经济、技术三要素的各种具体关系，那么它们之间只存在信息的输入和输出关系（一种物质能量、价值及其外化形态）。然而，这也是生态经济学的最终目标，协调物质、能力、价值和信息之间的关系，将其作为一个投入产出的有机整体。

我国生态学者马世骏（1984）最早提出经济—社会—生态三重耦合的复合生态系统概念。马世骏认为，社会是以人的思想行为为主体，社会体制为脉络，资源环境为命脉，自然环境为基础的人工生态系统（任腾，2015）。基于马世骏的观点，本章所研究的生态经济系统是指由经济子系统，社会子系统和生态子系统三者在可持续发展理论下共同组成的复合系统。

一、流域生态经济系统的三个子系统

需要指出的是，生态经济系统的评价指标体系应包括产出指标，比如人均 GDP，同时也应该包含投入指标，比如资源投入和人力资本。

首先，多元化是经济发展的一个显著特征，多元化意味着经济发展将社会经济发展的诸多方面囊括在内，即社会制度、行业、产品等各方面随经济发展而发展，是一个循序渐进的过程。由于经济发展具有多样性的特点，因此在对其进行衡量时，应根据实际情况多角度来考察（梁炜等，2009）。

其次，社会发展分为广义的社会发展与狭义的社会发展。其中，广义的社会发展将经济发展囊括在内，而狭义社会发展则是在剔除掉经济发展后，其他社会领域的进步，一般包括人民生活水平及社会事业发展。

最后，生态环境是人类赖以生存和发展的基础。同时也是实现社会和经济可持续发展的重要途径。对于生态环境的度量必须基于投入和产出两个视角，投入包括随经济发展而来的工业污染物排放量和人类生活排放的生活污染物，产出则包括排污达标率、污染物去除率等生态友好度指标（柏玲等，2022）。

二、流域生态经济系统的相互作用机理

（一）经济、生态、社会三者之间相互作用分析

生态子系统不仅为人类提供赖以生存的空间，同时也为人类提供了可以开发利用的各种自然资源，对经济子系统和社会子系统提供时间和空间上的支撑。社会子系统一方面需要经济子系统提供相应的物质支持与技术保障；

另一方面也需要环境子系统提供生存和发展所需的空间。经济子系统的发展需要人力资本和相配套的社会保障，由社会子系统提供；除此之外，经济子系统的发展也需要各种生产所需要的资源，由生态子系统提供（马向东等，2009）。然而，随着经济活动的深入和细化，工业部门会产生"三废"等污染物，同时社会活动也会产生生活垃圾等污染物，因此经济与社会子系统发展到一定阶段会对生态环境造成破坏，从而阻碍生态环境的可持续发展。此外，生态环境的破坏导致人类生活环境的恶化，进而阻碍人类的生存和发展，社会子系统的可持续发展受到一定程度的限制。三者之间的关系如图 17 – 1 所示。

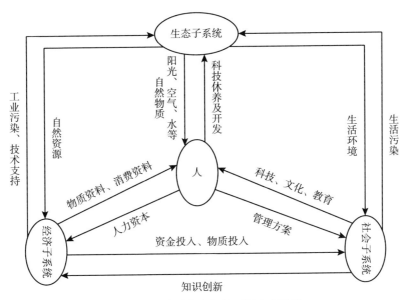

图 17 – 1　流域生态经济系统内部关联

由图 17 – 1 可知，流域生态经济系统内部的经济、生态、社会三个子系统之间存在着对立统一的关系，一方面三者相互竞争此消彼长；另一方面三者也相互依赖，相互促进。流域生态经济系统在三者不断地竞争合作下，逐步实现可持续发展。

（二）经济、生态、社会三者协同作用分析

由前面分析可知，流域生态经济系统的协同发展是指在一定的流域范围内的经济子系统、社会子系统和生态子系统三者之间的协同发展。流域生态经济系统的协同发展往往会沿着经济、社会的发展轨迹，动态演进，最终收敛至某一平衡的发展状态。从整体上看，流域生态经济系统的协同演化轨迹符合 S 形曲线，这一协同演化过程可以用 Logistic 的增长模型来描述（范斐等，2013）。其具体表述如下：

$$\frac{\mathrm{d}Y}{\mathrm{d}t} = \alpha Y(1 - Y)$$

式中，Y 代表复合系统的发展水平，α 代表系统的增值系数，$(1 - Y)$ 为减速因子，该因子为动态的数据，随时间的变化会逐渐减少。其含义为流域生态经济系统的发展存在正负反馈的调节机制，是非线性的演化机制。

基于上述 Logistic 增长模型，范斐等（2013）构建如下区域生态经济系统的协同演化模型，以分析社会、经济与生态环境三个子系统的协同进化状态。设定 S、E、R 分别表示社会子系统、经济子系统和资源环境子系统，为了刻画这三个子系统构成的复合系统在协同演化进程中的竞争与合作关系，引入参数 $\beta(i, j = 1, 2, 3)$ 称之为子系统 j 对子系统 i 的影响系数（王乃举等，2014）。由此得到区域生态经济系统的协同演化模型如下：

$$\frac{\mathrm{d}Y_1}{\mathrm{d}t} = \alpha_1 Y_1 (1 - Y_1 - \beta_{12} Y_2 - \beta_{13} Y_3)$$

$$\frac{\mathrm{d}Y_2}{\mathrm{d}t} = \alpha_2 Y_2 (1 - Y_2 - \beta_{21} Y_1 - \beta_{23} Y_3)$$

$$\frac{\mathrm{d}Y_3}{\mathrm{d}t} = \alpha_3 Y_3 (1 - Y_3 - \beta_{31} Y_1 - \beta_{32} Y_2)$$

上式中，Y_1、Y_2、Y_3 分别表示子系统 S、E、R 的发展程度；α_1、α_2、α_3 分别表示各个系统的增殖系数，分别体现了社会子系统、经济子系统和生态子系统三者在生态经济系统中的发展阶段。各子系统的参数体现了彼此之间的相互作用及影响。其中的一式表示生态子系统和经济子系统的变化对社会子系统的影响，参数 β_{12} 和 β_{13} 是这种影响的具体体现，前两个系统发展的具体状况会对后一个子系统的发展产生深远影响；而二式则体现了生态子

系统和社会子系统对经济子系统的影响，主要是通过参数 β_{21} 和 β_{23} 起作用，同理可得三式的具体含义。由于社会子系统和经济子系统的发展状况都会对生态子系统产生深远影响，因此，要使生态子系统得到可持续的发展，必须变革相应的生产技术，提高二者的生产效率，从而纾解生态子系统的压力。如果 $\alpha_i(i=1,2,3)>0$，表明系统 i 处于上升趋势，如果 $\alpha_i(i=1,2,3)<0$，表明系统 i 处于下降趋势。当 $\beta_{ij}(i,j=1,2,3)>0$，表明子系统 j 与子系统 i 之间是相互竞争的关系，彼此相互抑制，即系统 j 的改进会阻碍系统 i 的发展，当 $\beta_{ij}(i,j=1,2,3)<0$，表明子系统 j 与子系统 i 之间是相互合作的关系，彼此相互促进，即系统 j 的改进会促进系统 i 的发展。

第二节　流域水资源与可持续利用

一、流域水资源现状分析

水资源是人类生存必不可少的自然资源，同时也是社会经济发展的重要资源甚至是战略资源。水资源为社会经济的发展提供了保障与支撑。下面对我国水资源现状进行分析。

（一）水资源分布不均

从水资源分区看，水资源一级区分布整体上呈现出"南多北少、东多西少"的特征。从时间上来看，水资源表现为夏秋多，春冬少的特点。我国水系发达区域主要以南部地区（广东、海南等）、西南部地区为主，其拥有我国约80%以上的水资源。北部地区（陕西、甘肃、宁夏等）表现为干旱少雨，严重缺水的特点，水资源量仅占全国水资源总量约14%，这一比例明显低于国际水资源紧缺限度（$\leqslant1000\mathrm{m}^3$）[1]。

从年度分配看，不同地区的河流与降水均存在显著的年际变化，丰水年与枯水年接连出现，失衡现象较为严重。我国南部地区地处低纬度的湿润区

---

[1]　水资源稀缺度的划分来自联合国环境署（https：//www.unep.org/）。

域，降水量较多，雨季降水量更是如此。与此同时，该地区较高的气温促使地表水更容易蒸发从而形成显著的水文循环现象。而北部地区地处高纬度区域，气温相对较低、冰雪覆盖时间更长，水文循环效应并不显著；无独有偶，西北地区降水量极少却水分蒸发能力极强，有限的水资源难以满足其蒸发量，因此其水文循环也不太显著（见表 17 - 1 和表 17 - 2）。

表 17 - 1 　　　　　　　　　　2019～2021 年水资源一级区降水量

水资源一级区	2019 年降水量/mm	2020 年降水量/mm	2021 年降水量/mm
全国	651.3	706.5	691.6
松花江区	603.4	649.4	633.3
辽河区	557.9	589.4	725.9
海河区	449.2	552.4	838.5
黄河区	496.9	507.3	555.5
淮河区	610.0	1060.9	1059.3
长江区	1059.8	1282.0	1152.8
其中：太湖流域	1261.8	1543.4	1419.0
东南诸河区	1844.9	1582.3	1748.3
珠江区	1627.5	1540.5	1371.1
西南诸河区	1013.6	1091.9	1036.0
西北诸河区	183.2	159.6	172.6

资料来源：《水资源公报》。

（二）水污染问题严重

我国水污染的主要原因是废水、污水的排放。人类活动排放的废水、污水会对地表水造成污染。我国废污水排放主要来源于生活、工业废水与农业灌溉。作为农业大国，我国农业用水量占总量高达 61%，农田灌溉水在农田沾染化肥、农药等有害物质向地下渗透从而污染地下水。我国工业用水量约占总量 17%，工业生产聚集地通常以江河沿岸人口密度相对较大的城市为主。如果废水未被妥善处理，城市下游河流水质会被污染甚至使水环境恶化。此外，水土流失不仅导致河流含沙量提高，还会使土壤中的有害物质进入河流对水流的质量造成严重后果（用水量见表17-3）。

表17-2   **2019~2021年水资源一级区水资源量**

水资源一级区	2019年水资源总量/亿m³	2020年水资源总量/亿m³	2021年水资源总量/亿m³
全国	29041	31605.2	29638.2
松花江区	2223.2	2253.1	2322
辽河区	407.6	565	697.1
海河区	221.4	283.1	734.8
黄河区	797.5	917.4	1000.9
淮河区	507.2	1303.6	1353.7
长江区	10549.7	12862.9	11186.2
其中：太湖流域	225.8	313.1	269.9
东南诸河区	2488.5	1677.3	1997.2
珠江区	5080	4669	3643
西南诸河区	5312	5751.1	5351.8
西北诸河区	1454	1322.8	1351.6

资料来源：《水资源公报》。

表17-3   **2021年水资源一级区主要用水指标**

水资源一级区	供水量/亿m³			用水量/亿m³				
	地表水	地下水	供水总量	生活	工业	农业	人工生态环境补水	用水总量
全国	4928.1	853.8	5920.2	909.4	1049.6	3644.3	316.9	5920.2
松花江区	297.7	157.5	459.8	28.5	26.9	378.4	25.9	459.8
辽河区	89.2	90.3	187.0	31.7	19.3	124.8	11.2	187.0
海河区	208.7	128.1	365.8	70.4	40.7	176.1	78.5	365.8
黄河区	265.5	104.6	389.3	55.4	45.3	256.8	31.8	389.3
淮河区	428.1	127.9	580.8	100.1	71.7	367.0	42.0	580.8

水资源一级区	供水量/亿 m³				用水量/亿 m³			
	地表水	地下水	供水总量	生活	工业	农业	人工生态环境补水	用水总量
长江区	2003.7	39.9	2072.5	345.1	633.0	1030.9	63.5	2072.5
其中: 太湖流域	335.1	0.1	342.3	61.6	213.5	63.6	3.6	342.3
东南诸河区	286.7	3.3	296.6	68.9	62.2	145.8	19.6	296.6
珠江区	760.8	19.5	790.5	172.9	127.5	473.7	16.3	790.5
西南诸河区	103.7	3.8	108.6	13.3	6.4	86.8	2.0	108.6
西北诸河区	484.0	178.7	669.3	22.9	16.5	63.9	26.0	669.3

资料来源:《水资源公报》。

(三) 水资源浪费严重

我国水资源浪费多集中于农业灌溉、生活及工业用水。从农业灌溉看,我国灌溉面积约为 73177km²,其中节水灌溉面积不足总面积的一半,这说明在灌溉中高达 50% 的水资源未被有效利用。落后的灌溉技术与低级的灌溉方式是灌溉层面的水资源浪费的主要原因。我国生活用水约占总量的 15%,浪费的主要原因是居民缺乏节水意识,生活用水的重复利用率较低。从工业领域看,工业用水的重复利用率也不足一半,单位产品用水量偏较高,工业产值万元用水量比发达国家足足高出 2 倍[①] (见表 17 - 4)。

(四) 水资源利用率失衡

从国内水资源利用来看,水资源利用与开发失衡,全国各地普遍存在着明显的水资源利用与开发程度方面的差距。就农业用水而言,海河流域亩均用水量最低,而珠江流域亩均用水量最高,约为海河区的 4 倍,体现出水系发达区域农业用水浪费现象严重。工业用水方面,太湖流域作为我国工业产值最高的区域,其万元工业用水增加值为海河流域的 5 倍,工业产值耗水量大,势必有碍于流域可持续发展。

---

① 李允琛:《浅析我国水资源现状与问题》,载于《农村科学实验》2020 年第 1 期。

表 17 – 4 2021 年水资源一级区主要用水指标

水资源一级区	人均综合用水量/m³	万元国内生产总值用水量/m³	耕地实际灌溉亩均用水量/m³	人均生活用水量/m³	万元工业增加值用水量/m³
全国	419	51.8	355	176	28.2
松花江区	848	166.4	441	144	36.9
辽河区	344	56	204	160	17.9
海河区	243	30.2	167	128	11.8
黄河区	318	44.6	282	124	13.9
淮河区	283	38	204	134	14.4
长江区	442	50.1	406	202	48.1
其中：太湖流域	505	30.5	402	249	55.3
东南诸河区	327	29.4	430	208	16.5
珠江区	380	46.9	678	227	22.9
西南诸河区	511	101.4	407	172	35.2
西北诸河区	1934	310	518	182	24.1

资料来源：《水资源公报》。

同时，过度开采地下水进一步加剧了水资源危机。海河流域水资源利用率高达 90%，黄河流域水资源利用率在 68% 左右，淮河流域水资源利用率在 60% 左右，我国北方水资源利用率均值达到了 50%[1]。按照国际标准规定，如果某流域水资源利用率大于 40%，便会对水生态环境造成影响。我国水资源面临的形势异常严峻[2]。

二、流域水资源承载力系统特征

（一）流域水资源承载力系统分析

资源承载力指的是在可预见时期，一个国家或地区利用自然资源与智力

---

[1] 《国务院关于印发水污染防治行动计划的通知》（www. gov. cn/gongbao/content/2015/content_2853604. htm）。

[2] 贾绍凤、柳文华：《水资源开发利用率 40% 阈值溯源于思考》，载于《水资源保护》，2021年第 1 期。

技术等条件，在保证基本的物质生活水平条件下，有能力持续供养的人口数量（孙富行，2006）。结合现有研究与水资源的内在特点，本章认为水资源承载力指：在一定流域范围、生活水平以及科学技术条件下，水资源能够满足一定人口、经济、生态环境需求的发展目标的最大支撑能力。因此，水资源承载力实际上是一个综合了水资源、经济、社会及生态环境四个系统的复杂系统（孙富行，2005）。

从承载对象上来看，水资源承载力以水为承载体，以人口、社会、经济和生态环境四者作为被承载体。本书将生态环境作为被承载体，与人口、社会、经济系统被水资源承载力并列考虑，强调了被承载体彼此之间的用水分配与协调关系，明确了水资源承载力研究中生态经济系统的关键作用。下面对这四大系统进行分析。

1. 水资源子系统分析

水资源子系统作为水资源承载力研究的关键一环，水是人类赖以生存与经济发展的基本的环境要素，是流域经济、社会发展、生态环境保护的重要支撑。流域内水量的数量与质量对于该流域水资源的开发利用具有重要影响，这也能反映该区域水资源的可持续发展水平（施雅风等，1992）。在工业、农业发展中，倘若无节制开发水资源且不采取必要举措，容易因水体污染、生态水不足而破坏环境，此外也会降低区域生态系统服务价值，进而导致区域水资源承载力下降。

2. 经济子系统分析

流域内水量的数量和水的质量与流域经济发达水平密切相关，例如沿海地区经济发展较其他干旱地区明显更优。一个地区的产业布局与产业规模往往取决于其水资源量的分布情况。如果不采取合理的手段对水资源进行开发利用，一味地将追求经济发展，则极易污染破坏当地的流域水资源，导致水资源承载力下降（江涛，2004）。经济子系统与水资源既相互促进又相互制约。

3. 社会子系统

社会子系统也是流域水资源承载力的重要组成部分。社会子系统作为最主要的需水系统之一，流域内社会经济的发展离不开水资源的支持。社会维度对水资源的影响主要在于人口，作为人口与农业大国，我国农业生产模式仍以粗放型为主，对水资源具有高度依赖性。因此，控制人口数量和提高农业水资源利用率有助于促进区域社会发展从而提高区域的水资源承载力水平,反之则会对水资源承载力系统造成不利影响(陈海涛等,2020)。工业化水平的不断发展,要求城市社会与工业、制造业等耗水行业的辐射和带动深度捆绑,大量水资源消耗是保障城市居民高质量的生活水平的基本要素。因此,地区内水资源量与地区的发展息息相关。水资源系统不仅为社会系统提供生活用水还消化社会系统产生的污染,对社会发展具有重要支撑作用。当某区域社会系统需水量超过其水资源的承受范围,就会对区域水资源造成不利影响,这会破坏区域水资源。而一旦水资源遭到破坏,社会系统就难以依赖于水资源系统的支撑作用。

4. 生态环境子系统

水资源保障了流域生态环境系统的稳定,与此同时生态环境系统也保障了水资源循环可持续开发利用,二者密不可分。在国家大力推行生态文明建设的趋势下,生态环境保护发展到了一个前所未有的高度,各地区均遵循经济发展要为生态让行的基本原则,保证水资源对于生态环境良好的支撑。区域生态环境保护离不开生态水,生态环境与水资源之间存在闭环循环过程。如果在发展经济时生态环境被破坏,生态环境良好局面被打破,那么生态环境与水资源都会受到严重损害(左其亭,2017)。各系统之间的关系如图 17-2 所示。

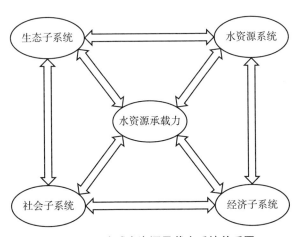

图 17-2 流域水资源承载力系统关系图

（二）流域水资源承载力特征分析

由上面可知，水资源承载力系统由生态、社会、经济及水资源四大子系统构成，其构成的独特性赋予了水资源承载力特有的性质。

1. 生态性

任何承载力都存在一个极限，流域水资源的承载力也是有限的。在进行水资源的开发利用时，应该恪守水资源承载力的限度，否则会对该流域生态环境产生无法逆转的破坏。因此，水资源承载的综合效用在生态上存在限度（唐家凯，2021）。

2. 动态变化性

水资源承载力的主要影响要素包括人口密度、经济发展水平、环境等。在不同的流域的不同历史阶段中，由于人类开发和利用水资源的能力与水平的变化，水资源的承载能力呈现出动态变化的特点（苏伟洲，2017）。

3. 社会经济性

流域内经济社会的发展水平是流域水资源承载力的基础。通过区域水资源优化配置可以得到流域水资源承载力，其最终水平通常以经济发展规模与人口数量统计来表征。由此可见，区域水资源承载能力与区域的社会、经济息息相关（滕朝露，2008）。

4. 时空异质性

一方面，各个区域的承载能力有所差异，水资源承载能力呈现出区域特性；另一方面，水资源承载能力具有特别的时间内涵，由于包含过去和将来的概念，故在分析量化时应该将其时间尺度也纳入考虑范围（崔晨韵等，2020）。

三、流域水资源可持续发展理论

传统的经济发展模式将经济的增长视为唯一追求，忽视自然资源与生态环境的相关问题，这在一定程度上导致了资源浪费与短缺以及资源消费的不合理与不平衡（张志强等，1999）。在此情况下，社会难以实现可持续发展目标。因此，转变资源高效利用与经济和谐共存的生态经济发展模式已迫在眉睫。以高能耗、高污染、高增长为特点的粗放型经济发展应该逐渐被取缔，努力改变生活方式与提高生产效率以实现资源的高效利用。具体而言，一是要关注生产环节，争取低投入高产出；二是在消费过程中，力争高利用低浪费。在物质、能量和信息的交换过程中生态系统应该协调好三者的关系，保障生态系统结构与功能的良好运行。

从不同的角度出发，可持续性可以从经济、生态及社会文化三个方面进行阐述。在经济层面，可持续性意味着以较小的资本投入获取较大的收益；在生态层面，可持续性意味着生态系统的稳定，生态系统的开发应该有所节制，生物多样性应该被重视；在社会文化层面，可持续性出于社会、文化体系稳定的考量，要求全球文化教育多样性与代内代际公平。各国可持续发展计划一般包含 4 个基本条件（高思宇，2021）：

（1）对有限自然资源的索取最小化；

（2）对不可降解的物质排放最小化；

（3）对物质循环流动保障一定条件；

（4）对可再生资源的取用应小于其再生速度。

实际上，可持续发展是社会、经济与生态相互协调的可持续综合体。在发展中不能只追求经济效率而不顾生态和谐和社会发展。当代人的经济福利不能以牺牲后人福祉为代价。可持续发展重点关注协调发展、环境与资源的关系，人类的经济与社会发展应该保持在资源与环境的承载能力范围之内，人类持续健康的生存与发展需求必须有所保障。综上，可持续发展的特点总结如下：（1）可持续发展要求经济增长；（2）可持续发展以保护自然为基石，力求资源与环境的协调；（3）可持续发展追求高质量生活，且与社会进步相适应（周宏春等，2008）。

可持续发展理论结合生态、经济和社会发展，追求三者协调统一。它要求社会发展不仅要实现经济发展水平的提高，还要实现生态与公平等平衡。水资源可持续发展，即以自然与社会协调统一为基调，通过对水资源的开发、利用、保存与管理，满足各时代下代内代际人的水资源需求，从而达成资源的开发与持续利用目标以及社会经济的可持续发展。持续开发利用水资源系统战略理论是我国水资源可持续发展战略理论的重要组成部分（汤金丽，2021）。城市化与工业化的高速发展，促使人类对于水资源的依赖性不断提高，环境污染形势日渐严峻，优质水资源紧缺问题也日益严峻，水资源系统的健康可持续利用问题已经成为学界热点问题。水资源综合利用的持续性可以视为一种环境与经济结合的综合系统的持续性。因此，可以将区域水资源的可持续利用定义为：在有限的资源承载范围内，采取特定方案与手段对资源实现合理有效利用，争取实现有限水资源能够满足人类活动需要，且能够保障未来的发展需求（刘佳骏等，2011）。

第三节　流域水贫困与人口可持续生计

一、水资源短缺与水贫困

（一）水资源短缺与水贫困的关系

目前得到普遍认可的水资源短缺的定义为：由自然因素或人文因素造成的数量上的水资源短缺，被归因于暂时性的水资源量不足以满足人类的用水需求（Döll et al.，2012）。水资源短缺的更深层含义是指，由于资源稀缺加剧造成的经济用水不足（Gerten et al.，2013）。然而以上关于水资源短缺的概念无法适用于所有情况。有鉴于此，"水贫困"这一概念被提出，从社会维度、经济维度及生态维度来囊括水资源短缺的各个方面。此外，"水贫困"把水资源短缺与贫困区域的水资源的可用性联系起来。

"水贫困"是指一个国家或地区所有人在任何时候都负担不起可持续清洁水资源的成本的现象，水贫困取决于诸多因素，但主要影响因素包括：气候条件、资源禀赋、地理区位、社会经济等（Döll et al.，2012）。

（二）水贫困因素

通常采用水贫困指数来对水资源进行全面评估，水贫困指数能够基于更广泛的视角来看待水资源的供应和获取情况。在采用水贫困指数进行评估时，需要考虑以下方面：资源禀赋、水资源分配、环境等方面问题（刘文新，2020）。

1. 水资源禀赋

水资源总量及其年度变化趋势构成了该流域水资源最为重要的基础，这也是水贫困所需要考虑的最重要的问题。虽然水资源的社会经济方面是水贫困理论关注的重点，但水资源的自然属性是进行水贫困评价的基础（Brown，2011）。在社会、经济发展条件相同的情况下，水资源丰富地区的人类福祉要高于水资源短缺地区的人类福祉。

2. 水资源的分配

在现实中，水资源使用的两项重要用途分别为农业生产与工业生产。在我国广大乡村地区，农业灌溉用水和畜牧业用水共同组成了农户生计。同时，工业生产可以帮助人们迅速提高生活质量，从而摆脱贫困（Howard，2002）。而充足的水资源是这些经济活动得以顺利进行的前提。由于水资源总量是一定的，随着经济社会的发展，不同行业的需水量在增加，这就会导致围绕水资源的用途而产生竞争。同时，不同行业（农业与工业）对水资源的污染最终也会引起冲突，而这些冲突最后往往会演变为"城乡之争"（刘文新，2020），从而加剧城乡发展的差距，进而阻碍流域可持续发展。

3. 环境问题

要实现水资源的可持续发展，必须保证供水系统的建设、维护，不会对生态环境造成不可逆的毁坏。因此，水资源生态环境的完整性至关重要，因为生态系统提供的产品和服务是生命支持系统的重要组成部分（谭秀娟等，2009）。

二、水贫困指数

（一）水贫困指数的框架结构

为了解决诸如水资源评价这样的综合度、复杂度高的问题，通常采用综合评价指数这一方法。水贫困指数这一概念是从全球范围的水资源评估工作演变而来的，是一种综合的、跨学科的工具，将水资源这一自然资源和人类福利等社会发展指标联系起来，来探究水资源的缺乏程度对人类社会的影响程度（何栋材等，2009）。水贫困指标不仅能帮助我们获得流域内水资源的自然属性，同时该指标一定程度上还反映了工程、管理、经济、人类福利与生态环境的耦合协调情况。水贫困指数为我们提供了对水资源进行综合评价的方法与手段，同时也揭示了社会因素对水资源的影响。水贫困指数的研究对象主要为发展中国家，原因在于发展中国家受水资源短缺的影响更大。水贫困指数主要由五部分组成（孙才志等，2017）：

（1）水资源状况（Resources），主要包括流域内水资源的本底条件，即地表水和实际可利用的地下水，同时也应将水资源的可变性以及人均水资源量囊括在内。

（2）供水设施状况（Access），主要指自来水及灌溉的普及率等，表现为获得安全可靠的清洁水资源的能力，包括安全水源的距离、收集水资源所需的时间以及其他重要因素。

（3）资源使用能力（Capacity），主要表现为水资源管理能力的有效性。在经济意义上，能力被解释为可以获得质量更好的水资源，这与教育、卫生以及收入等因素息息相关。

（4）资源使用效率（Use），主要表现为水资源在不同用途间的分配，包括家庭用水、农业用水和工业用水以及生态用水。

（5）环境（Environment），主要表现为水资源外部环境的完整性，包括生态系统提供的产品和服务对水资源的反馈情况。

（二）水贫困指数的构建

WPI（Water Poverty Index）模型是目前评价地区间或者国家间缺水程度的最为广泛的方法，该方法能够客观准确地反映某国家或者地区水贫困程度，指标权重法是 WPI 的核心。水资源状况（Resources）、供水设施状况（Access）、资源使用能力（Capacity）、资源使用效率（Use）是 WPI 的五个一级指标，五个一级指标又包括几个二级指标，每个二级指标根据所研究的尺度和内容不同而有所不同。水贫困指数的三个研究尺度分别为：国家尺度、流域（区域）尺度及社区尺度。国家尺度指的是从宏观上收集某个国家的水资源数据，并对其水贫困现状进行分析；区域尺度指的是对某个流域或者地区水资源的贫困程度进行分析社区尺度指的是收集、整理、处理家庭或者社区水资源使用量并对水资源利用程度进行分析，因而应当结合具体情况选择针对性较强的二级指标（见表 17 - 5）。

表 17 – 5　　　　　　　　　不同研究尺度下的 WPI 评价指标选取

WPI 的组成要素	不同尺度采用的变量		
	国家尺度	流域尺度	社区尺度
水资源状况（R）	人均水资源量、水资源总量、人均境外流入量等	人均水资源量、水资源总量	人均水资源量
供水设施状况（A）	节水灌溉率、能获得清洁水的人口百分比等	可获得清洁水源的家庭百分比、具有卫生设施的人口百分比	人均排水管道长度、自来水用水普及率
资源利用能力（C）	人均 GDP、人均受教育程度、万人拥有的医生数等	基尼系数、恩格尔系数	家庭收入状况
资源使用效率（U）	工业用水、农业用水、耗水率等	人均生活用水（城镇和农村）、农业用水（耕地灌溉率）及工业用水等	家庭生活用水量
环境影响（E）	水环境压力、生物多样性、土地退化率等	水资达标率、水资源开发强度等	农药化肥使用量、工业污水排放量

资料来源：根据苏利文（2001）等文献整理。

水贫困指数的目的是结合水资源本身的稀缺性和面临的压力，同时综合考虑反映社会贫困的经济变量的可用性，进而对水资源系统做出全面的评估，其计算公式为：

$$W = w_r \times R + w_a \times A + w_c \times C + w_u \times U + w_e \times E$$

其中，W 为流域的水贫困值，该值越小，意味着水贫困状况越严重，水资源短缺越急迫。R、A、C、U、E 分别表示水资源状况、供水设施状况、资源利用能力、资源使用效率及环境影响。

（三）水贫困指数的计算

在对水贫困指标选择完毕后，就可以通过所选取的指标来计算水贫困指数。在计算前，为了消除各评价指标量纲的影响，需要进行无量纲化标准处理，即将不同评价指标值换算于 [0，1] 之间，使之无量纲化。

1. 正向指标的处理

对于正向指标，其标准化公式为：

$$r_{ij}(x) = \begin{cases} 0 & (x_j = x_{j\min}) \\ \dfrac{x_{ij} - x_{j\min}}{x_{j\max} - x_{j\min}} & (x_{j\min} < x_i < x_{j\max}) \\ 1 & (x_j = x_{j\max}) \end{cases}$$

$x_{j\max}$ 为所有年份中指标的最大值，$x_{j\min}$ 为所有年份中指标的最小值，r_{ij} 为无量纲化的结果。

2. 负向指标的处理

对于负向指标，其标准化公式为：

$$r_{ij}(x) = \begin{cases} 0 & (x_j = x_{j\min}) \\ \dfrac{x_{j\max} - x_{ij}}{x_{j\max} - x_{j\min}} & (x_{j\min} < x_i < x_{j\max}) \\ 1 & (x_j = x_{j\max}) \end{cases}$$

3. 权重的确定

水贫困指数权重确定的计算方法有均衡法和非均衡法两种。均衡法中水贫困指数中各分指数是等权重的，即认为水资源状况、供水设施状况、资源利用能力、资源使用效率及环境影响的重要性相同。同理，维度下面的各个变量的重要性同样也是相等的。而非均衡法认为不同因素对不同区域水资源安全的影响程度不尽相同，所以在实际情况下一般采用非均衡法来计算水贫困指数。为了客观反映各指标的差异性及其影响，可以采用熵值法计算权重（姜宁等，2013），具体计算步骤如下。

计算第 i 年 j 项指标所占比重，使用 ω_{ij} 表示：

$$\omega_{ij} = \frac{x_{ij}}{\sum\limits_{i=1}^{m} x_{ij}}$$

计算指标的信息熵 e_j，为：

$$e_j = -\frac{1}{\ln m} \sum_{i=1}^{m} \omega_{ij} \times \ln \omega_{ij}$$

其中，m 为评价年度。计算指标权重 φ_j：

$$\varphi_j = \frac{1 - e_j}{m - \sum\limits_{j=1}^{m} e_j}$$

基于标准化的指标 ω_{ij} 及测算的指标权重 φ_j，使用多重线性函数的加权求出水贫困指标：

$$WPI_j = \sum_{j=1}^{m} \varphi_j \times \omega_{ij}$$

通过上述公式计算出水贫困指数，其中 WPI_j 表示 i 地区的水贫困指数，在 $[0, 1]$ 之间，WPI_j 越大，表示水资源安全度越高，反之，WPI_j 越小，表示水资源安全度越低。

三、水贫困对人口可持续生计的影响

美国学者纳克斯（Nurkse）认为资源的匮乏并不是一个国家或地区发生贫困的最根本的原因（如非洲国家尽管资源丰富，但其国家发展水平不高），贫困产生的原因是在经济活动中缺乏相应的权利与能力。更为严重的是，这种权利与能力的缺乏会进一步恶化贫困（朱霞梅，2020）。发展中国家的经济基础差，人均收入水平低，人们不得不把收入主要用于生活消费来维持自身的生存，很少（或几乎没有）储蓄，导致社会资本严重匮乏，而使得生产规模难以扩大，低生产的结果必然是低收入，进而处于一种恶性循环（刘穷志，2010）。水贫困理论的出发点也是基于能力与权利的缺失。从某种程度上讲，要实现水资源的可持续发展，不仅意味着要使资源系统、社会系统、经济系统和生态系统得到无限延续，而且还意味着对其他方面，如水资源利用产生的经济效益、水资源的合理分配产生的水资源开发成本和效益都以一种可持续的方式运转。

水资源对生计的影响主要是通过水资源的分配实现。对水资源的分配主要集中于不同产业部门，如生活部门、第一产业及第二产业，水资源分配的不同将直接或间接地影响到不同产业部门从业人员的生计。就第一产业而言，水贫困带来的最严重的后果之一是土地生产力下降和农业成本增加。由于水资源的短缺，为了维持生计，降低成本，农民通常被迫减少他们的种植面积，导致收入水平降低，抗风险能力受到削弱。值得一提的是，对农民而言，经济利益要远比该产业所带来负面影响重要。在面对水资源短缺的风险时，农民的主要目的实现经济回报的最大化，但他们没有与之相应的经济能力来解决农业生产过程中面临的问题，这实际上陷入了一种恶性循环（Steffen，2015）。

第四节　流域综合治理模式

自改革开放以来，尽管我国经济发展取得的巨大成就，但由于粗放型发展所带来的生态资源不合理地开发，也让我们付出了沉重代价，雾霾、化工围江等诸多生态环境问题制约着经济社会的可持续发展，探索新的流域治理模式，提出相关的政策刻不容缓。

由于生态问题所具有的跨域性及流动性特点，因此在考虑流域治理时，必须采取跨域治理的措施。具体而言，流域治理需摒弃传统的各自为政的行政区划管理，向尊重流域自然属性的合作分工管理模式转变，摒弃传统的多部门间的分割管理，同时避免单一部门的统一管理，向单一部门主导、多部门协作的模式转变（底志欣，2017）。但不同范围的流域其自然禀赋不同，因而相应的社会发展状况也各不相同，所以各流域治理的侧重点又有所不同。本节重点讨论我国在进行流域综合治理时所采取的措施及面临的困境。

一、流域综合治理的内涵

（一）概念界定

1. 流域治理

流域治理分为广义流域治理和狭义流域治理，狭义流域治理以英法两国为代表，其治理内容主要是以水资源管理为核心，建立一系列体制机制；广义流域治理以美国的田纳西河流域管理为典型，不仅囊括了狭义概念的内容，还包含了对水环境的保护和水生态的优化。

2. 整体性治理

整体性治理概念最早由安德鲁·邓西尔提出，后经佩里·希克斯系统阐释。希克斯认为公共组织中缺乏协调与整合，从而将协调与整合视为整体性理论的核心要素。在整体性治理概念中，协调和整合相辅相成，二者缺一不可，协调是通过斡旋扩大沟通、消除矛盾，实现内在价值联结，整合则是规范了不同组织行动上的一致性，实现外在组织统一。缺少协调的整合会失去认同感，没有整合的协调也只是一种"碎片化整体性"。在某种程度上，整体性治理的概念是一个伞概念，它是推动公共部门从分散走向集中，从部分走向整体，从破碎走向整合的一系列相关措施。在本节中，综合性治理是一个更偏重于结果的概念，它指的是在各个关键维度上都实现治理整合的结果①。

（二）整体性治理的理论内涵

佩里·希克斯从三个层级构建了一个整体性治理模型②。

1. 治理层级的整合

治理层级的整合包含全球、大洲、国家、地区和地方五个层级，这一层级不仅注重央地协调，同时还超越了国家范畴，强调了全球层面的整合。不同治理层级的协调与整合，既能保持领导部门的权威，又能给予地方政府一定的灵活性，改变以往命令式"上传下达"的沟通机制。

2. 治理功能的整合

这一层次是指将同一部门内不同职能部门进行整合。通过功能性整合，不同部门之间在达成目标的过程中摩擦减小，既保证了各个部门的专业化分工，又实现了不同部门间的有机统一。

3. 公私部门的整合

这一层级既包含公共部门内部、也包括公共部门和私人部门之间的整合。内部整合可以通过正式的或非正式的手段实现，外部整合通过市场手段或公私间建立合作关系达成，将外部组织纳入合作范围的同时，又维持了公私组织本身的界限。

由此，佩里·希克斯给出了整体性治理的实践路径，即协调—整合—紧密化发展关系。

（三）整体性治理的实践路径

1. 协调

实现整体性治理的开端是协调，而协调本身又包含两个层面，即过程层

---

① 谭学良：《整体性治理视角下的政府协同治理机制》，《学习与实践》2014年第4期，第76～83页。

② Perrib. Holistic Government. London：Demos，1997，pp. 26－37.

面的协调和组织关系层面的协调。其中前置性基础是过程层面的协调，目的是通过沟通、对话、协商使不同部门或不同组织达成共识。组织关系层面的协调则是在合作后针对合作者之间的差异，通过求同存异的方式化解可能的冲突，从而减少合作者之间的摩擦（汤雅茹，2018）。

2. 整合

"行动"整合阶段关注的重点，经过协调后，组织间应当根据具体的公共问题形成政策建议，并加以执行。只有通过实践，才能实现组织的联合目标。

3. 紧密化

该阶段是指经过前两个阶段的良性合作后，组织之间进行了更加深入、密切的合作，这种合作本身已经超越了整合的概念，而更趋向于合并或联合。

综合性治理希望突破不同组织、不同部门各行其是的碎片化治理困境，相较于以往的内部协调方式，整体性治理更强调借助横向或纵向的联合机构相互沟通，从而形成合作组织间的价值认同和机制统一（刁欣恬，2019）。

二、流域综合治理的目标

由于整体性治理理论最早发端于英国，因此不乏学者质疑这一理论是否适合我国的"社会土壤"（曾凡军，2010）。诚然，整体性理论并非万金油，并非适用于我国所有的治理实践，但是我们也应当摒除意识形态的偏见，客观看待理论在我国的适用性。事实上，整体性治理理论产生的背景并非英国独有，我国同样面临着公共事务复杂化、信息技术飞速发展、政府治理碎片化等现状，从这个角度来说，整体性理论在我国的治理实践中的适用性是较高的，具体到流域治理领域中，二者的治理理念、治理目标和整合机制都是相互耦合的[①]。

（一）治理理念耦合

政府对于公众的回应和责任是整体性治理的重点，这一要求背后暗含的

---

① 史云贵：《整体性治理：梳理、反思和趋势》，载于《天津行政学院学报》2014 年第 5 期，第 3~8 页。

前提是：需要多个机构联合才能解决公众关心的问题。流域治理是为了解决在水资源管理和水环境保护中出现的问题，而一旦流域出现治理危机，将直接影响民众正常的工作与生活。江河湖泊流域常常流经多个行政区，牵扯到多个地区的行政管理机构，故其治理必然需要多个部门联合参与。

（二）治理目标耦合

综合性治理的目的在于化解政府内的由于等级化和专业化分工造成的各机构之间的行政壁垒，各个部门在处理公共事务时存在短时现象，只注重自身利益，无法做到（或不愿进行）部门间的资源和信息共享，导致不同部门在处理同一问题时出现偏差与冲突，无法满足公众的实际需求，治理碎片化正是这种现象的具体体现我国流域治理中面临着同样的问题，在区域管理上，由于我国实行条块分割的管理体制，地方的水行政部门在接受中央部委垂直管理的同时也被地方政府横向管理，在这种双重领导机制下，中央与地方可能会产业利益纠纷，双方都试图扩大化自身管辖权限而回避所需承担的责任和义务。在流域管理上，流域管理机构的权威认可度较低，难以扭转地方政府只注重地方利益而忽略流域利益的短视行为（张紧跟等，2007）。

（三）整合机制耦合

综合性治理理论提出了克服流域治理碎片化的策略，其核心思想在于通过现代信息技术构建起不同组织之间的信任机制，从而在组织间的实现协调与整合，满足公众的需求。流域治理的体制机制创新也在试图建立扁平化的网状治理结构，例如，"河长制"通过安排党政领导担任河长来减少管理部门和上下层级间的摩擦。

三、流域综合治理的中国实践

（一）"河长制"的背景

2007年太湖水质恶化导致蓝藻暴发，由此引起严重的供水危机，影响水资源安全，为纾解水资源困境，当年8月无锡市政府对流域治理机制进行改革，并由此确立了"河长制"。所谓"河长制"，是指由各级地方政府相关负责人出任该级政府管辖流域的"河长"，承担水资源保护、流域岸线管理、水污染防治、水环境治理的机制体系。河长制摒弃了传统的跨区域治理所采取的诸如：建立"超级机构"、取消行政边界等做法，通过协调和整合机制实现流域生态环境服务的整体化供给，极大地满足了公众对生态环境服务的需求（李铁，2017）。

（二）"河长制"的特点

（1）责任主体明确。"河长制"在我国的主要施行范围是省级行政区，由于施行范围广，由此形成了不同层级河流的行政分包管护机制，将流域管理与行政区管理有效衔接，实现区域内流域经济与生态环境协调发展。

（2）流域治理功能的整合——跨部门协作机制。"河长"由地方各级相关负责人担任，河长办公室担任部门协调、工作监督、政策引导、行政督查、跨部门沟通等责任，不是对现有涉水部门工作的取代，而是对其有益的补充。通过成立流域水资源管理委员会或进行跨部门的联席会议，克服了部门间的责任转嫁、目标与手段冲突、沟通缺失及服务遗漏等难题，实现了管理层面上的碎片化缝合。由此可见，"河长制"是对当前政府工作机制的创新与改进，激活了行政权威下的协调机制。同时，基于现代信息技术尤其是互联网技术的广泛运用，各地积极探索推进政府部门的信息资源共享，解决长期存在的信息孤岛现象，有效提升流域环境治理效率（黎元生等，2017）。

（三）"河长制"的困境

1. 责任落实困境

尽管"河长制"的实施推动了流域治理责任的清晰化和日常化，但是由于我国流域治理机构众多，对于不同机构的职责缺乏法律层面的明确规定，责任发包成本呈下沉态势，目前我国流域整体性治理仍然面临着突出的责任困境（朱玫，2017）。

（1）责任发包成本下沉。"河长制"通过责任发包，将流域治理责任按照行政区进行分割，再一层一层发包给各级河长，从而形成网络治理结构，但是，从纵向上来看，上级河长与下级河长承担的治理成本并不均衡。地方党政领导担任河长往往意味着多了一项分管工作，一旦进行行政职务变迁，党政领导原先承担的治理责任就会转移。而对于基层河长来说，上级在不断上收流域治理权力的同时也将治理成本逐级向下分摊，具体的治理工作都需要基层河长进行落实，尤其在环境污染严重且经济发展滞后的地区，治理难度非同一般的情况下，还缺乏专业人才和经费，给基层乡镇河长带来了巨大的工作压力。

（2）问责机制真空化。虽然目前各流域区域相继出台了许多关于河湖治理问责的规定，且对于问责的指标和奖惩做了具体的阐述，但是目前的问责机制依然是以自上而下的政府内部问责为主的，这样的问责机制存在真空化风险。在实际问责过程中，上级政府对于下级政府往往存在包庇倾向，因为问题暴露之后不仅影响对下级政府的评价，同样也会危害上级政府的政绩。当然，下级政府在向上级政府汇报时，也会报喜不报忧，出于自身利益考量而隐瞒治理中存在的问题。

2. 横向协调困境

（1）部门功能整合不足。部门协同是我国行政管理中的一大难题，由于分类管理的制度刚性依然存在，体制运行显得不太协调。尽管"河长制"以混合权威促进了流域政府部门功能整合，但是部门整合依然面临诸多掣肘（黎元生等，2017）。

首先，跨部门整合存在制度束缚。当前我国的流域治理体制并未从根本上突破"九龙治水"权力配置，无论是协商还是整合都是在既定的制度框架下进行的。根据各级机构的"三定方案"，各部门都有自己的政策目标，虽然接受地方政府首长的管理和协调，但是业务工作还是主要受垂直上级指导。其次，从"河长制"来看，河长在协调不同部门时面临能力困境。河长作为党政领导，一般比较擅长运用各部门下拨的资金，迅速攻克流域治理中的突出问题，在短期内创造治理绩效。但是，河长的专业知识、能力和精力有限，并不一定能够形成关于流域治理的科学认知和长远规划，也未必能为各部门提供合理的指导与协调。

（2）地方政府协作不力。目前我国流域治理地方政府协同合作进程进展缓慢，治理区域之间并未形成合力，省级以上政府尤甚，例如，"河长制"中设立的最高级别的河长就是省级河长，并未设置中央河长统一管理，省际流域治理的协调一般通过联席会议实现，但这种合作关系是一种弱关系，并没有得到常态化的保障。

另外，地方利益是阻碍流域治理一体化的核心。改革开放以来，中央不断向地方"放权让利"，目前的地方机构已经不是一个简单的上传下达的中间机构，而是日趋成为一个自我意识强烈的地方利益体。在中央政府行政区、财政权和人事权的不断激励下，地方政府间逐渐形成了激烈的竞争机制，地方政府之间的利益博弈为府际合作设置了重重障碍，甚至还会出现"以邻为壑""搭便车"等现象。

四、流域综合治理的江西特色——"山江湖工程"

（一）"山江湖工程"的介绍

所谓的"山江湖"是指位于江西省的鄱阳湖及流入该湖的赣、抚、信、饶、修五大河流及其流域的简称，涉及面积达 16.2 万平方千米，占据了97.2%的江西省面积[①]。江西省于 1985 年全面推进"山江湖综合开发治理工程"（简称"山江湖工程"），该工程旨在通过经济、社会与环境的协调耦合来实现可持续发展。30 多年来，"山江湖工程"开展了一系列针对"山""水""湖""穷"的专项工作，并由此形成了"江西模式""山江湖经验"（徐新玲，2020）。

（二）"山江湖工程"的具体内容（戴星照等，2016）

1. 提升流域生态系统质量

化整为零，通过将"山江湖"切割为中小流域单元对林、田、湖、草等生态系统进行保护与生态修复。具体内容包括：（1）通过退耕还林提升森林生态系统质量；（2）保护与恢复水库河湖生态系统；（3）保护与修复鄱阳湖湿地生态系统；（4）修复农田生态系统。

2. 建设美丽城乡生态系统

以净水、净土、净气为重点，开展农村环境污染防治、水土流失综合治

---

① 黄悦、姚仕明、卢金友：《三峡水库运用对坝下游干流河道水文情势的影响研究》，载于《长江科学院院报》2011 年第 7 期。

理、城市人居环境改善、生态家园创建等工程。具体内容包括：（1）综合防治农村环境污染；（2）矿区复绿及水土流失治理；（3）建设生态宜居城镇。

3. 提高生态产品价值

发展农业、旅游业、林下经济等生态产业，推进生态优势向经济优势转变。具体内容包括：（1）大力发展高效绿色、有机农产品；（2）建设镶嵌型复合生态农村；（3）积极培育"林下经济"与林业特色产业；（4）大力推进生态旅游健康发展。

（三）"山江湖工程"面临的困境（万美英等，2013）

1. 生态保护形势依然严峻

虽然"山江湖工程"的稳步推进在很大程度上提升了江西省的生态环境，但随着社会的发展，工农业、旅游业等的进一步开发，也带来了如土地利用率低、"化工围江"等新的环境污染问题。

2. 资源利用率较低，浪费严重

"山江湖工程"的治理重点在穷山恶水。在部署相关的专项工作时，化整为零，将小流域开发与县域经济发展结合。然而碎片化的治理导致各小流域单元在发展过程中较为封闭，无法对各地的优势资源进行整合，难以形成优势互补；一方面导致了资源的利用率低，优势资源的转化不足；另一方面产品竞争力不足，产业无法做大做强，同时产业趋同布局现象严重，低水平重复建设问题突出。

3. 资金、技术人才支持力度低

"山江湖工程"的推进不仅旨在解决经济发展的问题，更是要在经济发展的过程中兼顾生态环境，做到经济、社会、生态协调可持续发展。所以，"山江湖工程"需要能够将这两者结合起来、融会贯通的技术人才，就目前的情况而言，相关人才还严重不足。就资金而言，30多年以来，"山江湖工程"主要财政补贴为主，而江西身处内陆，经济发展水平不高，政府的扶持有限，无法充分调动企业、社会等其他力量参与"山江湖工程"的积极性，仅靠财政补贴难以进一步"山江湖工程"发展。

五、实现流域综合治理的途径

流域生态环境的整体性治理涉及的机构、人员、地域复杂多样，因此流域整体性治理是一项周期长、结构复杂的系统工程，而"河长制""山江湖工程"只是其中两项的具体的代表制度，它们的执行效果不仅取决于执行该项制度所需的成本，而且还受制于与其他制度的匹配度（罗凤英，2022）。因此，要以深化"河长制"改革、推进"山江湖工程"进一步发展为突破口，以可持续发展为目标，构筑起符合整体性治理要求的现代流域治理体制机制，具体措施包括：

1. 加快流域生态环保机构的整合速度①

当前我国流域生态环境的治理，一方面要做到落实排污许可等末端治理举措；另一方面还需要加强生态空间管控，提升水资源容量，通过行政、市场手段倒闭企业转型升级。同时，对职能相近或存在交叉管理的涉水部门进行合并、重组，使相关部门逐步发展为"宽职能，少机构"的平扁形机构。

2. 完善流域综合管理体系

建立起以"山水林田湖草"可持续利用为核心的流域综合管理体系，建立健全高效顺畅的联动工作机制。在做好"山江湖工程"顶层设计的同时，稳步推进相关任务的部署，充分发挥资金、技术、人才等资源的叠加效应，做到"1＋1＞2"。实现生态空间管控、生态治理、生态经济、生态补偿四位一体。

3. 加大技术、财政支持力度

政府财政支出向流域治理领域倾斜，在各级政府财政投入得以保障的基础上，吸收民间资本，从而形成稳定增长的资金支撑体系。同时建立起流域发展产学研相结合、三位一体的科技创新技术体系，促进流域可持续发展。

---

① 戴星照、罗斌华：《从"治"到"富"："山江湖工程"战略升级研究》2016 年第 24 期。

第五节　案例分析

案例：汾河流域经济差异演变及其驱动因素[*]

一、研究背景

改革开放 40 多年以来，中国经济在高速增长的同时，不同区域之间以及区域内部经济发展的差异也在持续增大，由此对国家以及地方社会经济的持续健康和稳定发展形成制约。认识和厘清区域经济差异的空间格局、时空演变和驱动机理，对于缩小地区差距，促进区域经济协调、健康、持续和高质量发展具有重要意义。

流域经济作为区域经济的一个重要的特殊分支，流域经济空间分异是流域经济发展过程中必然的一种现象和过程，而系统分析流域经济差异的空间格局、演化过程及其驱动机理是当前流域经济学的核心主题。

汾河流域作为黄河流域的重要组成部分，同时也是山西省工农业集中和经济发达的主要地区，在山西省经济社会发展中居于十分重要的地位。然而，当前关于汾河流域经济差异方面的研究仍较为薄弱。随着山西作为国家资源型经济转型综合配套改革试验区建设的全面开展实施，作为经济中心的汾河流域的经济空间格局也在发生相应的变化，由此对区域经济社会的可持续发展产生重要影响。

汾河流域地处黄河流域中游，自然地理范围在 110°30′E ～ 113°32′E，35°20′N ～ 39°00′N 之间，地跨山西省忻州、太原、晋中、吕梁、临汾以及运城 6 个地级市，共计 40 个县市，流域面积为 39471km²，占山西全省面积的 25.3%。汾河流域是山西省人口集聚和工农业集中的区域，孕育了灿烂

---

　　[*] 本案例节选自史利江、刘敏、李艳萍等：《汾河流域县域经济差异的时空格局演变及驱动因素》，载于《地理研究》2020 年第 10 期。

的历史和文化，流域内分布有丰富的煤、铁等矿产资源，是山西省社会经济发达和实现资源经济转型发展的核心区域。

在遵循以下原则的基础上对汾河流域的研究区范围进行重新界定：（1）以汾河流域的自然范围为基础；（2）以县域作为最小的空间划分单元。为突出流域范围内各县域经济的空间对比，将流域范围内所涉及的地级市包含县和市辖区的，则将县与地级市分割，并将市辖区进行合并，作为一个县级行政单元，进行统计计算；（3）综合考虑流域内县域间的社会经济联系，同时避免与其他流域在县级行政单元归属上存在重叠。根据上述原则，本章调整界定了汾河流域研究区的空间范围，共涉及 6 个地级市，共计 36 个县级行政单元。

本案例利用数理统计分析与探索性空间数据分析（ESDA）相结合，在ArcGIS 10.2 和 GeoDa 1.14.0 软件支持下，以县域为研究基本单元，以人均GDP 为测度指标，对汾河流域县域经济差异的时空格局演变及其驱动因素展开分析，旨在为推进汾河流域经济空间结构调整和优化、制定区域协调发展政策、促进本流域乃至黄河流域的经济持续稳定和高质量发展提供科学参考和依据。

二、研究结果

（一）汾河流域县域经济差异的时序特征

1995～2016 年，汾河流域各县域的人均 GDP 标准差的变化趋势整体呈现持续上升之后开始逐步下降的趋势。具体来看，汾河流域县域经济绝对差异的变化可以分为 4 个阶段：（1）第一阶段：1995～2000 年：缓慢增长时期。除在 2000 年有所下降外，汾河流域县域经济的绝对差异保持缓慢增长，但标准差均较小，县域间经济发展的不均衡性并不显著；（2）第二阶段：2000～2011 年，快速增长时期。除在 2009 年，人均 GDP 的标准差略有下降外，其余年份均呈现快速上升趋势，汾河流域各县域之间的经济绝对差异不断拉大，主要原因在于 2000 年以来，山西煤炭经济进入高速增长的时期，由于汾河流域各县市的煤炭资源禀赋以及开发规模的差异，导致县域间经济的绝对差异快速拉大，区域经济发展的不平衡性日趋明显；（3）第三阶段：

2011~2013 年，平稳增长时期。标准差曲线变化呈平稳状态，表明汾河流域各县域经济的绝对差异开始趋于稳定，原因在于随着国家经济发展进入新常态，汾河流域以煤炭为主的重化工产业的发展速度放缓，经济步入调整和转型阶段；（4）第四阶段：2013~2016 年，逐步下降时期，标准差特征曲线除在 2016 年有所反弹外，基本呈下降趋势，随着山西经济的转型发展以及国家精准扶贫战略的实施，汾河流域各县域间经济发展的绝对差异逐步缩小，区域经济发展的不平衡性开始减弱（见图 17－3）。

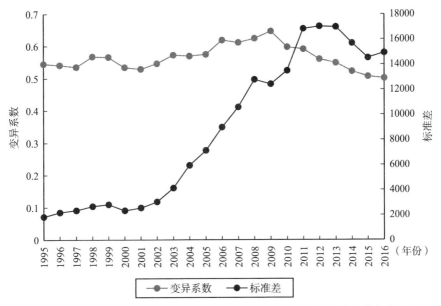

图 17－3　1995~2016 年汾河流域县域经济的绝对差异和相对差异的变化统计

从相对差异来看，变异曲线的变化以 2009 年为分界点，在此之前，变异系数曲线尽管存在一定的波动变化，但上升的趋势较为明显，县域经济的相对差异逐步扩大，区域经济发展的不平衡性逐步增强；2009~2016 年，变异系数曲线呈现逐步下降趋势，汾河流域县域经济的相对差异开始缩小，区域经济的不均衡性趋于减缓。总体来看，从 1995~2016 年，汾河流域县域经济的相对差异均经历了先逐步扩大后逐步缩小的变化过程，区域经济发展逐步由不均衡向均衡趋势发展。

（二）汾河流域县域经济空间格局及其时空演化

选取 1995 年、2000 年、2005 年、2010 年、2016 年 5 个时段的汾河流域各县市的人均 GDP 数据，以同期山西省人均 GDP 平均值为参考，通过计算汾河流域 36 县市人均 GDP 与山西省人均 GDP 平均值的比值 a，结合汾河流域的县域经济发展水平，将观测年份的汾河流域各县市的经济发展水平划分为四种类型：落后地区（a≤50%）、欠发达地区（50% ＜a≤100%）、次发达地区（100% ＜a≤150%）和发达地区（a＞150%），在 ArcGIS 10.2 软件下进行分类和可视化表达，以更好地反映和揭示汾河流域县域经济差异的空间格局及其演变特征。汾河流域经济空间"核心—边缘"的结构特征显著，形成了以太原市区、孝义市为中心的流域经济发展核心区，和包括宁武、静乐、娄烦、岚县、汾西、万荣等县组成的经济发展边缘区，核心区和边缘区之间经济发展水平的差异十分明显。

从汾河流域县域经济空间的冷点区、热点区的时空变化来看，1995 年热点区域主要分布在流域中游的阳曲、古交、太原市区、清徐以及晋中市区等地区，数量比例为 13.89%。2016 年，热点区域范围有所扩大，流域中游的交口县、晋中市区以及阳曲县等重新成为热点区域。从冷点区域来看，其数量和空间格局的变化相对稳定，流域上游的宁武、静乐、岚县三县，经济发展水平长期滞后，一直是流域经济发展水平的冷点区；而娄烦、交城和文水等县域，也基本在冷点和次冷点区域反复徘徊。流域南部地区，大部分县域落入冷点和次冷点区域，区域经济整体实力较弱。

总体来看，在研究时段内，汾河流域县域经济空间的热点和冷点区的空间集聚特征较为显著，且存在明显的时空变化，热点区域的空间格局演变呈现持续扩大—快速缩小—稳步提升的波动趋势，前期形成了以"太原市区"为中心的"单核"热点区域的集聚，后期则逐步演化为以太原市区、孝义市为中心的"双核"热点区域的空间集聚特征，而流域上游的宁武、静乐和岚县等县域由于区位条件的劣势、经济基础薄弱等原因，长期落入冷点区。汾河流域县域经济发展的两极化趋势明显，县域经济发展的不平衡性仍较为突出。

1995～2016 年，汾河流域县域经济的标准差椭圆变化幅度较大，所覆盖的范围北至阳曲县，南至侯马市、稷山县，东至太谷、祁县，西至汾阳、交口等地区，基本涵盖了流域经济发展的主体区域，且随时间的变化，流域经济标准差椭圆分布范围向南扩张趋势明显。与之对应，经济重心沿标准差椭圆的主轴方向（东北－西南方向）移动。同时，经济重心沿主轴向西南方向移动趋势明显，主要原因在于流域中下游地区的孝义、介休、灵石、临汾市区、侯马以及河津等县市经济的快速发展。

从转角来看，1995～2016 年，标准差椭圆转角变化范围为 22.12°～23.02°之间，表明汾河流域县域经济空间格局基本呈现东北—西南走向。总体来看，1995～2016 年，汾河流域县域经济空间在主轴和辅轴方向上均呈现一定程度的扩张趋势，这与山西省积极推进"一核一圈三群"的城镇体系空间发展战略相吻合，尤其是以孝义为中心的晋中城镇组群经济的快速发展，推动了流域经济空间格局向南扩张的趋势。

（三）汾河流域县域经济空间格局演变的驱动因素分析

自然条件和地理区位、资源禀赋、产业结构以及受政策和市场影响的差异，决定了流域内不同区段的县域经济发展具有显著的差异性。

1. 自然条件和地理区位

汾河流域位于黄河中游，地处山西腹地，东依太行，西接吕梁，南北连接太原、临汾两大盆，地势东西高而中部低，形成了"两山两盆一河"的自然地理格局。流域东西两侧分别位于太行山区和吕梁山区，地势较高，且地形破碎，沟壑纵横，其中静乐、岚县、娄烦、汾西等县均属于吕梁山集中连片特困区和国家级扶贫开发重点县，自然条件恶劣、生态环境脆弱，水土流失严重，经济发展长期处于极低水平，成为流域经济发展的冷点区；中部进入太原盆地，地势开阔平坦，土壤肥沃，气候适宜，有利于人口和经济活动的集聚，城镇化水平较高，以省会太原市，以及孝义市为代表，成为汾河流域经济最为发达的地区，其中太原市不仅是全省的政治、经济、文化、科教、金融以及信息中心，同时也是中西部地区的中心城市、物流中心、交通枢纽和能源新材料的供给基地；孝义作为晋中和吕梁的门户城市，距离省会太原较近，铁路和公路运输发达。南部主要为临汾盆地，区内土地肥沃，工农业水平较为发达，其中以河津、临汾市区、侯马、霍州为代表，经济发展水平相对较高；而区内的万荣县由于地势较高，水资源缺乏，对工农业的发展形成制约，从而影响了县域经济的发展。

2. 资源禀赋

在资源导向型的传统增长模式中，资源禀赋状况在很大程度上决定了一个地区的经济发展水平和发展速度。汾河流域的煤炭、铁矿石和铝土矿等矿产资源丰富，但空间分布并不均匀。长期以来，汾河流域大部分县市的经济发展对煤、铁、铝等矿产资源存在着高度依赖，区域煤炭资源的储量丰富、开采规模的大小、开采成本以及国际煤炭价格的高低很大程度上决定着县域经济的发展水平和发展速度。2000 年以来，随着中国经济高速增长，国内对煤炭需求猛增，煤价持续高涨，汾河流域也进入了经济快速发展的阶段，以煤炭为主的矿产资源的开发支撑着汾河流域经济的高速增长。但 2012 年以来，随着国际煤炭价格的持续走低，对煤炭资源高度依赖的大部分县域经济发展出现了较大衰退，从而加剧了汾河流域经济空间格局的复杂性和异质性。过度的煤炭开采还造成了流域内生态环境的污染和破坏，对流域经济的健康和持续发展构成严重威胁。

3. 产业结构

凭借丰富的煤炭和铁矿等矿产资源等优势，炼焦、冶金、电力等重化工企业快速崛起，汾河流域形成了以煤炭为基础的资源型产业经济体系。流域范围内大部分县市，尤其是经济发展速度较快，经济发展水平较高的地区，如古交、河津、孝义等地区的产业结构中，以煤为主的重化工产业所占比例偏高，尤其在 1995 年均超过了 70%，且不同地区的产业同质化、趋同化现象严重，而第三产业发展滞后。尽管在煤炭经济发展的黄金时期，这种畸形的产业结构曾支撑着汾河流域乃至山西省大部分地区经济的高速增长，但随着国家经济发展进入新常态后，煤炭需求的下滑以及国际煤炭价格的低迷，这种"一煤独大"的畸形产业结构的弊端日趋凸显，不仅严重挤压了新兴产业与现代服务业的发展空间，导致区域经济发展滞后，而且还加剧了区域产业生态严重失衡，同时造成了资源减少和枯竭、环境污染与生态恶化加剧，导致区域可持续发展能力持续降低。

4. 政策和市场

政策和市场因素对资源型经济具有重要的影响和作用。从 1994 年开始，随着国家对煤炭价格的全面放开，开发条件基础较好的地区如太原、古交等市县率先发展，成为汾河流域乃至整个山西经济发展最快的地区。1997 年，亚洲金融危机爆发，中国经济增速下滑，汾河流域乃至山西的煤炭产销受到严重影响，煤炭工业步入困境。进入了 2000 年以来，随着中国经济的高速增长，对煤炭以及原材料的需求狂涨，煤价高涨，山西迎来煤炭发展的黄金时代，煤炭产量和销量爆发式的增长，汾河流域内煤炭储量丰富的县市，经济发展迅猛，省会太原成为流域乃至山西经济发展最快的地区。中部的孝义、灵石、介休、南部的古县和河津，经济发展速度也尤为突出，与流域其他县域的经济差异不断拉大，流域县域经济发展的不平衡性日益突出。2010年12月，国务院批准山西省作为国家资源型经济转型综合配套改革试验区，为推动和促进汾河流域经济发展方式的转变提供了重要契机，汾河流域内的大部分县市，开始寻求转型发展的路径，经济发展速度趋于放缓。2012年以来，随着国内经济发展速度放缓，市场需求低迷，煤价持续下跌，致使汾河流域乃至山西经济发展陷入困境。为扭转经济衰退的不利局面，2012年山西省政府制定了转型综合配套改革试验总体方案，并编制了"一核一圈三群"城镇总体规划，启动实施城镇建设"十大工程"，省会太原作为汾河流域和山西经济增长极的地位进一步强化，流域中部的孝义市也通过积极的转型发展，逐步确立了区域中心城市的地位。2015年以来，随着国家"一带一路"倡议和《促进中部地区崛起"十三五"规划》的实施，为汾河流域县域经济的转型跨越发展带来了新的发展机遇。

　　为定量判断和评估自然、社会经济等诸多驱动因素对于汾河流域县域经济差异的影响，参考国内学者相关研究，并结合汾河流域的实际情况以及数据的可获得性，本文以2016年汾河流域各县市的人均GDP为因变量，自变量中分别选取平均高程（X_1）代表自然条件因子，2016年汾河流域各县市的人口密度（X_2）和城镇人口比例（X_3）表征人口和城镇化水平；第二产业比例（X_4）表征工业化水平；人均社会品销售总额（X_5）和国有单位从业人员比例（X_6）分别表征市场规模和活力。利用SPSS 19.0软件对数据进行多元线性回归分析，结果如表17-6所示。

表17-6　　　　　汾河流域县域经济差异的驱动因子回归分析

影响因子	Pearson 相关系数	非标准化系数（B）	标准误差（Std. Error）	标准回归系数（Beta）	t 统计量值	双尾显著性概率（Sig.）
常量	—	0.955	2.171	—	0.44	0.013
X_1	-0.168	-0.001	0.001	-0.168	-1.109	0.277
X_2	0.483 **	0.001	0.001	0.347	1.857	0.000
X_3	0.443 **	1.886	2.05	0.18	0.92	0.365

影响因子	Pearson 相关系数	非标准化系数（B）	标准误差（Std. Error）	标准回归系数（Beta）	t 统计量值	双尾显著性概率（Sig.）
X_4	0.328	4.247	1.661	0.409	2.557	0.000
X_5	0.347 *	0.209	0.142	0.195	1.466	0.017
X_6	− 0.452 **	− 1.587	1.34	− 0.205	− 1.184	0.021

注：$R = 0.755$，$R^2 = 0.570$ 调整后的 $R^2 = 0.537$，** 表示在 0.01 水平（双侧）上显著相关，* 表示在 0.05 水平（双侧上）显著相关。

从表 17 - 6 来看，2016 年汾河流域各县市人均 GDP 与 6 个驱动因子的相关系数分别为 − 0.168、0.483、0.443、0.328、0.347 和 − 0.452，存在明显的相关性，其中平均高程（X_1）与国有单位从业人员比例（X_6）2 个因子与汾河流域县域人均 GDP 存在明显的负相关，表明海拔高程的增加，在一定程度上对县域经济的发展形成制约，而市场活力的不足，国企比例的偏大，则严重阻碍了汾河流域县域经济的发展；其余 4 个因子包括人口密度（X_2）、城镇化水平（X_3）、第二产业比例（X_4）以及人均社会消费额（X_5）和人均 GDP 存在明显正相关，表明人口的集聚、城镇化的发展、工业化水平的提高以及市场规模的扩大对汾河流域县域经济的发展具有明显的促进作用。多元线性回归分析模型拟合的决定系数 $R^2 = 0.570$，调整后的 $R^2 = 0.537$，表明模型的拟合效果较好，驱动因子中除 X_1、X_3 未能通过显著性检验外，其余因子的显著性检验概率均小于 0.05，表明模型中各驱动因子的标准回归系数是显著的。由模型模拟的结果可知，人口集聚和工业化水平的差异成为导致汾河流域县域经济差异扩大的主要因素。多元线性回归模型的拟合结果如下：

$$Y = 0.955 + 0.347X_2 + 0.409X_4 + 0.195X_5 - 0.205X_6$$

综合上述分析，汾河流域县域经济差异的时空格局演变是外部环境因素和内部动力因素两大因素共同驱动的结果，外部环境因素主要包括自然地理条件、地理区位以及政策和市场等，内部动力因素主要包括资源禀赋、产业结构和人口集聚等因素（见图 17 - 4）。自然地理条件（地形、海拔、气候、土壤等）是流域县域经济发展的本底和基础，对流域县域经济的发展具有限制和约束作用。汾河流域"两山两盆一河"的自然地理格局决定了流域中下游地区比上游地区具有更优越的自然地理条件，因此，流域中下游的县域经济发展水平较高，发展速度快，汾河流域经济增长极和经济重心也均位于流域的中下游地区。地理区位（位置和交通）影响流域经济与外部区域的联通，优越的地理区位，更有利于生产要素的快速流通，并沟通生产和市场，从而促进流域县域经济的发展。资源禀赋是流域经济发展的资源基础和发展动力，同时也是一种重要的经济要素，对经济发展具有重要的推动作用。汾河流域煤炭等资源空间分布的不均衡，很大程度导致了流域县域经济发展不平衡。资源禀赋对于产业结构具有重要影响，汾河流域丰富的煤炭资源决定了大部分县域形成了以煤为主的产业结构。而产业结构则会影响经济发展效率，产业结构的优化升级可以提升流域县域经济发展的效率和水平。人口集聚与经济发展的作用是相互的，即人口集聚促进经济发展，经济发展又可以引起人口集聚。汾河流域县域经济发展的不平衡和人口空间分布的不平衡存在很大的正相关。政策和市场对于流域县域经济的发展具有宏观调控的作用，政策对产业的影响是巨大的，产业发展又可以对经济产生直接的影响。市场对于流域经济的影响主要是通过供需关系的变化影响产品价格，从而影响地区产业和经济的发展，尤其对汾河流域这样的资源型流域，国际国内煤炭价格的波动变化对于县域经济发展的具有重要影响。

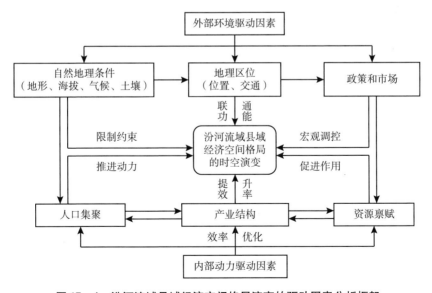

图 17－4 汾河流域县域经济空间格局演变的驱动因素分析框架

三、主要结论

（1）1995～2016年，汾河流域县域经济的绝对差异整体呈现持续上升之后开始逐步下降的趋势，以2013年为分界点，在此之前，各县域经济的绝对差异持续快速扩大。之后，绝对差异开始缩小；相对差异则经历了"逐步扩大—相对平稳—逐步缩小"的发展过程，区域经济发展的不平衡性在逐步增强之后，开始趋于缩小。

（2）流域县域经济空间存在明显的时空演变，形成了以太原市区、孝义市为中心的流域经济发展核心区，和包括宁武、静乐、娄烦、岚县、汾西、万荣等县组成的经济发展边缘区，经济空间的"核心—边缘"结构特征显著，且核心区和边缘区之间经济发展水平的差异明显。

（3）汾河流域县域经济存在较为明显的空间正相关性，但空间相关性随时间呈现波动变化。流域县域经济的热点和次热点主要集中分布在以太原市区和孝义为中心的流域中游地区，而流域上游以及流域下游的南部地区则是流域经济发展的冷点和次冷点区域。从经济空间的发展变化趋势来看，经济重心沿主轴方向向西南移动趋势较为明显，且经济空间在沿主轴和辅轴方向均存在一定程度的扩张趋势，但扩张的过程并不相同，这与山西省积极推进"一核一圈三群"的城镇空间规划体系的战略相吻合。

（4）自然条件和地理区位、区域资源禀赋和产业结构、人口和城镇化水平以及政策和市场等因素是影响汾河流域县域经济差异的重要驱动因素。其中，人口的集聚、城镇化的发展、工业化水平的提高以及市场规模的扩大对县域经济的发展具有明显的促进作用；而地形和区域市场活力的不足，则会制约和阻碍汾河流域县域经济的发展。多元线性回归模型的分析结果表明：人口集聚和工业化发展水平的不平衡是导致汾河流域县域经济差异扩大的主要因素。

第十八章

海洋生态经济和海洋产业发展

第一节 海洋生态经济系统

一、海洋生态经济系统的界定

（一）海洋生态经济系统的定义

高乐华（2013）对海洋生态经济系统所给出的定义为：海洋生态经济系统是由海洋生态系统、海洋经济系统与海洋社会系统相互作用、相互交织、相互渗透而构成的具有一定结构和功能的特殊复合系统，由海洋生态子系统为海洋社会以及海洋经济子系统提供支撑等服务，海洋经济子系统则提供实现各类海洋资源物质从分散到集中、能量由低效到高效等服务，海洋社会子系统负责向海洋经济子系统提供智力和劳力支持。该定义明确了海洋生态经济系统的功能性与结构完整性，为进一步深入研究并解决海洋生态问题奠定了一定的基础。

（二）海洋生态经济系统的基本构成

根据海洋生态系统职能的差异，将海洋生态子系统分类，进而以海洋生态经济系统对海洋生态系统的导向作用逆向界定，这是一种较为常见的界定手段。这种界定手段主要考虑到了海洋生态系统功能之间彼此相关的性质，能为解决海洋经济与海洋社会基础的无限性与海洋经济基础的供给无限性之间的矛盾奠定下一定的基础。

1. 海洋生态系统

从总体来说，可以将全球海洋看成一个复合系统，只是其中包含有不同等级的次级生态系统。人类与海洋环境在漫长的历史演进中从来不是静态的、一成不变的，它们始终是一个完整的动态结构，进行着缓慢然而富有规律的生命发展进程。它由各种自然人文要素构成，要素之间通过非线性方式叠加形成子系统，并且伴随着其他社会与文化因素的加入，人海关系地域系统会变得更为复杂。近年来，随着人海关系的不断纵向深入，人海关系地域系统也在不断进行演化，人类已然不再局限于对海洋朴素的初步认知中，而是转而利用高新产业对海洋进行剖析、了解、探索、利用与保护，而科学技术上的进步与创新也始终是人海关系地域系统进行演化的主要动力。

海洋生态系统具有供给职能、调节职能以及文化职能与支持职能，供给职能是指其以人类生活需求为标准来提供视频、原材料以及其他海洋资源等产品，从而满足和维持人类社会运转的功能；调节职能是指人类从海洋生态系统漫长的自我调节过程中所获得的服务功能和效益，主要包括气候调节、干扰调节、废弃物处理等等方面；而文化职能是指人们通过精神感受、艺术创作、消遣娱乐和美学体验等方式从海洋生态系统中获得的非物质利益以及艺术上的成就；支持职能是保证其他三种职能的基础，缺少支持职能其他职能则势必无法实现。

此外，海洋生态系统还具有持续性、协调性与公平性这三方面主要特征（吴素文等，2022）。海洋生态系统的持续性主要体现在海洋生态过程的可持续与海洋资源的可持续利用两个方面。可持续建立在海洋生态系统的完整性基础之上，只有维持生态构造的完整性，才能保证海洋生态系统动态过程的正常进行，使海洋生态系统保持平衡；协调性主要是指海洋资源的利用应与海洋自然生态系统的健康发展保持协调与和谐，又具体体现为经济发展与环境之间的协调、长远利益与短期利益的协调、陆地系统与海洋系统以及各种利益之间的协调；海洋生态系统的公平性可以理解为当代人之间与世代人之间对海洋环境资源选择机会的公平性。当代人之间的公平性要求任何一种海洋开发活动不应带来或造成环境破坏，即在同一区域内一些生产、流通、消费等活动在资源环境方面，对没有参与这些活动的人所产生的有害影响；世代的公平性要求当代人对海洋资源的开发利用，不应对后代人对海洋资源和环境的利用造成不良影响。

从地域层面来看，海洋生态系统的基本构成是人海关系地域系统。韩增林、刘桂春（2007）创新性地指出，人海关系地域系统是以海洋环境的一定区域为基础的人海关系系统。换言之，也就是人类经济活动与海洋生态环境两方面的要素在特定的地域内按一定的规律交织在一起，相互关联、相互影响、相互制约、相互作用而形成的一个具有一定结构和功能的复杂系统（张耀光等，2006）。

人海关系地域系统也有不同的类型，可以划分出少开发型人海地域系统、发展型人海地域系统以及衰退型人海地域系统。少开发型是指由于系统自身恢复力较弱以及开发风险较高，所以并不适宜大面积开发的系统；发展型是指具备一定的发展潜力，可以科学制定相关开发计划进行开发的系统；而衰退型则是指由于系统自身原因以及人类活动的影响导致已经走向衰退的人海关系地域系统，针对这类系统应该以恢复以及保护为工作重心。

2. 海洋经济系统

海洋经济系统在国民经济中占有很重要的地位，它是相对于陆域经济而言的一个概念。从海陆划分来看，国民经济主要分为陆域经济系统与海洋经济系统，这两大系统是相辅相成、密切相关的关系。海洋经济系统具有许多独立的经济产业领域，尤其是随着高新技术的逐步应用，海洋经济系统渐渐拥有更广阔的发展空间，它本身具有独立性、开放性、技术密集性以及发散性，是一个巨大且复杂的系统。并且随着整个人类历史的演进海洋经济系统也具备自身的系统演进与更新能力，海洋经济的生产、分配以及交换影响着庞大的国民经济系统，同时也作用于自身进行反馈调节，与人类的生产与生活息息相关。

3. 海洋生态经济系统

海洋生态经济系统是一个复杂的巨系统，主要由海洋生态子系统与海洋经济子系统相互作用与影响而组成。在功能方面，海洋生态经济系统主要是为整个海洋社会的正常运转以及生命活动提供支撑、净化等服务，此外才是为人类社会提供产业附加价值（张灿等，2022）。

二、海洋生态经济系统的类型

海洋生态经济系统是一个相互关系错综复杂，由多个子系统分工协作复合运转的功能系统，而该系统的状况和发展又是关系到人类社会系统发展的重要方面，因此，为了对其进行科学的开发、治理，首先就要求对系统进行分类（吴素文等，2022）。然而，由于海洋经济系统自身的复杂性，系统可以形成多层次、多类型的分类概念，研究和分析的目的不同会导致划分的标准不同，而依照不同的标准应该选择的分类方法也不尽相同。

第一种分类方法是按照海区划分，一般情况下沿海区分为河口、沿岸、内湾、红树林、草场、藻场、珊瑚礁这六大生态经济系统；而在远海区则常分为大洋生态经济系统，上升流生态经济系统，深海生态经济系统，海底热泉生态经济系统等四种类型。第二种是按生物群落划分，一般分为红树林生态经济系统、珊瑚礁生态经济系统、藻类生态经济系统等。

第二节　海洋资源与海洋经济

一、海洋资源

（一）海洋资源的概念

海洋资源的概念又分为广义和狭义两个方面。从广义来说，海洋资源囊括了一切海洋中所孕育出能为人类直接或间接使用的物质以及能为人类社会提供艺术、娱乐等精神价值的空间；从狭义来说则是指与海洋本身有关，即与海底、海体、海面有直接关系的一切物质与空间。

（二）海洋资源的特征

我国海洋资源种类丰富。海岸线长达 18000 多千米，管辖海域 300 多万平方千米，同时海域内还分布着面积大于 500 平方米以上的岛屿 5000 多个，海体与海底这些空间中还蕴含着众多的海洋资源，包括海洋生物资源，海洋油气资源，海洋矿产资源，滨海砂矿资源，海岸土地资源，滨海旅游资源等。每年全世界产出的水产品中，有高达85%的部分产自海洋，海洋中还有丰富的藻类资源以及蕴含在海水之中的海水化学资源。目前已发现的海水化学物质有80多种，可提取的化学物质达50多种，这无疑是人类可堪利用的一笔巨大财富。此外，在工业方面常为人类所用的海洋动力资源诸如潮汐能、海流能等也是由海水运动所产生的。

我国海洋资源开发产业在国民经济中所占的比重越来越大。目前渔业作为海洋第一产业中在传统的海洋捕捞业仍占主导地位。同其他国家倚重地理位置更好的区域发展海洋产业的战略相同，我国海洋产业产值主要由环渤海、长三角、珠三角这些海洋区域创造，这些区域的海洋产业产值占全国的80%以上。就产业结构来说，主要体现在传统海洋产业比重大，新兴海洋产业比重小。而代表了高新技术的未来高新海洋产业，例如海水淡化、海洋药物以及海洋能源等方兴未艾，产业链态势初步形成。

我国海洋资源分布不均衡。我国海洋资源的地域组合特征为：渤海及其海岸带主要有水产、盐田、油气、港口及旅游资源；黄海及其海岸带主要有水产、港口、旅游资源；东海及其海岸带主要有水产、油气、港口、海滨砂矿和潮汐能等资源；南海及其海岸带主要有水产、油气、港口、旅游、海滨砂矿和海洋热能等资源。由于资源分布并不均衡，在开采和利用方面多有限制。

（三）海洋资源的分类

一般将海洋资源分为海洋物质资源、海洋空间资源与海洋能源这三大类。进一步大致分出五类，它们分别是：海岸带与海洋资源的分布、大陆架与海洋资源的分布、大陆坡与海洋资源的分布、大陆隆与海洋资源的分布与大洋底与海洋资源的分布（王晓莉等，2022）。

二、海洋经济

（一）海洋经济概念

国外，海洋经济（marine economy）的概念最早是美国学者杰拉尔德·

J. 曼贡 20 世纪 70 年代初在《美国海洋政策》一书中首先提出的。在国外，海洋经济这个概念多见于海洋统计报告、环境统计报告以及海洋发展政策中。我国最早对海洋经济给出定义的是杨金森，他指出海洋经济是以海洋为活动场所和以海洋资源为开发对象的各种经济活动的总和。应用比较广泛的海洋经济概念是国家海洋局关于海洋经济的定义，即海洋经济是指开发、利用和保护海洋的各类产业活动，以及与之相关联活动的总和（国家海洋局，2007）。

从国内外学者对海洋经济概念的界定来看（见表 18 - 1），海洋经济概念界定多离不开三个基本要素，即海洋资源、产业和空间。国内海洋经济概念界定具有以下几个共同要点：第一，海洋经济发展都是以海洋资源为基础，海洋经济是一种资源依赖性很强的经济活动；第二，海洋经济表现为海洋产业开发活动，海洋产业是海洋经济活动的核心；第三，海洋经济既包括海洋产业活动，也包括与海洋产业相关联的经济活动；第四，海洋经济活动以一定地域空间为载体，其活动空间多聚集在海岸带。

表 18 - 1　　　　　　　　　　　**代表性的海洋经济概念**

作者	年份	概念要点
New Zealand's Marine Economy	2002	New Zealand's Marine Economy 统计报告中，认为海洋经济是既有产业，也有地理因素的一种经济活动。它包括那些发生在海洋环境下或利用海洋资源，或对这些活动提供必需的商品和服务的经济活动，海洋经济对国民经济有着直接的贡献
Charles S Colgan	2003	Charles S. Colgan 认为海洋经济是指把海洋作为生产活动的一种资本的经济活动或由于地理区位的影响在海洋上或海洋底下的经济活动
美国皮尤海洋委员会	2005	海洋经济（ocean economy）系直接依赖于海洋属性的经济；海岸带经济（coastal economy）包括在海岸带及其领近陆域开展的所有经济活动，无论该活动是否与海洋具有直接联系
杨金森	1984	1984 年，杨金森在论文集《中国海洋经济研究》中，首次界定了海洋经济概念。他指出海洋经济是以海洋为活动场所和以海洋资源为开发对象的各种经济活动的总和
《海洋大辞典》	1998	系人类在开发利用海洋资源、空间过程中的生产、经营、管理等经济活动的总称。海洋经济活动是陆地经济活动的扩展和延伸，是人类经济活动的一部分，具有科技含量大、投资高、风险大等特点

作者	年份	概念要点
孙斌、徐质斌	1999	海洋经济指的是在海洋及其空间进行的一切经济性开发活动和直接利用海洋资源进行生产加工以及为海洋开发、利用、保护、服务而形成的经济活动。它是人们为了满足社会经济生活的需求，以海洋及其资源为劳动对象，通过一定的劳动投入而获取物质财富的经济活动的总称
陈可文	2003	海洋经济是以海洋空间为活动场所或以海洋资源为利用对象的各种经济活动的总称。海洋经济的本质是人类为了满足自身需求，利用海洋空间和海洋资源，通过劳动获取物质产品的生产活动。海洋经济与海洋相关联的本质属性是海洋经济区别于陆域经济的分界点，也是界定海洋经济内容的依据。按照经济活动与海洋关联程度海洋经济可分为三类：（1）狭义海洋经济，指以开发利用海洋资源、海洋水体和海洋空间而形成的经济；（2）广义海洋经济，指为海洋开发利用提供条件的经济活动，包括以狭义海洋经济产生上下接口的产业，以及海陆通用设备的制造业等；（3）泛义海洋经济，主要指与海洋经济难以分割的海岛陆域产业、海岸带的陆域产业及河海体系中的内河经济
徐质斌、牛福增	2003	海洋经济是海洋活动场所、资源依托、销售或服务对象、区位选择和初级产品原料对海洋有特定依存关系的各种经济的总称。也可以说，海洋经济是从一个或几个方面利用海洋经济功能的经济
徐敬俊、韩立民	2007	海洋经济是指在一定的制度下，通过有效保护、优化配置和合理利用海洋资源，以获取社会利益、环境利益和自身利益最大化为目的的各种社会实践活动的总称
国家海洋局	2007	海洋经济是指开发、利用和保护海洋的各类产业活动，以及与之相关联活动的总和

资料来源：向云波：《长三角海洋经济区域一体化与高质量发展研究》，江西人民出版社 2020 年版。

　　依据国内外学者已有的研究成果，结合人海地域系统的特殊性，将海洋经济界定为：一定地域空间范围内，人们开发、利用海洋资源、海洋环境以及海洋空间所形成的各种产业活动。其中，海洋资源是海洋经济活动的基础；海洋产业是海洋经济活动的核心；地域空间是海洋经济活动的地域载体。

（二）海洋经济、沿海经济与区域海洋经济概念辨析

　　海洋经济（marine economy）、沿海经济（coastal economy）和区域海洋

经济（marine economy in regional level）是海洋经济研究中常见的三个概念。这三个概念之间，既有相似之处，也存在一定差异（见表18－2）。三者之间的相似之处在于：三个概念都用来表示沿海地区的经济活动。三者之间的区别在于：海洋经济是依赖于海洋资源、海洋环境以及空间的经济活动；沿海经济强调所有的经济活动在沿海地域空间（沿海地域空间既包括海域空间，也包括沿海陆域空间）范围内从事的各种经济活动；区域海洋经济强调，在特定地域空间范围内的海洋经济活动。

表18－2　　　　海洋经济、沿海经济和区域海洋经济概念的辨析

项目	海洋经济	沿海经济	区域海洋经济
基本概念	是指一定的地域空间范围内，人们开发、利用海洋资源、海洋环境以及海洋空间所形成的各种产业活动。	在沿海地区所从事的各种社会经济活动。包括海洋经济与陆域经济活动。	一定的地域空间范围内的海洋经济活动。
经济活动对象	海洋资源、海洋环境与海洋空间。	沿海地区所有资源，兼有海陆两方面。	一定区域范围内的海洋资源、海洋环境与海洋空间。
经济活动范围	强调自然地域的邻海性，指海域以及邻海近岸地区。	更多是强调行政区的界限，指在沿海行政区范围内，所从事的各种社会经济活动。我国的沿海地区通常是以省级行政区作为其空间范围。	特定区域范围内的海洋经济活动。区域的范围可大可小，通常以传统意义上的经济区或自然地域空间作为划分依据。

资料来源：向云波：《长三角海洋经济区域一体化与高质量发展研究》，江西人民出版社2020年版。

第三节　海洋产业及其分类

一、海洋产业

海洋产业（marine industry）是海洋经济的核心组成部分。国外对海

洋产业概念的研究成果不多，主要是对海洋产业分类的论述。代表性的概念包括：

加拿大将海洋产业界定为：基于加拿大海洋区域及与此相连的沿海区域开展海洋产业活动，或依赖这些区域活动而得到收益的产业活动（王泽宇，2006）。

国家海洋局科技司与辽宁省海洋局编著的《海洋大辞典》中，将海洋产业定义为：海洋产业是人类开发利用海洋生物资源、矿产资源、水资源和空间资源，发展海洋经济而形成的生产事业。

孙斌和徐质斌（2000）在《海洋经济》一书中，指出海洋产业是指开发利用和保护海洋资源而形成的各种物质生产和服务部门的总和，包括海洋渔业、海水养殖业、海水制盐业及盐化工业、海洋石油化工业、海洋旅游业、海洋交通运输业、海滨采矿和船舶工业，还有正在形成产业过程中的海水淡化和海水综合利用、海洋能利用、海洋药物开发、海洋新型空间利用、深海采矿、海洋工程、海洋科技教育综合服务、海洋信息服务、海洋环境保护等，海洋产业是一个不断扩大的海洋产业群，是海洋经济的实体部门。

陈可文（2003）《中国海洋经济学》一书中，认为海洋产业是指人类开发利用海洋空间和海洋资源所形成的生产门类。海洋产业是海洋经济的构成主体和基础，是海洋经济得以存在和发展的基本前提条件。海洋产业是海洋经济的孵化器，海洋资源只有通过海洋产业这只孵化器才能转化并成为海洋经济。

国家海洋局海洋经济统计公报（2007）的主要名词解释中，将海洋产业定义为：开发、利用和保护海洋所进行的生产和服务活动，包括海洋渔业、海洋油气业、海洋矿业、海洋盐业、海洋化工业、海洋生物医药业、海洋电力业、海水利用业、海洋船舶工业、海洋工程建筑业、海洋交通运输业、滨海旅游业等主要海洋产业，以及海洋科研教育管理服务业。

由上可知，国内学者和相关部门对海洋产业概念的界定虽有不同，但仍存在很多相似之处，即均强调在海洋产业活动过程中，直接或者间接的使用海洋资源、环境和空间作为投入要素。目前，在实际应用过程中，国家海洋局提出的海洋产业概念应用最广泛。

二、海洋产业分类标准

目前，海洋经济生态化发展趋势是人类社会未来的发展方向，但海洋产业的分类标准在各方学者的研究中往往并不一致，这对于推进海洋经济效益最大化的工作进程来说起到了阻碍。

杨金森（1990），郑培迎、徐小义（1991）和陈万灵（1998）都将海洋产业分类为：海洋第一产业主要包括海洋农林渔业；海洋第二产业，主要包括海洋油气业、海滨砂矿业、海洋盐业、水产品加工业、海洋化工业、海洋生物医药业、海洋电力和海水利用业、海洋船舶工业、海洋工程建筑业等；海洋第三产业，则主要包括海洋交通运输业、滨海旅游业、海洋科学研究、教育、社会服务业等。

此后徐质斌、牛福增（2003）将三次海洋产业分类进行了拓展与外延，将海洋产业分为海洋第零、第一、第二、第三和第四产业五种类型。两位学者提出的海洋"第零产业"是指从事海洋资源生产、再生产的物质生产部门，可分为资源勘探和资源再生业两类；"第四产业"指以高知识、高智力、软投入和高产出为特征，海洋开发提供情报信息服务，开发利用海洋信息，从而促进海洋生产力发展；创造物质财富的智力产业。如在海洋遥感、水声技术、海洋电子仪器等方面快速发展的海洋电子信息产业。

以上是按照区域产业分类的结果，海洋产业分类还可以基于不同时序和不同技术阶段分为传统、新兴和未来产业这三大类。朱晓东（2005）提出传统产业是指在 20 世纪 40 年代以前，就已较为发达的产业，主要包括海洋捕捞、海洋盐业和海洋运输这三种产业；新兴产业是从 60 年代以来，随着海洋科技的发展而形成规模的一些产业，它主要包括海水养殖业、海底采矿业、海洋石油业、滨海旅游业等，近年来新兴产业中的焦点产业主要包括海洋油气勘探开发技术及其产业、海洋生物技术和海水养殖业、海洋监测技术及海洋仪器制造业、海水淡化和海水直接利用技术、海洋能源开发技术、海洋信息技术；而未来产业是指现在初露端倪，随着海洋科技进步，可以发展的产业，具体有海洋锰结核开发、海水提铀等。

再者，海洋产业可以根据海洋经济活动的性质划分为海洋产业及海洋相关产业两个大类。于谨凯（2007）提出第一类海洋产业主要包括主要海洋产业和海洋科研教育管理服务业。而其中的主要海洋产业包括海洋渔业、海洋油气业、海洋矿业、海洋盐业、海洋船舶工业、海洋化工业、海洋生物医药、海洋工程建筑业、海洋电力业、海水利用业、海洋交通运输业、滨海旅游业等，它们都属于是海洋经济的核心层。而海洋科研教育管理服务业包括海洋信息服务业、海洋环境监测预报服务、海洋保险与社会保险业、海洋科学研究、海洋技术服务业、海洋地质勘查业、海洋环境保护业、海洋教育、海洋管理、海洋社会团体与国际组织等，是海洋经济支持层。第二类海洋相关产业则主要包括海洋农林业、海洋设备制造业、涉海产品及材料制造业、涉海建筑与安装业、海洋批发与零售业、涉海服务业等，是海洋经济外围层。以下是《中国海洋统计年鉴》中的分类结果，2005 年后有所调整，是目前较有公信力的分类模式（见表 18 - 3）。

表 18 - 3 海洋产业分类明细

2019 年	2005 年
海洋渔业	海洋渔业及相关产业
海洋油气业	海洋石油和天然气
海洋矿业	海滨砂矿
海洋盐业	海洋盐业
海洋化工	海洋化工
海洋生物医药	海洋生物医药
海洋电力	海洋电力业
海水利用	海水利用业
海洋船舶工业	海洋船舶工业
海洋工程建筑	海洋工程建筑
海洋交通运输	海洋交通运输
滨海旅游	滨海旅游
	其他海洋产业

资料来源：2020 年、2006 年《中国海洋统计年鉴》。

杨万钟（1999）指出劳动力是随着国民收入水平的提高而从第一产业向第二产业与第三产业依次转移的，最终第一产业会减少而第二、第三产业会增加；郝寿义（2004）则通过对于二十多个国家数据的整理与研究指出：第一产业所实现的国民收入在整个国民收入结构中占比越来越小；第二产业则展现出稳健性，多为不变或略有上升；而各国的第三产业都普遍呈现出上升趋势。事实上，海洋产业的结构总是处在动态调整与演化之中，张静（2006）将海洋产业结构演化划分四个阶段：第一阶段为起步阶段，也就是资金与技术不成熟的阶段，常将海洋传统产业作为发展重点；第二阶段是海洋三、一产业交替演化产业，滨海旅游业以及海洋交通运输业逐渐占据国民经济之中的主导地位；第三阶段是诸如海洋石油与海上矿业等海洋第二产业高速发展的阶段，主要是由于资金和技术积累到了一定的程度；第四阶段就是海洋产业发展的高级化阶段，海洋第三产业重新成为海洋经济的支柱，规模扩大、发展模式也更加集约化。

　　和其他所有需要分类以方便研究的产业一样，基于环境属性的海洋产业分类方案，能够将海洋产业与海洋资源和环境紧密联系，理论说来说是一种符合可持续发展观的产业分类新方案。对更长远的计划而言，同时也为动态监控海洋产业发展态势和管理并调整升级海洋产业结构决策提供了参考。

第四节　海洋经济发展态势

一、世界海洋经济发展迅速

　　自 20 世纪 50 年代以来，世界海洋经济得到了快速增长，各海洋产业发展迅速，并成长为沿海国家（地区）国民经济重要组成部分和新的经济增长点（见图 18 - 1）。20 世纪 70 年代初，世界海洋产业总产值约 1100 亿美元，1980 年增至 3400 亿美元，1990 年达到 6700 亿美元，2001 年达到 13000 亿美元（马涛等，2007）。到 2006 年已达约 1.5 万亿美元，1980 ~ 2006 年，海洋生产总值增长约近 5 倍。在 30 多年里，海洋产值每十年就翻一番，增长速度远远高于同期 GDP 的增长。海洋经济在世界经济中的比重，1970 年占 2%，1990 年占 5%，目前已达到 10% 左右，预计到 2050 年，这一数值将上升到 20%（张耀光，2019）。据欧洲委员会（The Council of Eu-

rope）的研究估计：海洋和沿海生态系统服务，直接产生的经济价值每年在
180 亿欧元以上；临海产业和服务业直接产生的增加值每年约 1100～1900
亿欧元，占欧盟国民生产总值（GNP）的 3%～5%；欧洲地区涉海产业产
值已占欧盟 GNP 的 40% 以上（国家海洋局科技司，2003）。艾伦咨询集团
（The Allen Consulting Group，2004）报告统计，2003 年澳大利亚海洋产业的
增加值为 267 亿美元，占所有产业增加值的 3.6%，提供了大约 253130 个就
业岗位，与海洋产业相关的其他产业产生的经济增加值高达 460 亿美元，创
造了 690890 个工作岗位（The Allen Consulting Group，2004）。

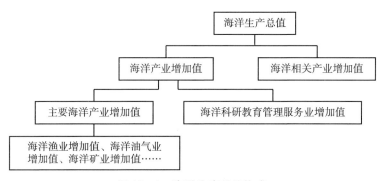

图 18 - 1　海洋生产总值构成

资料来源：《海洋生产总值及构成》，载于《海洋经济》2012 年第 5 期。

　　沿海地区良好的区位条件和发展环境，吸引大量人口、经济、产业不断
向沿海地区聚集。目前，世界 60% 的人口和 2/3 的大中城市集中在沿海地
区，预计到 2025 年将有接近 75% 的人口生活在沿海地区。从全球来看，美
国大西洋沿岸的"波士华"城市群面积约 13.8 万平方公里，人口约 4500
万人，该区面积虽只占美国国土面积不到 1.5%，却集中了 15% 左右的美国
人口，制造业产值占全美的 30% 以上，成为美国经济发展的中心和世界经
济的重要枢纽①。
　　随着社会经济的发展，人类与海洋的联系也越来越紧密（见表 18 - 4）。
根据美国国家海洋计划（NOEP）报告对 19 个沿海州海洋经济的评估，这

---

　　①　向云波、徐长乐、戴志军：《世界海洋经济发展趋势及上海海洋经济发展战略初探》，载于
《海洋开发与管理》2009 年第 2 期。

些沿海州 86% 的经济活动与海洋相关，与此相关的经济活动，仅 2000 年一年大约产生 11500 亿美元的经济价值。而欧洲委员会的统计资料则表明，欧盟 90% 的对外贸易由船舶运输，大约 30 万人受聘于欧洲海上和内河航运网；在 20 世纪 90 年代中期，地中海海岸沿线估计每年接待国际游客 750 万人，国内游客 6000 万人次；渔业、海上牧场及相关加工工业每年聘用 60 万人，年交易额高达 120 亿美元（欧洲综合海洋科技计划，2003）。由此，我们可以预见不久的将来，海洋必将成为人类社会经济活动的主战场，人类的生活将与海洋息息相关。

表 18-4　　　　　　　　　　我国海洋产业发展情况

年份	海洋生产总值（亿元）	海洋第一产业（亿元）	海洋第二产业（亿元）	海洋第三产业（亿元）	国内生产总值（亿元）	海洋生产总值占 GDP 比重（%）
2001	9518.4	646.3	4152.1	4720.1	110863.1	8.59
2002	11270.5	730	4866.2	5674.3	121717.4	9.26
2003	11952.3	766.2	5367.6	5818.5	137422.0	8.70
2004	14662	851	6662.8	7148.2	161840.2	9.06
2005	17655.6	1008.9	8046.9	8599.8	187318.9	9.43
2006	21592.4	1228.8	10217.8	10145.7	219438.5	9.84
2007	25618.7	1395.4	12011	12212.3	270092.3	9.49
2008	29718	1694.3	13735.3	14288.4	319244.6	9.31
2009	32161.9	1857.7	14926.5	15377.6	348517.7	9.23
2010	39619.2	2008	18919.6	18691.6	412119.3	9.61
2011	45580.4	2381.9	21667.6	21530.8	487940.2	9.34
2012	50172.9	2670.6	23450.2	24052.1	538580.0	9.32
2013	54718.3	3037.7	24608.9	27071.7	592963.2	9.23
2014	60699.1	3109.5	26660	30929.6	641280.6	9.47
2015	65534.4	3327.7	27671.9	34534.8	685992.9	9.55

资料来源：2016 年中国海洋统计年鉴；2016 年中国统计年鉴。

二、海洋经济已成为我国国民经济重要组成部分

我国海岸线漫长，海域辽阔，海洋资源极为丰富，进行海洋经济研究不

仅重要而且必要。我国的海洋资源非常丰富，管辖的海域 300 多万平方千米，相当我国陆地面积的 1/3，领海面积 37 万平方千米，大陆海岸线 18000千米，岛屿岸线 14000 千米，海洋生物物种有 20278 种，面积大于 500 平方米的岛屿有 6500 个，30 米等深线以下浅海面积约 1.3 亿公顷（张向前等，2002），海洋石油储量约 240 亿吨，天然气储量 14 万亿立方米，滨海砂矿资源储量 31 亿吨，海洋可再生能源理论蕴藏量 6.3 亿千瓦，海滨旅游景点1500 多处，深水岸线 400 多千米，深水港址 60 多处，滩涂面积 380 万公顷，此外，在国际海底区域我国还拥有 7.5 万平方千米多金属结核矿区（张海峰等，2007）。

据国家海洋经济统计资料显示，近年来，我国海洋经济一直保持持续增长的发展态势，除个别年份之外，其增长速度高于同期国民经济增长速度，海洋经济对国民经济的贡献率逐年提高。到 2015 年，全国海洋生产总值增长至 65534.4 亿元，比上年增长 7%，占国内生产总值的 9.55%（见图 18-2和表 18-4）。

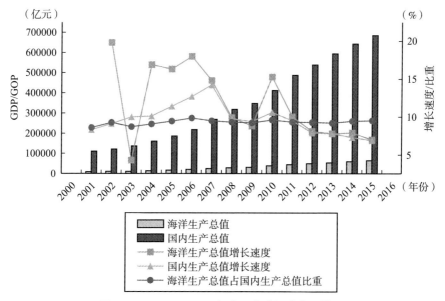

图 18-2　2001~2015 年我国海洋经济发展情况

随着海洋经济的快速增长，国家和沿海地区地方政府都加大了对海洋经济的支持力度，相继出台一系列的海洋经济发展战略。国务院印发了《全国海洋经济发展规划纲要》，提出了建设海洋强国的战略目标。辽宁提出了"海上辽宁"；河北提出了"环渤海战略"；天津提出了"海上天津"；山东提出了"海上山东"；江苏提出了"海上苏东"；浙江提出了"海洋经济大省""海洋经济强省"；福建提出了"海洋经济大省""海上田园"；广东提出了"海洋经济强省""蓝色产业带"；广西提出了"蓝色计划"；海南提出了建设"海洋大省""以海带陆，依海兴琼，建设海洋经济强省"等战略决策（马涛等，2007）。

第五节 案例分析

案例一：中国海洋经济省际差异与海洋经济强省选择[*]

一、研究背景

海洋作为人类不断开发的新领域，地理学界对海洋经济以及海洋资源开发与海岸带规划之间关系的兴趣与日俱增。近 30 年来世界进入大规模开发利用海洋的新时期，海洋经济总值由 1980 年不足 2500 亿美元，到 2001 年为 1.3 万亿美元，约占全球经济总值的 4% 左右，年平均递增率为 8.6%。经济的全球化加速世界经济的布局向滨海地区聚集。海洋资源开发与可持续利用已成为沿海国家尤其是海洋大国的发展战略。我国是海洋大国，要使经济社会长期繁荣发展，必将越多地依赖海洋。改革开放 20 多年来，我国海洋经济一直保持快速发展，已经成为国民经济新的增长点。我国沿海省份陆地面积占全国 13.4%，却承载着全国 40% 的人口，创造出全国 60% 以上

---

[*] 本案例节选自张耀光、魏东岚、王国力、肇博、宋欣茹、王圣云等：《中国海洋经济省际空间差异与海洋经济强省建设》，载于《地理研究》2005 年第 1 期。

GDP 的总值，原因得益于海洋。

建设海洋经济强国必须以沿海省市（区）为基础，早在 20 世纪 80 年代中期以后，沿海 11 个省份相继把海洋经济列为各省市的发展战略。辽宁、山东、广东、海南相继提出：建设"海上辽宁""海上山东""建设海洋大省"等。由于我国一切的经济活动都是在特定的行政区域内进行的，特别是在市场经济条件下，各省份是相对独立的经济利益主体，于是，我国一些沿海省份在海洋经济强国的目标前提下，提出建设海洋经济强省的战略。随着我国对海洋资源的开发、海洋经济的发展，国家提出了建设海洋经济强国和海洋经济强省的构想，有必要从省与省之间对我国区域海洋经济差异进行研究，为建设海洋经济强省提供科学依据。

二、研究结果

我国的海洋经济在地域分布上是由我国沿海具有海岸带、海岛与管辖海域的省份组成。把沿海 11 个省份（不包括港、澳、台）海洋经济总值和直接海洋产业（海洋渔业、滨海旅游业、沿海造船业、海洋盐业、海洋石油、天然气开采业和滨海砂矿开采）的产出作为分析海洋经济省际差异的主要内容和建设海洋经济强省的基础。

1. 各省份海洋经济发展差异明显

我国各省份海洋经济具有明显的增长（见图 18 - 3），有的省份已超过本省国内生产总值的发展速率，海洋经济总值占全省国内生产总值的比重，多数省份有了提高（见表 18 - 5）。

从图 18 - 3、表 18 - 5 中可以看出：（1）各省份海洋经济总值均有不同程度增长，年平均递增率低的接近 10%，高的已超过 20%。（2）各省份海洋经济总值的增长，多数省份已高于各省份 GDP 的增长。（3）各省份海洋经济占各省区 GDP 的比重多数省区有了提高。根据各省份海洋经济总值计算的变异系数，1995 年为 0.779，2001 年为 0.839，说明海洋经济省区差异的变化趋势有所扩大。

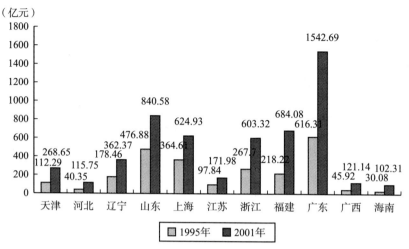

图 18-3　中国各省区海洋经济产值增长图

表 18-5　　　　　　　　　　中国各省区海洋经济发展　　　　　　　　　　单位：%

指标	年份	天津	河北	辽宁	山东	江苏	上海	浙江	福建	广东	广西	海南
各省份海洋经济总值占全国海洋经济总值的比重	1995	4.6	1.6	7.3	19.4	4.0	14.9	10.9	8.9	25.2	1.9	1.2
	2001	4.9	2.1	6.7	15.5	3.2	11.5	11.1	12.6	28.3	2.2	1.9
海洋经济总值占各省份GDP比重	1995	12.2	1.4	6.4	9.5	1.9	14.8	7.6	10.1	11.5	2.9	8.3
	2001	14.6	2.1	7.2	8.9	1.8	12.6	8.9	16.1	14.5	5.4	18.7
海洋经济产值年平均递增率	1995～2001	15.5	19.2	12.5	9.9	9.9	9.4	14.5	21.0	16.5	17.6	22.6
各省份GDP年平均递增率	1995～2001	12.2	11.8	10.3	11.2	10.8	12.3	11.4	12.0	12.4	5.6	7.0

资料来源：据中国经济统计年鉴（2002），中国海洋经济统计年鉴（2002）整理。

2. 各省份拥有位居前列的海洋产品

由于各省份所处的海域区位、海域范围、海岸线长度、海洋资源丰度、开发海洋资源的力度以及技术进步和市场等社会经济因素等的影响，形成了各自位居前列的海洋产品。各主要海洋产品产量的前三位的排序中，已全部包括了 11 个省份在内（见表 18-6）。

表18-6 各省份主要海洋产品产量的位序 (2001)

海洋产品	位居前列的省区①	前三位占全部产量的比重（%）
海水产品	山东 (22.8)、福建 (18.9)、浙江 (15.9)	57.6
海洋捕捞	浙江 (23.2)、山东 (19.5)、福建 (14.7)	57.4
海水养殖	山东 (27.0)、福建 (24.1)、广东 (15.8)	66.9
海洋石油开采	广东 (57.1)、天津 (29.0)、山东 (10.0)	94.1
海洋天然气开采	广东 (73.2)、天津 (13.7)、上海 (7.8)	94.7
滨海砂矿开采	福建 (85.1)、海南 (9.8)、广西 (2.4)	97.3
海盐产量	山东 (39.5)、河北 (21.1)、辽宁 (13.0)	73.9
造船完工量	上海 (50.6)、辽宁 (22.0)、广东 (8.0)	80.6
海上运输	上海 (31.4)、广东 (20.2)、浙江 (11.9)	63.5
港口吞吐量	上海 (16.1)、浙江 (15.0)、山东 (14.3)	45.4
旅游收入	广东 (48.5)、上海 (21.1)、福建 (10.3)	79.9
旅游人数	广东 (63.5)、上海 (10.9)、福建 (7.7)	82.11

注：括号内数为各省该产品产量占全国的比重（%）。

资料来源：据中国海洋经济年鉴 (2002) 整理。

3. 各省份海洋产业结构空间差异显著

产业结构以一业为主的省份多于多元产业结构的省区

（1）从各省份直接海洋产业所占比重的柱状图中（见图18-4）（纵坐标为该产业所占百分比，横坐标为产业）看出其差异。（2）由于柱状图难以对比出各省区之间海洋产业的差异特点，现应用威佛（Weaver）组合指数计算出各省产业结构的最小方差值，从最小方差图（见图18-5）中可以看出各省份是一业为主或是2种、3种、4种产业为主的状况（纵坐标为方差值，横坐标为产业）。

最小方差是产业实际分布与理论分布之间偏差最小的数，实际上是标准差的平方：

$$\sigma^2 = \frac{\sum (x_i - \bar{x})^2}{n}$$

若平方和最小，则说明用这种假设分布来近似实际观测分布最确切。因为当实际观测分布的百分比和某一种假设分布的百分比完全一致时，它们之

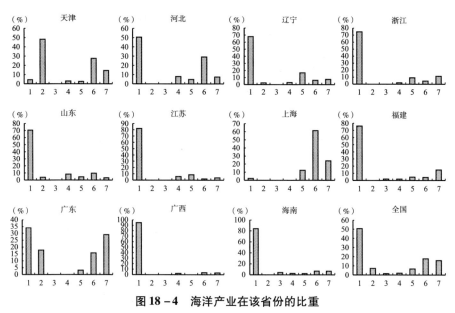

图 18－4　海洋产业在该省份的比重

说明：纵坐标为海洋产业占各省海洋经济总值的比重，横坐标为产业部门：1 海洋水产、2 油气、3 砂矿、4 海盐、5 造船、6 交通、7 旅游。

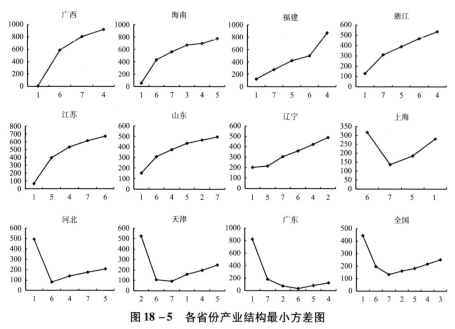

图 18－5　各省份产业结构最小方差图

说明：纵坐标为方差值、横坐标为海洋产业部门，同图 2。

间的差的平方和应该是 0，实际上，只要使差的平方和非常接近于 0，就是最佳拟合。其计算公式如下所示：

$$T_{ij} = \frac{W_{ij}}{\sum\limits_{j=1}^{n} W_{ij}} \; ; \; T = \frac{W_{i1}}{\sum\limits_{j=1}^{n} W_{ij}} + \frac{W_{i2}}{\sum\limits_{j=1}^{n} W_{ij}} + \cdots + \frac{W_{in}}{\sum\limits_{j=1}^{n} W_{ij}}$$

式中：W_{ij} 为 i 省份第 j 类海洋产业的数量，$j=1$、$2\cdots n$；T_{ij} 为 i 省份第 j 类海洋产业的百分比数量，T 为 i 省份 n 种海洋产业占海洋产业总量百分比之和，其值为 100%。

通过最小方差值的计算及相应最小方差图的绘制，主要利用最小方差的一个特性，即方差值最先是由大变小，再由小变大，从图上可见在最小方差值落到最低位之前的产业部门数，即可知道是几个海洋产业部门。如果这个省份是以单一产业部门为主，则最小方差图上是一根由最小方差值由小变大由最低点向上的曲线。图 18 - 4 和图 18 - 5 进行对比，可以看出不同海洋产业结构类型省份。广西、海南、福建、浙江、江苏、山东和辽宁 7 省份均是以水产业为主的省份，而上海（交通、旅游为主）和河北（水产和交通）为以两种海洋产业为主的省份；天津为以三种（油气开采、交通、旅游）海洋产业为主的省份；广东是以四种海洋产业（水产、旅游、油气开发和交通）为主的省份。

（2）海洋三次产业结构类型多样，各省份处在不同产业结构演进过程阶段。根据各省份海洋三次产业结构重心轨迹的动态变化来描绘海洋三次产业演进过程及产业结构发展阶段。三次产业结构演进可分为右旋模式和左旋模式。当 1、2、3 次产业结构重心落在由 360° 划分为 60° 而形成的 1～6 个"区域"中，三次产业结构根据其大小顺序出现下列 6 种形式，重心落在哪个"区域"，则可将 X_i（1、2、3 次产业）与 X_1、X_2、X_3 的大小顺序形成的 6 个"区域"相对应。从图 18 - 6 中可以看出各省份在海洋三次产业结构的差异状况，从而也可划分出各省区海洋经济结构类型。

（3）海洋产业在地区分布上聚集程度高。根据各海洋产业在各省份的分布状况，绘制反映各海洋产业偏离对角线远近的洛伦兹曲线图（见图 18 - 7），并计算其集中化指数（见表 18 - 7 和表 18 - 8），从中即可看出各省份海洋产业聚集程度的历年变化。

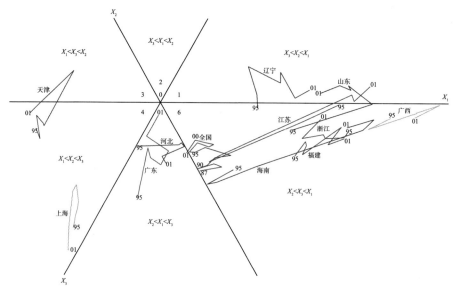

图 18 - 6 中国各省份海洋产业结构演进过程趋势示意图

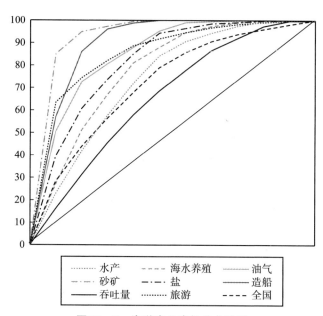

图 18 - 7 海洋产业洛伦兹曲线图

表 18 - 7　　　　　　　　各海洋产业集中化指数及变化

年份	海洋水产	海洋捕捞	海水养殖	海上石油	天然气	滨海砂矿	海盐	沿海造船	吞吐量	旅游人数	旅游收入
1995	0.526	0.507	0.697	0.937	0.970	0.991	0.594	0.761	0.379	0.783	0.703
2001	0.579	0.499	0.610	0.876	0.906	0.954	0.694	0.771	0.341	0.777	0.727

表 18 - 8　　　　　　　　各省份海洋产业集中化指数变化

省区	1995 年	1996 年	1997 年	1998 年	1999 年	2000 年	2001 年
广东	0.5589	0.5423	0.5168	0.5682	0.5892	0.5633	0.5849
天津	0.6184	0.6128	0.6019	0.5367	0.6078	0.6939	0.6876
河北	0.6750	0.7135	0.6842	0.6936	0.7232	0.6932	0.7119
山东	0.8225	0.8651	0.8304	0.8132	0.8219	0.7896	0.7630
辽宁	0.7122	0.7335	0.6906	0.7824	0.8225	0.7684	0.8092
上海	0.7993	0.7225	0.6959	0.7238	0.7913	0.8278	0.8155
浙江	0.9132	0.9103	0.9206	0.8920	0.8763	0.8504	0.8524
福建	0.9055	0.8784	0.8866	0.9185	0.9226	0.9415	0.8721
江苏	0.8415	0.8361	0.8009	0.8019	0.8431	0.8458	0.8813
海南	0.8411	0.8222	0.8205	0.8584	0.9524	0.9365	0.9059
广西	0.9657	0.9521	0.9751	0.9787	0.9781	0.9937	0.9781
全国	0.4930	0.4875	0.4775	0.4705	0.4921	0.4912	0.4786

4. 关于建设海洋经济强省的选择

（1）首先用层次分析法建立"建设海洋经济强省"的层次结构图（见图 18 - 8）。按计算出的各省权重系数，并考虑其他因素加以确定。

A 目标层，建设海洋经济强省选择为总目标。

B 准则层，影响海洋经济强省建设的 4 大类主要因素。

C 指标层，是 4 大类因素的分解。如其中海洋资源是建设海洋经济强省的基础和支撑力。海域环境中的海域生态环境则反映了海洋受污染程度，海洋环境保护状况等。社会因素则反映各省份发展海洋产业吸纳劳动力状况，建设小康社会。科技进步则反映了采用海洋高新技术状况，新兴海洋产业的增加以及科技进步贡献率状况等。这些指标实际上是建设海洋经济强省的保障能力。

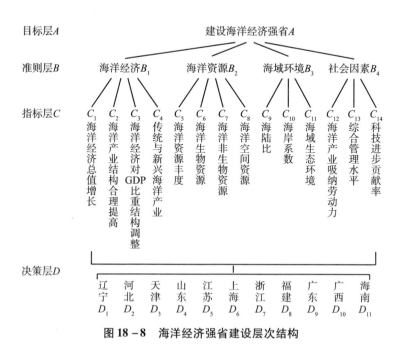

图 18 - 8　海洋经济强省建设层次结构

D 决策层。地方政府成为相对独立的经济利益主体，列出被选的拟建设为海洋经济强省区的单位。

通过明确问题，建立层次结构，构造判断矩阵和经过层次单排序、总排序以及一致性检验等的计算，得出建设海洋经济强省的权重排序（见表 18 - 9）。

表 18 - 9　　　　　　　　　建设海洋经济强省的权重排序

排序	省区	权重	排序	省区	权重	排序	省区	权重	排序	省区	权重
1	广东	0.1471	4	福建	0.1131	7	天津	0.0684	10	河北	0.0568
2	山东	0.1278	5	上海	0.1073	8	江苏	0.0613	11	海南	0.0554
3	浙江	0.1156	6	辽宁	0.0886	9	广西	0.0581			

（2）建设海洋经济强省类型划分。根据计算出的综合因素权重值，考虑各省份海洋经济现状特征和今后发展，对建设海洋经济强省进行类型划分。一级指标考虑海洋经济总值及其占全省 GDP 贡献率；二级指标考虑产业结构特点，分为多元产业结构和单一产业为主的结构。根据指标，建设海洋强省共分为三个 1 级类型，每个一级类型又分 2 个二级类型（见表 18－10）。从中可划出建设海洋经济强省的先后顺序及类型。

表 18－10　　　　　　　　　　　建设海洋经济强省类型划分

类型		I	II	III
指标	海洋经济总产值（亿元）	800～1000 以上	500～800	500 以下
	占各省 GDP 贡献率（％）	8.0～10.0 以上	5.0～8.0	5.0 以下
	综合权重系数	0.12 以上	0.08～0.12	0.08 以下
产业结构类型	1. 多元结构	广东	上海	天津、河北
	2. 单一结构	山东	浙江、福建、辽宁	江苏、广西、海南

案例二：中国海域功能分类体系与海洋功能区划*

一、研究背景

海洋空间规划的多规合一能够有效减少海洋规划间的冲突和重叠、合理利用海洋资源、集约高效管理海洋开发利用活动。海域功能分类是指出于海籍调查、海域使用调查及海域空间用途管制等目的，依据海域自然环境特点、海域利用适宜性、用途和利用方式，参照一定层次等级体系将国家或地区所管辖海域划分成为多种功能类型的过程，是海洋空间规划编制和实施中最重要的基础标准之一。海域空间规划的实质便是在调整和优化海域功能现状的基础上综合管理并统筹安排海域利用活动。但我国现行的海域功能分类标准复杂多样，存在海域利用分类、海域功能区划分类、海洋主体功能区分

＊　本案例节选自马仁锋、朱保羽、马静武等：《海域功能分类体系协调性判别方法》，载于《自然资源学报》2022 年第 4 期。

类等多种并行体系，各分类体系在分类方法、类型体系、类型名称等方面差异较大。建立不同海域功能分类体系间的协调融合方案，有利于诊断各海洋空间规划的空间协调性，精确识别海洋空间规划冲突区域，同时提高我国海域的分层立体利用和混合利用水平，并推动已有海洋空间规划成果融入将要编制的同级国土空间规划，是实现海洋多规合一的必要条件，对顺利实施海洋国土空间规划意义重大。在明确海域功能分类体系协调性内涵的基础上，从海域用途符合性、环境质量标准符合性、开发利用影响三方面构建海域功能分类体系的协调性判别方法，并由此得出海洋功能区分类和国土空间规划用海分类的协调性判别矩阵，为各地充分利用现有海洋规划成果开展新的国土空间规划工作提供参考借鉴。

二、研究结果

（一）中国海域功能分类

中国海域功能分类标准最早可追溯到 1997 年国家海洋局发布的《海洋功能区划技术导则（GB 17108 - 1997）》，随着海洋经济的不断发展和国家海洋意识的日益增强，又先后出现了针对海籍调查的海域利用分类体系——《海籍调查规程》《海域使用分类（HY/T 123 - 2009）》，配合全国主体功能区规划的推行和实施的海洋主体功能区分类体系——《海洋主体功能区区划技术规程（HY/T 146 - 2011）》，同时海洋功能区划也与时俱进，出现了新的标准——《海洋功能区划技术导则（GB 17108 - 2006）》《省级海洋功能区划编制技术要求》。2020 年，随着国土空间规划推行和实施，国家海洋信息中心参与编制了自然资源部制定的《国土空间调查、规划、用途管制用地用海分类指南》。我国现行的海域功能分类体系标准复杂多样，至少有海域利用分类、海洋功能区划分类、海洋主体功能区分类 3 种并行体系。

如海域利用分类是出于海域使用权的登记管理而设置，主要用于海域开发利用活动的论证、批准、监督及海域利用评估；海洋功能区划分类服务于全国及沿海省（自治区、直辖市）、市、县（市、区）海洋功能区划的编制和管理，它按照海域区位、资源环境本底和开发利用现状，结合国家或地区经济社会发展需求，将海域划分为不同类型组合的海洋功能区，作为海洋开发、保护与管理的依据；海洋主体功能区分类的制定则是为了配合全国主体功能区规划的推行和实施，它依据海洋资源环境承载力、开发利用强度及发展潜力，3 种分类体系在分类视角、类型体系、类型名称等方面差异较大，且缺乏必要的协调衔接方案（见表 18 – 11）。其中，海域利用分类和海洋功能区划分类都是基于海域用途视角开展的分类，具有更强的协调衔接可能性。

表 18 – 11　　　　　　　　　我国海域功能分类体系

分类体系	代表标准	分类目的	分类视角	典型分类方案	共性和个性
海域利用分类	《海籍调查规程》《海域使用分类（HY/T 123 – 2009）》《国土空间调查、规划、用途管制用地用海分类指南》	用于海域使用权取得、登记、发证、海域使用金征缴、海域使用执法监察以及海籍调查、统计分析、海域使用论证、海域评估、海域管理信息系统建设等工作对海域使用类型和用海方式的界定	从不同海域使用方式和特点所形成的海域差异性角度分类	渔业用海、交通运输用海、工矿通信用海、游憩用海、特殊用海等	共性：均是在统筹考虑海域资源环境本底、开发利用现状和社会经济发展需求的条件下对海域开发方式或利用活动进行的分类　个性：海域利用分类、海洋功能区划分类侧重于从海域用途视角进行分类，海洋主体功能区分类侧重于从海域开发方式视角分类
海洋功能区划分类	《海洋功能区划技术导则（GB 17108 – 1997）》《海洋功能区划技术导则（GB 17108 – 2006）》《省级海洋功能区划编制技术要求》	用于全国及沿海省（自治区、直辖市）、市、县（市、区）海洋功能区划的编制和修编工作	从海域自然资源环境对人类社会经济发展所提供的作用角度分类	农渔业区、港口航运区、工业与城镇建设区、矿产与能源区、旅游娱乐区、海洋保护区、特殊利用区、保留区等	
海洋主体功能区分类	《海洋主体功能区区划技术规程（HY/T 146 – 2011）》	用于全国内水、领海、海岛、专属经济区和大陆架的主体功能区划分工作	根据海洋资源环境承载力、开发强度和发展潜力，从海域开发方式视角分类	优化开发区域、重点开发区域、限制开发区域和禁止开发区域	

随着国土空间规划和"多规合一"理念的提出和推行，海洋功能区划的地位和功能势必要被国土空间规划所取代。对比《用地用海分类》和《海洋功能区划》分类体系用含义、特点的基础上，构建《用地用海分类》和《海洋功能区划》分类体系协调性的判别矩阵，为各地充分利用现有海洋规划成果开展新的国土空间规划工作提供参考借鉴。

（二）海域功能分类体系的协调判别

海域开发利用内容是否符合功能区的用途管制，是否服务于海域功能区主导功能，是否对海域基本功能造成不可逆转改变，是否落实海域环境保护要求及环境质量标准。由此可将海域功能分类体系协调性分为"一致、兼容、有条件兼容、不协调"等类型（见表 18 – 12）："一致"是指海域利用类型各指标完全符合海洋功能区用途管制和环境保护要求；"兼容"是指海域利用类型可以服务于海域主导功能的开发利用，且满足海洋功能区的环境质量标准，如在旅游娱乐区建设小型旅游码头；"有条件兼容"是指海域利用类型与海洋功能区基本功能互不干扰，不对海洋功能区基本功能特征造成不可逆转改变，如在尚未开发的旅游娱乐区进行适度捕捞活动；"不协调"是指海域利用类型会对海洋功能区基本功能特征造成不可逆转改变，如港口建设会改变海域自然本底和水域环境，不可在养殖区、增殖区进行。

表 18 – 12 　　《用地用海分类》与《海洋功能区划》分类体系协调性判别标准

协调性程度	内涵
一致	海域利用类型与海洋功能区类型相似，海域利用类型各指标完全符合海洋功能区用途管制和环境保护要求。
兼容	海域利用类型虽与海洋功能区类型不一致，但可以服务于海域主导功能的开发利用，且满足海洋功能区的环境质量标准。
有条件兼容	海域利用类型与海洋功能区基本功能互不干扰，不对海洋功能区基本功能特征造成不可逆转改变，环境保护要求与海洋功能区一致或者更高。
不协调	海域利用类型会对海洋功能区基本功能特征造成不可逆转改变，海域利用的环境质量标准不满足海洋功能区管制要求。

《用地用海分类》与《海洋功能区划》分类体系协调性主要包括以下几个过程：海域用途符合性判别、海域利用环境质量标准符合性判别、海域利用影响判别等。具体步骤上，首先应进行海域用途符合性判别，即海域利用类型与海洋功能区划类型是否一致或相似，若是，则协调性为"一致"，若否则进入下一步判别；第二步判断海域利用类型的环境质量标准是否满足海洋功能区的环境保护管制要求，若是则进入第三步判别，若否则协调性为"不协调"；第三步判断海域利用类型是否会对海洋功能区基本功能造成不可逆转改变，若是则协调性为"不协调"，若否则进入第四步判别；第四步判定海域利用类型是否服务于海域功能区主导功能，若是则协调性为"兼容"，若否则协调性为"有条件兼容"（见图18-9）。

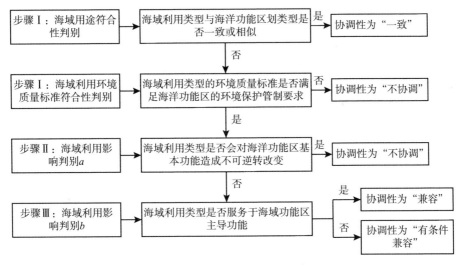

图18-9 分类体系协调性的步骤

利用德尔菲法，向相关海洋区划专家征求《用地用海分类》与《海洋功能区划》分类协调性的意见，最终得出相应的判定表（见表18-13）。保留区、其他特殊利用区、其他特殊用海、其他海域4个分类由于其基本功能多样，内涵不明确，故在表18-13中不予讨论；农业围垦区在《用海用海分类》中已被明确取消，故也不做讨论；军事用海不由民事主体进行申请，具有较大特殊性，在本表中亦不做讨论。

表18－13　　《用地用海分类》与《海洋功能区划》分类体系协调性判别结果

海洋功能区类型 ＼ 海域利用类型	渔业基础设施用海	增养殖用海	捕捞用海	工业用海	海底电缆管道用海	盐田用海	固体矿产用海	油气用海	可再生能源用海	港口用海	航运用海	路桥隧道用海	风景旅游用海	文体休闲娱乐用海
渔业基础设施区	√	×	×	×	×	×	×	×	×	×	×	×	×	×
养殖区	×	√	◎	×	×	×	×	×	×	×	×	×	×	×
增殖区	×	√	◎	×	×	×	×	×	×	×	×	×	×	×
捕捞区	×	×	√	×	×	×	×	×	×	×	×	×	×	×
重要渔业品种养护区	×	×	◎	×	×	×	×	×	×	×	×	×	×	×
港口区	◎	×	×	×	×	×	×	×	×	√	○	×	×	×
航道区	×	×	◎	×	◎	×	×	×	×	○	√	◎	×	×
锚地区	◎	×	×	×	×	×	×	×	×	○	◎	×	×	×
工业建设区	×	×	×	√	×	×	×	×	×	×	×	×	◎	×
城镇建设区	×	×	×	○	◎	×	×	×	×	×	×	○	◎	×
油气区	×	×	×	×	×	×	×	√	×	×	×	×	×	×
固体矿产区	×	×	×	×	×	×	√	×	×	×	×	×	×	×
盐田区	×	×	×	×	×	√	×	×	×	×	×	×	×	×
可再生能源区	×	×	×	×	×	×	×	×	√	×	×	×	×	×
风景旅游区	×	×	×	×	×	×	×	×	×	×	×	◎	√	○
文体娱乐区	×	×	×	×	×	×	×	×	×	×	×	×	○	√
海洋自然保护区	×	×	×	×	×	×	×	×	×	×	×	×	◎	×
海洋特别保护区	×	×	×	×	×	×	×	×	×	×	×	×	◎	×

注：表中√为一致，○为兼容，◎为有条件兼容，×为不协调。

三、研究结果

海域功能分类是海洋空间规划编制和实施中重要的基础标准之一，海洋空间规划的多规合一要求实现不同海域功能分类的协调与兼容。但我国现行的海域功能分类体系复杂多样，各分类体系间缺乏融合衔接的方案。因此，选取我国海洋空间规划体系中最重要的《海洋功能区划》的功能区分类体系，结合自然资源部最新推出作为国土空间规划标准的《用地用海分类》中的海域利用分类体系，在明确海域功能分类体系协调性内涵的基础上，从海域用途符合性、环境质量标准符合性、开发利用影响三方面构建海域功能分类体系协调性判别技术方法，将其分为"一致、兼容、有条件兼容、不协调"等类型，并由此得出海洋功能区分类和海域利用分类的协调性矩阵。矩阵结果表明海域存在一定兼容利用的可能性，协调类型为"兼容"或"有条件兼容"的海域利用组合共计22对，是今后国土空间规划中海域混合利用和分层利用的重点关注对象。

第十九章

可持续发展实践与全球应对

人类社会走过了从原始社会到农业文明再到工业文明的历程，现在进入了生态文明新时代。农耕社会时期，人们尊重自然规律，产生了各种图腾；在农业文明阶段，人们更加强调顺应自然规律，产生了天人合一的思想；在工业文明阶段，人类生产力得到极大发展，人们开始尝试征服自然。传统发展模式使经济迅速发展的同时，也导致了全球性的环境污染和生态恶化，带来了人与自然关系失衡等各种困境和危机。这些问题开始危及人类的生存，人类为了克服和应对这些问题，经过深刻反思作出的理性选择就是可持续发展，引导人类走向生态文明新时代。因此，在生态文明新时代，人们重新认识到人与自然应当和谐共生，可以说，可持续发展是生态文明新时代的必然选择。

中国地域辽阔，但人口众多，人均资源有限，近代以来，随着中国人口的日益增加和经济的持续增长，经济社会发展与资源、环境和生态之间的矛盾日益尖锐，经济社会发展的同时付出了较大的生态环境恶化的代价。现如今，中国的资源与生态环境面临着多重压力，譬如人口的持续增长、经济刚刚起飞、国内巨大的贫富差距、区域间经济发展水平和技术发展水平不平衡等问题，因此，确立和落实全面、协调、可持续的发展观，这既是解决当前经济社会发展中诸多矛盾必须遵循的基本原则，也是中国经济工作必须长期坚持的重要指导思想和中华民族永续发展大计的根本选择①。

---

① 曹邓：《可持续发展思想的演变与诠释》，载于《当代财经》2005 年第 11 期。

第一节 可持续发展目标解析与评价

一、千年发展目标

在 2000 年 9 月举行的"千年首脑会议"上，189 个联合国会员国的国家元首和代表共同签署了《联合国千年宣言》，并一致通过了千年发展目标（millennium development goals，MDGs），引起人们对发展问题的关注，它支持议程的实施，并将重点放在人类发展上。团结协作，应对贫困问题。千年发展目标的核心是反贫困，旨在到 2015 年将全球贫困水平减少一半（把 1990 年的水平作为参照）。千年发展目标包括八个具体目标：消灭极端贫穷和饥饿；普及小学教育；促进男女平等并赋予妇女权利；降低儿童死亡率；改善产妇保健；与艾滋病毒/艾滋病、疟疾和其他疾病作斗争；确保环境可持续性；全球合作促进发展。

确保环境可持续性与反贫困密切相关，是反贫困的基础和保障，因此被列为八项目标之一。具体来说，确保环境可持续性包括以下主要内容：将可持续发展原则纳入国家政策和方案；扭转环境资源的流失；减少生物多样性的丧失，到 2010 年显著降低丧率；到 2015 年将无法持续获得安全饮用水和基本卫生设施的人口比例减半；到 2020 年使至少 1 亿贫民窟居民的生活有明显改善等。

千年发展目标的完成时间是 2015 年[①]。在全球范围内，1990 年的极端贫困生活人口比例占 36%，目标是到 2015 年，将比例减少到 10%。但全球仍有 7 亿多人（占全球人口的 10%）生活在极端贫困中，他们对医疗、教育、用水和卫生设施等的基本需求仍无法得到满足。日均生活费不足 1.90 美元的人口大多数生活在撒哈拉以南的非洲国家。全球农村地区的贫困率为 17.2%，是城市地区的 3 倍多。即使是有工作的人，也不一定能保证过上体面的生活。2018 年，全球约 8% 的雇佣工人及其家庭人员面临极端贫困。全

---

① 本章节所有数据均来自联合国可持续发展报告。

球仍有 1/5 的儿童生活在极端贫困之中。

在 2015 年千年发展目标到期后，2015 年 9 月，联合国通过了可持续发展目标，指导 2015～2030 年全球发展，继续推进全球反贫困。反贫困，追求发展权的代内公平，减少不平等，是可持续发展议程的重要内容。可持续发展目标之一是在全世界消除一切形式的贫困。按照可持续发展目标，反贫困的具体目标是：

（1）到 2030 年，按各国标准界定，陷入各种形式贫困的各年龄段男女和儿童至少减半。执行适合本国国情的全民社会保障制度和措施，包括最低标准，到 2030 年在较大程度上覆盖穷人和弱势群体。

（2）到 2030 年，确保所有男女，特别是穷人和弱势群体，享有平等获取经济资源的权利，享有基本服务，获得对土地和其他形式财产的所有权和控制权，继承遗产，获取自然资源、适当的新技术和包括小额信贷在内的金融服务。

（3）到 2030 年，增强穷人和弱势群体的灾害抵御能力，降低其遭受极端天气事件和其他经济、社会、环境冲击和灾害的概率和易受影响程度。

值得注意的是，2020 年的新冠肺炎疫情有可能使得过去几十年消除贫困的进展出现逆转。联合国大学世界发展经济学研究所发出警告，新冠肺炎疫情全球大流行造成的经济影响，可能使全球贫困人口增加 5 亿人，占全球人口的 8%。自 1990 年起的 30 年来，全球贫困率可能首次出现增长①。

二、可持续发展目标解析

2015 年 9 月，联合国可持续发展峰会通过了可持续发展目标（sustainable development goals，SDGs），作为指导 2015～2030 年全球发展的纲领性文件。可持续发展目标的提出是对千年发展目标的延续和优化，将千年发展目标中未实现的项目作为新的发展目标，并在更多元化的经济、社会和环境方面提出发展优先项目，构建了一个平衡全面、完整不可分割的可持续发展目标体系。

可持续发展目标包括 17 个具体目标：（1）消除贫困；（2）消除饥饿；

---

① 数据来源于《2020 年可持续发展报告》。

（3）良好健康与福祉；（4）优质教育；（5）性别平等；（6）清洁饮用水与卫生设施；（7）廉价和清洁能源；（8）生产性就业和经济增长；（9）工业、创新和基础设施；（10）减少不平等；（11）可持续城市和社区；（12）可持续消费和生产模式；（13）应对气候变化的行动；（14）海洋及海洋资源保护和可持续利用；（15）陆地生态系统保护、恢复和可持续利用；（16）和平、正义与有效的行政体制；（17）促进目标实现的伙伴关系。

其中，（1）～（6）及（10）这几项目标主要是千年发展目标的继承和升级。（7）（8）（9）及（11）～（14）这几项是与可持续发展直接相关的目标。与可持续发展直接相关的目标，主要集中在促进经济和就业的可持续增长、生产和生活方式的可持续转型、应对气候变化的行动、海洋和陆地生态系统保护4个领域。

1. 经济和就业的可持续增长

（1）目标9：建造基础设施，加快创新驱动与工业化。

基本思路是：推动包容性、可持续的工业化，加上创新和基础设施建设，达到释放经济活力、提高经济竞争力、创造就业岗位和收入的效果，并在引进和推广新技术、促进国际贸易以及提高资源利用效率方面发挥关键作用。平均每个制造业岗位能为其他领域带来2.2个就业岗位。制造业的中小型企业在工业化早期阶段扮演着十分重要的角色，创造了大量就业岗位。这些企业提供了50%～60%的就业岗位。然而，要充分挖掘这一潜能，各国仍有很长的路要走。尤其在最不发达国家要实现2030年目标，必须加快发展制造业，增加对研发和创新的投入。

（2）目标8：推动可持续的经济增长和促进就业。

基本思路是：推动持续和包容的经济增长，为所有人创造体面的就业机会，改善生活水平。在就业方面，2017年，全球就业率为5.6%，低于2000年的6.4%。2016年，全球范围内有61%的工作人口从事非正规就业。除去农业部门，仍有51%的劳动人口从事非正规就业。预计2016～2030年，全球劳动市场需要为新增待就业人群提供4.7亿个岗位。

2. 应对气候变化的行动

（1）目标13：采取紧急行动应对气候变化及其影响。

1990年至今，全球的二氧化碳排放量增加了将近50%。2000～2010年的10年间，二氧化碳排放量的增长速度高于此前3个十年。2019年，大气中的二氧化碳以及其他温室气体含量达到新高，是有记录以来全球气温第二高的一年，也是有记录以来最热的十年（2010～2019 年）的最后一年。

2015 年通过的《巴黎协定》旨在将 21 世纪全球气温的升幅控制在相较工业化前水平的 2℃以内。到 2018 年 4 月，已经有 175 个缔约方同意了该协定，同时，有 168 个缔约方向《联合国气候变化框架公约》秘书处宣告了其首批国家自主贡献；已经有 10 个发展中国家成功完成并首次提交了国家适应计划，以应对气候变化。当前，利用相关的科学技术和人类活动改变，在 21 世纪将全球气温的升幅控制在 2℃以内是有望的。并且，假如能进行制度的完善和技术的进步，把全球变暖控制在 2℃以内的概率就会超过一半。

（2）目标 7：确保人人获得负担得起的廉价和清洁能源。

基本思路是：帮助 30 亿人获得清洁和安全的烹饪燃料和技术，扩大可再生能源在电力部门之外的应用，促进撒哈拉以南非洲的电气化。《能源进展报告》显示，全球范围内，13% 的人口仍然无法使用现代电力。30 亿人仍然靠燃烧木头、煤炭或动物粪便烹饪或取暖。能源是导致气候变化的主要因素，全球温室气体排放中约 60% 来自能源使用。2012 年，将可燃燃料作为家用能源而导致的室内空气污染造成 430 万人死亡，其中妇女和女童占总死亡人数的 3/5。2015 年，可再生能源占到全球最终能源消费的比例为 17.5%。

3. 生产和生活方式的可持续转型

（1）目标 12：可持续的消费和生产模式。

2050 年，如果世界人口增加到 96 亿人，维持现有生活方式所需的自然资源相当于三个地球资源的总和。可持续消费和生产代表着要将更少的资源的利用率更大化，代表着经济发展的同时，环境污染和恶化不会受到影响，即二者并无根本性联系，意味着使资源效率最大化，促进可持续的生活方式。

从水资源看，全球仅有不到 3% 的水资源为淡水（可饮用水），其中 2.5% 冻结在南极洲、北极和冰川中，因此，只有 0.5% 的水资源用于满足全体人类社会的淡水需求。尽管水是大自然的免费馈赠，但建设输送水的基础设施需要巨大的投资。

从能源消费看，2015 年可再生能源消费占全球能源消费的 17.5%。全球能源消费中，家庭能源消费量占 29%，家庭能源消费的二氧化碳排放量占总排放量的 21%。如果世界范围内人们都改用节能灯泡，每年将节省 1200 亿美元。当时预计到 2020 年，经合组织国家的能耗将持续提高 35%。

2002 年，经合组织国家拥有的机动车数量为 5.5 亿辆（其中 75% 是私家车）。当时预计到 2020 年，机动车拥有者人数将增加 32%，同时机动车驾驶里程将增长 40%。

从食物消费看，食品能源消耗占全球能源消耗总量的 30%，能源排放占温室气体排放总量的 22%。与此同时，每年食品中预计有 1/3，相当于 13 亿吨、价值 1 万亿美元，会在消费者或零售商的垃圾箱里腐烂，或者由于运输和收获不当而变质。土地退化、土壤肥力下降、水资源不合理使用、过度捕捞和海洋系统退化都削弱了自然生态系统的粮食供应能力。

（2）目标 11：建设包容、安全、有抵御灾害能力和可持续的城市和社区。

2015 年，在全球范围内，约 35 亿人居住地为城市，占到总人口的一半之数。据估计，到 2030 年，城市人口将可能增长到 50 亿人，城市化率将上升至 60%。城市和大都市区是经济增长的引擎。虽然城市面积只有全球土地的 3%，但贡献了约 60% 的全球生产总值，同时，城市人类活动排放的二氧化碳约 75%，城市的能源消耗占到了全球能源消耗的 60%～80%。

快速城市化给淡水供应、污水处理、生活环境和公共卫生带来了压力，成长的烦恼包括贫民窟人口数量增加，垃圾收集、供水系统、卫生系统、道路和交通运输等基础设施和公共服务不足或负担过重，空气污染加剧，城市蔓延等。2015 年仍有 8.83 亿人住在贫民窟，主要在东亚和东南亚地区。2016 年，90% 的城市人口长期处于不符合安全标准的大气中，将近 420 万人因空气污染原因丧生。全球一半以上的城市居民呼吸着污染级别高于安全标准 2.5 倍的空气。

4. 海洋和陆地生态系统保护

（1）目标 15：陆地生态系统的保护、恢复和可持续利用。

自然对人类的生存至关重要。自然为人类提供氧气，调节天气状况，让农作物得以授粉，提供粮食、饲料和纤维。但人类活动已经改变了地球表面近 75% 的区域，将野生动植物和森林挤进地球上越来越小的角落。2010～2015 年，全球森林面积减少了 330 万公顷。

在全球范围内，直接依靠农业维持生计的人口达 26 亿人，但是 52% 的农业用地都受到了土壤退化的中度或者严重影响。每年有 1200 万公顷土地（以每分钟 23 公顷的速度）被干旱和荒漠化吞噬，这些土地有可能生产

2000 万吨谷物。全球有 74% 的穷人受到了土地退化的直接影响。从生物多样性看，已知的 8300 个动物品种中，8% 已经灭绝。22% 濒临灭绝。2019 年发布的《生物多样性和生态系统服务全球评估报告》显示，约有 100 万种动植物濒临灭绝，许多物种在未来几十年内就会灭绝。地球生态系统健康关系到是否会出现人畜共患病（即在动物和人类之间传播的疾病）。由于脆弱的生态系统不断遭到破坏，人类与野生生物的接触日益广泛，野生生物的病原体扩散到了牲畜和人类身上，增加了疫病发生和蔓延的风险。因此，有必要实行可持续的森林管理，防治荒漠化和土地退化，控制和减少生物多样性及生态系统多样性，促进陆地生态系统的保护、恢复和可持续利用。

（2）目标 14：海洋和海洋资源的保护与可持续利用。

地球表层将近 75% 的面积被海洋所覆盖，海洋水资源占地球总水资源的 97%。如果按体积计算，海洋占了地球上 99% 的生物能发展空间。截至目前，人类所探知的海洋生物种类高达 20 万种，估计实际数量也许会达到数百甚至上千万。在全球范围内，海洋和沿海资源及衍生的海洋产业的市场价值每年达 3 万亿美元，将近全球 GDP 的 5%。依靠海洋和沿海资源生活的人类有 30 多亿，另外，衍生的海洋产业（渔业）解决了 2 亿多人的工作和生计问题，并且海洋还吸收了人类活动产生的大约 30% 的二氧化碳，起到了缓冲全球暖化的作用。

由于污染和富营养化，沿海水域正逐渐恶化。海洋酸化对海洋生态系统功能和生物多样性造成了不利影响，对沿海渔业也产生了负面影响。保护海洋和海洋资源，对于建设可持续的未来世界至关重要。海洋生物多样性对人类和地球生态系统健康至关重要。我们必须加强通力合作，优先考虑拯救海洋。

三、可持续发展目标评价

以联合国可持续发展解决方案网络（united nation sustainable development solutions network，SDSN）为代表的一些组织和学者基于该指标清单展开了不同尺度的 SDGs 进展评价研究。本节就 SDSN 所发布的一系列 SDGs 进展评价研究报告的指标、方法的特点及变化趋势进行了系统性梳理。[①]

---

① 郭茹、戴欣宇、刘林京等：《可持续发展目标评价研究进展及中国实践》，载于《生态经济》2022 年第 1 期。

（一）全球 **SDGs** 评价指标

SDSN 与各种组织积极合作，在国家和地方尺度都进行了 SDGs 进展情况的监测与评价。自 2015 年起，SDSN 先后发布了 6 版以国家为单位的评估报告《可持续发展目标指数和指示板报告》（SDGs Index and Dashboards Report），纳入评价的从 2015 年的 34 个经济合作与发展组织（organization for economic co-operation and development，OECD）成员国扩展到 2020 年的 193 个联合国成员国（见图 19 – 1），此外，SDSN 按照指标的普适性和可比性、统计数据的可靠性及充分性等标准不断扩大指标清单，指标数量也从 2015 年的 34 个扩展到 2020 年的 115 个。其中 SDG3（良好健康与福祉）、SDG16（和平、公正和强大机构）、SDG9（产业、创新和基础设施）等包含较为丰富的指标，而 SDG1（无贫穷）、SDG10（减少不平等）、SDG11（可持续城市和社区）等目标由于数据可用性不足，因此设置了较少的指标，各项 SDGs 的评价指标数量也呈现出逐年增加的趋势（见图 19 – 2）。指标数量虽不能反映国际社会对相应 SDG 的重视程度，但通过增加指标数量可以减少评价结果的不确定性[1]，也可以更为全面地对应 169 项具体目标，从而相对公正、准确地反映研究对象在这一 SDG 的表现。

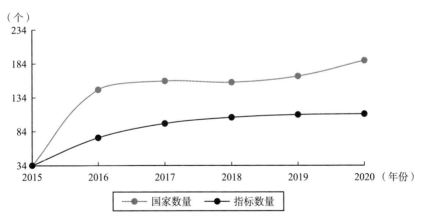

图 19 – 1　SDSN 国家报告纳入评价国家数量及指标数量变化

资料来源：郭茹、戴欣宇、刘林京等：《可持续发展目标评价研究进展及中国实践》，载于《生态经济》2022 年第 1 期。

---

① Xu Z C, Chau S N, Chen X, et al. Assessing progress towards sustainable development over space and time [J]. Nature, 2020, 577 (7788)：74 – 78.

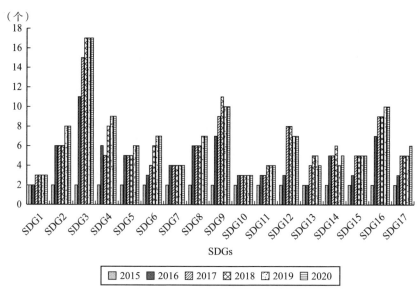

图 19 - 2 SDSN 国家报告各 SDGs 指标数量变化

资料来源：Sachs J, Schmidt - Traub G, Kroll C, et al. SDG index and dashboards report 2015 - 2020, Bertelsmann Stiftung and SDSN.

在指标内容方面，国家一级报告中大部分指标都直接来自全球指标框架。在 2015～2020 年的报告中，指标具有以下特点：（1）除定量指标外，该系列报告包含许多基于公民科学的指标，如生活满意度①、主观幸福感②、公共交通满意度③、文化设施满意度④等。（2）除官方统计数据外，该系列报告纳入了一些综合指数类指标，如海洋健康指数、物流绩效指数、整体基础设施质量、出版自由指数等。（3）除指示历史及现状的指标外，SDSN 国家报告中还加入了对 2030 年可持续发展情况的预测性指标。（4）此外，随着评价体系的日益完善，2018 年开始，SDSN 国家评价报告在指标设置上加强了对收入差距这一影响因素的考虑，如区分高收入、OECD 国家与其他国

---

① Kroll C. Sustainable development goals：Are the rich countries ready? ［R］. Germany：Bertelsmann Stiftung and SDSN, 2015.

② Sachs J, Schmidt - Traub G, KrolL C, et al. SDG Index & dashboards ［R］. New York：Bertelsmann Stiftung and SDSN, 2016.

③ Sachs J, Schmidt - Traub G, Kroll C, et al. SDG index and dashboards report 2018 ［R］. New York：Bertelsmann Stiftung and SDSN, 2018.

④ Sachs J, Schmidt - Traub G, Kroll C, et al. SDG index and dashboards report 2019 ［R］. New York：Bertelsmann Stiftung and SDSN, 2019.

家"能获得安全管理的饮用水服务的人口比例"（SDG6）、"能使用安全管理的卫生设施的人口比例"（SDG6）等指标的定义，设置了"基于收入的自我健康报告差距"（SDG3）、"高低收入国家互联网接入率差距"（SDG9）等指标，调整了高收入国家的"基尼系数"（SDG10）等。（5）一些指标的调整反映了全球在这一指标上的进步，如 2019 年增加"生活在日均 3.2 美元贫困线以下的人口比例"（SDG1），在此前，贫困线被定义为日均 1.9 美元以下，关于优质教育的指标也从最开始注重对中青年教育普及的评估扩展到对学龄前儿童受教育情况的评估。[①]

　　总体而言，SDSN 国家级报告的指标体系在全球指标框架的基础上不断完善和调整，形成了一个定性与定量指标相互结合、传统来源与非传统来源数据相互补充的指标体系。但是各个国家经济、社会、环境本底的差异决定了发展中国家在这一全球性的系统比较中常常处于劣势地位。同时，各个国家软硬实力的差异也决定了统一定义的指标难以与各个国家统计系统、发展现状等相匹配，开展不同空间尺度的 SDGs 进展评价可以弥补这些差距，更全面地刻画不同区域的 SDGs 特征。

　　以 2017~2019 年美国城市 SDGs 报告及《欧洲城市 2019 SDGs 指数及指示板报告》（以下简称美国和欧洲城市报告）为例分析其 17 项 SDGs 的指标数量分布及变化（见图 19-3），发现以下特点：（1）在城市级别的评估中，由于受到数据可得性限制，美国及欧洲城市报告均未设置与 SDG14（水下生物）及 SDG17（促进目标实现的伙伴关系）相关的指标，仅美国城市报告在 2017 年将指标"拥有宽带的家庭比例"置于 SDG17。（2）在城市级别的评估中，SDG3、SDG11 指标数量较多，其中，2017~2019 年美国城市报告中 SDG11 指标数量有所下降，这是因为其对一些指标进行了内容合并，如"使用公共交通通勤的人口比例"和"步行或骑自行车通勤的人口比例"合并为"16 岁及以上使用公共交通、自行车、拼车或步行通勤的人口比例"。[②]

---

　　① Sachs J, Schmidt - Traub G, Kroll C, et al. SDG index and dashboards report 2019 ［R］. New York：Bertelsmann Stiftung and SDSN, 2019.

　　② Lynch A, Lopresti A, Fox C, et al. The 2019 U. S. cities sustainable development goals report ［R］. New York：SDSN, 2019.

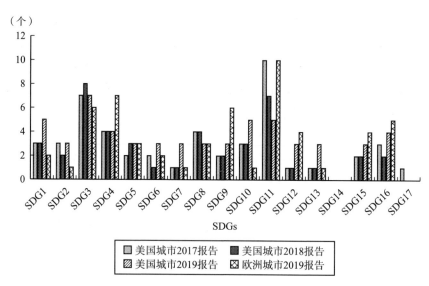

图 19 - 3　SDSN 美国城市报告及欧洲城市 2019 报告

资料来源：Prakash M，Teksoz K，Schmidt - Traub G，et al. The U. S. cities sustainable development goals index 2017 - 2019，New York：SDSN。

在指标内容方面，相较于国家一级的评价指标，城市一级的指标更加具体并具针对性、更多地考虑公民的幸福感，并纳入了更多与空间相关的指标，如欧洲城市报告中"规律锻炼的人口比例"（SDG3）、"学校满意度"（SDG4）、"潜在的道路可访问性"（SDG9）等指标。美国城市报告则设置了"公园可达性"（SDG11）、"食物可获得性"（距离大型杂货店等 1 英里以下的人口比例）（SDG3）、"拥有健康保险的人口比例"（SDG3）等指标。此外，美国城市报告设置了诸如"美国印第安人与本土美国人就业率差异"（SDG10）、"白人与非白人的政府代表比例差距"（SDG16）等指标来反映美国种族歧视等关键社会问题。可见，城市一级的指标能够能更直接地反映该地区环境、社会、经济等方面的突出问题。

（二）全球 SDGs 评价方法

SDSN 不断改进评价方法，到 2018 年已形成了一个较为稳定的理论框架，即计算 SDGs 指数并构建 SDGs 指示板（见图 19 - 4）。2015 ~ 2020 年的 SDSN 国家报告中计算 SDGs 指数的基本步骤如下：（1）数据预处理，即对缺失值进行处理。（2）统计性检验，剔除极值。（3）数据标准化，使数据可比。（4）等权处理给予 17 项 SDGs 同等的重视程度。（5）对各项 SDGs 及 SDGs 指数进行聚合。（6）灵敏性检验，即对不确定因素的检验，如指标数量、设定上下限的原则、权重、聚合方法等。（7）评价方法有效性验证，将分析结果与其他研究结果进行比对，如在国家尺度研究的比较常用人类发展指数、全球竞争力指数、环境绩效指数等。

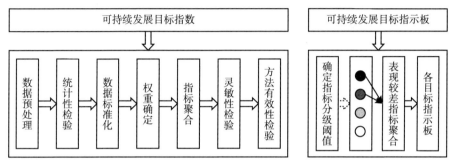

注：图中○由深到浅依次代表"红、橙、黄、绿"四个指示板等级，黑色（红色）表现最差，白色（绿色）表现最好。

图 19-4　SDSN 系列报告评价框架

资料来源：郭茹、戴欣宇、刘林京等：《可持续发展目标评价研究进展及中国实践》，载于《生态经济》2022 年第 1 期。

从 2016 年开始，SDSN 报告开始使用 SDGs 指示板来表征各国各项 SDGs 的达成状况，以此来强调各国需要特别关注并采取优先行动的 SDGs。构建指示板的一般步骤包括：（1）确定各指标分级阈值。（2）选取各项 SDG 中表现最差的两个指标进行聚合。其中指示板被分为四个等级，绿色表示距离实现 2030 年目标面临较小挑战或已经达标，黄色表示距离实现 2030 年目标面临挑战，有待提升，橙色表示距离实现 2030 年目标面临较大挑战，红色则表示距离实现 2030 年目标面临严峻挑战。[①]

SDSN 国家级报告中的方法学框架为更小尺度的区域及城市研究奠定了良好的理论基础。因此，城市报告的方法基本与国家报告保持一致，仅对一

① Sachs J, Schmidt - Traub G, Kroll C, et al. Sustainable development report 2020 ［R］. New York：Bertelsmann Stiftung and SDSN，2020.

些步骤进行了细微调整。如在指标选择标准中,美国城市2019报告指出应纳入尽可能多的结果性指标(outcome indicators)。在权重设定上,欧洲城市2019报告对某些SDGs的不同主题以及同一主题下的指标赋予了相同权重。在确定标准化下限时,美国城市报告指出城市发展状况要高于国家整体发展状况,因此,若数据可得,使用处于美国城市底部2.5%的数据,若数据不可得,采用OECD国家底部2.5%的数据作为下限。总之,通过适应或调整SDSN理论框架并将其应用到不同尺度的SDGs进展评价中,有利于建立一种标准化的评价体系,对于不同类型区域对标SDGs具有重要的借鉴意义。

第二节 温室效应与全球气候变化

一、人类活动与温室效应

(一)温室效应的产生

温室效应指的是大气中的 CO_2 等气体通过太阳短波辐射使地表温度升高;阻挡地球表面向宇宙发出长波辐射以达到保留热量使大气增温的效果。由于这一效果与"温室"类似,因此被称为"温室效应",相关气体便称为"温室气体"。温室效应最年早在1827年由法国学者巴蒂斯特·傅立叶(Baptiste Fourier)提出,随后各国学者相继对其进行研究。

"温室效应"是地球大气层的一种物理特性(姜大膀等,2016)。如果地球大气层没有温室气体,地表的平均温度无法达到适宜居住的15℃,而会是寒冷的-18℃。之所以会存在33℃的温差,是因为大气层中温室气体吸收红外辐射影响了地球整体的能量平衡。在没有温室气体的情况下,地球表面与大气层二者所吸收的太阳短波辐射能与释放到宇宙的红外辐射能是恰好平衡的。而在温室气体存在的情况下,温室气体的存在导致大气层吸收红外辐射的能量增加,为了维持原有的能量平衡,地球表面就会升温以增大长波辐射量。这种情况即为"自然界的温室效应"(吴兑,2003)。

（二）人类活动对温室效应的影响

温室效应源于温室气体的存在，而目前学界普遍认为人类活动是温室气体浓度逐渐增加的主要原因。除水汽之外，CO_2、CH_4、O_3、N_{20}等温室气体是自然界中本就存在的成分，人类活动提高了这些气体在大气中的浓度。而氯氟碳化物（CFCS）、氢代氯氟烃类化合物（HCFCs）、HFCS、PFCS、SF_6等温室气体则完全由人类活动产生。

在自然界现有的温室气体（CO_2、CH_4、O_3、N_{20}）中，以CO_2为例。自然界中的CO_2含量，是大气圈、生物圈与海洋之间进行循环性物质交换而达到的平衡结果。工业革命前，大气中的CO_2浓度常年保持在一个稳定的状态。而工业革命后，地球碳循环的平衡被打破，人为排放的CO_2量急剧上升，使大气中CO_2浓度增加（见图 19 - 5）。这是因为人类活动不仅增加了碳排放，还破坏了地球原有的碳吸收功能。以煤炭、石油、天然气等为代表的化石能源的消费一直在增加，而自然界中具有对CO_2进行吸收利用与转换的森林植被大规模减少，地球生态系统无法及时地吸收大气中过量的CO_2，循环往复最终导致大气中CO_2浓度不断增加。

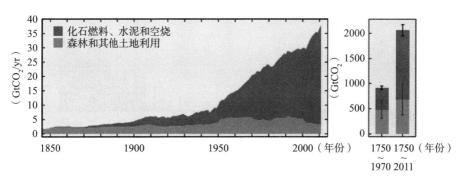

图 19 - 5　全球人为 CO_2 排放（左），全球累积人为 CO_2 排放（右）

资料来源：IPCC，2014：气候变化 2014：综合报告。

在人为产生的温室气体（CFCS、HCFCs、HFCS、PFCS、SF_6）中，以CFCS为例。大气中原本不存在氯氟碳化物，近年来人造的卤素碳化物不断排入大气中，这才导致其浓度不断上升。氯氟碳化物的代表性物质是氟利昂（F - 11、F - 12），其常用于制冷相关的工业生产中。以氟利昂为代表氯氟碳化物的在生产并被利用后，进入大气层受紫外线辐射会光解产生氯原子，氯原子会与 O_3 发生链条式循环反应，长此以往会破坏众多 O_3。众所周知，以 O_3 为主要成分的臭氧层是地球大气系统的主要屏障，O_3 的破坏将对臭氧层造成严重损害。

正是因为人类活动导致的大气层中温室气体浓度不断增加与臭氧层被破坏，越来越多的红外辐射被折射在地球表面，地球已经呈现出一种过度"温室效应"的状况。

二、温室效应与全球气候变化

（一）全球气候变化现状

根据现有气候记录，近百年来全球平均地表温度呈现明显的上升趋势。总体来看，自 1880 年以来，全球气候的变化趋势是持续变暖的（见图 19 - 6）。

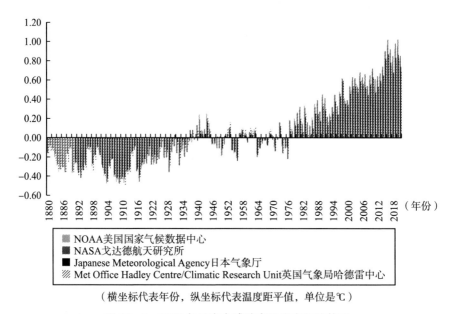

（横坐标代表年份，纵坐标代表温度距平值，单位是℃）

图 19 - 6　1880 年以来全球地表温度变化趋势图

资料来源：WESR 官网。

自 1880 ~ 1936 年，全球地表温度始终保持着负增长状态，但负增长幅度有所减缓；1937 ~ 1977 年，全球地表温度呈现震荡变化趋势。而 1977 年以后，全球地表温度持续上升，呈正增长状态，并且温度增长幅度屡创新高。自 1970 年至今，全球地表温度的上升速度超过了过去两千年的任何时间。最近 10 年（2011 ~ 2020）的温度超过了最近的多世纪温暖时期，即大约 6500 年前。在全球范围内，过去 60 年变暖的持续时间远远超过了仅靠自然变率所能解释的程度。在 20 世纪下半叶，北半球平均温度很可能高于过去 500 年中任何一个 50 年期，并可能至少是过去 1300 年中平均温度最高的 50 年。

气象数据显示，2014 年的前 30 年内地表温度依次升高，比 1850 年以来的任何一个十年都偏暖，自 1983 ~ 2012 年北半球很可能经历了过去 800 年里最暖的 30 年时期。据估计人类活动已导致全球气温较工业化前水平高约 1.0℃，可能区间为 0.8℃ ~ 1.2℃。如果不采取有力措施加以控制，继续以目前的速率升温，全球升温可能会在 2030 ~ 2052 年达到 1.5℃[①]。由此可见，地球生态环境稳定、气候自然变化的时代已经一去不复返，地球已经开始面临剧烈且大幅度气候变化的困境。

（二）温室效应与全球气候变化的关系

对于温室效应与全球气候变化的关系，我们应该从辩证性的角度去看待。

一方面，全球气候变暖导致的温室效应确实造成了全球剧烈且大幅度的气候变化，并且已经影响到了人类的生存与发展。全球气温升高，相关气候变化、潜在影响与相关风险随之而来，并且其影响是全方位、多尺度和多层次的。第一，全球升温 1.5℃ 很可能导致大多数陆地和海洋地区的平均温度上升、大多数居住地区的极热事件增加以及部分地区的强降水增加，此外有些地区的干旱和降水不足气候状况出现的概率也会上升。第二，到 2100 年预估全球升温 1.5℃ 比升温 2℃ 时全球平均海平面升幅约低 0.1 米。2100 年之后海平面将继续上升，上升的幅度和速度取决于未来的排放路径。第三，预估全球升温 1.5℃ 会对生物多样性和生态系统造成重大影响，如物种损失

---

①　关于全球升温高于工业化前水平 1.5℃ 的影响以及相关的全球温室气体排放路径的 IPCC 特别报告，背景是加强全球应对气候变化的威胁、加强可持续发展和努力消除贫困。

和灭绝。第四，全球升温 1.5℃很可能增加海洋生物多样性、渔业、生态系统及其功能以及对人类的服务等方面的风险。第五，对健康、粮食、水资源和经济增长的气候相关风险预估会随着全球升温 1.5℃而加大，而如果升温超过 1.5℃，此类风险会进一步加大（孙晨光等，2014）。截至 20 世纪，目前人类已经观测到的全球变暖带来的部分影响，如表 19－1 所示。

表 19－1   **20 世纪已观测到的全球变暖的部分影响**

指标	已观测到的变化
全球平均海平面	20 世纪平均每年上升 1～2mm
河流湖泊结冰期	北半球中高纬度地区大约减少了两周（可能）
北极的海冰范围和厚度	近几十年来在夏末秋初变薄 40%（可能），20 世纪 50 年代以来，春夏季面积减少了 10%～15%
非极地冰川	20 世纪广泛退却
雪盖	20 世纪 60 年代以来面积减少 10%（可能）
永冻土层	在极地的部分地区，解冻、变暖、退化
植物生长季	过去 40 年中，北半球尤其是高纬度地区每 10 年延长了 1～4 天
动植物分布	植物、昆虫、鸟类和鱼类的分布向高纬度、高海拔地区转移
生育开花和迁徙	北半球开花、候鸟回归、生育季节和昆虫出现时间均提前
珊瑚礁白化	频率增加，尤其在厄尔尼诺年
相关的经济损失	考虑通货膨胀下，过去全球的损失增加了 14 倍

资料来源：刘兰翠：《我国二氧化碳减排问题的政策建模与实证研究》，中国科学技术大学，2006 年。

    另一方面，温室效应也是全球气候稳定的奠基石。正是因为温室气体与温室效应的存在，地球得以将来自太阳的能量吸收并保存下来以维持地球表面的温度。在此条件下，地球形成了较为稳定并且温暖舒适的气温环境，地球上的生命得以繁衍生息，兴旺发达。倘若没有"温室效应"的存在，地球表面平均温度将下降 33℃，整个地球表面将会变成如南极一样冰封的状态，地球上绝大多数生物将只能在极寒的天气中苟延残喘，并最终因无法忍受极寒天气而灭亡。

    因此，尽管由于温室效应的增强，地球的气候变化出现了较大波动，各类极端天气时常发生，对生态环境与人类生命健康等各个方面带来了诸多负面影响。在一系列负面影响的作用下，人们闻"温室效应"就色变。但是，我们无法否认温室效应存在对于人类生存的必要性。与其说温室效应是人类生存的"刽子手"，不如说它是大自然给人类敲醒的警钟。适宜的温室效应有助于人类生存，而过度的温室效应则威胁人类生存。它警示人类在追求物质生活与经济发展的同时，一定要以保护环境为底线，走绿色低碳与可持续发展道路。

第三节　应对全球气候变化与中国实践

一、全球气候变化的应对

（一）气候变化及应对

1. 气候变化的科学事实

气候变化（climate change）是指在全球范围内，气候平均状态在统计学意义上的巨大改变或者持续较长一段时间（30年或更长）的气候变动（尹晓芬，2013）。依据《联合国气候变化框架公约》，气候变化的定义是指经过相当一段时间的观察，在自然气候变化之外由人类活动直接或间接地改变全球大气组成所导致的气候改变。这是因为，气候变化的原因既有自然因素，也有人为因素。在人为因素中，主要是工业革命以来，人类社会特别是发达国家的工业化进程中的化石燃料燃烧、毁林和土地利用变化等人类活动，排放了大量二氧化碳等温室气体，导致大气中温室气体浓度增高，温室效应增强，从而引发了全球气候变暖。尽管对于气候变化及其原因的科学认知目前仍然存在分歧，但是全球科学界的主流声音是之前的一百多年间，消耗化石能源排放的二氧化碳等温室气体是导致全球平均气温升高，即引起温室效应的最主要原因。

气候变化将会给全世界人类生存的基本要素——水、食物、土地造成影响，给健康及环境带来威胁。气候变化的影响主要有以下一些方面：冰川融化在湿季将增加洪水风险，干季将使得全球1/6的人口面临水资源减少的挑战；如果温度上升3℃~4℃，海平面升高，将导致千万到上亿的人口每年被洪水侵袭；农作物产量将会减少，特别在非洲，可能使上亿人没有能力生产或购买充足的食物；生态系统变得脆弱，据研究，温度上升2℃会导致15%~40%的物种面临灭绝；气候变暖可能引起区域天气模式的突然改变，如季风或厄尔尼诺，这些变化将会对水资源和热带地区的洪水带来严重的影响，威胁到数十亿人的生计（Trisos et al.，2020）。

2. 应对气候变化：减缓与适应

应对气候变化的措施主要是减缓（mitigation）和适应（adaptation）两个方面。减缓主要是减少二氧化碳等温室气体排放，减缓气候变化的速度。由于大部分碳排放与能源燃烧相关，减缓的重点在于节能减排和能源转型。由于气候变化是一个长期的过程，减缓的经济效益可能需要较长时间才能体现出来。适应是指通过经济社会系统的调整，去适应不能改变的和已经发生的变化，降低对气候变化的脆弱性和敏感性。与减缓相比，适应可以带来本地收益，不需要很长时间即可实现。

（二）气候变化及应对的全球外部性

不管二氧化碳排放发生在哪个国家，对全球平均气温上升的影响都几乎是一样的。反过来，不同国家对温室气体减排的贡献差异对全球平均气温上升的影响也没有差异，无论哪个国家采取温室气体减排，对应对全球气候变化的贡献也都是一样的。这就是气候变化及应对问题的全球外部性。全球外部性说明，在应对气候变化问题上，全球是一体的，一国很难独善其身，更不能以邻为壑，应当加强国际社会的协调行动。但也因为全球外部性，在应对气候变化问题上国际社会的协调面临极大的困难，特别是对于减排责任分担，国际社会展开了长期的艰难谈判。

二、全球气候变化治理过程

联合国框架下全球气候变化治理进程大致可以分为四个阶段。①

---

① 石晨霞：《联合国与全球气候变化治理：问题与应对》，载于《社会主义研究》2014年第3期。

第一，气候变化科学研究与认知阶段（1972～1987）。20 世纪 70 年代，科学家们已经意识到了气候变化带来的不利影响，并开始对其进行了系统研究，但由于科学上的不确定性，观点尚未确定统一，但随着科技进步、研究深入和全球气候问题的严重频发，气候问题已经超出学术范围而成了社会亟待关注问题。1972 年 6 月，联合国人类环境会议在斯德哥尔摩举行，会议通过了《人类环境宣言》和《行动计划》等文件，这标志着包括气候变化在内的各种环境问题首次成为国际社会的重要议题；1985 年，在菲拉赫气候会议上，科学家们对全球气候变暖的成因和影响统一了观点，这是关于全球变暖问题研究的关键一环，并且，科学研究的进展促进了公众意识的提高，这也奠定了全球气候变暖治理的基础。

第二，气候变化治理基本框架形成阶段（1988～1994）。这一阶段是全球气候变化行动发展的一个里程碑，因为它标志着从科学进程向政治进程的过渡，并形成了一个基本的行动框架。1988 年 6 月，多伦多气候变化大会召开，会上声明发达国家要减少其温室气体排放，在 2005 年之前将排放量从 1988 年的水平降低 20%，并呼吁国际社会尽快做出反应，采取联合行动，构建一个全面的框架公约和气候基金，以保护大气层。1992 年 6 月，联合国环境与发展会议召开，154 个国家正式签署了"联合国气候变化框架公约"（以下简称《公约》），随后通过了应对气候变化的"共同但有区别的责任"（CBDR）原则，为气候变化行动提供了最重要的法律依据，并建立了应对气候变化的基本框架。1994 年，《公约》正式生效，开始指导此后的气候变化谈判。

第三，气候变化治理结构的丰富与完善阶段（1995～2009）。现阶段的气候变化行动主要是在《公约》的规则下建立一个完整而具体的机制来应对气候变化。1997 年，《公约》的第三次缔约方会议（COP3）在日本京都举行，会议通过了《京都议定书》，于 2005 年生效。它是对《公约》的重要补充和延伸，因为它首次为工业化国家规定了具有法律约束力的温室气体减排范围、减排时间表和温室气体减排类型，并制定了更详细的规则。2009 年，哥本哈根全球气候变化大会举行，并确定了不具法律约束力的《哥本哈根协议》。气候大会最终的成果差强人意，但是会议也大大提高了全球社会对气候变化的认识和兴趣，总的来说，现阶段的气候变化行动机制正在建立，气候谈判已经进入实质性阶段。

第四，气候变化治理调整阶段（2010年至今）。在2010年的坎昆会议上，虽然国际社会没有统一实施《京都议定书》第二承诺期的时间表，但决定维持《公约》《京都议定书》和"巴里路线图"，将"减缓"和"适应"放在同等重要的高度，并着重于建设发展中国家的适应能力。《坎昆协议》是国际社会采取全面具体行动来应对全球气候变化的重要协议，推动了气候谈判进程。2011年，气候变化大会在南非德班举行，最终确定施行《京都议定书》的第二承诺期，建立德班增强行动平台特设工作组，并正式启动绿色气候基金。2012年多哈气候大会在《京都议定书》第二承诺期、《长期合作行动》、德班平台、气候资金等一系列问题达成了协议。宣布2013年开始实施《京都议定书》第二承诺期。2013年的华沙会议将"共同但有区别的责任"原则作为德班平台的重要组成部分，这一阶段的气候谈判主要是哥本哈根气候谈判受挫后的调整，在维持《京都议定书》生存的同时，也启动了2020年后的谈判，具有明显的承前启后作用，通过这一阶段的改变，气候变化谈判进程将进入一个新的进程。

三、中国应对气候变化的措施

（一）中国应对气候变化的概况

按照《京都议定书》，中国属于非附件一缔约方，暂不承担强制减排义务。随着中国经济的快速发展，中国的化石能源消费量和碳排放量急速增长，引起了国际社会的关注，部分发达国家以此为由，在国际气候谈判中不断要求中国承诺减排义务。事实上，中国尽管没有在《京都议定书》的框架下承担强制减排义务，但主动推进节能减排，在应对气候变化方面作出了积极的贡献。2007年，中国政府通过了《中国应对气候变化国家方案》，正式确立了未来3年内中国应对全球气候变化的具体目标、基本原则、重点领域及其政策措施。2009年后，中国政府向世界宣告了应对气候变化的行动目标：到2020年，单位国内生产总值温室气体排放比2005年下降40%~45%，非化石能源占一次能源消费的比例达到15%；到2030年，单位国内生产总值二氧化碳排放比2005年下降60%~65%，非化石能源占一次能源消费的比例达到20%。2020年9月，中国向国际社会作出庄严承诺：中国力争二氧化碳排放 2030 年前达到峰值，2060 年前实现碳中和。2020 年 12 月，中国宣布将提高国家自主贡献力度，到 2030 年，中国单位国内生产总值二氧化碳排放将比 2005 年下降 65% 以上，非化石能源占一次能源消费比重将达到 25% 左右。

20 世纪 90 年代以来，中国单位 GDP 的二氧化碳排放量呈现降低趋势。按国际能源署统计，1990 年中国单位国内生产总值的化石燃料燃烧产生的一氧化碳排放为 5.47 千克二氧化碳/美元（2000 年价），2004 年下降为 2.76 千克二氧化碳/美元，下降了 49.5%，而在同一时期，世界平均水平只下降了 12.6%。2018 年中国单位 GDP 的二氧化碳排放同比下降了 4.0%，比 2005 年累计下降了 45.8%，相当于减排 52.6 亿吨二氧化碳。其中，非化石能源的消耗占总量的比重近 14.3%。

（二）中国应对气候变化的主要成果

1. 减缓气候变化

第一，持续推进技术进步，推动重点领域节能，提高能源利用效率。

根据国家能源局统计，2001～2019 年，中国以年均 6.6% 的能源消费增长速度支持了国民经济年均 9% 的增长速度，平均能源消费弹性系数约为 0.69。2001 年，万元 GDP 能耗为 1.40 吨标煤，到 2019 年，能耗降低为 0.92 吨标煤（2001 年可比价），年均降低 2.2%。高耗能产品的单位能耗明显下降。2004 年 6000 千瓦以上火电机组供电煤耗每千瓦时 427 克标煤，"十二五"期间累计下降 18 克标煤/千瓦时，2017 年全国火电机组供电标煤能耗降至 309 克/千瓦时。2019 年，规模以上工业单位增加值能耗下降 2.7%。重点耗能工业企业单位电石综合能耗下降 2.1%，单位合成氨综合能耗下降 2.4%，吨钢综合能耗下降 1.3%，单位电解铝综合能耗下降 2.2%，每千瓦时火力发电标准煤耗下降 0.3%。

"十二五"时期以来，推动重点领域节能。继续组织实施锅炉（窑炉）改造、电机系统节能、余热余压利用、绿色照明等重点节能改造工程，加强节能目标责任考核和管理完善节能标准标识、推广节能技术与产品。2015 年，全国能源消费总量为 43 亿吨标煤，"十二五"期间年均增速为 3.6%，较"十一五"期间年均增速低 3.1 个百分点。持续推进建筑、交通等重点领域节能。2018 年城镇新建建筑中执行绿色建筑标准的比例达到 56%，提前完成"十三五"规划目标。截至 2018 年，累计完成城镇节能建筑面积达到 182 亿平方米，累计完成既有居住建筑供热计量及节能改造面积超过 14 亿平方米，累计实现公共建筑节能改造面积超过 2.1 亿平方米，节能效益明显；大力推动新能源汽车产业发展，我国电动汽车充电基础设施加快发展，现已形成全球最大规模的充电设施网络，充电设施管理体系不断完善。

第二，发展低碳能源和可再生能源，改善能源结构。[①]

积极开发利用非化石能源，加强水能、核能等低碳能源开发利用。根据中电联发布的《2016 年全国电力可靠性指标》显示，截至 2016 年底，水电装机容量达到 3.2 亿千瓦，发电量为 11748 亿千瓦时；核电发电装机容量达到 3364 万千瓦，比 2010 年翻了两番，发电量为 2132 亿千瓦时。支持风能、太阳能、地热、生物质能等新型可再生能源发展，完善风力发电上网电价政策。并网风电容量达 14747 万千瓦，风力发电量为 2409 亿千瓦时；并网太阳能发电容量达 7631 万千瓦，太阳能发电量为 665 亿千瓦时。全国水电、核电、风电、太阳能发电等非化石能源发电装机占全部发电装机的 36.6%，发电量占全国发电总量的 29.14%。能源结构进一步优化。2018 年，煤炭、石油、天然气在能源消费中的占比分别为 59.0%、18.9%、7.8%，比 2017 年分别下降 1.4 个百分点、提高 0.1 个百分点、提高 0.8 个百分点；非化石能源占比为 14.3%，比 2017 年提高 0.5 个百分点。

第三，优化产业结构，改造提升传统产业，积极培育战略性新兴产业。

（1）扎实促进重点领域完成过剩产能工作，着力推进现代服务业，支持战略性新兴产业发展，推进低碳技术改革，构建具有低碳特征的能源、产业、交通和建筑体系。对于高耗能行业，打破原有的低准入门槛，对固定资产投资项目进行节能评估和筛选，加强传统产业的技术改造和升级，促进企业兼并重组，调整出口退税政策，对煤炭、部分有色金属、钢坯和化肥等产品征收出口关税，并遏制高能耗、高排放和资源密集型产品的出口。加快淘汰滞后产能。"十二五"期间，全国累计淘汰炼铁产能 9089 万吨、炼钢 9486 万吨、电解铝 205 万吨、水泥（熟料及粉磨能力）6.57 亿吨、平板玻

---

① 石敏俊、袁永娜、周晟吕等：《碳减排政策：碳税、碳交易还是两者兼之?》，载于《管理科学学报》2013 年第 9 期。

璃 1.69 亿重量箱①。截至 2018 年底,我国累计淘汰关停落后煤电机组 2000 万千瓦以上,提前两年超额完成"十三五"时期目标任务。

(2)实施重点节能改造工程。推进淘汰关停落后煤电机组,实施煤电超低排放和节能改造。截至 2018 年底,我国达到超低排放水平的煤电机组累计达到 8.1 亿千瓦以上,提前超额完成 5.8 亿千瓦的总量改造目标;节能改造累计完成 6.89 亿千瓦,提前超额完成"十三五"时期改造目标②。当前,我国 60 万千瓦级及以上火电机组比重已提高到 46%,在役煤电机组供电煤耗从 2012 年末的 325 克标煤/千瓦时下降至 308 克标煤/千瓦时,形成了世界上最高效清洁的煤电生产系统。

第四,推进低碳省区和低碳城市试点,积极推进地方低碳发展。

2010 年,我国启动了低碳省区和低碳城市试点工作,确定广东、湖北、辽宁、陕西、云南 5 省和天津、重庆、杭州、厦门、深圳、贵阳、南昌、保定 8 市作为首批试点,2012 年确定北京、上海、海南和石家庄等 29 个城市和省份作为我国第二批低碳试点,2017 年又确定内蒙古自治区乌海市等 45 个城市(区、县)作为第三批低碳城市试点。迄今为止,低碳试点省份达到 6 个,低碳试点城市达到 81 个(含 4 个直辖市)。各试点省份和城市均制定并启动了低碳试点实施方案,确立了 2020 年碳强度降低目标,利用低碳试点项目,主动进行发展变革,推动低碳城市建设工作,重点推动低碳产业发展。

2. 适应气候变化

"十二五"期间,中国不断强化适应气候变化领域的顶层设计,增强适应气候变化基础能力建设,降低气候变化对中国经济和社会发展带来的恶劣影响。气候变化适应措施主要集中在农业和水资源两大领域。

(1)农业领域。继续开展农田基本建设、土壤培肥改良、病虫害防治等工作,重点推广节水灌溉、田间耕作、防旱保墒、保护性耕作等适应性技术。加强草原改良、饲料站、草原牧业等基础设施建设,构建农田育肥模式,适度规划水产养殖品种和密度,加强渔业基础设施和设备配套。推动治理京津风沙源、安置游牧民、退牧还草等重点项目实施。完善草原管理制

---

① 《培育绿色低碳发展的澎湃动力》,中国政府网,www.gov.cn/xinwen/2016 – 11/15/content_5132542.htm。
② 国家能源局:《煤电超低排放和节能改造提前两年完成总量目标》。

度，积极促进草原牧民生产方式的转变。支持农业资源养护、生态保护及利益补偿。我国农田有效灌溉面积由 2005 年的 5500 万公顷提高到了 2018 年的 6810 万公顷①。

（2）水资源领域。推进农业、工业和生活服务业节水，强化用水定额和计划管理。为实现改善河湖水生态环境的目标，在全国制定并推行重点河湖健康评估方案，大力发展江河湖库水系联动。提高国家水资源监测能力，以重要取水户、重要水功能区和大江大河省界断面为基础，构建监测体系。开展水土流失综合治理工程建设，"十二五"期间，累计完成水土流失综合治理面积 26.6 万平方公里。加强黄河、黑河、南水北调水量的调整，确保重点城市的供水安全和生态安全。截至 2019 年 6 月，南水北调中线一期工程已累计向北方供水 209 亿立方米，其中生态补水 19.6 亿立方米；水安全保障进一步强化，农村饮水安全问题基本解决，城市污水处理率从 2010 年的 82.3% 提高到 95.49%。

3. 参与全球气候治理

在全球气候治理工作中，中国充分发挥了建设性、引领性作用。随着经济发展和工业化进程的推进，中国在成为世界制造大国的同时，温室气体排放快速增长。2010 年中国成为世界第二大经济体后，在气候变化谈判中的压力、责任、地位和影响均同时上升。在巴黎大会谈判中，中国走到了气候变化谈判中央的位置，提出了"二氧化碳排放 2030 年左右达到峰值并争取尽早达峰"等国家自主贡献目标，大大推动了《巴黎协定》的落成。②

当前，全球减缓碳排放的形势依然十分严峻。各国提交的国家自主贡献目标，还不足以保证实现全球气温升高控制在 2℃ 以内的目标。这意味着全球要进一步加大自主贡献力度，加速经济和能源的低碳转型步伐。2020 年 9 月，中国向世界庄严承诺，将提高国家自主贡献力度，二氧化碳排放力争于 2030 年前达到峰值，努力争取到 2060 年前实现碳中和。2020 年 12 月，中国进一步提出了 2030 年低碳发展的目标。这是中国主动承担全球环境责任、深度参与和积极引领全球气候治理的行动体现。

---

① 《农业水利发展 70 年成绩：有效灌溉面积增长 325%》，中国日报网（chinadaily.com.cn）。
② 吴绍洪、赵东升：《中国气候变化影响、风险与适应研究新进展》，载于《中国人口·资源与环境》2020 年第 6 期。

第四节　案　例　分　析

案例：全球人类碳福祉强度时空演化的驱动因素及其空间溢出效应[*]

一、研究问题

在过去的 30 年里，伴随全球经济不断繁荣人类福祉水平整体得到很大提高，世界人类发展指数从 1990 年的 0.597 提升到了 2018 年的 0.696，但是也付出了沉重的资源消耗、生态损耗和环境代价。尤其是 21 世纪以来全球工业化、城市化新一波浪潮使得全球温室气体排放压力持续加大。环境风险和气候变化已然成为全球人类发展亟须面对的最大风险。在全球气候变化背景下，由于人类发展必需一定量的碳排放空间，其关系着人类福祉水平的提升潜力，也是限制全球人类福祉可持续提升的重要因素。但全球在温室气体协同减排以及推进和实现 2030 年可持续发展目标方面至今仍缺乏比较有效的协同机制，势必造成全球人类福祉水平提升的同时二氧化碳排放量仍呈明显增长的不协调趋势。

回溯发展观的演进，随着资源耗竭、环境污染等问题越来越严重，谋求经济增长、社会福祉与生态环境之间的动态平衡成为可持续发展理论关注的重要议题。经济增长对于满足大多数国家（或地区）人类福祉水平提升的需求是必要的，但如果经济增长在提升人类福祉的同时也导致了越来越多的碳排放，从长期看，经济增长就没有可持续性。不仅如此，一些国家（或地区）的社会福祉却没有随经济增长得到相应的提高甚至出现了倒退，这种"有增长无发展"的增长模式引发了学界探索社会福祉与经济增长协调发展新路径。

---

　　[*]　本案例节选自 Wang S，Ren H，Liang L，et al. The effect of economic development on carbon intensity of human well-being：Evidence from spatial econometric analyses ［J］. *Journal of Cleaner Production*，2022，经编者翻译改编。

特别是当前全球经济一体化和区域化并存，全球经济联系不断加深的同时也出现越来越深的经济分割。全球经济关系中具有全局和主导意义的发展中国家和发达国家之间的南北矛盾不断升级，尤其是在分担碳减排责任以及进行碳减排联防联控远未达成共识。全球南北经济差异有呈扩大趋势，全球国家间人类福祉"鸿沟"仍然较大。实现经济增长、碳减排、人类福祉的协同提升也是联合国可持续发展目标（SDGs）的应有之义。尤其是在弱可持续向强可持续理论不断嬗变的可持续发展框架与范式下，人类碳福祉强度指标日益成为衡量可持续发展程度的新指标，为分析可持续发展提供了新视角。

二、研究方法

（一）建立人类碳福祉强度（CIWB）指标

人类碳福祉强度指标涵盖了可持续发展的经济、社会、环境三维价值目标，参考乔根森（Jorgenson）等研究文献来构建人类碳福祉强度指标。在 CIWB 中，我们将人均 CO_2 排放量作为衡量环境压力的指标，选择出生时预期寿命指标作为衡量人类福祉的指标，因为出生时预期寿命指标是反映健康和长寿的重要指标[①]，在反映人类福祉时比死亡率等指标更好。不仅如此，该指标在国别研究时数据质量更高，且具有较强的可比性。需要说明的是，人类发展指数（HDI）也常用来反映人类福祉水平，但 HDI 是由收入指数、教育指数和寿命指数组成。若用 HDI 来衡量人类福祉，则会在计量模型构建时把被解释变量和解释变量混同。基于以上因素考虑，用人均 CO_2 排放量和出生时预期寿命两个指标分别表示碳排放水平和人类福祉水平。

由于 1980～2014 年全球国家（或地区）人均 CO_2 排放量指标的取值范围为 0.01～37.94，出生时预期寿命指标的取值范围为 23.17～83.98，二者存在明显的数值差异。本文采取标准化方法，在不改变方差和离差系数的情况下，对人均 CO_2 排放量和出生时预期寿命两个指标进行均衡调整，消除数值差异并在此基础上乘以 100，得到人类碳福祉强度（CIWB）指标的计算公式：

---

① Mazur, A., 2011. Does increasing energy or electricity consumption improve quality of life in industrial nations? *Energy Policy* 39（5），2568e2572.

$$CIWB_{it} = \frac{(PCO_{2it} + 20.583)}{LE_{it}} \times 100$$

式中：$CIWB_{it}$ 表示 i 国（或地区）在 t 年的人类碳福祉强度，PCO_{2it} 表示 i 国（或地区）在 t 年的人均 CO_2 排放量，LE_{it} 表示 i 国（或地区）在 t 年的出生时预期寿命。

（二）探索性空间数据分析（ESDA）

选用各国（或地区）首都之间的地理距离空间权重矩阵（W_discap）作为空间权重矩阵，进行探索性数据分析和空间计量分析。采用 ESDA 方法对全球 CIWB 指标分别进行全局空间自相关和局域空间自相关分析。其中，全局空间自相关的计算公式如下：

$$I_{global} = \left[n \sum_{i=1}^{n} \sum_{j=1}^{n} w_{ij}(x_i - \bar{x})(x_j - \bar{x}) \right] / \left[\sum_{i=1}^{n} \sum_{j=1}^{n} w_{ij} \sum_{i=1}^{n} (x_i - \bar{x})^2 \right]$$

公式中，n 为国家（或地区）数，w_{ij} 为地理距离空间权重矩阵，x_i、x_j 分别为 i 国（或地区）和 j 国（或地区）的 CIWB，$\bar{x}$ 为 CIWB 的均值。若 $0 < I_{global} \leqslant 1$，表示各国（或地区）之间的 CIWB 具有空间正相关性，若 $-1 < I_{glocal} < 0$，表示各国（或地区）之间的 CIWB 具有空间负相关性，若 I_{global} 趋于 0 或等于 0，表示各国（或地区）的 CIWB 服从随机空间分布，不存在空间相关性。

局域空间自相关可以弥补全局空间自相关的不足，分析 CIWB 指标的空间集聚特征，局域空间自相关的计算公式如下：

$$I_{local} = \left[n(x_i - \bar{x}) \sum_{i=1}^{n} \sum_{j=1}^{n} w_{ij}(x_j - \bar{x}) \right] / \left[\sum_{i=1}^{n} (x_i - \bar{x})^2 \right]$$

公式中，若 $I_{local} > 0$，表明 CIWB 高的国家（或地区）在空间上集聚或 CIWB 低的国家（或地区）在空间上集聚；反之，若 $I_{local} < 0$，表示 CIWB 高的国家（或地区）与 CIWB 低的国家（或地区）在空间上集聚。

（三）空间计量模型构建

根据 STIRPAT 模型，CO_2 排放受到人口规模、富裕程度、技术水平等多种因素的影响。CIWB 是人均 CO_2 排放量与出生时预期寿命的比率，反映的是单位人类福祉产生的碳排放强度。已有研究表明，经济发展能够提高出生时预期寿命，尤其对人类福祉有促增效应。与此同时，经济发展也会影响 CO_2 排放。重点分析经济发展（富裕程度）对 CIWB 的影响及其动态变化，也即评估经济发展结构和模式对碳排放和人类福祉的冲击。在 STIRPAT 模型的基础上，将 CIWB 作为被解释变量，重点探究经济发展对全球 CIWB 的影响。用人均 GDP（lnpgdp）指标反映经济发展水平作为核心解释变量。

需要说明的是，只关注经济发展指标与 CIWB 的关系是不完备的，经济结构和模式对环境及福祉的影响也关系着一个国家（或地区）经济的可持续性。事实上，不仅经济发展水平和 CIWB 存在联系，资本积累、对外贸易、能源消费、工业化和公共健康等社会经济因素对一个国家（或地区）经济可持续性也有影响。为此选取了化石能源占能源消费的比重、工业增加值占 GDP 比重、贸易总额占 GDP 比重、资本存量、死亡率的五个控制变量：

（1）经济活动依赖于化石能源的使用，化石能源使用量的增加会加大对环境的碳排放压力，同时对人类健康产生间接影响，从而使 CIWB 增加。本文选取化石能源占能源消费的比重（fuel）指标，研究化石能源消费对 CIWB 的影响。

（2）已有关于经济发展与 CIWB 关系的国别研究中，工业往往是增加发达国家或发展中国家 CO_2 排放的产业部门。选用工业增加值占 GDP 比重（secind），分析工业化对 CIWB 的影响。

（3）对外贸易反映经济全球化与国家间的经济联系，近来一些研究发现对外贸易增加了能源消费和碳排放；还有一些研究认为出口导向的生产刺激了经济发展，增加了就业，从而提高了人类福祉。选取贸易总额占 GDP 比重指标（trade）作为控制变量，分析全球经济一体化对 CIWB 的影响。

（4）资本存量通常被看作经济增长的资本积累因素，刺激经济增长也会增加 CO_2 排放。同时，一些研究认为资本存量与预期寿命有关。将资本存量（lncaptital）指标作为控制变量，分析资本积累对 CIWB 的影响。

（5）此外，选取对国民健康和 CO_2 排放有影响的死亡率（deathr）指标作为控制变量。需要说明的是，将 CIWB、人均 GDP、资本存量取自然对数来保持数据的平稳性。

构建全球人类碳福祉强度变化驱动因素的空间计量模型，公式如下：

$$\ln ciwb_{it} = \rho \sum_{j=1}^{N} W_{ij}ciwb_{jt} + \beta_1 \ln pgdp_{it} + \beta_2 fuel_{it} + \beta_3 secind_{it}$$

$$+ \beta_4 trade_{it} + \beta_5 \ln captial_{it} + \beta_6 deathr_{it}$$

$$+ \varphi \sum_{j=1}^{N} W_j \ln pgdp_{it} + \cdots + \alpha_i + \gamma_t + \varepsilon_{it}$$

公式中，$\ln ciwb_{it}$、$\ln pgdp_{it}$、$\ln captial_{it}$ 分别表示 i 国（或地区）在 t 年的 CIWB、人均 GDP、资本存量等指标的自然对数。$fuel_{it}$、$secind_{it}$、$trade_{it}$、$deathr_{it}$ 分别表示 i 国（或地区）在 t 年的化石能源占能源消费的比重、工业增加值占 GDP 的比重、贸易总额占 GDP 比重、死亡率等指标。W_{ij} 为全球地理距离空间权重矩阵。$\beta_1 \sim \beta_6$ 为解释变量的待估参数向量，ρ 为被解释变量的空间滞后系数，φ 为解释变量的空间回归系数，α_i、γ_t 分别代表空间效应和时间效应，ε_{it} 为服从独立同分布的随机误差项。当 $\varphi = 0$、$\rho \neq 0$ 时，空间杜宾模型（SDM）转化为空间滞后模型（SLM）；当 $\varphi + \rho \beta = 0$ 时，空间杜宾模型（SDM）转化为空间误差模型（SEM）。

空间杜宾模型能够分析解释变量和被解释变量之间的空间依赖效应，本文将解释变量对 CIWB 的影响分解为直接效应和空间溢出效应，直接效应反映一个国家（或地区）的解释变量对本国 CIWB 的影响；空间溢出效应表示周边国家（或地区）的解释变量对本国（或地区）CIWB 的影响。总效应、直接效应、间接效应的计算公式分别如下：

$$E_{\text{直接效应}} = (I - \rho W_{ij})^{-1} (\beta I)$$

$$E_{\text{间接效应}} = (I - \rho W_{ij})^{-1} (\varphi W_{ij})$$

$$E_{\text{总效应}} = (I - \rho W_{ij})^{-1} (\beta I + \varphi W_{ij})$$

公式中，E 直接效应、E 间接效应、E 总效应分别表示 CIWB 的直接效应矩阵、间接效应矩阵、总效应矩阵。

三、研究结果

（一）全球人类碳福祉强度空间格局演变

根据计算得出全球人类碳福祉强度的平均值从 1980 年的 40.66 不断下降到 2014 年的 34.91。由表 19 - 2 可以看出，1980 年、1991 年、2002 年、2014 年四个节点年份排名前 15 位与后 15 位的国家（或地区）的人类碳福祉强度普遍降低，从 1980 ~ 2014 年全球碳排放对应的福祉产出绩效整体趋于优化。

表 19 - 2   全球人类碳福祉强度前 15 位与后 15 位国家（或地区）排名的演变

排名	国家或地区	1980 年	国家或地区	1991 年	国家或地区	2002 年	国家或地区	2014 年
1	巴哈马	86.86	巴拉圭	70.95	科威特	65.41	科威特	62.03
2	文莱	83.32	尼泊尔	63.76	巴林	56.18	巴林	57.61
3	卢森堡	61.25	巴林	60.58	尼泊尔	53.60	文莱	57.07
4	巴林	61.24	文莱	57.68	越南	52.37	澳大利亚	48.03
5	美国	56.34	苏丹	54.60	澳大利亚	52.31	南非	47.87
6	科威特	55.55	越南	52.73	南非	52.31	越南	47.86
7	加蓬	53.96	马来西亚	47.10	苏丹	50.27	美国	47.16
8	马来西亚	53.34	新加坡	46.43	津巴布韦	49.82	尼泊尔	46.81
9	马里	52.27	卢森堡	46.34	塞拉利昂	49.04	卢森堡	46.81
10	苏丹	51.91	澳大利亚	46.28	卢森堡	47.60	加拿大	43.82
11	加拿大	51.63	南非	46.28	中非	47.08	中非	41.39
12	几内亚	50.56	加拿大	46.25	加拿大	46.85	塞拉利昂	40.66
13	越南	49.36	尼日尔	46.02	博茨瓦纳	45.81	尼日尔	40.31
14	南非	49.35	坦桑尼亚	45.79	尼日尔	45.71	苏丹	39.86
15	蒙古国	48.17	蒙古国	45.48	毛里求斯	45.59	韩国	39.47
100	土耳其	32.92	秘鲁	31.99	塞内加尔	31.24	塞内加尔	30.04
101	马耳他	32.72	哥伦比亚	31.98	格林达纳	31.07	瑞士	30.03
102	巴巴多斯	32.34	多哥	31.89	泰国	30.95	委内瑞拉	29.98
103	乌干达	32.28	伯利兹	31.78	厄瓜多尔	30.78	危地马拉	29.93
104	中国香港	32.10	毛里坦尼亚	31.59	佛得角	30.62	伯利兹	29.93
105	萨尔瓦多	31.89	洪都拉斯	31.57	尼日利亚	30.51	摩洛哥	29.72
106	毛里塔尼亚	31.799	格林达纳	31.20	洪都拉斯	30.26	孟加拉国	29.69
107	巴基斯坦	31.72	智利	31.16	巴拿马	30.16	巴基斯坦	29.57
108	伯利兹	31.62	菲律宾	30.79	菲律宾	30.11	哥伦比亚	29.44
109	菲律宾	31.56	乌干达	30.41	哥伦比亚	29.98	乌干达	29.34
110	格林纳达	31.26	乌拉圭	30.27	巴基斯坦	29.89	菲律宾	29.32
111	乌拉圭	31.13	斯里兰卡	30.05	乌干达	29.37	洪都拉斯	29.27
112	委内瑞拉	31.08	巴基斯坦	30.01	委内瑞拉	29.35	尼日利亚	29.24
113	斯里兰卡	30.68	委内瑞拉	29.63	斯里兰卡	29.09	斯里兰卡	28.33
114	哥斯达黎加	30.11	哥斯达黎加	28.64	哥斯达黎加	28.59	哥斯达黎加	28.09
	中国	33.19	中国	33.09	中国	33.88	中国	37.32

根据自然间断法，将 1980～2014 年全球 CIWB 划分为低（0 < CIWB ≤ 33.07）、较低（33.07 < CIWB ≤ 39.93）、中（39.93 < CIWB ≤ 48.32）、高（48.32 < CIWB ≤ 86.51）4 个级别。全球 CIWB 的平均值从 1980 年的 40.66 下降到 2014 年的 34.91，整体从中人类碳福祉强度等级向较低人类碳福祉强度等级转变。1980～2014 年全球低人类碳福祉强度等级的国家主要分布在南美洲、北非、南欧以及东亚和东南亚；高人类碳福祉强度等级的国家主要为美国、加拿大、澳大利亚、南非、文莱、科威特、越南、尼泊尔、卢森堡、巴哈马、巴林、苏丹。

（二）全球人类碳福祉强度空间集聚特征

1. 全局空间自相关

在对全球 CIWB 空间格局演变分析基础上，本文考虑到 CIWB 指标的空间溢出性，运用 Stata15 软件对 1980～2014 年全球 114 个国家（或地区）的 CIWB 进行空间自相关检验，首先得到全局 Moran's I。表 19－3 显示，1980～2014 年全球 CIWB 的 Moran's I 值均大于 0，且 P 值都通过了 1% 的显著性水平检验，拒绝随机分布假设，表明全球人类碳福祉强度呈现空间集聚特征。Moran's I 值从 1980 年的 0.471 降为 2014 年 0.410，全球人类碳福祉强度空间集聚程度略有降低。

表 19－3　　　　　1980～2014 年全球人类碳福祉强度的全局 Moran's I 值变化

变量	1980 年	1981 年	1982 年	1983 年	1984 年	1985 年	1986 年	1987 年	1988 年
Moran's I	0.471 ***	0.385 ***	0.393 ***	0.382 ***	0.379 ***	0.390 ***	0.395 ***	0.390 ***	0.416 ***
变量	1989 年	1990 年	1991 年	1992 年	1993 年	1994 年	1995 年	1996 年	1997 年
Moran's I	0.405 ***	0.399 ***	0.355 ***	0.326 ***	0.342 ***	0.350 ***	0.361 ***	0.364 ***	0.384 ***
变量	1998 年	1999 年	2000 年	2001 年	2002 年	2003 年	2004 年	2005 年	2006 年
Moran's I	0.392 ***	0.373 ***	0.372 ***	0.333 ***	0.339 ***	0.331 ***	0.335 ***	0.343 ***	0.327 ***
变量	2007 年	2008 年	2009 年	2010 年	2011 年	2012 年	2013 年	2014 年	
Moran's I	0.375 ***	0.385 ***	0.371 ***	0.383 ***	0.397 ***	0.384 ***	0.398 ***	0.410 ***	

注：*** 表示通过 1% 的显著性检验。

　　从莫兰散点图可以看出（见图 19－7），114 个国家（或地区）主要分布在第一、第三象限，表明全球 CIWB 呈现出明显的高高集聚与低低集聚为主的空间集聚特征。

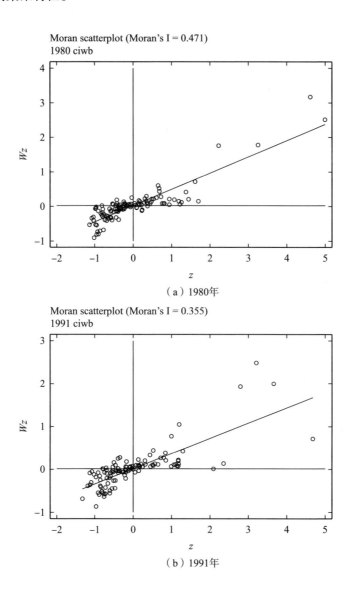

（a）1980年

（b）1991年

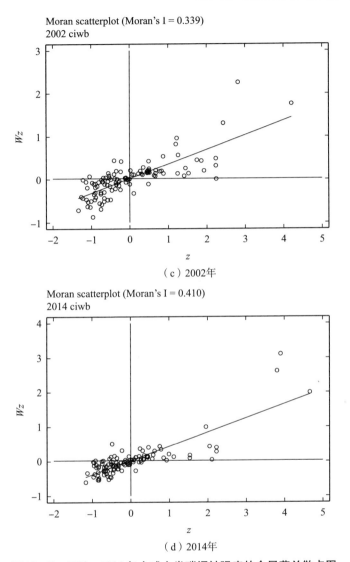

图 19 - 7　1980～2014 年全球人类碳福祉强度的全局莫兰散点图

2. 局部空间自相关

再分析发达国家（或地区）与发展中国家（或地区）CIWB 的局部 Moran's I 值变化。从表 19 - 4 可知，发达国家（或地区）与发展中国家（或地区）CIWB 的局部 Moran's I 值均大于 0 且在 1% 的水平上显著，说明不仅从全球来看 CIWB 呈现空间集聚特征，而且从发达国家（或地区）与发展中国家（或地区）来看，CIWB 也表现出空间集聚特征。其中，亚洲发展中国家（或地区）的 CIWB 空间集聚程度最高，拉美的发展中国家、发达国家（或地区）次之，非洲的发展中国家 CIWB 空间集聚程度最低。

表19-4　　　1980~2014 年发达国家（或地区）与发展中国家人类碳
福祉强度局部 Moran's I 值变化

年份	发达国家（或地区）	发展中国家（或地区）			年份	发达国家（或地区）	发展中国家（或地区）		
		亚洲	非洲	拉美			亚洲	非洲	拉美
1980	0.575 ***	0.669 ***	0.254 ***	0.649 ***	1998	0.421 ***	0.637 ***	0.250 ***	0.362 ***
1981	0.550 ***	0.553 ***	0.251 ***	0.520 ***	1999	0.415 ***	0.617 ***	0.256 ***	0.367 ***
1982	0.539 ***	0.579 ***	0.246 ***	0.478 ***	2000	0.427 ***	0.614 ***	0.262 ***	0.368 ***
1983	0.551 ***	0.514 ***	0.242 ***	0.461 ***	2001	0.437 ***	0.546 ***	0.269 ***	0.365 ***
1984	0.536 ***	0.537 ***	0.230 ***	0.439 ***	2002	0.440 ***	0.549 ***	0.272 ***	0.370 ***
1985	0.541 ***	0.561 ***	0.219 ***	0.406 ***	2003	0.435 ***	0.524 ***	0.273 ***	0.371 ***
1986	0.531 ***	0.579 ***	0.209 ***	0.394 ***	2004	0.459 ***	0.525 ***	0.272 ***	0.381 ***
1987	0.495 ***	0.594 ***	0.216 ***	0.384 ***	2005	0.459 ***	0.540 ***	0.271 ***	0.383 ***
1988	0.492 ***	0.638 ***	0.217 ***	0.378 ***	2006	0.448 ***	0.511 ***	0.265 ***	0.377 ***
1989	0.507 ***	0.641 ***	0.212 ***	0.368 ***	2007	0.448 ***	0.572 ***	0.256 ***	0.396 ***
1990	0.526 ***	0.634 ***	0.225 ***	0.353 ***	2008	0.423 ***	0.581 ***	0.253 ***	0.386 ***
1991	0.533 ***	0.648 ***	0.230 ***	0.339 ***	2009	0.418 ***	0.561 ***	0.238 ***	0.446 ***
1992	0.526 ***	0.635 ***	0.237 ***	0.336 ***	2010	0.429 ***	0.570 ***	0.241 ***	0.470 ***
1993	0.513 ***	0.678 ***	0.234 ***	0.333 ***	2011	0.427 ***	0.579 ***	0.234 ***	0.500 ***
1994	0.530 ***	0.667 ***	0.239 ***	0.338 ***	2012	0.427 ***	0.569 ***	0.228 ***	0.493 ***
1995	0.455 ***	0.604 ***	0.251 ***	0.343 ***	2013	0.423 ***	0.579 ***	0.231 ***	0.540 ***
1996	0.461 ***	0.618 ***	0.249 ***	0.352 ***	2014	0.419 ***	0.595 ***	0.234 ***	0.485 ***
1997	0.468 ***	0.624 ***	0.245 ***	0.353 ***					

注：*** 表示通过1%的显著性检验。

（三）全球人类碳福祉强度变化的驱动因素

1. 全球人类碳福祉强度变化的驱动因素识别

根据表 19-5，回归结果通过 Hausman 检验，选择固定效应。LM 检验结果得出，拒绝没有空间滞后项和空间自回归项的原假设，SDM 模型适合解决空间依赖问题。LR 检验拒绝 $\varphi = 0$、$\rho \neq 0$ 的原假设（$LM - Lag = 88.09$）和 $\varphi + \rho\beta = 0$ 的原假设（$LM - error = 54.27$）。空间自回归系数 ρ 在 1% 的水平上显著为正，也说明全球人类碳福祉强度存在明显的空间集聚特征。选用双固定 SDM 模型对全球人类碳福祉强度变化的驱动因素进行分析，下文对各驱动因素的回归结果进行分析。

表 19 – 5　　　1980 ~ 2014 年全球人类碳福祉强度变化的驱动因素空间回归结果

变量	Panel	SLM	SEM	SDM		SDM
ln$pgdp$	0. 025 *** (0. 007)	0. 019 *** (0. 006)	0. 030 *** (0. 008)	0. 049 *** (0. 008)	W ∗ ln$pgdp$	− 0. 082 *** (0. 014)
$fuel$	0. 066 *** (0. 018)	0. 041 *** (0. 015)	0. 054 *** (0. 018)	0. 028 * (0. 015)	W ∗ $secind$	0. 328 *** (0. 064)
$trade$	− 0. 005 (0. 005)	− 0. 003 (0. 005)	− 0. 002 (0. 006)	0. 008 * (0. 005)		
$secind$	− 0. 083 *** (0. 022)	− 0. 093 *** (0. 018)	− 0. 124 *** (0. 021)	− 0. 208 *** (0. 027)	W ∗ $deathr$	− 1. 192 *** (0. 185)
ln$capital$	− 0. 053 *** (0. 005)	− 0. 025 *** (0. 004)	− 0. 045 *** (0. 005)	− 0. 021 *** (0. 005)	空间自回归系数	
					ρ（SLM）	0. 498 *** （0. 026）
$deathr$	1. 070 *** (0. 055)	0. 832 *** (0. 047)	1. 090 *** (0. 054)	1. 248 *** (0. 081)	λ（SEM）	0. 547 *** （0. 028）
					ρ（SDM）	0. 526 *** （0. 028）
LM		0. 006	905. 702 ***			
LM（$robust$）		9. 969 ***	915. 665 ***			
LR		88. 090 ***	54. 270 ***	40. 760 *** （ind）/ 6672. 070 *** （time）		
$Hauseman\ test$	113. 320 ***	13. 34 **	19. 300 ***	− 642. 67		
$Constant$	3. 922 *** (0. 042)					
R^2	0. 232	0. 235	0. 229	0. 248		

注：*** 、** 、* 表示通过 1% 、5% 、10% 的显著性检验，括号内为标准误。

人均 GDP 的估计系数显著为正，经济发展对全球 CIWB 具有显著的正向影响，说明全球人均 GDP 增长促进了全球 CIWB 的增长，且人均 GDP 每增长 1%，全球 CIWB 增加 0.049%，这一研究结果直接证实了本文提出的假设1。从控制变量来看，化石能源占能源消费比重的估计系数在 10% 的水平上显著为正，每提高 1% 的化石能源消费占比，全球 CIWB 会增加0.028%。2019 年化石能源在世界能源格局中的占比仍高达 84.3%，以化石能源为主的能源消费结构以及相应的经济发展模式无疑成为全球人类碳福祉强度恶化的原因。贸易总额占 GDP 比重也显著驱动了全球 CIWB 的增加，贸易总额占比每增加 1%，全球 CIWB 则增加 0.008%。对外贸易不利于全球人类碳福祉强度的改善，这说明在全球范围内存在碳排放的"污染避难所"假说，导致对外贸易对碳排放和人类福祉之间的平衡关系产生不利影响。工业增加值占 GDP 的比重和资本存量均在 1% 的水平上对全球 CIWB 起到显著的促减作用，但前者的促减效应更大。工业增加值占比每提高 1%，全球 CIWB 减少 0.208%；而资本存量每增加 1%，全球 CIWB 减少 0.021%。这也表明工业化促进了全球就业和工资水平增加，以及随着全球产业结构的不断调整，工业化在一定程度上改善了全球人类碳福祉强度。在控制变量中，死亡率的估计系数最高且显著为正，显示出其是全球 CIWB 增加的重要因素，死亡率每增加 1%，全球 CIWB 提高 1.248%，说明降低死亡率会提高人类福祉。

2. 全球人类碳福祉强度变化驱动因素的区域异质性

进一步对发达国家（或地区）与发展中国家（或地区）CIWB 变化的驱动因素分别进行回归分析。LM 检验结果拒绝没有空间滞后项和空间自回归项的原假设，选用时间固定 SDM 模型对发达国家（或地区）进行回归。从表 19 - 6 可知，对发达国家（或地区）而言，人均 GDP、化石能源占能源消费比重、工业增加值占 GDP 的比重、死亡率对 CIWB 起到显著的正向作用，而贸易总额占 GDP 比重对 CIWB 表现为负向作用。和表 19 - 5 全球层面的回归结果比较可知，发达国家（或地区）的对外贸易有利于其 CIWB 的降低，也表明发达国家（或地区）通过对外贸易向发展中国家转移了碳排放。此外，在全球层面，工业增加值占比和资本存量对 CIWB 整体是促减的，但对发达国家（或地区）而言，却起到了增加 CIWB 的不利影响。

表 19 - 6　　1980~2014 年发达国家（或地区）、亚洲发展中国家（或地区）
人类碳福祉强度变化的驱动因素空间计量回归结果

变量	发达国家（或地区）			亚洲发展中国家（或地区）		
	SLM	SEM	SDM（time）	SLM	SEM	SDM（time）
ln$pgdp$	0.065 *** (0.008)	0.090 *** (0.012)	0.059 *** (0.015)	0.030 ** (0.013)	0.031 * (0.017)	0.075 *** (0.020)
$fuel$	0.311 *** (0.016)	0.417 *** (0.021)	0.330 *** (0.028)	-0.043 (0.049)	-0.052 (0.059)	-0.064 (0.048)
$trade$	-0.024 *** (0.003)	-0.027 *** (0.006)	-0.025 *** (0.003)	-0.026 ** (0.012)	-0.046 *** (0.017)	-0.026 ** (0.012)
$secind$	0.027 (0.017)	0.172 (0.035)	0.350 *** (0.048)	-0.110 ** (0.045)	-0.170 *** (0.062)	-0.294 *** (0.088)
ln$capital$	-0.013 *** (0.005)	0.005 ** (0.010)	0.087 *** (0.014)	0.001 (0.009)	0.001 (0.013)	-0.005 (0.011)
$deathr$	1.114 *** (0.105)	1.811 *** (0.156)	1.268 *** (0.099)	1.373 *** (0.160)	1.975 *** (0.196)	1.872 *** (0.330)
W × ln$pgdp$			0.040 * (0.024)			-0.809 *** (0.003)
W × $fuel$			-0.174 *** (0.052)			0.311 ** (0.127)
W × $secind$			-0.504 *** (0.060)			
W × ln$capital$			-0.146 *** (0.020)			
W × $deathr$						-1.315 ** (0.545)
ρ	0.738 *** (0.017)		0.745 *** (0.019)	0.480 *** (0.048)		0.530 *** (0.046)
λ		0.865 *** (0.014)			0.528 *** (0.047)	

续表

变量	发达国家（或地区）			亚洲发展中国家（或地区）		
	SLM	SEM	SDM（time）	SLM	SEM	SDM（time）
LM	13.995	318.780 **		181.693 ***	346.849 ***	
LM（robust）	35.780 ***	340.565 **		137.937 ***	303.093 ***	
LR	180.94 ***	82.720 ***	7.030（ind）/2861.8 ***（time）	47.530 ***	37.020 ***	11.040（ind）/1205.970 ***（time）
$Hauseman$	−3.050	172.39 ***	69.620 ***	6.87	13.740 **	249.59 ***
R^2	0.516	0.294	0.624	0.205	0.208	0.215

注：*** 、** 、* 分别表示通过 1%、5%、10% 的显著性检验，表中括号内为标准误。

将发展中国家（地区）分为亚洲、非洲、拉美三类分别进行回归分析。亚洲发展中国家（地区）的 LM 检验结果拒绝没有空间滞后项和空间自回归项的原假设，选用时间固定的 SDM 模型。由表 19−6 可知，亚洲发展中国家（地区）的人均 GDP、死亡率对其 CIWB 起正向作用，而贸易总额占 GDP 比重、工业增加值占 GDP 的比重对其 CIWB 表现为负向作用。其中，化石能源占能源消费比重、资本存量的回归结果不显著，可能因为亚洲的不少国家（或地区）化石能源消费结构存在较大差异，以及有些国家（或地区）资本存量在经济发展过程中对 CO_2 排放和人类福祉的影响不明显。

从表 19−7 显示的非洲发展中国家检验结果来看，选用双固定 SDM 模型。从回归结果可以看出，化石能源占能源消费比重、贸易总额占 GDP 比重、死亡率对非洲发展中国家的 CIWB 有显著的正向作用。而人均 GDP、工业增加值占 GDP 的比重、资本存量则为显著的负向作用。拉美发展中国家的 LM 检验结果拒绝没有空间滞后项和空间自回归项的原假设，采用时间固定 SDM 模型得到表 19−7 的回归结果，人均 GDP、贸易总额占 GDP 比重、死亡率对拉美发展中国家的 CIWB 有显著的正向作用，而化石能源占能源消费比重、工业增加值占 GDP 的比重、资本积累对其 CIWB 为显著的负向作用。

表 19 – 7　1980 ~ 2014 年非洲发展中国家、拉美发展中国家人类碳福祉强度变化的驱动因素空间计量回归结果

变量	非洲发展中国家			拉美发展中国家		
	SLM	SEM	SDM	SLM	SEM	SDM（time）
ln*pgdp*	− 0.027 *** (0.010)	− 0.014 (0.011)	− 0.031 *** (0.011)	0.083 *** (0.024)	0.099 *** (0.025)	0.269 *** (0.036)
fuel	0.007 (0.024)	0.021 (0.027)	0.113 *** (0.034)	− 0.024 (0.051)	− 0.029 (0.053)	− 0.327 *** (0.080)
trade	0.013 *** (0.004)	0.007 ** (0.004)	0.055 *** (0.010)	0.096 *** (0.018)	0.110 (0.020)	0.323 *** (0.041)
secind	− 0.170 *** (0.027)	− 0.187 *** (0.030)	− 0.265 *** (0.033)	0.040 (0.065)	0.038 (0.067)	− 0.300 *** (0.108)
ln*capital*	− 0.036 *** (0.007)	− 0.049 *** (0.008)	− 0.044 *** (0.006)	− 0.073 *** (0.013)	− 0.085 *** (0.014)	− 0.061 *** (0.017)
deathr	0.795 *** (0.057)	0.922 *** (0.061)	0.892 *** (0.056)	2.030 *** (0.314)	2.203 *** (0.320)	1.455 *** (0.322)
W × ln*pgdp*			0.973 *** (0.298)			− 0.259 *** (0.050)
W × *fuel*			− 6.553 *** (1.414)			0.625 *** (0.163)
W × *trade*						− 0.387 *** (0.065)
W × *secind*			6.851 *** (1.472)			0.748 *** (0.241)
ρ	0.327 *** (0.045)		0.615 (0.730)	0.107 (0.084)		0.116 (0.083)
λ		0.353 *** (0.049)			0.193 (0.081)	
LM	15.514 ***	115.070 ***		27.076 ***	26.408 ***	
LM（robust）	25.725 ***	125.281 ***		31.716 ***	31.049 ***	

变量	非洲发展中国家			拉美发展中国家		
	SLM	SEM	´SDM	SLM	SEM	SDM（time）
LR	72.400 ***	72.350 ***	75.630 ***（ind）/2149.330 ***（time）	52.410 ***	50.690 ***	22.570（ind）/744.380 ***（time）
Hauseman	−20.48	−31.24	−8.01	50.640 ***	30.090 ***	28.760 ***
R^2	0.359	0.356	0.311	0.198	0.199	0.272

注：***、**、*分别表示通过1%、5%、10%的显著性检验，表中括号内为标准误。

从上述分析可知，只有非洲发展中国家的经济发展对 CIWB 为负向作用，即非洲发展中国家（地区）的经济发展使其 CIWB 降低。而发达国家（或地区）以及亚洲、拉美发展中国家的经济发展对其 CIWB 均为正向作用。可见，非洲发展中国家的经济发展提升了人类福祉降低了碳排放，经济可持续发展水平更高。这也说明全球经济发展对 CIWB 的影响存在区域差异。还可以看出，发达国家（或地区）和非洲发展中国家使用大量的化石燃料来提高居民福祉的同时，也产生了大量的碳排放，这对全球气候变化形成挑战。亚洲发展中国家（地区）的对外贸易对其 CIWB 的负向效应和发达国家（或地区）相似，其使 CIWB 降低。可能也存在贸易中隐含碳向非洲、拉美发展中国家转移。在工业化和资本积累方面，工业增加值占 GDP 比重与资本存量两个指标对 CIWB 的作用在发达国家（或地区）和发展中国家存在明显差异，对发达国家（或地区）是正向的促增作用，对发展中国家却是负向的促减作用。可见工业化和资本积累对发展中国家提高国民福祉仍是必要的，但发达国家（或地区）处在更高的经济发展阶段，需要更加重视其不利影响。不论对发达国家（或地区）还是发展中国家，死亡率对 CIWB 的影响都是相似的，表明降低死亡率、延长人类寿命是全球降低 CIWB、实现 SDGs 中人类福祉目标的重要方向。

3. 全球人类碳福祉强度变化驱动因素的空间溢出效应

在驱动因素区域异质性回归分析的基础上，揭示各驱动因素对全球人类碳福祉强度的空间溢出效应。从表 19 − 8 来看，经济增长因素对本国（或地区）CIWB 的直接效应为正，但对周边国家的空间溢出效应为负，说明一国（或地区）经济增长带来的碳排放对本国的影响明显，而对周边国家的空间影响相对较弱。化石能源占能源消费的比重带来的直接效应和空间溢出效应都为正效应，说明以化石能源为主的能源结构既不利于降低本国的CIWB，也不利于改善周边国家的CIWB。进出口贸易总额占GDP比重的提高不仅会恶化本国的CIWB，而且周边国家进出口贸易总额占GDP比重的提高对该国CIWB也产生促增效应。一个国家（或地区）工业增加值占GDP比重的增加会改善周边国家的CIWB，而周边国家（或地区）工业增加值占GDP比重的增加却会恶化该国的CIWB，说明相邻国家之间存在高污染工业的转移。资本存量对本国（或地区）和周边国家CIWB的直接效应与空间溢出效应均为负值，表明一个国家（或地区）的资本积累对本国或周边国家的CIWB均起到了改善作用。一个国家（或地区）粗死亡率的提高对周边国家的CIWB具有恶化作用，但周边国家粗死亡率的提高却降低了该国的CIWB。

表 19-8　　1980~2014 年全球、发达国家、发展中国家（或地区）
人类碳福祉强度驱动因素的空间效应估计结果

效应	地区		lnpgdp	fuel	trade	secind	lncapital	deathr
直接效应	全球		0.029 *** (0.008)	0.032 * (0.017)	0.011 * (0.005)	-0.129 *** (0.020)	-0.025 *** (0.005)	1.059 *** (0.055)
	发达国家（或地区）		0.141 *** (0.014)	0.398 *** (0.027)	-0.044 *** (0.004)	0.114 *** (0.034)	0.006 (0.009)	2.206 *** (0.164)
	发展中国家	亚洲	0.047 *** (0.017)	-0.091 (0.063)	-0.033 ** (0.015)	-0.192 *** (0.056)	-0.007 (0.013)	1.663 *** (0.362)
		非洲	-0.034 (0.013)	0.015 (0.025)	0.031 *** (0.006)	-0.175 *** (0.030)	-0.044 *** (0.006)	0.903 *** (0.054)
		拉美	0.167 *** (0.026)	-0.063 (0.053)	0.168 *** (0.021)	0.023 (0.067)	-0.065 *** (0.017)	1.534 *** (0.320)

续表

效应	地区		lnpgdp	fuel	trade	secind	lncapital	deathr
空间溢出效应	全球		−0.099*** (0.020)	0.025* (0.014)	0.008* (0.004)	0.383*** (0.099)	−0.020*** (0.005)	−0.942*** (0.268)
	发达国家 （或地区）		0.247*** (0.041)	0.209** (0.099)	−0.055*** (0.006)	−0.715*** (0.088)	−0.241*** (0.029)	2.825*** (0.324)
	发展 中国家	亚洲	−0.061** (0.029)	−0.051 (0.037)	−0.019* (0.009)	0.223 (0.135)	−0.004 (0.008)	−0.474 (0.581)
		非洲	0.078*** (0.023)	−0.376*** (0.069)	0.001 (0.002)	0.130*** (0.027)	−0.0005 (0.0006)	0.010 (0.012)
		拉美	−0.155*** (0.032)	0.403*** (0.107)	−0.240*** (0.040)	0.491*** (0.158)	−0.005 (0.004)	0.113 (0.092)
总效应	全球		−0.070*** (0.023)	0.057* (0.031)	0.019* (0.010)	0.254** (0.104)	−0.045*** (0.010)	0.116 (0.269)
	发达国家 （或地区）		0.388*** (0.046)	0.607*** (0.119)	−0.099*** (0.010)	−0.601*** (0.090)	−0.235*** (0.031)	5.031*** (0.453)
	发展 中国家	亚洲	−0.015 (0.036)	−0.142 (0.099)	−0.052** (0.024)	0.031 (0.145)	−0.011 (0.021)	1.189* (0.643)
		非洲	0.044 (0.025)	−0.361*** (0.070)	0.032*** (0.006)	−0.045 (0.044)	−0.044*** (0.006)	0.913*** (0.055)
		拉美	−0.012 (0.038)	0.339*** (0.129)	−0.073* (0.038)	0.514*** (0.190)	−0.069*** (0.018)	1.648*** (0.345)

注：***、**、*表示通过1%、5%、10%的显著性检验，括号内为标准误。

比较分析1980~2014年发达国家（或地区）与发展中国家驱动因素的空间溢出效应可知：发达国家、非洲发展中国家的人均GDP对CIWB的空间溢出效应为正，而亚洲和拉美发展中国家的人均GDP对CIWB的空间溢出效应为负。发达国家（或地区）、拉美发展中国家的化石能源占能源消费的比重对CIWB的空间溢出效应为正，亚洲和非洲发展中国家的化石能源占能源消费比重对CIWB的空间溢出效应却为负。发达国家（或地区）、亚洲和拉美发展中国家周边国家贸易总额占GDP比重的增加会改善CIWB，而非洲发展中国家的贸易总额占 GDP 比重的空间溢出效应不显著。需要指出的是，拉美发展中国家对外贸易的空间溢出效应明显，表明拉美发展中国家周边国家的对外贸易对其 CIWB 具有明显的降低作用。非洲和拉美发展中国家的工业增加值占 GDP 比重的空间溢出效应显著为正，发达国家（或地区）工业增加值占 GDP 比重的空间溢出效应显著为负，而亚洲发展中国家却不显著。其中，发达国家（或地区）的空间溢出效应系数为 −0.715，表明发达国家周边国家不断地进行技术创新与设备更新、清洁生产与再制造，逐步实现传统产业的转型升级，降低了其 CIWB。发达国家（或地区）周边国家资本存量的增加会改善其 CIWB，发展中国家资本存量的空间溢出效应均不显著。发达国家（或地区）死亡率的空间溢出效应显著为正，而发展中国家死亡率的空间溢出效应均不显著。可见，各驱动因素对全球 CIWB 的空间溢出效应在发达国家（或地区）与发展中国家之间以及发展中国家不同区域之间存在差异。

参 考 文 献

［1］蔡平、马特森、穆泥、李博等译：《陆地生态系统生态学原理》，高等教育出版社 2005 版。

［2］曹邓：《可持续发展思想的演变与诠释》，载于《当代财经》2005 年第 11 期。

［3］曹淑艳、谢高地：《基于投入产出分析的中国生态足迹模型》，载于《生态学报》2007 年第 4 期。

［4］曹万林：《区域生态公平及其影响因素研究》，载于《统计与决策》2019 年第 7 期。

［5］曹智、闵庆文、刘某承等，《基于生态系统服务的生态承载力：概念、内涵与评估模型及应用》，载于《自然资源学报》2015 年第 1 期。

［6］曾凡军：《西方政府治理模式的系谱与趋向诠析》，载于《学术论坛》2010 年第 8 期。

［7］陈晨：《乡村振兴战略实施取得积极进展》，载于《光明日报》2022 年 6 月 28 日。

［8］陈华：《美日发展循环经济的启示》，载于《企业管理》2005 年第 11 期。

［9］陈俊生：《中国生态农业的崛起和发展》，载于《生态农业研究》1993 年第 1 期。

［10］陈可文：《中国海洋经济学》，海洋出版社 2003 年版。

［11］陈庆能：《中国行业碳排放的核算和分解：基于投入产出结构分解分析视角》，经济科学出版社 2019 年版。

［12］陈予群：《论城市生态经济》，载于《生态经济》1987 年第 3 期。

［13］陈志友：《循环经济：现代生产力运行的新方式》，载于《生产力研究》2005 年第 10 期。

［14］程福祜：《生态经济学源流》，载于《经济研究》1983 年第 9 期。

［15］程臻宇、侯效敏、王宝义：《全球生态治理与生态经济研究进展——"生态经济研究前沿国际高层论坛"会议综述》，载于《生态经济》2015 年第 10 期。

［16］崔保山、杨志峰：《湿地生态系统健康研究进展》，载于《生态学杂志》2001 年第 3 期。

［17］戴纪翠、倪晋仁：《底栖动物在水生生态系统健康评价中的作用分析》，载于《生态环境》2008 年第 5 期。

［18］戴利著，诸大建等译：《超越增长——可持续发展的经济学》，上海译文出版社 2001 年。

［19］戴维·A. 芬内尔著，张凌云、马晓秋译：《生态旅游》，商务印书馆 2017 年版。

［20］戴星照、罗斌华：《从"治"到"富"："山江湖工程"战略升级研究》，载于《人民长江》2016 年第 24 期。

［21］邓雪梅：《人类世——新人类纪元》，载于《世界科学》2010 年第 5 期。

［22］邓亚东，孟庆鑫等：《基于 PSR 模型的地质遗迹景观脆弱性评价——以永福县为例》，载于《中国岩溶》2021 年 3 月。

［23］邓远建、杨旭、马强文等：《中国生态福利绩效水平的地区差距及收敛性》，载于《中国人口·资源与环境》2021 年第 4 期。

［24］Des Gasper、陆丽娜：《人类福利：概念和概念化》，载于《世界经济文汇》2005 年第 3 期。

［25］狄乾斌、张洁、吴佳璐：《基于生态系统健康的辽宁省海洋生态承载力评价》，载于《自然资源学报》2014 年第 2 期。

［26］翟晨阳、王圣云：《基于系统动力学的鄱阳湖区多维福祉时空差异演变与情景模拟》，载于《生态学报》2021 年第 8 期。

［27］丁雪丽、张玲玲：《整体性治理视角下的河长制评析》，载于《水利经济》，2018 年第 36 卷第 3 期。

［28］杜斌、张坤民、温宗国等：《可持续经济福利指数衡量城市可持

续性的应用研究》，载于《环境保护》2004 年第 8 期。

［29］段宁、孙宁、魏晓琳：《关于推进我国生态工业园区建设的思考和建议》，载于《环境保护》2002 年第 2 期。

［30］段宁：《清洁生产、生态工业和循环经济》，载于《环境科学研究》2001 第 6 期。

［31］范德成：《基于低碳经济的节能减排与能源结构优化》，科学出版社 2018 年版。

［32］范斐、孙才志、王雪妮：《社会、经济与资源环境复合系统协同进化模型的构建及应用——以大连市为例》，载于《系统工程理论与实践》2013 年第 33 卷第 2 期。

［33］范晓婷：《我国海岸线现状及其保护建议》，载于《地质调查与研究》2008 年第 1 期。

［34］方恺：《生态足迹深度和广度：构建三维模型的新指标》，载于《生态学报》2013 年第 1 期。

［35］方时姣、肖权：《中国区域生态福利绩效水平及其空间效应研究》，载于《中国人口·资源与环境》2019 年第 3 期。

［36］方晓亮：《生态旅游管理及其目标实现》，载于《旅游论坛》1996 年第 1 期。

［37］封志明、李鹏：《承载力概念的源起与发展：基于资源环境视角的讨论》，载于《自然资源学报》2018 年第 9 期。

［38］冯吉芳、袁健红：《中国区域生态福利绩效及其影响因素》，载于《中国科技论坛》2016 年第 3 期。

［39］冯伟林、李树苗、李聪：《生态系统服务与人类福祉——文献综述与分析框架》，载于《资源科学》2013 年第 7 期。

［40］傅伯杰、陈利顶、于秀波：《中国生态环境的新特点及其对策》，载于《环境科学》2000 年第 5 期。

［41］傅伯杰、周国逸、白永飞等：《中国主要陆地生态系统服务功能与生态安全》，载于《地球科学进展》2009 年第 6 期。

［42］傅泽强、杨明、段宁等：《生态工业技术的概念、特征及比较研究》，载于《环境科学研究》2006 年第 4 期。

［43］高洪深：《经济系统分析导论》，中国审计出版社 1998 年版。

[44] 高吉喜：《可持续发展理论探索——生态承载力理论、方法与应用》，中国环境科学出版社2001年版。

[45] 高家军：《人类命运共同体视域下全球生态文明建设的系统审视》，载于《系统科学学报》2021年第4期。

[46] 高建中、侯军岐：《生态经济的系统思维与辩证思维》，载于《生态经济》2003年第10期。

[47] 高乐华、史磊、高强：《我国海洋生态经济系统发展状态评价及时空差异分析》，载于《国土与自然资源研究》2013年第2期。

[48] 高鹭、张宏业：《生态承载力的国内外研究进展》，载于《中国人口·资源与环境》2007年第2期。

[49] 高尚宾：《我国首批生态农业试点县建设综合效益显著》，载于《生态农业研究》2000年第2期。

[50] 高思宇：《长江经济带城市水资源包容性可持续力及耦合协调机制研究》，中国地质大学，2021年。

[51] 戈德史密斯，程福祐译：《生存的蓝图》，中国环境科学出版社1987年。

[52] 葛颜祥、吴菲菲、王蓓蓓等：《流域生态补偿：政府补偿与市场补偿比较与选择》，载于《山东农业大学学报（社会科学版）》2007年第4期。

[53] 龚高健：《中国生态补偿若干问题研究》，中国社会科学出版社2011年版。

[54] 顾海兵：《经济系统分析》，北京出版社1998年版。

[55] 顾康康：《生态承载力的概念及其研究方法》，载于《生态环境学报》2012年第2期。

[56] 郭斌、蔡宁、许庆瑞：《企业清洁生产技术采用行为分析》，载于《中国软科学》1996年第7期。

[57] 郭茹、戴欣宇、刘林京等：《可持续发展目标评价研究进展及中国实践》，载于《生态经济》2022年第1期。

[58] 郭台辉：《西方社会科学方法论的历史之维》，载于《中国社会科学》2019年第8期。

[59] 韩增林、刘澄浩、闫晓露，等：《基于生态系统服务供需匹配与

耦合协调的生态管理分区——以大连市为例》，载于《生态学报》2021 第 22 期。

［60］韩增林、刘桂春：《人海关系地域系统探讨》，载于《地理科学》2007 年第 6 期。

［61］何伯述、郑显玉、侯清濯等：《我国燃煤电站的生态效率》，载于《环境科学学报》2001 年第 4 期。

［62］何栋材、徐中民、王广玉：《水贫困测量及应用的国际研究进展》，载于《干旱区地理》2009 年第 32 卷第 2 期。

［63］和炳全、盛薇：《生态农业模式发展现状与问题分析》，载于《现代化农业》2012 年第 11 期。

［64］洪银兴：《可持续发展的经济学问题》，载于《求是学刊》2021 年第 3 期。

［65］黄从红、杨军、张文娟：《生态系统服务功能评估模型研究进展》，载于《生态学杂志》2013 年第 12 期。

［66］黄甘霖、姜亚琼、刘志锋等，《人类福祉研究进展——基于可持续科学视角》，载于《生态学报》2016 年第 23 期。

［67］黄和平：《基于生态效率的江西省循环经济发展模式》，载于《生态学报》2015 年第 9 期。

［68］黄家宝：《水资源价值及资源水价测算的探讨》，载于《广东水利水电》2004 年第 5 期。

［69］黄悦、姚仕明、卢金友：《三峡水库运用对坝下游干流河道水文情势的影响研究》，载于《长江科学院院报》2011 年第 28 卷第 7 期。

［70］江涛：《流域生态经济系统可持续发展机理研究》，武汉理工大学，2004 年。

［71］姜宁、付强、孙颖娜：《水匮乏指数及其在东北地区水安全评价中的应用》，载于《东北农业大学学报》2013 年第 44 卷第 2 期。

［72］金自学：《生态经济学是可持续发展的理论基础》，载于《生态经济》2001 年第 10 期。

［73］靳乐山、吴乐：《我国生态补偿的成就、挑战与转型》，载于《环境保护》2018 年第 24 期。

［74］莱恩·多亚尔、伊恩·高夫著，李秉勤、贡森等译：《人的需要

理论》，商务印书馆 2008 年版。

[75] 莱特·布朗，林自新、戢守志等译：《生态经济：有利于地球的经济构想》，东方出版社 2002 年版。

[76] 黎元生、胡熠：《流域生态环境整体性治理的路径探析——基于河长制改革的视角》，载于《中国特色社会主义研究》，2017 年第 4 期。

[77] 李赶顺：《发展循环经济实现经济与环境的"双赢"》，载于《河北大学学报（哲学社会科学版）》2002 年第 3 期。

[78] 李国平、李潇、萧代基：《生态补偿的理论标准与测算方法探讨》，载于《经济学家》2013 年第 2 期。

[79] 李海、严茂超、沈文清：《可持续发展与生态经济学刍议》，载于《江西农业大学学报》2001 年第 3 期。

[80] 李金昌：《试论自然资源的价值问题》，载于《中国人口·资源与环境》1989 第 1 期。

[81] 李克让、陈育峰：《全球气候变化影响下中国森林的脆弱性分析》，载于《地理学报》1996 年第 51 期。

[82] 李昆、彭纪生：《工业系统生态化演进的非线性本质》，载于《南京大学学报（自然科学版）》2007 年第 4 期。

[83] 李丽、王心源、骆磊等：《生态系统服务价值评估方法综述》，载于《生态学杂志》2018 年第 4 期。

[84] 李廉水、周勇：《技术进步能提高能源效率吗？——基于中国工业部门的实证检验》，载于《管理世界》2006 年第 10 期。

[85] 李萌、潘家华：《中国生态文明建设与生态文化范式的重构》，载于《贵州社会科学》2021 年第 12 期。

[86] 李名升、佟连军：《基于能值和物质流的吉林省生态效率研究》，载于《生态学报》2009 年第 11 期。

[87] 李鹏、杨桂华、郑彪等：《基于温室气体排放的云南香格里拉旅游线路产品生态效率》，载于《生态学报》2008 年第 5 期。

[88] 李诗凡、陈海飞、陈柯楠：《生态公平问题初探》，载于《江苏科技大学学报（社会科学版）》2014 年第 1 版。

[89] 李双成，赵志强，王仰麟：《中国城市化过程及其资源与生态环境效应机制》，载于《地理科学进展》2009 年第 1 期。

［90］李双成等：《生态系统服务地理学》，科学出版社 2014 年版。

［91］李文华、李芬、李世东：《森林生态效益补偿的研究现状与展望》，载于《自然资源学报》2006 年第 5 期。

［92］李文华、刘某承：《关于中国生态补偿机制建设的几点思考》，载于《资源科学》2010 年第 5 期。

［93］李新平、黄进勇、马琨等：《生态农业模式研究及模式建设建议》，载于《中国生态农业学报》2001 年第 3 期。

［94］李轶：《河长制的历史沿革、功能变迁与发展保障》，载于《环境保护》2017 年第 16 期。

［95］李永峰、乔丽娜：《可持续发展概论》，哈尔滨工业大学出版社 2013 年版。

［96］李有润、沈静珠、胡山鹰等：《生态工业及生态工业园区的研究与进展》，载于《化工学报》2001 年第 3 期。

［97］李云燕、黄姗、张彪等：《北京市生态涵养区生态服务价值评估与生态补偿机制探讨》，载于《中国环境管理》2019 年第 5 期。

［98］李允琛：《浅析我国水资源现状与问题》，载于《农村科学实验》2020 年第 1 期。

［99］李泽红：《城市复合生态系统与城市生态经济系统理论比较研究》，载于《环境与可持续发展》2019 年第 2 期。

［100］李征远、李胜鹏、曹银贵，等：《生态系统服务供给与需求：基础内涵与实践应用》，载于《农业资源与环境学报》2022 年第 3 期。

［101］李周：《环境与生态经济学研究的进展》，载于《浙江社会科学》2002 年第 1 期。

［102］联合国开发计划署：《1990 年人类发展报告》，1990 年。

［103］联合国开发计划署：《中国人类发展报告（2005）：追求公平的人类发展》，中国对外翻译出版公司 2005 年版。

［104］梁炜、任保平：《中国经济发展阶段的评价及现阶段的特征分析》，载于《数量经济技术经济研究》，2009 年第 4 期。

［105］梁颖、廖承红、蔡承智：《全球生态经济系统前景——基于生态经济研究轨迹的认识》，载于《安徽农业科学》2011 年第 5 期。

［106］林毅夫：《新结构经济学——重构发展经济学的框架》，载于

《经济学（季刊）》2011 年第 10 卷第 1 期。

［107］凌卉妍：《河长制背景下广州市流域水治理的问题与解决对策研究》，广州大学，2022。

［108］刘宾：《城市生态经济效益的计量研究》，载于《数量经济技术经济研究》1994 年第 8 期。

［109］刘国华、傅伯杰：《生态区划的原则及其特征》，载于《环境科学进展》1998 年第 6 期。

［110］刘佳骏、董锁成、李泽红：《中国水资源承载力综合评价研究》，载于《自然资源学报》2011 年第 26 卷第 2 期。

［111］刘家根、黄璐、严力蛟：《生态系统服务对人类福祉的影响——以浙江省桐庐县为例》，载于《生态学报》2018 年第 5 期。

［112］刘建军、王文杰、李春来：《生态系统健康研究进展》，载于《环境科学研究》2002 年第 1 期。

［113］刘康：《生态规划——理论、方法与应用》，化学工业出版社2011 年版。

［114］刘民权、俞建拖、王曲：《人类发展视角与可持续发展》，载于《南京大学学报（哲学·人文科学·社会科学版）》2009 年第 1 期。

［115］刘起运，夏明，张红霞：《宏观经济系统的投入产出分析》，中国人民大学出版社 2006 年版。

［116］刘清、吕航：《末端处理与清洁生产的比较评述》，载于《环境污染与防治》2000 年第 4 期。

［117］刘穷志：《转移支付激励与贫困减少——基于 PSM 技术的分析》，载于《中国软科学》2010 年第 9 期。

［118］刘文新：《西北地区城乡水贫困研究：失衡、演化及空间异质性》，西北农林科技大学，2020。

［119］刘晓晖、庄晓惠：《中国城市群生态福利绩效水平测度及影响因素分析》，载于《技术经济与管理研究》2022 年第 5 期。

［120］刘兴元：《草业生态经济系统分析与评价》，江苏凤凰科学技术出版社 2015 年版。

［121］刘学、张志强、郑军卫等：《关于人类世问题研究的讨论》，载于《地球科学进展》2014 年第 5 期。

［122］刘彦随：《中国新时代城乡融合与乡村振兴》，载于《地理学报》2018 年第 4 期。

［123］刘焱序、彭建、汪安等：《生态系统健康研究进展》，载于《生态学报》2015 年第 18 期。

［124］刘燕华、李秀彬：《脆弱生态环境与可持续发展》，商务印书馆 2002 年版。

［125］刘耀彬、肖小东：《煤炭城市"资源尾效"与"资源诅咒"的转换机制研究——基于 PSTR 模型的实证检验》，载于《中国地质大学学报（社会科学版）》2019 年第 2 期。

［126］刘耀彬、卓冲：《绿色发展对减贫的影响研究——基于中国集中连片特困区与非集中连片特困区的对比分析》，载于《财经研究》2021 年第 4 期。

［127］刘耀彬：《中国绿色发展效率与政策工具选择》，社会科学文献出版社 2021 年版。

［128］刘玉龙、马俊杰、金学林，等：《生态系统服务功能价值评估方法综述》，载于《中国人口·资源与环境》2005 年第 1 期。

［129］柳杨青、杨文进：《略论生态经济学与可持续发展经济学的关系》，载于《生态经济》2002 年第 12 期。

［130］龙亮军：《基于两阶段 Super – NSBM 模型的城市生态福利绩效评价研究》，载于《中国人口·资源与环境》2019 年第 7 期。

［131］陆长清、曾辉：《判断清洁生产定量评价体系初探》，载于《环境保护》1999 年第 10 期。

［132］罗伯特·康世坦、约恩森编著，徐中民、张志强、张齐兵等译：《理解和解决 21 世纪的环境问题 面向一个新的、集成的硬问题科学》，黄河水利出版社 2004 年版

［133］吕彬、杨建新：《生态效率方法研究进展与应用》，载于《生态学报》2006 年第 11 期。

［134］马崇明：《论国民经济核算体系核心指标 GDP 的局限性及其改进》，载于《上海统计》2002 年第 6 期。

［135］马传栋：《城市生态经济学》，北京，经济日报出版社 1989 年版。

［136］马传栋：《论城市生态经济系统的基本特点》，载于《生态经济》1986 第 3 期。

［137］马传栋：《论城市生态经济系统的结构》，载于《生态经济》1989 年第 1 期。

［138］马传栋：《生态经济学》，山东人民出版社 1986 年版。

［139］马尔萨斯：《人口原理》，商务印书馆 1961 年版。

［140］马克明、孔红梅、关文彬等：《生态系统健康评价：方法与方向》，载于《生态学报》2001 年第 12 期。

［141］马仁锋、朱保羽、马静武等：《海域功能分类体系协调性判别方法》，载于《自然资源学报》2022 年第 4 期。

［142］马世骏、王如松：《社会 – 经济 – 自然复合生态系统》，载于《生态学报》1984 年第 1 期。

［143］马世骏：《高技术新技术农业应用研究》，中国科学技术出版社1991 年版。

［144］马世骏：《生态规律在环境管理中的作用——略论现代环境管理的发展趋势》，载于《环境科学学报》1981 年第 1 期。

［145］马世骏：《现代化经济建设与生态科学——试论当代生态学工作者的任务》，载于《生态学报》1981 年第 2 期。

［146］马向东、孙金华、胡震云：《生态环境与社会经济复合系统的协同进化》，载于《水科学进展》2009 年 20 卷第 4 期。

［147］毛汉英、余丹林：《环渤海地区区域承载力研究》，载于《地理学报》2001 年第 3 期。

［148］毛汉英、余丹林：《区域承载力定量研究方法探讨》，载于《地球科学进展》2001 年第 4 期。

［149］毛萍、赵鹤凌、张轶佳等：《生态环境中的人类福祉研究热点问题分析》，载于《世界科技研究与发展》2022 年第 12 期。

［150］毛征兵、陈略、范如国：《中国开放经济系统及其发展模式的机理研究——基于复杂适应系统范式的解析》，载于《经济与管理研究》2021 年第 1 期。

［151］梅林、庞瑞秋：《从可持续发展论生态工业建设》，载于《经济地理》2001 年第 S1 期。

[152] 聂艳、雷文华、周勇，等：《区域城市化与生态环境耦合时空变异特征——以湖北省为例》，载于《中国土地科学》2008年第11期。

[153] 聂媛媛、曲泽静、杨善啸，等：《安徽生态农业产业发展模式探析》，载于《安徽农业大学学报（社会科学版）》2017年第4期。

[154] 牛仁亮、张复明：《资源型经济现象及其主要症结》，载于《管理世界》2006年第12期。

[155] 牛文元：《可持续发展理论的内涵认知——纪念联合国里约环发大会20周年》，载于《中国人口·资源与环境》2012年第5版。

[156] 欧阳康、刘启航、赵泽林：《关于绿色GDP的多维探讨——以绩效评估推进我国绿色GDP研究》，载于《江汉论坛》2017年第5期。

[157] 欧阳志云、王如松：《生态系统服务功能、生态价值与可持续发展》，载于《世界科技研究与发展》2000年第5期。

[158] 潘家华：《人文发展分析的概念构架与经验数据——以对碳排放空间的需求为例》，载于《中国社会科学》2002年第6期。

[159] 潘家华：《生态文明建设的理论构建与实践探索》，中国社会科学出版社2019年版。

[160] 潘兴良、徐琳瑜、杨志峰：《生态补偿理论研究进展》，载于《中国环境管理》2016年第6期。

[161] 彭建、杨旸、谢盼，等：《基于生态系统服务供需的广东省绿地生态网络建设分区》，载于《生态学报》2017年第13期。

[162] 齐丽：《景观生态学的国内外研究现状》，载于《科技与创新》2020年第9期。

[163] 千年生态系统评估项目概念框架工作组，张永民译，赵士洞审校：《生态系统与人类福祉：评估框架》，北京：中国环境科学出版社2007年版。

[164] 邱坚坚、刘毅华、袁利等：《人地系统耦合下生态系统服务与人类福祉关系研究进展与展望》，载于《地理科学进展》2021年第6期。

[165] 邱琼、施涵：《关于自然资源与生态系统核算若干概念的讨论》，载于《资源科学》2018年第10期。

[166] 曲修齐、刘淼、李春林等：《生态承载力评估方法研究进展》，载于《气象与环境学报》2019年第4期。

[167] 任晓凤、齐星宇：《生态农业的发展模式研究》，载于《新农业》2017 年第 9 期。

[168] 萨伊：《政治经济学概论》，商务印书馆 1963 版。

[169] 邵帅、范美婷、杨莉莉：《经济结构调整、绿色技术进步与中国低碳转型发展——基于总体技术前沿和空间溢出效应视角的经验考察》，载于《管理世界》2022 年第 2 期。

[170] 佘颖、刘耀彬：《国内外绿色发展制度演化的历史脉络及启示》，载于《长江流域资源与环境》2018 年第 7 期。

[171] 申元村、张永涛：《我国脆弱生态环境形成演变原因及其区域分异探讨》，载于《生态环境综合整治和恢复技术研究》1992 年第 1 期。

[172] 沈满洪：《生态经济学》，中国环境科学出版社 2008 年版。

[173] 沈满洪：《生态经济学的发展与创新——纪念许涤新先生主编的《生态经济学》出版 20 周年》，载于《内蒙古财经学院学报》2006 年第 6 期。

[174] 沈满洪等：《生态经济学》，中国环境出版社 2016 年版。

[175] 沈文君、沈佐锐、王小艺：《生态系统健康理论与评价方法探析》，载于《中国生态农业学报》2004 年第 1 期。

[176] 沈长智：《生态旅游系统及其开发》，载于《北京第二外国语学院学报》2001 年第 1 期。

[177] 施雅风、曲耀光：《乌鲁木齐河流域水资源承载力及其合理利用》，科学出版社 1992 年版。

[178] 石晨霞：《联合国与全球气候变化治理：问题与应对》，载于《社会主义研究》2014 年第 3 期。

[179] 石敏俊、李元杰、张晓玲：《基于环境承载力的京津冀雾霾治理政策效果评估》，载于《中国人口·资源与环境》2017 年第 9 期。

[180] 石敏俊、袁永娜、周晟吕等：《碳减排政策：碳税、碳交易还是两者兼之？》，载于《管理科学学报》2013 年第 9 期。

[181] 石敏俊等：《资源环境经济学》，北京：中国人民大学出版社 2021 年版。

[182] 史本林：《从生态伦理学角度谋求生态旅游的可持续发展》，载于《生产力研究》2006 年第 2 期。

［183］史利江、刘敏、李艳萍，等：《汾河流域县域经济差异的时空格局演变及驱动因素》，载于《地理研究》2020 年第 10 期。

［184］史玉成：《生态补偿的理论蕴涵与制度安排》，载于《法学家》2008 年第 4 期。

［185］史云贵、周荃：《整体性治理：梳理、反思与趋势》，载于《天津行政学院学报》2014 年第 16 卷第 5 期。

［186］世界环境与发展委员会：《我们共同的未来》，吉林人民出版社1997 年版。

［187］世界银行：《2001 年世界发展报告：与贫苦作斗争》，北京：中国财政经济出版社 2001 年版。

［188］世界自然基金会、中国科学院：《中国生态足迹报告》2012年版。

［189］舒惠国：《生态环境与生态经济》，科学出版社 2001 年版。

［190］宋瑞：《生态旅游：多目标多主体的共生》，中国社会科学院研究生院，2003。

［191］宋延巍：《海岛生态系统健康评价方法及应用》，中国海洋大学，2006。

［192］宋言奇、傅崇兰：《城市化的生态环境效应》，载于《社会科学战线》2005 第 3 期。

［193］孙斌、徐质斌：《海洋经济学》，山东教育出版社 2004 年版。

［194］孙才志、姜坤、赵良仕：《中国水资源绿色效率测度及空间格局研究》，载于《自然资源学报》2017 年第 32 卷第 12 期。

［195］孙才志、张智雄：《中国水生态足迹广度、深度评价及空间格局》，载于《生态学报》2017 第 21 期。

［196］孙晨光、张志强：《低碳城市社区参与的国际经验》，载于《重庆社会科学》2014 年第 1 期。

［197］孙静娟：《从 EDP 解析 GDP》，载于《南方经济》2004 年第7 期。

［198］孙凯：《"人类世"时代的全球环境问题及其治理》，载于《人民论坛·学术前沿》2020 年第 11 期。

［199］孙燕、周杨明、张秋文、易善桢：《生态系统健康：理论/概念

与评价方法》，载于《地球科学进展》2011 年第 8 期。

［200］孙日瑶、宋宪华：《区域生态经济系统研究》，山东大学出版社 1995 年版。

［201］谭秀娟、郑钦玉：《我国水资源生态足迹分析与预测》，载于《生态学报》2009 年第 29 卷第 7 期。

［202］谭学良：《整体性治理视角下的政府协同治理机制》，载于《学习与实践》2014 年第 4 期。

［203］汤金丽：《农业宏观经济管理理论及可持续发展实践——评〈农业经济管理与可持续发展研究〉》，载于《中国农业资源与区划》2021 年第 42 卷第 1 期。

［204］唐国平：《全球气候变化下中国农业的脆弱性集成研究》，中国科学院地理科学与资源研究所，2001 年。

［205］唐建荣：《生态经济学》，化学工业出版社 2005 年版。

［206］唐瑾：《美丽乡村建设中经济－生态－文化系统的耦合及其评价》，载于《求索》2019 年第 4 期。

［207］唐明贵、沈晓夏、龚雅莉：《乡村振兴与生态环境耦合机制研究》，载于《城市》2022 年第 3 期。

［208］滕朝霞：《济南市城市水资源承载力计算及其调控模式研究》，北京林业大学，2008。

［209］田金平、刘巍、李星等：《中国生态工业园区发展模式研究》，载于《中国人口·资源与环境》2012 年第 22 卷第 7 期。

［210］田里、常林：《生态旅游》，南开大学出版社 2004 年版。

［211］万美英、黄齐：《山江湖工程发展现状及对策》，载于《中国新技术新产品》2013 年第 4 期。

［212］王博杰、唐海萍：《人类福祉及其在生态学研究中的应用与展望》，载于《生态与农村环境学报》2016 年第 5 期。

［213］王大尚、郑华、欧阳志云：《生态系统服务供给、消费与人类福祉的关系》，载于《应用生态学报》2013 年第 6 期。

［214］王怀毅、李忠魁、俞燕琴：《中国生态补偿：理论与研究述评》，载于《生态经济》2022 年第 3 期。

［215］王建华：《现代财务管理》，安徽人民出版社 2002 年版。

［216］王金南：《发展循环经济是 21 世纪环境保护的战略选择》，载于《环境科学研究》2002 年第 3 期。

［217］王开运：《生态承载力复合模型系统与应用》，北京：科学出版社 2007 年版。

［218］王蕾：《依靠自然的力量维护生态系统功能》，载于《中国自然资源报》2019 年第 6 期。

［219］王灵梅、张金屯：《生态学理论在生态工业发展中的应用》，载于《环境保护》2003 年第 7 期。

［220］王敏、谭娟、沙晨燕等：《生态系统健康评价及指示物种评价法研究进展》，载于《中国人口·资源与环境》2012 年第 S1 期。

［221］王乃举、黄翔：《旅游非优区铜陵市系统耦合及协同进化研究》，载于《地理与地理信息科学》2014 年第 30 卷第 3 期。

［222］王宁：《气候变化影响下长江口滨海湿地脆弱性评估方法研究》，华东师范大学，2013 年。

［223］王其翔、唐学玺：《海洋生态系统服务的内涵与分类》，载于《海洋环境科学》2010 年第 1 期。

［224］王如松、欧阳志云：《社会－经济－自然复合生态系统与可持续发展》，载于《中国科学院院刊》2012 年第 27 卷第 3 期。

［225］王圣云、韩亚杰、任慧敏等：《中国省域生态福利绩效评估及其驱动效应分解》，载于《资源科学》2020 年第 5 期。

［226］王圣云、姜婧：《中国人类发展指数（HDI）区域不平衡演变及其结构分解》，载于《数量经济技术经济研究》2020 年第 4 期。

［227］王圣云、林玉娟：《中国区域农业生态效率空间演化及其驱动因素——水足迹与灰水足迹视角》，载于《地理科学》2021 年第 2 期。

［228］王圣云、罗颖、李晶等：《中国人类福祉碳强度的时空分异机制与区域协同治理》，工作论文，2019 年。

［229］王圣云、罗玉婷、韩亚杰、李晶等《中国人类福祉地区差距演变及其影响因素——基于人类发展指数（HDI）的分析》，载于《地理科学进展》2018 年第 8 期。

［230］王圣云、沈玉芳：《1990 以来中国农业可持续发展态势定量分析》，载于《农业系统科学与综合研究》2009 年第 1 期。

[231] 王圣云、史利江、许双喜：《基于人类福祉视角的中部地区碳排放绩效与效应分解》，载于《世界地理研究》2014 年第 3 期。

[232] 王圣云：《福祉地理学——中国区域发展不平衡研究》，经济科学出版社 2011 年版。

[233] 王圣云：《中部地区人文发展的生态效率评价》，载于《经济地理》2011 年第 5 期。

[234] 王圣云：《中国人类福祉变化的驱动效应及时空分异》，载于《地理科学进展》2016 年第 5 期。

[235] 王圣云等：《国民福祉供需匹配及其空间均衡——以鄱阳湖为例》，经济科学出版社 2020 年版。

[236] 王松霈：《20 年来我国生态经济学的建立和发展》，中国生态经济学会第五届会员代表大会暨全国生态建设研讨会论文集，2000：30－37。

[237] 王松霈：《认识城市生态经济系统提高城市生态经济效益》，载于《新疆社会经济》1992 第 5 期。

[238] 王松霈：《生态经济学》，陕西人民教育出版社 2000 年版。

[239] 王晓莉、刘倡、张健等：《海洋生态产品概念、特征及分类方法研究》，载于《湿地科学与管理》2022，18（04）：36－40.

[240] 王亚菲、陈长：《北京市生态足迹的投入产出分析》，载于《城市发展研究》2009 年第 4 期。

[241] 王燕、刘邦凡、郭立宏：《基于 SEEA－2012 我国绿色 GDP 核算体系构建及时空格局分析》，载于《生态经济》2021 年第 9 期。

[242] 王翊：《城市生态经济系统的特征》，载于《生态经济》1987 年第 6 期。

[243] 王翼著：《经济系统的分析预测与控制》，中国城市出版社 2001 年版。

[244] 王涌权：《生态农业的发展模式研究综述》，载于《中国商论》2019 年第 8 期。

[245] 王泽宇，唐云清，韩增林，王焱熙．中国沿海省份海洋船舶产业链韧性测度及其影响因素［J］．经济地理，2022，42（07）。

[246] 王兆峰、王梓瑛：《长江经济带生态福利绩效空间格局演化及影响因素研究——基于超效率 SBM 模型》，载于《长江流域资源与环境》

2021 年第 12 期。

［247］王兆骞、俞劲炎：《德清县生态农业综合开发技术研究的进展与展望》，载于《浙江农业大学学报》1990 年第 S1 期。

［248］王中根、夏军：《区域生态环境承载力的量化方法研究》，载于《长江职工大学学报》1999 年第 4 期。

［249］王壮壮，王浩等：《重点脆弱生态区生态恢复综合效益评估指标体系》，载于《生态学报》2018 年第 16 期。

［250］［美］威廉·诺德豪斯著，李志清、李传轩、李瑾译：《绿色经济学》，中信出版集团 2022 年版。

［251］魏晓旭、颜长珍：《生态承载力评价方法研究进展》，载于《地球环境学报》2019 年第 5 期。

［252］魏一鸣、廖华等：《中国能源报告（2010）：能源效率研究》，科学出版社 2010 年版。

［253］文一惠、刘桂环、田至美：《生态系统服务研究综述》，载于《首都师范大学学报（自然科学版）》2010 年第 3 期。

［254］沃尔夫冈·贝克、劳伦·范德蒙森、艾伦·沃克：《社会质量的理论化：概念的有效性》，引自张海东主编：《社会质量研究：理论、方法与经验》，社会科学文献出版社 2011 年版。

［255］吴冠岑：《土地生态系统和安全预警》，上海：上海交通大学出版社 2012 年版。

［256］吴健、郭雅楠：《生态补偿：概念演进、辨析与几点思考》，载于《环境保护》2018 年第 5 期。

［257］吴棉国：《生态农业在农村生态环境保护中的地位和作用研究》，载于《中国发展》2013 年第 5 期。

［258］吴绍洪、赵东升：《中国气候变化影响、风险与适应研究新进展》，载于《中国人口·资源与环境》2020 年第 6 期。

［259］吴素文、宋军、张燕等：《海洋生态系统服务价值及评估研究进展》，载于《海洋预报》2022 年第 39 卷第 1 期。

［260］吴小庆、徐阳春、陆根法：《农业生态效率评价——以盆栽水稻实验为例》，载于《生态学报》2009 年第 5 期。

［261］吴杨、倪欣欣、马仁锋，等：《上海工业旅游资源的空间分布与

联动特征》，载于《资源科学》2015 年第 12 期。

［262］武前波、俞霞颖、陈前虎：《新时期浙江省乡村建设的发展历程及其政策供给》，载于《城市规划学刊》2017 年第 6 期

［263］习近平：《高举中国特色社会主义伟大旗帜 为全面建设社会主义现代化国家而团结奋斗——习近平同志代表第十九届中央委员会向大会作的报告摘登》，载于《人民日报》2022 年 10 月 17 日。

［264］习近平：《推动我国生态文明建设迈上新台阶》，载于《资源与人居环境》2019 年第 3 期。

［265］夏文斌、魏敏：《生态公平的当代意义》，载于《中国特色社会主义研究》2008 年第 2 期。

［266］向芸芸、杨辉、周鑫等：《生态适宜性研究综述》，载于《海洋开发与管理》2015 年第 8 期。

［267］向云波：《长三角海洋经济区域一体化与高质量发展研究》，江西人民出版社 2020 年版。

［268］肖焰恒、陈艳：《生态工业理论及其模式实现途径探讨》，载于《中国人口·资源与环境》2001 年第 3 期。

［269］谢高地、张彩霞、张昌顺等：《中国生态系统服务的价值》，载于《资源科学》2015 年第 9 期。

［270］谢花林、陈倩茹：《生态产品价值实现的内涵、目标与模式》，载于《经济地理》2022 年第 42 卷第 9 期。

［271］谢铭：《我国生态农业发展的几种典型模式探析》，载于《生物学教学》2011 年第 7 期。

［272］徐本鑫：《低碳经济下生态效率的困境与出路》，载于《大连理工大学学报（社会科学版）》2011 年第 2 期。

［273］徐凤翔：《森林生态系统与人类》，中国林业出版社 1982 年版。

［274］徐明：《论城乡生态经济一体化》，载于《生态经济》1991 年第 4 期。

［275］徐新玲：《山江湖工程的实施》，载于《党史文苑》2020 年第 7 期。

［276］徐中民、程国栋、张志强：《生态足迹方法的理论解析》，载于《中国人口·资源与环境》2006 年第 6 期。

[277] 徐中民、张志强、程国栋：《生态经济学理论方法与应用》，黄河水利出版社 2003 年版。

[278] 许涤新：《生态经济学》，浙江人民出版社 1987 年版。

[279] 阎水玉、王祥荣：《生态系统服务研究进展》，载于《生态学杂志》2002 年第 5 期。

[280] 杨桂华、钟林生、明庆忠：《生态旅游》，高等教育出版社 2000 年版。

[281] 杨缅昆：《EDP 核算理论问题的再探讨——与刘树、许秋起两学者商榷》，载于《统计研究》2003 年第 12 期。

[282] 杨前进：《中国生态旅游实践的若干问题讨论》，载于《重庆师范大学学报（自然科学版）》2006 年第 1 期。

[283] 杨青林等：《中国城市碳排放的空间格局及影响机制——基于285 个地级市截面数据的分析》，载于《资源开发与市场》2018 年第 9 期。

[284] 杨武、陶俊杰、陆巧玲：《基于生态系统服务视角的人类福祉评估技术方法体系》，载于《生态学报》2021 年第 2 期。

[285] 杨跃军、刘羿：《生态系统服务功能研究综述》，载于《中南林业调查规划》2008 年第 27 卷第 4 期。

[286] 杨志峰、隋欣：《基于生态系统健康的生态承载力评价》，载于《环境科学学报》2005 年第 5 期。

[287] 姚成胜、邱雨菲、黄琳等：《中国城市化与粮食安全耦合关系辨析及其实证分析》，载于《城镇化与区域发展》2016 年第 8 期。

[288] 姚成胜、殷伟等：《中国粮食安全系统脆弱性评价及其驱动机制分析》，载于《自然资源学报》2019 年第 34 期。

[289] 姚成胜、朱鹤健、吕晞，等：《土地利用变化的社会经济驱动因子对福建生态系统服务价值的影响》，载于《自然资源学报》2009 年第 2 期。

[290] 姚行仁：《中国包容性财富区域不平衡测度及其影响因素分析》，南昌大学，2022 年。

[291] 叶谦吉、罗必良：《生态农业发展的战略问题》，载于《西南农业大学学报》1987 年第 1 期。

[292] 叶逊、王虹：《生态工业网络技术创新机制分析》，载于《科技

进步与对策》2006 年第 2 期。

[293] 伊恩·莫法特著，宋国君译：《可持续发展——原则、分析与政策》，经济科学出版社 2002 年版。

[294] 易丹、肖善才、韩逸，等：《生态系统服务供给和需求研究评述及框架体系构建》，载于《应用生态学报》2021 年第 11 期。

[295] 尹科、王如松、周传斌等：《国内外生态效率核算方法及其应用研究述评》，载于《生态学报》2012 年第 11 期。

[296] 尹晓芬：《中国低碳经济发展动力与路径研究》，武汉大学，2013 年。

[297] 英国政府文件：《英国低碳转型计划——国家气候能源战略》与《低碳产业战略远景》，2009 年。

[298] 英国政府文件：能源白皮书《我们能源的未来：创建低碳经济》，2003 年。

[299] 于法稳：《中国生态经济研究：历史脉络、理论梳理及未来展望》，载于《生态经济》2021 年第 8 期。

[300] 俞海、任勇：《中国生态补偿：概念、问题类型与政策路径选择》，载于《中国软科学》2008 年第 6 期。

[301] 约翰·穆勒：《政治经济学原理》，北京：商务印书馆 1991 年版。

[302] 张安录：《城乡相互作用的动力学机制与城乡生态经济要素流转》，载于《生态经济》2000 年第 4 期。

[303] 张彪、谢高地、肖玉等：《基于人类需求的生态系统服务分类》，载于《中国人口·资源与环境》2010 年第 6 期。

[304] 张灿、王传珺、孟庆辉等：《我国典型海洋生态系统健康状况及生物多样性分析》，载于《海洋环境科学》2022 年第 3 期。

[305] 张传波、于喜展、隋映辉：《资源型城市产业转型：发展模式与政策》，载于《科技中国》2019 年第 5 期。

[306] 张夺、王桂敏：《中国特色社会主义生态政治经济学的思想论纲与研究展望》，载于《西安财经大学学报》2022 年第 4 期。

[307] 张放：《生态农庄与生态园区实用技术》，化学工业出版 2006 年版。

［308］张复明：《资源型经济：理论解释内在机制与应用研究》，中国社会科学出版社 2007 年版。

［309］张复明：《资源型区域面临的发展难题及其破解思路》，载于《中国软科学》2011 年第 6 期。

［310］张国强：《中国十大生态农业模式和技术》，载于《农家参谋》2004 年第 8 期。

［311］张宏锋、李卫红、陈亚鹏：《生态系统健康评价研究方法与进展》，载于《干旱区研究》2003 年第 4 期。

［312］张鸿雁：《全球城市价值链理论建构与实践创新论——强可持续发展的中国城市化理论重构战略》，载于《社会科学》2011 年第 10 期。

［313］张华：《循环经济技术范式的生态化转型》，载于《特区经济》2007 年第 7 期。

［314］张建龙：《生态建设与改革发展 2015 林业重大问题调查研究报告》，中国林业出版社 2016 年版。

［315］张建肖、安树伟：《国内外生态补偿研究综述》，载于《西安石油大学学报（社会科学版）》2009 年第 1 期。

［316］张紧跟、唐玉亮：《流域治理中的政府间环境协作机制研究——以小东江治理为例》，载于《公共管理学报》2007 年第 3 期。

［317］张坤、唐肖彬：《林业生态补偿的实践与思考》，载于《中国土地》2019 年第 6 期。

［318］张录强：《循环经济：从理想到现实的系统工程》，载于《经济经纬》2006 年第 2 期。

［319］张明军、孙美平、周立华：《对生态经济学若干问题的思考》，载于《国土与自然资源研究》2006 年第 2 期。

［320］张期：《现代经济系统结构的控制与调节》，中山大学出版社1993 年版。

［321］张文彬、郭琪：《中国可持续经济福利水平测度及区域差异分析》，载于《管理学刊》2019 年第 3 期。

［322］张弦：《生态旅游》，厦门大学出版社 2006 年版。

［323］张晓玲：《可持续发展理论：概念演变、维度与展望》，载于《中国科学院院刊》2018 年第 1 期。

［324］张学玲、余文波等：《区域生态环境脆弱性评价方法研究综述》，载于《生态学报》，2018 年第 16 期。

［325］张妍、杨志峰：《城市物质代谢的生态效率——以深圳市为例》，载于《生态学报》2007 年第 8 期。

［326］张耀光、刘锴、王圣云：《关于我国海洋经济地域系统时空特征研究》，载于《地理科学进展》2006 年第 5 期。

［327］张耀光、魏东岚、王国力等：《中国海洋经济省际空间差异与海洋经济强省建设》，载于《地理研究》2005 年第 1 期。

［328］张耀光：《中国海岛开发与保护：地理学视角》海洋出版社 2012 年版。

［329］张永民、赵士洞：《生态系统与人类健康》，载于《地球科学进展》2008 年第 6 期。

［330］张远新：《推进乡村生态振兴的必然逻辑、现实难题和实践路径》，载于《甘肃社会科学》2022 年第 2 期。

［331］张志强、孙成权、程国栋、牛文元：《可持续发展研究：进展与趋向》，载于《地球科学进展》1999 年第 6 期。

［332］张志强、徐中民、程国栋：《可持续发展下的生态经济学理论透视》，载于《中国人口·资源与环境》2003 年第 6 期。

［333］赵景柱、肖寒、吴刚：《生态系统服务的物质量与价值量评价方法的比较分析》，载于《应用生态学报》2000 年第 2 期。

［334］赵磊、吴文智、李健等：《基于游客感知价值的生态旅游景区游客忠诚形成机制研究——以西溪国家湿地公园为例》，载于《生态学报》2018 年第 19 期。

［335］郑华：《中国生态系统多样性与保护》，河南科学技术出版社 2022 年版。

［336］郑志：《中国生态文明建设：从"十二五"到"十三五"》，载于《生态经济》2016 年第 10 期。

［337］中国 21 世纪议程管理中心：《生态补偿原理与应用》，社会科学文献出版社 2009 年版。

［338］中国国家自然科学基金委员会生命科学部、中国科学院上海文献情报中心：《全球变化与生态系统》，上海科学技术出版社 1994 年版。

［339］中国社会科学院经济研究所《生态经济问题研究》编辑组编：《生态经济问题研究》，上海人民出版社 1985 年版。

［340］中国自然资源研究会：《自然资源研究的理论和方法》，科学出版社 1985 年版。

［341］钟水映、冯英杰：《中国省际间绿色发展福利测量与评价》，载于《中国人口·资源与环境》2017 年第 9 期。

［342］周凤秀、温湖炜：《绿色产业集聚与城市工业部门高质量发展——来自国家生态工业示范园政策的准自然实验》，载于《产经评论》2019 年第 1 期。

［343］周广胜、张新时：《自然植被净第一性生产力模型初探》，载于《植物生态学报》1995 年第 3 期。.

［344］周宏春、江晓军：《习近平生态文明思想的主要来源、组成部分与实践指引》，载于《中国人口·资源与环境》2019 年第 1 期。

［345］周宏春、江晓军：《中国生态文明：从理论探索到试点示范建设》，载于《鄱阳湖学刊》2020 年第 3 期。

［346］周宏春：《以循环经济的思路实现能源与环境的协调发展》，载于《管理学报》2008 年第 5 期。

［347］周劲松：《山地生态系统的脆弱性与荒漠化》，载于《自然资源学报》1997 年第 12 期。

［348］周文宗等：《生态产业与产业生态学》，化学工业出版社 2005 年版。

［349］周玉亮：《枣庄市生态农业区划与模式研究》，山东农业大学，2010 年。

［350］朱洪革、蒋敏元：《绿色核算：从弱可持续性到强可持续性》，载于《生态经济》2006 年第 3 期。

［351］朱林兴、金忠义、陈荣堂：《城市生态经济学》，上海社会科学院出版社 1989 年版。

［352］朱玫：《论河长制的发展实践与推进》，载于《环境保护》2017 年第 45 卷第 Z1 期。

［353］朱霞梅：《反贫困的理论与实践研究》，复旦大学，2010 年。

［354］诸大建、刘国平：《碳排放的人文发展绩效指标与实证分析》，

载于《中国人口·资源与环境》2011 年第 5 期。

[355] 诸大建、邱寿丰：《作为我国循环经济测度的生态效率指标及其实证研究》，载于《长江流域资源与环境》2008 年第 1 期。

[356] 诸大建、张帅：《生态福利绩效及其与经济增长的关系研究》，载于《中国人口·资源与环境》2014 年第 9 期。

[357] 诸大建、张帅：《生态福利绩效与深化可持续发展的研究》，载于《同济大学学报（社会科学版）》2014 年第 5 期。

[358] 诸大建、张帅：《中国生态文明实践如何检验和深化可持续性科学》，载于《中国人口·资源与环境》2022 年第 9 期。

[359] 诸大建：《超越增长：可持续发展经济学如何不同于新古典经济学》，载于《学术月刊》2013 年第 10 期。

[360] 诸大建：《可持续性科学：基于对象—过程—主体的分析模型》，载于《中国人口·资源与环境》2016 年第 7 版。

[361] 诸大建：《生态经济学：可持续发展的经济学和管理学》，载于《中国科学院院刊》2008 年第 6 期。

[362]：诸大建：《作为可持续发展的科学与管理的生态经济学——与主流经济学的区别和对中国科学发展的意义》，载于《经济学动态》2009 年第 11 期。

[363] 祝琴、吴玉婷、贾仁安，等：《乡村产业振兴"基地 + 农户"同创共享绿色供应链反馈仿真分析》，载于《数学的实践与认识》2021 年第 3 期。

[364] 左其亭：《水资源承载力研究方法总结与再思考》，载于《水利水电科技进展》2017 年第 3 期。

[365] Ali I, Son. Measuring inclusive growth [J]. *Asian Development Review*. 2007, 24 (1): 11 – 31.

[366] Arrow K J, Dasgupta P, Goulder L H, et al. Sustainability and the measurement of wealth [J]. *Environment and development economics*, 2012, 17 (3): 317 – 353.

[367] Auty, R. M., *Sustaining development in mineral economies: the resource curse thesis* [M]. London: Routledge, 1993.

[368] Bai L, Guo T, Xu W, et al. The Spatial Differentiation and Driving

Forces of Ecological Welfare Performance in the Yangtze River Economic Belt [J]. *International Journal of Environmental Research and Public Health*, 2022, 19 (22): 14801.

[369] Barrett J, Simmons C. An ecological footprint of the UK: Providing a tool to measure the sustainability of local authorities. Stockholm Environment Institute – York, 2003.

[370] Bicknell K B, Ball R J, Cullen R, et al. New methodology for the ecological footprint with an application to the New Zealand economy [J]. *Ecological Economics*, 1998, 27 (2): 149 – 160.

[371] Brendan Fisher, R. Kerry Turner, Paul Morling. Defining And Classifying Ecosystem Services For Decision Making [J]. *Ecological economics*, 2009, 68 (3).

[372] Brown A, Matlock M D. A review of water scarcity indices and methodologies [J]. *White paper*, 2011, 106 (1): 19.

[373] Burkhard B, Kroll F, Nedkov S, et al., Mapping ecosystem service supply, demand and budgets. Ecological indicators, No. 21, 2012, pp. 17 – 29.

[374] Byela Tibesigwa, Herbert Ntuli, Razack Lokina. Valuing recreational ecosystem services in developing cities: The case of urban parks in Dar es Salaam, Tanzania [J]. *Cities*, 2020, 106.

[375] Byrne D. Public policy and social exclusion [J]. *Local Economy*, 1998, 13 (1): 81 – 83.

[376] Calow P, Can ecosystems be healthy? Critical consideration of concepts. Journal of Aquatic Ecosystem Health, 1992, (1): 1 – 5.

[377] Caneghem J. V., Block C, Hooste H. V., et al. Eco – efficiency Trends of the Flemish Industry: Decoupling of Environmental Impact from Economic Growth. Journal of Cleaner Production, Vol. 18, No. 14, September 2010, 1349 – 1357.

[378] Catton W R. Carrying – capacity and the death of a culture – a tale of 2 autopsies [J]. *Sociological Inquiry*, 1993, 63 (2): 202 – 223.

[379] Chambers N, Simmons C, Wackernagel M. *Sharing nature's interest*:

ecological footprints as an indicator of sustainability [M]. London: Routledge, 2000.

[380] Charnes A, Cooper W. W. , Rhodes E. Measuring the Efficiency of Decision Making Units. European Journal of Operational Research, Vol. 2, No. 6, November 1978, 429 – 444.

[381] Chen Z, Zhou T, Chen X, et al. Observationally constrained projection of Afro – Asian monsoon precipitation [J]. *Nature Communications*, 2022, 13.

[382] Chung E S, Lee K S. Identification of spatial ranking of hydrological vulnerability using multi – criteria decision making techniques: case study of Korea [J]. *Water Resources Management*, 2009, 23 (12): 2395 – 2416.

[383] Costanza R. What is ecological economics? Ecological Economics, 1989, 1: 1 – 7.

[384] Costanza, R. , D'Arge, R. , De Groot, R. , et al. The value of the world's ecosystem services and natural capital [J]. *Nature*, 1997, 387: 253 – 260.

[385] Côté R, Booth A, Louis B. Eco – efficiency and SMEs in Nova Scotia, Canada. Journal of Cleaner Production, 2006, 14: 542 – 550.

[386] D. H. Meadows, et al. , The Limits to Growth: A Report for the Club of Rome's Project on the Predicament of Mankind, Potomac Associates, 1972.

[387] Daily, G. C. *Nature's Services: Societal Dependence on Natural Ecosytems* [M]. Washington, DC: Island Press, 1997.

[388] Daly H. E. The World Dynamics of Economic Growth: The Economics of the Steady State. The American Economic Review, 1974, 64 (2): 15 – 21.

[389] Daly H. E. , Cobb J. B, For the Common Good: Redirecting the Economy Toward Community, the Environment and a Sustainable Future. Boston: Beacon Press, 1989.

[390] Dasgupta P, Managi S, Kumar P. The inclusive wealth index and sustainable development goals [J]. *Sustainability Science*, 2021: 1 – 5.

[391] Dasgupta P. The welfare economic theory of green national accounts [J]. *Environmental and Resource Economics*, 2009, 42 (1): 3 – 38.

[392] Daw T M, Hicks C C, Brown K, et al. Elasticity in ecosystem services: Exploring the variable relationship between ecosystems and human well – being [J]. *Ecology and Society*, 2016, 21 (2): 11.

[393] De Groot R S, Wilson M A, Boumans R M J, A typology for the description, classification, and valuation of ecosystem functions, goods and services. Ecological Economics, 2002, 41: 393 – 408.

[394] Des Gasper, and J. Allister McGregor, Wellbeing in Developing Countries: From Theory to Research. Cambridge University Press, 2007.

[395] Dietz T, Rosa E. A., York R. Environmentally Efficient Well – being: Rethinking Sustainability as the Relationship Between Human Well – being and Environmental Impacts. Society for Human Ecology, 2009, 16: 114 – 123.

[396] Döll P, Hoffmann – Dobrev H, Portmann F T, et al. Impact of water withdrawals from groundwater and surface water on continental water storage variations [J]. *Journal of Geodynamics*, 2012, 59: 143 – 156.

[397] Ehrlich P R, Murphy D D, Singer M C, et al., Extinction, reduction, stability and increase: the responses of checkerspot butterfly (Euphydryas) populations to the California drought. Oecologia, 1980, 46 (1): 101 – 105.

[398] Erkko S, Melanen M, Mickwitz P. Eco – efficiency in the Finnish EMAS Reports——A Buzz Word?. Journal of Cleaner Production, 2005, 13 (8): 799 – 813.

[399] Fay M. *Inclusive green growth: the pathway to sustainable development* [M]. World Bank Publications, 2012.

[400] Fedele G, Locatelli B, Djoudi H. Mechanisms mediating the contribution of ecosystem services to human well – being and resilience [J]. *Ecosystem Services*, 2017, 28: 43 – 54.

[401] Ferng J J. Using Composition of Land Multiplier to Estimate Ecological Footprints Associated with Production Activity [J]. *Ecological Economics*, 2001, 37 (2): 159 – 172.

［402］ Fisher B, Turner R K. Ecosystem services: Classification for valuation ［J］. *Biological Conservation*, 2008, 141 (5): 1167－1169.

［403］ Fulford R S, Smith L M, Harwell M, et al. Human well－being differs by community type: Toward reference points in a human well－being indicator useful for decision support ［J］. *Ecological Indicators*, 2015, 56: 194－204.

［404］ Geijzendorffer I R, Martín－López B, Roche P K, Improving the identification of mismatches in ecosystem services assessments. Ecological Indicators, 2015, 52: 320－331.

［405］ Gerten D, Hoff H, Rockström J, et al. Towards a revised planetary boundary for consumptive freshwater use: role of environmental flow requirements ［J］. *Current Opinion in Environmental Sustainability*, 2013, 5 (6): 551－558.

［406］ Glen. T , Hvenegaard, and, et al. Ecotourism versus tourism in a Thai national park ［J］. *Annals of Tourism Research*, 1998, 25 (3): 700－720.

［407］ Gössling S, Peeters P, Ceron J. P. , et al. The Eco－efficiency of Tourism. Ecological Economics, 2005, 54 (4): 417－434.

［408］ Greg Bognar. Well－Being and Health Health Care Anal. 2008, 16: 97－113.

［409］ Group E P , Role A , Asia A R I , et al. Toward a New Asian Development Bank in a New Asia: Report of the Eminent Persons Group to The President of the Asian Development Bank ［R］. Manila ADB, 2007－5－01.

［410］ Guimarães L T, Magrini A. A proposal of indicators for sustainable development in the management of river basins ［J］. *Water resources management*, 2008, 22 (9): 1191－1202.

［411］ Habitat III U N. a new urban agenda. In: Quito Declaration on Sustainable Cities and human Settlements for all. new York: Quito Un habitat, 2016.

［412］ Haines－Young R, Potschin M, The links between biodiversity, ecosystem services and human well－being. Ecosystem Ecology: a new synthesis, 2010, 110－139.

［413］ Hartwick, J. M. Interregional equity and the investing of rents from exhaustible resources ［J］. *American economic Review*, 1997, 67 (5): 972－

974.

[414] Haworth L, Brunk C, Jennex D, et al., A dual – perspective model of agroecosystem health: system functions and system goals [J]. *Journal of Agricultural and Environmental Ethics*, 1997, 10 (2): 127 – 152.

[415] Howard G. *Water quality surveillance: a practical guide* [M]. Loughborough University, 2002.

[416] Hudak A T. Rangeland mismanagement in South Africa: Failure to apply ecological knowledge [J]. *Human Ecology*, 1999, 27 (1): 55 – 78.

[417] Huppes G, Davidson M. D., Kuyper J, et al. Eco – efficient Environmental Policy in Oil and Gas Production in The Netherlands. Ecological Economics, 2007, 61 (1): 43 – 51.

[418] Huppes G, Ishikawa M. A Framework for Quantified Eco – efficiency Analysis. Journal of Industrial Ecology, 2005, 9 (4): 25 – 41.

[419] James Boyd, Spencer Banzhaf. What are ecosystem services? The need for standardized environmental accounting units [J]. *Ecological Economics*, 2007, 63 (2).

[420] Jaramillo F, Destouni G. Local flow regulation and irrigation raise global human water consumption and footprint [J]. *Science*, 2015, 350 (6265): 1248 – 1251.

[421] John W M. *The Economics of Agricultural Development* [M]. Cornell University Press, 2005.

[422] Jing Li, Ying Luo, Shengyun Wang. Spatial effects of economic performance on the carbon intensity of human well – being: The environmental Kuznets curve in Chinese provinces [J]. *Journal of Cleaner Production*, 2019, 233: 681 – 694.

[423] Kerr W, Ryan C. Eco – efficiency Gains from Remanufacturing: A Case Study of Photocopier Remanufacturing at Fuji Xerox Australia. Journal of Cleaner Production, 2001, 9 (1): 75 – 81.

[424] Kharel G. P., Charmondusit K. Eco – efficiency Evaluation of Iron Rod Industry in Nepal. Journal of Cleaner Production, 2008, 16 (13): 1379 – 1387.

［425］ Kidd C V. The evolution of sustainability. Journal of agricultural & Environmental Ethics, 1992, 5 (1): 1 - 26.

［426］ King R T, Wildlife and man. NY Conservationist, 1966, 20 (6): 8 - 11.

［427］ Knight K. W. , Rosa E. A. The Environmental Efficiency of Well - being: A Cross - national Analysis. Social Science Research, 2011, 40 (3): 931 - 949.

［428］ Krishna Mazumdar. Determinants of Human Well - being. Nova Science Publishers Inc. , New York, 2003.

［429］ Kroll C. Sustainable development goals: Are the rich countries ready? ［R］. Germany: Bertelsmann Stiftung and SDSN, 2015.

［430］ Liu W, Sun C, Zhao M, et al. Application of a DPSIR Modeling Framework to Assess Spatial - Temporal Differences of Water Poverty in China ［J］. *JAWRA Journal of the American Water Resources Association*, 2019, 55 (1): 259 - 273.

［431］ Lynch A, Lopresti A, Fox C, et al. The 2019 U. S. cities sustainable development goals report ［R］. New York: SDSN, 2019.

［432］ Makoto, Taniguchi, Aiko, et al. Water - Energy - Food Nexus in the Asia - Pacific Region ［J］. *Journal of Hydrology Regional Studies*, 2017.

［433］ Mebratu D. Sustainability and sustainable development: historical and conceptual review. Environmental Impact assessment Review, 1998, 18 (6): 493 - 520.

［434］ Mickwitz P, Melanen M, Rosenström U, et al. Regional Eco - efficiency Indicators—A Participatory Approach. Journal of Cleaner Production, 2006, 14 (18): 1603 - 1611.

［435］ Millennium Ecosystem Assessment (MA). Ecosystems and Human Well - being. Washington, DC: Island Press, 2005.

［436］ Neumayer, E. *Weak Versus Strong Sustainability: Exploring the Limits of Two Opposing Paradings* ［M］. Cheltenham: Edward Elgar Publishing, 2003.

［437］ Niccolucci V, Bastianoni S, Tiezzi E B P, et al. How deep is the footprint? A 3D representation [J]. *Ecological Modelling*, 2009, 220 (20): 2819 – 2823.

[438] Niccolucci V, Galli A, Reed A, et al. Towards a 3D national ecological footprint geography [J]. *Ecological Modelling*, 2011, 222 (16): 2939 – 2944.

[439] Niu W Y, Lu J J, Khan a a. Spatial systems approach to sustainable development: a conceptual framework. Environmental Management, 1993, 17 (2): 179 – 186.

[440] OECD. Green growth and sustainable development: toward green growth [R]. OECD, meeting of the Council, 2011.

[441] Park P. J. , Tahara K. Quantifying Producer and Consumer – based Eco – efficiencies for the Identification of Key Ecodesign Issues. Journal of Cleaner Production,: 2008, 16 (1): 95 – 104.

[442] Pearce D W, Turner R K. Economics of natural Resources and the Environment. Maryland: JhU Press, 1990.

[443] Pearce, D. W. , Atkinson, G. D. Capital theory and the measurement of sustainable development: an indicator of "weak" sustainability [J]. *Ecological Economics*, 1993, 8 (2): 103 – 108.

[444] Rapport D J, Costanza R, McMichael A J, Assessing ecosystem health. Trends in ecology & evolution, 1998, 13 (10): 397 – 402.

[445] Rapport D J, Maffi L, Eco – cultural health, global health, and sustainability. Ecological Research, 2011, 26 (6): 1039 – 1049.

[446] Rapport D J, What constitutes ecosystem health? Perspectives in biology and medicine, 1989, 33 (1): 20 – 132.

[447] Rees W E. Ecological footprints and appropriated carrying capacity: What urban economics leaves out [J]. *Environment and Urbanization*, 1992, 4 (2): 121 – 130.

[448] Reijnders L. The Factor X Debate: Setting Targets for Eco – efficiency. Journal of Industrial Ecolocy, 1998, 2 (1): 13 – 22.

[449] Reyers B, Biggs R, Cumming G S, et al. Getting the measure of ecosystem services: A social – ecological approach [J]. *Frontiers in Ecology and*

the Environment, 2013, 11 (5): 268 - 273.

[450] Robert, L. K. and Thomas, J.. Well - being: Concepts and Measures. Journal of Social Issues. 2002, 58, 4: 627 - 644.

[451] Robinson B E, Zheng H, Peng W J. Disaggregating livelihood dependence on ecosystem services to inform land management [J]. *Ecosystem Services*, 2019, 36: 100902.

[452] Ruut Veenhoven. Subjective Measures of Well - being. United Nations University, 2007.

[453] Ruut Veenhoven. Why Social Policy needs Subjective Indicators, Social Indicators Research. 2002, 58: 33 - 45.

[454] Sachs J, Schmidt - Traub G, KrolL C, et al. SDG Index & dashboards [R]. New York: Bertelsmann Stiftung and SDSN, 2016.

[455] Sachs J, Schmidt - Traub G, Kroll C, et al. SDG index and dashboards report 2018 [R]. New York: Bertelsmann Stiftung and SDSN, 2018.

[456] Sachs J, Schmidt - Traub G, Kroll C, et al. SDG index and dashboards report 2019 [R]. New York: Bertelsmann Stiftung and SDSN, 2019.

[457] Sachs J, Schmidt - Traub G, Kroll C, et al. Sustainable development report 2020 [R]. New York: Bertelsmann Stiftung and SDSN, 2020.

[458] Salema M. I. G. , Povoa A. B. , Novais A. Q. An Eco - efficiency Study for a WEEE Recovery Network: The Portuguese Case. Computer Aided Chemical Engineering, 2009, 27: 2073 - 2078.

[459] Schaeffer D J, Herricks E E, Kerster H W, Ecosystem health: I. Measuring ecosystem health. Environmental Management, 1988, 12 (4): 445 - 455.

[460] Schaltegger S, Sturm A. Ökologische rationalität: Ansatzpunkte zur ausgestaltung you okologieorienttierten management instrumenten. Die Unternehmung, 1990, 44 (4): 273 - 290.

[461] Schröter M, Barton D N, Remme R P, et al. , Accounting for capacity and flow of ecosystem services: A conceptual model and a case study for Telemark, Norway. Ecological Indicators, 2014, 36: 539 - 551.

[462] Schröter M, Remme R P, Hein L G, How and where to map supply

and demand of ecosystem services for policy – relevant outcomes? Letter to the Editor. Ecological Indicators, 2012, 23: 220 – 221.

[463] Shmelev Stanislav E. Ecological Economics [J]. *Ecological Economics*, 2012, 79 (3): 71 – 79.

[464] Simmons C, Lewis K, Barrett J. Two Feet – two approaches: A component – based model of ecological footprinting. Ecological Economics, 2000, 32 (3): 375 – 380.

[465] Smith A. *An Inquiry into the Nature and Causes of the Wealth of Nations* [M]. Librito Mondi, 1791.

[466] Smith, D. M. Human Geography of A Welfare Approach. Edward Arnold, London, 1977.

[467] Steffen W, Richardson K, Rockström J, et al. Planetary boundaries: Guiding human development on a changing planet [J]. *science*, 2015, 347 (6223): 1259855.

[468] Sullivan C A. The development and testing of a water Poverty Index [J]. *Centre for Ecology and Hydrology*, 2001.

[469] Sullivan C, Meigh J. Targeting attention on local vulnerabilities using an integrated index approach: the example of the climate vulnerability index [J]. *Water Science and Technology*, 2005, 51 (5): 69 – 78.

[470] Sullivan C. Redefining the water poverty index [J]. *Water International*, 2001, 26 (2): 292 – 293.

[471] Suter G W, A critique of ecosystem health concepts and indexes. Environmental Toxicology and Chemistry: An International Journal, 1993, 12 (9): 1533 – 1539.

[472] Trisos C H, Merow C, Pigot A L. The projected timing of abrupt ecological disruption from climate change [J]. *Nature*, 2020, 580 (7804): 496 – 501.

[473] UNESCAP. State of the environment in Asia and the Pacific 2005 synthesis: economic growth and sustainability [R]. Thailand: United Nations, 2005.

[474] United Nations Environmental Program. Millennium Ecosystem As-

sessment Ecosystems and Human Well – Being: Synthesis. Washington, DC. : Island Press, 2005.

[475] United Nations, Rio Declaration on Environment and Development. United Nations, New York, NY, 1992:

[476] UNU – IHDP, UNEP. *Inclusive Wealth Report* 2014: *Measuring Progress toward Sustainability* [M]. Cambridge: Cambridge University Press, 2014.

[477] Victor P. Questioning Economic Growth. Nature, 2010, 468 (7322): 370 – 371.

[478] Wackernagel M, Onisto L, Bello P et al. National natural capital accounting with the ecological footprint concept [J]. *Ecological Economics*, 1999, 29 (3): 375 – 390.

[479] Wackernagel M, Rees W E. Perceptual and structural barriers to investing in natural capital: Economics from an ecological footprint perspective [J]. *Ecological Economics*, 1997, 20 (1): 3 – 24.

[480] Wackernagel M, Rees W E. *Our ecological footprint: Reducing human impact on the earth* [M]. Gabriola Island, Canada: New Society Publishers, 1996.

[481] Wackernagel M, Schulz N B, Deuming D et al. Tracking the ecological overshoot of the human economy. Proc Natl Acad Sci, 2002, 99 (14): 9266 – 9271.

[482] Waltner – Toews D, Ecosystem health: a framework for implementing sustainability in agriculture. Bioscience, 1996, 46 (9): 686 – 689.

[483] Wang S, Ren H, Liang L, et al. The effect of economic development on carbon intensity of human well – being: Evidence from spatial econometric analyses [J]. *Journal of Cleaner Production*, 2022, 364: 132632.

[484] Weber M. General Economic history. Knight F h, Translated. new York: Dover Publications, InC, 1927.

[485] WEC: Wec statement 2006: Energy Efficiencies: Pipe – Dream or Reality? London: World Energy Council (WEC).

[486] Wicklum D, Davies R W, Ecosystem health and integrity? Canadian Journal of Botany, 1995, 73 (7): 997 – 1000.

[487] Willison J. H. M, Côté R. P. Counting Biodiversity Waste in Industrial Eco – efficiency: Fisheries Case Study. Journal of Cleaner Production, 2009, 17 (3): 348 –353.

[488] World Business Council for Sustainable Development (WBCSD). Measuring Eco – efficiency: A Guide to Reporting Company Performance. Geneva: WBCSD, 2000.

[489] Xu Z C, Chau S N, Chen X, et al. Assessing progress towards sustainable development over space and time [J]. *Nature*, 2020, 577 (7788): 74 –78.

[490] Zhang S, Zhu D, Shi Q, et al. Which Countries are More Ecologically Efficient in Improving Human Well – being? An Application of the Index of Ecological Well – being Performance. Resources, Conservation and Recycling, 2018, 129: 112 –119.

[491] Zhu C J, Luo R J, Ma H M, Agricultural industry cluster sustainable development based on the perspective of the scientific outlook on development. Advanced materials research, 2012, 524: 3563 –3568.